CHRISTINE SCHIRRMACHER

Der Islam

Geschichte * Lehre
Unterschiede zum Christentum

Band 2

Theologie für die Gemeinde

herausgegeben von Prof. Dr. Thomas Schirrmacher und Drs. Hans-Georg Wünch

Der vorliegende Kurs darf im Bereich der Bundesrepublik erst im entgeltlichen Fernunterricht eingesetzt werden, wenn die Zulassung der Staatlichen Zentralstelle für Fernunterricht, Köln, vorliegt und der dazugehörige Studienband erschienen ist.
Der Kurs kann danach belegt werden bei:

Theologischer Fernunterricht (TFU)
Neues Leben-Seminar
Raiffeisenstr. 2, D-57635 Wölmersen

Diese Beschränkung gilt nicht für Fernkursanbieter in der Schweiz oder Österreich, die diesen Kurs in Absprache mit dem TFU einsetzen wollen.

Theologischer Fernunterricht:
Wissenschaftliche Leitung: Thomas Schirrmacher
Pädagogische Leitung: Hans-Georg Wünch
Leitung Neues Leben-Seminar: Klaus Schmidt, Peter Schulte

hänssler – THEOLOGIE FÜR DIE GEMEINDE
Bestell-Nr. 392.133, Band 2

Titelbild: Daniel Dolmetsch
Umschlaggestaltung: Sven Kaun
Kalligraphie: Licht des Lebens
P.O. Box 13 – A 9503 Villach / Österreich
Printed in Germany

ISBN 3-7751-2133-1

Für Thomas

Inhalt von Band 2

Lektion 12-16: Die Auffächerung des Islam 1
Lektion 12: Die Schiiten 1
Lektion 13: Der islamische Fundamentalismus 37
Lektion 14: Islamische Mystik - Sufismus 62
Lektion 15: Die Ahmadîya-Bewegung 85
Lektion 16: Der Volksislam 94

Lektion 17-23: Islam und Christentum 142
Lektion 17: Die Propheten im Koran 142
Lektion 18: Jesus im Koran und in der Sicht der islamischen Theologie 206
Lektion 19: Islam und Christentum: Eine Zusammenfassung 262
Lektion 20: Das Barnabasevangelium als Beispiel für die christlich-muslimische Kontroverse der Gegenwart 268
Lektion 21: Das muslimische Dogma von der Verfälschung der Bibel 290
Lektion 22: Geschichte und Kritik der Islamwissenschaft 301
Lektion 23: Aus der Geschichte der Kontroverse zwischen Islam und Christentum 318

Glossar arabischer Begriffe 348
Literaturverzeichnis 356

Inhalt von Band 1

Lektion 1-4: Die Entstehung des Islam 7
Lektion 1: Die Arabische Halbinsel vor dem Auftreten Muhammads 7
Lektion 2: Das Leben des Propheten Muhammad bis zur Übersiedlung nach Medina (die hijra) 28
Lektion 3: Muhammads Übersiedlung von Mekka nach Medina (die hijra) 71
Lektion 4: Die Ausbreitung des Islam nach Muhammads Tod: Die Kalifen 92

Lektion 5-11: Islamische Dogmatik und Ethik 112
Lektion 5: Der Koran 112
Lektion 6: Die 5 Säulen des Islam 141
Lektion 7: Das Jenseits im Islam 188
Lektion 8: Gott und Mensch im Islam 215
Lektion 9: Glaube, Unglaube und Sünde im Islam 239
Lektion 10: Das islamische Recht und seine Rechtsquellen 275
Lektion 11: Frauen im Islam 302

Detaillierte Gliederung von Band 2

Lektion 12-16: Die Auffächerung des Islam 1

Lektion 12: Die Schiiten 1
1. Gründe für die Spaltung des Islam in Sunniten und Schiiten 1
2. Herrscher nach Muhammad: Die ersten vier Kalifen in sunnitischer und schiitischer Sicht 3
3. Geschichte der Schia nach 'Alîs Tod 9
4. Weitere Zersplitterungen nach al-Husains Tod 10
a. Die Vierer-Schia 10
b. Die Siebener- Schia 12
c. Die siebenerschiitischen Fatimiden 14
d. Die Zwölfer-Schia 19
5. Keine politische Macht für die Schia 21
6. Theologische Differenzen zwischen Sunniten und Schiiten 22
7. Der schiitische Volksglaube 24
a. Der Märtyrertod al-Husains im Passionsspiel 24
b. Das Leiden al-Husains bringt Erlösung 26
c. Der schiitische Gräberkult 29
d. Geheimhaltung in Gefahr 31
8. Schiitische Sondergruppen 31
a. Die 'Übertreibenden' 31
b. Die Nusairier oder 'Alawiten 32
c. Die Drusen 32
9. Schiiten heute 33
10. Schiiten im Iran 33
a. Die iranische Revolution 33
b. Khomeini als oberste Lehrautorität 35

Lektion 13: Der islamische Fundamentalismus 37
A. Was ist islamischer Fundamentalismus? 37
1. Zum Problem des Fundamentalismusbegriffes 37
2. Kennzeichen des islamischen Fundamentalismus 39
B. Die Muslimbrüder 45
1. Der islamische Fundamentalismus der Muslimbrüder 45
2. Aus der Geschichte der Muslimbrüder 45
3. Die Gründung der ägyptischen Muslimbruderschaft durch Hasan al-Bannâ 46
4. Sayyid Qutb 50
5. Die Muslimbrüder unter Anwar al-Sadat 52
6. Die Muslimbrüder in Syrien 54
7. Konflikte mit dem Staat 55
8. Ein Glaubensbekenntnis der Muslimbruderschaft 56
C. Abû l-A'lâ al-Maudûdî und die Jamâ'at-i islâmî in Pakistan 58

Lektion 14: Islamische Mystik - Sufismus 62
1. Islam und Mystik? 62
2. Geschichte und Gedankengut der islamischen Mystik 63
3. Stufen zur Gottesliebe 65
4. Sufismus heute 69
5. Mystik und Gehorsam gegen das Gesetz 71
6. Das Gottgedenken 73
7. Die Bruderschaften 76
8. Die Fürsprache in der Mystik 78
9. Einzelne Orden 79
a. Frühe Orden 79
b. Der Bektâšîye-Orden 80
c. Der Naqšbandîya-Orden 80
d. Der Sanûsîya-Orden 81
10. Jesus in der islamischen Mystik 81
11. Anmerkungen zur Mystik aus christlicher Sicht 83
Lektion 15: Die Ahmadîya-Bewegung 85
1. Sekte oder Sondergruppe? - Probleme der Abgrenzung 85
2. Geschichte und Lehre der Ahmadîya-Bewegung bis zum Tod ihres Gründers 86
3. Die Spaltung der Ahmadîya-Bewegung 89
4. Die Ahmadîya-Bewegung und das Christentum 91
Lektion 16: Der Volksislam 94
1. Was ist Volksislam? 94
2. Islamische Theologie und Heiligenverehrung 96
3. Grabstätten und Wallfahrtsorte 98
4. Fürsprache im Jüngsten Gericht im Volksislam 103
5. Die kultische Verehrung des Korans 107
6. Krankheitsbekämpfung im Volksislam 108
7. Amulette 109
8. Die Verehrung Muhammads und die ihm zugeschriebenen Wunder 112
a. War Muhammad mehr als ein Mensch? 112
b. Muhammads Wunder in der Überlieferung 112
c. Das Regenwunder Muhammads 115
d. Die Mondspaltung Muhammads 116
e. Die Nachtreise Muhammads 117
f. Die Himmelsreise Muhammads 118
g. Die Sündlosigkeit Muhammads 121
h. Muhammad - der vollkommene Mensch 123
i. Muhammad-Reliquien 127
j. Der Geburtstag des Propheten 129
k. Der Name Muhammads 133
l. Der Tod Muhammads 135
9. Die 99 schönsten Namen Allahs 136
10. Volksislam im Spannungsfeld 139
11. Volksglaube im Christentum 140

Lektion 17-23: Islam und Christentum 142

Lektion 17: Die Propheten im Koran 142
1. Das Christentum im Koran 142
2. Das Christentum in der Überlieferung (hadîṯ) 143
3. Biblische Propheten im Koran 144
4. Die Beglaubigungswunder der koranischen Propheten 148
5. Die Sündlosigkeit der koranischen Propheten 150
6. Adam und seine Frau im Paradies 151
   a. Adam als Prophet 151
   b. Die Erschaffung der ersten Menschen 151
   c. Der verbotene Baum und die Übertretung 152
   d. Adam, der Erbauer der Ka'ba 155
   e. Der Bund Gottes mit Adam 155
   f. Gottes Bundesschluß mit den Propheten 156
7. Kain und Abel (Qâbil und Hâbil) 157
8. Noah (Nûh) 158
9. Abraham (Ibrâhîm), Ismael (Ismâ'îl) und Jakob (Ya'qûb) 160
   a. Abraham als Prophet 160
   b. Abraham warnt vor dem Polytheismus 161
   c. Abraham wendet sich von seiner Familie ab 162
   d. Die Zerstörung der Götzenbilder in der Ka'ba 163
   e. Abraham bekommt zwei Söhne 165
   f. Abraham begründet die Ka'ba neu 166
   g. Das Opfer für Gott - Isaak oder Ismael? 167
10. Lot (Lût) 169
11. Mose (Mûsâ) 170
   a. Mose als Prophet 170
   b. Die Kindheit Moses 171
   c. Flucht vom Hof des Pharao 172
   d. Moses Berufung zum Propheten 173
   e. Mose vor dem Pharao 174
   f. Der Götzendienst der Israeliten 176
   g. Das Volk Israel im Land 179
12. Josef (Yûsuf) 180
   a. Die Bedeutung der Josefsgeschichte 180
   b. Josef im Koran 181
   c. Der Vergleich zwischen biblischem und koranischem Bericht 183
   d. Das Wirken Allahs - das Handeln Gottes 185
   e. Die Gabe der Traumdeutung 185
   f. Josef - ein Sklave? 185
   g. Die Versuchung Josefs 186
   h. Der Gehalt der Offenbarung 187
13. Hiob (Ayyûb) 188
14. Saul (Tâlût) 189

15. David (Dâwûd) 190
16. Salomo (Sulaimân) 191
17. Jona (Yûnus) 194
18. Elias (Ilyâs) und Elisa (Alyasa') 194
19. Was weiß der Koran vom Neuen Testament? 195
20. Zacharias (Zakarîyâ) 196
21. Johannes (Yahyâ) 197
22. Maria (Maryam) 197
23. Weitere, nichtbiblische Propheten im Koran 201
a. Hûd und Sâlih - gesandt zu den 'Âd und Tamûd 201
b. Die Leute von al-Hijr 202
c. Šu'aib - Die Leute von Midian/Madjan 203
Lektion 18: Jesus im Koran und in der Sicht der islamischen Theologie 206
A. Jesus im Koran 206
1. Die beiden Seiten der muslimischen Christologie 206
2. Ankündigung und Geburt Jesu 207
3. Wunder Jesu 211
4. Jesus - Wort Gottes 214
5. Jesus - Geist Gottes 216
6. Jesus - der Messias 218
7. Jesus - der Diener Gottes 219
8. Jesus - Prophet oder Gesandter? 220
9. Jesus - das Gleichnis und der Zeuge 223
10. Der Tod und die Wiederkunft Jesu 224
11. Jesus in schiitischer Sicht 227
12. Die Auferstehung Jesu 228
B. Die Kreuzigung Jesu und die Erlösung in islamischer Sicht 229
1. Die Bedeutung der Kreuzigung Jesu 229
2. Die Kreuzigung im Koran 229
3. Wurde Jesus oder ein anderer gekreuzigt? 231
4. Was geschah mit Jesus? 232
5. Warum sollte Gott die Kreuzigung zulassen? 233
6. Die historisch-kritische Theologie liefert Beweise für die muslimische Apologetik 237
7. Christliche Rationalisten als Leugner der Kreuzigung 238
8. Muhammad Rašîd Ridâ über die christliche Erlösungsvorstellung 239
9. Überlebte Jesus die Kreuzigung? 241
10. Zusammenfassung 241

C. Gründe für die muslimische Ablehnung der Gottessohnschaft Jesu und der Dreieinigkeit 244
1. Jesus Christus - Gott oder Prophet? 244
2. Muhammad, der Prophet - Jesus, der Sohn Gottes und Erlöser 245
3. Warum lehnt der Islam die Gottessohnschaft Jesu und die Dreieinigkeit ab? 247
a. Die Gottessohnschaft widerspricht der muslimischen Ethik 247
b. Die Gottessohnschaft Jesu bedingt die Vaterschaft Gottes 249
c. Die Gottessohnschaft widerspricht der Einsheit Gottes 250
d. Gott offenbart sich nicht als Mensch 251
e. Gott bleibt Geheimnis und ist vom Geschöpf getrennt 251
f. Argumente muslimischer Theologen gegen die Gottessohnschaft Jesu 252
g. Die Ablehnung der Dreieinigkeit 254
h. Jesus ist kein Mittler 256
i. Jesus ist nicht der Bruder der Gläubigen 257

Lektion 19: Islam und Christentum: Eine Zusammenfassung 262
1. Theologische Gemeinsamkeiten von Islam und Christentum 262
2. Theologische Unterschiede von Islam und Christentum 263

Lektion 20: Das Barnabasevangelium als Beispiel für die christlich-muslimische Kontroverse der Gegenwart 268
1. Die Bedeutung des Barnabasevangeliums 268
2. Der Inhalt des Barnabasevangeliums 270
3. Bibel und Koran im Barnabasevangelium 270
4. Jesus Christus und die Kreuzigung 271
5. Ist das Barnabasevangelium ein islamisches Evangelium? 275
6. Das Barnabasevangelium widerspricht dem Koran 276
7. Objektive Fehler im Barnabasevangelium 277
8. Anhaltspunkte für eine mittelalterliche Abfassungszeit? 277
9. Die ersten Erwähnungen des Barnabasevangeliums in Europa 280
10. Die Einführung des Barnabasevangeliums in die islamische Welt 280
11. Die erste vollständige Textausgabe des Barnabasevangeliums 1907 280
12. Die erste arabische Übersetzung des Barnabasevangeliums 1908 281
13. Die Diskussion um das Barnabasevangelium heute 282
14. Übersetzungen des Barnabasevangeliums 283

15. Drei Beispiele für die muslimische Apologetik zugunsten des Barnabasevangeliums 285
a. Muhammad Muhammad Abû Zahra 285
b. Ahmad Šalabî 287
c. A. Yusseff 288
Lektion 21: Das muslimische Dogma von der Verfälschung der Bibel 290
1. Einleitung 290
2. Positive Äusserungen des Korans über das Evangelium 291
3. Die Entwicklung des Vorwurfs der Schriftverfälschung nach Muhammad 292
4. Die Schriftverfälschung nach Ansicht muslimischer Theologen 293
5. Das muslimische Dogma vom Koran als Ur-Offenbarung 293
6. Der Einfluß der historisch-kritischen Bibelliteratur Europas 294
7. Muhammad Rašîd Ridâs Übernahme der westlichen Theologie 295
8. Abû Zahras Rückgriff auf die historisch-kritische Methode 297
9. Der Vorwurf der Verfälschung des Christentums durch Paulus 298
10. Ahmad Šalabîs Vergleich des Christentums mit anderen Religionen 299
Lektion 22: Geschichte und Kritik der Islamwissenschaft 301
1. Drei Feindbilder 301
2. Die Entwicklung der Orientalistik 302
3. Europäische Koranübersetzungen und der Beginn der Islamwissenschaft 303
4. Das Problem der Neutralität in der Islamwissenschaft 309
5. Positive Urteile über Muhammad seitens der modernen Islamwissenschaft 310
Lektion 23: Aus der Geschichte der Kontroverse zwischen Islam und Christentum 318
A. Geschichte der christlichen Erforschung des Islam 318
1. Bis zum Jahr 1300 318
2. Von 1300 bis 1500 320
3. Von 1500 bis 1700 321
4. Von 1700 bis zur Gegenwart 323
B. Bedeutende Apologeten des Islam und des Christentums 325
1. Vorbemerkung 325
2. Johannes Damascenus (675-753) 325
3. Theodor Abû Qurra (740-825) 326
4. Timotheus I (728-823) 326
5. 'Alî b. Sahl b. Rabbân at-Tabarî (gest. 855) 327

6. 'Abd al-Masîh ibn Ishâq al-Kindî (9. Jahrhundert) 327
7. Die Kreuzzüge 328
8. Abû Muhammad 'Alî Ibn Hazm (994-1064) 329
9. Abû Hamîd Muhammad Ibn Muhammad al-Ghazâlî (1059-1111) 330
10. Petrus Venerabilis (1094-1156) 331
11. Thomas von Aquin (1225-1274) 332
12. Raymund Lull (ca. 1235-1315) 332
13. Taqî ad-Dîn Abû l-'Abbâs Ahmad Ibn Taymîya (1263-1328) 333
14. Ludovico Marracci (1612-1700) 335
15. Jerome Xavier (1549-1617) 335
16. Die moderne Mission 336
C. Pioniermissionare in der islamischen Welt 338
1. Der Beginn der protestantischen Islammission 338
2. Henry Martyn (1781-1812) 338
3. Karl Gottlieb Pfander (1803-1865) 340
4. William Henry Temple Gairdner (1873-1928) 344
5. Samuel Marinus Zwemer, 'Apostel des Islam' (1867-1952) 345

Glossar arabischer Begriffe 348
Literaturverzeichnis 356

Detaillierte Gliederung von Band 1

Vorwort 1

Lektion 1-4: Die Entstehung des Islam 7

Lektion 1: Die Arabische Halbinsel vor dem Auftreten Muhammads 7
1. Vorbemerkung 7
2. Die Stammesorganisation 8
3. Jüdische Siedlungen auf der Arabischen Halbinsel 10
4. Das Christentum auf der Arabischen Halbinsel 12
5. Das altarabische Heidentum 15
a. Der altarabische Glaube an mehrere Götter 15
b. Der altarabische Glaube an Geister und Dämonen 16
c. Geister und Dämonen im Koran 18
d. Weibliche Gottheiten: Manât, al-Lât, al-'Uzza 19
e. Der Gestirnskult 21
f. Der altarabische Glaube an den höchsten Gott 21
g. Die Ka'ba 22
h. Vorislamische Wallfahrten 25

Lektion 2: Das Leben des Propheten Muhammad bis zur Übersiedlung nach Medina (die hijra) 28
A. Die Quellen zum Leben des Propheten Muhammad 28
1. Einführung 28
2. Die Prophetenbiographien 29
3. Die Überlieferung (hadît) 31
a. Die Bedeutung der Überlieferung 31
b. Die Zuverlässigkeit der Überlieferung 32
c. Die Traditionssammlungen 36
d. Die Orientalistik zur Überlieferung 37
B. Muhammads Leben vor seiner Berufung 38
C. Muhammads Leben von der Berufung zum Propheten bis zur Übersiedlung nach Medina (hijra) 40
1. Gründe für die Berufung Muhammads 40
2. Jüdische und christliche Einflüsse auf Muhammad 41
3. Muhammads Berufungserlebnis 43
4. Muhammads erste Verkündigungen 46
5. Was bedeutet 'Islam'? 47
6. Reaktionen auf Muhammads Verkündigungen 48
7. Der Koran als Beglaubigungswunder für Muhammads Sendung 49
8. Konnte Muhammad lesen und schreiben? 53
9. Der Koran als Zeugnis für die Menschlichkeit Muhammads 54
10. 'Beweise' für die göttliche Sendung Muhammads 55

11. Bibeltexte, die angeblich Muhammad ankündigen 57
a. Im Alten Testament 57
b. Im Neuen Testament 60
c. Was sagen Christen zu den angeblichen Ankündigungen Muhammads in der Bibel? 62
12. Alttestamentliche Propheten als Vorbilder Muhammads 63
13. Die Hanîfen 66
14. Ablehnung durch Muhammads Landsleute 66
Lektion 3: Muhammads Übersiedlung von Mekka nach Medina (die hijra) 71
1. Die Lage vor der Übersiedlung nach Medina 71
2. Muhammad in Medina 73
3. Muhammad und die Juden 75
a. Die Juden in Medina 75
b. Die Banû Qaynuqâ' 77
c. Die Banû Nadir 77
d. Die Banû Qurayza 78
e. Die Juden von Haybar 79
f. Rechtfertigungen für Muhammads Vorgehen gegen die Juden 79
4. Muhammad und die Christen 81
5. Die 'Heuchler' 82
6. Kriege mit den Mekkanern 83
a. Der Beginn der Kriege 83
b. Die Schlacht von Badr 84
c. Die Schlacht von Uhud 84
d. Der Grabenkrieg 85
e. Der Vertrag von al-Hudaybiya 85
f. Die Schlacht von Hunayn 86
7. Muhammad - Prophet und Staatslenker 87
8. Motive für die Bekehrung zum Islam 88
9. Die Abschiedswallfahrt 88
10. Muhammads Tod 90
11. Zeittafel zum Leben Muhammads 91
Lektion 4: Die Ausbreitung des Islam nach Muhammads Tod: Die Kalifen 92
1. Die politische Nachfolge Muhammads 92
2. Die theologische Entwicklung des Dogmas vom Heiligen Krieg (jihâd) 92
3. Die erste Eroberungswelle: Die vier rechtgeleiteten Kalifen (632-661) 94
4. Die zweite Eroberungswelle: Die Umayyaden (661-750) 96
5. Die Abbasiden (750-1258) 99
6. Die Neuzeit 101
7. Das Kalifat 102
8. Zeittafel zur Geschichte des Kalifats 104

9. Die religiöse und politische Herrschaft des Islam (al-Islâm dîn wa-daula) 106
10. Menschenrechte im Islam 107
a. Islamische Menschenrechte 107
b. Menschenrechte für Muslime 109
c. Menschenrechte für Nichtmuslime 109

Lektion 5-11: Islamische Dogmatik und Ethik 112

Lektion 5: Der Koran 112
1. Der Koran als Buch 112
2. Der Begriff 'Koran' 113
3. Der 'arabische Koran' 113
4. Suren und Verse des Korans 114
5. Das Zeugnis des Korans über sich selbst: Allahs Offenbarung 118
6. Die 'geheimnisvollen Buchstaben' des Korans 119
7. Die Sammlung des Korantextes 121
8. Das Problem der Abrogation 122
9. Die frühe Textgeschichte des Korans 124
a. Die Frage der Zuverlässigkeit der frühen Koranmanuskripte 124
b. Die muslimische Sichtweise 125
b. Gründe für das Fehlen einer muslimischen kritischen Koranexegese 127
c. Die Festlegung des Korantextes aus der Sicht der westlichen Islamwissenschaft 129
d. Die Lesarten der frühen Koranmanuskripte 134
e. Innerislamische Kritik am Korantext 137
10. Die Datierung einzelner Suren 139

Lektion 6: Die 5 Säulen des Islam 141
A. Die Grundlehren des Islam 141
B. Die 5 Säulen des Islam 144
1. Das Bekenntnis 144
2. Das Gebet 147
a. Das Verständnis des Gebets 147
b. Der Ablauf des Gebets 150
c. Das Freitagsgebet 152
d. Freiwillige Gebete 155
e. Moscheen als Ort der Politik 158
f. Moscheen als Versammlungsort 160
3. Die Almosen 161
4. Das Fasten 163
a. Das Fasten im Fastenmonat 163
b. Ramadângebete 166
c. Das Fest des Fastenbrechens 168
d. Das Bußfasten 171

5. Die Pilgerfahrt 172
a. Die Wallfahrt zur Ka'ba 172
b. Die kleine Wallfahrt ('umra) 175
c. Die grosse Wallfahrt (hajj) 179
d. Vorislamische Vorläufer der kleinen und grossen Wallfahrt 181
6. Der Heilige Krieg (jihâd) 181
a. Die Theorie des Heiligen Krieges (jihâd) 181
b. Die Ausbreitung des islamischen Reiches 183
c. Die schiitische Sichtweise des Heiligen Krieges (jihâd) 186
d. Schriftbesitzer und Heiliger Krieg (jihâd) im muslimischen Gebiet 186
Lektion 7: Das Jenseits im Islam 188
A. Das Jüngste Gericht 188
1. Der Koran über das Jüngste Gericht 188
2. Die Überlieferung über das Jüngste Gericht 193
3. Gibt es Fürsprache im Jüngsten Gericht? (Koran) 195
4. Gibt es Fürsprache im Jüngsten Gericht? (Überlieferung und Volksglaube) 198
5. Die Hölle 200
6. Das Paradies 201
a. Die Freude des Paradieses 201
b. Männer und Frauen im Paradies? 205
B. Geister und Dämonen 206
1. Die Engel 206
2. Die schiitische Lehre von den Engeln 209
3. Teufel, Satan und Dämonen 210
Lektion 8: Gott und Mensch im Islam 215
A. Gott ist nur einer, der Schöpfer der Welt 215
1. Gerichtsverkündigung und Monotheismus 215
2. Das Bilderverbot des Islam 216
3. Gottes Liebe und Barmherzigkeit 217
4. Gott, der Schöpfer und Erhalter 221
5. Gottes Wesen und sein Handeln 222
6. Ist Allah ein persönlicher Gott? 226
B. Lehrt der Islam den Fatalismus? 229
1. Prädestination und Verantwortung 229
2. Die eine Seite: Gott bestimmt alles 230
a. Die Souveränität Gottes: Gott bestimmt den Weg des Menschen 230
b. Gott schafft Glauben und Unglauben 232
3. Die andere Seite: Der Mensch ist verantwortlich 233
a. Die Verantwortung des Menschen 233
b. Gott und Mensch sind gemeinsam verantwortlich 234
c. Die bewußte Abkehr vom Islam 236
d. Die Prädestination in der Überlieferung 237

Lektion 9: Glaube, Unglaube und Sünde im Islam 239
A. Glaube im Islam 239
1. Was bedeutet Glaube an Allah? 239
2. Glaube und Verstand 242
3. Glaube und Handeln 244
4. Muslimische Glaubensgrundsätze 245
B. Unglaube im Islam 249
1. Was bedeutet Unglaube im Islam? 249
2. Apostasie im Koran 250
3. Apostasie und Todesstrafe im Urteil muslimischer Theologen 252
C. Sünde im Islam 257
1. Was ist Sünde im Islam? 257
2. Sünde betrifft Gott nicht 259
3. Das Böse kommt von außen 260
4. Große und kleine Sünden 261
5. Erbsünde und Erlösung 265
6. Das positive Menschenbild des Islam 267
7. Buße und Vergebung 269
8. Genügt eine formelle Buße? 272
9. Keine Vergebung für Ungläubige und Götzendiener 273
Lektion 10: Das islamische Recht und seine Rechtsquellen 275
A. Das islamische Recht (šarî'a) 275
1. Was ist islamisches Recht? 275
2. Das islamische Recht zu Muhammads Lebzeiten 276
3. Das islamische Recht nach Muhammads Tod 278
4. Die frühe islamische Rechtsentwicklung 279
5. Zur Bedeutung der Überlieferung 282
6. Die sunnitischen Rechtsschulen 283
a. Was sind Rechtsschulen? 283
b. Die Hanafiten 284
c. Die Malikiten 285
d. Die Šâfi'iten 285
e. Die Hanbaliten 286
f. Die schiitische Rechtsschule 287
g. Untergegangene Rechtsschulen 287
h. Die Mu'taziliten 288
7. Die Rechtsentwicklungen zur Moderne 292
B. Das islamische Strafrecht 293
1. Gründzüge des islamischen Strafrechtes 293
2. Grenzstrafen (hadd-Strafen) 295
3. Das Beispiel des Alkoholverbotes 297
4. Ermessens-Strafen (ta'zîr-Strafen) 299
5. Verbrechen mit Wiedervergeltung (qisâs-Vergehen) 300

Lektion 11: Frauen im Islam 302
1. Einführung 302
2. Hat Muhammad die Lage der Frauen verbessert? 302
3. Polygamie damals und heute 305
4. Muhammads Ehen 307
5. Die schiitische Zeitehe 309
6. Ledigsein in der islamischen Welt 313
7. Das Heiratsalter 314
8. Ehehindernisse 315
9. Die Eheschließung 316
10. Geburt und Namensgebung 318
11. Kinderlosigkeit und Geburtenkontrolle 319
12. Abtreibung 321
13. Beschneidung 321
14. Der Schleier 323
15. Das koranische Züchtigungsrecht für den Ehemann 326
16. Ehebruch 329
17. Homosexualität 330
18. Das Ende der Ehe 331
19. Scheidung damals und heute 332
20. Das Erbrecht der Frauen 338
21. Frauenbewegung und Mädchenbildung 339
22. Muslimische Frauen heute 342
23. Drei Beispiele aus dem Iran 349

LEKTION 12-16: DIE AUFFÄCHERUNG DES ISLAM

LEKTION 12: DIE SCHIITEN

1. Gründe für die Spaltung des Islam in Sunniten und Schiiten

Durch den unerwarteten Tod Muhammads stand die junge islamische Gemeinde unvorbereitet vor der Frage, wer religiöser Führer der Gemeinde und wer militärischer Führer und Feldherr werden sollte. Daraus mußten sich unter seinen Anhängern fast zwangsläufig Konflikte ergeben. Da Muhammad sowohl geistlicher als auch militärischer Führer gewesen war, war die künftige islamische Einheit von Politik und Religion von Anfang an angelegt.

Aus dieser Uneinigkeit, wer würdig sei, die Gemeinde des Islam weiter zu führen, ergab sich die geschichtlich und theologisch folgenschwerste Spaltung des Islam in mehrere Gruppen, unter denen die Gruppen, die später den Namen Sunniten und Schiiten erhielten, die bedeutsamsten waren. Zwischen diesen Gruppierungen entwickelten sich nicht unerhebliche Lehrunterschiede, die bis heute bestehen. Daher gibt es heute, ebensowenig wie es *den Islam* gibt, *die Schiiten* oder *die Sunniten* als einheitliche Gruppen, sondern vielmehr unter den Oberbegriffen Sunniten und Schiiten eine Vielzahl von Gruppierungen mit wiederum etlichen Untergruppen und Abspaltungen.

Schiiten und Sunniten wurden immer wieder mit Protestanten und Katholiken im Christentum verglichen. Während sich im Christentum jedoch die große Spaltung erst im 16. Jahrhundert n. Chr. vollzog, hat sich die schiitische Richtung schon sehr bald nach der Entstehung des Islam vom übrigen, sunnitischen Islam abgetrennt. Aber auch abgesehen davon trifft der Vergleich nur in sehr beschränktem Maße und nur dort zu, wo er darauf hindeuten soll, daß es im islamischen wie im christlichen Bereich verschiedene Gruppen gibt, deren Theologie und

Frömmigkeitsstil voneinander abweichen und die - mehr oder minder deutlich - den alleinigen Wahrheitsanspruch vertreten.

Viel schwerwiegender sind jedoch die Argumente, die gegen einen solchen Vergleich sprechen: Während der Islam in die beiden großen Gruppen der Schiiten und Sunniten gespalten ist, ist das Christentum mindestens in vier Hauptrichtungen (Katholiken, Protestanten, Orthodoxe, Anglikaner) unterteilt. Außerdem müßte zuerst definiert werden, ob in diesem Vergleich die Katholiken mit den Sunniten oder Schiiten gleichgesetzt werden. Wenn der Vergleich darauf abzielen soll, daß sich mit den Protestanten eine kleine, politisch eher unbedeutende Gruppe von der etablierten katholischen Kirche abgespalten hat, dann müßten die Schiiten mit den Protestanten gleichgesetzt werden. Dazu paßt allerdings nicht die Rolle, die die Führer der schiitischen Gemeinde (arab. Imâme) als eine Art Mittler zwischen Gott und der Gemeinde innehaben, da sie stärker an die katholische Kirchenstruktur mit ihrem Oberhaupt erinnert. Außerdem ist der 'Heiligen- und Reliquienglaube' im Schiismus stärker ausgeprägt als im Sunnismus. Der Vergleich trifft auch nicht zu, wenn man bedenkt, daß der sich abspaltende Protestantismus eine Bewegung zurück zur Bibel und fort von den überlieferten Traditionen der katholischen Kirche war, während der schiitsche Islam in gleichem Maße wie der sunnitische Islam Traditionen gleichwertig neben dem Koran anerkennt. Traditionen im islamischen Sinne kennt die christliche Kirche überhaupt nicht. Die katholische Kirche hat zwar bestimmte Konzilsfestlegungen und Lehrentscheidungen als verbindlich erklärt, aber der Bibel doch niemals zusätzliche Jesus- oder Apostelworte hinzugefügt, wie das für die islamische Tradition mit ihren Aussprüchen der Prophetengefährten und Muhammads der Fall ist. Im Islam gibt es meines Wissens überhaupt keine Bewegung, die ausschließlich den Koran anerkennt und die Traditionen vollkommen ablehnt. 'Allein die Bibel' war jedoch stets eines der Prinzipien des protestantischen Fundamentalismus.

Nach Muhammads Tod entstand also grundsätzlich die Frage, nach welchen Kriterien ein Mann Nachfolger (arab. h̲alîfa = Kalif) Muhammads werden konnte. Die Anhänger Muhammads zerfielen zunächst in drei größere Gruppen, die man später Schiiten, H̲ârijiten und Sunniten genannt hat. Die Schiiten forderten einen Nachfahren des Propheten, die H̲ârijiten plädierten für den fähigsten Mann, völlig unabhängig von seiner Herkunft[1], und die Sunniten traten einerseits für einen Nachfolger aus Muhammads Stamm, den Qurayš, also für eine gewisse verwandtschaftliche Verbindung zum Propheten ein, forderten aber gleichzeitig auch, daß ein Rat (arab. šûra) die-

[1]Die 'Ausziehenden' (arab. H̲ârijiten) spalteten sich schon früh als eigenständige Gruppe ab. In ihrer Meinung, daß nur der fähigste Mann der muslimischen Gemeinde, ungeachtet seiner Herkunft, rechtmäßiger Nachfolger und Führer der muslimischen Gemeinschaft werden dürfe, gingen sie soweit zu sagen, daß dies auch ein 'abessinischer Sklave' sein könne. Einzelheiten zu den H̲ârijiten vgl. bei Watt, Marmura. Islam. S. 1ff.

sen Mann wählt und er durch eine öffentliche Huldigung (arab. bay'a) bestätigt wird. Dieser Kalif leitete in den folgenden Jahrhunderten die Gemeinde nach den aus Koran und Prophetenüberlieferung (arab. sunna) von den Theologen ausgearbeiteten Rechtsprinzipien und erließ (wenigstens in der Theorie) selbst keine eigenständigen Gesetze.

Für die Schiiten war also das oberste Gebot die blutsmäßige Abstammung vom Propheten. Sie vertraten die Ansicht, daß nur ein Verwandter, auf den die Segenskraft des Propheten übergegangen sei, Leiter der Gemeinde werden könnte. Gerade diese letzte Erwägung, möglichst einen direkten Nachkommen Muhammads zum Nachfolger zu wählen, wurde durch die Tatsache erschwert, daß alle leiblichen Söhne Muhammads bereits vor ihm gestorben waren und damit keine direkten männlichen Nachkommen des Propheten existierten. Die nächsten in Frage kommenden leiblichen Nachfolger wären die beiden Prophetenenkel al-Hasan und al-Husain, Söhne von Muhammads Tochter Fâtima oder sein Schwiegersohn und Vetter 'Alî Ibn Abî Tâlib, kurz 'Alî genannt, gewesen, der darüberhinaus zu den ersten Anhängern des Propheten gehörte. Aufgrund der Machtkonstellation nach Muhammads Tod bestand jedoch für einen der direkten Nachkommen Muhammads keine Aussicht, sich bei der Wahl des Nachfolgers durchsetzen zu können.

2. Herrscher nach Muhammad: Die ersten vier Kalifen in sunnitischer und schiitischer Sicht

Aus diesem Grund wurde noch in Muhammads Todesjahr 632 n. Chr. in Abwesenheit von Muhammads Schwiegersohn 'Alî einer der frühesten Anhänger Muhammads und einer der bedeutendsten Feldherren zur Frühzeit des Islam, Abû Bakr (632-634 n. Chr.), zum Prophetennachfolger (arab. h̲alîfa = Kalif) gewählt[2]. Er konnte erfolgreich die nach Muhammads Tod ausbrechenden Unruhen, die daraus entstanden waren, daß einige arabische Stämme eigene Kandidaten zur Prophetennachfolge vorgeschlagen hatten, niederwerfen und sich als politischer und geistlicher Führer der jungen Gemeinde erfolgreich durchsetzen[3]. Ihm folgten 'Umar (634-644) und der schon früh zum Islam übergetretene 'Ut̲mân (644-656), und erst nach dessen Ermordung im Jahr 656 als vierter Kalif der Vetter und Schwiegersohn des Propheten, 'Alî ibn Abî Tâlib (656-661). Alle vier Kalifen, die das bei Muhammads Tod noch so kleine islamische Reich innerhalb weniger Jahrzehnte durch Expansion und den Auf-

[2]Zur Problematik der Legitimierung der Autorität bei den ersten Kalifen nach Muhammads Tod vgl. Nagel. Considerations. S. 177-197

[3]Halm. Schia. S. 8

bau innerer Herrschaftsstrukturen zu einem Weltreich machten, werden zusammen als die vier 'rechtgeleiteten Kalifen' (arab. al-hulafâ' ar-rašîdûn) bezeichnet und die 29 Jahre ihrer gemeinsamen Regierungszeit von 632-661 n. Chr. gelten als das 'Goldene Zeitalter' des Islam. Die frühislamische Gemeinde ist bis zum heutigen Tag das Vorbild der muslimischen Gemeinde.

Nach den ersten vier Kalifen, die übrigens alle nach kurzen Regierungszeiten ermordet wurden, stand der Islam niemals mehr als ein solch geschlossener Block zusammen, waren die internen Spannungen so wenig sichtbar und führten die Siege, Eroberungen und die Ausbreitung des Islam so unmittelbar und sichtbar zum Erfolg. Zudem wurde die damalige Gemeinde noch von Leuten regiert, die den Propheten persönlich gekannt und zu den - später besonders verehrten - ersten Gläubigen überhaupt gehört hatten. In der späteren Geschichte des Islam - bis ins 20. Jahrhundert hinein - ist bei Gruppierungen wie den ägyptischen Muslimbrüdern die Wiederherstellung dieses 'Goldenen Zeitalters' des Islam mit der islamischen 'Urgemeinde' ein definitives Ziel. Mit dieser 'Urgemeinde'sind diese ersten knapp 30 Jahre der islamischen Geschichte gemeint. Diese Zeit wurde zumindest in der Verklärung nachfolgender Jahrhunderte hinsichtlich der 'Einheit' und Stärke der islamischen Welt zur Zukunftshoffnung für viele endzeitlich orientierten, Reform anstrebenden Gruppen.

'Alî, der vierte Kalif, hätte eigentlich, wie eine Minderheit von Anfang an geglaubt hatte, als das dem Propheten verwandtschaftlich am nächsten stehende Gemeindemitglied, auch der erste Leiter der muslimischen Gemeinde werden müssen, da Allah ihn - durch den Wunsch und die Bestimmung Muhammads - als Nachfolger Muhammads designiert habe. Diese Gruppe ist der Ansicht, Muhammad habe vor seinem Tod

> "... 'Alî durch Designation ... und persönliches Legat ... als geistlichen Vorsteher, Imâm, damit zugleich als Haupt der Theokratie eingesetzt; das 'Licht' der göttlichen Inspiration sei von Muhammad auf ihn und weiter auf seine leiblichen und spirituellen Nachkommen übergegangen"[4].

Später wurde diese Gruppe, die den Anspruch auf die verwandtschaftliche Nachfolge erhob, als Schia (arab. šî'a = Partei, Anhängerschaft), also als Partei des 'Alî bezeichnet. Diese Anhängerschaft, die innerhalb der Gruppe der muslimischen Gläubigen von Anfang an die Minderheit darstellte[5] und insgesamt betrachtet in der ganzen islamischen Geschichte machtpolitisch immer unbe-

---

[4]Endreß. Einführung. S. 48

[5]Halm. Schia. Vorwort.

deutend blieb, betonte später, Muhammad habe im März 632 (also kurz vor seinem Tod) 'Alî unter vier Augen seine Bestimmung zum Nachfolger mitgeteilt. Die schiitische Tradition geht davon aus, daß Muhammad noch auf seinem Sterbelager nach Tinte und Feder verlangt habe und seine Bestimmungen über die Nachfolge diktieren wollte, damit seine Anhänger nicht in die Irre gehen möchten, sie aber nicht auf ihn hörten, da sie ihn für zu krank hielten[6]. Die Schia stützt sich dabei auf den Ausspruch Muhammads aus der Überlieferung (arab. hadît): "Jeder, dessen Patron ich bin, der hat auch 'Alî zum Patron", den Muhammad angeblich bei der Rückkehr von seiner 'Abschiedswallfahrt' von Mekka geäußert haben soll[7]. Die Schiiten haben gemutmaßt, alle schriftlichen Hinweise Muhammads auf 'Alî hinsichtlich der Nachfolge seien später von den Sunniten unterschlagen worden[8]. Über diese zunächst anscheinend rein politische Frage der Nachfolge hinaus haben sich jedoch auch schnell lehrmäßige Unterschiede zwischen Sunniten und Schiiten gebildet und verfestigt und sind nie mehr durch eine Versöhnung beider Richtungen aufgehoben worden.

Ungeachtet der Tatsache, daß sich vor 'Alî drei Kalifen in der Nachfolge des Propheten durchgesetzt hatten, die nicht mit Muhammad verwandt waren, beharrte die 'Partei 'Alîs' gegenüber den Sunniten weiterhin auf der Rechtmäßigkeit der alleinigen Nachfolge 'Alîs. Dennoch konnte sich die Mehrheit der Sunniten zunächst mit der Designation von Abû Bakr, 'Umar und 'Utmân durchsetzen. Auch als nach dem Tod 'Alîs der offene und endgültige Bruch zwischen beiden Richtungen vollzogen worden war, gaben die Schiiten zumindest in der Theorie ihren Anspruch auf die rechtmäßige Herrschaft nie auf. Gleichzeitig konnten sich die Sunniten das Kalifat für die nachfolgenden Jahrhunderte sichern[9], womit die Hoffnungen der Schiiten auf eine weltliche Herrschaft eigentlich hätte dahinschwinden müssen.

Für die Sunniten ist nach Abû Bakr, 'Umar und 'Utmân 'Alî also bereits der vierte Kalif, für die Schiiten jedoch der erste rechtmäßige Kalif, der Führer (arab. Imâm) der muslimischen Gemeinde. Obwohl von Anfang an im Verständnis der Nachfolge Muhammads beträchtliche Unterschiede bestanden, vollzog sich die eigentliche Spaltung zwischen Sunniten und Schiiten erst nach 'Alîs Tod. Sie

---

[6]So in der schiitischen Darstellung Tabâtabâ'î. Islam. S. 182.

[7]Einen der vielen 'Belege' für diese Designation s. bei Halm. Schia. S. 10.

[8]Die Schiiten waren sogar der Ansicht, Muhammad habe diese Designation 'Alîs als Wort Gottes im Koran festgehalten. Die Sunniten seien nicht davor zurückgeschreckt, diese Regelung aus dem ursprünglichen Korantext zu entfernen. van Ess. Theologie. Bd. 1. S. 36

[9]Zunächst mit der Familie der Umayyaden, danach mit den Abbasiden

markiert zugleich den Beginn der Geschichte der Schia markiert. Auch innerhalb der Gruppe der Schiiten ergab sich mancher theologische Widerstreit, z. B. darüber, welche übermenschlichen Eigenschaften und theologischen Befähigungen der geistliche Leiter der muslimischen Gemeinde haben sollte[10]. Das führte im Laufe der Zeit zu weiteren Spaltungen.

Für die Sunniten besitzt der Kalif zwar das oberste Verwaltungs- und Richteramt; er ist auch der oberste militärische Führer, hat aber im Gegensatz zum schiitischen Imâm keine theologische Lehrautorität:

> "Der charakteristische Zug der schiitischen Theologie ist der Glaube an das Imâmat. Nach dem imâmitischen Glauben ist das Imâmat eine Art Fortsetzung des Prophetentums. Der Prophet erfüllte die Funktionen eines Imâm, empfing aber zusätzlich die Offenbarungen, auf denen die äußere religiöse Ordnung der Gemeinschaft beruht. Man glaubt, der Imâm habe dreierlei Aufgaben: Er ist der Herrscher der Gemeinschaft ('umma'), dem Gehorsam gebührt; er ist die Quelle der religiösen Lehre der Gemeinschaft, die aus der Offenbarung abgeleitet ist, und er ist der Führer, von dem die Menschen die innere Bedeutung der Dinge lernen können"[11].

Für die Schiiten stellt bis heute die Aufstellung der ersten drei - nicht von Gott, sondern von Menschen bestimmten - Kalifen eine schwere Sünde dar, da sie nicht den von Gott ausgewählten und von Muhammad mitgeteilten Nachfolger 'Alî designiert hatten, sondern eine eigene, menschliche und damit falsche Wahl getroffen hatten. Daher ist es für sie durchaus legitim, bei alljährlich stattfindenden schiitischen Feierlichkeiten, wie etwa den Muharram-Prozessionen, die sunnitischen Kalifen zu verfluchen[12].

Zwar gibt es zwischen Schiiten und Sunniten Lehrunterschiede; in Rechtsfragen sind sie jedoch erstaunlich gering[13].

> Wilferd Madelung hält sie für nicht bedeutender als zwischen den sunnitischen Rechtsschulen untereinander. Ein Unterschied, den die religiösen Pflichten (arab. 'ibâdât) betrifft, ist der Gebetsruf, der von schiitischer Seite durch den Aufruf "Auf zum besten Tun" (arab. hayya 'alâ ẖair al-'amal) ergänzt werden kann. Der fünfte Imâm der Zwölfer-Schia, Muhammad al-Bâqir, soll den Kalifen 'Umar beschuldigt haben, diesen Zusatz gestrichen zu haben, damit die Menschen nicht vom heiligen Krieg (arab. jihâd) abgehalten würden. Der Konsens der muslimischen Theologen mußte sich nach schiitischer An-

[10]Zu den bedeutendsten modernen schiitischen Dogmatiken, die auch in englischer Sprache erschien, gehört zweifellos Tabâtabâ'î. Islam.

[11]Watt, Welch. Islam. S. 450-451

[12]Vgl. Lektion 12.7.a.+b. zu den schiitischen Muharram-Prozessionen

[13]Madelung. Attitudes. S. 69

sicht auf die Übereinstimmung innerhalb der eigenen religiösen Gemeinschaft beschränken. Der Analogieschluß wurde von den Zwölfer- und Siebenerschiiten ganz abgelehnt. Ferner ist die Zeitehe auf schiitischer Seite erwähnenswert sowie die Tatsache, daß nach schiitischem Recht Männer nicht - wie nach sunnitischem Recht üblich - das doppelte von dem Erbe der Frauen erhalten, sondern hier kein Unterschied nach Geschlecht gemacht wird[14].

Unter den Lehrunterschieden sollte die schiitische Ansicht erwähnt werden, jeder Koranvers habe eine äußere, offensichtliche Bedeutung und eine innere, verborgene, esoterische, die sich dem normalen Leser verschließt. Um diese zweite Bedeutungsebene des Korans zu verstehen, braucht die schiitische Gemeinde den sündlosen und von Gott erwählten Imâm, den Gott in diese Geheimnisse eingeweiht hat. Der Imâm nimmt also eine Art Mittlerfunktion zwischen Gott und der schiitischen Gemeinde wahr. So wie nach Ansicht der gläubigen Muslime Muhammad niemals am Götzendienst seiner Landsleute teilgenommen hat, so glauben auch die Schiiten nicht, daß der sündlose Imâm 'Alî jemals die Sünde des Götzendienstes begangen hat[15].

In der schiitischen Überlieferung spielen im Gegensatz zum sunnitischen Bereich die Überlieferungen von 'Alî und den nachfolgenden Imâmen eine große Rolle. Die Aussprüche der Imâme innerhalb der Schia besitzen dieselbe Lehrautorität wie der Koran selbst. Der Imâm ist der Vertreter 'Alîs auf Erden[16]. Der Imâm kennt nach schiitischer Ansicht die Zukunft, er kann alle Sprachen sprechen und kennt den höchsten Namen Gottes, der den übrigen Gläubigen verborgen ist[17]. Uneinigkeit besteht innerhalb der Schia darüber, wie der Imâm dieses übernatürliche Wissen erwirbt: erhält er es aus den heiligen Büchern, von seiner Familie, von einem vorausgegangenen Imân, von Gott direkt oder wird sein Geist zu Mohammed versammelt?[18]

---

[14]Madelung. Attitudes. S. 69-70

[15]Tabâtabâ'î. Islam. S. 191

[16]van Ess. Theologie. Bd. 1. S. 276

[17]van Ess. Theologie. Bd. 1. S. 278-279

[18]van Ess. Theologie. Bd. 1. S. 278-280 jeweils mit Nennung schiitischer Quellen zu diesen Theorien. Als der neunte Imâm Muhammad al-Jawâd im Alter von nur sieben Jahren Imâm wurde, nahm man daraufhin an, daß auch ein Kind schon dieses geheime Wissen haben könne.

Wie erhält der Imâm sein übernatürliches Wissen? (unterschiedliche Aufassungen)
1. Er erhält es aus den heiligen Büchern.
2. Er erbt es von seiner Familie.
3. Er erhält es von dem vorausgehenden Imâm in dessen Todesstunde.
4. Er erhält es direkt von Gott.
5. Sein Geist wird zum Propheten Muhammad versammelt.

Schon von Anfang an enthielt die Oppositon der Schiiten[19] also ein politisches und ein religiöses Element: ein religiöses, weil nach Meinung der Schia der rechtmäßige Nachfolger nur durch Gott hätte auserwählt werden dürfen und nun doch eine menschliche Wahl erfolgt war und ein politisches, weil die Schiiten mehrfach in der Geschichte versuchten, die weltlich-politische Macht, also das Kalifat und damit die Oberherrschaft über die islamische Welt zu erlangen. Sie konnten jedoch immer nur Teilerfolge erringen und sich höchstens die Herrschaft über einzelne Gebiete wie Ägypten (dort herrschten die schiitischen Fatimiden im 10./11. Jahrhundert) oder den Iran sichern.

> Die schiitischen Safawiden mit Ismâ'îl kamen im Jahr 1501 mit seinem militärischen Sieg und seinem Einzug in Tabriz in Persien an die Macht. Der safawidsche Schah versuchte, die gewaltsame Schiitisierung des Irans rasch umzusetzen und erhob einen universalen Herrschaftsanspruch, konnte diesen jedoch nicht durchsetzen. Schon 1722 fielen die sunnitschen Afghanen in das Safawidenreich ein und nahmen bis 1729 Isfahan ein. 1796 begann die Qajarenherrschaft[20]. Dennoch ist die Schia keinesfalls eine persische Erscheinung, sondern hat vielmehr echt arabische Wurzeln.

Die Herrschaft über das gesamte islamische Reich ist den Schiiten ungeachtet ihres Anspruches, die rechtmäßigen Herrscher der islamischen Gemeinde zu sein, immer verwehrt geblieben. Daher hatte die Schia von Anfang an eine negative Einstellung zum sunnitischen Staat als Herrschaftsinstitution, die sich bis in die Neuzeit verfolgen läßt. Da sich die Hoffnung auf eine weltliche Herrschaft auch auf lange Sicht nicht verwirklichen ließ, verlagerte die Schia ihre Hoffnungen auf die weltliche Herrschaft in eine zu erwartende Heilszeit

[19] Vgl. als Darstellung aus schiitischer Sicht Tabâtabâ'î. Islam; als dem Schiismus positiv gegenüberstehende Darstellung Yann. Imâm.

[20] Halm. Schia. S. 127-128

der Zukunft in einem mächtigen Reich, das dereinst mit dem machtvollen Kommen des Erlösers und Weltenherrschers, des Mahdi (arab. mahdî = der Rechtgeleitete), anbrechen werde.

3. Geschichte der Schia nach 'Alîs Tod

Nach dem Tod 'Alîs im Jahr 661 n. Chr. ergab sich also folgende Situation: Nach der gewaltsamen Beendigung des Kalifats 'Alîs im Jahr 661 wollte die schiitische Partei die Nachfolge mit den beiden Söhnen 'Alîs, al-Hasan ibn 'Alî und al-Husain ibn 'Alî als zweiten und dritten Imâm fortsetzen und damit endlich die legitime Herrschaft auf Muhammads Familie übertragen. Davon ausgenommen waren diejenigen Schiiten, die nicht wirklich an den Tod 'Alîs glaubten und seine Wiederkunft erwarteten[21]. Die schiitische Machtübernahme wurde jedoch vereitelt, als sich Mu'âwiya ibn Abî Sufyân aus der Familie der Umayyaden bereits 660 zum Kalifen erklärte. Im folgenden Jahr wurde er als Kalif anerkannt und konnte damit die Herrschaft für seine Familie sichern. Sie dauerte rund 100 Jahre bis zur Machtübernahme durch die 'Abbasiden (die Nachkommen des Onkels Muhammads, al-'Abbâs), die durch die sogenannte abbasidische Revolution in den Jahren 747 bis 749 an die Macht kamen.

Der Prophetenenkel al-Hasan verzichtete nach dem Tod 'Alîs, wie man meint gegen eine beträchtliche Geldzahlung, öffentlich auf seine Ansprüche auf das Kalifat und trat es offiziell an die Umayyaden ab. Er starb zwischen 670 und 678 in Medina[22]. Der zweite Prophetenenkel al-Husain wurde von den Schiiten nach dem Tod Mu'âwiyas, des Siegers über 'Alî, erneut gedrängt, nun die Herrschaft den Umayyaden abzuringen. Dies gelang jedoch nicht.

Die endgültige Entscheidung darüber, daß das Kalifat auf Dauer nicht an die Familie 'Alîs übergehen würde, fiel, als der umayyadische Kalif Mu'âwiya im Jahr 680 versuchte, seinen Sohn Yazîd zu seinem Nachfolger zu bestimmen. In der berühmten Schlacht al-Husains, des Prophetenenkels, gegen ein syrisches Heer unter der Führung Yazîds im Jahr 680 bei Kerbela fiel al-Husain. Damit waren alle direkten männlichen Nachfahren Muhammads, die für das Amt des Kalifen in Frage gekommen wären, tot. Mit dieser Niederlage auf dem Schlachtfeld wurde al-Husain zum Prototyp des schiitischen Märtyrers. Um seine Geburt, sein Leben und sein Sterben ranken sich zahlreiche Wunderlegenden[23]. Im Gedenken an dieses Ereignis,

---

[21]Halm. Gnosis. S. 43

[22]Halm. Schia. S. 17

[23]Eine Aufzählung der Legenden mit Quellenangaben findet sich bei Vaglieri. Husan b. 'Alî b. Abî Tâlib. S. 612-613

der Schlacht am 10. Tag des Monats Muharram, dem 'Âšûra-Tag, begehen die Schiiten seit dem Jahr 963 bis zum heutigen Tag umfangreiche Trauerfeierlichkeiten zur Erinnerung an al-Husains Martyrium[24]. Dies ist der höchste schiitische Feiertag.

4. Weitere Zersplitterungen nach al-Husains Tod

a. Die Vierer-Schia

Nach dem gewaltsamen Tod al-Husains im Jahr 680 stellte sich erneut die Frage nach der rechtmäßigen Nachfolge und dem Anspruch auf das Kalifat, während die Sunniten die Herrschaft bereits seit etwa 20 Jahren übernommen hatten. Eine Gruppe hielt den Halbbruder al-Husains und dritten Sohn 'Alîs Muhammad ibn al-Hanafîya (gest. 700 n. Chr.), der allerdings nicht von der Prophetentochter Fâtima abstammte und damit in keinem verwandtschaftlichen Verhältnis mehr zu Muhammad stand, für den rechtmäßigen Nachfolger 'Alîs.

An seine Person knüpfte die Gruppe der 'Viererschiiten' (arab. Kaisânîya), die heute nicht mehr existiert, bereits erstmals die Vorstellung von der Entrückung und der Erwartung seiner Wiederkunft als Mahdi (arab. mahdî = der Rechtgeleitete)[25]. Für die Viererschiiten sind nur 'Alî selbst und seine drei Söhne rechtmäßige Imâme[26].

Eine andere Gruppe hielt einen Nachkommen al-Husains, 'Alî Zain al-'Âbidîn (gest. ca. 713/714 n. Chr.) für den vierten, rechtmäßigen Führer der islamischen Gemeinschaft.

Auf dessen Sohn Zayd ibn 'Alî (gest. während eines Aufstandes gegen die Umayyaden im Jahr 739/740 n. Chr.), einen Enkel al-Husains und Urenkel 'Alîs, der ebenfalls im Jahr 740 einen erfolglosen Aufstand gegen die Umayyaden versuchte, beruft sich der zaiditische Islam, eine weitere Untergruppe der Schia[27]. Nach zaiditischer Lehre hat nach 'Alî, al-Hasan und al-Husain jeder Nachkomme der Familie 'Alîs, egal, ob er von al-Hasan oder al-Husain abstammt, Anspruch auf das Imâmat, wenn er nur fähig ist, um die Herrschaft mit der Waffe zu kämpfen. Die Zaiditen glauben nicht daran, daß es nur einen einzigen Imâm zu jeder Zeit geben darf, ebenso nicht an die Lehre von der Entrückung des Imâms und der Wiederkehr eines Mahdi. Für sie ist

[24]Halm. Schia. S. 18-19

[25]Halm. Schia. S. 25

[26]Vgl. Halm. Gnosis. S. 44

[27]Eine ausführlichere Darstellung s. bei Halm. Schia. S. 244ff.

Stammbaum der Vierer-, Siebener- und Zwölfer-Schia[28]

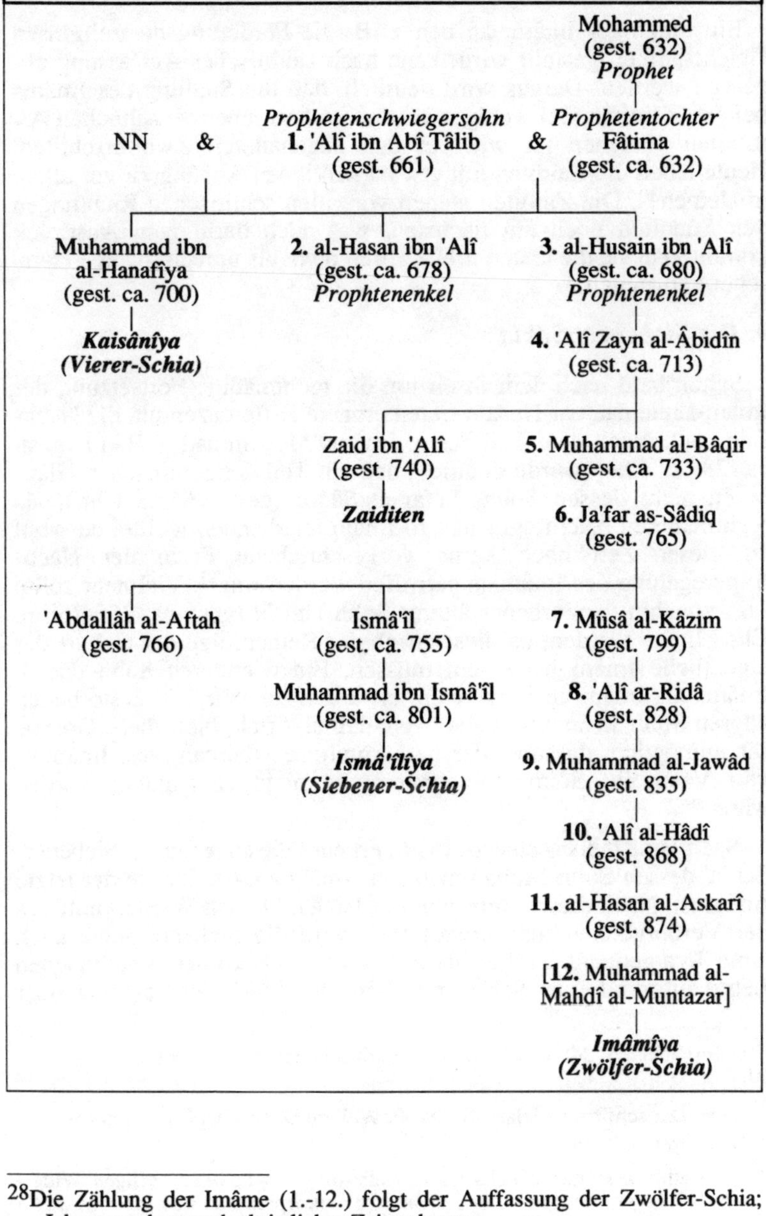

---

[28] Die Zählung der Imâme (1.-12.) folgt der Auffassung der Zwölfer-Schia; Jahresangaben nach christlicher Zeitrechnung.

"der Imâm .. weder unfehlbar (ma'sûm) noch wirkt er Wunder; unmündige Kinder sind vom Imâmat ausgeschlossen"[29].

Ein unfähiger Imâm, an den z. B. die Forderung der religiösen Gelehrsamkeit gestellt wird, kann nach zaiditischer Auffassung abgesetzt werden. Daraus wird deutlich, daß die Stellung des Imâms bei den Zaiditen viel weniger absolut und mit übermenschlichen Attributen versehen ist wie bei den sogenannten Zwölferschiiten. Heute leben die Zaiditen mit etwa 4 Millionen Anhängern vor allem im Jemen[30]. Die Zaiditen stehen von allen schiitischen Richtungen den Sunniten noch am nächsten, was auch darin zum Ausdruck kommt, daß sie die ersten drei Kalifen nicht als unrechtmäßige Herrscher verurteilen[31].

b. Die Siebener- Schia

Schon bald nach dem Streit um die rechtmäßige Fortsetzung der Imâm-Linie nach al-Husain traten erneute Differenzen um die Nachfolge auf. Nach dem Tod des 5. Imâms Muhammad al-Bâqir (gest. ca. 733 n. Chr.) wurde deutlich, daß ein Teil der schiitischen Gläubigen nicht dessen Sohn, Ja'far as-Sâdiq (gest. 765 n. Chr.), als rechtmäßigen Nachfolger und 6. Imâm anerkennen wollte, da wohl zu dieser Zeit noch keine vorgeschriebene Form der Nachfolgeregelung des Imâmats getroffen worden war[32]. Vielmehr sollte sein vor ihm verstorbener älterer Sohn Ismâ'îl (gest. ca. 755-760 n. Chr.) Imâm werden, da dieser nach der Reihenfolge der Geburt der eigentliche Imâm hätte sein müssen. Einen anderen Sohn des 5. Imâms als Imâm anzuerkennen, etwa den im Jahr 766 gestorbenen älteren Sohn Ja'far as-Sâdiqs 'Abdallâh al-Aftah, hielt diese Gruppe für unmöglich, da sonst der herkömmliche Übergang des Imâmats von Vater auf Sohn strenggenommen nicht eingehalten worden wäre.

Nach Ismâ'îl als sechstem Imâm erkennt die sogenannte 'Siebener-Schia' dessen Sohn Muhammad ibn Ismâ'îl an, der für sie der letzte Imâm ist. Nach dieser Berufung auf Ismâ'îl, dessen Wiederkunft aus der Verborgenheit man erwartete[33], wird die Siebener-Schia auch Ismâ'îlîya genannt. Früher bestand über den Kern der ismailitischen Lehre aufgrund einer Schrift mit dem Titel 'Buch der Lenkung' oder

---

[29]Halm. Schia. S. 245 und Ende. Der schiitische Islam. S. 88-89

[30]Halm. Schia. S. 249

[31]Ende. Der schiitische Islam. S. 88-90. Weitere Details bei Halm. Gnosis.

[32]Halm. Schia. S. 35

[33]Die Fatimidendynastie behauptete - allerdings nicht ohne heftigen Widerspruch hervorzurufen - diese Imâme zu verkörpern und von Ja'far as-Sâdiq abzustammen. Vgl. Halm. Schia. S. 194

'Buch der höchsten Initiation', die den Atheismus propagierte, Unsicherheit, da man dieses Werk für ein authentisches ismailitisches Zeugnis hielt. Inzwischen hat es sich jedoch als Fälschung herausgestellt[34]. Man weiß heute, daß die Ismailiten schiitische Muslime waren, für die der Koran Gottes Offenbarung war[35]. Der eigentliche Sinn des Korans liegt für sie jedoch nicht im Wortlaut der einzelnen Verse offen zutage, sondern muß durch Auslegung in seinem inneren Sinn herausgearbeitet werden.

> "Der Korantext ist nur die äußerliche (zâhir) Hülle, die den eigentlichen, inneren (bâtin) Sinn verdeckt; 'Batiniten' hat man die Ismailiten deshalb seit eh und je genannt. Jeder Vers, ja jedes Wort des Koran, alle darin enthaltenen Namen, alle Vorschriften, Gebote und Verbote haben eine versteckte Bedeutung, die sich dem Uneingeweihten entzieht. Die ismailitische Botschaft aber ist der Schlüssel zu dem Code, der den wahren Sinn des Koran erschließt"[36].

Dennoch trifft es nicht zu, daß der eigentliche Unterschied zwischen der Hauptgruppe der Schiiten, der sogenannten Zwölfer-Schia und der Siebener-Schia darin besteht, daß die eine Gruppe zwölf, die andere sieben Imâme anerkennt. Solch eine Aussage würde die verschieden verlaufene theologische Entwicklung beider Gruppen zu stark vereinfachen. Zudem haben sich ihre eigentlichen Anschauungen bei beiden Gruppen erst entwickelt, nachdem sich beide Gruppen bereits als unterschiedliche Strömungen etabliert hatten. Watt und Welch urteilen:

> "Der grundlegende Unterschied allerdings ist, daß die Imâmiten sich damit begnügen, einen Imâm zu haben, der sich in vollkommener Abwesenheit befindet, während die Ismâ'îliten dazu neigen, einen Imâm zu suchen, der gegenwärtig in der Welt aktiv ist"[37].

Die Ismâ'îlîya (oder Sab'îya von arab. sab'a = sieben) ist für ihre besonders intensive Mission unter anderen schiitischen Gruppen wie etwa der Zwölfer-Schia (arab. Imâmîya oder iṯnâ 'ašarîya von arab. iṯnâ 'ašara = zwölf) bekannt.

Die Siebener-Schia ist keine rein muslimische Gruppierung, sondern hat auch andere Glaubenselemente in den Islam übernommen. Etwa in der Mitte des 9. Jahrhunderts verkündete ein Vorfahre des Gründers des späteren Fatimidenreiches, 'Abdallâh al-Mahdî, im Iran eine mit gnostischen Elementen verbundene Lehre, nach der Er-

[34] Auch Ja'far as-Sâdiq sollte angeblich ein Jude oder ein Anhänger der mesopotamischen christlichen Häresie der Bardaisianer oder ein iranischer Dualist gewesen sein. Dieser Verdacht stellte sich in der modernen Forschung ebenfalls als falsch heraus. Vgl. Lewis. Islam. S. 218

[35] Halm. Reich. S. 25

[36] Halm. Reich. S. 25

[37] Watt, Welch. Islam. S. 456

lösung durch Erkenntnis geschieht und ein Retter erwartet wird, der "alle Gesetzesreligionen, auch die islamische, aufheben und die kultlose Urreligion wiederherstellen"[38] wird. Diese Lehre breitete sich durch Missionare im Irak, Iran, in Bahrain, im Jemen, in Indien und in Algerien rasch aus. Außer im Jemen war die Mission besonders in Algerien erfolgreich, wo aus der Mission (arab. da'wa) der Ismâ'îlîya im Jahr 893 eine Bewegung entstand, die unter den Berberstämmen der Kutama an Boden gewann und als Kern des späteren Fatimidenreiches betrachtet werden kann[39].

Von den Ismailiten spalteten sich wiederum die Qarmaten ab, sowie eine weitere Gruppe im Irak. Nachdem sich bereits im Jahr 899 eine Spaltung zwischen Fatimiden und Qarmaten aufgrund der Behauptung eines Ismâ'îliten, der erwartete Mahdi zu sein, ergeben hatten[40], konstituierte sich im folgenden eine richtiggehende Spaltung zwischen Fatimiden und den Gruppen im Irak und Ostarabien, die auch nicht aufgehoben werden konnte, als die Fatimiden in Ägypten das Kalifat für sich in Anspruch genommen hatten.

Die Ismailiten nannten sich selbst "Leute der Wahrheit" (arab. ahl al-haqq), ihre Lehre "die wahre Religion" (arab. dîn al-haqq) oder auch nur "die Wahrheit" (arab. al-haqq). Ihre Mission ist der "Ruf zur Wahrheit" (arab. da'wat al-haqq) oder nur kurz der Ruf oder die Mission (arab. da'wa).

> "Der Verbreiter dieses wahren Glaubens ist der 'Rufer' (dâ'î); er ist Missionar und politischer Agent in einem, er wirbt neue Anhänger, verpflichtet sie zur Verschwiegenheit, initiiert sie in die nur den Auserwählten vorbehaltenen Geheimnisse und rüstet sie für den bevorstehenden Endkampf"[41].

c. Die siebenerschiitischen Fatimiden

Schon zu Beginn des 10. Jahrhunderts n. Chr. folgten mehrere militärisch erfolgreiche Eroberungen in Algerien und Tunesien[42]. Die ismailitische Lehre hatte sich bereits erheblich ausgebreitet, um aufgrund ihres Anspruches auf die eigentliche rechtmäßige Herrschaft der 'Leute der Wahrheit' über die gesamte islamische Welt letztendlich den Sturz des sunnitischen abbasidischen Kalifen in Bagdad vorzubereiten. Im folgenden Jahr (610) zog 'Abdallâh al-Mahdî als Imâm und Mahdi, der sich über Muhammads Tochter Fâ-

---

[38]Halm. Fatimiden. S. 167

[39]Zu Aufstieg und Herrschaft der Dynastie der Fatimiden s. Halm. Reich.

[40]Halm. Schia. S. 205-206

[41](Halm. Reich. S. 25. Zum Gnostischen System der Ismailiten ebd. 26

[42]909 wurde Ifriqiya in Tunesien eingenommen und auch in Kairawan der Name des Mahdi ausgerufen.

tima auf den Prophetenenkel al-Husain zurückführte, in Kairawan ein und nahm den Kalifentitel für sich in Anspruch. Diese 'Reichsgründung' der schiitischen Fatimiden[43] war mit starken Hoffnungen auf eine "Wende" durch den Sturz der 'unrechtmäßig' regierenden abbasidischen Kalifen und der Errichtung eines "islamischen Universalreiches" bis zur "Eroberung von Konstantinopel"[44] verbunden. Das fatimidische Reich Nordafrikas stützte sich im wesentlichen auf die Herrschaft der Kutama-Berberstämme, mit deren Hilfe die Fatimiden sich weiter nach Westen bewegten.

Insgesamt dauerte das ismai'ilitische Kalifat der Fatimiden rund 200 Jahre (973-1171 n. Chr.). Danach erlosch die politische Bedeutung der Fatimiden. Ihre religiöse Organisation und ihre Lehre überlebte jedoch das 12. Jahrhundert. Die Fatimiden herrschten über Nordafrika, zogen schließlich Ende des 10. Jahrhunderts n. Chr. (969 n. Chr.) ins Nildelta bis nach Kairo und gründeten dort die al-Azhar[45], die "als Palaststadt, Sitz der Verwaltung und Heerlager gedacht war[46]". Die Fatimiden konnten durch Verhandlungen mit den dortigen Machthabern[47] die Herrschaft übernehmen und ihren Einflußbereich durch ihre Mission auch auf Syrien und Palästina ausdehnen. Von den heiligen Stätten Mekka und Medina, die jedes Jahr das heilige Tuch über der Ka'ba (arab. kiswa) aus Ägypten bekamen[48], wurde der ismailitische Kalif als Beschützer der heiligen Städten anerkannt, was für die Dynastie der Fatimiden große symbolische Bedeutung besaß. Der abbasidische Kalif in Bagdad reagierte auf diese 'Anmaßung' lediglich damit, daß er durch ein Gutachten 'nachwies', daß die Fatimiden gar nicht von Muhammad abstammten, also keine rechtmäßigen Herrscher seien, unternahm jedoch keinen militärischen Feldzug[49] gegen die 'Häretiker'.

Nach Fertigstellung der notwendigen Bauten in Kairo zog der fatimidische Kalif al-Mu'izz im Jahr 973 in die Stadt ein. Es bestanden damals die sunnitische Altstadt von Altkairo (genannt Fustât Misr) und eine ismailitische Palaststadt, Kairo (al-Qâhira = die Siegreiche), nebeneinander. Die Zeit der Etablierung der Ismâ'îlîya in

---

[43]Der Name kam durch die Verwandtschaft mit Muhammads Tochter Fatima zustand.

[44]Halm. Fatimiden. S. 166

[45]Zur Geschichte der al-Azhar von ihrer Gründung bis in die Neuzeit s. Dodge. Al-Azhar.

[46]Halm. Fatimiden. S. 171

[47]Halm. Fatimiden. S. 171

[48]Halm. Fatimiden. S. 173

[49]Halm. Fatimiden. S. 174

Ägypten bedeutete zugleich die Etablierung ihrer Lehre[50], die sie vorsichtig zu verbreiten suchten. Die Herrschaft der fatimidischen Kalifen in Kairo markiert den Glanzpunkt des schiitisch-fatimidischen Reiches.

Erwähnenswert in der Geschichte der Fatimiden ist auch eine Abspaltung einer Gruppe in den letzten Regierungsjahren des Kalifen al-Hâkims 1017-1021, die den fatimidischen Kalifen für eine Verkörperung Gottes hielt. Hieraus entwickelte sich die Gruppierung der Drusen, die nach der Verfolgung durch die Fatimiden nur im Libanon überleben konnte[51].

Ein weiteres Schisma, das dem Höhepunkt der fatimidischen Macht mit ihrer Ausdehnung in Ägypten, Syrien, Mesopotamien, Irak und dem Hijâz, sowie dem Jemen und Maghreb folgte[52], ereignete sich im Jahr 1094. Es ergab sich über der Frage der Nachfolge des Kalifen al-Mustansir (gest. 1094). Ein Teil der Ismailiten, die mit dem proklamierten Nachfolger al-Mustansirs, der nicht der vorgesehene Thronfolger Nizâr, sondern ein jüngerer Sohn war, nicht einverstanden waren, hielt an Nizâr als rechtmäßigem Nachfolger fest. Diese Gruppe spaltete sich von den ägyptischen Fatimiden ab und sammelte sich um Hasan-i Sabbâh. Dieser Hasan-i Sabbâh, der schon ab 1090/1091 als ismailitischer Missionar (arab. dâ'î) eine sehr ausgedehnte und auch erfolgreiche Mission, unter anderem im Iran betrieb, scharte auf der Burg Alamut im Elbruz-Gebirge Anhänger um sich und konnte ein kleines Fürstentum errichten. Er betrachtete sich nie selbst als Imâm, sondern nur als dessen Repräsentant[53]. Diese Gruppe wurde aufgrund ihres Festhaltens an Nizâr und der Hoffnung auf seine Wiederkunft[54] Nizariten genannt. Sie erhielt von den Kreuzfahrern den Namen Assassinen. Ihnen werden im folgenden etliche Mord- und Terroranschläge auf das Bagdader Kalifat zur Last gelegt. Dazu sollen z. B. die Ermordung der Bagdader Kalifen al-Mustaršid 1135 und ar-Râšid 1138[55]), sowie Überfälle auf einige Kreuzfahrer in Syrien (Konrad von Montferrat[56]) und den Sultan der Seldschuken[57] gehört haben[58]. Die Anschläge

---

[50]Watt, Welch. Islam. S. 453

[51]Halm. Fatimiden. S. 181+183 und Halm. Schia. S. 219ff.

[52]Halm. Fatimiden. S. 187

[53]Lewis. Assassinen. S. 93

[54]Halm. Fatimiden. S. 191

[55]Halm. Schia. S. 226

[56]Lewis. Assassinen. S. 180

[57]Die Ermordung des berühmten Seldschukenwesirs Nizâm al-Mulk im Jahr 1092 wird ihnen ebenfalls zur Last gelegt.

der Assassinen sollen sich vor allem gegen die etablierte Macht der Sunniten, also gegen religiöse und politische Würdenträger, gerichtet haben. Der 'Ruhm' der Assassinen gelangte sogar bis nach Europa. Dort bedeutete der Begriff Assassine in den Kreuzzugschroniken zunächst Sektierer, wurde aber später gleichbedeutend mit "bezahlter professioneller Mörder"[59]. Gerüchte und Spekulationen aufgrund des geringen Wissens über die Assassinen wurden in Europa immer mehr ausgeschmückt. So beschreibt etwa der deutsche Kleriker Brocardus in einem Traktat für König Philipp VI. von Frankreich im 14. Jahrhundert die Assassinen[60] als

> "... verflucht und gemieden ... Sie verkaufen sich, dürsten nach Menschenblut, töten Unschuldige gegen Bezahlung, scheren sich weder um das Leben noch um die Erlösung. Wie der Teufel verwandeln sie sich in Engel des Lichts ...".

Allerdings gesteht der Autor, daß er "sie nicht persönlich gesehen habe, sondern das Obige nur aus mündlichen Berichten oder speziellen Schriften kenne ..."[61].

Hasan-i Sabbâh starb im Jahr 1124, jedoch konnte die Nachfolgefrage befriedigend geklärt werden. Für etwa ein Jahrhundert bestand sein kleiner Staat von Alamut mit mehreren weiteren Burgen als Stützpunkten in Syrien und Ostiran fort, bis durch den Mongoleneinfall unter der Führung Hülägüs 1256 Alamut und dann auch die übrigen Burgen eingenommen wurden.

Bereits im Jahr 1171 war in Kairo dem Kalifat der Fatimiden durch den Sturz Saladins (Salâh ad Dîns) ein Ende gemacht worden. Nachdem Alamut bereits 1256 erobert worden war, wurden in den Jahren 1271-1273 schließlich von Ägypten aus die letzten Burgen der Assassinen eingenommen[62].

Im 15. Jahrhundert treten die ismailitischen Fatimiden im Westiran hervor, und seit dem 18. Jahrhundert stehen sie in Diensten des Schahs von Persien. Mitte des 18. Jahrhunderts scheitert der Versuch einer unabhängigien Staatsgründung im Iran, und der erste Führer der Gemeinschaft, der Agha Khan, flieht nach Afghanistan. Von Bombay aus erklärt er sich zum Führer der Ismailiten in In-

---

58 Halm. Schia. S. 224-225 spricht von etwa 50 "Terrorakten" auf Veranlassung des Hasan-i Sabbah.

59 Zur Geschichte dieses Bedeutungswandels s. Lewis. Assassinen. S. 15 ff

60 Ausführlicher informiert über die Assassinen Lewis. Assassinen.

61 Zitiert nach Lewis. Assassinen. S. 15 mit genauer Quellenangabe: Brocardus. Directorium ad passagium faciendum. in: Recueil des historiens des croisades. E (Documents arméniens II). Paris, 1906. S. 496f.

62 Halm. Schia. S. 229

dien[63]. Heute ist die Gruppe der Ismailiten zahlenmäßig unbedeutend.

Der eigentliche sechste Imâm[64], also der schon vor seinem Vater verstorbene Ismâ'îl, der durch seinen frühen Tod de facto nie als Imâm geherrscht hatte, regiert nach Ansicht der Siebener-Schia in der Verborgenheit und wird eines Tages von dort kommen, um das islamische Reich der Gerechtigkeit aufzurichten. Die Reihe der Imâme ist für die Siebener-Schia mit dem Imâm Ismâ'îl bzw. seinem Sohn Muhammad unterbrochen.

Aber auch innerhalb der Siebener-Schia gibt es Unterschiede in der Auffassung davon, ob die Imâmreihe mit dem siebenten Imâm Muhammad endgültig abgeschlossen ist, oder, wie eine andere Gruppe meint, die Imâmreihe nach Ismâ'îls Tod bis zu dem in der Gegenwart herrschenden 49. Imâm Aga Khan weitergeführt werden kann.

Die Siebener-Schia unterscheidet sich von den anderen schiitischen Gruppierungen nicht nur hinsichtlich der Anerkennung einer anderen Reihenfolge der Imâme. Mit der Zeit hat sie ausgehend von der Emanationslehre der neuplatonischen Philosophie ein selbständiges, stark philosophisch geprägtes Lehrgebäude errichtet. Dies geschah noch nicht während ihrer auf Tunesien beschränkten Regierungszeit, jedoch mit Sicherheit im 11. Jahrhundert[65]. In diesem Lehrgebäude verbanden sich naturwissenschaftliche, astrologische, alchemistische, gnostische, kabbalistische und mystische Vorstellungen miteinander, die nicht zuletzt das Verständnis der Siebener-Schia von der Offenbarung des Korans mitgeprägt haben: Gott hat demnach seine Botschaft in der Geschichte sechs Propheten oder 'Sprechern' (arab. nâtiq) geoffenbart, die zu ihrer Gemeinde gesprochen haben. Es sind dies im übrigen die Propheten, die auch im Koran die wichtigste Stellung einnehmen, nämlich Adam, Noah, Abraham, Moses, Jesus und Muhammad. Sie überbrachten die 'äußere Form' (arab. zâhir) des Korans, den die ersten sechs 'Bevollmächtigten' (arab. wasî), Seth (oder Abel), Sem, Isaak, Aaron, Simon Petrus und 'Alî erst in ihrem 'inneren', verborgenen Sinn (arab. bâtin) einigen Eingeweihten mitteilen müssen. Nachdem auf den letzten 'Sprecher' Muhammad der 'Bevollmächtigte' 'Alî gefolgt ist und auf diesen die sieben Imâme bis Muhammad ibn Ismâ'îl, wird dieser verborgene Imâm wiederkommen und

[63]Halm. Reich. S. 12

[64]Die Ismailiten lassen Zählung der Imâme nicht mit 'Alî, der eine Sonderstellung einnimmt, sondern erst mit al-Hasan beginnen.

[65]Halm. Schia. S. 217

"Platz machen für die paradiesische, kult- und gesetzlose Urreligion, die Adam und die Engel vor dem Sündenfall im Paradies praktizierten: Die 'ursprüngliche Religion Adams' (arab. dîn Âdam al-awwal) besteht nur im Lobpreis des Schöpfers durch die Geschöpfe und in der Anerkennung seiner Einzigkeit (arab. tauhîd)"[66].

Hier handelt es sich tatsächlich um Sonderlehren, die andere Gruppierungen innerhalb des Islam kaum aufgegriffen haben, da sie sich vom ursprünglichen islamischen Gedankengut doch recht stark unterscheiden.

Die Anhänger der beschriebenen Ismâ'îlîya, einer verhältnismäßig kleinen Gruppe innerhalb der Schia, leben heute mit mehreren Untergruppen in Ost- und Westsyrien, Jemen, Saudi-Arabien, Indien, Ostafrika, Iran, Afghanistan und Zentralasien. Eine besondere Abspaltung dieser Richtung bilden die noch heute im Libanon lebenden Drusen.

d. Die Zwölfer-Schia

Die größte schiitische Gruppe, die sogenannte Zwölfer-Schia[67], ist schon wiederholt erwähnt worden. Sie ist heute vor allem im Irak, in Iran und im indopakistanischen Raum, mit Minderheiten auch in Afghanistan, Libanon, Zentralasien, Türkei, Bahrain und in den arabischen Golfländern zu finden. Sie hielten nicht den vor dem 6. Imâm verstorbenen Sohn Ismâ'îl für den rechtmäßigen Imâm, sondern den später von seinem Vater designierten Nachfolger, den Bruder Ismâ'îls, Mûsâ al-Kâzim (gest. 799). Sie führten die Imâmreihe weiter vom Vater auf den Sohn fort.

Ihre Imâmreihe setzte sich also folgendermaßen fort:

von Ja'far as-Sâdiq (6. Imâm, gest. 765) über
Mûsâ al-Kâzim, den Bruder Ismâ'îls (7. Imâm, gest. 799),
'Alî ar-Ridâ (8. Imâm, gest. 828),
Muhammad al-Jawâd (9. Imâm, gest. 835),
'Alî al-Hâdî (10. Imâm, gest. 868),
al-Hasan al-'Askarî (11. Imâm, gest. 874)
bis zum 12. Imâm, Muhammad ibn Hasan al-Mahdî al-Muntazar[68].

Strenggenommen endet die Imâmkette bereits mit dem 11. Imâm. Dieser geriet in Gefangenschaft und starb Ende des Jahres 873 oder zu Beginn des Jahres 874 n. Chr. in Samarra. Er hinterließ keinen

---

[66]Halm. Schia. S. 203

[67]Ende. Der schiitische Islam. S. 70

[68]Eine Nennung der zwölf von der Zwölfer-Schia (arab. iṯnâ 'ašarîya) anerkannten Imâme mit ihren Todesdaten und Begräbnisorten s. bei Ende. Der schiitische Islam. S. 75

Sohn, so daß sich wiederum mehrere Ansichten über die Regelung der Imâmatsfrage in diesem besonderen Fall bildeten. Ein Sohn war eigentlich zur Fortsetzung der Imâmreihe und Aufrechterhaltung der Lehrautorität notwendig. Erst später setzte sich der Glaube durch, daß dieser Imâm doch einen Sohn namens Muhammad gehabt haben soll, der im Jahr 869 n. Chr. geboren und im Todesjahr des Vaters in die 'kleine Verborgenheit', jedoch nicht von der Erde fort entrückt worden sein soll: Man erwartete seine Wiederkunft in nächster Zukunft. Nachdem er jedoch nicht wieder sichtbar erschien, nahm man an, er habe in den Jahren 874 bis 941 n. Chr. durch vier Sendboten mit der schiitischen Gemeinde in brieflichem Kontakt gestanden.

Nach dem Tod des letzten dieser vier Sendboten im Jahr 941 n. Chr. setzte sich die Ansicht durch, daß sich der verborgene Imâm endgültig in die 'große Verborgenheit' zurückgezogen habe[69], da er auch jetzt noch immer nicht sichtbar geworden war. Diese 'Lösung' der Imâmatsfrage setzte sich jedoch erst im Laufe des 10. Jahrhunderts durch und machte diese schiitische Gruppe zur 'Zwölfer-Schia', da nach offizieller Annahme zwölf Imâme existiert haben. Der zwölfte Imâm soll schiitischen Gläubigen im Traum erschienen und jedes Jahr bei der Pilgerfahrt in Mekka anwesend gewesen sein. Immer wieder, bis in die Neuzeit hinein, traten Menschen mit dem Anspruch auf, Gesandte dieses wiedergekehrten zwölften Imâm, des Mahdi ('der Rechtgeleitete'), zu sein. Keiner von ihnen ist jedoch allgemein anerkannt worden[70].

Für die Zwölferschiiten, die bis heute zahlenmäßig die größte schiitische Gruppierung ausmachen, ist also der letzte zwölfte Imâm nicht gestorben. Er lebt vielmehr in der Verborgenheit, wird von dort am Ende der Tage zur Errichtung eines islamischen Reiches der Gerechtigkeit wiederkommen und die unrechtmäßige Gewaltherrschaft dieser Erde vernichten.

> "Der zwölfte Imâm ist der Erlöser, der Rechtleitende und Rechtgeleitete, der Herr der Zeit etc."[71]

Seinem Auftreten werden schreckliche Vorzeichen vorausgehen, wie zum Beispiel Sonnen- und Mondfinsternisse, Erdbeben, Heuschreckenplagen und Wasserfluten. Dann werden sich nach schiitischem Glauben falsche Mahdis erheben und sich blutige Schlachten liefern. Am Ende sollen Stürme die Erde reinigen und alle Krankheiten von den wahren Gläubigen nehmen. Dann soll der wahre Mahdi im islamischen Heiligtum in Mekka in der Ka'ba erscheinen. Der Zeitpunkt dieses Erscheinens ist unbekannt. Es ist

[69] Halm. Schia. S. 41-45

[70] Ende. Der schiitische Islam. S. 77

[71] Ende. Der schiitische Islam. S. 77

aber vielfach darüber spekuliert worden. Der Mahdi wird sich von Mekka nach Kufa begeben, dort in einer Moschee predigen und die sich ihm widersetzenden Ungläubigen erschlagen. Unter seiner Herrschaft wird das Paradies auf Erden aufgerichtet werden. Es wird keine Bedürftigen und kein Elend mehr geben. Was danach geschehen wird, ist ungewiß, man hat aber gemutmaßt, daß dann die Totenauferstehung und das Jüngste Gericht folgen werden[72].

Diese Darstellung erinnert an die Schilderungen des biblischen Buches der Offenbarung und der außerbiblischen jüdischen Apokalypsen. Ob diese schiitische Endzeitsicht mit der Erwartung kommender Katastrophen und des Erlösers, der zu einem allseits unbekannten Zeitpunkt das Friedensreich aufrichten wird, von christlichen Endzeitvorstellungen beeinflußt worden ist, darüber können nur Vermutungen angestellt werden.

5. Keine politische Macht für die Schia

Weil die Schia die weltliche Herrschaft nicht erlangen konnte, hat diese Gruppierung sehr starke endzeitliche Erwartungen entwickelt. Das bedeutet andererseits, daß für die Schiiten im Diesseits jeder politische und für sie nichtgeistliche Herrscher nur bedingte Legitimität hat. Weltliche Herrschaft ist an sich nicht falsch, sie bedarf allerdings der Autorisation durch den herrschenden Imâm. Orientiert sich dieser weltliche Herrscher nicht am islamischen Gesetz, so hat er für die Schiiten jede Berechtigung zum Herrscheramt verloren.

Nimmt man die kurze Herrschaft von 'Alî und seines Sohnes al-Hasan einmal aus, so hat keiner der schiitischen Imâme je politisch-militärische Macht errungen. Das bedeutet, daß die Schia im Gegensatz zu den Sunniten, die in der Geschichte durch ihre Kalifen häufig weltliche und zugleich geistliche Macht ausüben konnten, während des größten Teils ihrer Geschichte nur ein geistliches Oberhaupt besaß. Der Zugriff auf die weltliche Macht blieb ihnen dagegen weitgehend verwehrt. Zudem wirkten sich auf schiitischer Seite die Spaltungen zwischen den einzelnen Gruppierungen vielleicht noch stärker aus als auf sunnitischer Seite, da der sunnitische Kalif - wenn man etwa an die jahrhundertelange Herrschaft der Osmanischen Kalifen denkt - immer wieder einen Großteil der islamischen Welt unter seiner Herrschaft vereinigen konnte. Demgegenüber wurden die Schiiten durch ihre fortwährenden Abspaltungen weiter innerlich geschwächt, so daß sie sich höchstwahrscheinlich ohnehin nicht auf einen gemeinsamen Herrscher hätten einigen können.

---

[72]Vgl. die Beschreibung bei Halm. Schia. S. 46-47. Diese Schilderung findet im Koran natürlich keinen Rückhalt, sondern nur in der Überlieferung.

Der Kampf um das Kalifat nach 'Alîs Tod schlug fehl, es fiel an die Umayyaden. Nach ihrer Ablösung durch die Abbasiden gab man vor allem von der Seite der Zwölferschiiten den Versuch der Erringung einer weltlichen Herrschaft auf und konzentrierte sich auf die endzeitliche Hoffnung zukünftiger Macht. Das gilt noch mehr für die Zeit nach dem Tod des elften Imâms. Obwohl die Schia in der gesamten islamischen Geschichte also nie zu bedeutender politischer Macht gekommen ist, hielten sich die Schiiten nach wie vor für die eigentlichen Berechtigten, die geistliche und politische Macht über die Gemeinde der Gläubigen durch die Imâme auszuüben.

6. Theologische Differenzen zwischen Sunniten und Schiiten

Auf die Tatsache der theologischen Lehrunterschiede zwischen Sunniten und Schiiten wurde bereits hingewiesen. Ganz deutlich zeigen sich diese Differenzen bei der Frage nach der Stellung des obersten Leiters der muslimischen Gemeinde. Nach sunnitischem Verständnis beinhaltete diese oberste Leitung (das Kalifat) verschiedene Bereiche wie das oberste Richteramt oder auch die militärische Führung der islamischen Gemeinde. Im geistlichen Bereich besaß der Kalif jedoch nur beschränkte Autorität. Nach schiitischer Lehre herrscht jedoch etwa seit der Zeit des Ja'far as-Sâdiq (gest. 765 n. Chr.) die Überzeugung vor, daß der oberste Gemeindeleiter durch seine direkte Verwandtschaft mit Muhammad und 'Alî von Gott inspiriert und als oberste Lehrautorität und Leiter der Gemeinde in seinen Lehrentscheidungen unfehlbar und sündlos (arab. ma'sûm) ist. Es hat innerhalb der Schia sogar die Ansicht existiert, ein Imâm könne unter entsprechenden Umständen den Inhalt des Korans abändern[73]. In jedem Fall kennt er aber nicht nur den äußerlichen Sinn eines Koranverses, sondern vor allem den inneren, zweiten, verborgenen Sinn jedes Verses. Die schiitische Überlieferung besagt, daß im Koran 70.000 verborgene Bedeutungen vorhanden sind, die nur der Imâm kennt[74]. Damit die Gemeinde zu jeder Zeit in allen Belangen, also in theologischen wie auch in politischen und sozialen Fragen rechtgeleitet ist, ist für jedes Zeitalter das Vorhandensein eines Imâms unbedingt notwendig. Nur die Imâme besitzen das volle Verständnis des Korantextes in seinem äußeren und inneren (esoterischen) Sinn. Imâme sind Erben des Prophetenamtes und herrschen im Namen Gottes, denn

> "was sie von Muhammad ... unterscheidet, ist im wesentlichen nur der Umstand, daß sie keine Offenbarung bringen"[75].

[73]Watt, Marmura. Islam. S. 452

[74]Donaldson. Koran. S. 254

[75]Ende. Der schiitische Islam. S. 76

Nach schiitischem Glauben herrscht der im Verborgenen lebende Imâm nicht mehr selbst auf der Erde, sondern übt seine Herrschaft indirekt über die islamische Gemeinschaft mittels besonders qualifizierter Gelehrter (arab. mujtahid) aus. Der oberste Gelehrte (mujtahid) ist der Vertreter des zwölften Imâms auf Erden und der Wächter über die schiitische Gemeinde. Ayatollâh Sayyid Rûhollâh Mûsawî Hendî Khomeinî nahm 1979 diesen Titel des höchsten geistlichen Führers der Schiiten für sich in Anspruch. Manche hielten ihn sogar für den aus der Verborgenheit wiedergekommenen Imâm. Die islamische Gemeinde der Gläubigen bedarf dieser theologisch und sittlich unfehlbaren Leiter, da sie selbst nicht in der Lage ist, den Korantext richtig auszulegen.

Dieses übernatürliche Wissen (arab. 'ilm) eines Imâms wird ihm kurz vor dem Tod seines Vorgängers von diesem übermittelt. Gott ist derjenige, der den Imâm eigentlich auswählt; der Vater kann jedoch seinen Sohn zum Nachfolger designieren. So war es kein Wunder, daß in der Geschichte der Schia, wenn ein zum Imâm bestimmter Sohn vor seinem Vater starb, eine Notsituation entstand, durch welche fast zwangsläufig Spaltungen entstehen mußten.

Nach schiitischer Auffassung gab es jeweils nur einen Imâm zur selben Zeit. Der Sohn eines Imâms konnte, wenn der Vater früh starb, auch als Minderjähriger bereits Imâm werden, ein Fall, der in der schiitischen Geschichte vorgekommen ist. Der Imâm muß aber für die Schiiten stets ein Nachfahre des Propheten Muhammad sein, weshalb für die Schiiten genealogische Fragen eine so große Bedeutung erhalten. Alle Imâme sind bis auf den entrückten 12. Imâm für die gläubigen Zwölferschiiten den Märtyrertod gestorben.

Der Imâm, der aufgrund seiner Lehrbefähigung und Kenntnis der Koranauslegung so etwas wie eine Vermittlerrolle einnimmt, hat auch heilsgeschichtliche Bedeutung. Nach orthodoxer zwölferschiitischer Lehre kann nämlich nur der ein rechter Gläubiger sein, der den Imâm seiner Zeit kennt und anerkennt. Seit der Entrückung des zwölften Imâms im Jahr 874 n. Chr. ist dies also der zwölfte Imâm. Die schiitische Tradition sagt: "Wer stirbt, ohne den Imâm seiner Zeit zu kennen, stirbt den Tod eines Ungläubigen"[76]. Die Imâme können bei Allah für den Gläubigen Fürsprache einlegen. Der Besuch ihrer Gräber - und bedingt auch der Besuch der Gräber der Imâmabkömmlinge, die, sofern sie noch bekannt sind, zu Wallfahrtsstätten geworden sind - ist ein verdienstvolles Werk, das dem

[76]So Ende. Der schiitische Islam. S. 83. Der Ausspruch soll vom sechsten Imâm Ja'far as-Sâdiq überliefert worden sein und ursprünglich gelautet haben: "Wer starb und keinen Imâm hatte, dessen Tod ist der Tod der 'Unwissenheit' (d. h. des Unglaubens". Löschner. Grundlagen. S. 112 mit Quellenangabe

Pilger Segen erwirkt. Hier sind die Grenzen zum Volksislam fließend.

7. Der schiitische Volksglaube

a. Der Märtyrertod al-Husains im Passionsspiel

Der islamische Volksglaube hat zahlreiche weitere, auch magische Praktiken hervorgebracht[77]. Hier soll insbesondere eine schiitische Sonderform des Volksislam erwähnt werden.

Zu der an sich bereits in der orthodoxen schiitischen Lehre angelegten Göttlichkeit der Imâme hat der Volksglaube noch etliche Dinge hinzugefügt, wie zum Beispiel, daß der Körper der Imâme aufgrund ihrer göttlichen Erscheinung keine Schatten werfe und unverwundbar sei.

Eine ganz entscheidende Rolle spielt im Volksglauben der Märtyrertod al-Husains, des Sohnes des vierten Kalifen 'Alîs, im Jahr 680 n. Chr. An seinem Todestag, dem 10. des Monats Muharram, dem höchsten schiitischen Feiertag, erreicht in Gegenden mit schiitischer Bevölkerung das zehntägige sogenannte 'Âšûra-Fest seinen Höhepunkt. Danach folgen weitere 30 Tage Fasten im Gedenken an al-Husains Tod. Während dieser Zeit wird auf Schlichtheit in Kleidung (schwarze Kleidung gilt als Trauerkleidung), Essen und Trinken geachtet, es werden Verse rezitiert, die vom Leiden al-Husains und den Taten der Heiligen sprechen und Trauerlieder gesungen. Darauf folgen am 13. Tag das Gedenken an al-Husains Begräbnis und 40 Tage nach seinem Tod eine Gedächtnisfeier[78].

Muharram-Passionsspiele, über die es zahlreiche Traditionen gibt, werden im Gedenken an das Leiden des al-Husain aufgeführt. Sein Märtyrertod wird in Theaterstücken[79], Prozessionen und Gesang leidenschaftlich dargestellt[80]:

Trompeten kündigen den Zug mit Pferden und dreieckigen Fahnen an, die mit den Namen al-Husains und der übrigen Märtyrer von Kerbala bestickt sind. Auf dem Kopf getragene Wasserbecken deuten an, daß al-Husains Feinde, die Truppen Yazîds, al-Husain bei der entscheidenden Schlacht den Weg zum Euphrat abgeschnitten

---

[77]Vgl. Lektion 16.

[78]Halm. Schia. S. 179

[79]Passionsspiele sollen nach Bürgel. Allmacht. S. 86 erst nach Ende des 18. Jahrhunderts aufgeführt worden sein. Hildegard Müller. Studien. S. 12 nennt als das erste europäische Zeugnis für die schiitischen Passionsspiele das Jahr 1786 und das Werk von Franklin. Observations. S. 90

[80]Diese Schilderung folgt Hildegard Müller. Studien. S. 109ff.

hatten und al-Husain und seine Anhänger daher Durst litten. Den Zuschauern wird dieses Wasser angeboten, damit sie es im Gedenken an den Durst al-Husains trinken. Stoffstücke, zusammen mit Tannenzapfen oder einer Hand aus Metall an Stöcken befestigt, spielen auf das Martyrium des 'Abbâs an, dem die Hände abgehackt wurden, als er aus dem Euphrat Wasser holen wollte. Andere Gruppen stellen die Märtyrer dar. Sie

> "sind weiß bekleidet, blutbefleckt; Pfeile stecken in ihren Gewändern. Einem dieser Darsteller fehlt ein Arm, ein anderer hat eine Axt in der Perücke stecken, wieder einem steckt ein Pfeil im Auge. In diesen Gruppen erscheinen auch Leichname ohne Kopf."[81]

al-Husain wird häufig durch ein Kind dargestellt,

> "bekleidet mit einem zu großen, blutigen und pfeildurchbohrten Hemd. Über dem Kopf des Kindes wird in den Hemdkragen der umgekehrte Kopf eines frisch geschlachteten Schafes gesteckt, und zwar derart, daß allein der durchschnittene und noch blutende Hals sichtbar bleibt. Die Zwischenräume werden mit Baumwolle ausgestopft und mit Pfeilen gespickt. Da die Füße des Kindes aus dem Hemd hervorschauen, haben die Zuschauer den Eindruck, die Leiche eines Enthaupteten zu sehen."[82]

Auch Leichenköpfe aus Pappe, aufgespießt auf Lanzen, werden durch die Straßen getragen. Hinzu kommen Geißlergruppen, die sich auf die Brust schlagen. Die Kettengeißler peitschen sich als Zeichen der Trauer über das Martyrium der Imâme und gleichzeitig der Trauer über die eigene, bemitleidenswerte Lage als Unterdrückte und ins Abseites Gedrängte[83] die freien Schultern mit Ketten. Die dritte Gruppe sind Säbelgeißler, die sich mit Schwertern auf den Kopf und an die Stirn schlagen[84], bis sie stark bluten und in Ekstase und Trance geraten.

Das Passionsspiel bringt nicht nur die Schauspieler in Ekstase, sondern ruft auch beim Publikum starke Emotionen hervor. Zuschauer können ihre Trauer zum Ausdruck bringen, indem sie sich Staub oder Häcksel auf den Kopf streuen. Es kann dazu kommen, daß Menschen ihre Kleider zerreißen, in Tränen ausbrechen und sich blutig schlagen. Nicht selten soll es passiert sein, daß die Darsteller der Feinde al-Husains ergriffen und erschlagen wurden[85].

---

[81] Hildegard Müller. Studien. S. 110

[82] Hildegard Müller. Studien. S. 110

[83] Aufgrund eines längeren Aufenthaltes im Iran berichtet Gustav Thaiss. Symbolism. von den schiitischen Trauerfeierlichkeiten im Gedenken an al-Husain.

[84] Ende. Flagellations. S. 20

[85] So Hildegard Müller. Studien. S. 53

Obwohl die Spiele ihren Höhepunkt wohl im 19. Jahrhundert fanden, sind sie heute noch so lebendig, daß bis heute nicht selten Todesopfer zu beklagen sein sollen.

Selbstgeißelungen und Blutvergießen scheinen jedoch nicht immer an jedem Ort der Feierlichkeiten vorgekommen zu sein. Von Ort zu Ort kann die Gestaltung der Trauerfeierlichkeiten verschieden ausfallen[86]. Zugleich werden im Muharram im Gedenken an al-Husain viele Almosen gegeben[87]. Möglicherweise ist die extreme Form der Passionsspiele einschließlich der Geißelungen von Schiiten aus dem Iran in die umliegenden Länder 'exportiert' worden[88].

b. Das Leiden al-Husains bringt Erlösung

Die Aufführung der Trauerspiele gilt als verdienstvoll, wobei die Zuschauerrolle als aktive Rolle betrachtet wird. Insbesondere gehört dazu das Vergießen von Tränen:

> "Die um ihretwillen vergossenen Tränen haben geradezu einen charismatischen Wert. Sie sind ... eine Bedingung für das persönliche Heil des Schi'iten. Jeder Sünder muß im Laufe seines Erdenlebens zumindest eine Träne für al-Husain vergossen haben. Die Gnade, die dadurch erworben wird, ist um so größer, wenn sich zu dem Weinen auch noch Blutvergießen gesellt."[89]

> "Das Weinen um Husain erfährt hierdurch einen neuen Sinn: Es wird zur 'Todesfreudigkeit', zur 'Todesliebe', da durch das Erlösungsleiden Husains dem Tod seine Schrecken genommen wurden"[90],

denn der Tod ist damit überwunden. Mit dem Leiden durch Blutvergießen wird das Leiden al-Husains nachgeahmt. al-Husain leidet willig und opfert sich für Gott.

> Dieses Nachempfinden eines freiwilligen Blutopfers für viele andere Menschen könnte an die Kreuzigung Jesu erinnern. Trotz dieser Opferrolle al-Husains bestehen natürlich große Unterschiede zum Opfer Jesu am Kreuz. al-Husain mußte nicht sterben, weil die Menschen durch ihre Sünde von Gott getrennt waren, sondern weil ihn ein feindliches Heer besiegte. Er opferte sich nicht freiwillig, und gab sein Leben nicht hin, um damit Erlösung zu bewirken. Die Rolle des Märtyrers, dessen Blutvergießen noch heute den Menschen Segen bringt, wurde al-Husain erst von den nachfolgenden Generationen zugedacht.

---

[86]Die Spiele scheinen sich z. B. in Indien mit hinduistischen Elementen vermischt zu haben.

[87]Musk. Gesicht. S. 70

[88]Ende. Flagellations. S. 28

[89]Hildegard Müller. Studien. S. 160

[90]Hildegard Müller. Studien. S. 167

Es gibt jedoch nicht nur Spiele, die al-Husains Tod zum Thema haben. Auch der Tod Muhammads, die Kalifatsübernahme durch Abû Bakr, die Geschichte der Prophetenfamilie usw. werden als Theaterstück aufgeführt. Auch Stoffe aus der Bibel, die sich zugleich im Koran finden, gehören dazu, so etwa die Josefsgeschichte oder die Geburt und Wunder Jesu, die Paradieserzählung von Adam und seiner Frau oder die Geschichte von Kain und Abel[91].

Die von der schiitisch-orthodoxen Theologie meist nicht mit Wohlgefallen betrachteten Feierlichkeiten konnten in Ländern mit schiitischer Bevölkerung niemals wirklich erfolgreich unterdrückt werden. Es ist interessant, daß es auch unter den schiitischen Geistlichen (arab. 'ulamâ') nicht nur Befürworter, sondern auch immer wieder kritische Stimmen zu den Muharram-Feierlichkeiten gegeben hat. Werner Ende berichtet insbesondere von einer innerschiitischen Kontroverse in den 1920er Jahren, an der sich etliche Theologen in schriftlichen Äußerungen für und wider beteiligt haben[92].

Natürlich spielt auch 'Alî, der aus schiitischer Sicht erste rechtmäßige Kalif, Vetter und Schwiegersohn Muhammads, in der schiitischen Volksfrömmigkeit eine bedeutende Rolle. Die Verehrung 'Alîs ist nicht nur auf den schiitischen Bereich beschränkt. Auch die Feierlichkeiten sind nicht ausschließlich auf die Schiiten beschränkt. In Indien nehmen etwa auch Hindus und Sunniten, wenn auch nicht mit derselben Intensität, daran teil. Da die Schia in den meisten Ländern in der Position der (ihrer Ansicht nach unterdrückten) Minderheit ist und die gegenwärtige sunnitische Herrschaft für sie unrechtmäßig besteht, haben die Trauerspiele auch Bezüge zur jeweiligen Situation der benachteiligten schiitischen Gemeinde. Sie sind zugleich Ausdruck der Hoffnung auf eine bessere (schiitische) Zukunft für die gegenwärtige schiitische Gemeinde. Die schiitischen Gläubigen verfluchen bei den Feierlichkeiten nach guter schiitischer Sitte und Gebot die drei ersten, nach ihrem Verständnis unrechtmäßigen Kalifen, was bei den anwesenden Sunniten nicht selten zu Haß

---

[91]Hildegard Müller. Studien. S. 15+59

[92]Werner Ende. Flagellations. S. 22+25+34-36 führt zur Darstellung der Kontroverse die wichtigsten der in diese Debatte verwickelten Theologen und ihre Schriften an. Einer der prominentesten Teilnehmer an der Auseinandersetzung argumentierte, nicht nur die Geißelungen selbst seien ungesetzliche Neuerungen (arab. bida'), sondern auch die Verwendung von Musikinstrumenten, sowie die Teilnahme unverschleierter Frauen als Verwandte al-Husains. Dabei sollten die Festspiele keinesfalls abgeschafft werden, sondern nur von ihren abergläubischen Elementen gereinigt, 'reformiert' und von ausgebildeten Predigern dargeboten werden. Nicht zuletzt weist Ende auch auf politische, soziale Hintergründe und wirtschaftliche Gründe für die Fortführung der Festlichkeiten hin.

und Feindseligkeiten geführt hat. Immer wieder sind Muharram-Prozessionen von den verschiedenen islamischen Herrschern wegen des leicht entstehenden öffentlichen Aufruhrs verboten worden, jedoch ohne langfristige Erfolge.

Das Selbstverständnis des gläubigen Schiiten wird vom Leiden geprägt. Ignaz Goldziher schreibt dazu:

> "Der richtige Schi'it ist verfolgt und elend wie die Familie, für deren Recht er einsteht und leidet. Man betrachtete es bald als Beruf der Prophetenfamilie, Bedrängnis und Verfolgung zu leiden und die Schläge des Schicksals mit Ausdauer (sabr) zu ertragen."[93]

Ein interessanter Aspekt ergibt sich hinsichtlich der Bedeutung dieses Leidens der Imâme für die schiitischen Gläubigen aufgrund ihres unnatürlichen Todes. Sie sind

> "erschlagen, vergiftet oder im Kerker zugrundegegangen. Dieses Leiden der Imâme, vor allem das al-Husains und seiner Angehörigen und Gefährten, nimmt geradezu den Charakter eines Selbstopfers an: Die 'Sündlosen' nehmen freiwillig einen Teil der Strafe auf sich, die eigentlich den sündigen Menschen gebührt; ihr stellvertretendes Leiden erspart es der Menschheit, von der vollen Gerechtigkeit Gottes getroffen zu werden. Das Selbstopfer befähigt die Märtyrer zudem, eine Mittlerrolle (wasîla) bei Gott einzunehmen und mit ihrer Fürsprache (šafâ'a) für die Gläubigen einzutreten ... Seine Dankesschuld gegenüber den Imâmen kann der Mensch nur auf zweierlei Weise abtragen: durch das Weinen an ihren Gräbern und durch die Bereitschaft, auch seinerseits das Martyrium willig auf sich zu nehmen."[94]

Nach einer Husainlegende kann nur al-Husain im Gericht für die gläubigen Muslime Fürbitte leisten und nicht Muhammad, denn al-Husain hat das größte Leiden erduldet. Im Passionsspiel bittet sogar Muhammad al-Husain um Fürbitte am Tag des Gerichts[95]. Damit erhält al-Husain eine gewisse Erlöserfunktion durch sein Leiden.

Der Gedanke des stellvertretenden Leides zum Nutzen anderer Menschen (wie es das Christentum für die Kreuzigung annimmt) ist dem Islam eigentlich fremd. Leid an sich und Hoffnung auf Erlösung durch den wiederkommenden Mahdi ist aber ein wesentliches schiitisches Glaubenselement. Durch das Leiden in dieser Zeit wird die Hoffnung auf die Wiederkunft des Mahdi noch gesteigert. In der Muharram-Prozession und den Passionsspielen gewinnt das erlösende Leiden al-Husains und seine Vermittlerrolle jedoch eine besondere Bedeutung. Im sunnitischen Islam ist dagegen das

---

[93]Goldziher. Vorlesungen. S. 200-201

[94]Halm. Schia. S. 177

[95]Hildegard Müller. Studien. S. 40

"Leiden, wie auch das Böse ... eine von einer höheren Macht verhängte Prüfung, der gegenüber Geduld und Resignation die einzige Antwort des Menschen sind"[96].

Das Leiden wird im sunnitischen Islam nicht mit dem Gedanken der Erlösung verbunden. Auch die Auffassung von der Vermittlung der Heilsgeschichte ist im schiitischen und sunnitischen Bereich verschieden. Während sie nach sunnitischer Auffassung durch die Offenbarung vermittelt wird, haben in der Schia die unfehlbaren, sündlosen Imâme heilsgeschichtliche Bedeutung, denn ihnen wohnt göttliche Substanz inne. Für die extreme Schia ist 'Alî sogar die Inkarnation der Gottheit, und 'Alî geht in seiner Bedeutung weit über Muhammad hinaus[97]. Nach dem schiitischen Volksglauben hat

"Gott ... Himmel und Erde für 'Alî geschaffen; die Welt kann nur hoffen, durch 'Alî gerettet zu werden; 'Alî ist der Schlüssel, der alle Rätsel der Menschheit löst ... er ist es, der Sonne und Mond erleuchtet, ... der das Gebäude der Religion trägt; er ist es, der die Wasser des Paradieses und die Feuer der Hölle verteilt"[98].

c. Der schiitische Gräberkult

Zum schiitischen Volksislam gehört der Besuch (arab. ziyâra) des Grabes von 'Alî in Najaf in der Nähe von Kufa. Dieser Besuch ist seit dem Ende des 8. Jahrhunderts ein wesentliches Element schiitischer Volksfrömmigkeit[99]. Auch der Grabschrein al-Husains in Kerbela ca. 100 km südwestlich von Bagdad ist ein Wallfahrtsort geworden, um den wie um die Ka'ba in Mekka die Umgangsprozession durchgeführt wird. Das ganze Gebiet darf von Nichtmuslimen nicht betreten werden[100]. Möglicherweise wurde die erste Wallfahrt zum Grab al-Husains schon vier Jahre nach der Schlacht von Kerbela, also 689 n. Chr. durchgeführt. Mit dieser Wallfahrt wollten die Männer, die nicht an al-Husains Seite gekämpft hatten, ihre Schuld sühnen:

"Wir haben unsere Gesichter geschwärzt
und sind nun mit schwarzen Gesichtern bei dir,
um deine Vergebung zu erbitten ...
Dein Blut kommt auf unsere Häupter herab,
doch haben wir vor Allah bereut
und wir bekennen unsere Schuld vor deinem Großvater Mohammed.
Wir haben unser Leben zum Opfer verpfändet,
um dich zu rächen.

---

[96]Hildegard Müller. Studien. S. 142

[97]Hildegard Müller. Studien. S. 146

[98]Hildegard Müller. Studien. S. 147

[99]Halm. Schia. S. 16

[100]Hildegard Müller. Studien. S. 38

Möge uns Allah daher vergeben
und Mohammed, der Erwählte, uns seine Fürbitte nicht versagen."[101]

Im 9. Jahrhundert scheint der Wallfahrtsort von Kerbela einmal zerstört, aber schon im selben Jahrhundert wieder aufgebaut worden zu sein. Wann die Feierlichkeiten zur Erinnerung an al-Husains Tod begonnen haben, kann nicht mit letzter Sicherheit geklärt werden. Der Beginn liegt jedenfalls schon in frühislamischer Zeit[102].

Um Kerbala ist ein großer Friedhof entstanden. Viele Schiiten überführen Leichname zur dortigen Bestattung, da im Volksglauben die Meinung herrscht, daß jeder ins Paradies eingehen wird, der sich nahe dem Heiligtum begraben läßt[103].

In ähnlicher Weise werden im schiitischen Volksislam die Gräber der Sayyids verehrt, also der Personen, die eine durch Muhammad auf 'Alî und Fâtima zurückgehende Verwandtschaft für sich in Anspruch nehmen. Auch die Gräber der Nachkommen der Imâme wurden meist zu Mausoleen ausgebaut und entwickelten sich zu lokalen Heiligtümern. Die Verehrung des vierten Kalifen 'Alî und der nachfolgenden Imâme ist allerdings keine ausschließlich auf den schiitischen Bereich beschränkte Erscheinung. Seit dem 13./14. Jahrhundert tritt diese Verehrung auch auf sunnitischer Seite "vor allem durch die Popularisierung der islamischen Mystik, des Sufitums", auf[104]. Der Besuch der Gräber gilt zwar als verdienstvolles Werk, ersetzt jedoch zumindest nach orthodoxer zwölferschiitischer Lehre nicht die Pilgerfahrt nach Mekka. Im Volksglauben ist der Besuch der Imâmgräber jedoch häufig der Wallfahrt nach Mekka gleichgesetzt worden.

Auch die Tochter Muhammads und die Frau 'Alîs, Fâtima, die mit Maria (arab. Maryam) verglichen wird, erfährt im Bereich des schiitischen Volksglaubens besondere Verehrung. Diese Erscheinung wurde immer wieder mit der Marienverehrung im katholischen Bereich verglichen. Sie weist in der Tat einige Parallelen dazu auf. Auch bei den Muharram-Prozessionsspielen spielt Fâtima eine wichtige Rolle[105].

---

[101] M. H. Zotenberg, zitiert nach Hildegard Müller. Studien. S. 39-40

[102] Hildegard Müller. Studien. S. 122

[103] Hildegard Müller. Studien. S. 41

[104] Halm. Schia. S. 91.

[105] Ende. Der schiitische Islam. S. 82

d. Geheimhaltung in Gefahr

Wegen ihrer Sonderlehren sind die Schiiten nicht von allen islamischen Herrschern in der Geschichte mit Wohlwollen betrachtet worden.

Von einigen sunnitischen Herrscherdynastien sind die schiitischen Gläubigen hart verfolgt worden, zum Beispiel von den Umayyaden und Abbasiden. In ihre Lehre drang unter der harten Bedrückung bald das Gebot ein, daß im Notfall der schiitische Glaube nicht nur verborgen werden dürfe, sondern sogar verborgen werden müsse. Der schiitische Gläubige soll also "Vorsicht" oder "Geheimhaltung" (arab. taqîya) praktizieren, um nicht die Verfolgung der übrigen schiitischen Gläubigen heraufzubeschwören. So haben Schiiten, die unter anderen Völkern zerstreut lebten, nicht immer ihren eigentlichen Glauben bekannt. Die schiitische Untergruppierung der Zaiditen praktiziert jedoch keine 'Geheimhaltung' (arab. taqîya).

8. Schiitische Sondergruppen

Im folgenden sollen einige weitere schiitische Sondergruppen kurz erwähnt werden[106].

a. Die 'Übertreibenden'

Die 'Übertreibenden' (arab. gulât) werden von den Zwölferschiiten, also der orthodoxen Schia, als extreme Sonderrichtung betrachtet. Man wirft ihnen vor allem vor, sie glaubten an das Innewohnen Gottes in 'Alî und mehreren seiner Nachkommen und Anhänger (arab. hulûl) und an die Seelenwanderung (arab. tanâsuh). Für sie soll das islamische Gesetz nur spirituelle Bedeutung haben, womit die wörtliche Befolgung des Gesetzes keine Bedeutung mehr besitze (arab. ibîha = Freigabe, Erlaubnis); eine Behauptung, die z. B. auf die syrischen Nusairier zuzutreffen scheint (vgl. den folgenden Abschnitt). Die 'Übertreibenden' betonen besonders, daß die Gottheit sich in den Imâmen, die damit keine Menschen mehr im eigentlichen Sinne sind, immer wieder verkörpert. Zu den heute existierenden Gruppen von 'Übertreibenden' gehören die iranischen Ahl-e-Haqq (Leute der Wahrheit), die an eine Mischung aus mythologischen Vorstellungen indoiranischer Herkunft wie der Seelenwanderung und schiitisches Gedankengut glauben[107].

---

[106]Nach Halm. Schia. S. 186ff

[107]Halm. Schia. S. 189

b. Die Nusairier oder 'Alawiten

Die Nusairier oder 'Alawiten sind nach Muhammad ibn Nusair benannt. Er soll vom elften Imâm al-Hasan al-'Askarî geheime Offenbarungen empfangen haben[108]. Heute gibt es Nusairier am Euphrat im Irak, in Syrien[109], im Libanon und in der Türkei.

In der Lehre der Nusairier[110] findet man eine Mischung aus einer "gnostischen Kosmogonie" und der Vorstellung, in 'Alî habe sich der urewige, namenlose Gott verkörpert[111]. Die Zeit wird in sieben Äonen unterteilt: In jedem Äon erscheint ein Prophet auf der Erde. Die Namen der sieben Propheten oder sieben Äonen lauten Adam, Noah, Jakob, Mose, Salomo, Jesus und Muhammad. Jeder Person sind jeweils wieder sieben Personen zugeordnet, die von entscheidender Bedeutung sind: Abel, Seth, Josef, Josua, Asaf, Simon Petrus und 'Alî[112]. Der göttliche 'Alî habe Muhammad als Propheten entsandt. Ferner wird der Glaube der Nusairier durch die Lehre der Seelenwanderung, deren eigentliches Ziel die Schau des göttlichen Lichts ist, einer geistlichen Auslegung des Korans und einer Umdeutung des Leidens des al-Husain in ein scheinbares Leiden gekennzeichnet[113]: al-Husain wurde dabei in den Himmel aufgenommen. An seiner Stelle lebte auf der Erde ein Doppelgänger[114].

Die Nusairier haben sich in diesem Jahrhundert in 'Alawiten, also Anhänger 'Alîs umgenannt, wohl um damit dem Vorwurf der Ketzerei entgehen zu können[115].

c. Die Drusen

Eine weitere Sonderentwicklung auf dem Gebiet schiitischer Frömmigkeit stellt das theologische Lehrgebäude der Drusen dar, "... ein bizarres Konglomerat von altismailitischen, neuplatonischen und extremschiitischen Vorstellungen und Begriffen"[116]. Der drusische Glaube konnte sich in Ägypten nicht lange halten, nur im Libanon und in Südsyrien[117] blieb er bestehen:

---

108 Halm. Gnosis. S. 295

109 Für den Beginn der 80er Jahre stellt Halm. Gnosis. S. 285 einen Anteil von etwa 12% Nusairier an der syrischen Bevölkerung fest.

110 Zur Entwicklung ihrer Lehre s. etwa Halm. Gnosis. S. 296ff.

111 Zu den 'alawitischen Initiationsriten vgl. Halm. Gnosis. S. 303ff.

112 Halm. Gnosis. S. 300-302

113 Halm. Schia. S. 190

114 Halm. Gnosis. S. 318

115 Gebete, Hymnen und Feste der 'Alawiten vgl. bei Halm. Gnosis. S. 315ff.

116 Halm. Schia. S. 221

117 Eine ausführlichere Darstellung vgl. bei Halm. Schia. 219ff.

"... sie akzeptieren den Fatimidenkalifen al-Hakim (regnabat[118] 996-1021) als die letzte Verkörperung der Gottheit, integrierten aber auch andere alte vorderorientalische Vorstellungen."[119]

Weitere Gruppierungen, die aus dem Islam hervorgegangen sind, bzw. vom Islam beeinflußt wurden, sind die Jezidis und die Bahâ'î[120].

9. Schiiten heute

Die Sunniten stellen heute weltweit die Mehrheit der Muslime dar, die Schiiten die Minderheit. Der Iran ist das einzige islamische Land, in dem die Zwölfer-Schia durch die Herrschaft der Safawiden offizielle Konfession geworden ist. Vor dem 16. Jahrhundert waren die Schiiten im Iran eine Minderheit.

Heute leben die Schiiten außer im Iran, in dem der Zwölferschiismus als einzigem Land Staatsreligion ist, in Syrien, dem Irak (mit ca. 55% gegenüber ca. 40% Sunniten sind sie dort in der Mehrheit[121]), Libanon, Türkei, Afghanistan, in den arabischen Golfländern, Indien und Pakistan. Sie machen insgesamt nur etwa 10-15% der muslimischen Weltbevölkerung aus, wovon die größte Gruppe die der Zwölferschiiten ist.

10. Schiiten im Iran

a. Die iranische Revolution

Vor etwa 15 Jahren (1979) geriet der Iran auf dramatische Art und Weise in den Mittelpunkt des Weltgeschehens[122].

Die seit langem unzufriedene und revolutionär gestimmte iranische Bevölkerung stimmte am 30./31.3.1979 der Errichtung einer Islamischen Republik zu, über deren Gestalt es jedoch bald zu harten Auseinandersetzungen kam. Letztendlich mußte der Verfassungsentwurf Ayatollah Khomeinis[123] (arab. Ayatollah =

118"er regierte"

119Watt, Welch. Islam. S. 459. Eine umfassende Studie der Entwicklungsgeschichte der Drusen aus einem schiitisch-islamischen Zweig, ihrer geistlichen und weltlichen Geschichte, ihrer Ethik und Lebensweisen findet sich bei Abu-Izzeddin. Druzes.

120Einen gerafften Überblick über diese Gruppen bietet Schmucker. Sekten.

121Halm. Schia. S. 170

122Eine ausführlichere Darstellung über die Geschichte und Hintergründe der Iranischen Revolution 1979. s. bei Schirrmacher. Schiiten.

123Das Hauptwerk und die Programmschrift Ayatollah Khomeinis für den nach der Revolution zu errichtenden Staat, die im Jahr 1970 im Exil entstand, wurde auch auf deutsch übersetzt: Chomeini. Staat.

Zeichen Gottes) unter massivem Druck angenommen werden. Das "Grundgesetz der Islamischen Republik Iran" gibt Gott die alleinige Souveränität. Alle Vorschriften sollen mit den islamischen Maßstäben in Übereinstimmung stehen. Darüber wacht der sogenannte 'Wächterrat', der sich aus sechs geistlichen Rechtsgelehrten und sechs weltlichen Juristen zusammensetzt. Der 12. Imâm hat die weltliche Regierung und die Leitung der Gemeinde aus der Verborgenheit einem gerechten, gottesfürchtigen Rechtsgelehrten übergeben, der von der Mehrheit der Bevölkerung als islamischer Führer anerkannt wird. Nach Art. 107 war Ayatollah Khomeini selbst dieser Rechtsgelehrte, der so die religiöse und politische Führung des Iran in seiner Hand hielt. Damit wird die eigentlich für die Zukunft erwartete Herrschaft des Mahdi schon jetzt im Iran durchgesetzt.

Khomeini wollte also hier auf der Erde eine Art Gottesstaat aufrichten, in dem das islamische Gesetz wieder seine ganze Gültigkeit erhielt. Die radikale Rückbesinnung auf die Grundlagen des Islam wurde angestrebt. Entscheidend für Rechtsfindung und tägliches Leben sollen wieder der Koran und das islamische Recht (arab. šarî'a) werden. Damit kehrte der Iran der gottlosen, an den Westen angelehnten, tyrannischen Regierung des Schah den Rücken.

> Rûhollâh (arab. = Geist Gottes) Mûsawî Khomeini wurde etwa im Jahr 1902 in Khomein als Sohn eines einfachen Mullahs (Dorfgeistlichen) geboren, konnte aber an der schiitischen Hochschule in Qom Theologie studieren. Dort lehrte er später als Ayatollah (Wahrzeichen Gottes), also als hoher geistlicher schiitischer Würdenträger.
>
> In den vierziger Jahren wurde Khomeini zum erbitterten Gegner des Schah-Regimes. Im Jahr 1963 wandte er sich öffentlich gegen die vom Schah ausgerufene Alphabetisierungskampagne und die Monarchie des Schahs als Ganzes. Khomeini hat wenige Jahre später Schriften zum Beweis der Widergöttlichkeit der Monarchie verfaßt und den Entwurf eines künftigen Gottesstaates gezeichnet. Aufgrund seiner politischen Tätigkeiten wurde Khomeini mehrfach verhaftet und im Jahr 1964 aus dem Iran ausgewiesen. Er lebte 15 Jahre in der Türkei, dem Irak und Frankreich im Exil und kehrte im Februar 1979 nach dem Sturz des Schahs im Triumph nach Persien zurück. Seine Idee von der 'Iranischen Revolution' sprang in der Situation politischer Wirren, sozialer Probleme und endzeitlicher Erwartungen auf die Volksmassen über.

Zugleich war die iranische Revolution eine Antwort auf die Identitätskrise der islamischen Welt, die sie seit dem 18. Jahrhundert aufgrund des europäischen Kolonialismus und anderer, vor allem militärischer Aktionen Europas durchlaufen hatte. In einer Zeit, in der der Islam sich selbst in einer Epoche des Niedergangs befand, expandierte Europa in den Nahen Osten und machte seine militärische und technische Überlegenheit deutlich. Die Versuche dieser

Krisenbewältigung reichten von radikaler Ablehnung aller geistigen und materiellen Importe aus der 'christlichen' Welt bis zur völligen Übernahme aller technischen und vor allem militärischen Neuerungen.

Die iranische Revolution war eine erneute Reaktion auf die seit dem 19. Jahrhundert besonders stark aufgebrochene Problematik, in dem Aufeinandertreffen mit der westlichen Welt die islamische Unterlegenheit zu überwinden, ohne die eigene kulturelle Identität einzubüßen.

Es hat viele Versuche gegeben, Ablehnung und Übernahme miteinander zu verbinden, indem man aus dem Westen nur technische Neuerungen übernehmen, Religion und Kultur jedoch unangetastet lassen wollte. Ein anderes Modell war die islamische Erneuerung über die völlige Loslösung vom Westen. Letztendlich ist aber in der islamischen Welt der Versuch einer Synthese zwischen Moderne und Islam gescheitert, was den Boden zur Islamischen Revolution und der Rückkehr zu islamischen Werten den Boden bereitete.

b. Khomeini als oberste Lehrautorität

Khomeini übernahm im Iran das Amt der obersten Lehrautorität (arab. mujtahid) und des Beauftragten des verborgenen Imâms. Er proklamierte, daß unter dem Schah ein Leben nach dem islamischen festgeschriebenen Gesetz (arab. šarî'a) weitgehend unmöglich geworden sei und die Revolution so zur Pflicht würde, um die wahrhaftige islamische Ordnung wiederherzustellen. Die Unterordnung unter ein Regime wie das des Schahs war für Khomeini Götzendienst. Der Westen, besonders die USA, wurden als Feindbild für unmoralisches Leben und für materielle Werte, die religiösen Werten keinen Platz mehr lassen, angeprangert und verteufelt.

Khomeinis Auftreten war nur vor dem Hintergrund der schiitischen Geschichte des Iran möglich. Nur in der Erfüllung jahrhundertelang gehegter endzeitlicher Erwartungen haben schiitische Gläubige dem Ayatollah zujubeln können. Nur mit der Hoffnung auf eine bessere (islamische) Welt sind sie in den Krieg gezogen. Das Leben im Heiligen Krieg zu lassen, bedeutet, direkten Zugang zum Paradies zu erhalten. Märtyrer für den gerechten Krieg Gottes sein steht noch über der Möglichkeit, auf der Erde ein Leben als Gläubiger an Allah zu leben.

Khomeinis Auftreten war also durch mehrere Komponenten ermöglicht worden:

1. Schon immer hatte das Dogma bestanden, daß ein weltliches Regime, das der Geistlichkeit nicht die Führungsrolle zubilligt und so die Ausübung des schiitischen Glaubens hemmt, keine Berech-

tigung zur Herrschaft hat. Das ist nach Meinung der iranischen Revolutionsführer beim Schahregime der Fall gewesen.

2. Zum zweiten hat die Geistlichkeit Irans zumindest in diesem Jahrhundert ein zunehmend von der Regierung unabhängiges Dasein geführt. Sie war nicht in den Staat integriert, sondern lebte im Spannungsverhältnis mit ihm aus frommen Stiftungen und Spenden des Volkes. Dadurch entstand eine enge Verbindung zum Volk, den Gebern der Spenden für die Geistlichkeit. Die Geistlichkeit wurde im Konflikt mit der Regierung zum Sprecher des Volkes. Dadurch wurde das Volk darauf vorbereitet, daß sich die Geistlichkeit an die Spitze des Volkes stellte und gegen die Regierung vorging. Damit nahm nur die schon immer negative Haltung der Schiiten gegenüber der weltlichen Herrschaft äußerlich sichtbare Züge an.

3. Schließlich sollte die stark ausgeprägte Endzeiterwartung der Schiiten nicht vergessen werden, die sich im sichtbaren Auftreten des geistlichen Führers Khomeini, der versprach, den Gottesstaat zu errichten, zu erfüllen schien.

Heute wissen wir, daß die iranische Revolution ihrem Anspruch nach Gleichheit, Gerechtigkeit und politischer Mitverantwortung in Verbindung mit der Rückbesinnung auf die islamischen Gesetze keinesfalls gerecht geworden ist. Es entstand vielmehr ein totalitäres Regime, das seine politischen Gegner hart verfolgte, die zunehmende Verelendung der Massen jedoch nicht auffangen konnte. Die Führer der kommunistischen Tudeh-Partei wurden hingerichtet, andere Oppositionelle ausgeschaltet. Niemand kennt die Zahlen der mißliebigen Gegner Khomeinis, die für die Revolution sterben mußten.

LEKTION 13: DER ISLAMISCHE FUNDAMENTALISMUS

A. WAS IST ISLAMISCHER FUNDAMENTALISMUS?

1. Zum Problem des Fundamentalismusbegriffes

In einer Zeit, in der der Begriff Fundamentalismus zu einem Schimpfwort geworden ist und islamischer und protestantischer[1] Fundamentalismus - auch häufig ohne Sachkenntnis von nur einem der beiden Bereiche - miteinander verglichen werden, hat man versucht, allgemeingültige Kriterien für islamischen und christlichen Fundamentalismus aufzustellen[2]. Aufgrund der besonders von den Medien übermittelten, oft verzerrten, apokalyptischen Bilder und

[1]Zur Geschichte des protestantischen Fundamentalismus vgl. die Dissertation von Stephan Holthaus. Fundamentalismus.

[2]Ein solcher, meiner Ansicht nach allerdings nur teilweise richtiger Versuch findet sich etwa bei Kepel. Rache. S. 17ff. Kepel nennt z. B. das Kriterium, Fundamentalisten wollten die "Moderne ... bekämpfen". Dies ist jedoch ein Werturteil Kepels und keine eigene Aussage christlicher 'Fundamentalisten'. Auch die vom Autor referierte Auffassung der Fundamentalisten, die "von einer Vernunft ohne Gott erzeugte Moderne (habe) letztlich keine Werte hervorgebracht" (ebd. S. 18) beschreibt die Sache nicht treffend, da sich die Kritik christlicher 'Fundamentalisten' nicht pauschal gegen jegliche Vernunft und daraus abgeleitete Werte an sich, sondern nur gegen die Absolutsetzung dieser Werte über göttliche Normen richtet. Dies geschieht insbesondere dort, wo diese humanistischen Werte im Widerspruch zu göttlichen Ordnungen stehen. Eher trifft Kepels Aussage zu, Fundamentalisten kritisierten die "innere Auflösung der Gesellschaft, ihre Anomie, das Fehlen einer übergreifenden Perspektive". Ebd. S. 18. Meiner Ansicht nach übersieht Kepel einen ganz wesentlichen Unterschied zwischen christlichem und islamischem Fundamentalismus: Ein Kennzeichen des christlichen Fundamentalismus ist stets der Wunsch gewesen, zur biblischen Offenbarung als dem unfehlbaren Wort Gottes zurückzukehren und allen Traditionen, Sonderlehren und Abweichungen von der Bibel den Rücken zu kehren. Islamische Fundamentalisten lehnen jedoch - wie meines Wissens alle anderen muslimischen Gruppierungen - die Überlieferung von Muhammad und den Prophetengefährten als Quelle der göttlichen Offenbarung nicht ab, sondern erkennen ihr und dem Koran denselben Stellenwert zu.

Ereignisse aus der islamischen Welt, denken viele Menschen beim Fundamentalismus an den 'Rückfall ins Mittelalter', an Bedrohung und das 'Überrollen' des Westens durch kamelreitende, säbelrasselnde, 'fanatisierte' Horden, an abgehackte Hände und verschleierte Frauen. Stereotypen in der Auffassung vom Orient spielen in Verbindung damit eine große Rolle, daß im Westen kaum fundierte Kenntnis des Islam und des Fundamentalismus vorhanden ist. Hier kann zwar keine aktuelle politisch-gesellschaftliche Bestandsaufnahme über Herkunft und Wirkungsweise des Fundamentalismus in den einzelnen islamischen Ländern erstellt werden[3]. Dennoch soll ein Blick auf einige Erscheinungsformen des islamischen Fundamentalismus geworfen werden.

Der Begriff des Fundamentalismus ist im Islam nicht unproblematisch und nicht mit christlichen 'liberaleren' oder 'fundamentalistischeren' Strömungen gleichzusetzen. Fundamentalismus ist kein Synonym für das 'Wiedererstarken des Islam', das besonders seit dem Beginn der 'Iranischen Revolution' 1979 im Westen so verstanden wird, daß nun ein fundamentalistischer, besonders 'militanter' oder besonders bedrohlicher, weil besonders orthodox orientierter Islam in Erscheinung getreten sei. Khomeini wurde für den Westen zum Oberbegriff des Fundamentalisten. Auch die in Amerika und Europa missionarisch aktive Ahmadîya-Bewegung ist keine fundamentalistische Gruppierung. Unterhält man sich mit Muslimen über Khomeini oder die Ahmadîya-Bewegung, wird er diese beiden Gruppen vielleicht gar nicht als besonders 'stenggläubig' empfinden, denn beide Gruppen gehören zu einer Minderheit: Der Iran etwa ist der einzige muslimische Staat, in dem die Schiiten die Mehrheit darstellen. Daß sich Khomeini zum erwarteten Heilsbringer erklärt hat, der den islamischen Gottesstaat aufrichtet, ist bei vielen Muslimen auf Kritik gestoßen, auch wenn man zunächst prinzipiell begrüßt hat, daß das islamische Gesetz (arab. šarî'a) wieder zur Geltung kommen sollte. Ein ganz ähnliches Problem stellt sich bei der Ahmadîya-Bewegung. Sie wurde 1974 von der pakistanischen Nationalversammlung aus der Gemeinschaft der Muslime offiziell ausgeschlossen und wird heute als 'Sekte' betrachtet.

Wenn diese in unseren Augen besonders 'orthodoxen' Gruppierungen von muslimischer Seite aber gar nicht als orthodox empfunden werden, sondern als Außenseiter, wer ist dann ein Fundamentalist im Islam?

---

[3]Mehrere Diskussionsbeiträge zur Analyse des Begriffs und der Erscheinungsformen des 'modernen' Fundamentalismus finden sich bei Lüders. Islam.

Vergleiche aus dem Christentum helfen nicht viel weiter. Wenn auch im Christentum als ein Kennzeichen für den Fundamentalismus gilt, daß die ganze Bibel als Wort Gottes verstanden und wörtlich ausgelegt wird, die Kritik an der Bibel abgelehnt und daraus verbindliche Lehren für alle Menschen abgeleitet werden, kann doch im Islam der, der den Koran für Gottes Wort hält, kein Fundamentalist sein, sonst bestände die islamische Welt nur aus Fundamentalisten. Eine von offizieller Seite geduldete Korankritik, wie sie das christliche Abendland an der Bibel nicht nur duldet, sondern längst von Seiten der Kirche und Universität hervorgebracht und als einzig mögliches Bibelverständnis propagiert hat, kennt die islamische Welt nicht. Daß das Christentum selbst einschließlich der großen Kirchen gerade diejenige Literatur und solche Theologen bejaht und fördert, die die Inspiration der Bibel verspotten und völlig zunichtemachen, wird Muslimen immer unverständlich sein. Kritik am Koran und das hieße, Abfall vom Glauben ist nicht umsonst eine der drei Sünden, auf die nach dem islamischen Gesetz (arab. šarī'a) die Todesstrafe steht. Welche Folgen Kritik am Koran haben kann, hat erst kürzlich Salman Rushdie erfahren, der nach Erscheinen seines Buches 'Satanische Verse' der Apostasie angeklagt wurde und damit sein Todesurteil erwirkt hat. Fundamentalist kann also im Islam nicht der sein, der den Koran als Wort Gottes erkennt, während dann ein Nicht-Fundamentalist ein Korankritiker wäre. Auch hinter dem Begriff Fundamentalismus einen besonders konservativen, auf die überlieferte Tradition ausgerichteten Islam zu vermuten, träfe nicht den Kern der Bewegung.

Zu der Begriffsverwirrung kommt hinzu, daß Fundamentalismus kein Begriff ist, den der Islam selbst auf sich angewandt hat, während der protestantische Fundamentalismus sich selbst so bezeichnet hat. Daher spricht die Islamwissenschaft der Korrektheit halber lieber von *Islamismus*. Auch die Anhänger der fundamentalistischen Bewegungen selbst haben zumindest anfangs den Begriff Fundamentalismus als eine vom Westen erfundene Herabsetzung empfunden[4]. Hier wurde der Begriff jedoch der Einfachheit halber beibehalten. Außerdem gibt es in der islamischen Welt nicht *den* Fundamentalismus, sondern nur eine Vielzahl von Bewegungen, deren Ziele und Methoden, wie diese Ziele zu erreichen sind, sich teilweise erheblich voneinander unterscheiden.

2. Kennzeichen des islamischen Fundamentalismus

Zunächst gilt: Für den islamischen Fundamentalismus gibt es überhaupt keine offizielle, festgeschriebene Definition. Es gibt je-

[4]Wielandt. Fundamentalismus. S. 103

doch eine Reihe von Kennzeichen, die verschiedene fundamentalistische Gruppen in unterschiedlichem Maß aufweisen.

Kennzeichen des islamischen Fundamentalismus
1. Fundamentalisten setzen sich für die Einheit der islamischen Gemeinschaft nach dem Vorbild der ersten muslimischen Gemeinde zu Zeiten Muhammads ein und möchten alle Spaltungen und Teilungen zwischen den verschiedenen Gruppierungen überwinden.
2. Nach Ansicht der Fundamentalisten ist den Gelehrten des Islam auch heute gestattet, den Koran und die Tradition (arab. hadîṯ) auszulegen, ohne sich in den festgeschriebenen Bahnen der Verhaltensweisen der ersten Muslime bewegen zu müssen. Die selbständige Problemlösung durch die Anwendung der Prinzipien von Koran und Überlieferung auf die gegenwärtigen Gegebenheiten (arab. ijtihâd) ist also erlaubt. Das Festhalten an einer bestimmten Rechtsschule führt zu leicht zu Irrtümern, denn die Rechtsschulen sind kein Kennzeichen des frühen Islam, dessen Zustände wieder hergestellt werden sollen.
3. Für fundamentalistische Gruppierungen sind die an den Propheten ergangenen Offenbarungen die einzige Verbindung zwischen Gott und Mensch. Die Gründer der Rechtsschulen nehmen daher ihrer Meinung nach keine besondere Stellung ein. Trotzdem steht der Fundamentalismus dem Mystizismus nicht fern, auch wenn er jegliche Form von Heiligenverehrung ablehnt.
4. Hinzu kommt die feste Überzeugung von der absoluten Gültigkeit der islamischen Gebote und Anordnungen für alle Lebensbereiche der Gesellschaft, Politik und Wirtschaft. Der Fundamentalismus versucht, der Moderne durch ein Zurückgehen auf den 'Urislam' (oder das, was man dafür hält), die Reinigung des Islam von allen Hinzufügungen und Neuerungen zu begegnen. Abgelehnt wird die Integration westlicher Neuerungen, also eine Anpassung des Islam an die Moderne. Vielmehr bedeutet der rechtverstandene Islam gleich Fortschritt. Für Fundamentalisten gibt es auf jede Frage des täglichen Lebens eine Antwort und eine Beurteilung dessen, was islamisch und was unislamisch ist.
5. Eine entscheidende Überzeugung des Fundamentalisten ist die, daß der gegenwärtige islamische Staat nicht in Einklang mit den ursprünglichen Lehren des Islam steht, wie ihn der Prophet gepredigt hat. Verschiedene fundamentalistische Bewegungen möchten daher die Gesellschaft wieder umwandeln in eine Gesellschaft, in der das Verhalten (arab. sunna) des Propheten zur verbindlichen Richtschnur von Denken und Handeln erhoben wird. Rotraud

Wielandt hat betont, daß auffällt, wie wenig bei diesem Anspruch, die urislamische Gesellschaft wieder herstellen zu wollen, erforscht wird, wie diese Gesellschaft genau aussah. Dies ist tatsächlich nicht das eigentliche Anliegen der Fundamentalisten. Der Urislam wird vielmehr zum Idealstaat erklärt und die Rückkehr zu seinen Verhältnissen proklamiert, ohne daß eine klare Vorstellung von den besonderen Kennzeichen dieser Gesellschaft vermittel würde. Es wird nur betont, daß damals der Islam 'vollkommen' verwirklicht worden sei[5]. Damit richtet sich der fundamentatlistische Islam also eigentlich nicht gegen den Westen, sondern stellt zunächst einen innerislamischen Kampf gegen die Gottlosigkeit im eigenen Land dar.

Der Islam soll also nach Koran, Überlieferung (arab. sunna) und den 'frommen Vorvätern' (arab. as-salâf as-sâlih) gelebt werden und für alle Lebensbereiche Geltung haben. Die heutigen Vorbilder der militant-islamischen Gruppierungen sind die Reformer des 19. und 20. Jahrhunderts wie Jamâl ad-Dîn al-Afgânî, Muhammad 'Abduh und Muhammad Rašîd Ridâ, die in der Auseinandersetzung mit Europa und dem fortschreitenden Säkularismus (Zurückdrängung des Islam aus dem Erziehungs-und Rechtswesen) standen. Sie strebten durch eine Rückbesinnung auf das 'goldene Zeitalter des Islam' eine Wiedererstarkung und Neubelebung der offensichtlich gegenüber Europa zurückgefallenen islamischen Welt an. Diese 'Reformtheologen' setzten sich ebenfalls für eine Wiederbelebung der selbständigen Rechtsfindung (arab. ijtihâd) ein, damit die Gesellschaft in eine islamische Gesellschaft umgeformt werden kann. Der eigentliche Kampf der Fundamentalisten gilt also der eigenen säkularisierten Gesellschaft in der islamischen Welt. Die meisten islamistischen Gruppierungen, die teils offen, teils geheim agieren und teils auf friedlichem Weg und teils mit gewalttätigen Mitteln ihre Ziele verfolgen, sind im Westen nicht bekannt und lenken meist erst dann die Aufmerksamkeit der Medien auf sich, wenn offene oder gewalttätige Konflikte mit der Regierung entstehen und eine Regierung gegen diese Aktivitäten einschreitet. Das bedeutet jedoch nicht, daß alle fundamentalistischen Bewegungen zur Gewalt neigen.

Im 19. Jahrhundert setzte sich der sogenannte 'Islam der Rückbesinnung auf die frommen Altvorderen' (salafîya-Islam) stark mit der Präsenz des Westens als Kolonialmacht in der islamischen Welt und so mit dem vom Westen ausgehenden Säkularismus und Kolonialismus auseinander. An dem reichen Schrifttum dieser Apologeten wie die genannten Rašîd Ridâ oder Muhammad 'Abdûh, ihren

[5]Wielandt. Fundamentalismus. S. 105

Angriffen auf Europa und das Christentum orientieren sich heute tätige fundamentalistische Gruppen[6]. Die Beurteilung aller Lebensbereiche von der Frage her, wie sie mit dem Islam vereinbar seien, wurde zur entscheidenden Frage angesichts der europäischen Säkularisierung. Neuerungen, etwa aus dem Bereich der Technik Europas wurden entweder für ureigentlich islamisch erklärt, wobei nur auf eigentlich islamische Errungenschaften zurückgegriffen habe, oder sie wurden als unvereinbar mit dem Islam verworfen wurden. Der westliche Säkularismus dagegen, der die westliche Gesellschaft, wie jedermann leicht erkennen könne, in Unmoral und ethischen Niedergang geführt habe, wird strikt abgelehnt. Gegen die westliche Überfremdung der islamischen Kultur wird die Rückkehr zum reinen Islam als Ausweg betrachtet. Westliche Rechtselemente sollen durch das islamische Gesetz (arab. šarî'a) ersetzt werden, die Wirtschaft durch Verbot von Wucherzins und die Pflicht zur Zahlung von Almosen (arab. zakât) am islamischen Gesetz (arab. šarî'a) ausgerichtet werden. Damit wird der Fundamentalismus in der Rückbesinnung auf eigene kulturelle Werte zu einer Antwort auf die innerislamische Krise, die durch den europäischen Kolonialismus bzw. die Einflußnahme westlicher Kultur im vergangenen Jahrhundert ausgelöst wurde.

Das angestrebte Ziel ist die Errichtung einer einheitlichen islamischen Gesellschaft, die weder durch unterschiedliche Rechtsschulen noch Rechtsauslegungen noch Staatsgrenzen voneinander getrennt ist, das islamische Gesetz in seiner Gesamtheit befolgt und wieder von einem Kalifen regiert wird. Nach außen betreibt dieser islamische Staat dann Propaganda und Mission bzw. führt den gerechten Krieg (arab. jihâd)[7].

Da der gegenwärtig regierende Staat als säkularer, also gottloser Staat begriffen wird, haben fundamentalistische Gruppierungen wie z. B. die Muslimbruderschaften immer wieder politische Umstürze versucht, um den urislamischen Staat aufrichten zu können. Fundamentalisten sind meist gleichzeitig mit der gegenwärtigen Regierung und der etablierten Geistlichkeit (arab. 'ulamâ') uneinig. Diese Opposition konnte sogar im Aufruf zum Heiligen Krieg (arab. jihâd) gegen die säkularistischen Muslime gipfeln, womit die Regierenden faktisch zu Ungläubigen erklärt wurden[8]. Unterschiede bestehen unter Fundamentalisten darüber, auf welche Weise diese ideale islamische Gesellschaft errichtet werden kann. Einige Gruppen sind

[6]Reissner. Gruppen. S. 470-471

[7]Einen Überblick über verschiedene Aspekte zum Verständnis des heutigen Islam bietet die Aufsatzsammlung von Lüders. Islam

[8]Vgl. diese Fundamentalismusdefinition nach Peters. Erneuerungsbewegungen. S. 91-131.

der Ansicht, daß zuerst mit Gewalt die Herrschaft gewonnen werden muß (so etwa die Gruppe, die 1981 Präsident Sadat ermordete), andere, daß zuerst die Gesellschaft gebessert und in eine echt islamische Gesellschaft umgewandelt werden muß, die dann den idealen islamischen Staat errichtet[9].

Der Islam ist für Fundamentalisten nicht nur eine Religion, sondern auch ein Bollwerk gegen Kommunismus und Kapitalismus[10]. Der Islam wird also zu einer Art Gegenkultur zur Wiederbelebung des eigenen Erbes und zur Abwehr der Fremdbestimmung.

So möchte der Fundamentalismus vor allem Mißstände im eigenen Land beseitigen und gleichzeitig Antworten geben auf die umfassende soziale, kulturelle und politische Identitätskrise, die u. a. durch den europäischen Kolonialismus, Säkularismus und die teilweise abrupte Modernisierung nach westlichem Vorbild hervorgerufen wurde[11]. Nach Ansicht zahlreicher muslimischer Denker ist der Einfluß des Westens im Bereich des Islam noch immer immens, sei es durch offene 'imperialistische Einmischung' in die nahöstliche (Israel-)Politik, sei es durch 'Spionage', deren vor allem die USA verdächtigt wird. Die militärische Unterlegenheit Ägyptens in den Kriegen gegen Israel, verbunden mit der Protektion des kleinen Landes durch den Westen, hat den Zorn mancher islamistischer Bewegung besonders hervorgerufen.

Auf diese vielfältige Krise und Unzufriedenheit mit Staat und Gesellschaft geben charismatische Leiterpersönlichkeiten Antworten und versprechen die Umformung der Gesellschaft durch Rückkehr zum 'eigentlichen' Islam der Frühzeit. Dieser Frühislam steht für Stärke und Blütezeit. In den meist streng hierarchisch gegliederten fundamentalistischen Geheimbünden, dessen Mitglieder sich stark selbst verleugnen und zu hohen persönlichen Opfern unter Umständen bis zum Tod bereit sind, kann der einzelne einen Beitrag zu dieser Umformung der Gesellschaft leisten, indem er z. B. islamische Kleidung trägt, für seine Organisation Geld sammelt oder sich selbst streng an die religiösen Vorschriften hält. So kann Fundamentalismus zur Massenbewegung werden. Die Jugend, die in den überbevölkerten Ländern der islamischen Welt unter der oft hohen Arbeitslosigkeit, der Entwurzelung an den städtischen Universitäten und der Entfremdung leidet und das 'Versagen' der panarabischen Politik gerade im Verhältnis zu Israel erkennt, gehört zu der wichtigsten Anhängerschar der meisten islamistischen Bewegungen.

---

[9]Wielandt. Fundamentalismus. S. 108

[10]"Die Reislamisierung der siebziger Jahre" nach Reisner. Gruppen. S. 483-486

[11]Dekmejian. Islam. S. 6-7

In den meisten Fällen wurden von den islamistischen Bewegungen wenig konkrete Vorstellungen für die Zeit nach der Umformung der Gesellschaft bzw. nach dem Sturz der Machthaber genannt. Es fehlten echte Konzepte und Antworten auf die Wirtschaftskrise oder die große soziale Kluft zwischen arm und reich. Durch die bloße Aufrichtung der Theokratie (des Gottesstaates) oder die Proklamierung der islamischen Einheit über alle Nationalitäten hinweg können diese Probleme ja nicht automatisch gelöst werden. Aber die fundamentalistische Gruppe vermittelt Identität und durch die Protestideologie eine klare Weltsicht. Sie schafft eine Alternative zur bitteren Wirklichkeit und verspricht dem einzelnen eine bessere, würdige Zukunft. Sie schenkt eine neue Brüderlichkeit[12], die Möglichkeit zum politischen Engagement und vermittelt den Eindruck von greifbarer 'Veränderungen' der Lage[13]. Die Bildung einer Art kommunistischen 'Idealgesellschaft', die z. B. in Ägypten unter Fundamentalisten von der sogenannten Mustafâ-Šukrî-Gruppe erprobt wurde[14], machte durch den Rückzug von der Gesellschaft die Flucht vor der Wirklichkeit möglich:

> "So bietet der Fundamentalismus also alternative Rezepte an, um bei den gesellschaftlichen Übeln Abhilfe zu schaffen und einen Ausweg aus der Entfremdung in einer Umwelt in Aufruhr"[15].

Zu dieser Wirklichkeit, die bewältigt werden muß, gehören in den meisten islamischen Ländern Arbeitslosigkeit, Armut, die Überfremdung durch den Westen, eine tiefgreifende Identitätskrise, Mißwirtschaft, Hoffnungslosigkeit und ein starkes Unterlegenheitsgefühl. Demgegenüber wecken fundamentalistische Bewegungen die Hoffnung, daß der Islam durch die Rückkehr zum Verhalten (arab. sunna) des Propheten wieder so mächtig werden kann wie zu Zeiten Muhammads[16].

---

[12]Sie wurde z. B. soziale Hilfeleistungen der Muslimbrüder in Ägypten gefördert.

[13]Dekmejian. Islam. S. 52-53

[14]Mustafâ Šukrîs Gruppe kapselte sich von der übrigen islamischen Gesellschaft durch einen Bruch mit den Ernährungs-, Kleidungs- und Gebetsvorschriften, ihrem Verhalten zum anderen Geschlecht, der Erziehung und der gesamten Lebensform ab. Junge Menschen wohnten gemeinsam in Häusern und versuchten, die 'Idealgesellschaft' im Kleinen zu leben. Vgl. Kepel. Rache. S. 49ff.

[15] Dekmejian. Islam. S. 53

[16]Dekmejian. Islam S. 52-53

B. DIE MUSLIMBRÜDER

1. Der islamische Fundamentalismus der Muslimbrüder

Die Muslimbrüder gehören zu den wichtigsten fundamentalistischen Gruppierungen, die in der Vergangenheit teilweise großen Einfluß und in vielen islamischen Ländern große Anhängerzahlen besaß und noch immer besitzt.

Um Ziele und Aufgaben der Muslimbrüder besser verstehen zu können, ist hier wieder ein Hinweis auf Sinn und Aufgabe des islamischen Staates angebracht, in dem alle Macht von Gott, der Quelle der Gesetzgebung kommt. Seine Berechtigung erhält der Staat nicht durch die Herrschaft an sich, sondern dadurch, daß er durch die Anwendung des göttlichen Gesetzes dem gläubigen Muslim ermöglicht, ein gottgefälliges Leben zu führen. Er soll ihm damit auf dem Weg ins Jenseits eine Hilfe sein und ihn nicht dabei behindern. Richtet sich der Herrscher nach dem göttlichen Gesetz, ist Gehorsam Pflicht und Ungehorsam ein Verbrechen; richtet er sich nicht nach dem göttlichen Gesetz, ist Gehorsam keine Pflicht mehr. Ob dieser Herrscher gewaltsam beseitigt werden muß, darüber ist unter Theologen und Juristen immer wieder kontrovers diskutiert worden. Muhammads Kampf gegen die heidnischen Herrscher in Mekka zur Durchsetzung des göttlichen Gesetzes ist hier immer wieder als Vorbild moralisch gerechtfertigter Opposition angeführt worden. Die Legitimität heutiger islamischer Herrscher zweifelt ein Teil der Muslimbrüder an: Wenn die Herrschaft, wie sie meinen, sich nicht mehr am islamischen Gesetz orientiert, besteht die Verpflichtung zum Umsturz und zur Umformung der Gesellschaft in eine wirklich islamische Gesellschaft.

2. Aus der Geschichte der Muslimbrüder

Im Grunde müßte hier eine Geschichte der Muslimbruderschaft in den einzelnen muslimischen Ländern folgen, da sie eine recht unterschiedliche Entwicklung genommen hat. Sie müßte auch in jedem einzelnen Land zu den politischen Entwicklungen in Beziehung gesetzt werden. Dabei müßten die Konflikte mit den teilweise noch im 20. Jahrhundert präsenten Kolonialregierungen miteinbezogen werden, sowie die Einflußnahme des westlichen Säkularimus mit all seinen Begleiterscheinungen nachgezeichnet werden. Aus Platzgründen kann jedoch hier nur ein Bruchteil dessen dargestellt werden.

Es gab kein Programm der Muslimbrüder, das in jedem Staat verfolgt wurde. Allerdings wurde überall betont, daß das islamische

Gesetz (arab. šarî'a) wieder zur Anwendung kommen sollte. Um einen Blick auf die islamistischen Bewegungen werfen zu können, wird hier in groben Zügen von der Muslimbruderschaft in Ägypten berichtet, dem Land, in dem sie zweifellos den größten Einfluß ausgeübt hat. Darüberhinaus werden einige Hinweise auf Syrien gegeben. Es gibt aber in der islamischen Welt viel mehr Gruppen, die ähnliche Ziele mit friedlichen oder auch militärischen Mitteln verfolgen. Auch die ägpytische Muslimbruderschaft bestand keinesfalls nur aus Befürwortern der Gewalt. Etliche ihrer Anhänger waren der Meinung, daß eine Umgestaltung der Gesellschaft nur auf friedlichem Wege möglich sei. Einige predigten den Rückzug aus der Gesellschaft, andere den Umsturz des Systems. Allerdings sind natürlich die wenigen, die Gewaltakte und Terroranschläge verübten, schnell mit der Muslimbruderschaft als solche gleichgesetzt worden. Interessant sind die Muslimbrüder auch deshalb, weil sie die einzige von vielen islamistischen Gruppen waren, die sich zu einer politischen Bewegung entwickelten. Die folgende Darstellung soll daher auch einen Einblick in die Verschiedenartigkeit der Zweige und Strömungen der Muslimbrüder geben, denn die islamistische Bewegung oder die Muslimbruderschaft darf keinesfalls als monolithischer Block betrachtet werden.

3. Die Gründung der ägyptischen Muslimbruderschaft durch Hasan al-Bannâ

1928-1936 markiert die erste Phase des Wirkens der Muslimbrüder (arab. iḫwân al-muslimûn). 1928 wurde die Gruppe von dem Dorfschullehrer Hasan al-Bannâ (1906-1949) in Ismailiyya mit sechs Mitgliedern[17] gegründet. Dort, in der Suezkanalzone, hatte al-Bannâ die Präsenz der Kolonialmacht der Engländer und Franzosen ständig vor Augen. Ab 1936 rebellierten die Muslimbrüder gegen das britische Mandat[18]. Die Muslimbruderschaft bezeichnete sich selbst als

> "salafîya-Bewegung[19], als Sportgruppe, als wissenschaftliche und kulturelle Vereinigung, wirtschaftliche Verbindung und eine soziale Idee"[20].

Hasan al-Bannâ hatte sie folgendermaßen beschrieben: die Muslimbrüder sei keine Wohltätigkeitsorganisation, keine politische

---

[17]Nämlich nach Harris. Nationalism. S. 149 mit Hâfiz 'Abd al-Hamîd, Ahmad al-Misrî, Fu'âd Ibrâhîm, 'Abd ar-Rahmân Hasab Allâh, Ismâ'îl 'Izz und Zâkî al-Mugrabî. Diese Namen nennt Harris

[18]Harris. Nationalism S. 177ff.

[19]Also als Bewegung der Besinnung auf die frommen Altvorderen

[20]Anawati, Borrmans. Tendances. S. 26-27

Partei[21], keine lokal begrenzte Organisation, sondern "ein neuer Geist, ein neues Licht in der Finsternis des Materialismus"[22].

Hasan al-Bannâ bekämpfte vor allem jegliche Säkularisierungstendenzen in der Gesellschaft, die etwa im negativen Einfluß des Westens mit Tanz, Theater, Glücksspiel, Alkoholkonsum und ähnlichem zum Ausdruck kam. Er forderte die Anwendung des islamischen Gesetzes (arab. šarî'a) in Ägypten[23]. Die Muslimbrüder predigten in Moscheen und öffentlichen Orten ihr Programm. Sie setzten sich für den Moscheen- und Schulbau ein und versuchten, praktische Hilfe für die Bedürftigen zu leisten, indem sie Dörfer an die Elektrizitätsversorgung anschlossen und Almosen für die Armen sammelten. Zeitweise gab es bei den Muslimbrüdern auch eine Frauenorganisation. 1932 wurde der Sitz der Muslimbrüder nach Kairo verlegt. 1933 fand der erste Kongress der Muslimbruderschaft in Kairo statt, bis 1938 folgten vier weitere Kongresse[24].

Als Hauptdogmen der Muslimbrüder zur Erneuerung der Gesellschaft wurden 1939 auf der Generalkonferenz in Kairo festgelegt:

Hauptdogmen der Muslimbrüder (Generalkonferenz in Kairo 1939)
1. Der Islam ist ein allumfassendes System.
2. Der Islam basiert auf der Offenbarung des Korans und der Gewohnheit (arab. sunna).
3. Der Islam ist auf alle Zeiten und alle Orte anwendbar[25].

1939 spaltete sich auch die erste Gruppe ab, die die politische Betätigung al-Bannâs ablehnte[26]. Der Islam gebietet nach Auffassung der Bewegung Sozialarbeit an Armen und Kranken, er ist eine geistliche Botschaft und ein Kampf gegen Materialismus und Atheismus, den nur eine tugendhafte Gesellschaft kämpfen kann. Er bedeutet ferner Einsatz gegen Unwissenheit, Krankheit und Verbre-

[21] Im weiteren Verlauf wurde die Muslimbruderschaft jedoch zweifellos auch zu einer politischen Partei.

[22] Wendell. Tracts. 1.Traktat

[23] Hier sei nochmals an die paradoxe Situation erinnert, daß zwar - von wenigen Ausnahmen abgesehen - das islamische Gesetz (arab. šarî'a) überall in der Theorie gilt, aber fast nirgends wirklich angewandt wird. Die Anwendung dieses islamischen Gesetzes ist eine der wichtigsten Forderungen islamistischer Bewegungen.

[24] Mitchell. Society. S. 13ff.

[25] Reisner. Gruppen. S. 472

[26] Harris. Nationalism. S. 177ff.

chen. Dazu muß die Jugend und das Volk durch Predigt des richtigen Prinzips so erzogen werden, daß der Islam in ihren Herzen wohnt und das persönliche und gesellschaftliche Leben nach den islamischen Grundsätzen ausgerichtet ist. Dazu gehört der Verzicht auf Alkohol und westliche Vergnügungen, sowie eine islamische Kleidungsordung[27]. Der Islam bringt Hoffnung und führt die Nation zu neuer Größe, er macht das Volk gesund und gebildet, er befördert die Moral und reinigt die Seele zu guten Charaktereigenschaften, er ist ein Förderer der Wirtschaft, die neu nach islamischen Prinzipien aufgebaut werden soll und der Wissenschaft[28], kurz, er ist ein allumfassendes System, eine Ordnung (arab. nizâm) für den Einzelnen und die Gesellschaft. Die bestehenden Gesetze sollten wieder in Einklang mit dem islamischen Gesetz (arab. šarî'a) gebracht und das gesellschaftliche Leben reformiert werden. Prostitution, Bars, Wettspiele, Treffen zwischen Männern und Frauen, Alkohol und jegliche Laster sollten verboten werden. Eine Bücher-, Musik- und Filmzensur und eine öffentliche Kontrolle der Einhaltung des Fastens und des Gebets sollten eingeführt werden[29].

Hasan al-Bannâ', der nur wenige grundlegende Schriften zur Standortbestimmung der Muslimbrüder[30] verfaßte[31], sprach sich klar für den heiligen Krieg (arab. jihâd) als Pflicht jeden Muslims aus. Wer den gerechten Krieg (jihâd) nicht führt, begeht eine große Sünde und eine der sieben Todsünden[32]. Der einzelne ist dazu seiner Meinung nach verpflichtet, nicht nur die muslimische Gemeinschaft als ganze. Allerdings betrachtet al-Bannâ den heiligen Krieg (arab. jihâd) als Pflicht gegen die Schriftbesitzer und Polytheisten und propagiert ihn nicht gegen die eigenen muslimischen Landsleute wie später der Muslimbruder Sayyid Qutb. Damit war der Aufruf zum heiligen Krieg (arab. jihâd) nichts eigentlich Neues oder für die

[27] Anawati, Borrmans. Tendances. S. 25-30

[28] Aus einem Traktat von Hasan al-Bannâ "Dem Licht entgegen". Zusammengefaßt nach Wendell. Tracts. 4.Traktat

[29] So einige der Reformvorschläge al-Bannâs in Wendell. Tracts. 4. Traktat

[30] Zu den wenigen ins Englische übersetzten Dokumenten von Hasan al-Bannâ gehören Wendell. Tracts. al-Bannâ prangert in dem Traktat "Zwischen Gestern und Morgen" (2. Traktat), einer Gegenüberstellung der positiven Werte des Islam mit der negativen Lebensart des Westens, den Westen mit seinem Säkularismus, seinen Ausschweifungen, seiner Selbstsucht und seinem Materialismus an. Der Westen habe diese gottlose Lebensart mit unzüchtigen Frauen, Alkohol, Theater, Tanz usw. in die islamischen Länder importiert und dort viele verführt. Daher ist auch die muslimische Welt durch den Imperialismus, die Uneinigkeit, die Ausbeutung, Häresie, Verachtung der Tradition und Apathie krank geworden.

[31] Dies blieb seinen Nachfolgern wie etwa Sayyid Qutb vorbehalten.

[32] Wendell. Tracts. 5. Traktat

ägyptische Gesellschaft echt Bedrohliches. Der Aufruf gehörte lediglich zu den anderen Ermahnungen, zu einem echt islamischen Leben zurückzukehren.

Seit den 1940er Jahren bestanden Gruppen der Muslimbrüder auch in anderen islamischen Ländern wie in Saudi-Arabien, Syrien, Libanon, Jordanien, Palästina, Irak, Indien und Nordwestafrika (Sudan) mit insgesamt 500 Organisationen (nach eigenen Angaben). 1945 schätzte die Muslimbrüder die Zahl ihrer Anhänger auf 500.000, 1948 etwa auf eine Million[33] oder sogar schon zwei Millionen, wobei es sich dabei um eine Million Mitglieder und eine Million Sympathisanten gehandelt haben soll[34].

Einerseits wuchs die Bewegung nach innen, andererseits geriet sie in zunehmenden Konflikt mit der Regierung, die ihren Einfluß nicht ohne Sorge beobachtete. Immer wieder wurden in der Geschichte der Muslimbruderschaft vermeintlich oder tatsächlich gewaltbereite Führer der Bewegung jahrelang gefangengehalten oder sogar liquidiert. Die Muslimbruderschaft wurde in Ägypten und manchen anderen nahöstlichen Ländern immer wieder verboten und setzte dann ihre Arbeit im Untergrund fort.

Am 12. 2. 1949 wurde der Gründer der Bewegung, Hasan al-Bannâ von der ägyptischen Regierung hingerichtet und die Bruderschaft offiziell verboten. Sâlih Mustafâ al-'Ašmâwî übernahm zunächst im Untergrund die Leitung der aufgelösten Bruderschaft, die sich in drei Gruppen zu spalten drohte: die Konservativen (die Anhänger al-Bannâs), die Extremisten (die Anhänger al-'Ašmâwîs) und die Moderaten (die Gruppe um Hasan al-Baqûrî und Hussein Kamâl ad-Dîn). 1951 wurde die Bewegung in Ägypten gesetzlich wieder zugelassen und Hasan Ismâ'îl al-Hudaybî wurde der neue Führer. Nachdem 1952 König Fârûq gezwungen worden war, ins Exil zu gehen, wurde 1953 die Republik Ägypten proklamiert, und die Kräfteverhältnisse in Ägypten änderten sich. Die 'Freien Offiziere' boten den Muslimbrüdern eine Beteiligung an der Regierung mit drei Kabinettssitzen an. Zwei der drei vorgeschlagenen Muslimbrüder erschienen den Freien Offizieren jedoch unannehmbar zu sein[35]. Als darüberhinaus die Muslimbrüder hohe Forderungen erhoben und an der Formulierung der Gesetzesvorlagen mitarbeiten wollten, lehnten die Freien Offiziere schließlich die Regierungsbeteiligung der Muslimbrüder ganz ab, so daß die Muslimbrü-

[33]Anawati, Borrmans. Tendances. S. 27

[34]So schätzt Harris. Nationalism. S. 159. Die Schätzungen können nur Annäherungswerte sein, da Schüler und Studenten ihre Sympathien oder sogar Mitgliedschaft zu den Muslimbrüdern häufig geheim hielten.

[35]Harris. Nationalism. S. 198ff.

der politisch nur noch aus dem Hintergrund bzw. Untergrund agieren konnten. Dies war eine Wegscheide, an der die Muslimbrüder sich selbst ins politische Abseits manövrierten. 1954 verübten die Muslimbrüder einen Terroranschlag auf den ägyptischen Präsidenten Nasser. Sechs Führer der Muslimbrüder wurden daraufhin gehenkt und ihre Gebäude verbrannt. Es gab Folterungen, und Tausende wurden ins Gefängnis geworfen. Etlichen hundert Menschen wurde der Prozeß gemacht. Dies war die stärkste Verfolgung der Muslimbrüder seit ihrem Bestehen, durch die sie stark erschüttert wurden. Zu Beginn der 50er Jahre war die Muslimbruderschaft schon eine große Volksmacht mit guter Organisation.

4. Sayyid Qutb

Nach dem Gründer Hasan al-Bannâ muß in der Geschichte der ägyptischen Muslimbruderschaft unbedingt der 1966 hingerichtete Lehrer, Journalist, Literat und Kritiker Sayyid Qutb erwähnt werden (1906-1966). In mehreren seiner Schriften[36] und insbesondere in dem Anfang der 60er Jahre verfaßten Werk 'Wegzeichen' (arab. ma'âlim fî-tarîq) analysierte Qutb den Staat und die Gesellschaft und kam zu dem Ergebnis, daß die ägyptische, von Nasser regierte Gesellschaft eine Gesellschaft der vorislamischen Barbarei (arab. jâhilîya) sei. Damit behauptete Qutb, daß sich das muslimische Ägypten noch im Zustand des Heidentums vor Muhammad befand, was der Staat und auch die offizielle orthodoxe Theologie als ungeheuerliche Behauptung empfand. Diese Behauptung lieferte Qutb die theoretische Berechtigung zur Bekämpfung der gegenwärtigen 'heidnischen' Regierung. Mit der Bezeichnung der Gesellschaft als heidnischer Gesellschaft hatte Sayyid Qutb praktisch alle Muslime, die nicht Muslimbrüder waren, exkommuniziert und wie Nichmuslime zu Heiden erklärt.

Der Landesherrscher (Präsident) sei ein Despot (Pharao), so Qutb, und würde als Gott verehrt, er regierte nicht mehr nach islamischen Prinzipien. Die Gesellschaft, die nicht nach dem islamischen Gesetz (arab. šarî'a) regiert werde, sei keine islamische Gesellschaft, auch wenn sich ihre Mitglieder Muslime nennten. Damit und mit seiner Verurteilung des Sozialismus zielte Qutb auf Nassers Ägypten ab. Allerdings beurteilten nicht alle Muslimbrüder das Nasserregime so negativ[37]; einige Muslimbrüder befürworteten sogar die Politik Nassers. Die Theologen (arab. 'ulamâ') der wichtigsten theologischen

---

[36]Sayyid Qutb verfaßte auch einen Korankommentar mit dem Titel fî zilâl al-qur'ân. Einen detaillierten Überblick über Sayyid Qutbs Aktivitäten innerhalb der ägyptischen Muslimbruderschaft bietet Kepel. Prophet.

[37]Hier ist etwa Hasan al-Hudaybî zu nennen.

Hochschule Kairos, der al-Azhar, verurteilten diese Schrift Qutbs empört als Häresie. Die Arabische Sozialistische Union, die Partei Nassers ließ daraufhin eine Widerlegung von Qutbs Schrift 'Wegzeichen' (arab. ma'âlim fî-tarîq) drucken mit dem Titel 'Wegzeichen des Verrats und der Rückschrittlichkeit' (arab. ma'âlim fî-tarîq al-ḫiyâna wa-l-raj'îya). Diese Schrift verkündete, daß die Muslimbruderschaft einen Staatsstreich geplant hätte. Damit hatte die Regierung die Muslimbruderschaft in die Ecke der politischen Aufrührer geschoben und sich gewissermaßen im voraus jegliche Legitimation für rechtliche Schritte gegen die Bruderschaft verschafft.

Sayyid Qutb hatte selbst mehrfach längere Zeit im Gefängnis gesessen: 1954 wurde er nach dem Anschlag auf Nasser zu 15 Jahren verurteilt und gefoltert, 1964 wurde er vorzeitig entlassen. Mit der Verfolgung der Muslimbrüder wurde der Staat in den Augen der Muslimbrüder zum Feind des Islam, da er in ihren Augen die einzigen rechtgläubigen Muslime bekämpfte. Qutb hatte im Gefängnis mit der Abfassung seiner Schriften begonnen. Zwischen 1951 und 1966 verfaßte Qutb acht Werke, fünf davon im Gefängnis[38].

Die Muslimbruderschaft hatte nun offen den Konfrontationskurs gegen die Regierung eingeschlagen. Qutb forderte in seinen Schriften 'Taten', die er nicht klar beim Namen nannte, sowie die Ersetzung der Regierung durch ein islamisches Regime mittels einer Revolution, um diese heidnische Gesellschaft aktiv umzuformen. Über die Strategie dieser Umformung waren sich die Führerpersönlichkeiten der Muslimbruderschaft durchaus nicht einig: Einige forderten die offene ideologische und kämpferische Auseinandersetzung mit der Regierung[39], andere wollten ihr Ziel durch die konspirative Unterwanderung der Gesellschaft erreichen. Sie wollten Studenten an den Universitäten und Moscheebesucher durch Überzeugungsarbeit in den Freitagspredigten gewinnen. Wieder andere befürworteten die offene, aber friedliche Auseinandersetzung und wollten sich für den Einzug der Muslimbrüder ins Parlament und für Reformen einsetzen[40]. Eine weitere Gruppe wollte durch Rückzug aus dieser gottlosen Nation und durch Gründung einer 'urislamischen' Gesellschaft[41] ihre Reformation durchzusetzen. Über die Frage, *wie* die Gesellschaft umgeformt werden sollte, erlebte die Muslimbruderschaft mehrere Abspaltungen.

---

[38]Kepel. Prophet. S. 38ff.

[39]Ein Teil der Muslimbruderschaft, die für den Beginn der kämpferischen Auseinandersetzung mit der Regierung eintrat, organisierte paramilitärische Ausbildungslager für die Jugend.

[40]Dies war die Gruppe um al-Hudaybî.

[41]Dies war die Gruppe um Mustafâ Šukrî.

Sayyid Qutb wurde zwei Jahre nach Veröffentlichung seiner Schrift 'Wegzeichen' im Jahr 1966 gehenkt. Erneut war ein Führer der Bewegung durch den Staat ausgeschaltet worden. Für Qutbs Anhänger wurde er dadurch zum Märtyrer.

5. Die Muslimbrüder unter Anwar al-Sadat

Ein im Jahr 1976 vom ägyptischen Präsidenten Anwar al- Sadat zugelassenes und bis 1981 monatliches erscheinendes Presseorgan der Muslimbrüder mit dem Titel 'Der Ruf' oder 'Die Mission' (arab. da'wa), nannte vor allem vier Feindbilder der islamischen Gesellschaft.

Vier Feindbilder der Muslimbruderschaft
1. Das Judentum 2. Die Kreuzzüge 3. Der Kommunismus, denn er ist gleichbedeutend mit Atheismus 4. Der Säkularismus[42]

Seit der Reise Sadats nach Jerusalem im Jahr 1977 zur Aufnahme von Friedensverhandlungen mit Israel steigerte sich die Spannung in Ägypten unter der gleichzeitigen Zurückdrängung der Arbeit der Muslimbruderschaft an den Universitäten[43]. Die Spannung eskalierte angesichts des Friedensschlusses mit Israel in Camp David 1979 und der öffentlichen Brandmarkung der Islamisten durch Sadat im Anschluß an das Abkommen. Obwohl die Muslimbrüder sich zu diesem Zeitpunkt eigentlich von den Gewalttaten der Vergangenheit zu distanzieren begannen, gipfelte schließlich die Entwicklung in der politischen Radikalität der Organisation. Mit beigetragen hatte zu dieser Entwicklung die Tatsache, daß Ägypten einen israelischen Botschafter erhielt und 1980 dem aus Iran geflohenen Schah Asyl gewährte. Beides rief unter der Bevölkerung einige Unruhen hervor und wurde von den Muslimbrüdern als Affront aufgefaßt. Sadat übte daraufhin Druck auf die Muslimbrüder aus und löste sie nach blutigen Auseinandersetzungen mit den Kopten auf. Verhaftungen folgten im September 1981.

Ihren vorläufigen Endpunkt fand die Auseinandersetzung zwischen Muslimbruderschaft und Regierung schließlich in der Ermordung Sadats am Tag der Siegesmilitärparade, dem sechsten Jahres-

---

[42]Kepel. Prophet. S. 103ff. Der sonst häufig aufgeführte Imperialismus bildet hier keine eigene Kategorie, sondern wird den Kreuzzügen zugeordnet.

[43]Einen Einblick in die Sadat-Ära aus einem ungewöhnlichen Blickwinkel liefert die Biographie von Jehan Sadat. Frau.

tag des Oktoberkrieges gegen Israel am 6. 10. 1981. Ausgeführt wurde das Attentat durch Khalid al-Islambuli, einem Mitglied der aus mehreren Zweigen bestehenden Untergruppe der Muslimbruderschaft 'Der heilige Krieg' (arab. al-jihâd). Diese Gruppe versuchte, die Ermordung Sadats als 'Willen des Volkes' und nicht als Einzelaktion darzustellen. Die Gruppe 'Der heilige Krieg' folgte 'Abd as-Salâm al-Faraj, der die Erfolglosigkeit der Muslimbrüder angeprangert und sich für den heiligen Krieg (arab. jihâd) in einem Staat ausgesprochen hatte, der nicht nach dem islamischen Gesetz (arab. šarî'a) regiert wird. Dort, wo die Gesellschaft nur noch dem Namen nach muslimisch ist, wird die gewaltsame Beseitigung des gottlosen Staatsführers zur Pflicht[44], damit die Gesellschaft auf den richtigen Weg zurückgeführt und der islamische Staat errichtet werden kann. Alle anderen Wege wie die Propagierung dieses Weges (arab. da'wa) oder den Rückzug aus der Gesellschaft verurteilte er als falsch.

al-Islambuli plante die Tötung Sadats nur wenige Tage vor der Militärparade im Oktober 1981. Auch die Rache am Staat für die nur wenige Wochen zurückliegende Verhaftung seines Bruders, eines Leiters einer Ortsgruppe der Muslimbrüder, spielte hierbei wohl mit eine Rolle[45]. Die Ermordung Sadats sollte der Beginn der Errichtung der islamischen Herrschaft sein. Allerdings sahen längst nicht alle Miglieder der Gruppe die Machtübernahme durch die Muslimbrüder wirklich als möglich an. al-Islambuli und einige andere Mitglieder der Muslimbrüder wurden hingerichtet. Sadats Nachfolger, Präsident Mubarak, versuchte, der islamistischen Bewegung den Boden zu entziehen, indem er politische Debatten zuließ und zugleich zum Kampf gegen den religiösen Fanatismus aufrief. Er versuchte, die Bewegung zu spalten und Gemäßigte und Extremisten gegeneinander aufzubringen. Das Fernsehen zeigte Gefangennahmen angesehener Mitglieder der Gesellschaft und 'Reuebekenntnisse' ehemaliger Muslimbrüder[46]. Mubarak wollte den Einfluß der Muslimbrüder auf den sozialen und kulturellen Bereich beschränken und von der Politik fernhalten und zugleich die Solidarisierung der Massen mit den Islamisten unterbinden.

---

[44]Kepel. Prophet. S. 191ff.

[45]Kepel. Prophet. S. 191ff.

[46]Kepel. Prophet. S. 241ff.

6. Die Muslimbrüder in Syrien

Kurz erwähnt werden sollte hier, daß die Muslimbrüder in Syrien[47] etwas mehr sichtbaren politischen Erfolg hatten: Die Muslimbruderschaft ging dort 1945/46 unter der Führung Mustafâ as-Sibâ'îs aus einem Zusammenschluß mehrerer ähnlicher islamischer Jugendorganisationen hervor[48]. Ähnliche Organisationen, die zu jener Zeit existierten, waren z. B. die 'Gesellschaft der Frömmigkeit und Moral', die 'Gesellschaft des islamischen rechten Weges', die 'Gesellschaft der islamischen Orientierung' u. a. m[49].

> "In einer Zeit, da Syrien unter dem französischen Mandat in extremer Weise Fremdbestimmung erfuhr, die Gesellschaft von rapidem sozialen Wandel ergriffen war und der Islam aus wichtigen gesellschaftlichen Institutionen wie dem Erziehungs- und Rechtswesen mehr und mehr verdrängt wurde, versuchten die Muslimbrüder dieses Landes, auf die vielfältigen Probleme der eigenen Gesellschaft eine religiöse Antwort zu geben"[50].

Die Arbeit der syrischen Muslimbruderschaft war wohl von Anfang an politischer Natur, bis sie sich etwa 1954 mehr aus der Politik zurückzog und nicht mehr an den Wahlen teilnahm. Sie engagierte sich jedoch auch im Erziehungswesen, in der Jugendarbeit, unter der Arbeiterschaft und im Bereich der Wohltätigkeit. Die Muslimbruderschaft betonte ihre Fortschrittlichkeit und ihren Einsatz für die Förderung des Glaubens, der Moral, der Bildung und der sozialen Gerechtigkeit, wandte sich gegen Armut, Unterdrückung, Anarchie, Imperialismus und klagte den Staat der moralischen Schwäche, des Materialismus, des Zerfalls der Familie und der Verbreitung der Gottlosigkeit und des Analphabetentums an[51], Vorwürfe, die in der Bevölkerung viel Widerhall fanden. In Syrien strebten sie keine Neuerrichtung des Kalifats an[52].

1947 konnten die Muslimbrüder erstmals mit drei Sitzen ins Parlament einziehen, 1949-1950 wurden sie an der Regierung beteiligt, ab 1950 stellten sie einen Minister im Parlament, und 1961/62 hatten sie sogar zehn Sitze im Parlament. Allerdings waren sie auch in Syrien zeitweise verboten (z. B. 1949, 1952-55, 1958-61, ab 1963). Sie kämpften für die Aufnahme des Islam in die Verfassung als Staatsreligion. 1950 wurde in die Präambel zur Verfassung aufgenommen,

---

[47]Zur Geschichte und Einflußnahme der Muslimbrüder in Syrien vgl. die grundlegende Studie von Reissner. Ideologie

[48]Reissner. Ideologie. S. 100

[49]Reissner. Ideologie. S. 88-95

[50]Reissner. Ideologie. S. 396

[51]Reissner. Ideologie. S. 268-270

[52]Reissner. Ideologie. S. 161

daß sich der Staat verpflichtet, am Islam festzuhalten und den Atheismus zu bekämpfen[53]. Mitte der 70er Jahre spaltete sich die Bewegung in einen 'gemäßigten' und einen 'extremen' Flügel. In Syrien war die Muslimbruderschaft, die sich hauptsächlich aus dem Kleinbürgertum rekrutierte, niemals eine Massenbewegung. Es fehlte ihr auch an politischen, sozialen und wirtschaftlichen Analysen des gegenwärtigen Zustands der Gesellschaft durch einen Führer wie Sayyid Qutb sowie an klaren Formulierungen, wie und wohin diese Gesellschaft reformiert werden sollte[54]. Ihr Schwerpunkt lag auf der Formulierung einer religiösen Ethik.

7. Konflikte mit dem Staat

Mehrmals in ihrer Geschichte ist die Muslimbruderschaft verboten worden und in den Untergrund abgewandert. Aufgehört zu existieren hat sie seit ihrer Gründung 1928 nie. Meist hatte sie ein distanziertes bis feindliches Verhältnis zur Regierung, was einen Teil der Muslimbruderschaft zur Bekämpfung der Regierenden veranlaßte[55]. Darauf reagierte die Regierung wiederum mit Exekutionen, Folterungen und Einsperren der Anhänger in Lager und Gefängnisse, so daß das Verhältnis immer gespannt blieb. Immer wieder versuchten Regierungen wie etwa Sadat, die Muslimbrüder durch Kompromisse halboffiziell als Kämpfer gegen den linken Einfluß an den Universitäten zu dulden, ihnen beschränkte Veröffentlichungsrechte einzuräumen und als Zeichen guten Willens gefangene Muslimbrüder freizulassen. Aber auch diese Amnestien bannten die Gefahr des gewaltsamen Zugriffs nach der Macht nicht, wie Sadat an sich selbst erfahren mußte. Fast alle aktiveren Führerpersönlichkeiten der ägyptischen Muslimbruderschaft wie Hasan al-Bannâ, Mustafâ Šukrî, Sayyid Qutb, 'Abd as-Salâm al-Faraj und viele andere sind früher oder später hingerichtet worden.

Insgesamt muß man also von einem Scheitern der islamischen fundamentalistischen Bewegung der 50er bis 80er Jahre in Ägypten sprechen. Anders verlief die Entscheidung im Iran, und auch in Algerien[56] ist noch keine Wende in eine bestimmte Richtung abzusehen.

---

[53]Reissner. Ideologie. S. 351-352

[54]Reissner. Ideologie. S. 401

[55]Hier wären vor allem der erfolglose Anschlag auf Nasser 1954, die Entführung und Ermordung des ehemaligen Ministers und öffentlichen Kritikers der Muslimbrüder Muhammad al-Ḏahâbî 1977 und 1981 die Ermordung des ägyptischen Präsidenten Sadat zu nennen.

[56]Einen im Jahr 1991 aus eigener Anschauung im Land entstandenen, allerdings recht punktuellen und teilweise durch die Ereignisse schon wieder

Gilles Kepel weist in diesem Zusammenhang auf einen gewissen Widerspruch in den Maximen fundamentalistischer Bewegungen hin: Einserseits kritisierten sie die Machthaber und forderten sie zur völligen Einhaltung des islamischen Weges auf. Wenn sie dem nicht Folge leisteten, drohte den Herrschern der heilige Krieg (arab. jihâd). Andererseits sollte die muslimische Gemeinschaft (arab. umma) die bestehende Gesellschaftsordnung bewahren. Gleichzeitig setzten diese Gruppen sich zumeist gegen die etablierte theologische Schicht der Geistlichen (arab. 'ulamâ') durch, so daß eine 'geordnete Islamisierung' schon im Ansatz von oben unmöglich gemacht wurde[57].

8. Ein Glaubensbekenntnis der Muslimbruderschaft

Der folgende Auszug aus dem Glaubensbekenntnis des Gründers der ägyptischen Muslimbruderschaft Hasan al-Bannâ (1906-1949) faßt noch einmal einige Hauptgedanken dieser Bewegung zusammen[58].

Das 'Glaubensbekenntnis' der ägyptischen Muslimbruderschaft
"1. Ich glaube, daß alle Dinge auf Gott zurückgehen, daß unser Meister Muhammad ... der letzte der Propheten ist ... daß der Qur'an das Buch Gottes ist; daß der Islam ein allgemeines Gesetz darstellt für die Ordnung dieser Welt und der jenseitigen ...
2. Ich glaube, daß die Tugend, die Aufrichtigkeit und das Wissen zu den Grundlagen des Islam gehören. Ich verpflichte mich, aufrichtig zu sein, die Ritualvorschriften zu erfüllen, mich von den verbotenen Handlungen fernzuhalten, tugendhaft, wohlgesittet zu sein, schlechte Gebräuche aufzugeben, den Glaubensriten des Islam so genau wie möglich zu folgen, Liebe und Zuneigung dem Streit und den Prozessen vorzuziehen ...
3. Ich glaube, daß ein Muslim arbeiten und Geld verdienen soll, daß ein jeder Bedürftige und Notleidende ein Recht auf das Geld hat, das er verdient ...

überholten Bericht über die Vorgänge in Algerien findet sich bei Mella. Algerien.

57 Kepel. Rache. S. 54+56

58 Allerdings wurden nicht alle Punkte von sämtlichen Flügeln der Bewegung geteilt.

Ich verpflichte mich, zu arbeiten und für die Zukunft zu sparen, Almosensteuer zu entrichten und einen Teil meines Einkommens für gute Werke auszugeben ...

4. Ich glaube, daß der Muslim für seine Familie verantwortlich ist, daß es zu seinen Pflichten gehört, die Gesundheit zu erhalten, ihren Glauben und ihre guten Sitten.
Ich verpflichte mich, alles mir Mögliche in diesem Sinne zu tun,
den Mitgliedern meiner Familie die islamische Lehre einzupflanzen,
meine Kinder nicht in eine beliebige Schule zu senden,
die sie nicht die Sitten und den Glauben der Muslime lehrt,
alle Zeitungen, Veröffentlichungen, Bücher, Organisationen, Gruppen und Clubs zu meiden,
die sich den Lehren des Islam widersetzen.

5. Ich glaube, daß ein Muslim die Pflicht hat, den Ruhm des Islam neu zu beleben,
indem er die Renaissance der Völker fördert und die islamische Gesetzgebung wiederherstellt ...
Ich gelobe, mein Leben lang zu kämpfen, um diese Mission zu erfüllen
und ihr alles, was ich besitze, aufzuopfern.

6. Ich glaube, daß alle Muslime eine einzige und vereinte große Nation bilden, die durch den Islam geeint ist ...

7. Ich glaube, daß das Geheimnis der Rückständigkeit der Muslime mit ihrer Entfernung von ihrer Religion erklärt werden muß, daß die Grundlage einer Reform daraus besteht, daß man zu den Lehren und Urteilen des Islam zurückkehrt".[59]

An anderer Stelle hat Hasan al-Bannâ formuliert, was Islam seiner Ansicht nach eigentlich bedeutet:

"Islam bedeutet Dogma und Verehrung Gottes, Vaterland und Nationalität, Religion und Staat, Spiritualität und Handeln, Koran und Schwert".[60]

Diesen Anspruch auf Allumfassenheit war zwar kein neuer Gedanke - auch der 'Reformislam' hatte ihn lange zuvor geäußert - aber der Muslimbruderschaft gelang es, diesen Gedanken der Masse des Volkes zu vermitteln und ihn zu ihrem Gedankengut und ihren Zielen zu machen.

[59] Hasan al-Bannâ. Erinnerungen. S. 180, zitiert nach Binswanger. Fundamentalisten-Filz. S. 138-139

[60] Hasan al-Bannâ', zitiert nach Delanoue. Ikhwân. S. 1069

C. ABÛ L-A'LÂ AL-MAUDÛDÎ UND DIE JAMÂ'AT-I ISLÂMÎ IN PAKISTAN

Auch in Pakistan hat es eine Bewegung gegeben, die sich die Islamisierung des islamischen Staates Pakistan zum Ziel gesetzt hat und dabei - trotz mancher Rückschläge - erfolgreicher war als die ägyptische Muslimbruderschaft.

Zu Beginn der Wirksamkeit des berühmten muslimischen Denkers Maulânâ Abû l-A'lâ al-Maudûdî (1903-1979) unterstand Indien noch britischer Herrschaft. Als die Briten 1947 das Land verließen, beteiligte sich al-Maudûdî aktiv an der Diskussion über die Teilung des Landes in einen muslimischen und einen hinduistischen Staat.

1941 wurde die 'Islamische Gruppe' (arab. Jamâ'at-i islâmî) ins Leben gerufen. Maudûdî war bereits ab 1924 der Herausgeber der antibritischen Zeitung 'Die Glaubensgemeinschaft' (arab. al-jâmi'at) gewesen. Er wurde im Laufe der Jahre Autor zahlreicher Bücher, in denen er sich für den heiligen Krieg (arab. jihâd) und die Beseitigung des Unglaubens (arab. kufr) aussprach, denn damit werde seiner Ansicht nach der wahre islamische Glauben unter Beweis gestellt[61]. 1932 hatte er in einem Artikel bereits ein Bild des islamischen Staates gezeichnet und eine Strategie entworfen, wie er zu verwirklichen sei[62]. Nach der Gründung der Organisation der Jamâ'at 1941 versuchte Maudûdî, die Muslime für seine politischen Ideen zu gewinnen und predigte gegen Kapitalismus, Sozialismus und Faschismus.

Der Hauptanlaß der Gründung der Organisation der Jamâ'at war die Diskussion über die Gründung eines islamischen Nationalstaates (Pakistan) auf dem indischen Subkontinent. Maudûdî war erst gegen die Gründung eines islamischen Staates, wenn dies nur bedeutete, daß dort muslimische Herrscher nach säkularen Gesetzen regierten. Er forderte vielmehr die Verwirklichung einer islamischen Lebensweise für die Muslime, auch wenn dies in einem nichtislamischen Staat sein sollte. Erst später war er nicht mehr strikt gegen die Bildung eines separaten muslimischen Staates, sondern vor allem dagegen, daß dort doch wieder nach säkularen demokratischen Gesetzen regiert wurde und die muslimische Gemeinschaft am Rande der Gesellschaft stand. Als Pakistan bereits existierte, setzte er sich wenigstens für eine islamische Verfassung ein. Der islamische Staat basiert für Maudûdî auf Gottes Souveränität und nicht - wie in den Demokratien - auf der Volkssouveränität. Das Ziel des Staates ist es, das Gute zu befördern, wie der Koran und die Überlie-

[61]Bahadur. Jamâ'at-i. S. 10-11

[62]Bahadur. Jamâ'at-i. S. 11-12

ferung (arab. hadîṯ) es vorschreiben und das Böse zu unterdrücken. Für Maudûdî definiert sich die Nation nicht nach Rasse, Nationalität, Sprache, Hautfarbe, Wirtschaft oder Regierungsform, sondern allein nach der Religionszugehörigkeit[63]. Auf dem ersten Kongreß der Organisation der Jamâ'at am 26.8.1941 in Lahore formulierte Maudûdî als die Ziele der Bewegung die Verwirklichung des gesamten Islam, nicht nur einiger Teilaspekte. Die Gemeinschaft der Gläubigen sollte wie die Gemeinschaft zur Zeit des Propheten organisiert sein. Zugelassen wurde zur Jamâ'at nur derjenige, der den Islam lebte; ein reines Bekenntnis zum Islam genügte nicht[64].

Die erste Satzung der Jamâ'at[65]
1. Es gibt nur einen Gott, Muhammad ist sein Prophet.
2. Das Ziel der Jamâ'at ist die Herstellung von Gottes Herrschaft in dieser Welt.
3. Mitgliedschaft ist jedem möglich, der die islamische Lebensweise akzeptiert, unabhängig von Geschlecht, Nation, Rasse. Das Bekenntnis zum Islam allein genügt nicht.
4.-8. Hier werden Einzelfragen des Verhaltens im sozialen, politischen und wirtschaftlichen Bereich behandelt, wie z. B. die Verweigerung von Berufen, die gegen das islamische Zinsverbot verstoßen, das Vermeiden von Alkohol, Tanz, Musik, Bestechung usw.
9. Mitglieder der Jamâ'at können nur Männer sein. Das Betätigungsfeld der Frau ist die Familie.
10. Der oberste Leiter (arab. âmîr) ist der Führer der Partei. Der Gehorsam gegen ihn ist für alle Mitglieder Pflicht.
11. Die Mitglieder sollen ihr Leben reformieren und alle Opfer für die Verwirklichung des Islam bringen.

Maudûdî betonte den Ernst der Aufgabe. Die Islamisierung einer ganzen Nation kann nur durch zusätzliche Anstrengungen auf dem Weg Gottes erreicht werden, und zwar mit Hilfe von Literaturstudium, Zusammenkünften, Koranstudium, Fasten über die

---

63 Bahadur. Jamâ'at-i. S. 36

64 Bahadur. Jamâ'at-i. S. 13

65 Bahadur. Jamâ'at-i. S. 14-15

vorgeschriebenen Tage hinaus, Großzügigkeit bei den Almosen und die Erfüllung der vorgeschriebenen Gebete[66].

Die Organisation der Jamâ'at ist der Theorie eines von Maudûdî entworfenen idealen islamischen Staates nachempfunden, den die Jamâ'at in Pakistan durchsetzen wollte. Das wichtigste Kriterium für den Staat lautet: Bringt der Herrscher das islamische Gesetz (arab. šarî'a) zur Anwendung?

Eine Rettung Indiens sah Maudûdî noch vor der Teilung Indiens nur darin, daß ein System, das den höchsten Standard an Moral, Wahrheit, Unparteilichkeit, Gerechtigkeit und Demokratie aufweist (mit anderen Worten: der Islam), befolgt wird. Nach der Schaffung des Staates Pakistan wurde die Jamâ'at zu einer politischen Partei, die klare politische Ziele proklamierte.

Bei der Jamâ'at-i islâmî erfolgte eine strenge Trennung zwischen Mitgliedern und Sympathisanten. Wer Mitglied werden wollte, mußte sich einer Probezeit unterziehen und sein persönliches Verhalten offenlegen. Ein moralischer und streng islamischer Lebenswandel waren gefordert. Die Mitglieder wurden in Lagern ausgebildet und im Koran und der Überlieferung (arab. hadît), durch Vorträge zu Politik, Wirtschaft und Verfassung geschult. Auch der Ausschluß von Mitgliedern war möglich. Die Jamâ'at-i islâmî engagierte sich wie die ägyptische Muslimbruderschaft in der Sozialarbeit. Sie führte Geldsammlungen für Kriegsopfer oder Opfer von Naturkatastrophen durch, sorgten für freie Krankenbehandlung der Armen und warben auf diese Weise für die Umwandlung der Gesellschaft.

Auch die Jamâ'at hat eine Frauenorganisation. Ihre einzigen Aktiviäten beschränkten sich allerdings auf wöchentliche Versammlungen und das Studium der Literatur der Jamâ'at. Als Wirkungskreis für die Verwirklichung der Ideen der Jamâ'at war den Frauen in erster Linie die Familie zugewiesen.

Die Jamâ'at-i islâmî blieb nicht von internen Krisen verschont: Schon 14 Monate nach ihrer Gründung wurde die Arbeit Maudûdîs kritisiert, der seinen Rücktritt anbot. Die erste Gruppe der Mitglieder trennte sich daraufhin ab, da sie Maudûdî persönlich kritisiert hatten[67]. 1957 trat noch einmal eine ähnliche Situation ein, und Maudûdî bot wieder seinen Rücktritt an, als er wegen seiner Beteiligung an der Wahl angeklagt wurde[68]. 1943 hatte die Gruppe schon etwa 700 Mitglieder. 1953 wurde über Maudûdî wegen seiner Schrift zur

[66]Bahadur. Jamâ'at-i. S. 16

[67]Bahadur. Jamâ'at-i. S. 17

[68]Bahadur. Jamâ'at-i. S. 97

Ahmadîya-Frage das Todesurteil verhängt. Er hatte die Ahmadîya-Anhänger zu Nichtmuslimen, also zu Ungläubigen, erklärt. Später wurde das Urteil in eine 14jährige Gefängnisstrafe umgewandelt. 1955 wurde Maudûdî aus dem Gefängnis entlassen. 1954 konnte die Jamâ'at Einfluß auf die neue Verfassung Pakistans nehmen. Maudûdî vollzog einen gewissen Schwenk: Er sprach sich nun für die Einführung der Demokratie aus, da er in einem demokratisch regierten Pakistan eine Chance für die Verwirklichung einer islamischen Verfassung sah[69]. 1956 wurde die neue Verfassung angenommen und auch von der Jamâ'at akzeptiert: Der Islam war zwar nicht Staatsreligion geworden, aber laut Verfassung sollte die Umformung in eine islamische Gesellschaft angestrebt und die alten, gegen Koran und Überlieferung (arab. sunna) gerichteten Gesetze sollten abgeschafft werden[70]. Der Islam war zur Grundlage des Staates geworden, während bei der Gründung Pakistans die Festschreibung der Gleichheit aller Religionen vorgesehen gewesen war.

1958 wurde nach einem Staatsstreich die Jamâ'at bis 1962 verboten. Als 1962 eine neue Verfassung in Kraft trat, verurteilte Maudûdî sie als Diktatur. 1964 wurde die Jamâ'at in Pakistan für kurze Zeit erneut verboten, Maudûdî und andere Führer der Organisation verhaftet und die Büros geschlossen. Später wurde die Organisation wieder zugelassen.

Aus diesem Ausschnitt der Jamâ'at wird deutlich, daß sie teilweise unter dem Schutz, teilweise in Opposition und teilweise in offener Feindschaft mit dem Staat existierte.

69 Bahadur. Jamâ'at-i. S. 81
70 Bahadur. Jamâ'at-i. S. 83

LEKTION 14: ISLAMISCHE MYSTIK - SUFISMUS

1. Islam und Mystik?

An sich scheint im Islam die Entwicklung einer mystischen Richtung nicht unbedingt das Naheliegende zu sein, wenn man die Umstände seiner Enstehung bedenkt, denn die Politik und die Entwicklung einer Dogmatik als Gegensatz zum Vielgötterglauben (Polytheismus) Arabiens spielten zunächst die vorherrschende Rolle. Christliche Mystik hat Muhammad wahrscheinlich bei der syrisch-christlichen Mönchsbewegung kennengelernt.

Obwohl die Islamwissenschaft immer wieder festgestellt hat "Der Islam ist eine Gesetzesreligion"[1], und "das ganze Leben des Gläubigen ist umgeben von Vorschriften und Verboten"[2], deren Kern das Fürwahrhalten und Bekennen bestimmter Grundsätze und die Befolgung der rituellen Vorschriften ist, bleibt die Frage, ob damit das Phänomen 'Islam' umfassend beschrieben ist. Auch im Islam gab es schon sehr früh Askese, und damit verbunden, das Streben nach einer verinnerlichten Frömmigkeit, einer persönlichen Erfahrung Gottes bis hin zum Einswerden mit Gott[3]. Die Mystik rechtfertigt ihr Dasein mit Hinweis auf die Nachahmung der Lebensweise Muhammads. Seine Himmelfahrt[4] in die Nähe Gottes wird zum Vorbild des geistigen Aufstiegs des Mystikers zu Gott.

---

[1]Radtke. Islam. S. 57

[2]Andrae. Mystik. S. 47

[3]Eine frühe Analyse, die sich jedoch nicht eindeutig auf die Gründe, die zum Aufkommen der Mystik geführt haben, festlegen will, ist Hartmann. Frage. Vielfach wurde in früheren Arbeiten nach Einflüssen aus anderen Religionen gesucht, um das Auftreten der Mystik zu erklären. Kein Modell hat sich jedoch letztlich durchgesetzt als nur die Annahme, daß die Mystik aus dem frühen Islam selbst entstanden ist. Anklänge an die christliche Mönchsaskese lassen sich allerdings finden; vgl. Andrae. Mystik. S. 13ff.

[4]Vgl. Lektion 16.8.e.+f. zur Nacht- und Himmelsreise Muhammads

2. Geschichte und Gedankengut der islamischen Mystik

Die islamische Mystik, die "Liebe zum Absoluten"[5], die Suche nach Gott über eine reine Befolgung der koranischen Vorschriften und Zugehörigkeit zur muslimischen Gemeinschaft hinaus bis zum "Bewußtsein der Einen Wirklichkeit"[6] (sic) ist keine Erscheinung des späteren Islam. Vielmehr gibt es Anzeichen dafür, daß es bereits zu Muhammads Zeiten Muslime gab, die eine individuelle Gotteserfahrung suchten[7] und als Asketen, Prediger und Rufer zu Gottesfurcht und Frömmigkeit lebten. Allerdings ist über diese frühen Mystiker kaum etwas bekannt. Erst für die frühabbasidische Zeit (also das 8. Jahrhundert n. Chr.) wird die Quellenlage günstiger, und vom 9. Jahrhundert n. Chr. an entwickelt sich die eigentliche mystische Literatur[8].

Die islamische Mystik weist manche Parallelen zur christlichen Mystik auf. Wenn die Bindungen an die hiesige Welt mit den Beschränkungen und Bedürfnissen des Körpers, wie Schlaf, Essen, Trinken und Schmerzempfinden durch Meditation und Versenken in Gott möglichst weitgehend ausgeschaltet werden, dann kann die Seele frei werden zur Erhebung zu Gott.

Schon im ersten Jahrhundert islamischer Zeitrechnung (= 7. und Anfang des 8. Jahrhunderts n. Chr.) hat die Mystik existiert. Im 8. bis 9. Jahrhundert n. Chr. (dem 1. und 2. Jahrhundert islamischer Zeitrechnung) war sie durch die Sammlung dieser Asketen und Gottsucher um einen Meister (arab. šaih̲) (sprich: Schaich) bereits zu einer richtigen religiösen Bewegung geworden. Vom orthodoxen Islam entfernte sie sich hinsichtlich der Bestrebung, die Seele des Menschen zu reinigen, um auf diese Weise Gott näher zu kommen. Der Asket Hasan al-Basrî (gest. 728 n. Chr.) stand der umayyadischen Herrschaft bereits feindlich gegenüber, und im 10. Jahrhundert n. Chr. kam es in Bagdad zum offiziellen Bruch zwischen Mystik und Orthodoxie[9]. Fritz Meier nimmt für die frühen Mystiker eine Höherbewertung der persönlichen Beziehung zu Gott vor der Befolgung der gesetzlichen Vorschriften aus Koran und sunna (der überlieferten Gewohnheit Muhammads und seiner Gefährten) an[10]. Annemarie Schimmel erkennt die Liebe als Wasserscheide zwischen dem Mystiker und dem Asketen, denn

[5]Schimmel. Dimensionen. S. 17

[6]Diese Definition schlägt Schimmel. Dimensionen. S. 16, vor.

[7]Meier. Path. S. 117

[8]Sezgin. Geschichte. S. 635-636

[9]Gardet. Islam. S. 194

[10]Meier. Path. S. 117

"Die göttliche Liebe macht es dem Sucher möglich, alle Qualen und Heimsuchungen, die Gott über ihn kommen läßt, um seine Liebe zu prüfen und ihn zu läutern, zu ertragen, ja zu genießen. Diese Liebe kann das Herz des Mystikers in die göttliche Gegenwart tragen 'gleich dem Falken, der seine Jagdbeute fortträgt', und ihn so von allem in der Zeit Geschaffenen trennen."[11]

Zu den frühesten berühmten Persönlichkeiten der Mystik, die meist ihren Lebensunterhalt erarbeiteten, gehören Hasan al-Basrî (gest. 728 n. Chr.) und al-Muhâsibî (gest. 857 n. Chr.). Auch die Namen einiger Frauen sind unter den frühen Asketen bekannt[12], sowie es wohl im späten Mittelalter im Islam auch Frauenklöster gegeben haben muß[13]. Im 8. Jahrhundert n. Chr. taucht dann auch der Begriff Sûfî auf. Vermutlich ist dieser Begriff eine Ableitung von sûf = Wolle und bezieht sich auf die wollenen Gewänder der Mystiker.

Ob sich die Sufis, die die asketische Frömmigkeit und glühende Gottesliebe bis zur Vereinigung mit Gott praktizierten, zu dieser Frühzeit von den übrigen Asketen und Mystikern unterschieden und wenn ja, worin, ist nicht klar. Schon zu dieser Zeit, im 8. Jahrhundert, werden Musik und Poesie zusammen mit dem lauten oder schweigenden Gottgedenken (arab. ḏikr) durch die Ekstase zur Annäherung an Gott gebraucht. Ungeklärt bleibt, wo die Wiege der Mystik stand, ob in Mesopotamien, Syrien, Palästina, Ägypten oder Irak. Tatsache ist lediglich die überaus rasche Verbreitung mystischen Gedankengutes im gesamten islamischen Reich.

Der wohl berühmteste Vertreter und Höhepunkt der frühen Mystik im 9. Jahrhundert n. Chr. ist al-Husain ibn Mansûr al-Hallâj (geb. 858 n. Chr.) (arab. für der Baumwollkrempler) aus dem Iran[14]: Er wurde der Magie sowie des Kontaktes mit Häretikern verdächtigt, er vollbrachte Wunder, rezitierte Gedichte von der Sehnsucht nach Gott und forderte die Menschen auf, ihn zu töten, da er auf diese Weise zu Gott zurückkehren könne[15]. Er bezeugte, daß zwischen ihm und Gott eine Liebesbeziehung bestehe, ja, daß er und Gott in der Liebe vereint seien und formulierte: "Ich bin die Wahrheit, die letzte Realität" (arab. anâ l-haqq). Leiden besaß für ihn einen positiven Wert, denn dadurch versteht der Mensch, "daß 'ishq, Liebe, der Kern des göttlichen Wesens und das Mysterium der Schöpfung

[11] Schimmel. Dimensionen. S. 17

[12] Einige Beispiele nennt Schimmel. Sufismus. S. 162

[13] Schimmel. Dimensionen. S. 615

[14] Vgl. hierzu Falconar. Literature. S. 105-111

[15] Schimmel. Sufismus. S. 172

ist"[16]. Wenn im innersten Wesen aller Dinge Gott wohnt, dann wohnt er nach Hallâjs Auffassung auch im Menschen, und der Mensch wird zu Gott, wenn die Gottheit die menschliche Natur durchdringt. al-Hallâj wurde 912/913 n. Chr. gefangengenommen und im Jahr 922 zuerst gegeißelt, dann wurden ihm Hände und Füße abgeschlagen, und schließlich wurde er gekreuzigt, bevor man ihn endlich tötete[17]. Er hatte auch über seinen Tod hinaus noch erheblichen Einfluß[18].

Das 10. Jahrhundert n. Chr. war für die Entwicklung und Konsolidierung der Mystik von großer Bedeutung. Auch das schiitische Gedankengut, das, soweit man weiß, in dieser Zeit Verbindungen zur Mystik gehabt hat, nahm überall im islamischen Reich zu. Die Welt, die den Asketen vom richtigen Pfad ablenkte, wurde in ihrer Vergänglichkeit häufig beschrieben und bisweilen mit negativen Äußerungen bedacht:

> "Die Welt ist ein Misthaufen und ein Versammlungsplatz der Hunde; doch niedriger als ein Hund ist der Mensch, der sich nicht davon fernhält. Denn der Hund nimmt von ihr, was er braucht, und läuft weg, aber der Mensch, der sie liebt, trennt sich nicht von ihr."[19]

3. Stufen zur Gottesliebe

Die reine Gottesliebe wird in Stufen erreicht, die der Mystiker nacheinander erklimmen kann:

Die einzelnen Stationen bei der Beschreitung des Pfades (arab. ta-rîqa) wurden in der Zeit der frühen Mystik zwar nicht in ihrer Rangfolge, aber als solche festgelegt. An erster Stelle steht nach der Erforschung des eigenen Gewissens die Umkehr (arab. tauba) und die Reue. In einigen schiitischen Mystikerorden Persiens war eine Reinigungswaschung zur Ordensaufnahme erforderlich[20]. Weitere Stufen sind der Verzicht auf die Welt, die Armut (arab. faqr), die nicht nur materiellen Nichtbesitz meint, sondern vor allem das Aufhören des Verlangens (auch des Glücksgefühls über das Aufhören des Verlangens), sodann Dankbarkeit und das Bewußtwerden der

---

16 Schimmel. Dimensionen. S. 112

17 Andrae. Mystik. S. 7

18 Das Werk des persischen mystischen Dichters Farîduddîn Muhammad 'Attâr (gest. ca. 1220 n. Chr.) ist dem deutschen Leser zugänglich durch Hellmut Ritter. Meer. Ritters Kommentare zu den einzelnen Textauszügen 'Attârs sind eine gute Einführung in das mystische Gedankengut des 13. Jahrhunderts.

19 Schimmel. Dimensionen. S. 162-163 mit Quellenangabe: Maulânâ 'Abdur Rahmân Jâmî. Nafahât al-uns. ed. M. Tauhîdîpûr. Teheran 1957. S. 65

20 Gramlich. Derwischorden. 2. Teil. S. 281

Armut des Menschen vor Gott, denn wer Gott hat, ist reich und hat alles, was er braucht. Einige Orden ließen das Betteln zu, andere nicht. Ferner erstrebt der Mystiker Gottvertrauen (arab. tawakkul), das in extremer Form zum Ablehnen von Medizin und Vorsorge für den nächsten Tag führen konnte. Er möchte Geduld (arab. sabr) lernen, denn Prüfungen Gottes sind Zeichen seiner Güte. Er erstrebt Zufriedenheit und Dankbarkeit (arab. šukr), sodann Gottesliebe und Versinken in Gott (arab. qabd). Die Gotteserkenntnis (arab. ma'rifa) ist keine rein verstandesmäßige Erkenntnis, sondern schließt noch andere Aspekte mit ein. Absolute Ehrlichkeit und Erforschung des eigenen Gewissens sowie absolute Hingabe an Gott und das Vertrauen auf ihn sind auf dem mystischen Pfad von entscheidender Wichtigkeit, ebenso die Höherachtung des Bruders, die auch dadurch zum Ausdruck kommt, daß im Orden niemand mehr Privatbesitz hat.

Adel Khoury nennt als *Stufen der mystischen Gottesliebe* die Zuneigung zu Gott, "die bald eine feste Ausrichtung des Herzens auf Gott bedingt", die "Sehnsucht nach der Nähe Gottes", die "Vertrautheit in der Nähe Gottes", "die leidenschaftliche Liebe in der Begegnung mit Gott und in der Erfahrung seiner beglückenden Zuwendung", "die totale Aufgabe" des Menschen, "so daß nur noch Gott allein das Bewußtsein erfüllt und das Herz beglückt", "die Vereinigung, in der jedes Bewußtsein des eigenen Selbst entschwindet und der Mystiker sich in Gott auflöst" und der "Rausch der Vereinigung mit Gott und die daraus resultierende selige Ekstase"[21]. Der ist ein wahrer Sufi, der ganz im Göttlichen aufgegangen ist. Er soll von den Trieben der Seele frei sein, frei von dem Verlangen des eigenen Ich, um Gott in vollkommener Freiheit zu dienen.

Allerdings kann nur Gott das Fortschreiten zu einer neuen Stufe schenken. Dieses Voranschreiten wurde mit der erfolgreichen Zähmung eines wilden Pferdes oder der Läuterung von Metall verglichen. Das eigene Ich (arab. nafs = etwa Triebseele, das Weltliche, das von Gott Ablenkende) wird durch Leiden in Wachen und Fasten oder auch durch Enthaltsamkeit geläutert, damit alles aufgegeben wird, was den Menschen von Gott fortzieht. Der eigene Wille des Menschen soll in Gottes Willen aufgehen[22]. Der Kampf gegen die Triebseele (arab. nafs), die den Sufi mit vielen Tricks oder auch Heuchelei zum Erliegen bringen will, ist der "Größere Heilige Krieg" des Sufis[23]. Faulheit und Muße sind Fallstricke für den, der eine Offenbarung von Gott empfangen möchte. Das letztendliche

---

[21]Koran. Übersetzung v. Khoury. Bd. 2. S. 208-209

[22]Schimmel. Sufismus. S. 163-164

[23]Schimmel. Dimensionen. S. 166

Entwerden (arab. fanâ') in Gott und die allein durch Gottes Gnade folgende '*Dauer in Gott*' unter Aufhebung des eigenen Bewußtseins ist das Ziel aller mystischen Übungen und Bestrebungen. Um sich auf Gott zu konzentrieren, hilft das Abweisen aller Gedanken, die nicht Gott beinhalten, Atemübungen, das Sitzen mit Blick auf Mekka und das Empfinden des Führers der mystischen Gemeinschaft (arab. šaih; persisch pîr, allgemein muršid) im Herzen[24].

> "Der muršid[25] überwacht den Fortschritt des murîd[26] Tag für Tag, deutet seine Träume, liest seine Gedanken, und leitet ihn während der vierzigtätigen Klausur ..., die er in einem dunklen Raum ... vollzieht. Der muršid gibt ihm den rechten dikr, das Wort des Gottgedenkens ... und kleidet ihn mit der hirqa, dem Sufigewand, oder muraqqa', dem Flickenrock, ein, um ihm dadurch etwas von seiner baraka, seiner Segenskraft, zu verleihen"[27].

Der Schüler unterzieht sich bestimmten Läuterungs- und Versenkungsübungen, wie z. B. einer 40tägigen Klausur für Meditation und Gebet. Annemarie Schimmel berichtet von der Übung des Schülers, sich kopfüber in einen dunklen Raum zu hängen[28]. Dabei kann der Schüler Träume und Visionen bekommen, die sein Führer (šaih) für ihn deutet.

> "Das Denken und Trachten des Mystikers kreist um eine unergründliche Mitte. Er denkt an Gott, sucht Gott, spricht von Gott, schweigt, um Gott zu hören, verläßt sich selbst, um Gott zu finden ... Man muß ihn suchen, um ihn zu finden, muß ihn aber schon gefunden haben, um ihn suchen zu können. Letztlich kann nur Gott allein Gott erkennen und suchen, für den Menschen läge darin eine sündhafte Anmaßung. Menschliche Gotteserkenntnis ist Ratlosigkeit und Unwissenheit.[29]"

Die größte Sünde ist für den Mystiker die Heuchelei oder die Angabe (arab. riyâ)[30], vor der in etlichen sufischen Erzählungen gewarnt wird:

> "Ein Mann betete mit großem Getue die ganze Nacht in einer Moschee, in die er zur Zeit der Abenddämmerung gekommen war und wo er einen Laut gehört hatte, aus dem er schloß, daß noch andere Leute in der Moschee waren. Doch als der Ruf zum Morgengebet ertönte,

---

[24] Diese Übungen für schiitische Orden Persiens nennt Gramlich. Derwischorden. 2. Teil. S. 392-393

[25] der Meister

[26] des Schülers

[27] Schimmel. Sufismus. S. 181

[28] Schimmel. Sufismus. S. 191

[29] Gramlich. Derwischorden. 2. Teil. S. 20

[30] Schimmel. Dimensionen. S. 161

fand er, daß sein Gefährte in der Moschee ein Hund war - und damit waren er selbst und all seine Gebete unrein geworden ..."[31]

Annäherung an Gott bedeutet besonderen Segen und Macht. Richard Gramlich berichtet von schiitischen Orden in Persien, daß dort die Kenntnis des größten Namens Gottes, der dem Mystiker vielleicht in seiner Versenkung offenbart wird und der einer der 99 Namen Allahs ist, von großer Bedeutung ist. Wer diesen Namen kennt, kann Wunder tun und Tote erwecken; sein Gebet wird auf jeden Fall erhört[32].

Dem sichtbaren Führer des gesamten Ordens mit seinen verschiedenen Zweigen, dem Pol, der nach schiitischer Ansicht mit dem verborgenen Imâm in Verbindung steht und seine Autorität stellvertretend in Anspruch nimmt, gebührt absoluter Gehorsam. Der Leiter eines Teils des Ordens (arab. šaiḫ) und sein dortiger Bevollmächtigter, der dem Pol wiederum zum Gehorsam verpflichtet ist, ist das Vorbild des Novizen (Neulings). Im Ordensleiter (arab. šaiḫ) spiegelt sich die göttliche Wirklichkeit, sofern dieser sein Herz durch Askese und Gehorsam rein erhält. Durch ihn wird Gott erkannt[33]. Er übermittelt dem Novizen Gottes Willen. Seinen Befehlen und seiner Stimme schuldet das einzelne Ordensmitglied Gehorsam. Der Ordensleiter (šaiḫ) nimmt neue Kandidaten in den Orden auf, belehrt sie und führt ihre Initiation durch[34], setzt Sitzungen an, lädt Gäste ein und leitet die Gestaltung religiöser Trauertage. Er verwaltet Gelder, bewirtet fremde Mystiker und bewahrt die Disziplin im Orden[35]. Er steht Gott näher als die anderen Ordensmitglieder und gilt als Heiliger und als Vorbild. Er verfügt über überirdische Segenskräfte (arab. baraka) und über Kenntnisse des Verborgenen. Er kann Wunder tun und Krankenheilungen bewirken. Sein Blick vermittelt Segen und kann den Novizen zum Mystiker machen. Der Ordensleiter (šaiḫ) kann dem Novizen mittels Gedankenübertragung helfen[36]. Er ist der "Arzt des Herzens, der die Krankheiten der Seele kennt"[37], er ist geistlicher Vater des Novizen und sein Seelenführer.

Der Novize, der sich seinen Meister frei aussuchen kann, schuldet ihm seinerseits nicht nur Gehorsam, sondern auch Ehrfurcht. Er muß ihm seine innersten Geheimnisse mitteilen und sich jeder Kritik ent-

[31] Zitiert nach Schimmel. Dimensionen. S. 161 ohne Quellenangabe

[32] Gramlich. Derwischorden. 2. Teil. S. 30-33

[33] Gramlich. Derwischorden. 2. Teil. S. 182

[34] Also die Aufnahme des Neulings durch bestimmte Riten.

[35] So Gramlich für Persien. Derwischorden. 2. Teil. S. 187ff.

[36] Gramlich. Derwischorden. 2. Teil. S. 205-206+209

[37] Gramlich. Derwischorden. 2. Teil. S. 210

halten[38]. Bei seiner Aufnahme muß er den Treueschwur leisten und kann durch die Berührung des Meisters seiner Segenskraft (arab. baraka) teilhaftig werden[39]. Niemals hat darüber Übereinstimmung geherrscht, welche Bedingungen ein Novize erfüllen muß, um nach einer gewissen Probezeit mit einer bestimmten Zeremonie[40] aufgenommen zu werden. Es hat jedoch für verschiedene Orden Zusammenstellungen bestimmter Regeln und Eigenschaften gegeben, die ein Novize einhalten muß. Dazu gehören insbesondere Demut und Gehorsam, aber auch Gottesfurcht, Mut und Tapferkeit zum Kampf gegen den niederen Trieb, Freigebigkeit, Schweigen, Gott im Auge zu haben, Unterwürfigkeit, Dankbarkeit, Dienstbarkeit, Geduld, die Bereitschaft, Weisung anzunehmen, nicht zu lügen und die Zufriedenheit mit Gottes Willen[41]. Der Kandidat muß Monotheist sein, also Muslim, Jude oder Christ, er muß durch einen Traum auf den Orden hingewiesen worden sein, einen untadeligen Lebenswandel führen und ein Mann sein[42]. Es gab Orden, die Frauen als Mitglieder und Laienschwestern in einer besonderen Vereinigung zuließen[43].

4. Sufismus heute

Bis zur heutigen Zeit hat sich der Charakter dieser Orden nicht grundsätzlich geändert. Wie die Ausbildung des Schülers (arab. murîd) durch seinen Führer (arab. šaih̲), wie die Treffen und die Belehrung in der heutigen Zeit aussehen können, beschreibt autobiographisch der amerikanisch-muslimische Sufi Muhyiddin Shakoor[44]. Anschaulich schildert der Bericht das Bemühen der Schüler des Führers (šaih̲), das eigene Herz zu läutern, indem das niedere Ego (arab. nafs), also die Begierden und die Bestrebungen nach der Welt (arab. dunya), getötet, Demut, Geduld, Vertrauen ins Unsichtbare geübt und der Wunsch, sich von den irdischen Dingen zu lösen und ganz im Bewußtsein Gottes zu leben, immer stärker praktiziert werden. Sehr deutlich wird die absolute Autoritätsstellung des Führers (des šaih̲s) für die Schüler, dem für seine Ausbildung auf dem 'Pfad' absoluter Gehorsam und Loyalität gezollt wird. Er kann aufgrund

---

[38]Gramlich. Derwischorden. 2. Teil. S. 237-238

[39]Schimmel. Dimensionen. S. 331

[40]Ein Beispiel einer solchen symbolhaften Zeremonie berichtet Gramlich. Derwischorden. 3. Teil. S. 75ff.

[41]Diese Eigenschaften nennt Gramlich u. a. aus den Quellen. Derwischorden. 3. Teil. S. 14

[42]Gramlich. Derwischorden. 3. Teil. S. 74

[43]So De Jong. Bruderschaften. S. 486

[44]Shakoor. Wasser

des immensen Abhängigkeitsverhältnisses gleichsam mit einem Wort oder Blick oder auch nur seiner Anwesenheit seine Schüler bis zu einem Glücksgefühl aufbauen oder sie aber vernichten. Der Schüler ist spirituell mit dem Führer verbunden, auch wenn er nicht in seiner Nähe ist. Shakoor berichtet von einem Fehler, den er während seiner Schülerzeit bei seinem Führer (šaih) machte:

> "Ich ging ihm zur Straße am Fuß des Hügels entgegen. Das Herz schlug mir bis zum Hals, als ich ihn ansprach: 'Shaikh Effendi, ich - ich - ich nehme an, Sie haben mit Shaikh Jami gesprochen?' 'Allerdings', sagte er, 'und ich muß Ihnen sagen, daß Sie von diesem Augenblick an nicht mehr mein Murid[45] sind! ... von jetzt an ist meine Beziehung zu Ihnen nur noch die eines Bruders'. Wie vernichtet stand ich vor ihm, ein sprachloses Häuflein Elend. Seine Worte fielen mir wie Blitz und Donner ins Herz. Alles, was ich hätte sagen können, vorwegnehmend, fuhr er fort: 'Ich bin anderer Meinung als Shaikh Jami bezüglich dieses Briefes ... Ich wollte Sie zum Derwisch machen, aber nun hat er Sie zu *seinem* Derwisch gemacht. Immerhin finde ich es interessant, daß Sie von meinen fünf Murids, die in der Türkei waren, der einzige sind, der in diese Falle gegangen ist ... Ich muß jetzt gehen ...'. Er ließ mich am Boden zerstört dort an der Straße zurück. Jedes seiner Worte vertiefte mein Entsetzen und ebnete die verkohlten Reste meiner Welt zu schwelender Asche ein."[46]

Bei Shakoor bleibt nach dieser Begegnung das Gefühl zurück, zum "Verräter" an seinem Führer (arab. šaih) geworden zu sein,

> "dem einzigen Menschen auf der Welt, der mich wirklich liebte. Niemand kannte mich besser, und niemand hatte mich je so bedingungslos angenommen ... Die Liebe meines Shaikh wollte nichts für sich selbst. Sie schien einfach auf mich herab, so vorbehaltlos wie das Licht der Sonne, in welcher Verfassung ich auch sein mochte. Im spirituellen Sinne war der Shaikh mir Mutter und Vater, meine Anlagen schützend, lenkend und nährend. Er war Sonne und Mond für mich, einen wüsten Erdball, der sich ohne ihn sinnlos um sich selbst drehte. O, wie das wehtat!"[47]

Erwähnt werden sollte hier auch die Verehrung der verstorbenen Ordensleiter[48]. Ihre Gräber gelten als Heiligtümer, die teilweise schon als vorislamische oder auch christliche und hinduistische heilige Stätten verehrt wurden[49]. Sie werden ähnlich wie die Ka'ba mehrmals umschritten. Die Gräber bilden eine Art heiligen Bezirk, an dem Menschen nicht verfolgt werden können. Dort werden Gelübde abgelegt oder Bitten geäußert. Häufig bitten Frauen um

---

[45]Schüler

[46]Shakoor. Wasser. S. 200-201

[47]Shakoor. Wasser. S. 201

[48]Vgl. auch Lektion 16.3. zum Volksislam

[49]Schimmel. Dimensionen. S. 338-339

Nachkommenschaft, Männer um geschäftliches Gelingen oder Kinder um das Bestehen von Schulexamen, denn die Segenskraft des Heiligen kann dies alles bewirken[50].

Am Rande erwähnt werden sollte hier die Buchstabenzahlensymbolik: Jeder Buchstabe hat eine allegorische Bedeutung, woraus viele Geheimsprachen entwickelt worden sind[51]. Über einzelnen Buchstaben wie besonders dem a (arab. alif), dem ersten Buchstaben des Namens Allah, wird häufig meditiert, denn

> "das alif zu kennen bedeutete für die Sufis, die göttliche Einheit und Einzigkeit zu kennen ... Im alif ist die ganze Schöpfung enthalten"[52].

5. Mystik und Gehorsam gegen das Gesetz

Mystik ist keineswegs, wie in Europa oft geschehen, automatisch mit Antinomismus (Ablehnung der Bindung an das Gesetz) gleichzusetzen. Die meisten Mystiker haben vielmehr die Notwendigkeit einer genauen Erfüllung der Gebote wie der Gebete, des Fastens oder der Wallfahrt betont, denn erst wenn das Gesetz äußerlich erfüllt wird, kann die hinter den Geboten stehende weitere Bedeutungs- und Sinnebene erkannt werden. Gehorsam gegen das Gesetz und den Propheten bedeutet zugleich Gottesliebe, auch wenn das eigentliche *Ziel* der Mystik nicht die Erfüllung der Gebote ist. Heinz Halm beschreibt:

> "Die islamische Mystik, die ihr religiöses Ziel weniger in der minutiösen Erfüllung der kultischen und rechtlichen Pflichten des Islams sucht als vielmehr in einer persönlichen Gotteserfahrung, die nach schrittweise vorangetriebener Auslöschung des eigenen Ichs in der Schau Gottes oder gar im Einswerden mit Gott gipfelt"...[53].

Allerdings hat es Orden gegeben, die die Wertlosigkeit der Wallfahrt nach Mekka betonten, wenn hier nur ein äußerlicher Ritus gepflegt wird und keine Reinigung des Herzens vorausgeht:

> "Besser sei es, daheim zu bleiben und auf sein Inneres zu achten, als ohne Devotion und mit Sünden beladen auf Pilgerfahrt zu gehen. Ein Scheih sagte, es gebe zwei Ka'ba's, eine aus irdenem Stoff (ka'ba-i gil) und eine Ka'ba des Herzens (ka'ba-i dil), und es sei völlig nutzlos, die Ka'ba, die aus Steinen errichtet sei, zu umwandern, solange man nicht sein Herz umwandert und von Schmutz und Rost befreit habe"[54].

---

[50] Schimmel. Dimensionen. S. 339

[51] Schimmel. Dimensionen. S. 578-579

[52] Schimmel. Dimensionen. S. 588-589

[53] Halm. Schia. S. 92

[54] Gramlich. Derwischorden. 2. Teil. S. 119

Richard Gramlich übermittelt in bezug auf die Frage des Gesetzesgehorsams von den schiitischen Derwischorden Persiens ein Bild mit drei Schichten: Die erste Schicht ist das Gesetz (arab. šarî'a), das wie eine Nußschale zum Schutz um den Kern (die zweite Schicht), den mystischen Weg (arab. tarîqa) und um die mystische Wirklichkeit (arab. haqîqa) (die dritte Schicht) liegt[55]. Das Gesetz wird auch mit einer Lampe verglichen, die den mystischen Weg beleuchtet. Ohne Lampe (Gesetz) kommt niemand ins Haus (d. h. zur mystischen Wirklichkeit), ohne Weg kommt niemand an, wenn er nur die Lampe hat[56].

Der Vorwurf des Antinomismus trifft vielmehr die von der offiziellen Theologie teilweise scharf bekämpften Sufis[57], für deren Existenz es bereits Mitte des 8. Jahrhunderts n. Chr. Belege gibt[58]. Ob es bereits zu Muhammads Zeiten sufische Asketen gab, ist zumindest umstritten[59]. In der Frühzeit sind Mystiker und Sufis noch voneinander geschieden; ab dem 10. Jahrhundert wird die ganze Bewegung der Mystik mit dem Begriff 'Sufitum' (arab. tasawwuf)[60] beschrieben[61].

Die Mystik wird nach dem 11. Jahrhundert n. Chr. eine so große Bewegung, daß sie neben den offiziellen Islam tritt. Die Sufis trafen in den Häusern ihrer mystischen Lehrer oder in Moscheen zusammen, um dort ihre Versenkungen in Gott durchzuführen. Vom 10. Jahrhundert n. Chr. an sind eigene Häuser als Sufikonvente, die häufig im Besitz des jeweiligen Ordensleiters (šaih̲) waren, bekannt[62]. Es entstanden Regeln innerhalb der Orden[63]. Seit dem 9. Jahrhundert n. Chr. wurden auch Aussprüche und Ereignisse aus dem Leben von Heiligen und Sufis aufgeschrieben. Sie spielten als Vorbilder für den jeweiligen Orden eine wichtige Rolle.

---

[55]Gramlich. Derwischorden. 2. Teil. S. 102-103

[56]Gramlich. Derwischorden. 2. Teil. S. 103

[57]Als frühe, aber immer noch lesenswerte Darstellung von islamischer Mystik und Askese vgl. Goldziher. Vorlesungen. S. 139ff.

[58]Radtke. Islam. S. 67

[59]Schimmel. Sufismus. S. 159

[60]Eine frühere, bekannte Arbeit zur Entstehung des Sufismus stammt von Arberry. Sufism.

[61]Radtke. Islam. S. 67

[62]Meier. Path. S. 120

[63]Die Geschichte der Bildung der wichtigsten Orden s. bei Trimingham. Sufi Orders.

In einigen Orden spielte das Anhören von Musik (arab. samâ') eine große Rolle[64], in anderen das Gottgedenken (arab. dikr), in anderen wurde getanzt oder gemeinsam Bewegungen ausgeführt, andere versetzten sich so stark in Ekstase, daß sie Gift tranken, Glasscherben aßen oder sich mit Dolchen durchbohrten, ohne verletzt zu werden, um das Maß ihrer Versenkung und die Macht Gottes zu demonstrieren[65]. Viele fortgeschrittene Mystiker lehnten diese Wunder ab, da es viel schwieriger und damit von größerer Bedeutung sei, gegen die niedrigen Regungen der Triebseele (arab. nafs) immer wieder anzukämpfen[66]. Das Gottgedenken (arab. dikr) bedeutete nicht nur eine Anrufung Gottes, sondern auch Kontaktaufnahme mit Muhammad, indem sein Name und die Segensformel seines Namens oder seine heiligen Worte so häufig wie möglich wiederholt wurden. Auch die Pilgerfahrt nach Medina zu Muhammads Grab wurde im Geist durchgeführt. Einige Mystiker glaubten, an Muhammads Grab seine Stimme und seinen Gruß an sie vernommen zu haben[67].

> "Der Gottesdienst (dhikr) des Auges ist das Weinen; der Gottesdienst der Ohren ist das Hören; der Gottesdienst der Zunge ist Lobpreis und Lobgesang; der Gottesdienst der Hände ist Spende und Geben; der Gottesdienst des Körpers ist Mühe und das Erreichen des Ziels; der Gottesdienst des Herzens ist Furcht und Hoffnung, und der Gottesdienst des Geistes ist Hingabe und Zufriedenheit in Gott."[68]

6. Das Gottgedenken

Der arabische Begriff dikr steht für das Gedenken und die Anrufung Gottes. dikr-Veranstaltungen sind immer wieder aus dem Koran gerechtfertigt worden. Sure 2,200 erwähnt "Riten", Sure 7,204 das ruhige Zuhören des Korans bei seiner Rezitation, Sure 3,41 und 2,152 das Gedenken Gottes: "So gedenket meiner, damit auch ich euer gedenke ..." (2,152)[69]. Sure 33,41 ermahnt die gläubigen Mus-

---

[64]Nur der Mevleviorden hat den Tanz institutionalisiert: Schimmel. Sufismus. S. 192

[65]Meier. Path. S. 122. Daß übernatürliche Fähigkeiten innerhalb des Islam nicht auf Sufiorden beschränkt sind, legt Hans Kissling. Wunder. S. 348-361, dar.

[66]Schimmel. Dimensionen. S. 300-301

[67]Seit dem 19. Jahrhundert rückt die Person Muhammads wieder verstärkt in den Mittelpunkt der Lehre und Meditation: Schimmel. Dimensionen. S. 369

[68]Übersetzt und zitiert nach Padwick. Devotions. S. 14 (Quellenangabe: Fahr ad-Dîn ar-Râzî. Lawâmi'u l-bayyinât. šahru asmâ'i llâhi ta'âlâ wa s-sifât. S. 39)

[69]Die Aufzählung dieser Verse bei Padwick. Devotions. S. 16

lime: "O ihr Gläubigen! gedenkt Gottes unablässig!" Über den Koran hinaus werden jedoch auch Traditionen über das Verhalten des Propheten beim Gedenken Gottes herangezogen[70].

Beim gemeinsamen Gottgedenken (arab. ḏikr[71]) wird, nachdem die Anwesenden einen Kreis gebildet haben und sich z. B. an den Händen halten, eine Formel wie das Glaubensbekenntnis oder etwas ähnliches gesprochen. Richard Gramlich nennt als Beispiel für eine solche Formel einen schiitischen Orden in Persien, bei dem "O Er, O Er, O der du Er bist, O du, außer dem niemand ist" (arab. yâ huwa, yâ huwa, yâ man huwa, yâ man laisa illa huwa[72]) immer wieder unter rhythmischen Körperbewegungen gemeinsam mit dem Herzschlag immer schneller und immer lauter wiederholt wird, bis nur noch ein Wort (vielleicht huwa, er oder das h von Allah) zu hören ist. Die Worte können mit Hilfe eines islamischen Rosenkranzes[73] wiederholt werden, oder es ist eine bestimmte Zahl Wiederholungen wie 300, 3.000, 6.000, 12.000 oder sogar 70.000[74] vorgeschrieben. Danach ist durch diese Konzentration ein passiver Zustand, eine Art Trance eingetreten, in der sich dann die Derwische Verwundungen beibringen können, ohne Schmerzen zu empfinden.

> "Deshalb darf der Adept[75] nicht von sich aus eine Formel wählen, sondern erhält sie von seinem Seelenführer, der genau erkennt, welches Wort dem Seelenzustand oder der geistigen Stufe des Schülers angemessen ist"[76].

Das Gottgedenken (arab. ḏikr) kann auch schweigend vor sich gehen und ist dann meist mit einer bestimmten Atemtechnik verbunden. Es sind auch sogenannte Gebetszwiesprachen möglich, in denen etwa der Ordensleiter (arab. šaiḫ) Gott mit einer Verszeile anruft und die Versammlung mit "Amen" (âmîn) antwortet:

---

[70]Beispiele bei Padwick. Devotions. S. 17

[71]Gardet. Dhikr. S. 226 unterscheidet zwischen einer Frühform des ḏikr, die gewissermaßen als Form des Gebets Verwendung fand, ohne daß die Technik eine große Bedeutung hatte und einer späteren Form des ḏikr, bei der die Technik des ḏikr größere Bedeutung erhielt. Hier wurde diese Art der Meditation gewissermaßen Mittel zum Zweck, um zur Vereinigung mit Gott zu gelangen.

[72]Gramlich. Derwischorden. 3. Teil. S.37

[73]Erstaunlicherweise gibt es auch im Islam eine Art Rosenkranz. Er hat oft 33 Perlen oder ein vielfaches davon (also 66 oder 99). Indem der Gläubige die Perlen durch die Finger gleiten läßt, spricht er dabei z. B. die 99 schönsten Namen Allahs (vgl. Lektion 16.8.).

[74]Diese Zahlen nennt Gardet. Dhikr.S. 224

[75]also derjenige, der in den Orden eingeführt wird

[76]Schimmel. Will. S. 80

"Dir sei Preis, Freigebiger, Ruhmreicher, Großer.
Gepriesen bist du. Du gibst und enthältst vor, wem du willst.
Mein Gott, mein Schöpfer, mein Hort und meine Zuflucht,
Zu dir fliehe ich in Not und Wohlergehen.
Mein Gott, sind auch meine Sünden groß und viel,
So ist doch dein Verzeihen meiner Sünden größer und weiter."[77]

Ein Gedicht, bei dem die Versammlung in den immer wiederkehrenden Refrain einfällt, lautet:

"O du, dessen Lösegeld Herz und Seele sind,
o du, auf dessen Weg das eine (Herz) hingestreut wird und das andere (Seele):
Das Herz ist ein Lösegeld, weil du der Herzräuber bist,
Die Seele (gân) wird dir hingestreut, weil du der Freund (gânân) bist.
Deiner Hand das Herz zu entreißen ist schwer,
Die Seele dir zu Füßen werfen leicht.
Der Weg zur Vereinigung mit dir ist ein Weg voller Mühsal,
Der Schmerz deiner Liebe ist ein Schmerz ohne Heilmittel ...
Infolge des Brandes der Liebe und des Zuges des Verlangens
Eilte ich gestern ratlos in alle Richtungen.
Am Ende lenkte das Verlangen nach deinem Anblick
Meine Zügel zum Magierkonvent.
Fern sei der böse Blick! Ich sah eine Klausur,
Hell vom Lichte Gottes, nicht vom Feuerbrand.
Überall sah ich das Feuer,
das in jener Nacht Mose, der Sohn des 'Imrân, auf dem Sinai gesehen hatte..."

Der Kehrreim lautet dann dazu:

"Einer ist, und nichts ist außer ihm. Er allein,
Es gibt keinen Gott außer ihm"[78].

Das Ziel der mystischen Versenkung ist die Vereinigung mit dem Propheten Muhammad, bei der der Mystiker ihn real schauen kann, nicht nur im Traum. Nach Fritz Meier beginnt der mystische Kult um Muhammad im Westen im 13. Jahrhundert und erreicht im 18. Jahrhundert seinen Höhepunkt. Die Feier des Geburtstags des Propheten (dessen genaues Datum in Wirklichkeit niemand kennt) gehört ebenfalls zu seiner Verehrung[79].

Auch im schiitischen Bereich wird Sufismus praktiziert. Hier spielen die Imâme eine große Rolle, mit denen schiitische Sufis behaupten, in Kontakt getreten zu sein (z. B. mit 'Alî).

---

[77]Zitiert nach Gramlich. Derwischorden. 3. Teil. S. 34

[78]Zitiert aus einem schiitischen Orden in Persien nach Gramlich. Derwischorden. 3. Teil. S. 35-36

[79]So Meier. Path. S. 123-124 vor allem für Nordafrika. Vgl. Lektion 16.8.j. zum Prophetengeburtstag

7. Die Bruderschaften

"Die Bruderschaften haben einen tiefen Einfluß auf die islamischen Völker ausgeübt und Millionen von Menschen durch ihre warme Frömmigkeit, ihre Musik und Poesie Trost in den Nöten des Alltags gebracht, sie in Hungersnöten und Epidemien, Überschwemmungen und Krieg auf die hinter allen Gegensätzen verborgene Weisheit Gottes hingeweisen, ihnen ein wenig *baraka* gebracht"[80].

Die Vereinigung der Sufis zu mystischen Orden ist eine Weiterentwicklung der Belehrung in kleinen Gruppen in der Frühzeit des Sufismus und bereits eine Erscheinung der klassischen mystischen Periode. Die ersten Ansätze für Bruderschaften finden sich noch vor der Jahrtausendwende[81]. Die eigentlichen Gründungen beginnen im 12. Jahrhundert und nehmen im 13. Jahrhundert zu[82]. Um einen Lehrer herum oder im Gedenken an einen Gründer finden sich an einem bestimmten Ort, einem Sufi-Konvent, der jetzt meist nicht mehr das Privathaus eines Lehrers ist, Anhänger zusammen. Diese Gründerpersönlichkeit kann eine berühmte Person der frühislamischen Geschichte wie der Vorläufer der mystischen Bewegung Hasan al-Basrî sein, von dem die Kette (arab. silsila) weiter auf Anas ibn Mâlik oder den vierten Kalifen 'Alî zurückgeführt wird. Der Naqšbandi-Orden z. B. geht nach eigenen Angaben auf den ersten Kalifen Abû Bakr, der Orden der Šuhrawardî auf 'Umar ibn Hattab zurück[83]. Auch sunnitische Orden führten etwa ab dem 13. Jahrhundert schiitische 'Gründer' wie die Imâme für ihre Orden an[84]. Der Sufismus bestand aber auch außerhalb der Orden weiter.

"Islamische mystische Bruderschaften (Derwisch- oder sûfî-Orden; arabisch tarîqa; pl.: turuq) sind zu definieren als hierarchisch organisierte initiatorische Verbände, die auf einem mystischen Konzept des Islams beruhen. Grundlegend für dieses Konzept ist die implizite oder explizite axiomatische Einstellung, daß der Mensch zu einem Stadium direkter Erkenntnis Gottes oder einer Einheit mit Gott kommen kann"[85].

Der Orden (arab. tarîqa) kann ein größeres Gebäude mit einem Wohnhaus für den Meister (arab. šaih), Zimmer für die Schüler, eine Küche, einen Aufenthaltsraum, einen Betraum, eine Moschee und vielleicht einen Friedhof für die verstorbenen Ordensmitglieder

---

80 Halm. Schia. S. 92

81 Meier. Path. S. 120

82 Schimmel. Sufismus. S. 192

83 Rahman. Islam. S. 156

84 Rahman. Islam. S. 156

85 De Jong. Bruderschaften. S. 487

umfassen[86]. Einkünfte erhält der Orden aus Spenden und frommen Stiftungen (arab. auqâf), also Besitztümern, aus denen der Orden Gewinne erhält. Der Orden praktiziert Armut und Gehorsam gegen den Leiter (arab. šaih). Der Schüler, der dem Orden (arab. tarîqa) beitreten möchte, entbietet dem Leiter (arab. šaih) die Huldigung (arab. bay'a), die mit dem Handschlag besiegelt wird. In manchen Orden muß der Neuling eine Zeitlang niedere Arbeiten verrichten, um die Triebseele (arab. nafs) zu knechten[87]. Auf jeden Fall wird der Schüler im Orden unterwiesen.

Über *den Orden* schlechthin etwas auszusagen, ist kaum möglich. Jeder Orden weist von Land zu Land und von Jahrhundert zu Jahrhundert Besonderheiten auf, die kaum verallgemeinert werden können. Daher sind die wertvollsten Studien diejenigen, die sich aufgrund von Studien vor Ort mit einem Orden in einem bestimmten Gebiet eines Landes beschäftigen. Dazu gehört z. B. die umfangreiche Abhandlung von Richard Gramlich, der sich durch Feldstudien mit einigen schiitischen Derwischorden Persiens beschäftigt hat[88].

Der Ordensleiter (arab. šaih oder muršid; pers. pîr) ist üblicherweise selbst von einem mystischen Lehrer unterrichtet und initiiert worden. Er kann seine Person im Idealfall in einer Abfolge von mystischen Lehrern bis auf den Propheten Muhammad selbst zurückführen[89]. Diese Kette (arab. silsila) ist für die Legitimation des Ordens von extremer Wichtigkeit. Bei den schiitischen Orden sind die Altvorderen des Ordens meist die Imâme bis zum vierten Kalifen 'Alî und weiter bis auf Muhammad. Auch für Mitglieder mystischer Orden ist Muhammad stets das absolute Vorbild. Seine Erscheinung im Traum ist aus Sufikreisen vielfach berichtet worden[90].

Kann auch die Organisationsform der einzelnen Bruderschaften stark variieren, vereinen Elemente wie Rezitationen von Texten und Gebeten (Anbetung, Lobpreis und Bittgebete; Koranverse und Wiederholung von Formeln), Gesang und Tanz doch wohl alle Orden.

Die Mitglieder eines Ordens bestehen normalerweise erstens aus einem kleineren inneren, initiierten Kreis, in dem es wiederum Abstufungen je nach Verbundenheit mit dem Orden und Ernsthaftigkeit der Befolgung des mystischen Pfades gibt und zweitens einer

---

[86]So Schimmel. Sufismus. S. 193 und Kißling. Bektschije. S. 75-76

[87]Schimmel. Sufismus. S. 193

[88]Gramlich. Derwischorden. 3 Teile.

[89]De Jong. Bruderschaften. S. 487

[90]Schimmel. Dimensionen. S. 305. Schon im 8. Jahrhundert hat sich eine besondere Muhammad-Mystik herausgebildet.

Gruppe von 'Laien', die den Orden nur zeitweise besuchen und finanziell unterstützen[91]. Hinzu kommen die Schüler, die in die Mystik eingewiesen werden. Die Angehörigen der Orden bezeichnet man auch als Derwische:

> "Persische, etymologisch noch nicht befriedigend erklärte Bezeichnung für muslimische Gottesmänner sufischer Richtung, die teils männerbündlich organisiert, teils ohne erkennbare Organisation als bettelnde Wanderderwische ... ein dem Streben nach der Vereinigung mit der Weltseele gewidmetes Dasein führen"[92].

Nicht alle Geheimnisse der Bedeutung der magischen Formeln, Buchstabenkombinationen und Zeichen sind allen Mitgliedern einer Bruderschaft gleichermaßen bekannt. Es gibt besondere Kenner dieser Geheimnisse, die, wie man annimmt, von Geistern (arab. jinn) in die Geheimnisse eingeführt worden sind[93]. Dies können sowohl Mitglieder als auch Leiter einer Bruderschaft sein. Sie stellen selbst häufig Amulette her. Von ihnen wird angenommen, daß sie eine besondere Verbindung zu den Geistern (arab. jinn) haben, daß sie sie sehen können oder sie von ihnen bedient werden[94]. Sie betreiben Wahrsagerei und Divination[95] und nehmen Kontakt zu einem Medium auf. Diese magischen Elemente gehören zu den Bruderschaften ebenso dazu wie die Gottesverehrung.

Mystische Bruderschaften sind zu verschiedenen Zeiten und in verschiedenen Ländern immer wieder verboten worden (wie etwa in der Türkei von Kemal Atatürk). Aber auch dort sind sie aufgrund ihrer großen Beliebtheit niemals gänzlich verschwunden, sondern lediglich in den Untergrund gegangen.

8. Die Fürsprache in der Mystik

Das Eintreten Gottes für Sünder und Gerechte im Gericht durch die Fürbitte Muhammads[96] scheint nach Aussage der meisten Gebete auf Muhammads Gemeinde (arab. umma) beschränkt zu sein. Allerdings können nach Auffassung des Volksislam auch andere Propheten Fürsprache bei Gott einlegen (Abraham, Mose, aber auch der Kalif 'Uṯmân oder die Prophetenenkel al-Hasan und al-Husain)[97]. Wird Gott jedoch um die Fürbitte Muhammads gebeten, so

---

[91]Rahman. Islam. S. 157

[92]Kissling. Derwisch. S. 75

[93]De Jong. Bruderschaften. S. 493

[94]De Jong. Bruderschaften. S. 493

[95]Die Voraussage von Ereignissen in der Zukunft.

[96]Vgl. Lektion 16.4. zur Fürsprache Muhammads im Gericht

[97]Padwick. Devotions. S. 42

ist es nur noch ein kleiner Schritt bis zur Bitte an den Propheten selbst um die Fürsprache; ein Phänomen, das für die orthodoxe islamische Lehre mit dem Grundsatz der Einsheit Gottes (arab. tauhîd) unvereinbar ist:

"Allerdings finden wir in der Religion, deren Mission das gewaltige Zeugnis von der Einheit Gottes war und dessen große Furcht und Abscheu die Sünde des širk[98] gewesen ist, das Phänomen dessen, was kaum anders beschrieben werden kann als Gebet zum Propheten."[99]

9. Einzelne Orden

a. Frühe Orden

Die beiden ersten großen Orden sollen die Qâdirîya und Suhrawardîya gewesen sein. Die Qâdiriyya wurde von 'Abd al-Qâdir Gîlânî (1088-1166 n. Chr.)[100], einem Gelehrten der Philosophie und des hanbalitischen Rechts, in Bagdad gegründet. Der Orden dehnte sich in alle islamischen Länder aus. al-Gîlânî begann 1127 n. Chr. mit seiner öffentlichen Predigt und stand ab 1134 n. Chr. einem Unterrichtsinstitut (arab. madrasa) vor. Er soll etliche Wunder getan haben und wird in zahlreichen Ländern auf unterschiedliche Weise verehrt[101].

Der Orden der Suhrawardîya wurde ebenfalls in Bagdad gegründet und geht auf Abdul Qâhir Abû Najîb as-Suhrawardî zurück (gest. 1168 n. Chr.), über dessen Leben nur wenig bekannt ist[102]. Großen Einfluß auf die Mystik übte auch sein Neffe 'Umar as-Suhrawardî (gest. zwischen 1234-1236 n. Chr.) aus. In das 14. Jahrhundert n. Chr. fällt auch die Gründung des von 'Umar al-Halwatî (gest. 1398 n. Chr.) ins Leben gerufenen Ordens der Halwatîya, der sich in der Türkei, im Nahen Osten und Ägypten ausbreitete[103]. Immer wieder spalteten sich Orden über die Nachfolgefrage.

---

[98]Vielgötterei

[99]Padwick. Devotions. S. 44

[100]Andere Forscher wie Rahman. Islam. S. 158 nennen das Jahr 1077 n. Chr. als Geburtsdatum.

[101]Beispiele bei Schimmel. Sufismus. S. 194-195

[102]Zum Werdegang Suhrawardîs vgl. Falconar. Literature. S. 129ff.

[103]Rahman. Islam. S. 160

b. Der Bektâšîye-Orden

Er wurde von dem "halblegendären Heiligen" Hâjjî Bektâš[104] oder Bâbâ Bektâš[105] wohl im 12. Jahrhundert n. Chr. gegründet. Der Orden war insbesondere im Osmanischen Reich weit verbreitet und hatte seinen Hauptsitz in Anatolien. Die genaue Entstehungsgeschichte des Ordens ist noch nicht genügend erforscht. In seiner Lehre scheinen Elemente der Gnosis, des Buddhismus, islamische Sonderlehren und Lehren des Christentums vereinigt zu sein[106]. Die Mitglieder dieses Ordens glaubten etwa an eine 'Dreieinigkeit', bestehend aus Gott, Muhammad und dem vierten Kalifen 'Alî[107]. Nach der Blütezeit des Ordens im 13. bis 15. Jahrhundert n. Chr. wurde im 17. Jahrhundert Albanien zu seinem Zentrum. Allgemeine Kritik zog sich der Orden wegen seiner liberalen Haltung bei der Beachtung des Alkoholverbots und wegen der 'freien' Stellung der Frauen zu, die an den Ordenszeremonien teilnehmen durften. Der Orden nahm Einfluß auf den türkischen Volksislam[108].

c. Der Naqšbandîya-Orden

Der Naqšbandîya-Orden[109] wurde im 14. Jahrhundert n. Chr. von Muhammad Naqšband in Buchara gegründet. Andere Forscher nennen den Gründer Bahâ' ad-Dîn, genannt Naqšband[110]. Die Kette seiner Herkunft (arab. silsila) soll bis auf den ersten Kalifen Abû Bakr zurückreichen. Die Meditationsübungen der Naqšbandîya zeigten indische Einflüsse, denn der Orden verbreitete sich in Indien[111] und ist dort seit etwa 1600 n. Chr. fest verwurzelt. Ferner ist der Orden in China und im malaiischen Archipel ansässig. Er verbietet extravagante Formen des Gottgedenkens (arab. ḏikr) sowie Tanz und Musik. Die wichtigste Anbetungsform ist das schweigende Gottgedenken (ḏikr). Große Bedeutung wird auch der geistigen Unterhaltung zwischen Meister und Schüler durch Konzentration beigemessen:

---

[104] Kissling. Bektschije. S. 54

[105] Rahman. Islam. S. 163

[106] Unter den christlichen Elementen nennt Kissling. Bektschije. S. 54 die Beichte mit Absolution, das Kreuz und die Eucharistie.

[107] Rahman. Islam. S. 163

[108] Kissling. Bektschije. S. 54

[109] Vgl. den Artikel von Algar, Nizami. Nak<u>sh</u>bandiyya. S. 934-939 zur Rolle der Naqšbandiyya in der Türkei, Persien und Indien.

[110] Rahman. Islam. S. 164

[111] Einen detaillierten Überblick über die Entwicklung des Sufitums in Indien vermittelt Rizvi. History.

"Nicht lange Perioden der Abtötung, sondern seelische Läuterung, nicht Training der niederen Triebseele, sondern Erziehung des Herzens sind für die Naqshbandiyya-Methodik charakteristisch, um so zur 'Vollkommenheit des Prophetentums' zu kommen"[112].

d. Der Sanûsîya-Orden

Der Sanûsîya-Orden wurde im Jahr 1837 n. Chr. von dem Gelehrten Sayyid Muhammad ibn 'Alî as-Sanûsî (ca. 1787-1859 n. Chr.) gegründet[113]. as-Sanûsî war in mehreren Orden initiiert worden und begegnete auf seiner Wallfahrt nach Mekka dem marokkanischen Sufi Sayyid Ahmad ibn Idrîs al-Fâsî, der den Orden der Idrîsîya gründete. Diesem Orden trat as-Sanûsî bei. Nach dem Tod al-Fâsîs gründete as-Sanûsî mit einem Teil der Anhänger dieses Ordens 1837 n. Chr. den Sanûsîya-Orden. as-Sanûsî predigte zur Erneuerung der Gesellschaft die Rückkehr zu den Grundlagen des Islam nach Koran und Überlieferung. Auf dieser Grundlage hielt er die selbständige Rechtsfindung (arab. ijtihâd) für zulässig[114]. In Libyen wurden etwa 80 Ordensniederlassungen der Sanûsîya ins Leben gerufen. Die einzelnen Niederlassungen erwirtschafteten durch Ackerbau, Handwerk und Handel ihren eigenen Unterhalt und unterhielten eigene Schulen vor Ort. Mitte bis Ende des 19. Jahrhunderts leitete der Sohn des Gründers Sayyid al-Mahdî Muhammad den Orden und führte ihn zu Blüte und großem Einfluß[115].

Andere Orden wie der Ende des 12. Jahrhunderts n. Chr. von Ahmad ar-Rifâ'î gegründete Orden der 'Heulenden Derwische', der Rifâ'îya, der von Abû l-Hasan aš-Šâdilî im 12. Jahrhundert in Ägypten gegründete Orden der Šâdilîya oder der von Jalâl ad-Dîn Rûmî um 1250 gegründete Orden der 'Tanzenden Derwische', der Mevlevîya, sollen hier nicht näher behandelt werden.

10. Jesus in der islamischen Mystik

Jesus hat in der islamischen Mystik interessanterweise immer eine bedeutende Rolle gespielt. Die Sufis schienen schon in der Frühzeit der Mystik großes Wissen über Jesus besessen zu haben. Er ist das Vorbild der Asketen und ihr "vornehmster Lehrer"[116]. Zugleich hat Jesus in den Augen der Mystiker die Gottesliebe in vollendeter Form gelebt. Der heilige Mystiker Jesus, der der Welt völlig entsagt hat,

---

112 Mehr über die Naqshbandiyya findet sich bei Schimmel. Dimensionen. S. 517-518

113 Wielandt. Sanusija. S. 243

114 Wielandt. Sanusija. S. 244

115 Wielandt. Sanusija. S. 245

116 Schumann. Christus. S. 107 und Andrae. Mystik. S. 22-23

der seine Jünger ermahnt, nichts auf ihre Reise mitzunehmen, der nicht bettelt und die Ähren am Feldrand gegen den Hunger ausrauft, ist in der islamischen Überlieferung immer wieder beschrieben worden. Er

> "trug ... langes Haar und salbte niemals sein Haupt. Er ging barfuß, besaß kein Haus, benutzte weder Schmuck noch Hausrat, feine Kleider oder Münzen und führte nur Speise für einen Tag mit sich. Da, wo er sich befand, wenn die Sonne unterging, stellte er sich hin und betete bis zur (Morgen)dämmerung" ... "Anfangs führte er einen Kamm und einen Napf bei sich. Aber eines Tages sah er einen Mann, der seinen Bart mit den Fingern kämmte. Da legte er den Kamm fort. Ein andermal sah er einen Mann, wie er Wasser direkt aus einem Bache trank, und da legte er auch die Schüssel fort" ... "Die Jünger fragten Jesus: 'Gibt es etwas auf Erden, das dir gleich wäre?' Er antwortete: 'Ja - der, dessen Rede das Denken an Gott ist, dessen Schweigen Versenkung und dessen Anblick eine Ermahnung für die Seelen ist'"[117].

Die Liebe zur Welt soll Jesus nach Ansicht der Sufis zur Sünde schlechthin erklärt habe; Besitz mache krank, führe zu Hochmut und Stolz und lenke von Gott ab[118]. "Den Weg Christi befolgen" wurde in der islamischen Mystik zu einem regelrechten Synonym für asketische Frömmigkeit[119]. Jesus zeichnet für Mystiker große Strenge gegen sich selbst und große Barmherzigkeit gegen andere aus. Seine große Demut hat ihn in den Augen islamischer Mystiker zu den Israeliten sagen lassen:

> "'Wo wächst die Saat?' 'Im Staube.' 'Wahrlich, ich sage euch: Die Weisheit kann nur in einem Herzen wachsen, das wie Staub geworden ist'"[120].

Jesus gab, so die islamische Mystik, Beleidigungen nicht zurück und suchte immer erst die Fehler anderer Menschen bei sich selbst zu beseitigen.

Nicht immer ist jedoch in der islamischen Mystik die Sündlosigkeit Jesu, die die islamische Theologie später für alle Propheten formuliert hat, vorausgesetzt worden[121]. Zahlreiche Überlieferungen über Jesus kennt der Islam, die teilweise an das Neue Testament angelehnt sind, teilweise aber auch Themen verfolgen, die ganz un-

---

[117]Aus der Überlieferung zitiert nach Andrae. Mystik. S. 23 mit Quellenverweis: Abû Nu'aim Ahmad b. 'Abdallâh al-Isbahânî. Hiljat al-aulîya' I-X. Kairo 1351ff. hier Bd. IV. S. 204 und IV. S. 362

[118]Schumann. Christus. S. 107

[119]Andrae. Mystik. S. 24

[120]Zitiert nach Andrae. Mystik. S. 25 mit Quellenverweis: Abû Tâlib. 'Atîya al-Hâritî al-Wâ'iz al-Makkî. Qût al-qulûb fî mu'âmalat al-mahbûb wa wasf tarîq al-murîd ilâ maqâm at-tauhîd. II, 74

[121]Andrae. Mystik. S. 25

abhängig davon sind. So wird etwa seine große Freundlichkeit gegen jedermann (die die islamische Überlieferung übrigens auch für Muhammad bezeugt hat), in folgender Erzählung überliefert. An das Neue Testament lehnt sie sich nicht an:

> "Jesus und Johannes begegneten einander, und Jesus lachte Johannes entgegen und streckte ihm die Hand hin. Da sagte Johannes: 'Mein Cousin, wie kommt es, daß ich dich lachen sehe, als ob du dich schon vor Gottes Strafe sicher fühltest?' Jesus antwortete: 'Und wie kommt es, daß ich dich die Stirn runzeln sehe, als ob du schon an der Erlösung verzweifeltest?' - Da offenbarte Gott ihnen beiden: 'Der von euch ist mir der liebste, der am frohesten und freundlichsten zu seinem Nächsten ist'"[122].

Interessant ist zuletzt, daß auch in der Mystik die Rolle Jesu in der Endzeit ganz und gar an die sunnitische Überlieferung anklingt. Jesus wird nach seiner Wiederkunft den Antichristen töten, alle Kreuze zerbrechen, alle Schweine töten und die Einheit des Gottesvolkes unter dem Islam aufrichten. Jesus heiratet dann eine Araberin, hat Kinder, stirbt nach vierzig Jahren und wird in der Nähe Muhammads begraben[123].

11. Anmerkungen zur Mystik aus christlicher Sicht

Aus christlicher Sicht kann man der islamischen Mystik einige Vorwürfe machen, die allerdings zumindest teilweise auch für die christliche Mystik zutreffen: Das Ziel der islamischen Mystik ist die vom Menschen ausgehende Gottesliebe, die Annäherung an Gott bis zur Vereinigung mit ihm. Gottesliebe bedeutet Versenkung in Allahs Namen bis zum Erfülltwerden mit ihm und Meditation. Gottgedenken (arab. ḏikr) wird dort geübt, wo der Mensch in Abgeschiedenheit vom täglichen Leben sich sammelt und auf Gott konzentriert. Durch viel Selbstverleugnung und die Pflege seiner Tugenden kann der Mensch sich Gott nähern und sogar in Gott aufgehen.

Im Unterschied dazu lehrt die Bibel über die Gottesliebe, daß Gott seine Gemeinde zuerst geliebt hat, und zwar schon zu einer Zeit, als diese Menschen noch seine Feinde waren. Der Mensch, mit der Erbsünde behaftet, kann von sich aus gar nicht Gott lieben und schon gar nicht Gott gleich oder ähnlich werden. Im übrigen vollzieht sich die 'Gottesliebe' nach biblischer Auffassung im täglichen Leben und nicht in der Abgeschiedenheit eines Sufikonvents: "Denn das ist die Liebe zu Gott, daß wir seine Gebote halten" (1. Johannes 5,3). Das bedeutet konkret, für den Nächsten Gutes zu tun. Gott zu lieben bedeutet nicht das 'Entwerden' oder das sich Loslösen von irdischen Empfindungen

---

[122]Zitiert nach Andrae. Mystik. S. 26 mit Quellenverweis: Abû Nu'aim Ahmad b. 'Abdallâh al-Isbahânî. Hiljat al-aulîya' I-X. Kairo 1351ff. hier Bd. VI. S. 181

[123]Zusammengefaßt nach Schumann. Christus. S. 108

und Begrenzungen, sondern im Christentum die Bitte um Sündenvergebung und die Änderung von Fehlhaltungen und Fehlverhalten. Nicht der Mensch wird zu Gott, er wird auch nicht Gott gleich, sondern Gott wird Mensch in Jesus Christus, um den Menschen zu erlösen.

LEKTION 15: DIE AHMADÎYA-BEWEGUNG

1. Sekte oder Sondergruppe? - Probleme der Abgrenzung

Das Problem, welche Gruppierungen im Islam als Sekten bzw. Sondergruppen beurteilt werden können, ist völlig anders gelagert als im Christentum, das von Anfang an mit Konzilen und Lehrentscheiden eine Festlegung der 'orthodoxen Lehre' angestrebt hat. Im gesamten europäischen Mittelalter bis zur 'Spaltung' in der Reformationszeit und dem Aufkommen von Sekten und Sondergruppen entzündeten sich Trennungen, Exkommunikationen und ebenso Zusammenschlüsse mehrerer Gruppen so gut wie immer an theologischen Lehrfragen. Dies war eine Folge der frühen Festlegung, was 'orthodoxer Glaube' bedeutet. Erst wenn festgeschrieben ist, was rechter Glaube ist, kann festgelegt werden, was Irrlehren sind und welche Gruppe als Sekte bezeichnet werden muß.

Ganz anders im Islam: Konzilien und Lehrentscheide zur Festlegung der 'richtigen' islamischen Lehre hat es nie gegeben. Rein historisch betrachtet, entzündete sich die größte Spaltung zwischen Sunniten und Schiiten eigentlich an einer Personalfrage, ob nämlich nur ein Verwandter oder einfach ein Gefährte des Propheten Nachfolger Muhammads werden dürfe. Als zweites auslösendes Moment könnte die politische Komponente angeführt werden. Daß die Schia niemals in den Besitz der obersten Herrschaft kam, entschied sich nicht etwa durch den Lehrentscheid, daß sie nicht den richtigen Glauben verfechte, sondern war vorrangig durch die Machtkonstellationen bedingt, in der die Schia sich auch auf lange Sicht politisch nicht durchsetzen konnte.

Hinzu kommt, daß die grundlegende Dogmatik des Islam nur so wenige Punkte umfaßt, daß diese in den meisten islamischen Richtungen unumstritten anerkannt und praktiziert wurden: Der Glaube an den allmächtigen Schöpfergott, das Jüngste Gericht, die Propheten, die Engel und die heiligen Schriften. Hinzu kommt die Verpflichtung zur Einhaltung der fünf Säulen. Aber auch diejenigen Gruppierungen wurden und werden von der Mehrheit als Muslime betrachtet, die nur an die Einheit Gottes (arab. tauhîd) und die Sendung Muhammads glaubten.

Ein von muslimischer Seite häufig vorgebrachter Vorwurf an das Christentum lautet, dieses sei in zahlreiche Richtungen, Untergruppierungen und Sekten gespalten und zerstritten, wohingegen der Islam einen geschlossenen Bereich darstelle (davon kann natürlich nicht die Rede sein).

Wenn man nun die Sonderlehren der Nusairier oder der Drusen betrachtet, die sich theologisch durch ihre Zusatzlehren ja erheblich von dem Hauptstrom islamischer Verkündigung entfernt haben, so muß man den Schluß ziehen, daß der Unterschied zum Christentum nicht darin besteht, daß es im Islam keine 'Häretiker' gäbe, sondern darin, daß im Islam nur ganz wenige Gruppen offiziell aus der islamischen Gemeinschaft ausgeschlossen wurden. Der Sektierer bleibt in den Augen der meisten muslimischen Theologen immer noch ein Muslim, auch wenn er irrt. Der gemeinsame Nenner der muslimischen Gruppen ist wesentlich kleiner als bei christlichen Gruppierungen. Eine wirkliche Trennung findet erst dort statt, wo eine bestimmte Anschauung zum Unglauben (arab. kufr) erklärt wurde, denn ein Ungläubiger wird von Gott verdammt und kann nicht ins Paradies eingehen.

Nicht immer ist daher die Unterscheidung zwischen Sekten und Sondergruppen im Islam problemlos möglich. Gegen einzelne Gruppen wie die Ahmadîya-Bewegung hat sich der Islam abgegrenzt. Sie war zu Beginn des 20. Jahrhunderts im indo-pakistanischen Raum entstanden und wurde im Jahr 1974 offiziell als Sekte aus dem Islam ausgeschlossen. Allerdings spielten hierbei nicht nur theologische, sondern auch politische Beweggründe eine große Rolle.

2. Geschichte und Lehre der Ahmadîya-Bewegung bis zum Tod ihres Gründers

Die Ahmadîya-Bewegung wurde von dem ehemaligen pakistanischen Premierminister Zûlfiqâr 'Alî Bhutto aufgrund eines Beschlusses der pakistanischen Nationalversammlung im Jahr 1974 aus der Gemeinschaft der Muslime offiziell ausgeschlossen. Sie gilt seitdem als Träger einer 'häretischen' Lehre. Sich selbst betrachten die Anhänger dieser Gruppe als die 'wahren' Gläubigen, andere Muslime als Ungläubige[1].

Die Ahmadîya-Bewegung ist heute vor allem in Europa und in den USA missionarisch aktiv. Nach eigenen Angaben - die aller-

[1]Schmucker. Sekten. S. 526

dings zu hoch gegriffen sein dürften - hat sie heute 12 Millionen Mitglieder in 132 Ländern[2].

Die Bewegung ist nicht aus einem schiitischen Zweig des Islam hervorgegangen. Sie geht auf Ghulâm Ahmad aus Qâdiyân (ca. 1839-1908) zurück. Mîrzâ Ghulâm Ahmads Vorfahren sollen einmal in Samarqand ansässig gewesen und zu Beginn des 16. Jahrhunderts nach Indien ausgewandert sein[3]. Ghulâm Ahmad erwähnte wohl im Jahr 1880 erstmals in einer allgemein positiv aufgenommenen Veröffentlichung mit dem Titel 'Beweise der Ahmadîya' (auf Urdu: barâhîn-i Ahmadîya), daß er mit einer besonderen Sendung zu den Menschen gesandt sei. Am 4. März 1889 kündigte er an, daß er von Gott eine Offenbarung empfangen habe, die ihn dazu berechtige, Gefolgsleute oder Anhänger um sich zu scharen[4]. Noch im selben Jahr wurde die Ahmadîya-Bewegung ins Leben gerufen[5]. Ab 1866 engagierte sich Mîrzâ Ghulâm Ahmad häufiger in öffentlichen, teilweise sogar mehrtägigen Debatten mit muslimischen Gelehrten (arab. 'ulamâ') und christlichen Missionaren über den Tod Jesu[6].

1891 erfuhr Mîrzâ Ghulâm Ahmad von muslimischer Seite ersten Widerstand, als er sich als Messias (arab. masîh) bezeichnete[7]. Dieser Widerstand nahm innerhalb und außerhalb seiner Gefolgschaft, unter Muslimen, Christen und Hindus bis zu seinem Tod 1908 beständig zu; im selben Maß wurden seine Forderungen nach Anerkennung und Gefolgschaft lauter. Er behauptete, Offenbarungen zu erhalten (arab. ilhâm und wahy), Vorherwissen zu besitzen und Wunder zu vollbringen. Zu diesen Wundern sollen nach seiner eigenen Aussage auch Totenauferweckungen und - auf der anderen Seite - das Verursachen von Todesfällen durch sein Gebet gehört haben. Er nahm seit dem Jahr 1904 für sich in Anspruch, ein avatâr (also eine Herabsteigung) von Krishna zu sein, außerdem der auf die Erde wiedergekommene Jesus, der Mahdî, der Erneuerer (arab. mujaddid) und der, mit dem Allah oder die Engel besondere Zwiesprache hegen (arab. muhaddat), sowie das Wiedererscheinen (arab. burûz = Hervortreten) Muhammads[8]. Unter seinen Anhängern herrschte

---

[2]So der Vorsitzende der Ahmadîya Muslim Gemeinde in Deutschland in der neuesten Veröffentlichung des deutschen Zweiges der Ahmadîya-Bewegung: Weißes Minarett. 31. S. 13

[3]Friedmann. Prophecy. S. 2

[4]Smith. Ahmadiyya. S. 301

[5]Friedmann. Prophecy. S. 2-3

[6]Friedmann. Prophecy. S. 4ff.

[7]Smith. Ahmadiyya. S. 301

[8]Smith. Ahmadiyya. S. 301

keine Einigkeit darüber, ob er sich auch als Prophet (arab. nabî) bezeichnete und wenn ja, was er mit diesem Begriff meinte.

Mîrzâ Ghulâm Ahmad vertrat die Ansicht, daß der Islam durch Korruption, unzulässige Neuerungen (arab. bida'), Gräberkult, Verehrung von Sufimeistern und Polytheismus, durch Wettspiele, Prostitution und interne Streitigkeiten im Verfall begriffen sei, denn die muslimische Geistlichkeit (arab. 'ulamâ') habe versagt, und zwar auch bei der Bekämpfung der christlichen Missionare[9]. Er leugnete, daß Allah jemals aufgehört habe, Menschen seinen Willen mitzuteilen. Seinen kritischen Punkt erreichten die Selbstbezeichnungen Ghulâm Ahmads allerdings erst, als er verkündete, Erneuerer seien Propheten sehr ähnlich (arab. mitl al-anbiyâ'), da sie die Geheimnisse des Korans kennten und zu den Menschen auf die Erde gesandt seien, um sie ihnen zu erläutern[10]. Problematisch für Muslime war auch seine Behauptung, Allah habe auf besondere Weise durch Offenbarungen mit ihm gesprochen, er sei also ein muhaddat. Diesen Titel hat in der sunnitischen Tradition nur selten eine Person für sich in Anspruch genommen, so etwa der zweite Kalif 'Umar ibn Hattab[11]. Im Jahr 1902 schrieb Ghulâm Ahmad:

> "Die Worte, die ich spreche, sind mit Sicherheit die Worte Gottes, wie die des Korans und des Alten Testamentes. Auf eine 'schattenhafte' und 'offenbar werdende' Art und Weise, bin ich ein Prophet Gottes. Jeder Muslim muß mir in religiösen Angelegenheiten gehorchen."[12]

Hieraus wird deutlich, daß sich Ghulâm Ahmad de facto in die Reihe der Propheten eingereiht hat, denn aufgrund seines gehorsamen religiösen Wandels hat Gott ihn auserwählt. Wenn seine Worte dieselbe Gültigkeit wie der Koran besitzen, dann überbringt er auch eine Offenbarung Gottes.

Was die durch die islamische Tradition allgemein anerkannten Berichte von der Wiederkunft Jesu am Ende der Zeit angeht, so ist Ghulâm Ahmad der Meinung, daß nicht Jesus wiederkäme - diese Traditionen müssen nach seiner Auffassung nicht wörtlich, sondern als 'Metaphern' (bildhafte Vergleiche) verstanden werden - sondern daß der Wiederkommende ein Muslim und eine Person sein müsse, die Jesus ähnlich sei. Diese Person sei Ghulâm Ahmad selbst, denn Allah habe ihm offenbart, daß er ihn in Jesus, den Sohn der Maria verwandeln werde, weil die Tätigkeiten der christlichen Missionare

---

[9]Friedmann. Prophecy. S. 105-106

[10]Allerdings hatten dies schon mehrere Persönlichkeiten in der islamischen Geschichte für sich in Anspruch genommen. Friedmann. Prophecy. S. 108-109

[11]Friedmann. Prophecy. S. 109-110

[12]Übersetzt aus Friedmann. Prophecy. S. 133 (mit Quellenangabe)

und ihr Bemühen, Jesus über Muhammad zu stellen, Allah eifersüchtig gemacht hätten. Allah habe den Geist Jesu - da Jesu Körper ja tot sei - über die ungehörigen Tätigkeiten der christlichen Missionare informiert, die mit ihrem Tun sündigten. Darauf habe Jesus Allah gebeten, auf die Erde einen Repräsentanten Allahs zu senden, der mit der Realität (arab. haqîqa) Jesu eins gemacht würde und den Willen Jesu ausführte. Ghulâm Ahmad wurde dazu auserwählt. Er wurde eins gemacht mit Jesus und trug auch dessen Namen. Damit wird die Notwendigkeit eines zweiten Kommens Jesu auf die Erde unnötig, bzw. aufgehoben[13].

Bezüglich des Todes Jesu vertrat Ghulâm Ahmad, daß Jesus zwar selbst ans Kreuz geschlagen worden war, aber die Kreuzigung in einer Ohnmacht überlebt habe und im kühlen Grab durch besondere Salben wiederbelebt worden sei. Er sei dann nach Kaschmir ausgewandert, habe dort geheiratet, Kinder gehabt und noch lange Zeit gelebt. Er starb etwa im Alter von 120 Jahren, und sein Grab (das Grab des Yuz Asaf) werde in Srinagar/Kaschmir noch immer verehrt. Daher sei Jesus auch tot, ebenso wie Muhammad. Den Tod am Kreuz betrachtete Mîrzâ Ghulâm Ahmad als Fluch Gottes und unvereinbar mit Jesu Sendung als Prophet. Jesu stellvertretendes Leiden sei für die Sünden anderer Menschen ohne Wirkung geblieben.

3. Die Spaltung der Ahmadîya-Bewegung

Nach seinem Tod bildeten die Anhänger Ghulâm Ahmads 1908 n. Chr. eine Gemeinschaft und wählten an ihre Spitze einen Kalifen, Mawlawî Nûr ad-Dîn[14]. Als dieser erste Kalif im Jahr 1914 starb, spaltete sich die Bewegung in eine kleine Gruppe mit Sitz in Lahore, die den Anspruch Ghulâm Ahmads auf das Prophetentum (arab. nabî) ablehnte und ihn lediglich als Reformer und Erneuerer (arab. mujaddid) anerkannte und eine größere Gruppe, die Mîrzâ Ghulâm Ahmad als Kalifen mit dem Amt der höchsten Auslegung des Korans anerkannte. Diese Gruppe blieb in Qâdiyân und wurde daher Qâdiyânî genannt. Die Spaltung hatte auch eine politische Komponente: Die Lahore-Gruppe, die sich von dem eigentlichen Islam nie so weit entfernt hatte, engagierte sich in den aufkommenden antiimperialistisch agierenden indischen islamischen Bewegungen und kehrte damit gewissermaßen unter das Dach des Islam zurück, während die Qâdiyânis an ihrem ehemaligen Gründer treu festhielten[15]. Die Qâdiyânis wählten den Sohn des Gründers als zweiten Kalifen. Er regierte 40 Jahre. Bis heute wird die Gruppe vom vierten Kalifen

[13] Wortlaut und Quelle der Offenbarung bei Friedmann. Prophecy. S. 116-117
[14] Smith. Ahmadiyya. S. 301
[15] Smith. Ahmadiyya. S. 301

Mîrzâ Tâhir Ahmad (geb. 1928) geleitet[16]. Sie hat heute ihren Sitz in Rabwah/Pakistan.

Während der sunnitische Islam davon ausgeht, daß Muhammad der letzte Prophet, das 'Siegel' der Propheten gewesen sei[17], glauben die Qâdiyânis, daß Ghulâm Ahmad die Prophetenschaft verliehen worden sei, ohne daß er eine neue heilige Schrift zu bringen hatte. Er habe vielmehr dem Koran Gehorsam zu leisten und sei ein Ebenbild Muhammads gewesen. Nicht-Muslime hätten in der Tat keine erneute Offenbarung zu erwarten; zu den Muslimen spräche Gott jedoch immer wieder durch ein Mitglied ihrer Gemeinschaft, das sich strikt auf dem Weg des Islam halte. Dieser Muslim habe dann die Gabe der Prophetie[18]. Der Prophet habe zwar das reine Gottesgesetz (arab. šarî'a) gelehrt, und die gesetzgebenden Offenbarungen seien bereits ergangen [19], aber das geistliche Leben der nachfolgenden Generationen konnte er nicht beeinflussen. Die Menschen müssen immer wieder durch von Gott erleuchtete heilige Propheten und Reformer an die Worte des Korans erinnert werden. Damit wird die Sendung Muhammads ihrer abschließenden Endgültigkeit für alle Zeitalter beraubt.

Im Vergleich zur Größe der Ahmadîya-Bewegung wird Mission, die der derzeitige Leiter der Bewegung als friedliche Mission versteht, in Europa und Amerika, aber auch in Indonesien und Afrika, teilweise in Verbindung mit Sozialarbeit[20], großgeschrieben und in großem Umfang betrieben[21].

---

[16]Ahmed. Ahmadija. S. 19

[17]Es gibt allerdings auch andere Auslegungsvarianten des Begriffs 'Siegel'. Vgl. Friedmann. Prophecy. S. 49ff.

[18]Friedmann. Prophecy. S. 130

[19]Friedmann. Prophecy. S. 131-132

[20]Ahmed. Ahmadija. S. 20

[21]Diese Mission im Westen wird allerdings nicht nur von der Ahmadîya-Bewegung betrieben. Auch für Nicht-Ahmadîya-Anhänger existieren Schriften, die sie zur Mission unter Christen im Westen anleiten sollen, so z. B. von Rüschoff. Da'wa. Der Traktat vermittelt grundlegende Kenntnisse darüber, wie man mit Christen am besten über den Islam ins Gespräch kommt und in öffentlichen Informationsveranstaltungen über den Islam den islamischen Standpunkt und Glauben vertritt. Die Broschüre hebt besonders auf den Unterschied zwischen 'Namenschristen' und 'entschiedenen Christen' im Westen und die dementsprechend unterschiedliche Gesprächsführung ab. Ferner mahnt sie zu besonnenem, differenzierten Urteilen, zur Zurückhaltung, wo das eigene Wissen über den Islam an Grenzen stößt und zu einer freundlich-einladenden Haltung (ebd. S. 15). Ebenso interessant ist der Bericht über christliche Missionsbemühungen von einem langjährigen Mitarbeiter der christlichen Missionsbewegung Operation Mobilisation, der zum Islam konvertierte. Er berichtet anläßlich des "18. Treffens deutschsprachiger Muslime in Aachen" 1983 über die christliche Missionsarbeit

Nach dem Ausschluß der Bewegung aus der Gemeinschaft der Muslime 1974 wurde sie in zahlreichen Ländern des Nahen Ostens verboten. Sich selbst halten die Ahmadîya-Mitglieder für die eigentlichen oder wahren Muslime. Die übrigen Muslime werden von ihnen exkommuniziert, indem sie sie für ungläubig (arab. kâfir) erklären. Sie haben ihre eigenen Moscheen, und beide Zweige in Lahore und Rabwah produzieren eine enorme Menge an Literatur zur missionarischen Verbreitung und Darlegung ihrer Lehren für Muslime und Nichtmuslime. Von muslimischer Seite hat man an der grundsätzlichen Kritik festgehalten, aber aus den Reihen der Muslime kommen auch die meisten Konvertiten[22]. Die Mitgliedschaft in der Ahmadîya-Bewegung wird entweder durch Geburt oder Beitritt erworben.

4. Die Ahmadîya-Bewegung und das Christentum

Schon aus der Geschichte der Ahmadîya-Bewegung wurde deutlich, daß sie von Anfang an der christlichen Mission in Indien und Pakistan besonders kritisch gegenüberstand. Mîrzâ Ghulâm Ahmad hat sich - auch für islamische Verhältnisse - immer auffallend polemisch gegen das Christentum geäußert und ging damit häufig über die 'übliche' muslimische Kritik am Christentum hinaus. Das wird auch aus den zahlreichen Veröffentlichungen der Ahmadîya-Bewegung deutlich, durch die die Kreuzigung Jesu ihrer Historizität völlig beraubt wird, da nach Auffassung der Ahmadîya-Bewegung Jesus am Kreuz nicht starb, sondern nur ohnmächtig wurde[23].

Von dem Gründer der Ahmadîya-Bewegung Mîrzâ Ghulâm Ahmad wurden insbesondere folgende Vorwürfe gegen Jesus Christus und das Christentum geäußert:

---

und wie man als im Westen lebender Muslim ihr am besten begegnen könne: Da'wa. Ebenfalls unter die islamischen Missionschriften können diejenigen Broschüren und Hefte gerechnet werden, in denen berühmte Persönlichkeiten aus der Geschichte bzw. deutsche Mitbürger über ihre Hinwendung zum Islam berichten und die von den islamischen Zentren in Deutschland vertrieben werden. Vgl. z. B. Rassoul. Deutsche und Bawany. Islam.

[22]So nimmt Smith. Ahmadiyya. S. 302 wohl zu recht an.

[23]Vgl. Lektion 18.B.9.

Vorwürfe der Ahmadîya-Bewegung gegen Jesus Christus
1. Er war dem Alkohol zugeneigt und leistete durch den Gebrauch des Weins beim Abendmahl der Trunksucht Vorschub.
2. Er beleidigte seine Mutter, weil er sie mit 'Frau' ansprach und verhielt sich respektlos gegen die gelehrten Priester der Juden.
3. Er unterhielt Verbindungen zu Frauen von zweifelhaftem Charakter.
4. Einige der Vorfahren Jesu waren Huren.
5. Er übertrat viele Gesetzesvorschriften.
6. Er fügte einem Unschuldigen einen schweren Verlust zu, als er seinen Besitz vernichtete. Damit spielt Ghulâm Ahmad auf die Schweineherde des Gardareners an (Markus 5,1-20).
7. Er war voller Falsch und erzürnte sich über einen unbelebten Gegenstand, den Feigenbaum (Matthäus 21,19).
8. Er war arrogant und böse und ein Feind der Gerechten. Er war kein 'Gentlemen' und schon gar kein Prophet.
9. Er war ein Lügner.
10. Er hatte große Todesangst[24].

Ein Beispiel für diese feindliche Einstellung der Ahmadîya-Bewegung zum Christentum ist auch die deutsche Schrift von Dr. A. R. Bhutta. Prophezeiungen über die Endzeit. Der Autor vertritt die Ansicht, daß aufgrund der "falschen religiösen Lehren"[25] die "christlichen Nationen des Westens" der Antichrist sein müßten[26], von dem die islamische Überlieferung berichtet.

[24]Nach Jones. Christianity. S. 144, nach Otten. Doctrine S. 73-74

[25]Bhutta. Prophezeiungen. S. 24

[26]Bhutta. Prophezeiungen. S. 23

Warum die christlichen Nationen der Antichrist sein sollen
1. Der Antichrist trage nach der islamischen Überlieferung das Wort Unglaube (arab. kufr) auf der Stirn: Die Christenheit sei wahrhaft ungläubig.
2. Der Antichrist ist auf dem rechten Auge blind: Die Christenheit sei wahrlich geistlich blind, wenn sie an die Dreieinigkeit und Vaterschaft Gottes glaube.
3. Der Antichrist reite auf einem großen Esel, der Feuer fräße und Rauchwolken hinter sich ließe und dessen Abstand zwischen beiden Ohren 63 m betrage: Mit den 'Eseln' können nur die Eisenbahnen, Dampfschiffe und Lastwagen der Europäer gemeint sein.
4. Von der Grundbedeutung des Begriffs 'Antichrist' (arab. dajjâl) her sei dieser einer, der vermögend ist, eine falsche Religion predigt, weit reist und Handel treibt: Damit seien die Nationen Europas, vor allem aber die Briten gemeint.
5. Der Antichrist führe nach der Überlieferung ein wildes Leben auf einer Insel, wo er in einer Kirche angekettet sei: Hiermit sind wieder die Briten gemeint, denn sie sind für Bhutto wahrhaft an ihre Kirchen und ihre Insellage gebunden.
6. Der Antichrist sei in Begleitung einer Frau, einer Spionin: Es ist ja geradezu ein Kennzeichen der Europäer, daß sie immer und überall mit ihren Frauen unterwegs seien und Frauen im Westen schließlich auch Spionage betrieben.

A. R. Bhuttas[27] polemische Abrechnung mit dem Christentum und den westlichen Nationen ist sicher nicht repräsentativ für die Meinung aller Muslime über das Christentum. Dennoch sollte sie als Meinungsäußerung der Ahmadîya-Bewegung insbesondere von denjenigen zur Kenntnis genommen werden, die der Meinung sind, daß nur noch einige konservative Christen 'böse Worte' gegen muslimische Mitbürger äußerten und sich nicht am Dialog der Religionen beteiligen wollten. Bhuttos Schrift ist natürlich nicht das einzige deutsche Buch auf dem Buchmarkt hierzulande, das das Christentum zur falschen Religion erklärt. Es gehört jedoch als Meinungsäußerung der Ahmadîya zur Darstellung dieser Bewegung.

[27] Die Tabelle folgt Bhutta. Prophezeiungen. S. 22-25. Da Bhutto für die muslimischen Überlieferungen keinerlei Quellen nennt, ist es schwierig, diese im Wortlaut nachzulesen.

LEKTION 16: DER VOLKSISLAM

1. Was ist Volksislam?

Es wurde bereits deutlich, daß es innerhalb dessen, was wir unter dem Begriff 'Islam' zusammenfassen, erhebliche Unterschiede gibt. Diese Unterschiede existieren zwischen den einzelnen Schulen und Glaubensrichtungen der Schiiten und Sunniten und den Ausprägungen des Islam in den einzelnen Ländern. Es gibt verschiedenartige Frömmigkeitsstile und erhebliche Lehrunterschiede. Für alle diese Gruppen ist der Koran - wenigstens nach eigenem Anspruch - oberste Autorität und Richtschnur für Lehre und Leben, der Formen und Regeln des Glaubens und Lebens vorschreibt. Neben diesem 'orthodoxen' Glauben gibt es jedoch - ähnlich wie im Christentum und wohl jeder anderen Religion - einen weiteren Bereich, den man in der westlichen Welt (nicht in der islamischen Welt) mit dem Begriff 'Volksislam' umschrieben hat. Man bezeichnet damit alles das, was an Überzeugungen und Verhaltensweisen neben dem offiziellen Islam existiert und teilweise vom offiziellen, orthodoxen Islam abweicht oder sogar mit den Dogmen dieses offiziellen Islam in Widerspruch tritt. Nicht selten macht der Volksislam den eigentlichen Glauben eines Muslims aus, obwohl dies aus der Sicht der Theologen nicht so sein sollte. Das Verhältnis zwischen dem orthodoxen Glauben und dem Volksglauben war und ist daher gespannt und bewegt sich häufig zwischen der Duldung und der Bekämpfung des Volksislam als falscher Lehre oder zumindest der Bekämpfung der Auswüchse und Übertreibungen. Es gibt allerdings auch Beispiele dafür, daß z. B. Anhänger der Heiligenverehrung unter Angehörigen des orthodoxen Islam und der Regierung zu finden sind[1].

F. De Jong hat zurecht auf mehrere Varianten des Begriffes 'Volksislam' und eine daraus folgende Begriffsverwirrung hingewiesen[2].

---

[1]Das berichtet z. B. Einzmann. Volksbrauchtum. S. 115 für die Mitte der 70er Jahre für Afghanistan.

[2]De Jong. Bruderschaften. S. 490

Verschiedene Definitionen von 'Volksislam'
1. Die lokal unterschiedlich gelebte Form des Islam
2. Der Islam, der von der Masse des Volkes gelebt wird, die einen großen Teil der Analphabeten stellen. Es wäre allerdings falsch, etwa das Phänomen des Volksislam nur auf eine bestimmte Bildungsschicht beschränken zu wollen.
3. Der Islam der Heiligenverehrung und der mystischen Bruderschaften
4. Die gelebte Form der Mystik
5. Der Aberglaube oder die häretischen Anschauungen.

Auch hier spielt wieder die Tatsache eine erhebliche Rolle, daß die islamische Geschichte keine Konzilien und offiziellen Lehrentscheide über wenige grundsätzliche Glaubensdogmen hinaus kennt. Selbst die Frage, was unter Unglaube (arab. kufr) im Einzelfall zu verstehen sei, ist nicht immer eindeutig beantwortet worden.

Da sich diese Art von Frömmigkeit in verschiedenen Zeiten, Gebieten und bei verschiedenen Gruppen ganz unterschiedlich darstellen kann, wird es wohl niemals möglich sein, das Phänomen 'Volksislam' umfassend und allgemeingültig darzustellen. Beispielsweise wird mit einer Beschreibung der Pilgerfahrt zu einem Heiligengrab in Kerbela innerhalb des schiitischen Islam weder das Phänomen der Pilgerfahrt als solches noch die 'typische' Frömmigkeit der Schiiten noch das Phänomen der islamischen Heiligenverehrung an sich erfaßt, sondern nur diese spezifische Art von Heiligenverehrung einer bestimmten Gruppe innerhalb der Schia an einem bestimmten Ort. Aufgrund dieser lokalen Besonderheiten und der Unerforschtheit vieler Bräuche können detaillierte Studien zum Volksislam eigentlich nur nach einer Erforschung des Phänomens 'Volksislam' vor Ort entstehen[3], die in ihren Einzelaussagen jeweils nur lokale Gültigkeit beanspruchen können[4], obwohl natürlich immer wieder einige allgemeingültige Richtlinien sichtbar werden.

[3]Vgl. hierzu etwa die ausführliche, vor Ort entstandene und lokal differenzierende Studie von Kriss, Kriss-Heinrich. Volksglaube. 2 Bde. Eine weitere detaillierte Studie für den Raum Kabul in Afghanistan ist Einzmann. Volksbrauchtum, sowie für die Heiligengräber Kairos Bannerth. Wallfahrtsstätten. Alle Arbeiten entstanden nach längeren Forschungsaufenthalten vor Ort und sind deshalb besonders zuverlässig. Als ältere Arbeit vgl. Littmann. Heiligenlieder

[4]Zur religiösen Praxis der Türkei und türkischer Muslime in Deutschland s. etwa Haas. Volksfrömmigkeit.

Hinzu tritt die Schwierigkeit einer Abgrenzung der beiden Bereiche Magie und Volksislam voneinander, wenn man etwa an die Herstellung von Amuletten zum Schutz vor dem Bösen Blick denkt oder an das Problem der Abrenzung von Volksislam und Animismus in Afrika[5].

So hat z. B. die Sterndeutung seit jeher ihre feste Stellung in der islamischen Gesellschaft. In der frühislamischen Zeit wurde sie allgemein anerkannt und erlebte mit ihrer umfangreichen Literatur im 9. Jahrhundert n. Chr. ihre Blütezeit. Im europäischen Hochmittelalter im 12. und 13. Jahrhundert wurden etliche islamische astrologische Werke für das Abendland ins Lateinische und Griechische übersetzt. Auch die islamische Astronomie verwandte astrologische Auffassungen (so etwa al-Birûnî, gest. ca. 1050 n. Chr.). Im Gegensatz dazu betrachtete die islamische Theologie der späteren Zeit die Astrologie häufig mit Mißtrauen[6].

Aus den genannten Gründen kann das Thema Volksislam nicht umfassend behandelt werden. Es sollen hier lediglich einige der häufigsten Erscheinungsformen des Volksislam genannt werden, um einen ersten Einblick in das Thema zu vermitteln. Ein Teil der Lektion 14. zur Mystik müßte hier zunächst wiederholt werden, da die Verbindung zwischen der Sufifrömmigkeit und dem Volksislam sehr eng ist.

2. Islamische Theologie und Heiligenverehrung

Selbstverständlich gibt es im Koran, der so stark die Einzigartigkeit Gottes betont, und damit auch in der offiziellen Theologie für die Heiligenverehrung keinen Raum. Es gibt keine offizielle Heiligsprechung und damit keine offizielle Definition des Heiligen wie im römisch-katholischen Bereich. Im Gegenteil: Durch den unmittelbaren Zugang jedes Gläubigen zu Gott durch das Gebet und dem Fehlen jeglicher Priesterschaft als 'Vermittler' göttlicher Gegenwart oder Gnade sind schon von vornherein die Möglichkeiten für eine Sonderstellung einzelner Persönlichkeiten stark begrenzt. Zudem kommt die ausdrückliche Warnung des Korans vor der schweren Sünde der Beigesellung (arab. širk) anderer Wesen neben Gott hinzu, weil da-

[5]Zum Problem der Übernahme vorislamischer Bräuche in islamische Zeit vgl. etwa auch Goldziher. Heiligenverehrung. S. 349ff.

[6]Hermelink. Astrologie. S. 42-43

durch die einzigartige Stellung Gottes in Frage gestellt würde[7]. Dieser Vorwurf der Beigesellung wurde vom orthodoxen Islam überall dort erhoben, wo die Zeremonien der Heiligenverehrung, z. B. Opfer, nicht an Gott gerichtet sind.

Trotz dieser klaren vom Koran vorgegebenen theologischen Position hat sich nach Muhammads Tod eine starke Verehrung seiner Person und nachfolgend auch der Prophetengefährten und Verwandten Muhammads entwickelt. Später dehnte sich die lokale Verehrung zahlreicher weiterer besonders frommer und vorbildlicher, manchmal asketisch lebender Persönlichkeiten, Sufimeister oder berühmter Rechtsgelehrter als Heilige weiter aus. Sie sind bis heute ethische Vorbilder für die Gläubigen. Von ihnen erhofft man sich Hilfe und Segen. Jürgen Frembgen weist darauf hin, daß in Pakistan erstaunlicherweise auch "britische Offiziere" (er nennt James Abbott und John Nicholson) "zu Heiligen erhoben" und in Legenden verherrlicht wurden[8]. In der islamischen Welt gibt es unzählige Stätten der Verehrung dieser Vorbilder, die historisch gar nicht unbedingt immer faßbar sind. Allein in Kairo existieren mehr als 30 Verehrungsstätten[9]. F. De Jong urteilt über die reale Bedeutung dieser Heiligen:

> "Für die breite Masse aber scheinen die Heiligen im alltäglichen Leben von größerer Wichtigkeit als der Prophet zu sein"[10].

Ebenso wie es viele Befürworter gibt, die sich darauf berufen, Muhammad selbst habe bei seiner Nachtreise am Dornbusch des Mose und dem Geburtssort Jesu gebetet[11], gibt es natürlich auch strikte Gegner der Anrufung verstorbener Heiliger wie etwa der berühmte Theologe Ibn Taymiya (1263-1328 n. Chr.). Er wies darauf hin, daß etliche dieser als heilig betrachteten Orte 'unecht' seien und zu Unrecht verehrt würden und betonte besonders, daß nur lebende Heilige angerufen werden dürfen und daß der Heilige selbst keine Macht habe, etwas für den Frommen zu bewirken. Nur Gott selbst könnten Bitten vorgebracht werden. Zum Gebot, nur lebende Heilige anzurufen, führte Ibn Taymiyya Sure 25,28 an: "Und setz dein Vertrauen auf den Lebendigen, den Unsterblichen, und lobpreise ihn!".

---

[7]Bereits Ignaz Goldziher. Heiligenverehrung. S. 281f. schreibt im Jahr 1890: "Dass es innerhalb des ursprünglichen Islam keinen Raum giebt für jene Heiligenverehrung, die sich im spätern Islam in so großem Umfange entwickelt hat, bedarf nach alledem keiner besondern Erläuterung. Polemisirt ja der Koran auch in directer Weise gegen die Heiligenverehrung in anderen Confessionen ..." (ursprüngliche Rechtschreibung beibehalten).

[8]Frembgen. Alltagsverhalten. S. 55

[9]So Bürgel. Allmacht. S. 49

[10]De Jong. Bruderschaften. S. 491

[11]So Bannerth. Wallfahrtsstätten. S. 92

Ebenso wandte sich Ibn Taymiyya gegen die Nutzung der Gräber als Gebetsmoscheen[12]. Auch Reformtheologen wie Muhammad Rašîd Ridâ (1865-1935 n. Chr.) oder auch der ehemalige Rektor der Kairiner theologischen Hochschule al-Azhar, Mahmûd Šaltût (gest. 1963), haben sich gegen die Heiligenverehrung ausgesprochen[13].

3. Grabstätten und Wallfahrtsorte

Der vielleicht wichtigste Bereich des Volksislam ist der sogenannte Gräberkult.

Ungeachtet der Tatsache, daß auch lebende Heilige, meist Leiter von mystischen Bruderschaften, denen Wunder zugesprochen werden, lokal verehrt werden, ist der eigentliche islamische Heiligenkult ein Gräberkult[14], der nach dem Tod des Betreffenden erst richtig einsetzt. Immer verbindet sich mit dem Besuch der Grabstätte eines besonders heiligen Mannes (in Ausnahmefällen auch einer Frau[15]), eines šaihs oder gar eines Märtyrers der islamischen Geschichte, der Wunsch, der besonderen Wunder- oder Segenskraft (arab. baraka), die von diesem Mann und Grab auch im Tod noch ausgeht, teilhaftig zu werden.

> "Haftet baraka an Gegenständen, so wird deren numinose Kraft ganz materiell aufgefaßt und kann im positiven Sinne als Heilkraft bezeichnet werden. Der damit behaftete Gegenstand wird dadurch zum Fetisch. Haftet sie an Personen, so macht sie den Menschen, der sie besitzt, zum Heiligen, und man benennt sie dann vielleicht am besten mit dem Wort Segensmacht ... Man meint in diesem Falle nicht nur die Kraft selbst, sondern auch die Art und Weise ihrer Funktion ..."
>
> "Baraka[16] kann von Objekten, die sie besitzen, durch Kontakt oder Ähnlichkeit auch auf Dinge übertragen werden, die von sich aus nicht heilig sind".
>
> "Die Erblichkeit der baraka ist bekannt. Speziell die männlichen Nachkommen (šarîf) des Propheten über Fâtima sind Erben seiner baraka. Auch er selbst hat sie übertragen durch Speichel, Waschwasser und durch seine Mahlzeiten ... Baraka kann auch vermindert werden,

---

[12] Stieglecker. Glaubenslehren. S. 687-689

[13] Dies sind natürlich nur Beispiele. Viele andere muslimische Theologen könnten genannt werden. Quellenangaben s. bei Bannerth. Wallfahrtsstätten. S. 90. Vgl. dort S. 90ff. auch einige befürwortende Stimmen für die Heiligenverehrung.

[14] Zum Glauben an Beistand und Fürsprache, der mit dem Besuch eines Heiligengrabes verbunden ist, vgl. auch Goldziher. Heiligenverehrung. S. 309ff.

[15] Vgl. einige Beispiele bei Kriss, Kriss-Heinrich. Volksglaube. S. 8. Diese Gräber werden besonders häufig von Frauen besucht, und Männer haben dort nicht immer Zutritt.

[16] Segenskraft

einerseits durch häufigen Gebrauch, andererseits durch die Gegenwirkung böser dämonischer Kräfte."[17]

Eine Möglichkeit dazu, dieser Segenskraft teilhaftig zu werden, besteht darin, daß man einen Toten in unmitelbarer Nähe eines solchen Heiligengrabes bestattet, denn die Segenskraft kann auf alles übergehen, was mit dem Grab in Berührung oder in die Nähe des Grabes gekommen ist. Zugleich wird der bei einem Heiligengrab bestattete Tote vor bösen Geistern bewahrt, und die Segenskraft des Heiligen wirkt sich für den Toten noch im Jüngsten Gericht positiv aus. Harald Einzmann berichtet aus Afghanistan von der Entstehung ganzer Friedhöfe auf diese Weise, da nicht nur Schüler und Nachfahren des Heiligen, sondern gegen teilweise hohe Bezahlung auch andere Sterbliche hier bestattet werden können[18].

> "Die Kraft des Baraka wird allgemein als im Dienste einer jeden guten Sache stehend angesehen. Aus diesem Grunde nimmt man an, an einem derartigen sakralen Ort geschlossene Verträge würden von besonderer Gültigkeitsgarantie sein oder ein Schwur, hier geleistet, müsse echt sein, da der Meineidige sofort durch die Kraft des Baraka bestraft würde. Im positiven Sinne trägt das Baraka des heiligen Platzes dazu bei, dort geäußerte Wünsche in Erfüllung gehen zu lassen, sofern sie keines verbrecherischen Inhalts sind. Die Heilung von Kranken, die Bewahrung von Reisenden und ihre gesunde Rückkehr sind nur einige Dinge, die dem Wirken des Shekhs[19] und seines göttlichen Segens zugeschrieben werden"[20].

Man glaubt, daß der lebende Heilige mit den Geistern (arab. jinn) enger als die anderen Menschen in Kontakt steht. Er kann auch häufig Dämonen austreiben. Ihm werden im Leben und im Tod Wunderkräfte zugeschrieben. Kriss und Kriss-Heinrich zählen zwanzig in Heiligenlegenden vorkommende Wunder der Heiligen auf. Darunter ist an erster Stelle die Auferweckung von Toten zu nennen, ferner die übernatürlich rasche Überwindung von Entfernungen durch die Luft, das Gespräch mit Tieren und Bäumen, alle Arten von Krankenheilungen[21], das Erhören von Gebeten, die Prophezeiung von Unglück, die Kenntnis der Zukunft und das plötzliche Erscheinen des Heiligen an einem bestimmten Ort[22].

---

[17] Vgl. alle drei Zitate bei Kriss, Kriss-Heinrich. Volksglaube. S. 4+5

[18] Einzmann. Volksbrauchtum. S. 82

[19] des Šaiḫs

[20] Bliss. Volksglaube. S. 22

[21] Der vierte Kalif 'Alî soll nach Einzmann. Volksbrauchtum. S. 93 auch heute noch insbesondere Blinde heilen können. Einzmann führt die Anrufung des Heiligen bei Cholera, Darm-, Haut und Kinderkranheiten, bei Pocken, Fieber, Rheuma, Lähmungen, Augenerkrankungen, Geisteskrankheiten, Potenzstörungen, Unfruchtbarkeit, Vergiftungen und vieles mehr an.

[22] Kriss, Kriss-Heinrich. Volksglaube. S. 9-10

Die islamische Theologie hebt im Gegensatz zur Vorstellung des Volksislam selbst immer wieder hervor, daß es letztlich Gott ist, der das Wunder durch den Heiligen nach dessen Tod wirkt[23], denn sonst wäre der Heiligenkult ja Götzendienst.

Zu Ehren des Heiligen können vor dem Heiligengrab Opfer wie z. B. Tieropfer als Gelübdeopfer für die erwartete Hilfe durch den Heiligen dargebracht werden:

> "Das Tier wird im allgemeinen vor dem maqâm[24] (= der Kultstätte) des Heiligen geschlachtet; es wird vorher mit Blumen und bunten Bändern geschmückt. Bei großen Heiligtümern finden sich anläßlich des maulids[25] eigene Schlächter ein, die die Tötung der Tiere auf einem besonderen Schlachtplatz vollziehen. Die Opfertiere werden häufig auch auf der Schwelle des Heiligtums getötet. Trächtige Tiere dürften nicht geschlachtet werden. Das Tier liegt auf der linken Seite, wobei der Kopf so gedreht wird, daß er nach Mekka sieht. Der Schlächter spricht etwa ...: 'Im Namen des Einen, der dein Opfer bestimmt hat, Gott ist groß.' Jedoch darf die Formel 'Im Namen des sehr barmherzigen Gottes' nicht gebraucht werden, weil die Tötung der Barmherzigkeit widerspricht"[26].

Von diesem Gelübdeopfer kann der Gläubige Gelingen auf einer Reise, Genesung von einer Krankheit, Schutz vor Feinden, vor Gefahren oder Seuchen und insbesondere die Erfüllung seines Kinderwunsches erwarten[27]. Er möchte mit dem Opfer, das auch ein Beitrag zur Verzierung der Verehrungsstätte sein kann - wie Kerzen, Blumen oder auch ein Schleier[28] - die Gunst des Heiligen erlangen. Hat der Heilige die Bitte erhört, muß das Gelübde erfüllt und die ausgemachte Gabe (Geld, eine größere Menge Lebensmittel oder ein geschlachtetes Tier) zum heiligen Ort gebracht werden. Wird die versprochene Gabe nicht dargebracht, kann der Heilige den Sünder auf übernatürliche Weise strafen. Auch kurz vor der Hochzeit suchen die Brautleute oft einen heiligen Ort auf, um Glück in der Ehe, also reichliche Nachkommenschaft, zu erbitten. Eine gute Ernte, erfolgreiche Geschäfte und berufliches Fortkommen sind ebenfalls Bitten, die an der heiligen Stätte vorgetragen werden können[29].

Ferner wird man der Segenskraft (arab. baraka) teilhaftig, indem man das Grab umkreist oder auch dort übernachtet, um dem Heili-

---

[23]Kriss, Kriss-Heinrich. Volksglaube. S. 10

[24]Die Kultstätte

[25]Des Geburtstags des Toten

[26]Zitiert nach Kriss, Kriss-Heinrich. Volksglaube. S. 35.

[27]Kriss, Kriss-Heinrich. Volksglaube. S. 36

[28]So Bannerth. Wallfahrtsstätten. S. 5 für ägyptische Heiligengräber

[29]Einzmann. Volksbrauchtum. S. 96-97

gen vielleicht im Traum zu begegnen. Geisteskranke oder Epileptiker werden am Grab eine Zeitlang festgebunden, um dadurch geheilt zu werden[30]. Ferner werden beim Grab eines Heiligen häufig Eide geschworen[31]. Mehrere Pilgerfahrten zu einem bedeutenden Heiligengrab werden oft -natürlich nicht von der offiziellen islamischen Theologie - als Ersatz für die Pilgerfahrt nach Mekka angesehen.

In unmittelbarer Umgebung eines solchen Heiligengrabes, das jeder Vorübergehende mit einem Segensgruß grüßt und bei dem jeder Besucher kleine Gaben wie Rosinen, Mandeln, Maulbeeren oder Brot niederlegt[32], finden sich häufig heilige Bäume, Quellen oder Brunnen, Höhlen oder Steine, die wie das Heiligengrab selbst verehrt werden. Das Laub der Bäume, das Wasser oder die Steine, die sich in unmittelbarer Nähe eines solchen Heiligtums befinden, besitzen, weil die Segenskraft (arab. baraka) des eigentlichen Heiligtums auf sie übergegangen ist, nun ihrerseits übernatürliche Segenskräfte, derer man teilhaftig werden kann, indem man dieses besondere Wasser trinkt oder für eine rituelle Waschung benutzt[33]. Johann Christoph Bürgel berichtet z. B. von dem Glauben, daß man der Segenskraft (arab. baraka) durch das Einschlagen eines Nagels in einen als heilig betrachteten Baum beim Heiligengrab des Pîr-i-Ansâr in Herat teilhaftig wird. Dieser Baum ist bereits über und über mit Nägeln bedeckt[34]. Auch in Afghanistan beobachtet Harald Einzmann, daß Pflöcke und Nägel eingeschlagen wurden, um die vorgebrachte Bitte zu unterstreichen und die Krankheit, um deren Befreiung gebetet wurde, auf den Pflock zu fixieren und damit unschädlich zu machen[35]. An heiligen Bäumen können auch Gebete verrichtet werden. Sie werden berührt und ihre Früchte gegessen, um ihres Segens teilhaftig zu werden. Durch das Anbringen von Stoffetzen, durch Kerzen und ähnliche Gegenstände soll der Heilige, der mit diesem Baum assoziiert wird, verehrt werden[36]. Das Grab des Heiligen oder der Baum oder Fels in seiner Umgebung werden berührt oder geküßt, man streicht mit der Hand darüber, man reibt den Körper daran (dies geschieht besonders bei Krankheiten) oder setzt sich darauf[37].

Gegenstand der Verehrung können auch Berge oder Felsen sein, an denen sich der Heilige eine gewisse Zeit aufgehalten haben soll.

---

[30]Einzmann. Volksbrauchtum. S. 103

[31]Kriss, Kriss-Heinrich. Volksglaube. S. 49-50

[32]Einzmann. Volksbrauchtum. S. 101

[33]Kriss, Kriss-Heinrich. Volksglaube. S. 48

[34]Bürgel. Allmacht. S. 48

[35]Einzmann. Volksbrauchtum. S. 62-63

[36]Einzmann. Volksbrauchtum. S. 38-39

[37]Einzmann. Volksbrauchtum. S. 98-99

Manchmal findet sich im Felsen ein Fuß- oder Handabdruck des Heiligen. Quellen, oft in Verbindung mit einem kleinen Hain oder einer Grotte, werden vielfach in Verbindung mit einem Heiligen gebracht[38]. Das Wasser ist der Segenskraft des Heiligen teilhaftig geworden, so daß ein Aufenthalt am Wasser oder das Trinken des Wassers alle Arten von Krankheiten heilen kann. Furchtbarkeit kann durch das Waschen mit dem Wasser bewirkt werden, außerdem eine leichte Schwangerschaft und Geburt oder die Heilung von Hautkrankheiten. Teilweise nimmt man an, daß der Heilige die Quelle hat entstehen lassen. Sie ist in jedem Fall Eigentum des Heiligen, und er selbst ist bei der Quelle anwesend[39]. Immer wieder wird von muslimischer Seite betont, daß nicht der Gegenstand wie die Quelle oder der Baum verehrt werden, sondern nur der Heilige selbst, obwohl die Unterscheidung für den Außenstehenden im Einzelfall schwer fallen dürfte.

An den Gräbern von Imâmen, Prophetengefährten oder Heiligen kann der Gläubige Gebete sprechen. Kenneth Cragg übersetzt aus einer Gebetssammlung ein Gebet, das am Grabe jedes 'Heiligen' gesprochen werden kann:

"Friede sei über dir, o Freund Gottes.
Friede sei über dir und die Gnade Gottes und seine Segnungen.
Wir sind zu dir als Besucher gekommen und stehen hier an dem Ort, an dem du gelebt hast.
Sende uns nicht mit Enttäuschung zurück.
Ich baue mein Leben auf das Zeugnis,
daß es außer Gott keinen Gott gibt und daß Muhammad sein Diener und sein Gesandter ist"[40].

Ein anderes Gebet zum Sohn des ersten Kalifen Abû Bakr lautet:

"Friede sei auf dir, mein Herr 'Abd al-Rahmân, Sohn Abû Bakrs, des Getreuen.
Friede sei auf dir, o Sohn des Getreuen (Freundes) des Gesandten Gottes.
Möge Gott, der Höchste, mit dir zufrieden sein und dich mit den größten Freuden erfreuen.
Möge er den Garten[41] zu deinem Aufenthaltsort und Ruheort machen.
Ich baue mein Leben auf das Zeugnis,
daß es außer Gott keinen Gott gibt und daß Muhammad sein Diener und sein Gesandter ist"[42].

---

[38]Beispiele hierfür nennt Einzmann. Volksbrauchtum. S. 33ff. aus seiner Feldforschung in Afghanistan.

[39]So Einzmann. Volksbrauchtum. S. 34-36 für Afgahnistan.

[40]Dann folgt die Fâtiha. Cragg. Pilgrimage. S. 278

[41]Gemeint ist das Paradies

[42]Dann folgt die Fâtiha. Cragg. Pilgrimage. S. 278

4. Fürsprache im Jüngsten Gericht im Volksislam

Das oben zur Fürsprache im Jüngsten Gericht Gesagte[43] soll hier nicht noch einmal wiederholt werden. Hier sollen nur die Elemente aus dem Volksglauben erwähnt werden, die den Glauben an die Fürsprache betreffen.

Wie bereits oben deutlich wurde, schließt der Koran die Möglichkeit der Fürsprache nicht völlig aus. Er deutet die Möglichkeit an, daß die Gläubigen im Gericht auf Fürsprache hoffen können. In der muslimischen Volksfrömmigkeit hat sich diese Lehre mit der Zeit weiterentwickelt.

Sure 2,255 (der sogenannte Thronvers) spricht davon, daß keiner bei Gott Fürsprache einlegen kann "außer mit seiner Erlaubnis". Daraus hat man entnommen, daß Muhammad diese Fürsprache einlegen kann. Ebenso besagt Sure 40,7, daß die, die den Thron tragen und ihn umgeben - also wahrscheinlich die Engel - bei Gott für die Gläubigen Fürsprache einlegen[44]. Auch die Überlieferung äußert sich positiv über die Möglichkeit der Fürsprache für die gläubigen Muslime. Eine Überlieferung (arab. hadī̱t) des vierten Kalifen 'Alî besagt:

> "Wer den Koran gelesen und auswendig gelernt hat, so daß er das, was er erlaubt, für erlaubt erklärt, und das, was er verbietet, für verboten erklärt, den wird Gott dafür ins Paradies eingehen und Fürsprache einlegen lassen für zehn aus den Leuten seines Hauses, für die alle das Feuer bereits fällig war"[45].

Darüberhinaus hat die muslimische Frömmigkeit angenommen, Märtyrer, Heilige[46] oder Prophetengefährten könnten Fürsprache für die Menschen einlegen. Die Annahme der Fürsprache Muhammads für seine Gemeinde wurde in der Volksfrömmigkeit zur festen Gewißheit und zu einer so gut wie unumschränkt anerkannten Tatsache, auch wenn es Einwände dagegen gab[47], wie z. B. seitens der

---

[43]Vgl. Lektion 7.A.3.+4.

[44]Paret. Koran. S. 329 fügt bei der Übersetzung von Sure 40,7 für die Fürsprecher in Klammern den Begriff "Engel" ein; dies ist aber lediglich eine Annahme. Der Korantext selbst nennt keine Person konkret.

[45]Zitiert Khoury. Prophet. S. 92

[46]Beispiele für die Fürbitte, die Heilige am Auferstehungstag bei Gott für die einfachen Gläubigen einlegen sollen, findet man etwa bei Donaldson. Religion. S. 261, zitiert nach Hildegard Müller. Studien. S. 39: "Ich bitte, du mögest Fürbitte einlegen für die Erlösung meines Nackens
und des Nackens meines Vaters und der Nacken meiner Brüder
und aller Gläubigen, Männer und Frauen, von dem Feuer
und für die Aufnahme in den Himmel samt denen, die dich verehren."

[47]Vgl. zur Mu'tazila Lektion 10.A.5.h.

Mu'tazila. Es gibt nicht wenige Gebete aus der muslimischen Volksfrömmigkeit, die Muhammad um seine Fürsprache bitten:

"Du bist der Geliebte, auf dessen Vermittlung man hofft,
wenn alle Menschen sich beim großen Gericht versammeln werden.
Du bist der Fürsprecher,
auf dessen Vermittlung man hofft auf dem engen Pfad,
auf dem die Schritte unsicher werden.
Sei auch mein Fürsprecher, wenn ich im Grabe bin und dein Gast bin,
denn Gäste werden geehrt"[48].

Der Mystiker 'Afîfuddîn at-Tilmisânî, "bei den Orthodoxen wegen seiner extremen 'pantheistischen' Äußerungen suspekt"[49], betete zu Muhammad:

"Ich habe Sünden, überreichlich -
vielleicht doch wird deine Fürsprache mich vor dem Feuer retten ...
Ich habe dich gerufen, auf eine Gnadengabe hoffend -
Gott verhüte, Gott verhüte,
daß du nicht antwortest, wenn du gerufen wirst![50]"

Und auch in volkstümlichen Liedern und Gedichten ist die Anrufung Muhammads mit der Bitte um Fürsprache bei Gott häufig zu finden:

"Die Welten sehnen sich nach dir, -
Muhammad, bitte du für uns!
Dein Richtspruch gilt so dort wie hier -
Muhammad, bitte du für uns!

Dein Richtspruch gilt von Pol zu Pol,
Dein Herz ist reiner noch als Licht.
Ein Name dein ist Mustafa -
Muhammad, bitte du für uns! ...

Du bist der Freund von Gott dem Herrn,
Sein Freund und sein Gesandter du,
Du bist der beiden Welten Stolz -
Muhammad, bitte du für uns!"[51]

In einem indischen Gebet heißt es:

"Du bist das leuchtende Licht,
Süßer Geliebter des Höchsten,
Kein zweiter und dritter wie du -
Sei gnädig, Gesandter Gottes!"[52]

---

[48]Padwick. Devotions. S. 44, zitiert nach Schimmel. Muhammad. S. 64

[49]Schimmel. Muhammad. S. 65

[50]Zitiert nach Schimmel. Muhammad. S. 65

[51]Zitiert nach Schimmel. Muhammad. S. 66.

[52]Zitiert nach Schimmel. Muhammad. S. 67.

Um Muhammads Fürsprache zu erwirken, erfleht der Gläubige den Segen Gottes auf den Propheten aufgrund von Sure 33,56 herab:

> "Gott und seine Engel sprechen den Segen über den Propheten. O ihr Gläubigen! Sprecht den Segen über ihn und grüßt ihn, wie es sich gehört!"

So kennt schon der frühe Islam die Segensformel über den Propheten, die auch heute an jede Nennung seines Namens, zumindest abgekürzt, angehängt wird ("Allah segne ihn und schenke ihm Heil"). Nichtmuslime haben dieses Gebet, bei dem eigentlich Gottes Segen *über* den Propheten herabgefleht wird, oft als Bitte um Errettung verstanden und daraus geschlossen, daß noch nicht einmal für Muhammad feststeht, ob er errettet wird oder nicht. Ob die Formel so oder so zu verstehen ist, muß jedoch letztlich offen bleiben. Es kann niemand mit Bestimmtheit sagen, ob Muhammad letztlich von Gott angenommen wurde. Jeder Muslim hofft dies zwar für Muhammad, aber absolute Gewißheit gibt es darüber nicht. Annemarie Schimmel urteilt:

> "In frühester Zeit war die salât 'alâ Muhammad wohl als eine Art Fürbitte gedacht, wurde aber immer mehr zu einem Lobpreis, an dem sich der bei Gott lebende Prophet erfreuen konnte."[53]

In der Überlieferung gibt es zahlreiche Gebete, die der Gläubige für Muhammad sprechen kann. Er bittet Gott um Heil und Segen für Muhammad und darum, daß Gott ihn gnädig im Paradies aufnehmen möge:

> "Allah segne unseren Herrn und Gebieter Mohammed,
> seine Familie und seine Gefährten und gebe ihm Heil!
> O Allah! Segne Mohammed, seine Gattinnen und seine Nachkommenschaft,
> wie du Abraham gesegnet hast,
> und gib Mohammed, seinen Gattinnen und seiner Nachkommenschaft deinen Segen,
> wie du der Familie Abrahams deinen Segen gegeben hast!
> Du bist der Gepriesene, der Ruhmvolle!...
> O Allah! Segne Mohammed, deinen Diener und Gesandten!...
> Spende deinen schönsten Segen, deine höchsten Segnungen und die Güte deiner Gnade Mohammed,
> deinem Diener und Gesandten,
> dem Offenbarer dessen, was verborgen war,
> dem Besiegler, was voranging, dem Verkünder der Wahrheit durch Wahrheit...
> Durch ihn wurden Herzen rechtgeleitet,
> nachdem sie in Anfechtungen und Sünde versunken waren.
> Er hat die deutlich machenden Zeichen, die strahlenden Bestimmungen und den erleuchtenden Islam dargelegt;

[53] Schimmel. Muhammad. S. 69

er ist dein zuverlässiger Vertrauter,
der Schatzmeister deines Wissensschatzes, dein Zeuge am Jüngsten Tage,
dein Sendbote aus Gnade und dein wahrhaftiger Gesandter aus Barmherzigkeit.
O Allah! Gib ihm einen Ehrenplatz in deinem Paradiese,[54]
und belohne ihn in deiner Güte mit doppelter Wohltat,
glücklicher und ungetrübter,
aus dem Überflusse deiner reichen Belohnung und deiner freigebigen, wiederholten Gabe!
O Allah! Erhöhe sein Haus über das der anderen Menschen,
gewähre ihm bei dir einen ehrenvollen Aufenthaltsort
und ein ehrenvolles Gastgeschenk,
vollende seine Herrlichkeit und belohne ihn dafür, daß du ihn als einen gesandt hast,
dessen Zeugnis man annimmt,
mit dessen Wort man zufrieden ist,
einen Mann von rechter Redeweise, deutlicher Sprache und gewaltiger Überzeugungskraft"[55].

Besonders rituelle Handlungen, wie etwa die rituellen Waschungen, werden häufig mit der Rezitation eines Prophetenlobpreises eingeleitet, da der Nennung der Segensformel eine segnende Wirkung, "eine geradezu magische Kraft zugeschrieben"[56] wird.

Der Volksislam kennt Gebete, die Gott um das Eintreten für den Gläubigen bitten:

"Wenn ich schweige, wird keiner für mich sprechen,
und wenn ich für mich selbst eintrete,
bin ich nicht wert, ein Fürsprecher zu sein.
O Gott, bringe Segen über Muhammad und seine Familie
und mache deine Großmut zum Fürsprecher für mich um meiner Fehltritte willen.

O Gott, ich verfüge über kein Geleit zu dir,
laß daher deine Vergebung mein Geleit sein.
Ich habe keinen Fürsprecher bei dir,
laß daher deine Großmut mein Fürsprecher sein."[57]

Constance Padwick weist darauf hin, daß im Unterschied zu den zitierten sunnitischen Gebeten im schiitischen Volksislam an die Stelle Muhammads die Imâme als Fürsprecher treten. Das folgende Gebet wird 13mal wiederholt und der Name Muhammads nacheinander durch je einen der zwölf Imâme ersetzt:

---

[54]Hervorhebung hinzugefügt

[55]Aus der islamischen Überlieferung (hadît̲) zitiert nach Jockel. Geisteswelt. S. 266-267

[56]Schimmel. Muhammad. S. 74

[57]Zitiert nach Padwick. Devotions. S. 45

> " O Muhammad, O Abû 'l-Qâsim, du bist mein Vater und meine Mutter.
> Ich bitte Gott um deine Fürsprache und die der Imâme,
> die von dir geboren sind."[58]

Erwähnenswert ist auch das Gebet am Grab 'Alîs, des nach schiitischer Ansicht ersten, nach sunnitischer Ansicht vierten Kalifen:

> "Mein Herr, zu dir bin ich gesandt
> und durch dich suche ich Fürsprache bei meinem Herrn
> um mein Ziel zu erreichen.
> Und ich lege Zeugnis davon ab
> daß es dem, der deine Fürsprache sucht, nicht mißlingen wird
> und von dem, der mittels durch dich bittet, weiß man,
> daß er niemals abgewiesen wird und seine Bitte unerfüllt bleibt"[59].

5. Die kultische Verehrung des Korans

Dem Koran als dem geoffenbarten Wort Gottes wird in der islamischen Welt nicht nur als Offenbarungsträger besondere Verehrung entgegengebracht, sondern auch dem einzelnen Koranexemplar. Den Koran zu küssen, ist eine häufig von Schiiten geübte Praxis[60]. Allgemein soll der Koran nur von einem Menschen berührt werden, der sich zeremoniell gereinigt hat und keinesfalls an einen Ort mitgenommen werden, an dem es Wein oder Wettspiele gibt. Bess Allen Donaldson urteilt über den überwiegenden Teil der muslimischen Bevölkerung:

> "Unter den Massen ist der Glaube an den magischen Gebrauch des Buches wohl größer als das Verständnis seines Inhaltes"[61].

Zu den Praktiken, bei denen dem Koran als Buch Segenskraft bzw. eine magische Wirkung zugeschrieben wird, gehören die Niederschrift von Koranversen mit Tinte, Rosenwasser oder Honig auf Papier oder auch Tierknochen, Holz oder ähnliches. Die Verse werden dann z. B. in einem Lederbeutel als Amulett bzw. Talisman[62] getragen. Das Amulett kann auch aufgegessen werden. Oder es wird nur das Wasser getrunken, mit dem die aufgeschriebenen Koranverse abgewaschen wurden. Bestimmte Verse werden für Situationen wie eine Geburt (einige Seiten des Korans unter dem Kopfkis-

---

[58]Zitiert aus einem persischen Pilgerhandbuch nach Padwick. Muslim., S. 46

[59]Aus einem persischen Pilgerhandbuch, zitiert nach Padwick. Devotions. S. 46

[60]Donaldson. Koran. S. 254

[61]Donaldson. Koran. S. 254

[62]Auch der Imâm al-Husain soll nach der schiitischen Überlieferung Sure 113 und 114 um den Hals getragen haben: Donaldson. Koran. S. 257-258

sen machen die Geburt leicht), Tod oder Krankheit aufgeschrieben, andere Verse sollen den Besitz und die betreffenden Personen vor den Geistern (arab. jinn) oder dem Bösen Blick bewahren, andere vor Hunger und Durst. Auch der ganze Koran ist ein Talisman, der vor allem Übel bewahren kann. Durch das Aufschreiben und Tragen oder Aufbewahren der Verse an einem besonderen Ort, soll die Segenskraft des Korans wirksam werden. Besonders bevorzugte Suren sind dabei die Suren 60, 55, 48, 89, 78 und 72[63].

Der Koran wird auch zur Beurteilung zukünftiger Dinge oder Vorhaben gebraucht, indem nach Anrufung Gottes und vielleicht der Lesung der ersten Sure der Koran an einer beliebigen Stelle aufgeschlagen und der willkürlich bestimmte Vers als Antwort auf die gestellte Frage angesehen wird. Dies geschieht z. B. vor einem Geschäftsabschluß, vor Reisen oder Heiraten und insbesondere, um im voraus den Ausgang einer Krankheit zu erfahren. Es soll Koranausgaben geben, in denen für diesen Zweck auf jeder Seite Abkürzungen zur Beantwortung der gestellten Fragen stehen: gut oder schlecht, weniger gut oder weniger schlecht usw.[64]. Auch den 'geheimnisvollen Buchstaben' zu Beginn mehrerer Suren[65] wird besondere Segenskraft und Schutzwirkung vor Unheil zugeschrieben[66]. Andere Verse oder ganze Suren, mehrmals rezitiert oder aufgeschrieben und etwa in das Haus des Widersachers gebracht, fügen einem anderen Schaden zu, oder sie bewirken bestimmte Dinge im Leben desjenigen, der sie liest. So nennt etwa Bess Allen Donaldson das Lesen der Sure 'Die Dämonen' (arab. jinn) als Mittel für Gefangene, um frei zu werden[67].

6. Krankheitsbekämpfung im Volksislam

Bei Krankheit wird häufig versucht, den Kranken durch die Segenskraft des Korans gesundzumachen, entweder, indem die erste Sure (arab. al-Fâtiha) rezitiert wird, oder indem der Kranke das Wasser trinkt, mit dem Koranverse abgewaschen wurden. Ebenso soll Wasser aus einer Schale wirken, in die Koranverse und magische Worte und Zeichen eingraviert sind[68]. Ist die Ursache der Krankheit der Böse Blick, werden blaue Perlen verwendet, die den Bösen Blick abwehren sollen. Kleine Kinder tragen sie oft auf ihrer Kleidung, damit sie vor dem Bösen Blick geschützt sind.

[63]Donaldson. Koran. S. 259

[64]Donaldson. Koran. S. 256

[65]Vgl. Lektion 5.6.

[66]Donaldson. Koran. S. 262

[67]Donaldson. Koran. S. 265

[68]Schimmel. Frömmigkeit. S. 249

Nähert sich der Kranke dem Tod, sagt man ihm das Glaubensbekenntnis ins Ohr, damit er auf die Befragung im Grab durch die beiden Engel Munkar und Nakîr die richtige Antwort geben kann. Der Tote wird in Leintücher gewickelt und von den Männern zum Friedhof getragen. Dort wird er mit dem Gesicht nach Mekka begraben. Die Frauen trauern in der Zwischenzeit zu Hause. Für die Tage nach dem Tod gibt es für die Angehörigen strenge Verhaltensregeln, und nach vierzig Tagen wird nochmals eine Feier veranstaltet[69].

7. Amulette

Während der Schadenzauber an anderen Menschen, der ihnen Schaden zufügt oder sogar ihren Tod verursacht, im Islam zum Bereich der 'unerlaubten' Magie gehört - die allerdings trotz klarer Verbote in Koran und Überlieferung existiert - gehört das Schreiben von Amuletten (arab. hijâb; Pl. ahjiba) im Islam zum Bereich der 'erlaubten' Magie, sofern hierbei nicht die Sünde der Beigesellung eines anderen Wesens neben Gott (arab. širk) oder des Exorzismus (Teufelsaustreibung) mit Hilfe der aufgeschriebenen Worte begangen wird[70]. Dahinter steht der Gedanke, daß die heiligen Worte des Korans, mit Tinte geschrieben, dem geschriebenen Amulett Wirkung verleihen. Auch die Tinte kann im Krankheitsfall in der Hoffnung auf Heilung getrunken werden[71].

Weit verbreitet - vor allem in Ägypten - ist der Gebrauch von Amuletten zum Schutz gegen die Geister (arab. jinn) und Dämonen (arab. 'afârît), vor allem jedoch gegen den stark gefürchteten 'Bösen Blick' (arab. al-'ain, an-nazra oder al-hasad)[72]. Wenn ein Mensch den Bösen Blick besitzt und ihn auf Tiere oder Menschen wirft, verursacht er damit Unheil, Krankheit oder sogar Tod.

Besonders erwähnt werden sollten Amulette in Form einer Hand[73], die meist 'die Hand der Fâtima' (also der Tochter Muhammads und Ehefrau des vierten Kalifen, 'Alî) genannt wird. Die fünf ausgestreckten Finger dieser Hand sollen die fünf Säulen des

---

[69]Schimmel. Frömmigkeit. S. 250-251. Eine Sammlung von Berichten über den heutigen Volksislam in der islamischen Welt mit der Erläuterung des Hintergrunds und einer Beurteilung aus der Sicht des Alten und Neuen Testamentes bietet Musk. Gesicht

[70]De Jong. Bruderschaften. S. 492

[71]De Jong. Bruderschaften. S. 494

[72]Es existiert auch der Glaube an die Geister der Verstorbenen.

[73]Die Hand als Amulett ist wohl keine rein islamisches Symbol, sondern soll nach Kriss, Kriss-Heinrich. Volksglaube. S. 2 auch im christlichen und jüdischen Bereich verbreitet sein.

Islam symbolisieren. Die Zahl fünf besitzt im Islam besonderen Symbolwert: Es gibt fünf Säulen des Islam, fünf tägliche Gebete, fünf Kategorien zwischen Gut und Böse für alle Handlungen, die Beute wurde in frühislamischer Zeit in fünf Teile aufgeteilt, es gibt fünf gesetzgebende Propheten, der Buchstabe h hat den Zahlenwert fünf, und h ist auch der Endbuchstabe des Wortes Allah. Der Zahl fünf kommt im Islam etwa dieselbe Bedeutung zu wie der Zahl sieben oder zwölf im Judentum.

Einen ähnlich zentralen Rang wie die 'Fâtimahand' nehmen die verschiedenen Darstellungen des Auges ein, die ebenfalls zur Abwehr des Bösen Blicks vom Besitzer des Amuletts getragen werden. Kleine Beutel, deren Inhalt Schaden fernhalten soll, sind zur Abwehr von Schaden durch Menschen und böse Dämonen (arab. jinn) von Bedeutung. Bei neugeborenen Kindern wird zu deren Schutz in solche Beutel etwa Brot, Salz, Getreide, eine Münze oder ein mit Koranversen beschriebener Zettel getan. Weitere beliebte Amulette sind Skorpione aus bunten Glasperlen (besonders in Kairo) zum Schutz vor bestimmten Dämonen oder Fische aus Perlen oder Stoff, silberne Kröten, Hornamulette, Halbmondamulette, Halbedelsteinamulette oder Haustieramulette. Als Haustieramulette werden z. B. blaue Glaskugeln, kombiniert mit Segenssprüchen aus dem Koran um den Hals des Tieres gehängt. Darüberhinaus nennen Kriss und Kriss-Heinrich Eber- und Wolfszähne, Natternwirbel, Schildkrötengehäuse, Krebsscheren, Hirschhornkäferzangen, Vogel- und Löwenklauen, Stachelschwein- und Igelborsten und Unterkiefer kleiner Nagetiere[74] als Bestandteile von Amuletten. Auch Pantoffeln haben eine Schutzwirkung. Oft werden auch verschiedene Einzelamulette zur Vervielfachung ihrer Wirkung miteinander kombiniert.

Große Bedeutung hat dabei auch das geschriebene Wort. Vor allem Koranverse werden verwendet. Der ersten Sure, der Fâtiha, kommt hierbei eine besondere Bedeutung zu. Ansonsten sind ganz bestimmte Koranverse wie etwa der 'Thronvers'[75] besonders beliebt. Daneben werden aber auch einzelne, aus dem Koran entnommene Namen Gottes oder der Name Muhammads und seiner Gefährten als Amulette niedergeschrieben. Die Namen der vier Kalifen sind dabei ebenso beliebt wie die der elf Imâme nach 'Alî, ebenso wie die sie-

[74] Kriss, Kriss-Heinrich. Volksglaube. S. 32

[75] Der sogenannte Thronvers lautet: "Gott, es gibt keinen Gott außer ihm. Er ist der Lebendige und Beständige. Ihn überkommt weder Müdigkeit noch Schlaf. Ihm gehört alles, was im Himmel und was auf der Erde ist. Wer könnte bei ihm Fürsprache einlegen, außer mit seiner Erlaubnis? Er kennt, was vor ihnen und was hinter ihnen liegt, während sie von seiner Kenntnis nichts verstehen, außer dem, was er möchte. Sein Thron reicht weit über Himmel und Erde, und es fällt ihm nicht schwer, sie zu bewahren. Er ist der Erhabene und Gewaltige" (2,255).

ben Buchstaben des arabischen Alphabets, die nicht in der ersten Koransure vorkommen[76]. Das Glaubensbekenntnis 'Es gibt keinen Gott außer Gott und Muhammad ist sein Prophet' und die 'geheimnisvollen Buchstaben' des Korans (von denen hierbei angenommen wird, niemand werde je ihr Geheimnis ergründen[77]), das Pentagramm und Hexagramm, sowie magische Buchstaben- und Zahlenquadrate können ebenfalls als Schriftamulette verwendet werden[78].

> "Nach einer im vorderen Orient weitverbreiteten Meinung sterben zwei Drittel aller Menschen an den Folgen des Bösen Blickes. Die grundlegende Vorstellung ist die, daß die übernatürliche Macht gewissermaßen indirekt durch den Bösen Blick wirkt, ohne daß der Mensch, der zufällig das böse Auge besitzt, hieran eine Schuld trägt. Die Wirkungen des bösen Auges werden also von seinem Träger zunächst unbewußt hervorgerufen. Auf der anderen Seite aber verschmelzen die beiden Vorstellungen, jene von der übernatürlichen Macht und jene vom unmittelbar wirkenden Organ doch wieder so weitgehend miteinander, daß man bösartigen Menschen ohne weiteres zutraut, durch das böse Auge schädigende Wirkungen hervorzurufen. Neid und Böser Blick gehören eng zusammen und sind unzertrennbar miteinander verbunden. Die böse Wirkung des Auges ist besonders dann gefährlich, wenn sich der Neider verstellt und seine Mißgunst in die freundschaftliche oder vertrauliche Äußerung der Bewunderung kleidet."[79]

Dem Ethnologen Frank Bliss wurden anläßlich eines Besuches in Ägypten und Nordafrika als besonders des Bösen Blicks 'verdächtige' Personen kulturelle Außenseiter (Behinderte oder kulturell und ethnisch fremde Personen) oder auch gesellschaftlich besonders gekennzeichnete Personen wie "Prostituierte, Scharfrichter, Lumpensammler und Latrinenreiniger ... Moscheevorsteher, Moscheediener oder Amuletteschreiber" genannt[80].

Erwähnt werden sollte zum Thema der Amulette auch der Brauch der Verteilung kleiner Stücke des schwarzen Tuches über der Ka'ba in Mekka, der kiswa. Das Tuch ist mit dem muslimischen Glaubensbekenntnis und mit Koranversen bestickt. Es wird jedes Jahr erneuert. Das alte Tuch wird in Stücke zerschnitten und diese als Amulette an die Mekkapilger verkauft. Ebenso wird dem Staub um die Ka'ba herum und der Erde vom Grab Muhammads in Medina Segenskraft (arab. baraka) zugeschrieben. Das Wasser aus dem hei-

---

[76]Letzteres erwähnt De Jong. Bruderschaften. S. 493.

[77]Vgl. Lektion 5.6.

[78]Kriss, Kriss-Heinrich. Volksglaube. S. 63

[79]Zitiert nach Kriss, Kriss-Heinrich. Volksglaube. S. 17.

[80]Bliss. Volksglaube. S. 38

ligen Brunnen von Mekka, Zemzem, wird in Fläschchen abgefüllt und verkauft[81].

8. Die Verehrung Muhammads und die ihm zugeschriebenen Wunder

a. War Muhammad mehr als ein Mensch?

Nicht alles, was hier unter Muhammadverehrung im Volksislam behandelt wird, wird von der orthodoxen islamischen Dogmatik abgelehnt, auch wenn es z. B. für Muhammads Sündlosigkeit im Koran keinen Hinweis gibt. Trotzdem ist die Sündlosigkeit Muhammads heute Bestandteil der orthodoxen muslimischen Theologie. Solche Grenzfälle zwischen Volksislam und offizieller Dogmatik werden in diesem Kapitel besprochen.

Der Koran betont an mehreren Stellen, Muhammad sei nur ein Mensch gewesen und habe von sich aus keinerlei übernatürliche Fähigkeiten besessen. Der Koran sagt etwa:

> "Sprich: Ich bin lediglich ein Mensch wie ihr, dem offenbart wird, daß euer Gott ein einziger Gott ist" (18,110; vgl. auch 9,128).

Ganz ähnlich lautet Sure 17,93: "Bin ich also etwas anderes als ein Mensch und ein Gesandter?" (17,93).

Dennoch stellt für Muslime das Hervortreten Muhamamds den Höhepunkt der Menschheitsgeschichte dar, und bereits in der Überlieferung (arab. hadîṯ) finden sich Berichte, die die Vorzüge Muhammads vor allen anderen Propheten beschreiben[82].

b. Muhammads Wunder in der Überlieferung

Die islamische Überlieferung[83] hat dem im Koran über Muhammad enthaltenen Material etliches hinzugefügt, wodurch Muhammads Sonderstellung als größter und letzter Prophet herausgestellt wird. Zu den bekannteren Überlieferungen gehören z. B. folgende Erzählungen: Schon bei 'Abdallâh, dem Vater Muhammads, war ein wunderbarer Lichtglanz auf seiner Stirn sichtbar, der von dem Christen Waraqa aus Torah und Evangelium so gedeutet wurde,

---

[81] Auch auf schiitischer Seite wird von der Mitnahme vom Staub des Grabes 'Alîs in Najaf oder vom Grab al-Husains in Kerbela berichtet. Diese und weitere Beispiele bei Kriss, Kriss-Heinrich. Volksglaube. S. 50-51

[82] Wielandt. Offenbarung. S. 41

[83] Einen Überblick über die Wunderberichte nach der Überlieferung des Buḫârî s. bei von Bülow. Hadithe

daß 'Abdallâh der Vater eines Propheten werde[84]. Als Âmina, Muhammads Mutter, mit ihm schwanger war, sah sie eine Erscheinung, die sie über die Geburt eines Propheten in Kenntnis setzte. Sie wurde aufgefordert, das Kind nach der Geburt unter den Schutz des einzigen Gottes zu stellen[85]. Die Amme Halîma, die Muhammad betreute, wurde von Gott deshalb besonders gesegnet. Damals trat ein Ereignis ein, das Halîma in Schrecken versetzte: Muhammad wurde nämlich von zwei Engeln[86] die Brust geöffnet. Sie nahmen sein Herz heraus, spalteten es und entnahmen ihm etwas. Einige Überlieferungen definierten dieses 'Etwas' als einen schwarzen Klumpen, nämlich den Anteil Satans. Die Engel wuschen Muhammads Herz[87] und "füllten es mit Weisheit und Glauben"[88] und schlossen seine Brust wieder. Verschiedene Überlieferungen verlegen dieses Ereignis, für das ähnliches Material in anderen Religionen wie dem Parsismus, dem Christentum, aber auch dem vorislamischen 'Heidentum' gefunden werden kann[89], an verschiedene Zeitpunkte: Einige Überlieferer nehmen an, es habe in Muhammads Kindheit stattgefunden (so z. B. Ibn Ishâq-Ibn Hišâm), andere vermuten, es habe sich einige Jahre vor Muhammads Berufung ereignet. Wieder andere dachten, es sei direkt bei seiner Berufung oder unmittelbar vor seiner Himmels- und Nachtreise[90] geschehen. Dieses Ereignis soll schon 100 Jahre nach dem Beginn der islamischen Zeitrechnung, also zu Beginn des 8. Jahrhunderts n. Chr. mit einer jüngeren und einer älteren Version in Umlauf gewesen sein[91].

Nach dem Tod des Vaters Muhammads vor oder kurz nach Muhammads Geburt und dem Tod seiner Mutter im frühen Kindesalter kam Muhammad, wie wir sahen, zu seinem Großvater, der nach der islamischen Überlieferung ebenfalls von der Bedeutung Muhammads überzeugt war. Interessant ist an dieser Stelle wieder, daß nach der Überlieferung Juden und Christen Muhammad als den kommenden Propheten der Araber bezeichneten:

> "Die Juden und Christen sagten, wenn sie den kleinen Muhammad sahen: Das ist der künftige Prophet des arabischen Volkes. Sie wußten

---

[84]Stieglecker. Glaubenslehren. S. 343

[85]Stieglecker. Glaubenslehren. S. 344

[86]Es könnten auch andere Wesen gemeint sein. Ibn Hanbal nennt zwei Vögel anstelle der Engel: Birkeland. Legend. S. 54-56.

[87]Die umfassendste Studie zur 'Brustöffnung' Muhammads ist wohl die Aufzählung der zahlreichen, teilweise sich erheblich voneinander unterscheidenden Überlieferungen in Birkeland. Legend.

[88]Stieglecker. Glaubenslehren. S. 344-345+354

[89]Einzelheiten bei Birkeland. Legend. S. 6ff+54

[90]Vgl. Lektion 16.8.e.+f.

[91]So Birkeland. Legend. S. 57

das aus den Weissagungen über Muhammad, die sie in ihren Heiligen Büchern, in der Tora und im Evangelium lasen."[92]

Als auch der Großvater starb, kam Muhammad zu seinem Onkel Abû Tâlib, der durch die Anwesenheit Muhammads in seinem Haus ebenfalls viel Segen empfing[93]. Bei einem Karawanenzug nach Syrien, an dem Muhammad im Alter von 12 Jahren teilnahm, geschahen übernatürliche Zeichen: Eine Wolke schützte ihn vor der Sonne, und die Äste eines Baumes senkten sich über ihn nieder zum Schattenspenden. Ein christlicher Mönch, Bahîrâ, erkannte Muhammad als Propheten, nicht zuletzt deshalb, weil er zwischen seinen Schulterblättern das Prophetenmal fand. Bei diesem vielzitierten Prophetenmal soll es sich um ein taubeneingroßes Gebilde ähnlich einer Geschwulst gehandelt haben, das mit Haaren bedeckt war. Bahîrâ ermahnte Abû Tâlib, Muhammad vor den Juden in Schutz zu nehmen[94]. Schon vor seiner Berufung zum Propheten hielt sich Muhammad angeblich vom Heidentum seiner Landsleute fern und führte ein in moralischer Hinsicht vorbildliches Leben.

Von Aischa ('Â'iša), der Lieblingsfrau Muhammads, wird überliefert, daß Bäume und Steine, an denen Muhammad vorbeiging, ihm einen Gruß zuriefen[95]. Beim Empfang seiner ersten Offenbarung in einer Höhle am Berg Hirâ' weiß die Überlieferung zu berichten, daß er vom Engel Gabriel aufgefordert wurde, aus einem Buch, das ihm gebracht wurde, zu lesen. Als er sich weigerte, wurde er gewürgt. Dies geschah zweimal, bis Muhammad einwilligte, zu lesen[96]. Muhammad soll, als er sich auf den Weg nach Hause begab, eine Stimme vom Himmel gehört haben, die ihm versicherte, daß der Engel Gabriel zu ihm gesprochen habe und Muhammad ein Prophet Gottes sei. Dann sah Muhammad den Engel Gabriel vor sich. Als er zu seiner Frau Hadîja nach Hause kam und fürchtete, nun selbst ein Wahrsager zu sein, tröstete sie ihn und versicherte ihm, Gott habe ihn zu seinem Propheten auserwählt[97]. Auch später beschreiben verschiedene Überlieferungen, daß die Offenbarungen an Muhammad mit Schmerzempfinden, dem Klingen einer Glocke, Schweißausbrüchen und seinem Niederwerfen auf den Boden durch eine fremde Macht und darauffolgende Benommenheit einhergingen[98].

---

[92]Stieglecker. Glaubenslehren. S. 345

[93]Stieglecker. Glaubenslehren. S. 346

[94]So die Überlieferung von Ibn Ishâq, zitiert nach Stieglecker. Glaubenslehren. S. 346-347

[95]Stieglecker. Glaubenslehren. S. 356-357

[96]So berichtet Ibn Ishâq, zitiert nach Stieglecker. Glaubenslehren. S. 357

[97]Stieglecker. Glaubenslehren. S. 358-359

[98]Stieglecker. Glaubenslehren. S. 361

Hermann Stieglecker berichtet aus der Überlieferung von Kieselsteinen, die Muhammad in die Hand genommen habe und die anfingen, Gott zu loben. Sie sagten: "Gott sei gepriesen", während sie in den Händen seiner Gefährten stumm blieben[99]. Ein Baum soll sich auf den Zuruf des Propheten von seinem Platz fortbewegt und ihn als Propheten bekannt haben. Ein sprechender Wolf bezeugte einem Schafhirten das Prophetentum Muhammads. Muhammad speiste viele Menschen, die ihm ihre Speisereste brachten, mit geringen Mitteln[100]. Er segnete sie und betete darüber; daraufhin konnten alle satt werden[101]. Weitere überlieferte Wunder Muhammads sind die Vermehrung von Wasser[102] ebenso wie sein von Gott erhörtes Gebet um Regen bei großer Dürre, Krankenheilungen und Zukunftsprophezeiungen[103], das Dahinsterben der Feinde Muhammads, auch an Krankheiten, die dort an ihrem Körper ausbrachen, wohin Muhammad deutete. Die Feinde konnten Muhammad nicht schaden[104]. Er konnte nach der Überlieferung von Ibn Sa'd Wasser in Milch und Butter verwandeln. In Muhammads Hand verwandelte sich ein Zweig in ein Schwert. Muhammad hatte geheimes Wissen[105] usw.

c. Das Regenwunder Muhammads

Für diese Wunder könnten hier zahlreiche Texte aus der islamischen Überlieferung angeführt werden. Ein Beispiel soll genügen, um den Stil der Wundererzählung und die an dieser Stelle fast gottähnliche Rolle Muhammads zu beleuchten. Es fällt auf, wie stark seine eigene Person und nicht Gott selbst im Mittelpunkt steht[106].

[99] Stieglecker. Glaubenslehren. S.409

[100] Die Angaben der Einzelberichte s. bei von Bülow. Hadithe. S. 31ff.

[101] Diese Berichte erinnern stark an die Speisungswunder Jesu, die im Neuen Testament berichtet werden.

[102] Stieglecker. Glaubenslehren. S. 410

[103] Stieglecker. Glaubenslehren. S. 411

[104] von Bülow. Hadithe. S. 127-129 mit Quellenangabe: Muhammad Ibn Ishâq. sîra sayyidinâ Muhammad ar-rasûlu llâh. ed. Ferdinand Wüstenfeld. Göttingen 1855. ohne Seitenangabe.

[105] von Bülow. Hadithe. S. 129-131 mit Quellenangabe: Muhammad Ibn Sa'ad. Kâtib al-Wâqidî. kitâb at-tabaqât al-kubrâ. Leiden 1322. I/1. S. 95-126

[106] von Bülow. Hadithe. S. 74 nimmt im Gegensatz dazu an, daß der Sinn einer solchen Überlieferung nicht die Verherrlichung Muhammads ist, da auch andere Heilige solche Wunder bewirkten, sondern mehr, eine Demonstration einer Gebetserhörung zu geben. Diese Annahme scheint mir jedoch nicht wirklich stichhaltig zu sein. Natürlich begründet ein Regenwunder nicht Muhammads Stellung als Prophet vor anderen Propheten oder Heiligen, aber er steht mit seiner Person doch eindeutig im Mittelpunkt, denn nur er kann den Menschen mit seinem Wunder helfen.

Der folgende Text berichtet von Muhammads Bitte um Regen[107]. Er wird von dem Traditionssammler al-Buhârî überliefert:

> "Zur Zeit des Propheten kam eine große Trockenheit über das Volk. Während der Prophet am Freitag die Ansprache hielt, stand ein Beduine auf und sagte: 'O Gesandter Gottes, das Vieh ist zugrunde gegangen, und die Familien verhungern, bitte Gott für uns!'- Da erhob er seine Hände, während wir am Himmel keinen Wolkenfetzen sahen, und bei dem, in dessen Händen meine Seele ist, er hatte sie (die Hände) nicht gesenkt, als schon Wolken so groß wie Berge aufkamen; dann stieg er nicht von seiner Kanzel, bis ich sah, wie der Regen seinen Bart herunterrann. Da regnete es für uns an diesem Tag, am nächsten und am übernächsten bis zum nächsten Freitag. Da stand jener Beduine auf, - oder der Tradent sagte: Ein anderer- und sagte: 'O Gesandter Gottes, die Gebäude werden zerstört, das Vieh ertrinkt, so bitte Gott für uns!' Kaum hatte er mit seiner Hand ein Zeichen in Richtung der Wolken gemacht, als sie sich schon teilten, und (der Himmel über) Medîna wurde wie eine klare Wolkenspalte (am bewölkten Himmel). Und der Wâdî Qanât floß einen Monat lang. Niemand kam aus irgendeiner Gegend, ohne daß er von diesem reichlichen Regen gesprochen hätte"[108].

Mit diesem Regenwunder nimmt Muhammad, vereinfachend gesagt, die Stelle einer vorislamischen Gottheit ein, denn es ist bekannt, daß bereits in vorislamischer Zeit Allah um Regen angerufen wurde[109]. Natürlich, so werden muslimische Theologen sagen, steht hinter der Erzählung letztlich, daß Gott der eigentliche Regenspender ist. Er wird jedoch in dieser Überlieferung zum Regenwunder nicht genannt[110]. Muhammad kommt vielmehr selbst die Ehre zu, das Wunder bewirkt zu haben. Der Regen fällt nur, weil Muhammad ihn bewirkt hat, und er ist so stark, daß auch daraus deutlich wird, daß es kein natürlicher Regen ist, der von selbst wieder aufhören würde.

d. Die Mondspaltung Muhammads

Für die eben berichteten Wunder liefert der Koran keinerlei Anhaltspunkte. Ein Wunder, auf das der Koran jedoch zumindest anspielt, ist die sogenannte Mondspaltung Muhammads in Sure 54,1-2:

---

[107] Auch Sufis und Imâme haben nach Berichten der islamischen Überlieferung von Gott Regen erbitten können: Vgl.von Bülow. Hadithe. S. 73-74 mit einem Beispiel aus der Überlieferung aus dem 5. Jahrhundert

[108] Genaue Quellenangabe bei von Bülow. Hadithe. S. 68: Buhârî in seiner Sammlung sahîh. I. S. 236

[109] Julius Wellhausen. Reste, zitiert nach Bülow. Hadithe. S. 71

[110] In ähnlich lautenden Parallelberichten anderer Überlieferungen (vgl. von Bülow. Hadithe. S. 69-71) wird allerdings erwähnt, daß Muhammad zu Gott betete; dies scheint aber auch dort nicht das Entscheidende des Berichtes zu sein.

"Nahegerückt ist schon die Stunde, und der Mond hat sich gespalten. Aber wenn sie ein Zeichen sehen, wenden sie sich ab und sagen: 'Fortwährend Zauberei'" (54,1-2).

Man betrachtete diesen Koranvers schon früh als Bericht über eine tatsächlich erfolgte Spaltung des Mondes durch Muhammad zum Beweis seiner Sendung gegenüber den Ungläubigen. Natürlich hat es in späterer Zeit auch rationalistische Erklärungen für diesen Vers gegeben, so etwa die Annahme, es habe sich um eine "Sinnestäuschung, einen fallenden Stern oder eine Wolke, einen aufsteigenden Rauch gehandelt"[111] oder um eine Prophezeiung auf ein Ereignis im Jüngsten Gericht[112]. Die überwiegende muslimische Überzeugung dürfte jedoch eine tatsächliche Spaltung des Mondes in zwei Teile annehmen, die Muhammad bewirkte.

e. Die Nachtreise Muhammads

Man könnte sich darüber streiten, ob an dieser Stelle auch die sogenannte Nacht- und die Himmelsreise Muhammads zu nennen wären, da sie im Koran zwar einerseits höchstens angedeutet werden, andererseits jedoch Bestandteil der offiziellen muslimischen Theologie und Frömmigkeit geworden sind. Beide Ereignisse werden aufgrund des Wundercharakters dieser Begebenheiten hier behandelt.

Bei der Nachtreise soll Muhammad, der eines Nachts in der Nähe der Ka'ba in Mekka schlief (17,1: an der "heiligen Kultstätte"[113]), vom Engel Gabriel aufgeweckt worden und von Mekka nach Jerusalem (17,1: "nach der fernen Kultstätte"[114]) geführt worden sein:

"Preis sei dem, der mit seinem Diener bei Nacht von der heiligen Moschee (ergänze: in Mekka) nach der fernen Moschee (ergänze: in Jerusalem), deren Umgebung wir gesegnet haben, reiste, damit wir ihn etwas von unseren Zeichen sehen lassen" (17,1-2).

Jerusalem gilt aufgrund der Annahme, daß Muhammad in dieser Nacht nach Jerusalem geführt wurde, Muslimen nach Mekka und Medina als drittheiligste Stadt. Beim Antritt seiner Nacht- bzw. Himmelsreise soll Muhammad im Felsen einen Fußabdruck hinter-

---

[111]So Schimmel. Muhammad. S. 54 über den indischen Reformtheologen des 18. Jahrhunderts Ââh Walîullâh von Delhi (gest. 1762).

[112]Stieglecker. Glaubenslehren. S. 409

[113]Der Korantext nennt nicht die Stadt Mekka beim Namen, sondern nur die "heilige Kultstätte" (oder "heilige Moschee"). Daraus haben muslimische Korankommentatoren geschlossen, hierbei müsse es sich um Mekka handeln.

[114]Auch den Begriff Jerusalem nennt der Korantext nicht, sondern nur die "ferne Kultstätte" (oder "ferne Moschee").

lassen haben. Über diesem Fußabdruck Muhammads in Jerusalem wurde später der Felsendom errichtet. Bereits der früheste Muhammad-Biograph Ibn Ishâq (702-768 n. Chr.) berichtet, daß er die Reise auf dem schnellen Burâq antrat. Dieser Burâq wird nicht im Koran, sondern nur in der Überlieferung[115] erwähnt. Der Burâq ist

> "... ein weißes Reittier, halb Maultier, halb Esel. An den Schenkeln hatte es zwei Flügel, mit denen es seine Hinterbeine vorantrieb, während es seine Vorderbeine dort aufsetzte, wohin sein Blick reichte ... Der Prophet ritt zusammen mit Gabriel bis nach Jerusalem. Dort fand er Abraham, Moses und Jesus inmitten anderer Propheten. Mohammed trat als Vorbeter vor sie hin und betete mit ihnen ..."[116]

Dadurch wird die Vorrangstellung Muhammads vor den anderen Propheten deutlich, aber auch die abschließende Sendung Muhammads, mit der die bereits vorhandenen Offenbarungen abgeschlossen wurden.

Zur Nacht- und Himmelsreise Muhammads entstanden zahlreiche, die Erzählung der Überlieferung ausschmückende Gedichte und Lieder, aber auch bildliche Darstellungen, vor allem von Muhammads Reittier, dem Burâq.

f. Die Himmelsreise Muhammads

Sure 53,1ff und 83,15-24 schildern, daß sich ein himmlisches Wesen Muhammad näherte, das nach muslimischer Überzeugung der Engel Gabriel gewesen ist. Dieses Wesen sah der Prophet vor sich stehen. Diese Aussage wurde mit Sure 17,1-2 kombiniert und geschlußfolgert, daß Muhammad eine Reise in den Himmel unternommen habe. Diese Himmelsreise ist von der Nachtreise Muhammads nicht klar zu trennen.

Der arabische Begriff in Sure 17,1, der gewöhnlich im Deutschen mit "die fernste Kultstätte" oder "die fernste Moschee" übersetzt wird (arab. al-masjid al-aqsâ) kann entweder als "Himmel" oder als "Jerusalem" gedeutet werden.

Die Himmelsreise, bei der Muhammad nach der Überlieferung auf einer Leiter in den Himmel gestiegen sein soll, schloß sich, wie man vermutete, an die Nachtreise des Propheten nach Jerusalem an. Ibn Ishâq erzählt:

> "Nachdem ich in Jerusalem gebetet hatte, wurde mir eine Leiter gebracht, so schön, wie ich noch nie etwas gesehen hatte. Es war die Leiter, auf die die Todgeweihten ihre Augen richten, wenn das Ende naht. Gabriel ließ mich auf ihr hinaufsteigen, bis er mich zu einem der

[115] Belege für den burâq aus der Überlieferung führt Horovitz. Himmelfahrt. S. 180 an.

[116] So der Bericht von Ibn Ishâq nach Hasan: Ibn Ishâq. Leben. S. 78-79

Himmelstore brachte, das man das Hütertor nennt. Es wird bewacht von einem Engel namens Ismâ'îl, dem zwölftausend Engel unterstehen, von denen einem jeden wiederum zwölftausend Engel gehorchen ... Ich aber trat in den untersten Himmel ein und sah dort einen Mann sitzen, an dem die Seelen der verstorbenen Menschen vorüberzogen ..."[117]

Muhammad wird, nachdem er auch etwas von den Qualen der Verdammten in der Hölle gesehen hat[118], vom Engel Gabriel, der ihn beim Türhüter des Himmels als Prophet 'ausgewiesen' hat, in den ersten Himmel geführt, in dem er Adam antrifft. Er kommt darauf in den zweiten Himmel, in dem er Jesus und Johannes trifft, dann in den dritten, wo er Josef begegnet. Im vierten Himmel befindet sich Idrîs[119], im fünften Aaron, im sechsten Himmel Mose und im siebten Himmel Abraham. Schließlich betritt er mit Gabriel das Paradies und trifft auf Gott selbst, der ihn zu fünfzig täglichen Gebeten verpflichtet[120]. Als er auf dem Rückweg wieder bei Mose vorüberkommt, fragt dieser ihn, wie viele Gebete ihm auferlegt worden seien. Mose empfiehlt Muhammad, bei Gott um die Reduzierung der Gebete zu bitten, bis nur noch fünf Gebete als für die Gläubigen verpflichtend übrig blieben. Als Mose Muhammad ermuntert, bei Gott um eine weitere Reduzierung der fünf Gebete zu bitten, lehnt Muhammad dies ab[121].

"Seinen Zuhörern aber versprach der Prophet: 'Jedem von euch, der diese fünf Gebete gläubig und ergeben verrichtet, werden sie wie fünfzig Gebete vergolten werden'."[122]

Sure 53,13-18 schildert als Ziel der Reise, daß Muhammad Gabriel beim Zizyphusbaum im Paradies stehen sah, und zwar im siebten Himmel. Wenn Muhammad den Engel Gabriel tatsächlich im Himmel gesehen hat, dann beschreiben diese Verse - so die muslimische Anschauung - die Entrückung Muhammads ins Paradies[123].

---

[117] Ibn Ishâq. Leben. S. 83

[118] Nach Ibn Hišâm und at-Tabarî befindet sich die Hölle unter dem ersten Himmel, nach anderen Überlieferungen zwischen Himmel und Hölle: Bencheikh. Mi'râdj. S. 99

[119] Nach Sure 19,56 ein Prophet, der nach Stieglecker. Glaubenslehren. S. 234 von muslimischer Seite manchmal mit dem Henoch des Alten Testamentes gleichgesetzt wurde.

[120] Ob Muhammad Gott von Angesicht zu Angesicht sehen konnte, darüber gehen die Meinungen der muslimischen Theologen auseinander.

[121] Bencheikh. Mi'râdj. S. 99

[122] Nach Ibn Ishâq. Leben S. 84-86

[123] So Stieglecker. Glaubenslehren. S. 362

Im Gedenken an die Himmelsreise, deren Bericht bei Ibn Ishâq später an zahlreichen Stellen ausgeschmückt wurde[124] und von muslimischer Seite nicht immer als authentisches Geschehen verteidigt wurde, sondern auch als "Fiktion"[125] bezeichnet werden konnte, wird heute in der islamischen Welt die Nacht zum 27. Rajab, dem siebenten Monat des islamischen Kalenders, als die Nacht der Himmelsreise (arab. mi'râj) gefeiert. Dieses Ereignis, an dem unter anderem die Traditionsliteratur zur Himmelsreise Muhammads (arab. mi'râj) verlesen wird[126], wird - von Land zu Land in unterschiedlicher Weise - bis zu einer Woche[127], gefeiert.

Das Ereignis ist in allegorischer Interpretation als Vorbild für die mystische Versenkung und Annäherung zu Gott hin erklärt worden. Mystiker deuteten die Himmelsreise Muhammads als Vorbild für das Erheben der Seele nach der Befreiung von allem Fleischlichen zu den Höhen der mystischen Erkenntnis, denn Muhammad kam in die Nähe Gottes und traf auf seine Vorläufer, die übrigen Propheten des Korans. Er hat sogar, wie man aus der Begegnung mit den Propheten geschlossen hat, das Paradies betreten. So wurde die Himmelsreise Muhammads zu einem wichtigen Ereignis für die islamische Mystik.

Ibn Ishâq berichtet, daß Muhammad bei seiner Erzählung von der Nachtreise am nächsten Morgen kein Glaube geschenkt wurde, daß aber Abû Bakr die Wahrheit dieses Ereignisses verteidigte[128]. Später neigte die theologische Schule der Mu'taziliten[129] bei der theologischen Diskussion, ob Muhammad diese Reise und die Himmelsreise im Körper oder nur im Geist, im Schlaf- oder Wachzustand gemacht habe, eher dazu, diese Erzählung als Vision oder Traum Muhammads aufzufassen, so daß Muhammad diese Reise nach Jerusalem nur im Geist, nicht im Körper gemacht habe, während die Orthodoxie eher von einer leiblichen Entrückung im Wachzustand ausgeht[130]. Obwohl die gesamte Reise einige Zeit dauerte, war auf der

---

[124] Hinweise auf später hinzugefügte Details der Himmelsreise Muhammads, bei welcher der Autor im übrigen Verwandtschaft zu schamanistischen Initiationsriten entdeckt, vgl. bei Porter. Journey. S. 66 ff.

[125] So Porter. Journey. S. 67-68 über Fazlur Rahman

[126] Bencheikh. Mi'râḏj. S. 100

[127] Das berichtet Schimmel. Muhammad. S. 140 für Kaschmir.

[128] Ibn Ishâq. Leben. S. 79-80. Vgl. auch die klassische Muhammadbiographie von Haikal. Leben. S. 142ff. Dort findet sich ein Bericht über Muhammads Himmels- und Nachtreise aus einer Kombination von islamwissenschaftlichen Werken und Quellen aus der Überlieferung von Ibn Ishâq/Ibn Hišâm.

[129] Vgl. Lektion 10.A.5.h.

[130] Schimmel. Muhammad. S. 141. Auch at-Tabarî nahm nach Schimmel eher eine wirkliche Reise Muhammads an.

Erde, wie die Überlieferung berichtet, nur sehr kurze Zeit vergangen: Das Bett Muhammads war noch warm, und das Wassergefäß zu seinen Füßen, das er umgestoßen hatte, als er sich erhob, war noch nicht ganz ausgelaufen[131].

Unklarheit herrscht auch über den Zeitpunkt der Entrückung. Sie soll jedenfalls wohl einige Jahre nach Muhammads Berufung zum Propheten geschehen sein[132]. Der frühislamische Historiker Ibn Sa'd z. B. berichtet beide Ereignisse getrennt und nennt für beide Ereignisse genaue Daten: Die Himmelfahrt Muhammads, die er in der Nähe der Ka'ba antrat, habe "in der Nacht des Samstag, des 27. Ramadân, achtzehn Monate vor der hijra[133]" stattgefunden und die Nachtreise vom Heiligtum in Mekka zum Heiligtum nach Jerusalem in "der siebzehnten Nacht des (letzten) Rabî'I vor der hijra"[134]. Die spätere Überlieferung hat dagegen beide Ereignisse zu einer einzigen Reise zusammengefaßt. Auch der angegebene Zeitpunkt, wann diese Ereignisse in Muhammads Lebenslauf stattfanden, variiert in anderen Berichten[135].

g. Die Sündlosigkeit Muhammads

Der Glaube, daß Muhammad sündlos gewesen sei, ist nicht nur Bestandteil der islamischen Volksfrömmigkeit, sondern gehört längst zur offiziellen islamischen Theologie[136]. Da mit der Annahme der Sündlosigkeit Muhammads eine nicht unbedeutende Entfernung von der Lehre des Korans nach Muhammads Tod stattgefunden hat, die die islamische Theologie zu weiten Teilen übernahm, wird das Dogma von der Sündlosigkeit Muhammads hier ebenfalls unter dem Thema Volksfrömmigkeit behandelt.

Trotz der im Koran nicht formulierten Sündlosigkeit und der deutlichen Betonung, daß Muhammad lediglich als Warner und als von Gott beauftragter Botschafter auftrat, der als Mensch auserwählt und von Gott gesandt wurde, um zu seinem Volk zu sprechen, hat die islamische Theologie schon früh die Annahme entwickelt, Muhammad habe in moralischer Hinsicht besondere ausgezeichnete Qualitäten besessen. Daraus hat sich später, vermutlich unter dem

---

[131]Benchcikh. Mi'râdj. S. 98

[132]Stieglecker. Glaubenslehren. S. 366-369

[133]Also etwa um den Beginn des Jahres 620 n. Chr.

[134]Zitiert nach Buhl, Welch. Muhammad. S. 366

[135]Einzelbeispiele der Datierung etwa von Ibn Hišâm oder at-Tabarî s. bei Buhl, Welch. Muhammad. S. 366

[136]Es sollte am Rande erwähnt werden, daß es unter Muslimen allerdings auch Gegner der Lehre von der Sündlosigkeit der Propheten Gottes gibt.

Einfluß der Mystik und der schiitischen Lehre[137], die Annahme enwickelt, er sei sündlos (arab. ma'sûm) gewesen.

Der Begriff, der im Arabischen für Sündlosigkeit verwendet wird, lautet 'isma und bedeutet eigentlich 'Bewahrung' oder 'Schutz', nämlich die Bewahrung, mit der Gott seine Propheten vor der Möglichkeit der Sünde und des Irrtums schützt. Diesen Schutz besitzt der jeweilige Prophet nicht aus sich heraus, sondern er wird ihm von Gott als Gabe verliehen. Hier sei nochmals an das koranische Verständnis von einer Kette von Propheten erinnert, die Allah, beginnend mit Adam und endend mit Muhammad, gesandt hat, um den Menschen in der Geschichte immer wieder die eine gleichlautende Botschaft vom einzigen Schöpfer und ihrer Verantwortung vor dem Jüngsten Gericht zu bringen. Dementsprechend, so nimmt die muslimische Theologie an, hat Allah auch allen Propheten gleichermaßen Sündlosigkeit verliehen.

Die Schiiten erklärten zusätzlich die Imâme für sündlos. Das schiitische Dogma von der Sündlosigkeit der Propheten wurde Bestandteil der offiziellen Theologie, obwohl der Koran immer wieder berichtet, daß die Propheten Gott für ihr Unrecht um Vergebung bitten mußten: Adam in 7,23; Noah in 11,47; Abraham in 14,41; Mose in 28,16; David in 38,24; Muhammad in 110,3 und 48,2, wobei diese letzten Verse keine konkrete Sünde Muhammads nennen. Sure 93,7 berichtet in bezug auf Muhammad, daß Gott ihn von Irrtümern befreite. Andere Koranstellen sprechen ebenfalls davon, daß Gott Muhammad etwas zu verzeihen hatte: Nach Sure 9,43 hatte Muhammad einigen Kämpfern bei einer Schlacht im Jahr 631 gestattet, nicht an ihr teilzunehmen. Gott tadelte ihn für sein voreiliges Vorgehen. Ähnliches berichtet Sure 94,2; allerdings spricht der Vers nicht direkt von Sünde, sondern von einer "Last", die Gott Muhammad abnahm. Deutlicher spricht Sure 48,2 direkt davon, daß Gott Muhammad "Schuld" zu vergeben hatte. Auch die sunnitischen Überlieferungen kennen das Dogma von der Sündlosigkeit Muhammads nicht. Dort finden sich einzelne Berichte, nach denen das Verhalten Muhammads zumindest zu tadeln war[138].

Louis Gardet nimmt mit A. J. Wensinck für das 10. Jahrhundert n. Chr. die erste Erwähnung der Sündlosigkeit Muhammads an[139]. Das Konzept der Sündlosigkeit stammt offensichtlich aus der Schia, denn die Schiiten nahm die Sündlosigkeit seit der ersten Hälfte des 8. Jahrhunderts n. Chr. für die göttlich berufenen und von Gott gelenkten Leiter der Gläubigen (Imâme) an. Zunächst hielt die Schia

---

[137]So nimmt Schimmel. Muhammad. S. 88+90 an.

[138]S. etwa einen Bericht bei Stieglecker. Glaubenslehren. S. 477-478

[139]Gardet. Islam. S. 68

noch Irrtümer bei den Propheten für möglich, erachtete aber schon bald auch Propheten für sündlos[140]. Nach der Schia akzeptierte noch im 8. Jahrhundert als erstes die Mu'tazila das Dogma von der Sündlosigkeit[141].

Im frühen Islam sind die offensichtlichen Irrtümer Muhammads keinesfalls tabuisiert[142], wenn auch schon häufig heruntergespielt worden. Insbesondere wurde schon früh immer wieder betont, daß Muhammad am Götzendienst seiner Landsleute keinen Anteil hatte.

Uneinig ist sich die islamische Theologie darüber, ob Muhammad nur bei seinen Offenbarungen und als Führer seines Volkes oder auch in ganz alltäglichen Dingen irrtumsfrei war[143]; ebenso darüber, ob die Propheten Zeit ihres Lebens oder erst nach ihrer Berufung zum Propheten irrtumslos und ob sie nur von großen oder auch von allen kleinen Sünden befreit waren oder ob die Propheten vielleicht (kleine) Sünden aus Unachtsamkeit oder Vergeßlichkeit begehen könnten[144].

h. Muhammad - der vollkommene Mensch

Die Sammlung von menschlichen Eigenschaften und Vorzügen, die Muhammad nach Meinung der islamischen Theologie vor allen anderen Menschen auszeichneten[145], ist im Islam recht früh zu beobachten. Die folgenden Koranverse waren für muslimische Gläubige Anhaltspunkte für Muhammads Vollkommenheit:

> "Und wir haben dich nur als Barmherzigkeit für die Bewohner in aller Welt gesandt" (21,107).

> "Gott und seine Engel sprechen den Segen über den Propheten. O ihr Gläubigen! Sprecht (ergänze: ihr ebenfalls) den Segen über ihn und grüßt ihn mit angemessenem Gruß" (33,56).

> "Das ist die Aussage eines edlen Gesandten, der beim Herrn des Thrones über Gewalt verfügt und Macht hat" (81,19-20).

Zudem äußert der Koran häufig den Befehl, Gott und seinem Gesandten zu gehorchen. Aus dem Gedanken der besonderen Erwählung des Propheten enstand bald die Vorstellung von einer besonderen Befähigung und von außergewöhnlichen Vorzügen und Eigenschaften bei Muhammad. Auch die Tatsache, daß die Lebens-

---

[140] Madelung. 'Isma. S. 182

[141] Madelung. 'Isma. S. 183

[142] Madelung. 'Isma. S. 182

[143] Stieglecker. Glaubenslehren. S. 472-473

[144] Einige Standpunkte islamischer Theologie führt im einzelnen Madelung. 'Isma. S. 182-184 auf.

[145] Zur Verehrung Muhammads s. etwa Schimmel. Muhammad.

weise des Propheten (arab. sunna) Richtschnur und Leitbild für das Leben eines jeden Gläubigen sein soll und die Erzählungen der Überlieferung (arab. hadît) vor allem daher einen so hohen Stellenwert besitzen, weil sie Aufschluß über das alltägliche Verhalten des Propheten geben, das nicht im Koran dokumentiert ist, trägt ihren Teil zur besonderen Wertschätzung Muhammads bei. Daß das alltägliche Verhalten Muhammads[146] für die muslimischen Gläubigen ein Vorbild sei, soll auch Sure 59,6-7 besagen; ein Text, der von der gerechten Beuteverteilung nach einer erfolgreichen Schlacht spricht. Der Text wurde jedoch im weiteren Sinn auf alles gedeutet, was Muhammad dem einzelnen Gläubigen "gegeben" oder "verwehrt" haben könnte:

> "Und was der Gesandte euch gibt, das sollt ihr nehmen, und was er euch verwehrt, davon laßt ab" (59,7).

Die Rolle Muhammads ist vom Koran her, wie wir bereits gesehen haben, eigentlich klar definiert: Er ist ein Mensch, der sich lediglich dadurch vor anderen Menschen auszeichnet, daß Gott ihn wie schon viele Propheten vor ihm mit einer besonderen Botschaft beauftragt hat. Ganz deutlich macht der Koran, daß damit weder eine Inkarnation Gottes noch eine Vergöttlichung des Menschen stattgefunden hat. Für Jesus lehnt der Koran ja gerade diese Vergöttlichung eines Menschen ab. Der Bereich zwischen Gott und Mensch bleibt im Koran immer klar getrennt; es findet keine Vermischung statt. Die guten Eigenschaften Muhammads nach der Überlieferung und dem Volksglauben haben jedoch schon gottähnliche Züge. Er

> "übertraf ..., da er zum Mann heranwuchs, alle seine Mitbürger an edler Männlichkeit, Sittenreinheit, an nachbarlicher Hilfsbereitschaft, an Sanftmut und Wahrhaftigkeit in seiner Rede und an Treue, wenn es galt, sein gegebenes Wort einzulösen. Weit mehr als jeder andere verabscheute er Unzucht und entehrende Laster; seine Mitbürger nannten ihn wegen seiner schlichten Ehrlichkeit und Aufrichtigkeit schließlich überhaupt nur mehr den 'Getreuen' ... "[147]

Ferner berichtet die Überlieferung, Muhammad sei schon im Kindesalter stets gepflegt gewesen und hätte sich später durch seinen Mut, seine Güte und seine Freigebigkeit ausgezeichnet[148]. Er fastete mehr als vorgeschrieben, er war wohltätig und selbstlos, mitleidig,

---

[146]Für deutsche Muslime gibt eine Zusammenstellung von Texten aus der Überlieferung darüber Auskunft, wie Muhammad seine täglichen Verrichtungen wie Essen und Trinken, Gebet, Ruhen, seine Waschungen usw. ausgeführt hat und ermuntert den Leser dazu, diesen Gewohnheiten Muhammads ganz nachzueifern: von Denffer. Tag.

[147]Stieglecker. Glaubenslehren. S. 413

[148]Stieglecker. Glaubenslehren. S. 413

bescheiden, anspruchslos, er verzieh, er war gelduldig, humorvoll, nachsichtig, höflich, liebenswürdig, fröhlich und heiter gegen seine Frauen, auch wenn sie ihm Verdruß bereiteten oder ihm widersprachen[149]:

"Von der Tücke des Trugs war sein Herz ganz rein.
Sein Herz war schlicht, seine Bedeutung erhaben,
seine Worte süß, seine Eleganz sehr schön.
Während sein Wesen Liebe zu den Geschöpfen war, legte er aus Erniedrigung einen groben Mantel an.
Er besaß Demut und Genügsamkeit,
aus Gerste war sein Gericht und seine Suppe.
Allahs Namen erwähnte er beständig; für alles, was von Allah kommt, war er beständig dankbar.
Allah sagte: Ich will Berge zu Gold machen,
mit vielerlei Annehmlichkeiten will ich dich befriedigen!
O Herr des Wohltuns!, erwiderte jener Geliebte Allahs.
Um meiner Gemeinde willen bin ich mit diesem Zustand zufrieden,
um ihretwillen nehme ich die Mühsal hin,
möge sie meine Gemeinde würdig für das Erbarmen machen!"[150]

War seine äußere Erscheinung auch schön und vollkommen, so konnte diese äußere Schönheit doch nur ein Abbild innerer Vollkommenheit sein. Für die islamische Frömmigkeit besaß Muhammad letztlich alle positiven Charaktereigenschaften, die ein Mensch nur besitzen kann, wie Demut, Erbarmen, Liebenswürdigkeit, Rücksichtnahme auf Schwache, freundlichen Ernst, Anspruchslosigkeit in persönlichen Belangen sowie Kinder- und Tierliebe:

"Auch Tierliebe gehörte zu seinen Eigenschaften - einer an sich bösen Frau, die einmal einen Hund vor dem Verdursten bewahrt hat, wird das Paradies versprochen, und besonders liebte der Prophet Katzen. Schnitt er sich nicht den Ärmel seines Mantels ab, als er zum Gebet aufstand und die auf seinem Ärmel schlummernde Katze nicht stören wollte? Infolgedessen sagt sogar eine Überlieferung: 'Katzenliebe ist Teil des Glaubens ...'"[151]

"In Krieg und Frieden, in Heim und Welt, in der Religion wie in jeder Phase von Handel und Wandel ist Muhammad das Idealbild sittlichen Verhaltens. Was immer er getan hat, ist Vorbild für den Gläubigen."[152]

---

[149]Stieglecker. Glaubenslehren. S. 414-417

[150]Aus der Überlieferung zitiert nach Jockel. Geisteswelt. S. 263

[151]Schimmel. Muhammad. S. 42

[152]Schimmel. Muhammad. S. 48

"Kurz, Muhammad wird je länger je mehr zum Urbild aller menschlichen Schönheit und Reinheit, in dem sich edelste Eigenschaften äußerlich manifestieren"[153], denn

immer wieder wird von der muslimischen Theologie betont, Muhammad habe insbesondere mit dem Götzendienst seiner Landsleute nichts zu tun gehabt und habe sich von ihm fern und rein gehalten.

Allerdings gibt es aus der Sicht der westlichen Islamwissenschaft dafür einige gegenteilige Anzeichen: Zum einen sei daran erinnert, daß Muhammad auch nach islamischer Überlieferung zunächst den drei weiblichen Gottheiten al-Lât, Manât und al-'Uzza eine Sonderrolle als Töchter Gottes einräumte, die er später widerrief[154]. Zweitens scheint festzustehen, daß Muhammad noch vor der Auswanderung nach Medina (arab. hijra), im Jahr 622/23 n. Chr. an den Riten, die mit der Ka'ba verbunden wahren, teilgenommen hat[155]. Geht man nicht wie die muslimische Theologie von der Sündlosigkeit und wie die muslimische Tradition von der Sonderrolle Muhammads infolge seiner besonderen Beauftragung und Auserwählung seit seiner Kindheit aus, sondern davon, daß Muhammad mit dem Beginn der Offenbarungen gegen den Glauben seiner Landsleute anzupredigen begann, besteht kein Anlaß, zu glauben, Muhammad habe in den rund 40 Jahren vor Beginn seiner Verkündigungen prinzipiell nicht an den heidnischen Riten der vorislamischen Araber teilgenommen.

Zu den berühmtesten Muhammadbiographien aus muslimischer Sicht, die aus dem Arabischen auch ins Englische und sogar Deutsche übersetzt wurde, gehört zweifellos Muhammad Husain Haikals (1889-1958)[156] 1936 entstandene Biographie, die zuerst ab 1932 in Artikelform erschienen war[157]. Diese Biographie trägt den Titel 'Das Leben Muhammads'. Haikal, der eine 'wissenschaftliche' Biographie schreiben wollte, stellte den Menschen Muhammad in den Mittelpunkt. Haikal griff nicht, wie es eigentlich üblich gewesen wäre, im großen Umfang auf die klassische Überlieferung, insbesondere die älteren Werke, zurück, wofür er von orthodoxen islamischen Theologen nicht unerheblich kritisiert wurde. Das bedeutet allerdings nicht, daß er die Überlieferung gar nicht beachtet hätte; Erzählungen über die Öffnung von Muhammads Brust werden

[153]Schimmel. Muhammad. S. 32

[154]Vgl. Lektion 1.5.d.

[155]So Pedersen. Masdjid. S. 645

[156]Zu Haikals Lebenslauf s. ausführlich Sabanegh. Muhammad. 115ff. Sabanegh analysiert Quellen und Methodik von Haikals Muhammadbiographie ausführlich, außerdem die einiger anderer zeitgenössischer Muhammadbiographien.

[157]Sabanegh. Muhammad. S. 25

durchaus erwähnt[158]. Orientalistische Literatur zitiert er, weist aber ihre Ansätze in etlichen Punkten zurück. Trotz aller angestrebten Wissenschaftlichkeit bleibt Muhammad für Haikal natürlich auch als Mensch das höchste Ideal, das unvergleichliche Vorbild, eine "edle Natur"[159], das "Genie"[160], an das niemand heranreicht. Über Muhammads Aussehen schreibt er:

> "Muhammad war von anmutigem Aussehen, von mittlerer Gestalt und hatte einen schönen Kopf mit tiefschwarzem herabhängendem Haar, einer breiten Stirn über zwei dichten, gebogenen, durchgehenden Augenbrauen und große, schwarze Augen, deren Weiß an den Seiten leicht gerötet war und die durch lange tiefschwarze Wimpern an Anziehungskraft und Klugheit in ihren Blicken noch zunahmen. Er hatte eine gleichmäßige, feine Nase, wohlgeordnete Zähne, einen dichten Vollbart, einen langen, schönen Hals, eine breite Brust und breite Schultern, eine helle Hautfarbe und kräftige Hände und Füße ... Er sprach wenig, hörte viel zu und neigte zu ernsthafter Rede, wenngleich er sich nicht weigerte, an einem Spaß teilzunehmen oder selbst zu scherzen. Dabei sprach er jedoch immer die Wahrheit ... Wenn er sich ärgerte, sah man davon keine Spur außer dem Hervortreten einer Ader zwischen seinen Augenbrauen, denn er unterdrückte seinen Ärger und wollte nicht, daß sein Zorn sichtbar wurde. Er neigte zu Geduld, aufrichtiger Teilnahme und Gewissenhaftigkeit ... sowie zu Güte, Freigebigkeit .... Diese in ihm vereinten Eigenschaften hinterließen einen tiefen Eindruck bei allen, die mit ihm zusammentrafen; und wer ihn sah, empfand sofort Ehrfurcht, und wer mit ihm zu tun hatte, liebte ihn."[161]

> "Er war der Frohmütigste unter den Menschen und der, der am häufigsten lächelte ... Zu Hause war er seiner Familie zu Diensten, reinigte seine Kleidung und besserte sie aus, molk sein Schaf, flickte seine Sandalen, sorgte für sich selbst ... tröstete den Schwachen, Notleidenden und Armen ... Er war voller Demut und zutiefst treu."[162]

i. Muhammad-Reliquien

Trotz der 'ungünstigen' Voraussetzungen für eine Verehrung Muhammads und vor allem aufgrund seiner eigenen Versicherungen, er sei nur ein Mensch gewesen, kennt die islamische Frömmigkeit - vor allem der Volksglaube - sogar Reliquien Muhammads, die in verschiedenen Zentren den Gläubigen gezeigt werden.

Unter diesen Reliquien nehmen die Barthaare des Propheten eine besondere Stellung ein, die in verschiedenen Moscheen - manchmal nur an bestimmten Festtagen - zu sehen sind. Die Prophetenbart-

---

[158]Haikal. Leben. S. 59-60

[159]Haikal. Leben. S. 99

[160]Haikal. Leben. S. 6

[161]Haikal. Leben. S. 73-74

[162]Haikal. Leben. S. 187

haare waren schon recht früh in der islamischen Geschichte als glückbringende Reliquie von außerordentlicher Bedeutung[163].

Als weitere wichtige Reliquien sind häufig Schuhe Muhammads zu sehen. Im 6./7. Jahrhundert n. Chr. wird bereits ein echter Schuh des Propheten im Besitz des Ahmad ibn 'Utmân genannt. Interessanterweise gehören auch Schriftstücke mit der Handschrift des Propheten zu den islamischen Reliquien, und das, obwohl die offizielle Theologie ja stets betont hat, daß Muhammad gar nicht lesen und schreiben konnte[164]. Darüberhinaus existieren mehrere Prophetengewänder an verschiedenen Orten und Prophetenmäntel[165], ebenso mehrere Fußabdrücke in Stein, die Dokumente für Muhammads Himmelsreise sein sollen. So sind z. B. in Ägypten mehrere Fußabdrücke Muhammads Gegenstand der Verehrung. Über die Frage der Echtheit dieser Fußabdrücke Muhammads, deren Zahl für die gesamte islamische Welt zusammengenommen nicht unerheblich ist, geht die Meinung der muslimischen Theologen weit auseinander.

Ernst Bannerth berichtet von mehreren, in Kairo aufbewahrten Muhammadreliquien, die teilweise nur noch aus der Geschichtsschreibung bekannt und heute nicht mehr vorhanden sind. So sollen in früheren Jahrhunderten einmal ein Teil einer Lanze, einer Holzschüssel, ein Stäbchen zum Auftragen von Khul auf die Augenlider und eine Feuerzange mit Pfriemen in Kairo aufbewahrt worden sein[166]. Die Reste dieser Reliquien, die mehrmals ihren Standort wechselten, wurden Ende des 19. Jahrhunderts in die berühmte Moschee Sayyidnâ Husain (die Moschee des Prophetenenkels) überführt. Einige der ehemaligen Gegenstände sind verschollen, andere kamen hinzu, so daß Mitte der Siebziger Jahre dieses Jahrhunderts, als Bannerth seine Forschungen in Kairo durchführte, dort ein Gefäß, der Khul-Stift, ein Stück eines Hemdes, ein Stock und zwei Barthaare des Propheten in einem silbernen Reliquienkästchen gezeigt wurden[167].

Das wichtigste Heiligtum dieser Moschee ist jedoch keine Muhammadreliquie, sondern das Haupt des Prophetenenkels al-Hu-

[163]So Goldziher. Heiligenverehrung. 362-365.

[164]Vgl. Lektion 2.C.8.

[165]Etwa im Topkapi Museum im ehemaligen Sultanspalast in Istanbul, dessen Besuch für das Studium islamischer Reliquien sehr lohnend ist. Vgl. auch das Buch: Der Topkapi Serail. Die heiligen Reliquien.

[166]Bannerth. Wallfahrtsstätten. S. 16 mit Quellenangaben

[167]Bannerth. Wallfahrtsstätten. S. 17

sain[168], das allerdings noch an sechs weiteren Orten der islamischen Welt Gegenstand der Verehrung ist (in Najaf, bei Kûfa, in Kerbala, in Medina, in Damaskus und in Raqqa[169]). Zu diesem Heiligtum werden sunnitische Pilgerfahrten zum Geburtstag (die Feiern dauern vom 7.-21. Rabi' II.) und zum Todestag al-Husains am 10. Muharram durchgeführt[170]. Bannerth berichtet von Traktaten, die den Besucher der Grabstätte al-Husains zu Demut und Anstand anhalten und von Liedern, die sich an al-Husain direkt wenden und am Heiligtum al-Husains gesungen werden. Ein solches Lied lautet beispielsweise:

"Singet und sprechet: O welch Glück für uns!
Sayyidnâ Husain ist uns nah.
Licht des Sohnes der Tochter des Erwählten (Muhammads)
Erleuchte unsere Herzen und belebe uns!
Held des Glaubenskrieges von Karbalâ',
Schönheit der Jugend, Vollmond der Höhe!
Wer dir die Basmala[171] widmet
den erhält und behütet unser Herr ..."[172]

j. Der Geburtstag des Propheten

Ursprünglich ist das Festhalten des Geburtstagsdatums und die Geburtstagsfeier eines gewöhnlichen Menschen in der islamischen Welt unbekannt. Noch immer werden in den meisten islamischen Ländern, vor allem im ländlichen Bereich, Geburtstage nicht registriert und erst bei Bedarf (etwa beim Umzug in die Stadt oder einem Krankenhausaufenthalt) 'festgelegt'. Selbst Mütter können die Geburtsdaten ihrer Kinder dann nur ungefähr benennen. Warum dann aber der Geburtstag des Propheten und die Geburtstage einiger seiner Familienmitglieder und der lokalen Heiligen solch eine Bedeutung erlangen konnten und ob dies möglicherweise eine Anknüpfung an christliche Traditionen und das Weihnachtsfest ist, darüber gibt es meines Wissens noch keine ethnologische Untersuchung.

Je länger Muhammad verstorben war, desto stärker und desto mehr rankten sich Berichte und Legenden um seine Person. Schon

---

[168]Bannerth. Wallfahrtsstätten. S. 22 gibt aus den Schriften einiger Historiker die muslimische Sichtweise wieder, wie das Haupt al-Husains nach Ägypten gekommen sein soll.

[169]Bannerth. Wallfahrtsstätten. S. 27 mit Belegen aus der islamischen Literatur

[170]So Hildegard Müller. Studien. S. 43. Dies ist um so erstaunlicher, da die Verehrung des Prophetenenkels al-Husains ja eigentlich zum schiitischen Glaubensgut gehört.

[171]Also die Formel "Im Namen Gottes, des Gnädigen und Barmherzigen", die jede Sure außer Sure 9 einleitet.

[172]Bannerth. Wallfahrtsstätten. S. 25-27

bevor sich die Feier des Prophetengeburtstags (arab. mawlid oder mawlûd) etablieren konnte, war das Geburtshaus Muhammads in Mekka von der Mutter des Kalifen Hârûn ar-Rašîds (786-809 n. Chr.), al-Haizurân (gest. 789/790 n. Chr.), in ein Andachts- und Bethaus umgewandelt worden[173]. Ebenso wie man Muhammads Grab in Medina besuchen konnte, wurde nun sein Geburtshaus zu einem Ort, an dem der Gläubige Segen zu empfangen hoffte[174].

Heute gehört die Feier des Prophetengeburtstages[175] zusammen mit dem Fest des Fastenbrechens (arab. 'îd al-fitr) und dem Opferfest (arab. 'îd al-adhâ) zu den drei größten Festen im sunnitischen Islam[176], obwohl es keine Vorschrift in Koran oder in der Überlieferung gibt, die das Begehen dieses Festes vorschreiben würde. Der Prophetengeburtstag war ursprünglich ein schiitisches Fest. Es wird außerdem nicht in allen islamischen Ländern gefeiert.

Der (im übrigen unbekannte und daher kurzerhand auf den überlieferten Todestag des Propheten verlegten) Geburtstag des Propheten wird am 12. Rabî'I, dem dritten Monat im islamischen Mondkalender, gefeiert[177].

Die Feierlichkeiten nahmen wohl in der Fatimidenzeit in Ägypten (969-1071 n. Chr.) ihren Anfang[178].

> Die älteste Quelle, die die Feier des Prophetengeburtstags erwähnt, ist Ibn al-Ma'mûn (gest. 1192 n. Chr.)[179]. Da seine Beschreibung des Festes aber erst aus dem 12. Jahrhundert stammt, als die Feierlichkeiten schon seit ungefähr 150-200 Jahren begangen wurde, kann keine Rede davon sein, daß diese Quelle über die frühe Form der Feierlichkeiten Auskunft geben könnte. Alle früheren Quellen, die erhalten sind, sagen nichts Sicheres über den Zeitpunkt des Beginns und die Art und Weise der Feier des Geburtstagsfestes (arab. mawlûd) aus.

---

[173] von Grunebaum. Festivals. S. 73 und Schimmel. Muhammad. S. 124

[174] Später wurde dieses Haus umgebaut. Vgl. Fuchs, de Jong. Mawlid. S. 895

[175] Erst kürzlich ist mit Kaptein. Birthday. eine auf Quellen basierende Monographie veröffentlicht wurden, die sich ausschließlich der Herkunft und Bedeutung der Feier des Prophetengeburtstages in der islamischen Welt widmet.

[176] Auch die Schiiten feiern den mawlûd, aber hier sind andere Feste wie die 'Âšûra-Feierlichkeiten wichtiger. Vgl. Kaptein. Birthday. S. 1

[177] Nicht überall und zu jeder wurde exakt dieses Datum beibehalten.

[178] Allerdings ist die Quellenlage, da viele Primärquellen verlorengegangen sind, überaus dürftig. Schimmel. Muhammad. S. 124. N. J. G. Kaptein. Birthday. S. 23 nimmt nach dem Studium aller verfügbaren frühen Quellen für den Zeitpunkt des Beginns dieser Feier etwa die Zeit um 1024/1025 n. Chr. an.

[179] So Kaptein. Birthday. S. 7ff., der auch noch weitere frühe Quellen anführt.

Die schiitischen Fatimiden feierten in Kairo auch den Geburtstag 'Alîs, Fâtimas (möglicherweise auch den al-Hasans und al-Husains) und den des jeweils regierenden Kalifen[180], der eine bedeutende Rolle bei den Feierlichkeiten spielte. Eine Prozession, Predigten und Koranrezitationen waren Bestandteile der Feier[181]. Die Feier zum Geburtstag Muhammads unterschied sich offensichtlich nicht von den Geburtstagsfeiern für die anderen Kalifen oder Verwandten Muhammads.

Diese schiitische Tradition scheint nach dem Fall der Fatimiden weiterbestanden zu haben und wurde etwa ab dem 12./13. Jahrhundert n. Chr. auch von sunnitischer Seite aufgegriffen[182]. Die früheste Geburtstagsfeier (arab. mawlûd) in sunnitischem Bereich scheint noch vor dem Fall der Fatimiden Ende des 11. Jahrhunderts n. Chr. von dem berühmten syrischen Herrscher Nûr ad-Dîn (1118-1174 n. Chr.) abgehalten worden zu sein[183]. Ibn Jubayr (1145-1217 n. Chr.) beschreibt diese Feier für Mekka[184]. Auch in Andalusien scheinen Feiern bereits Mitte des 13. Jahrhunderts n. Chr. stattgefunden zu haben[185]. Aber wohl ebenfalls schon im 13. Jahrhundert regte sich Widerspruch gegen dieses Fest[186]. So hatten manche Theologen wie etwa Ibn Taimiyya (gest. 1328 n. Chr.) Bedenken gegen die Feier des Prophetengeburtstagsfestes, da sie es als unzulässige Neuerung (arab. bid'a) betrachteten. Diese Stimmen konnten sich jedoch nicht durchsetzen: Offensichtlich wurde die Tradition in Ägypten von den Mamluken im 14. und 15. Jahrhundert n. Chr. fortgesetzt. 1588 führte der osmanische Sultan Murâd III. das Fest offiziell an seinem Hof ein[187]. Es verbreitete sich in den folgenden Jahrhunderten ungeachtet der Opposition des wahhabitischen Islam Saudi-Arabiens[188] rasch über die gesamte islamische Welt.

Heute wird das Fest in den meisten islamischen Ländern mit ein oder zwei Feiertagen begangen. Ägypten ist das Land, in dem einerseits sehr viele Geburtstagsfeiern jedes Jahr abgehalten wurden. J.

---

[180]Fuchs, de Jong. Mawlid. S. 895

[181]Kaptein. Birthday. S. 30

[182]von Grunebaum. Festivals. S. 73

[183]Kaptein. Birthday. S. 31

[184]Kaptein. Birthday. S. 42

[185]Kaptein. Birthday. S. 139

[186]Kaptein. Birthday. S. 74

[187]Fuchs, de Jong. Mawlid. S. 895

[188]Dort ist das Fest verboten. Erst im Jahr 1983 wurde in Saudi-Arabien ein Buch veröffentlicht, daß heftig gegen diese Feier Stellung bezog: 'Abd Allâh Ibn Manî'. hiwâr ma'a al-mâlikî fî-radd munkarâti-hî wa-dalâlâti-hî. al-Riyâd 1403/1983 Darauf verweist Kaptein. Birthday. S. 44-45.

Knappert spricht von etwa 300 Geburtstagsfeiern jährlich, die in den 1970er Jahren mit offizieller Erlaubnis abgehalten wurden[189]. Andererseits ist Ägypten das Land mit der umfangreichsten Literatur, die sich entweder nur für eine Reformierung oder sogar ganz gegen diese Feierlichkeiten wendet[190].

In früheren Jahrhunderten wurden auf den Festen Gedichte rezitiert. Herrscher, Sufis und das Volk nahmen gleichermaßen teil[191]. Große Bedeutung hatte auch die Anwesenheit von Gästen[192] bei den Feierlichkeiten. Heute können zu einem Geburtstagsfest des Propheten oder auch anderer Persönlichkeiten der islamischen Geschichte Gebete, Predigten, Koranrezitationen, Gedichte, das Erzählen von Wundergeschichten in Muhammads Leben, Essen, Tanz, das Verteilen von Almosen und Kerzenprozessionen usw. gehören. Mit den Feiern gehen häufig Veranstaltungen von mystischen Vereinigungen (ḏikr-Veranstaltungen) Hand in Hand. Wohl schon im 13. Jahrhundert n. Chr. spielten Sufis in Kairo bei den Feierlichkeiten eine große Rolle[193], und diese Tendenz setzte sich fort[194]. Bei den 'Veranstaltungen des Gottgedenkens' (arab. ḏikr) werden wie bei den mystischen Zeremonien durch besondere gemeinschaftlich ausgeführten rhythmische Bewegungen, Atmung, Musik und die häufige Rezitation der Namen Allahs als Lobpreis, das Bekenntnis "Gott ist am größten" (arab. Allâhu akbar) oder "es gibt keinen Gott außer Gott" eine tiefe Versenkung bis zur Trance erreicht, die als Versenkung bis zur Einheit mit Gott empfunden wird.

Kenneth Cragg übersetzt ein Gebet zum Geburtstag des Propheten aus einer im Jahr 1938 in Kairo veröffentlichten Gebetssammlung:

> "O Gott, bei der Ehre deines erwählten Propheten und deines gesegneten Gesandten,
> dem Verwalter deiner himmlischen Offenbarung,
> reinige unsere Herzen von jedem Makel,
> der uns weit weg von dem Schauen deiner und deiner Liebe fortbrächte.
> Laß uns sterben, o Gott, in der Loyalität zur Sunna und der Gemeinschaft
> und in dem Wunsch, dir zu begegnen, o du Herr der Herrlichkeit und Ehre.

[189] Fuchs, de Jong. Mawlid. S. 896

[190] Auch der Reformtheologe Muhammad Rašîd Ridâ soll sich nach Fuchs, de Jong. Mawlid. S. 897 gegen diese Feiern ausgesprochen haben.

[191] In der Fatimidenzeit scheint das Fest nur von den Herrschern und ihrem Hof gefeiert worden zu sein.

[192] Kaptein. Birthday. S. 42

[193] Fuchs, de Jong. Mawlid. S. 895

[194] von Grunebaum. Festivals. S. 77

O Gott, ich baue mein Leben darauf, daß es keinen Gott gibt außer Gott
und daß Muhammad sein Diener und Gesandter ist."[195].

k. Der Name Muhammads

Der Name Muhammads bedeutet von seiner arabischen Wurzel h-m-d (arab. hamada) her loben oder preisen. Muhammad steht dann etwa für der 'Vielgepriesene' oder 'der des Lobes Würdige'. Diesem Namen schrieb man schon früh besondere Segenskraft zu und stellte - besonders in der Mystik - gerne Verbindungen zu einem der Namen Gottes her[196]. Der Name Muhammad bestand von Anbeginn an und wird bis zum Paradies bestehen bleiben, wie ein Mystiker gelehrt hat:

"Und mit diesem Namen Muhammad nannte Adam ihn und suchte seine Fürbitte, und Segnungen auf Muhammad wurden bei Evas Hochzeit ausgesprochen ... und mit diesem Namen wird Jesus ihn im Jenseits anreden, wenn er um Fürbitte bittet, und mit diesem Namen redete Gabriel ihn bei der Himmelfahrt an und zu anderen Zeiten, und auch Abraham nannte ihn bei diesem Namen während seiner Himmelsreise. Und der Engel der Berge redete ihn mit diesem Namen an, und mit diesem Namen stieg der Todesengel weinend auf, als er seine Seele forttrug. "Weh mir, ach, Muhammad!" Und mit diesem Namen nannte er sich dem Paradieseshüter, als er bat, das Paradies zu öffnen und das für ihn aufgetan ward ..."[197]

Es hat - besonders in Dichtung und Mystik - Strömungen gegeben, die es bald ablehnten, den Namen Muhammad für profane Zwecke, also etwa als Name für Kinder, zu gebrauchen, ja, ihn überhaupt auszusprechen[198]. Parallel dazu entstanden Loblieder und Lobgedichte, aber auch Prosaschilderungen, die Muhammads Taten, seine Tugenden und Vorzüge als "geistigen Leiter der Gemeinde und Fürsprecher am Tage des Gerichtes, als Wundertäter und als Siegel der Propheten"[199] priesen. In der Mystik konnte sich die Sehnsucht nach den heiligen Stätten mit der Sehnsucht nach Muhammads Schutz und Hilfe verbinden:

"Prinz von Medina, höre mein Rufen!
Die Reise steht unter deinem Schutz!
Du führst die Reisenden zum anderen Ufer!

---

[195]Cragg. Pilgrimage. S. 279

[196]So Schimmel. Muhammad. S. 97-98

[197]Zitiert nach Padwick. Devotions. S. 43, übersetzt von Schimmel. Muhammad. S. 98-99

[198]Schimmel. Muhammad. S. 103. Dies erinnert an die Scheu der nachbiblischen Juden, den Namen Gottes auszusprechen.

[199]Schimmel. Muhammad. S. 163

Herr von Medina, höre mein Rufen!
Auf dich richtet sich meine Hoffnung,
Ich denke keines anderen Helfers!
Bräutigam von Medina, höre mein Rufen!
Komm wieder, Muhammad!
Der Sünder hoffet auf dich!"[200]

Ähnlich schreibt ein arabischer Dichter des 15. Jahrhunderts in seinen 'Sonnenaufgängen in Prophetenobliedern':

"O Gesandter des Gottes - ein Fremdling bin ich:
So schütze mich, du bist die Zuflucht der Fremden!
O Gesandter des Gottes, ein Armer bin ich -
So hilf mir, denn du bist der Retter der Armen.
O Gesandter des Gottes, krank bin ich und schwach -
So heile mich - Heilung erhofft man von dir!
O Gesandter des Gottes, wenn du mir nicht hilfst,
Bei wem könnte Zuflucht ich finden, bei wem?"[201]

Darüberhinaus fehlte es nicht an Versuchen, den Namen Muhammads als für die Zukunft angekündigten Propheten im Alten und Neuen Testament aufzufinden[202].

Auf weitere Entwicklungen der Verehrung Muhammads und seines Namens sei nur am Rande hingewiesen; wie etwa in der islamischen Mystik auf die weithin aufgegriffene Vorstellung von Muhammad als Licht, das in die dunkle Welt gekommen ist. Verbunden ist hiermit der Gedanke an eine Präexistenz Muhammads als Licht, das Gott zu Beginn der Schöpfung schuf und aus dem alles weitere hervorging[203]. Nach den Worten des Volksdichters Yunus Emre in Anatolien sprach Gott:

"Schuf Ich ihn aus Meinem eigenen Licht,
Und Ich lieb ihn gestern so wie heute.
Ohne ihn, was tät Ich mit den Welten?
Mein Muhammad mein! Aus Licht Mein Ahmad!"[204]

"Daneben lebt die weitverbreitete Auffassung von Muhammad als dem Erlöser und Vermittler aller Gnaden, der bei Gott im Himmel für seine Gemeinde eintritt und dessen Geist auf wunderbare Weise beim

---

[200]Aus einem Sindhi-Gedichtwerk von Šhâh 'Abdul Latîf aus dem frühen 18. Jahrhundert, zitiert nach Schimmel. Muhammad. S. 168

[201]Zitiert nach Schimmel. Muhammad. S. 171

[202]Vgl. Lektion 2.C.11.b.

[203]De Jong. Bruderschaften. S. 491. Dies erinnert an den christlichen Lehrsatz von der Präexistenz Jesu vor Grundlegung der Welt.

[204]Schimmel. Muhammad. S. 112-113 mit Quellenangabe: Yunus Emre Divani. Istanbul, 1943. S. 577 CCLIII

liturgischen Ritual der Bruderschaften (hadra) und beim Lesen bestimmter Stellen aus den maulids[205] anwesend ist"[206].

Der Geist Muhammads ist also noch heute unter den Gläubigen anwesend. Muhammad ist der vollkommene Mensch (arab. al-insân al-kâmil), in dem sich Gott offenbart hat, der gewissermaßen das Bindeglied zwischen der natürlichen und der übernatürlichen Welt darstellt. Er ist nach den Worten von 'Abdul Qâdir Gîlânî, dem Gründer eines Sufi-Ordens im 12. Jahrhundert n. Chr,

> "verherrlicht worden mit allen Eigenschaften; ihm wurden alle Worte mitgeteilt ... er ist die Feder des Schreibers, ... die Pupille im Auge der Welt, der Meister, der das Siegel des Daseins geschmiedet hat ... er ist der Dolmetscher der Zunge der Ewigkeit; er trägt das Banner der Ehre ... er ist die Mittelperle im Halsband des Prophetentums und die Perle im Diadem der Gesandten ... er ist der erste in der Ursache, der letzte im Dasein ..."[207]

l. Der Tod Muhammads

Muhammad war nach der muslimischen Theologie ja nur ein Mensch, aber doch immerhin der größte und wichtigste Prophet. Keine Unklarheit besteht im Gegensatz zum Tod Jesu über seinen Tod. Der Koran berichtet zwar nichts darüber, aber die historischen Berichte sind eindeutig: Muhammad starb eines natürlichen Todes etwa im Alter von 61-63 Jahren, wie die Überlieferung berichtet, im Schoß seiner Lieblingsfrau Aischa ('Â'iša). Schon Sure 3,144 spricht von der Möglichkeit des Todes Muhammads im Kampf. Nach einer Überlieferung wandte sich Muhammad dagegen, daß nach seinem Tod sein Grab ein Wallfahrtsort werden sollte[208]. Er regelte seine persönlichen Angelegenheiten, betete noch einmal in der Moschee und nahm Abschied von seiner Gemeinde[209], ohne jedoch (so nimmt zumindest die sunnitische Mehrheit der Muslime an) über die Frage seiner Nachfolge gesprochen zu haben. Der Engel Gabriel erschien ihm und wachte bei ihm bis zu seinem Tod. Nach einer anderen Überlieferung wurde Muhammad von einer Jüdin Zaynab bint al-Hâriṯa aus Rache für den Tod ihres Mannes, Onkels und Vaters im Kampf gegen die Muslime, mit vergifteten Schafsfleisch getötet. Damit wäre Muhammad für seinen Glauben gestorben und zum

[205] Gedichte über die Zeit vor oder nach der Geburt Muhammads, die oft bei der Feier des Geburtstags des Propheten oder beim Gedenken seiner Himmelsreise gesprochen werden.

[206] De Jong. Bruderschaften. S. 491

[207] Andrae. Person. zitiert nach Schimmel. Muhammad. S. 117

[208] Stieglecker. Glaubenslehren. S. 460

[209] Stieglecker. Glaubenslehren. S. 459ff.

Märtyrer geworden[210]. Die überwiegende Ansicht tendiert jedoch dazu, einen friedlichen Tod anzunehmen.

9. Die 99 schönsten Namen Allahs

Auch die '99 schönsten Namen Gottes' sind nicht nur Bestandteil des 'Volksislam', sondern auch der offiziellen Theologie. Da es bei den 99 Namen Allahs jedoch nicht nur um eine rein dogmatische Aussage geht, wird dieses Thema in der Lektion Volksislam behandelt.

Die Annahme, daß Allah 99 Namen besitze, mit denen die Gläubigen ihn anrufen können, stützt sich auf Sure 7,180: "Und Gott gehören die schönen Namen zu. Ruft ihn damit an ..." (vgl. auch 17,110; 20,8; 59,24). Ähnlich lautet die Überlieferung (arab. hadîṯ): "Gott hat 99 Namen oder einen weniger Hundert. Wer sie kennt, wird in's Paradies eintreten."[211]

Zu diesen schönsten Namen, die der Koran zwar praktisch alle im Text, aber nirgends im Zusammenhang aufführt, gehören Bezeichnungen wie der Erbarmer, der Barmherzige, der Heilige, der Treue, der Beschützer, der Allmächtige, der Schöpfer, der Verzeiher, der Allwissende, der Freigebige, der Demütigende, der Hörende, der Sehende, der Nachsichtige, der Große, der Bewahrer, der Abrechnende, der Edelmütige, der Weise, der Liebende, der Wahre, der Verläßliche, der Starke, der Helfer, der sterben läßt, der Unveränderliche, der Erste, der Letzte, der Tugendreiche, der zum Guten Führende, der Rächer, der Verzeihende, der Wohlwollende, das Licht, der Führer, der Bleibende, der Gerade, der Geduldige[212].

Die Zahl 99 bedeutet allerdings nicht, daß dies alle Namen Gottes wären, die der Koran nennt, denn man könnte darin noch sehr viel mehr Namen finden. Daß die Zahl 99 nur mehr ein Symbol ist, macht auch die Tatsache deutlich, daß nach volksislamischer Auffassung der 100. Name Gottes den Gläubigen verborgen ist. Daß diese Aufzählung der Namen niemals dazu gedacht war, Gottes Wesen umfassend zu beschreiben, sondern eigentlich zur Meditation (arab. ḏikr) diente und daher Gottes Wesen oft gründlich mißverstanden wurde, vertritt vehement Daud Rahbar[213].

---

[210] Stieglecker. Glaubenslehren. S. 456-457

[211] Zitiert nach Kriss, Kriss-Heinrich. Volksglaube. S. 68. Bei keinem der hadîṯ-Überlieferer findet sich jedoch eine Liste dieser Namen, die erst später zusammengestellt wurde. Vgl. die Liste bei Kriss, Kriss-Heinrich. ebd. S. 68-71.

[212] Kriss, Kriss-Heinrich. Volksglaube. S. 68-71

[213] Rahbar. God. S. 221ff.

"Alle diese Namen besitzen für den volksgläubigen Muslim Zauberkraft; unter ihnen jedoch gibt es sieben, die diese Gewalt in einem stärkeren Ausmaße als alle anderen haben, und zwar sind es jene Namen, die mit den sieben geheiligten Buchstaben beginnen, d. h. mit jenen Buchstaben, die in der fâtiha[214] nicht enthalten sind. Diese sieben Namen sind folgende: fard (f) (der Einzige); gabbâr (g) (der Allmächtige); šakûr (s) (der Danknehmende); ṯâbit (t) (der Feste; zâhir (z) (der Erscheinende); ẖabîr (h) (der Kundige); zakî (z) (der Reine) ... Da aber jeder Buchstabe des arabischen Alphabets auch einer Zahl entspricht, werden diese Namen in den Zauberformeln häufig durch Zahlen ausgedrückt"[215].

Diese Tatsache der magischen Verwendung der Gottesnamen ist auch für die Erstellung der beliebten magischen Buchstaben- oder Zahlenquadrate von Bedeutung, die etwa als Geburtsamulette, aber auch als Schutzamulette verwendet werden. Darüberhinaus kann aber auch jeder Buchstabe des arabischen Alphabets für einen Gottesnamen stehen[216].

Auf den besonderen Bereich der Magie wird hier nicht näher eingegangen. Darunter fallen z. B. die Verwendung von Zauberliteratur, Eide und Beschwörungen[217], die Zukunftsdeutung (Wahrsagerei), die Abhaltung von Zeremonien zur Vertreibung und Besänftigung von Geistern durch Schlachtopfer[218] oder durch gemeinschaftliche Tänze[219] (arab. zâr), die zum Teil bei Heiligengräbern abgehalten werden, damit die Heil- und Segenskraft (baraka) des Heiligen auf den Kranken übergeht und der in einem Menschen wohnende Geist (jinn)[220] besänftigt.

Es folgt ein Beispiel für eine Zusammenstellung der 99 schönsten Namen Gottes aus Koran und Überlieferung[221]:

"Die Schönsten Namen Gottes nach dem Koran und der Tradition (arab. al-asmâ' al-husna)

---

[214]Also in der ersten Koransure

[215]Kriss, Kriss-Heinrich. Volksglaube. S. 71

[216]Kriss, Kriss-Heinrich. Volksglaube. S. 72 geben die Liste des Mystikers al-Bûnî aus dem 14. Jahrhundert wider, der jedem Buchstaben des arabischen Alphabets einen bestimmten Symbolwert beimaß und hiervon ausgehend dann jedem Buchstaben einen Gottesnamen beilegte.

[217]Einzelne Beispiele vgl. bei Kriss, Kriss-Heinrich. Volksglaube. S. 74ff.

[218]Das Blut wird dabei zur Abwehr oder zum Schutz vor den Geistern (arab. jinn) etwa an das betreffende Haus gestrichen.

[219]Beispiele vgl. bei Kriss, Kriss-Heinrich. Volksglaube. S. 140ff.

[220]De Jong. Bruderschaften. S. 494-495

[221]Die Formulierung bzw. Übersetzung der Bezeichnungen kann von Fall zu Fall etwas variieren.

Gott,
Der Erbarmer, der Barmherzige,
Der König, der Heilige, das Heil,
der, der Gewißheit gibt, der Beschützer, der Mächtige,
der Gewaltige, der Stolze,
der Schöpfer, der Erschaffer, der Gestalter,
der Verzeihende, der Besiegende, der Freigebige, der Versorger, der Ebnende,
der Wissende, der, der eng macht, der, der weit macht,
der, der erniedrigt, der, der erhöht,
der, der Macht verleiht, der, der demütigt,
der Hörende, der Sehende,
der Richter, der Gerechte,
der Feinfühlige und Kluge, der Kundige, der Milde, der Großartige,
der Vergebende, der Dankbare,
der Erhabene, der Große,
der Hüter, der Ernährer, der Abrechnende,
der Ehrwürdige, der Vortreffliche,
der Bewahrer, der Erhörende,
der Umfassende, der Weise, der Liebreiche, der Glorreiche, der Wiedererweckende,
der Zeuge, der Wahrhaftige, der Sachwalter,
der Starke, der Standhafte, der Freund,
der, der des Lobes würdig ist, der Erfassende (Aufzeichnende),
der, der beim ersten Mal erschaffen hat, der, der wieder erschaffen wird,
der Lebensspender, der, der sterben läßt,
der Lebendige, der in sich Bestehende,
der ins Dasein Rufende, der Edle,
der Eine
der Souveräne, der Mächtige, der Allmächtige, der, der die Dinge früher schickt, der, der die Dinge später schickt,
der Erste, der Letzte, der Offenbare, der Verborgene, der Herrschende,
der Transzendente,
der Gütige, der Gnädige, der Rächer, der Nachsichtige,
der Mitleidige,
der, der die Königsherrschaft besitzt,
der, der die Majestät und die Verehrung besitzt,
der gerecht Handelnde, der Versammelnde,
der Reiche, der reich Machende,
der Verbietende, der, der Schaden schickt, der, der Nutzen schickt,
das Licht, der Rechtleitende,
der ohnegleichen Schaffende,
der Bleibende, der alles Erbende,

der, der auf den rechten Weg bringt,
der Geduldige"[222].

Diese Bezeichnungen Gottes sind so allgemein gehalten und so häufig auf die Allmacht und Schöpferkraft Gottes bezogen, daß auch der Gott der Bibel so beschrieben werden könnte, denn kein Attribut wäre wohl mit dem biblischen Gottesbild unvereinbar, so lange nicht die muslimische Dogmatik näher ausführt, was z. B. "der Eine" oder "der Erbarmer" bedeutet.

Erwähnt werden soll in diesem Zusammenhang der islamische Rosenkranz mit 99 Perlen oder 33 Perlen zum dreimaligen wiederholen von Gebetsformeln: "Gepriesen sei Gott" (arab. subhâna llâh), "Gelobt seit Gott" (arab. al-hamdu li-llâh) und "Gott ist am größten" (arab. allâhu akbar). Diese Formeln werden je 33 mal, meist nach den Pflichtgebeten, gesprochen. Auch zur Krankenheilung und zum Aufzählen der 99 schönsten Namen Allahs wird der Rosenkranz benutzt[223].

10. Volksislam im Spannungsfeld

Nicht immer bestanden und existieren die vielfältigen Formen des Volksislams in friedlicher Koexistenz neben dem offiziellen Islam, also der orthodoxen Lehre in einem bestimmten Land. Viel häufiger besteht ein Spannungsverhältnis zwischen beiden Frömmigkeitsebenen, und in der Geschichte hat es nicht wenige Versuche gegeben, die vermeintlichen 'Auswüchse', die extremen Formen der Volksfrömmigkeit einzudämmen oder sogar abzuschaffen. Annemarie Schimmel berichtet etwa von Versuchen des ägyptischen Unterrichtsministers im Jahr 1934, die verschiedenen Formen der Prophetenverehrung zu beschneiden[224]. Im Iran und im indo-pakistanischen Raum haben die schiitischen Trauerfeierlichkeiten im Gedenken an den Märtyrertod des Prophetenenkels al-Husain am 10. Muharram des Jahres 661 mit Selbstgeißelungen mit Schwertern und Ketten bis zu Ohnmacht, Verletzung und Tod[225] immer wieder Anlaß zu Besorgnis gegeben.

Ein Beispiel des offiziellen Eingreifens in verschiedene, etablierte Formen des Volksglaubens stellen auch die tiefgreifenden Reformen Kemal Atatürks in der Türkei dar. Atatürk, der zu Beginn des 20. Jahrhunderts durch die Abschaffung des Kalifats die islamische Welt ihres jahrhundertealten geistlichen Führungsamtes beraubt hatte, verbot im Zuge der Umwandlung der Türkei von einer reli-

[222]Zitiert nach Khoury. Gebete. S. 42-43

[223]Kriss, Kriss-Heinrich. Volksglaube. S. 54-55+57

[224]Schimmel. Muhammad. S. 127

[225]Einzelheiten dazu vgl. z. B. bei Grunebaum. Festivals. S. 87ff.

giösen Gemeinschaft in einen säkularen Staat durch Trennung von Religion und Staat 1925 die Derwischorden[226], schloß die Wallfahrtsstätten, führte die Lateinschrift anstelle der alten osmanischen Schrift mit arabischen Zeichen ein, verbot die damals übliche 'islamische' Kleidung wie Schleier und Fez[227] und hob die religiöse Gerichtsbarkeit auf. Er wollte damit der Türkei den Weg - weg vom Volksglauben - hin zum Fortschritt eröffnen. Diese Entwicklungen und Bestimmungen sind heute, da sie in weiten Teilen nicht von der Mehrheit der Bevölkerung mitgetragen wurden, längst unterlaufen und teilweise offiziell wieder aufgehoben worden. Atatürk proklamierte:

> "Die türkische Republik kann kein Land von Derwischen, Schejchen und Ekstatikern sein. Der beste Weg ist der Weg der Zivilisation. Von der Zivilisation, von der Wissenschaft und von der Technik kommt unsere Kraft; und dementsprechend gehen wir voran ... Die Absicht der Derwischkonvente ist es, das Volk geistesabwesend und dumm zu machen. Das Volk hat sich jedoch dafür entschieden, nicht geistesabwesend und dumm zu werden."[228]

In einer weiteren Rede formulierte Atatürk:

> "Es ist sinnlos, dem Strom der modernen Kultur und Zivilisation widerstehen zu wollen. Völker, die mit einer mittelalterlichen Mentalität und mit primitiven Legenden marschieren, sind gegenüber der modernen Zivilisation dazu verdammt, entweder zu verschwinden oder in die Sklaverei zu geraten."[229]

11. Volksglaube im Christentum

Bevor man angesichts der vielfältigen Formen des 'Volksislam' auf die islamische Welt als 'zurückgeblieben' und 'im Aberglauben verstrickt' herabblickt, sollte man sich klarmachen, daß diese Phänomene zwar alle vorhanden sind, nicht aber den Glauben eines jeden Muslims beschreiben und keine eigentliche Grundlage im Koran haben. Das Problem des Synkretismus - in Afrika etwa aufgrund der Vermischung von traditionellen animistischen Vorstellungen mit islamischen Elementen durch eine häufig nur oberflächliche Islamisierung vieler ehemaliger oder noch gegenwärtig als Stammesgesellschaften organisierter Gruppen - kennt jede Religion, einschließlich des Christentums. Und letztlich sollte man bedenken, daß auch im Bereich des Christentums, auch in Europa, im 'aufgeklärten' 20. Jahrhundert zahlreiche, magische, abergläubische und im christ-

---

[226]Sie bestanden jedoch im Untergrund weiter.

[227]Die traditionelle Kopfbedeckung für Männer in der Türkei

[228]Zitiert nach Haas. Volksfrömmigkeit. S. 53

[229]Zitiert nach Haas. Volksfrömmigkeit. S. 53

lichen Abendland weit verbreitete Praktiken bis hin zur Schwarzen Magie und spiritistischen Sitzung existieren, die gerade in neuerer Zeit mit der Suche nach spirituellen Erfahrungen einen neuen Aufschwung erfahren haben. Es wäre ein Fehler, anzunehmen, daß der säkularisierte Mensch nicht abergläubisch sein könnte. Und so wie sich nicht jeder Abendländer verstanden fühlen wird, dem unterstellt wird, die von der Kirche im 1. Weltkrieg gesegneten Waffen oder die Kreuzzüge des Hochmittelalters verteidigen zu wollen oder der bekennende Christ kein Verständnis für 'christliche' abergläubische Praktiken (Himmelsbriefe, Schutzbriefe usw.) und Reliquien (wie Splitter vom Kreuz Christi) aufbringen wird, so wird auch nicht jeder Muslim diese Erscheinungsformen islamischer Frömmigkeit verteidigen oder selbst praktizieren.

LEKTION 17-23: ISLAM UND CHRISTENTUM

LEKTION 17: DIE PROPHETEN IM KORAN

1. Das Christentum im Koran

Die Aussagen des Korans über das Christentum und vor allem über den Inhalt der Bibel sollen nun ausführlicher dargestellt werden, wobei sich der überwiegende Teil auf die Erzählungen der alt- und neutestamentlichen Propheten im Koran konzentriert. Allerdings behandelt der Koran nicht alle Propheten der Bibel. So fehlen z. B. wichtige Propheten wie Jesaja, Jeremia oder Hesekiel. Im Koran werden nur wenige Aussagen über die Lehrinhalte der Bibel gemacht.

Der Koran gibt keinen vollständigen Überblick über den Inhalt der Bibel, sondern erwähnt nur bestimmte Ereignisse. Etliche alttestamentliche Prophetengeschichten werden abgewandelt nacherzählt. Vom Neuen Testament berichtet der Koran noch weniger. Es ist interessant, daß der Koran nichts von der Bergpredigt und den Lehren Jesu wiedergibt, wichtige Personen wie die Apostel Paulus oder Petrus nicht erwähnt und weder die neutestamentlichen Briefe noch die Offenbarung des Johannes kennt. Es wird im Koran allerdings auf einzelne Ereignisse aus den Evangelien angespielt.

Vom Alten Testament berichtet der Koran vergleichsweise ausführlicher, nämlich von der Schöpfung mit der Erschaffung des Menschen und dem Sündenfall, von Kain und Abel, Noah, Mose und dem Auszug der Israeliten aus Ägypten und der Wüstenwanderung. Er schildert das Leben Abrahams und erzählt von David und Salomo, Josef, Hiob, Jona, Elias und Elisa und anderen Personen. Aus dem Neuen Testament nennt der Koran nur Zacharias, Maria, Johannes den Täufer und Jesus und seine Jünger[1]. Allerdings muß

[1]So auch Busse. Beziehungen. S. 66-67

betont werden, daß die wenigen Aussagen, die der Koran überhaupt über Jesus macht, ausschließlich aus den vier Evangelien stammen.

Selbst dort, wo der Koran konkret die früheren Offenbarungen erwähnt, geschieht dies nur pauschal. Er bezieht sich also niemals auf das erste oder zweite Buch Mose, sondern nur allgemein auf *die* Torah (arab. taurâh), ohne genauer zu definieren, ob er damit das Gesetz des Mose oder die fünf Bücher Mose oder sogar das ganze Alte Testament meint[2] (vgl. 23,49; 2,87). Ebenso spricht der Koran nur ganz allgemein von *dem* Evangelium (arab. injîl), das Jesus den Menschen als Botschaft Gottes gebracht habe, ohne zu erläutern, ob damit eines der vier Evangelien gemeint ist oder alle vier Evangelien zusammen oder nur einfach die gute Botschaft[3]. Gleichermaßen erwähnt der Koran, daß Gott David *die* Psalmen (arab. zabûr) offenbart habe (4,163), ohne darauf einzugehen, daß im Alten Testament nicht alle Psalmen von David stammen[4]. Schon diese pauschalen Angaben über die äußerliche Aufteilung der Bibel weisen deutlich darauf hin, wie wenig detailliertes Wissen Muhammad vom Inhalt der Bibel gehabt haben kann.

Welche Teile der Bibel werden im Koran erwähnt?
1. Mose (Mûsâ) erhielt die Torah (arab. taurâh)
2. David (Dâwûd) erhielt die Psalmen (arab. zabûr)
3. Jesus ('Îsâ') erhielt das Evangelium (arab. injîl)

2. Das Christentum in der Überlieferung (hadît)

Die Überlieferung (arab. hadît), die das Christentum natürlich ebenfalls behandelt, soll hier nur kurz erwähnt werden, weil die Überlieferungstexte ohnehin nichts wesentlich Neues zu dem Bild hinzufügen, das der Koran von Christen (und Juden) entwirft. Auch in der Überlieferung (hadît) werden beide Gruppen[5] als 'Buchbesitzer' (arab. ahl al-kitâb) bezeichnet. Hier wird sowohl Juden als auch Christen der Vorwurf der Schriftverfälschung gemacht.

[2]Arabische Wörterbücher führen daher heute alle drei Bedeutungen unter dem arabischen Begriff taurâh auf.

[3]Evangelium bedeutet im Griechischen ja eigentlich 'gute Nachricht' oder 'frohe Botschaft'.

[4]Außerdem erwähnt der Koran noch 'die Weisheit' (arab. hikma) (3,48; 5,110), ohne jedoch deutlich zu machen, um welche Art Schrift es sich hierbei handelt.

[5]Mit den Juden beschäftigen sich mehr Texte als mit den Christen.

Sie sind untereinander gespalten und sprechen nicht die Wahrheit, sondern verbergen sie. Auch in der Überlieferung (arab. hadîṯ) werden die Christen klar als ungläubig (arab. kâfir) bezeichnet, weil sie mit der Verehrung Jesu und Marias - so ihr Verständnis - wie die vorislamischen Araber die Sünde der 'Beigesellung' anderer Götter neben Gott (arab. širk) begangen haben und nun die Höllenstrafe auf sie wartet. Zu dieser Position war Muhammad gegen Ende seines Lebens gelangt[6].

3. Biblische Propheten im Koran

Auf der anderen Seite verblüfft immer wieder, wie viele Geschichte und wie viele Personen aus der Bibel uns im Koran begegnen. Man hat angenommen, daß bis zu 70% des Korantextes biblische Parallelen haben. Diese Zahl mag vielleicht etwas hoch gegriffen sein. Es ist aufgrund der vielen ähnlich lautenden Aussagen und zahlreichen Parallelen klar, daß ein einzelner Vers, der aus dem Koran herausgegriffen wird, noch nicht unbedingt dazu ausreicht, den Islam als zur Bibel widersprüchlich darzustellen. Vielmehr ist es bei den Prophetenerzählungen häufig die Gesamtheit der Aussagen, der Zusammenhang oder der Schluß, der aus einer Erzählung gezogen wird, die den Unterschied zur biblischen Aussage klarmachen. Darüberhinaus muß bedacht werden, daß Muhammad nicht ausschließlich biblische Stoffe zu Ohren gekommen sein dürften. Gerade angesichts seiner sehr wahrscheinlichen Berührung mit christlichen und jüdischen Häresien und apokryphen und pseudoepigraphischen Schriften ist es nicht verwunderlich, daß die koranischen 'biblischen' Erzählungen auch manches nichtbiblische Gedankengut enthalten. Dieses Material stammt aus jüdischen oder christlichen außerbiblischen Quellen aus Muhammads Umgebung und prägte das Bild, das Muhammad vom Christentum erhielt, entscheidend mit[7].

Die äußerliche Ähnlichkeit von Bibel und Koran zeigt sich z. B. daran, daß Jesus im Koran häufig als "Christus" bezeichnet wird. Man könnte nun vorschnell schließen, daß der Jesus des Neuen Testamentes und der Jesus des Korans dieselben sind. Der Titel 'Christus' bedeutet im Koran allerdings nicht, daß Jesus für Muslime auch der 'Gesalbte', also, der im Alten Testament vorhergesagte Erlöser der Menschen ist, der als Sohn Gottes in die Welt kommt, um seine Gemeinde zu erretten.

Daß nach Muhammads eigener Auffassung seine Botschaft mit den Offenbarungen früherer Propheten übereinstimmte, wurde be-

---

[6]Zusammenfassung des Artikels von Wijoyo. Christians. S. 83-105

[7]Hinzu kommt, daß es zu Muhammads Lebzeiten aller Wahrscheinlichkeit nach noch keine arabische Bibelübersetzung gegeben hat.

reits zu Beginn deutlich, ebenso die Tatsache, daß er die Ablehnung seiner Person und Botschaft mit der Vorherbestimmung Gottes erklärte, denn er wurde wie die früher gesandten Propheten von seinen Landsleuten zunächst abgelehnt. Im folgenden wird - unter Voraussetzung der Kenntnis der biblischen Prophetengeschichten - die koranische Prophetologie behandelt.

Der Koran führt (je nach Zählung) etwa 25 Propheten ausführlich auf und nennt darüberhinaus noch rund weitere 15 nur beim Namen bzw. spielt kurz auf Ereignisse an, die mit ihrer Person in Zusammenhang stehen. Der überwiegende Teil dieser Propheten begegnet uns schon im Alten und Neuen Testament; nur eine Minderheit ist dem Kenner der Bibel nicht vertraut, da sie nur im Koran vorkommen[8].

Die wichtigsten biblischen Propheten des Korans
Âdam (Adam)
Nûh (Noah)
Ibrâhîm (Abraham)
Ismâ'îl (Ismael)
Ishâq (Isaak)
Lût (Lot)
Ya'qûb (Jakob)
Yûsuf (Josef)
Mûsâ (Mose)
Hârûn (Aaron)
Dâwûd (David)
Sulaimân (Salomo)
Ilyâs (Elias)
Alyasa' (Elisa)
Yûnus (Jona)
Ayyûb (Hiob)
Zakarîyâ (Zacharias)
Yahyâ (Johannes)
'Îsâ (Jesus)

Darüberhinaus nennt der Koran biblische Personen wie Maryam (Maria) oder den ägyptischen Pharao, die zwar keine Propheten sind, aber dennoch aus der Bibel bekannt sind.

[8]Schimmel. Prophet. S. 86 zählt 28 Propheten, Stieglecker. Glaubenslehren. S. 189 nur 25, davon 19 aus dem Alten und Neuen Testament.

Außerbiblische Propheten im Koran
Idrîs (damit ist möglicherweise Henoch gemeint)
Hûd
Dû l-Kifl
šu'aib
Sâlih
Muhammad

Unter diesen Propheten nehmen Abraham (Ibrâhîm), Nûh (Noah), Mûsâ (Mose), 'Îsâ (Jesus) und Muhammad nochmals eine Sonderstellung ein. Die 'Eckpfeiler' der islamischen Heilsgeschichte und die wichtigsten Prophetengestalten vor Muhammad sind außer Muhammad im Koran zweifellos Abraham, Mose und Jesus. Unter diesen nimmt wiederum Abraham, der nach muslimischem Verständnis der Stammvater des Islam, nach jüdischem und christlichem Verständnis jedoch der Stammvater von Judentum und Christentum ist, eine Sonderstellung ein.

Mehrere dieser Propheten des Korans werden mit besonderen *Titeln* gekennzeichnet: Adam ist der Erwählte Gottes (arab. safîy Allah), Noah der Prophet Gottes (arab. nabî Allâh), Abraham der Freund Gottes (arab. halîl Alllâh), Mose der Sprecher Gottes (arab. kalîm Allâh) und Muhammad der Gesandte Gottes (arab. rasûl Allah) und das Siegel (arab. hatam) der Propheten[9].

Der Koran spricht auch davon, daß einzelne Propheten vor anderen von Gott besonders ausgezeichnet wurden:

> "Das sind die Gesandten. Wir haben die einen von ihnen vor den anderen ausgezeichnet. Mit einigen von ihnen hat Gott geredet. Einigen von ihnen hat er einen höheren Rang verliehen. Und wir haben Jesus, dem Sohn der Maria, die deutlichen Zeichen geschenkt und wir haben ihn mit dem heiligen Geist[10] gestärkt" (2,253).
>
> "Einige der Propheten haben wir vor den anderen bevorzugt. Und dem David haben wir einen Psalter zukommen lassen" (17,55).

Die Propheten und das immer wiederkehrende Muster ihrer Beauftragung durch Gott, der Verkündigung ihrer Gerichtsbotschaft, ihrer Verspottung und des hereinbrechenden Gerichts spielen im Koran eine so wichtige Rolle, daß in den Prophetenerzählungen der Angelpunkt der koranischen Geschichts- und Heilsgeschichtsauffassung erkannt werden kann:

[9]Diese Aufzählung der Beinamen der Propheten s. bei Parrinder. Jesus. S. 40. Zu den Titeln Jesu vgl. Lektion 18.A.4.-9.

[10]Oder: dem Geist der Heiligkeit

"Das 'Geschichtsbild' oder die Betrachtung der Historie, wie sie sich im Koran darstellt, kann als Prophetenzentriert beschrieben werden, oder, wie man auch sagen könnte, als Muhammadzentriert"[11].

Mit all diesen Propheten hat Gott einen Bund geschlossen (33,7) und sie gesandt, damit sie mit der von Gott empfangenen Botschaft ihr Volk vor dem drohenden Gericht warnen und zum Glauben aufrufen. Die meisten dieser Prophetengeschichten werden im Koran nicht in derselben Ausführlichkeit wie in der Bibel erzählt. Vieles wird vielmehr nur angedeutet und ist nur vor dem Hintergrund der jüdischen bzw. christlichen Erzählungen des Alten und Neuen Testamentes verständlich. W. M. Watt trifft ohne Zweifel den Eindruck des Lesers der koranischen Prophetenerzählungen, wenn er schreibt:

"In der Regel werden die Geschichten so erzählt, als ob vorausgesetzt wird, daß die Zuhörerschaft sie einigermaßen kennt"[12].

Betrachtet man die Gestalten des Alten und Neuen Testamentes im Koran, so wird deutlich, daß sie gewissermaßen aus zweierlei Bestandteilen von Muhammad 'geschaffen' wurden (so würde zumindest eine nichtmuslimische Analyse lauten). Der Koran entwirft für die dort vorkommenden Propheten mit Hilfe der biblischen Stoffe ein ganz bestimmtes 'Berufsbild', das die muslimische Theologie weiter ausgebaut und erläutert hat. Wie dieses Bild des Propheten im Koran und in der muslimischen Theologie aussieht, soll im folgenden erläutert werden, bevor die Geschichte der koranischen Propheten im einzelnen dargestellt wird. Auf der anderen Seite wird in den Prophetenerzählungen Muhammads eigene Lebensgeschichte deutlich. Nach dem Koran haben alle Propheten ihre Landsleute vor Götzendienst und Verächtlichmachung des drohenden Gerichts gewarnt. Dies waren jedoch eigentlich Muhammads persönliche Schwierigkeiten. Die einzelnen Propheten sind keine eigenständigen Charaktere mehr, wie sie uns in der Bibel begegnen und die Prophetenerzählungen werden zu Schablonen, die als Illustrationshintergrund für die Umstände dienen, in denen Muhammad selbst lebte.

Die Propheten nehmen im Koran eine sehr wichtige Stellung ein. Sie sind Gottes Gesandte auf der Erde, die den Menschen seine Botschaft zu verkündigen und nicht davon abzuweichen oder Kompromisse zu schließen haben, ganz gleich, ob die Menschen ihnen Glauben schenken oder sie verspotten und verfolgen. Die Propheten sind bei Gott besonders geehrt und werden mit den Engeln und Märtyrern im Paradies einen besonderen Rang einnehmen.

---

[11]Bakker. Man. S. 98

[12]Watt, Welch. Islam. S. 202

Die beiden Begriffe für 'Prophet' lauten im arabischen 'nabî' und 'rasûl'. Nabî steht für einen Verkünder Gottes (arab. naba'a im 2. Stamm = benachrichtigen, unterrichten, in Kenntnis setzen, mitteilen, verkünden und im 5. Stamm vorhersagen, prophezeien). Rasûl bedeutet 'Gottes Gesandter' (arab. rasala im 4. Stamm = senden, schicken, aussenden). Ob zwischen beiden Begriffen ein Bedeutungsunterschied besteht, wird von der muslimischen Theologie nicht eindeutig beantwortet. Einige Theologen sind der Meinung, ein 'nabî' sei zwar ein Gesandter Gottes, ein 'rasûl' darüberhinaus aber ein Empfänger göttlicher Botschaften, der die Offenbarung auch überbringt bzw. verkündigt wie etwa Jesus das Evangelium[13].

Eigentlich unterscheidet sich nach Auffassung muslimischer Theologen der Prophet, der den Menschen Gottes Botschaft verkündet, von den anderen Menschen nicht. Er hat keine übernatürlichen Fähigkeiten, die ihm etwa ermöglichen würden, auf Nahrung zu verzichten. Deshalb wird bei muslimischen Apologeten oft hervorgehoben, daß Jesus nicht Gott sein konnte, denn er aß, trank und schlief. Damit ist aus Sicht der islamischen Theologie bewiesen, daß er nur ein Mensch gewesen sein kann, sonst wäre er nicht den Gesetzen der Schöpfung unterworfen gewesen.

Allerdings unterscheidet der Prophet sich dahingehend von anderen Menschen, daß ihm Gott eine Botschaft mitgeteilt hat und er damit eine Kenntnis der Botschaft Gottes besitzt, die er auf natürliche Weise nicht hätte erlangen können.

4. Die Beglaubigungswunder der koranischen Propheten

Gott bestätigt jeden seiner Gesandten, indem er ihn ein Wunder tun läßt, nämlich das bereits erwähnte sogenannte Beglaubigungswunder[14] (arab. mu'jiza). Das arabische Wort mu'jiza steht für

> "das, was unfähig macht, nämlich was die Gegner eines auftretenden Propheten unfähig macht, die Echtheit seiner Sendung mit innerer Überzeugung zu leugnen, etwas, was seine Feinde mundtot macht, sie zum Schweigen bringt"[15].

Ebenso kann das Wunder auch eine Unterlassung sein, etwa, daß eine bestimmte Sache, die sonst immer geschehen ist, nun nicht mehr geschieht. Das wäre der Fall, wenn ein in der Natur sonst übli-

[13]Diese mögliche Unterscheidung erwähnt Stieglecker. Glaubenslehren. S. 153. Vgl. auch die Erläuterung beider Begriffe bei Watt, Welch. Islam. S. 222-223

[14]Vgl. Lektion 2.C.7. zum Beglaubigungswunder Muhammads

[15]Stieglecker. Glaubenslehren. S. 158

cher Ablauf außer Kraft gesetzt wird, wenn z. B. eine Quelle versiegt.

Bedingungen für ein echtes Wunder nach 'Abdarrahmân al-Îjî
1. Das Wunder muß Gottes Tat sein. Es darf nicht der Prophet selbst sein, der das Wunder bewirkt. Gott ist vielmehr der eigentliche Verursacher, denn Gott beweist mit dem Wunder, daß der Prophet tatsächlich sein Gesandter ist. Allerdings ist der Prophet der Ausführende des Wunders. Es geschieht also auch nicht ohne seine Beteiligung, damit der Prophet bei irgendeinem ungewöhnlichen Ereignis später nicht erklären kann: dies war mein Beglaubigungswunder.
2. Das Wunder muß eine wirkliche Abweichung von den sonst üblichen Ereignissen in der Natur darstellen[16] und damit als wirkliches Wunder erkennbar sein.
3. Das Wunder muß sich durch die Hand des Propheten selbst - und durch keine andere Person - ereignen.
4. Durch die Hand des Propheten muß genau das Wunder geschehen, das er vorher angekündigt hat und nicht etwas anderes, das er später für sein Beglaubigungswunder ausgibt.
5. Der Mann, der das Wunder angekündigt hat, darf durch das Wunder nicht als Lügner entlarvt werden[17].
6. Es muß schwierig sein, gegen das Wunder Einspruch zu erheben.
7. Ferner muß das Wunder den Propheten bestätigen und darf ihn nicht etwa als Lügner entlarven, indem z. B. ein Vogel zu sprechen beginnt und den Propheten als Betrüger bezeichnet.
8. Das Wunder darf erst geschehen, *nachdem* der Prophet mit seiner Behauptung, ein Prophet Gottes zu sein, hervorgetreten ist. Ein Mann darf also nicht im Nachhinein, nachdem sich durch ihn oder in seiner Umgebung etwas Übernatürliches ereignet hat, dieses Ereignis zu seinem Beglaubigungswunder erklären.

[16]Es muß keine Abweichung von den sogenannten Naturgesetzen sein, denn nach al-'Îjî gibt es keine unaufhebbaren Naturgesetze, so daß sie Gott jederzeit durchbrechen kann.

[17]Indem er z. B. einen Vogel zum Sprechen bringt und dieser ihn als Lügner bezeichnet.

Die muslimische Theologie hat sich vielfach um eine Definition für dieses Beglaubigungswunder bemüht. Der aš'aritische Theologe 'Abdarrahmân al-Îjî (gest. 1355 n. Chr.) hat für ein echtes Wunder mehrere Bedingungen genannt[18], die alle erfüllt sein müssen, wenn es sich um ein echtes Wunder handeln soll.

Wenn alle diese Bedingungen einwandfrei erfüllt sind, ist damit erwiesen, daß Gott einen Propheten in seiner Sendung beglaubigt hat, da Gott niemals einen Betrüger mit einem echten Wunder, das sonst niemand vollbringen kann, legitimieren würde. Umgekehrt muß jeder Prophet durch ein Wunder bestätigt werden. Ohne dieses Wunder ist sein Prophetenamt nicht erwiesen[19].

Gott läßt die Propheten, die sterbliche Menschen mit den ihnen eigenen Begrenzungen sind, gewissermaßen einen Blick hinter die Kulissen seines Wirkens tun. Sie gewinnen Erkenntnis von Gott, die sie den Menschen zu übermitteln haben, sie stehen also "mit beiden Welten in Verbindung"[20], indem sie von Gott ihre Botschaft erhalten, die sie den Menschen als Wissen über Gott mitteilen.

5. Die Sündlosigkeit der koranischen Propheten

Gott gibt den Propheten besondere Gnade und schenkt ihnen daher die sogenannte 'isma[21] (= Verhinderung, Bewahrung, Schutz vor einem Übel). Das bedeutet, daß Gott seine Propheten vor der Sünde bewahrt. Muslimische Theologen haben sich die Frage gestellt, inwieweit und vor welcher Sünde (vor großen oder auch vor kleinen Sünden) ein Prophet bewahrt bleibt. Absichtliche Lüge wird wohl einhellig als für unvereinbar mit seinem prophetischen Auftrag betrachtet, da der Verkündiger sonst ja die Botschaft Gottes ebenfalls verfälschen könnte. Ebenso nimmt man übereinstimmend an, der Prophet könne kein Ungläubiger sein. Uneinigkeit besteht dagegen in der Frage, ob der Prophet unbeabsichtigt oder auch beabsichtigt kleine Sünden tun kann oder ganz und gar frei von jeglicher Sünde ist, außerdem darüber, ob der Prophet nur während seines Wirkens als Prophet diesen göttlichen Schutz vor der Sünde genießt, oder sein ganzes Leben hindurch oder von dem Zeitpunkt seiner ersten

---

[18]'Abdarrahmân al-'Îjî. kitâb al-mawâqif fî 'ilm al-kalâm. Kairo 1325/1907, 8. Buch, S. 222ff., dargestellt nach Stieglecker. Glaubenslehren. S. 159-160 und von Bülow. Hadithe. S. 165-167

[19]Es gibt auch muslimische Kritiker der Wunder der Propheten, die versuchen, die Wunder auf natürlichem Weg zu erklären. Für sie sind die Erweise des Prophetenamtes die geistigen Tugenden wie etwa Muhammads Standhaftigkeit im Kampf für Gott. Vgl. Stieglecker. Glaubenslehren. S. 165ff.

[20]Stieglecker. Glaubenslehren. S. 177

[21]Nach Stieglecker. Glaubenslehren. S. 185ff.

Berufung an. Manche Theologen sind der Ansicht, daß trotz der göttlichen Bewahrung vor Sünde (arab. 'isma) der Prophet in weltlichen Dingen, die mit seiner Sendung nicht in Verbindung stehen, durchaus fehlgehen kann. Dieses Thema wurde bereits im Zusammenhang mit der Sündlosigkeit Muhammads näher behandelt[22].

6. Adam und seine Frau im Paradies

a. Adam als Prophet

Adam[23] gehört zu den Personen[24], die der Koran als einen der bedeutendsten Propheten aufzählt; er gehört wie Noah, die Familie Abrahams und 'Imrâns zu denen, die Gott "vor den Menschen in aller Welt" auserwählt hat (3,33). Die Erzählung von Adam und seiner Frau im Paradies macht im Koran im Vergleich zum Bericht des Alten Testamentes den Eindruck einer verkürzten Erzählung, deren Schwerpunkte zudem ganz anders gelagert sind als in der Bibel. Die Elemente der koranischen Adamerzählung, die nicht aus der Bibel in den Koran übernommen sind, stammen wohl teilweise aus der jüdischen, teilweise aus der christlichen Tradition[25].

b. Die Erschaffung der ersten Menschen

Im Koran gilt Adam wie im Alten Testament als der Stammvater der Menschheit (4,1). Sure 38,71-72 kündigt die Erschaffung Adams aus Erde an, und Gott formte ihn aus Lehm und Schlamm (15,26).

> Dieser Lehm wurde nach einer auf Muhammad zurückgehenden Überlieferung für Adams Kopf von der Ka'ba und für die Brust und den Rücken von Jerusalem genommen[26]. Damit wird Adam in der Überlieferung sofort mit den heiligen Stätten des Islam in Verbindung gebracht.

Gott blies Adam seinen Geist ein (15,29) und gab ihm "Geist ... Gehör ... Gesicht und Verstand" (wörtlich: "Herz") (32,9). Damit ist nach Ansicht der Koranausleger jedoch nicht gemeint, daß dem

---

[22]Vgl. Lektion 16.8.g.

[23]Wichtige Koranstellen über Adam im Koran sind 2,30-39; 7,11-25; 38,71-85; 20,115-127; 49,13

[24]Im folgenden werden die Propheten des Korans nach der biblischen Reihenfolge behandelt, da im Koran durch die vielen bruchstückhaften Erzählungen keine chronologische Reihenfolge zu erkennen ist.

[25]Pedersen. Âdam. S. 177 unter Verweis auf mehrere Quellen

[26]Pedersen. Âdam. S. 177 unter Angabe der Quelle (at-Tabarî, I, 87ff; ders. tafsîr I, 159; al-Mas'ûdî, Murûj I, 51-3; al-Kisâ'î, 23-7; al-Ta'labî, 17). Nach zwei jüdischen Traditionen wurde der Lehm für Adams Körper vom Tempelplatz oder von der ganzen Welt genommen.

Menschen der Geist Gottes eingehaucht wurde. Der Ausdruck ist lediglich ein Bild für die Tatsache, daß Gott dem Menschen Leben geschenkt hat[27]. Interessant ist die Tatsache, daß der Koran anders als die Bibel nicht davon spricht, daß der Mensch zu Gottes Ebenbild geschaffen wurde, denn Gott ist nach muslimischer Auffassung einzigartig und unvorstellbar und kann auf gar keine Weise mit dem Menschen, seinem Geschöpf und Diener, verglichen werden.

Gott kündigt den Engeln nun an, daß er auf der Erde einen "Nachfolger", den Menschen, einsetzen werde (2,30). Die Engel weisen Gott prophetisch darauf hin, daß der Mensch auf der Erde "Unheil anrichten und Blut vergießen werde" (2,30). Gott demonstriert daraufhin den Engeln die Überlegenheit Adams: Im Unterschied zum Alten Testament fordert Gott Adam nicht auf, die von ihm geschaffenen Tiere selbst zu benennen. Der biblische Bericht weist auf die Autoritätsstellung Adams als Verwalter der Schöpfung Gottes mit folgenden Worten hin: "Denn wie der Mensch jedes Tier nennen würde, so sollte es heißen" (1. Mose 2,19). Der Koran berichtet im Gegensatz dazu, daß Gott Adam die Namen der Tiere lehrte. Dann befragte er die Engel nach den Namen, die darauf antworten mußten:

> "Gelobt seist du! Wir haben nur das Wissen, das du uns vermittelt hast. Du bist der, der alles weiß und Weisheit besitzt" (2,32).

Adam wird daraufhin von Gott aufgefordert, den Engeln die Namen mitzuteilen, womit der Erweis für die Vorrangstellung Adams erbracht ist. Daraufhin sollen sich die Engel vor Adam niederwerfen; ein Befehl Gottes, dem alle Engel außer dem Teufel Iblîs Folge leisten, der sich aus Hochmut weigerte (2,34)[28].

c. Der verbotene Baum und die Übertretung

Adams Frau wird im Koran nicht mit Namen genannt. Die Korankommentatoren nennen sie Hawa und fügen in auffälligem Anklang an den biblischen Bericht hinzu, daß sie, während Adam schlief, aus seiner Rippe geschaffen wurde[29]. Gott erlaubt Adam und seiner Frau uneingeschränkt die Nutzung des Paradieses, aber verbietet wie im Alten Testament, von einem bestimmten Baum, der nicht näher charakterisiert wird, zu essen. In Sure 2,35 verbietet Gott sogar den Menschen, sich diesem Baum überhaupt zu nähern, da sie sonst zu "Frevlern" werden. Aus Sure 20,120 wird deutlich, daß der Koran mit dem Genuß der Früchte des Baumes Unsterblichkeit verbindet oder auch, daß die Menschen Engeln gleich werden.

[27] Stieglecker. Glaubenslehren. S. 191
[28] Vgl. Lektion 7.B.3. zu Iblîs
[29] So Stieglecker. Glaubenslehren. S. 190

Danach trat die Versuchung an Adam und seine Frau in Gestalt des Satans heran: Der Satan brachte die Menschen dazu, "einen Fehltritt zu tun" (2,36), und sie aßen von dem Baum. Ihre Nacktheit wurde ihnen offenbar (7,22), und sie flochten sich ein Kleid aus Blättern (2,121). Sie konnten nun nicht länger im Paradies bleiben, denn Gott vertrieb sie auf die Erde (7,22). Es ist bemerkenswert, daß Adam und seine Frau Gott um Verzeihung bitten (7,23), dabei aber betonen: Wir haben "gegen uns selber gefrevelt" (7,23). Diese Aussage, daß der Mensch immer gegen sich selbst sündigt, macht der Koran noch an vielen weiteren Stellen. Nicht also Gott, sondern sie selbst sind die eigentlich Betroffenen der Übertretung. Gott vergibt ihnen ihren Fehltritt (2,37), und damit hat die Sünde im Paradies, wenn man davon absieht, daß die Menschen auf die Erde verbannt werden, keine weiteren Folgen für die Menschheit.

Aus der islamischen Überlieferung wird über die Reue Adams und seiner Frau berichtet: "Endlich auf der Erde weinten sie über ihren Ungehorsam gegen Allah und bereuten von ganzem Herzen, jemals auf den Verführer gehört und von den verbotenen Früchten gegessen zu haben. Sie sprachen: 'O unser Herr, wir haben Unrecht gegen uns selbst begangen. Wenn du nicht barmherzig bist und uns verzeihst, sind wir verloren'. Allah sah, daß ihre Reue aus tiefstem Herzen kam. Er verzieh ihnen ..."[30].

Nach der Überlieferung bekommen Adam und seine Frau zwei Söhne, Kain und Abel (Qâbil und Hâbil) mit je einer Zwillingsschwester[31], die an den jeweils anderen Bruder verheiratet werden. Adam und seine Frau bekommen danach noch einen dritten Sohn Seth (šît̲), der der Lieblingssohn Adams wird, sowie später noch viele weitere Kinder. at̲-T̲a'labî überliefert, Adam habe bei seinem Tod 40.000 Nachkommen gehabt[32].

Sure 20,120 berichtet ausdrücklich, daß der Teufel dem Menschen die Übertretung einflüsterte[33]. Schon vorher hatte Gott Adam davor gewarnt, daß der Teufel ihn möglicherweise aus dem Paradies vertreiben könnte (20,117-119), was aber nicht verhinderte, daß der Teufel Adam zum Ungehorsam verführte. Die Übertretung ist aber nurmehr ein "Fehltritt", kein grundsätzliches Verlassen des vorher vertrauten Verhältnisses zu Gott wie in der Bibel. Zwar sagt der Koran, daß durch diese Sünde die Menschen nicht länger im Paradies bleiben konnten, aber aus dem Koran gewinnt man nicht den Ein-

[30]Geschichte der Propheten aus dem Koran. S. 10.

[31]Der Koran berichtet lediglich, daß Adam und seiner Frau zwei Söhne geboren wurden, ohne ihre Namen zu nennen.

[32]Pedersen. Âdam. S. 178 mit Quellenangabe.

[33]In der muslimischen Tradition, nicht jedoch im Koran, taucht auch die Schlange auf, die für Iblîs spricht. Pedersen. Âdam. S. 177 erläutert die Rolle der Schlange im einzelnen.

druck, als ob dieses Ereignis besonders dramatisch wäre oder nun für die gesamte Menschheitsgeschichte Folgen hätte wie es im Alten Testament der Fall ist. Gott "erwählte" Adam aber dessenungeachtet, und "er wandte sich ihm wieder zu und leitete ihn recht" (20,122).

Auch gerät im Koran das Verhältnis zwischen Mann und Frau, das in der Bibel vor und nach dem Sündenfall ein grundsätzlich anderes wird, gar nicht in den Blickwinkel des Geschehens. Die einzige Folge scheint tatsächlich die zu sein, daß Adam und seine Frau aus dem Paradies auf die Erde vertrieben werden und für die Zukunft zwischen Mensch und Teufel Feindschaft besteht (2,36). Daraus folgt, daß der Koran ein viel optimistischeres Menschenbild hat als die Bibel, wenn es darum geht, daß der Mensch das Gute, das Gott ihm befohlen hat, tun und ihm Dankbarkeit erweisen soll. Dirk Bakker faßt zusammen:

> "... wir erfahren im Koran, daß Sünde niemals eine verlorene und hoffnungslose Sache zu sein braucht, denn der Mensch kann sie selbst überwinden, wenn er auf die Anweisungen und die Rechtleitung seines Herrn hört und sich ihm ergibt."[34]
>
> "Wenn der Mensch diesen Erwartungen nicht entspricht, ist es ganz und gar sein eigenes Versagen ... Aber der Mensch kann seine Fehlhaltung berichtigen, wenn er nur auf die Weisungen und Ermahnungen Allahs hört. Der Koran ist in dieser Hinsicht so voller Hoffnung und so optimistisch, daß der Mensch keine Erlösung und keine Wiedergeburt nötig hat"[35].

Die Paradieserzählung des Korans ist für das Sündenverständnis des Islam von großer Bedeutung. Nur kurz soll auf die Konsequenzen der Paradieserzählung für die Menschheit nach Adam eingegangen werden[36]:

1. *Das Verhältnis des Menschen zu Gott und der Menschen untereinander ist nicht grundsätzlich in Mitleidenschaft gezogen*, denn die Sünde trennt den Menschen nicht von Gott. Gott verzeiht alle Sünden des Menschen, seien es große oder kleine, denn seine Barmherzigkeit "kennt keine Grenzen" (7,156), wenn der Sünder Buße tut, sich von der Sünde abkehrt und sie nicht wieder tun möchte.

2. *Das Verhältnis zwischen Mensch und Mensch hat keinen Schaden genommen*, da die Sünde nicht die zwischenmenschlichen Beziehungen vergiftet.

---

[34]Bakker. Man. S. 184

[35]Bakker. Man. S. 186

[36]Vgl. auch Lektion 9.C.5.-6. zur Erbsünde

3. Der Mensch kann auch nach seiner Vertreibung aus dem Paradies weiterhin das Gute tun, wenn er den Einflüsterungen des Teufels widersteht. Die Versuchung tritt nur von außen an ihn heran. Sünde ist nicht Auflehnung gegen Gott, sondern nur ein "Fehltritt" (2,36). Das Leben des Menschen auf der Erde wird zu einer Art Bewährungsprobe[37], die ihm Gott durch sein Dasein auferlegt.

4. Ohne Erbsünde braucht die Menschheit keine Erlösung. Um gerettet zu werden, ist es zwar notwendig, daß jeder Mensch eine Bekehrung zum Islam vollzieht, ohne die er beim Jüngsten Gericht keine Gnade erwarten kann. Diese Bekehrung ist aber keine Erlösung, sondern ein Gehorsamsakt des Menschen gegenüber Gott. Der Mensch ist also nach koranischer Lehre kein verlorener Sünder, sondern nur ein 'Übertreter'.

d. Adam, der Erbauer der Ka'ba

Wie bereits erwähnt, spielt Adam ebenso wie Abraham für die Legitimation des Islam als älteste Religion oder Urreligion eine wichtige Rolle. Er bestätigt die Heiligkeit des Gebietes um Mekka, denn nach der Überlieferung[38] (nicht nach dem Koran) befahl Gott Adam, unter Führung eines Engels aus Indien nach Mekka zu ziehen und ihm dort ein Heiligtum zu bauen. Danach führte ihn der Engel zum Berg Arafât[39] und wies ihn in die entsprechenden Zeremonien ein. Er umschritt mit Adam das Heiligtum, und Adam kehrte nach Indien zurück, wo er später starb[40].

e. Der Bund Gottes mit Adam

Gott schließt mit Adam einen Bund (arab. mîṯâq)[41]:

"Er sprach (ergänze: zu den Nachkommen Adams): 'Bin ich nicht euer Herr?' Sie sagten: 'Jawohl, wir bezeugen es'" (7,172).

Damit wird nach Meinung der muslimischen Theologen ein Bund der Vorewigkeit mit dem ganzen Menschengeschlecht besiegelt. Am Tag des Gerichts wird kein Mensch mehr eine Entschuldigung haben, wenn er nicht an den Islam geglaubt hat, und zwar auch dann nicht, wenn die Vorväter dieses Menschen Götzendiener gewesen sind und er sie nur nachahmt (7,172-174). Gott hat den Menschen nämlich eine Ahnung von dem Bekenntnis zu dem wahren Gott ins

---

[37] So definiert Nagel. Koran. S. 239

[38] Stieglecker. Glaubenslehren. S. 339 nennt Ibn Sa'd als Überlieferer.

[39] Der Gang nach Arafât ist bis heute ein wichtiger Bestandteil der Pilgerfahrt. Vgl. Lektion 6.B.5.

[40] Nach Stieglecker. Glaubenslehren. S. 339

[41] Zum biblischen Bund vgl. Thomas Schirrmacher. Ethik. Bd. 1. S. 383ff.

Herz gelegt, sozusagen eine "angeborene Veranlagung, den Islam anzunehmen"[42].

"Der Ruf (al-da'wa) des Islams ist, sofern er gehört und angenommen wird, eine Erneuerung und Verdeutlichung des Mîthâq"[43].

Damit wird der Islam zu einer Urreligion, die nach seiner Auffassung seit Beginn der Menschheitsgeschichte bestanden hat.

Auch Sure 20,115 spricht von dem Bund, den Gott mit Adam schloß, an den sich Adam jedoch seinerseits durch seinen Ungehorsam nicht hielt und damit den Bund vergaß. In Sure 36,60-61 mahnt Gott Adam an die Verpflichtung (hier steht im arabischen ebenfalls der Begriff für Bund), nicht dem Teufel, sondern Gott zu dienen.

f. Gottes Bundesschluß mit den Propheten

Auch der Koran[44] spricht für die Beziehung zwischen Mose und Gott von einem Bundesverhältnis (7,134; 43,149). In gleicher Weise erwähnt er den Bund zwischen Israel und Gott (2,62+83-84). Dieser Bund schloß wie bei Adam den Gehorsam der Kinder Israels gegen Gott und seine Gebote mit ein. Diese Gebote klingen teilweise an den Dekalog (Die Zehn Gebote) des Alten Testamentes an (vgl. 4,154; 5,12+70; 23,1-11; 25,63-74)[45]. Wie die Bedingungen dieses Bundes lauteten, ist aus dem Koran nicht im einzelnen zu entnehmen. Nur in Sure 2,40 erklärt Gott, daß er auch seinerseits seine Bundesverpflichtung gegenüber den Menschen einhalten werde, ohne daß gesagt wird, worin sie besteht. Sure 9,111 beschreibt Allahs Bundesverpflichtung so, daß er denjenigen Gläubigen das Paradies verspricht, die auf dem Weg Gottes kämpfen[46].

Sure 33,7 erwähnt, daß Gott mit den Propheten Noah, Abraham, Mose, Jesus und Muhammad einen Bund geschlossen habe. Sure 3,81 erklärt, daß Gott die Propheten verpflichtet habe, an die Offenbarungen und Gesandten zu glauben, die Gott ihnen schickt. Auch die Menschen sind verpflichtet, sich an den Bund mit Gott, also, den Gehorsam ihm gegenüber (Glaube, Gutestun und Gebet) zu halten (2,27; 13,20; 57,8), denn der Gehorsame kommt ins Paradies, der Unghorsame in die Hölle. Sure 5,7 erinnert die Gläubigen, gleichermaßen an die Gnade Gottes und an seinen Bund zu denken,

[42]Gardet. Islam. S. 32

[43]Also des Bundes. Gardet. Islam. S. 32

[44]Ausführlicher erläutert diese Gedanken Troeger. Bund. S. 34-38

[45]Zu der Frage, welche Torahgesetze des Alten Testamentes sich im einzelnen im Koran wiederfinden, vgl. Speyer. Erzählungen. S. 312ff.

[46]Unter diesen Menschen, die "auf dem Weg Gottes kämpfen", hat man diejenigen verstanden, die im Kampf für den Islam den Märtyrertod starben.

oder, wie man auch übersetzen könnte, an die Verpflichtung. Eberhard Troeger faßt für die beiden im Koran für den 'Bund' gebrauchten arabischen Begriffe ('ahd und mîṯâq) zusammen, daß Muhammad mit der Verwendung des Bundesbegriffs

> "im Koran einem beduinischen und kaufmännischen Rechtsverständnis verhaftet bleibt. Es wird nicht ein immerwährendes Gemeinschaftsverhältnis begründet, sondern ein befristetes Vertragsverhältnis, welches auf Geben und Nehmen beruht. Wenn ein Partner den Vertrag bricht, ist er beendet. Auch an den drei Stellen, in denen sich Allah zu einer Selbstverpflichtung hergibt, geschieht dies auf einer kaufmännisch-juristischen Ebene. Wenn du dein Versprechen hältst, halte ich es auch."[47]

Demgegenüber sind die Bünde Gottes mit den Menschen in der Bibel auf Ewigkeit angelegt. Wer einen Bund mit Gott geschlossen hat, der soll Gott sein Leben lang treu dienen. Wer einen Bund mit seiner Frau eingegangen ist, sie also geheiratet hat, der soll auch ihr ein Leben lang treu sein.

7. Kain und Abel (Qâbil und Hâbil)

Auf die beiden Söhne Adams, Kain und Abel, geht der Koran nur an einer Stelle ein (5,27-32). Die Namen Kain und Abel nennt der Koran nicht, sondern bezeichnet sie nur als "die beiden Söhne Adams" (5,27). Die Überlieferung (arab. hadîṯ) hat sie Qâbil und Hâbil (Kain und Abel) genannt.

Im Anklang an den biblischen Bericht erzählt der Koran, daß beide Söhne Adams Gott ein Opfer darbringen, aber nur das Opfer des einen Sohnes von Gott angenommen wird (5,27). Der andere Sohn (Kain), droht damit, seinen Bruder umzubringen. Abel entgegnet ihm, daß Gott nur von dem Gottesfürchtigen ein Opfer annimmt. Damit hat er seinen Bruder als Ungläubigen bezeichnet. Wenn Kain ihn töten wolle, fährt Abel fort, dann werde er sich nicht wehren, denn er fürchte im Gegensatz zu seinem Bruder den Herrn. Er droht Kain die Höllenstrafe für sein frevelhaftes Handeln an. (5,28). Daraufhin wird Kain zornig und tötet seinen Bruder.

Da Kain offensichtlich nicht weiß, was nun mit der Leiche geschehen soll, schickt Gott einen Raben zu Kain, der in der Erde zu scharren beginnt. Als Kain erkennt, daß er noch nicht einmal klug genug war, um seinen Bruder vergraben zu können, überkommt ihn Reue über sein Handeln (5,31).

Mit dieser Schlechtigkeit erreicht die Geschichte der Menschheit nach dem Koran einen Höhepunkt:

---

[47] Troeger. Bund. S. 37

"Durch Qâbil, den Mörder des Hâbil, wurde die Menschheit verderbt, und unter Jared begann man Götzenbilder zu verfertigen und sie anzubeten. Und so kommt über die Menschheit die Strafe: die große Flut."[48]

8. Noah (Nûh)

Wichtige Koranstellen: 3,33-34; 7,59-64; 11,25-49; 26,105-122; 71,1-28

Der Koran geht insgesamt elfmal auf Noah als Verkünder des drohenden göttlichen Gerichts ein[49], wobei die einzelnen Berichte zwar an das Alte Testament erinnern, aber im Koran eine andere Schwerpunktsetzung erhalten.

Die kurze Erzählung über Noahs Wirken ist der Typos der 'Straflegende' schlechthin: Noah warnt seine Zeitgenossen vor Gottes Strafgericht wegen des Götzendienstes, den sie praktizieren. Sie führen dagegen an, daß Noah von einem Geist besessen und ebenfalls nur ein Mensch wie sie sei (11,27) - die Parallele zu Muhammad ist offensichtlich. Noah beruft sich auf sein Beglaubigungswunder (11,28), das im Koran jedoch nicht näher erläutert wird. Er weist gleichzeitig auf seine untergeordnete Stellung hin: er ist kein Engel, und er kennt nicht das, was verborgen ist (11,31).

Die Überlieferung fügt hier hinzu, daß unter Noahs Landsleuten Reichtum und das Anhäufen von Besitz eine große Rolle spielte und sie daher vermuteten, Noah wollte mit seiner Botschaft Geld verdienen, was Noah jedoch weit von sich weist[50].

Sure 26 beleuchtet noch einen weiteren Aspekt aus Muhammads eigener Geschichte: Noahs Landsleute sagen, daß seine Anhänger nur aus den untersten Bevölkerungsschichten stammen, also bei ihnen wenig angesehen sind (26,111); ein Vorwurf, der auch bei Muhammads Verkündigungen in seiner Vaterstadt Mekka aufkam.

Noah erfährt also keinen Glauben: Er wird vielmehr erst verspottet, dann aufgefordert, das angeblich drohende Gericht doch hereinbrechen zu lassen, um seine Aussage als Wahrheit zu beweisen (11,32). Dann wird er mit der Steinigung bedroht (26,116) und schließlich aus seinem Volk verstoßen. Noah verweist darauf, daß Gott das Strafgericht schickt, wann er will (11,33). Sure 11,34 bringt - gewissermaßen als Erklärung für den Unglauben der Zeitgenossen Noahs - den Gedanken der doppelten Prädestination (Vorherbestim-

---

[48]Stieglecker. Glaubenslehren. S. 339

[49]Watt, Welch. Islam. S. 198

[50]So eine Zusammenfassung aus der islamischen Überlieferung, nacherzählt aus: Geschichte der Propheten aus dem Koran. S. 15

mung) auf[51]: Gott hat bestimmte Menschen zum Irrtum vorherbestimmt. Noah jedoch hält selbst unbeirrt an seinem Glauben zu Gott fest.

Sure 71 betont besonders das fortwährende Rufen, Bitten und Drängen Noahs (71,2-20), sowie die Verehrung der Götter durch seine Zeitgenossen, von denen einige namentlich genannt werden (71,23). Noah wird von seinen Landsleuten beschuldigt, einem Irrtum über Gottes Ratschluß erlegen zu sein. Sie wenden sich von seiner Botschaft bewußt ab, was ein Zeichen für ihren Hochmut ist (71,7). Auch nach dieser Schilderung warnt Noah noch einmal vor dem drohenden Eingreifen Gottes und bittet dann Gott um die Vernichtung der Ungläubigen (71,24-28, bes. V.26).

Besonders interessant erscheint in Sure 7,63 ein Hinweis, der uns ebenfalls an Muhammads eigene Situation erinnert:

> "Wundert ihr euch darüber, daß eine Mahnung von eurem Herrn durch einen Mann aus eurer Mitte zu euch gekommen ist, damit er euch warne, und damit ihr gottesfürchtig werdet, damit ihr dann Erbarmen findet?" (7,63)

Darauf beschuldigen die Leute Noah gar der Lüge, worauf Gottes Rechtfertigung des Propheten Noah offenbar wird, indem er alle Ungläubigen ("die Blinden", 7,64) ertrinken läßt, Noah und "diejenigen, die mit ihm im Schiff waren" (7,64) jedoch errettet. Sure 71 fügt über die Strafe des Ertrinkens hinaus an, daß sie nach dem Ertrinken noch in ein Feuer eingehen mußten (71,25) und Noah Gott bittet, von den Ungläubigen keinen mit dem Leben zu verschonen (71,26). Noahs Alter wird im Koran mit insgesamt 950 Jahren angegeben (29,14); künftige Generationen sollen den Segenswunsch "Heil sei über Noah unter den Menschen in aller Welt!" über ihm aussprechen (37,79).

Als sich Noahs Landsleute gegen seine Verkündigungen entschieden haben, weist Gott Noah an, ein Schiff zu bauen (11,37), worüber die "Vornehmen" (11,38) spotten. Auch Muhammad wurde von den angesehenen Männern seiner Verwandtschaft und Umgebung verhöhnt. Noahs götzendienerische Landsleute bestärken sich gegenseitig darin, nicht die alten Götter zu verlassen (71,23). Noch einmal verweist Noah auf den Ernst der Lage (11,39). Schließlich erhält Noah die Anweisung, das Schiff mit seiner Familie, einem Paar aller Lebewesen und den übrigen, wenigen Gläubigen, deren Zahl der Koran nicht genauer benennt, zu besteigen (11,40). Er betet darum, daß Gott doch die Gottlosen vernichten möchte (71,24-27). Einer seiner (ungläubigen) Söhne, der ebenso hochmütig und arrogant wie Noahs Landsleute ist, kommt nicht mit in das Schiff, sondern hofft,

[51] Vgl. Lektion 8.B.

sich auf einen Berg retten zu können, muß aber ertrinken (11,42-43)[52]. Nach dem Bericht des Alten Testamentes wird die gesamte Familie Noahs gerettet.

Dann kommt die Flut. Als das Wasser wieder sinkt, landet das Schiff auf dem Berg al-Jûdî (11,44)[53]. Noah bittet Gott jetzt um die Rettung seines Sohnes, erhält dafür jedoch von Gott einen Tadel, denn ein ungläubiger Sohn gehört nicht zur Familie (11,45-46). Auch diese Aussage wirft Licht auf Muhammads eigene Situation: Nicht mehr die Familien- bzw. Stammesverbindungen sind von größter Bedeutung, sondern der alles entscheidende Glaube an Allah trennt sogar Familien. Sure 66,10 vermerkt, daß auch die Frau Noahs ungläubig war, ohne zu erläutern, ob sie mit im Schiff gewesen war oder nicht.

9. Abraham (Ibrâhîm), Ismael (Ismâ'îl) und Jakob (Ya'qûb)

a. Abraham als Prophet

Eine der herausragendsten alttestamentlichen Gestalten im Koran (vgl. 6,83), ist Abraham (Ibrâhîm)[54], der in insgesamt 25 Suren erwähnt wird. Er ist ein "Wahrhaftiger" und ein Prophet" (19,41), ein "Rechtschaffener" (16,122), den Gott "erwählt und auf einen geraden Weg geführt" (16,121) hat. Abraham ist "langmütig, empfindsam und bereit zur Umkehr" (11,75). Besonders interessant ist die Bezeichnung Abrahams als "Freund" (arab. halîl) Gottes. Die Wendung aus Sure 4,125: "Gott hat sich Abraham zum Freund genommen" hat im Alten Testament ihre Parallele[55].

Außerdem erinnert die Stellung Abrahams im Koran als erster muslimischer Gläubiger nach Adam an das Alte und Neue Testament. Dort wird Abraham als "Vater der Gläubigen" (1. Mose 15,2; Römer 9,7-8) bezeichnet. Im Koran sagt Gott zu Abraham: "Ich will dich zu einem Vorbild für die Menschen machen" (2,124). Damit nimmt Abraham auch nach dem Koran eine Schlüsselstellung für

[52]Nach dem Bericht des Alten Testamentes wird die gesamte Familie Noahs gerettet, aber nur seine Familie, während im Koran zwar nicht die ganze Familie Noahs, aber auch noch einige andere Menschen in der Arche gerettet werden.

[53]Im Alten Testament wird das Gebirge, auf dem die Arche landet, Ararat genannt (1. Mose 8,4).

[54]Zu Abraham im Koran vgl. z. B. Bouman. Christen. S. 62-73 und Speyer. Erzählungen. S. 120-186. Wichtige Koranstellen sind 2,124-129+258-260; 14,35-41; 19,41-50; 22,26-29

[55]2Chronik 20,7; Jesaja 41,8; zitiert in Jakobus 2,23

alle nach ihm geborenen Menschen ein. Auch Sure 16,120-121 hebt den Vorbildcharakter Abrahams heraus[56]:

> "Abraham war ein Vorbild, Gott demütig ergeben, ein Hanîf[57] und keiner von den Polytheisten, dankbar für seine (= Gottes) Wohltaten" (16,120-121; ebenso Sure 3,67).

Auch Abraham hat den Menschen die Botschaft des Monotheismus gebracht. In diesem Sinn ist Muhammad wie alle anderen Propheten vor ihm letztlich ein Nachfolger Abrahams und ein Erneuerer seiner damaligen Botschaft.

Sure 87,18+19 erwähnt, daß Abraham und Mose "Blätter" - wahrscheinlich Blätter eines Buches - besessen haben, die die Vorzüge des Jenseits gegenüber dem Diesseits gepriesen haben sollen. Möglicherweise ist mit dieser Andeutung gemeint, daß auch Abraham eine Schrift besessen hat, die der Koran allerdings nicht näher beim Namen nennt. Der Koran berichtet abgesehen von dieser Anspielung nichts darüber, daß Abraham eine Offenbarung von Gott erhalten habe.

b. Abraham warnt vor dem Polytheismus

Der Koran enthält keine komplette Lebensgeschichte Abrahams, sondern erwähnt nur hin wieder einzelne Handlungen und vor allem seine Auseinandersetzung mit dem Vielgötterglauben seiner Landsleute, der für Muhammad der Anknüpfungspunkt für seine eigene Lebensgeschichte als Prophet war. Nach koranischer Vorstellung war Abraham bereits Muslim in dem Sinne, daß er seiner vom Polytheismus geprägten, feindlichen Umgebung den Eingottglauben predigte. Zudem verwendet Abraham in Sure 2,131 die Formulierung "Ich habe mich dem Herrn der Menschen in aller Welt ergeben" (arab. aslamtu li rabbi l-'alamain). Der arabische Ausdruck, der hier für "ich habe mich ergeben" (arab. aslamtu) verwendet wird, wird in Sure 3,17 und in 27,44 für die Königin von Saba und ihren Übertritt zum Islam verwendet[58]. Damit steht für muslimische Ausleger fest, daß schon Abraham Muslim gewesen ist. Abraham befiehlt auch seinen Söhnen, dieses Bekenntnis zu dem einen Gott beizubehalten (2,132).

---

[56]In der Bibel ist Abraham mehr als nur ein "Vorbild". Römer 4 beschreibt, daß nur derjenige, der in den "Fußstapfen des Glaubens" (Römer 4,12) Abrahams geht, auch Abrahams Kind ist. Nur er - und nicht ausnahmslos alle Nachkommen Abrahams - kann die Verheißung Gottes an Abraham für sich in Anspruch nehmen.

[57]ein Gottsucher

[58]Diese Parallele zieht Speyer. Erzählungen. S. 158

Gleichzeitig berichtet der Koran, daß Abraham "weder Jude noch Christ" (3,67) war, sondern ein "Gottsucher" (arab. hanîf) (6,79; 16,120). Dieser Begriff wurde in Arabien auch schon vor der Zeit Muhammads für einen 'Frommen' gebraucht[59]. Man könnte darunter eine Vorstufe des muslimischen Glaubens verstehen.

Abraham nimmt im Islam auch deshalb eine so wichtige Stellung ein, weil er es war, der nach der Aussage des Korans mit seinem Sohn Ismael die Ka'ba als Gebetsstätte der wahren Gottesverehrung begründete. Um die Ka'ba sollten die Gläubigen die "Umgangsprozession" durchführen. Abraham wird von Gott gezeigt, daß nicht die Sterne die Geschicke der Menschen regieren, sondern Gott der Herr über Himmel und Erde ist (6,75). Er wendet sich selbst von seiner früheren Verehrung von Sonne, Mond und Sternen ab (6,76-79) und der Verehrung des wahren Gottes zu. Sure 2,260 berichtet, daß Abraham als endgültige Bestätigung und zur Ausräumung letzter Zweifel an diesen Gott sehen möchte, wie Gott Tote auferweckt. Er fordert also von Gott ein Wunder. Gott erfüllt Abrahams Bitte und erweckt vier von Abraham geschlachtete Vögel zum Leben, und so erfährt er, "daß Gott allmächtig und wissend ist" (2,260). Mit dem Schlachten der Vögel ist gleichzeitig ein Hinweis auf das kommende Ereignis der Opferung des Sohnes Abrahams gegeben, denn Abraham weiß nun bestimmt, daß Gott Tote wieder lebendig machen kann.

c. Abraham wendet sich von seiner Familie ab

Nachdem Abraham festen Glauben an Gott gefaßt hat, erhält er von Gott den Auftrag, die Ka'ba von den dortigen Götzenbildern zu reinigen (22,26-29) und fordert seinen Vater und seine Landsleute auf, ihrem Polytheismus abzuschwören:

> "Abraham hat seinerzeit Gott darum gebeten, er möge Mekka zu einem geschützten Ort machen, damit welche von seinen Nachkommen als Bewohner des an sich unfruchtbaren Gebietes künftig im Schutz des Gottesfriedens ihren Lebensunterhalt würden finden können"[60].

Nach Sure 29,17 sagt Abraham zu seinen Landsleuten:

> "Ihr dient an Gottes Statt Götzen und bringt nur eine Lüge hervor. Diejenigen, denen ihr an Gottes Stelle dient, können euch keinen Lebensunterhalt verschaffen. Gott müßt ihr um den Lebensunterhalt angehen. Dient ihm und seid ihm dankbar. Und zu ihm werdet ihr zurückgebracht" (29,17).

Ferner betont Abraham offensichtlich im Gegensatz zu dem von seinen Landsleuten praktizierten Gestirnsglauben, daß Gott all-

[59] Speyer. Erzählungen. S. 128

[60] Paret. Mohammed. S. 120

mächtig ist und nach seinem Gutdünken den Menschen Erbarmen und Strafe zukommen läßt (29,21).

Diese Berichte in Sure 21,51-73 und 19,42-48 sollten einmal mit Hinblick auf Muhammads eigene Situation gelesen werden. Dort wird gesagt, daß Abraham sich an seinen Vater Âzar[61] und an seine Landsleute wandte und sie nach ihrer Berechtigung für ihren Bilderkult befragte. In dem Bericht in Sure 19,42-48 sagt sich Abraham ausdrücklich von seinem Vater und seiner Götzenverehrung los. Die Überlieferung fügt hier hinzu, daß Âzar als sein Handwerk Götzenbilder aus Holz und Stein herstellte und sie mit Gold, Silber und Edelsteinen verzierte [62]. Abraham fordert seinen Vater nachdrücklich auf, doch nicht dem Satan zu dienen (19,44). Aber der Vater lehnt ab und bedroht seinen Sohn mit der Steinigung (19,46). Abraham will daraufhin Gott für seinen Vater um Vergebung bitten (19,47; 26,86). Diese ausdrückliche Trennung vom Weg seiner eigenen Familie in bezug auf die Gottesverehrung und deren Opposition spiegelt nur zu deutlich Muhammads eigene Situation wider[63].

d. Die Zerstörung der Götzenbilder in der Ka'ba

In Sure 21,53 rechtfertigen die Landsleute Abrahams ihren Götzendienst mit dem Hinweis auf die Glaubenspraxis ihrer Vorfahren (ähnlich auch 26,73); ein Einwand, den Abraham mit Hinweis darauf, daß der wahre Gott der Schöpfer des Himmels und der Erde ist, nicht gelten läßt: "Dann wart ihr und eure Väter augenscheinlich im Irrtum" (21,54). Als er mit dieser Botschaft keinen Erfolg hat, zerstört Abraham in einer Nacht alle Götzenbilder bis auf das größte. Seinen empörten Landsleuten erklärt er voller Ironie auf ihre Fragen, ob er die Bilder vernichtet hätte, dies hätte nicht er, sondern der größte der Götzen getan (21,63). Abraham predigt ihnen nochmals den Monotheismus. Darauf sind sie so zornig, daß sie beschließen, Abraham im Feuer zu verbrennen, doch Gott errettet ihn[64], während Gott es so wendet, daß seine ihm feindlich gesinnten Landsleute "es waren, die am meisten verloren" (21,70). Gott errettet Abraham zu-

---

[61]Dieser Name wird in 6,74 erwähnt; die Bibel nennt Abrahams Vater dagegen Terach.

[62]Geschichte der Propheten aus dem Koran.. S. 29

[63]Eine weitere Entsprechung zu Muhammads Auswanderung nach Medina (arab. hijra) ist die Auswanderung Abrahams mit Hagar und ihrem Sohn Ismael (Ismâ'îl) nach Arabien. Beide wachsen in einer für sie feindlichen Umgebung auf, die dem Götzendienst ergeben ist, halten sich aber selbst standhaft von ihm fern.

[64]Die Überlieferung berichtet von dem Versuch, Abraham im Feuerofen zu verbrennen. Gott erhält Abraham aber unversehrt. Stieglecker. Glaubenslehren. S. 198

sammen mit Lot, wobei der Koran nicht deutlich macht, ob Gott beide in ein anderes Land führt. Gott schenkte Abraham Isaak (Ishâq) und Jakob (Ya'qûb)[65] und machte "sie zu Vorbildern, die (ergänze: ihre Anhänger) nach ihren Weisungen leiteten" (21,73).

Sure 37,89-94 berichtet in etwas abgewandelter Form, daß Abraham eine Krankheit vortäuschte und dann die Götzen zerschlug, so daß seine Landsleute entsetzt herbeieilten. Aber auch hier errettet Gott ihn aus dem Feuer (37,98-99). Die Überlieferung führt weiter aus, wie sich einige seiner Landsleute dem neuen Glauben zuwenden. Der Koran berichtet, daß darunter sich auch Lot (Lût) befand, der Abrahams Predigt Folge leistete (29,26).

Die Überlieferung (arab. hadîṯ) berichtet ferner, daß Abraham, Lot und ihre Anhänger mit ihrem Vieh nach Nordwesten entlang der Ströme Euphrat und Tigris wanderten und Handel und Handwerk trieben. In der Stadt Babylon herrschte der tyrannische, wahnsinnig gewordene König Nimrud, der von seinen Untertanen erwartete, daß sie ihn als Gott verehrten und ihm opferten. Dieser Nimrud hatte einen hohen Turm bauen lassen[66]. Er stieg hinauf und schoß einen Pfeil in den Himmel ab, und verkündete dem Volk, er habe ihren Gott getötet. Daher sollten sie nur noch ihn anbeten. Als Abraham und seine Leute in der Nähe von Babylon ihren Handel trieben, erfuhr Nimrud, daß sie an einen Gott glaubten und befahl Abraham zu sich. Abraham bezeugte vor Nimrud seinen Glauben an den einen Gott, und zwar auch dann noch, als Nimrud ihm widersprach und sehr ärgerlich wurde. Nimrud fürchtete, daß das Volk Abraham Glauben schenken könnte, traute sich aber auch nicht, Abraham zu töten. Seine Soldaten vertrieben daher Abraham und seine Leute. Bald nach diesem Ereignis zerstörten Feinde das Reich und die Städte Nimruds[67].

Abraham und seine Leute zogen weiter nach Palästina. Dort blieb Lot und seine Familie in der Stadt Sodom, während Abraham und seine Frau nach Ägypten weiterzogen. Dort stießen sie auf den Stolz und Übermut der Ägypter. Der ägyptische Pharao bezeichnete sich als Sohn der Sonne. Abraham hatte nach der Überlieferung (arab. hadîṯ) auch in Ägypten Zeugnis für Gott abgelegt, wurde aber mit diesem Zeugnis offensichtlich nicht erhört. In der Hauptstadt Ägyptens mußte Abraham vor dem König, einem grausamen Tyrannen, erscheinen. Dieser König liebte schöne Frauen, und Abraham, der befürchtete, daß seine Frau dem König gefallen könnte, gab sie vor dem König als seine Schwester aus. Der König ließ Sarah[68] zu sich kommen, wäh-

[65]Jakob ist also nicht wie im Alten Testament der Enkel Abrahams (1. Mose 25,19+28).

[66]Hiermit wird wohl an die biblische Erzählung des Turmbaus zu Babel angespielt (1. Mose 11).

[67]Geschichte der Propheten aus dem Koran. S. 34-36

[68]So nennt die Überlieferung die Frau Abrahams. Der Koran nennt ihren Namen nicht.

rend Abraham zu Gott betete. Weiter berichtet die Überlieferung, daß der König Sarah anrühren wollte, aber bei dem Versuch einen Schlag erhielt und mit Krämpfen zu Boden fiel. Der König bat Sarah in seinen Schmerzen, zu Gott zu beten und versprach, ihr nichts zu tun. Als Sarah betete und die Schmerzen nachließen, streckte er doch wieder seine Hand nach ihr aus, wurde aber erneut zu Boden geworfen. Noch ein drittes Mal bat Sarah Gott für den König, und er wurde gesund, denn "er hatte eingesehen, daß Gott unvergleichlich mächtiger war als er, der sich für den mächtigsten König der Welt gehalten hatte"[69]. Sarah wurde zu Abraham zuückgeschickt und bekam als Entschuldigung die ägyptische Frau Hagar als Dienerin geschenkt. Alle drei verließen Ägypten[70].

e. Abraham bekommt zwei Söhne

Der Koran selbst berichtet in Sure 11,69 und 51,24 ff., daß Abraham Nachkommenschaft verheißen bekommt, als er Gästen, die bei ihm eintreten, ein Kalb vorsetzt (51,26). Die Gäste essen allerdings nichts davon, sondern verheißen ihm die Geburt eines "klugen" Sohnes (51,28). Abrahams Frau ist darüber entrüstet. Nach Sure 11,71 lacht sie, als sie die Geburt von Isaak und Jakob verheißen bekommt. Sie verweist auf ihr Alter (51,29). Die Gäste bestätigen die Verheißung Gottes noch einmal (51,30). Sure 15,54 berichtet, daß auch Abraham gegen diese Verheißung im Hinblick auf sein hohes Alter Einwände erhob. In Sure 29,31 kündigen die Gäste Abrahams auch das Strafgericht Gottes über die Stadt Lots an.

Nach der Überlieferung[71] (arab. hadît) bot Abrahams Frau Abraham ihre Magd Hagar als zweite Frau an. Hagar brachte einen Sohn, Ismael, zur Welt. Als Abraham mit seiner Familie auf einer Reise in den Jemen unterwegs war, befahl Gott ihm, Hagar und Ismael an einem Ort - dem heutigen Mekka - zurückzulassen, damit der Ort wieder Bewohner habe. Abraham vertraute darauf, daß Gott für beide sorgen werde und zog weiter. Er soll nach der Überlieferung gebetet haben:

"'Mein Herr, mache aus diesem Platz einen Ort der Sicherheit, und gib seinen Bewohnern Nahrung und Früchte, soweit sie an Allah und den Tag der Auferstehung glauben'"[72].

Hagar und Ismael waren also in der Wüste ohne Nahrung und Wasser ausgesetzt worden. Hagar lief in ihrer verzweifelten Suche nach Wasser zwischen den Hügeln in der Nähe von Mekka hin und her. Da

---

69 Geschichte der Propheten aus dem Koran. S. 38

70 Geschichte der Propheten aus dem Koran. S. 34-38. Die Anklänge an den biblischen Bericht sind in der Überlieferung noch deutlicher als im Korantext.

71 Geschichte der Propheten aus dem Koran. S. 39-41

72 Geschichte der Propheten aus dem Koran. S. 39

verkündigte ihr ein Engel, daß Gott für sie sorgen werde. Eine Quelle entsprang plötzlich aus dem Boden, nämlich die Quelle Zemzem. Als bald darauf eine Karawane vorbeikam, ließ sich ein Teil von ihr an diesem Ort nieder. Als Abraham auf dem Rückweg wieder an Mekka vorbeizog, fand er Hagar und Ismael und schon eine ganze Siedlung vor. Dies ist nach der Überlieferung die Gründung der Stadt Mekka. Aus dem Andenken an Hagars verzweifelte Suche nach Wasser laufen heute die muslimischen Mekkapilger siebenmal zwischen den Hügeln as-Safâ und al-Marwa hin und her und trinken aus dem Brunnen Zemzem[73].

Nach einiger Zeit bekommt Abrahams Frau ihren Sohn Isaak (Ishâq). Sure 19,49 berichtet, daß Gott Abraham den Isaak und Jakob schenkte, die beide von Gott zu Propheten berufen werden. Sure 6,84 nennt einige der rechtgeleiteten Propheten. Gott schließt mit Abraham einen Bund und macht ihn zum Führer (arab. Imâm) für die Menschheit.

Nach der Überlieferung (arab. hadît) macht Gott Abraham zum Stammvater eines großen Volkes. Er ist der Stammvater der Araber, die Ismaels Nachkommen sind und von denen später auch Muhammad abstammt.

f. Abraham begründet die Ka'ba neu

Sure 2,124-127 berichtet, daß Abraham der Begründer der Ka'ba gewesen sei.

Die Überlieferung berichtet, er habe dafür Steine behauen und die Ka'ba errichtet, in die die Gläubigen zum Gebet zusammenkamen[74].

Im Koran werden Abraham und sein Sohn Ismael (hier wird er ausdrücklich mit Namen genannt) von Gott aufgefordert, diese "Stätte der Einkehr" (2,124) und des Gebetes (2,125) zu reinigen, damit wieder die Umgangsprozession - also die Verehrung des wahren Gottes - dort stattfinden könne.

Ismael sprach, wie Ibn Sa'd überliefert, als erster arabisch und wurde bei der Ka'ba begraben. Sein Sohn Nabit sorgte für die Ka'ba nach Ismaels Tod. Die islamische Überlieferung (arab. hadît) rechnet mit Ibn Hišâm von Ismael bis Muhammad dreißig Generationen[75].

---

[73] Zusammengefaßt aus der Überlieferung nach Geschichte der Propheten aus dem Koran. S. 39-40. Vgl. Lektion 6.B.5. zur Pilgerfahrt

[74] Propheten aus dem Koran. S. 49. Die Überlieferung berichtet auch, daß eigentlich schon Adam von einem Engel den Befehl bekam, Gott in Mekka einen Tempel zu errichten. Vgl. Lektion 17.6.d.

[75] Stieglecker. Glaubenslehren. S. 339-340

g. Das Opfer für Gott - Isaak oder Ismael?

Sure 37,100 berichtet im Widerspruch zu Sure 11,69 und 51,24ff., daß Abraham Gott selbst um einen Sohn gebeten hat, den er dann auch verheißen bekommt (37,101). Nachdem Abraham von Gott ein Sohn geschenkt worden ist, kündigt dieser Sohn seinem Vater Abraham an, er habe im Traum gesehen, daß sein Vater ihn töten müsse. Sein Sohn ermutigt ihn daraufhin zum Ausführen des Befehles Gottes (37,102).

Es stellt sich nun die Frage, wer dieser Sohn gewesen ist, Isaak oder Ismael. Der Korantext zur Opferung benennt weder Ismael noch Isaak mit Namen (37,99-107), und die spätere Nennung Ismaels im Zusammenhang mit der Errichtung der Ka'ba (2,127) bedeutet nicht zwangsläufig, daß es sich hierbei um denselben Sohn handeln muß. Heute geht die überwiegende muslimische Meinung dahin, daß Ismael das Opfer gewesen sein solle, also der Sohn der nur in der Überlieferung (arab. hadîṯ), nicht aber im Koran erwähnten Sklavin Hagar. Allerdings besteht in dieser Frage Uneinigkeit bei den frühen muslimischen Korankommentatoren. Die Argumentation zugunsten von Ismael lautet, dieser sei vor Isaak geboren worden, und das Alte Testament spreche in 1. Mose 22+12 von Abrahams "einzigem Sohn", so daß Abraham zu diesem Zeitpunkt nur einen Sohn gehabt haben kann. Dabei wird nicht berücksichtigt, daß 1. Mose 22,2 von Abrahams "einzigem Sohn Isaak" spricht[76].

Abraham hat seinen Sohn gewissermaßen um die Entscheidung gebeten, ob er ihn opfern dürfe (37,101-102). Interessanterweise spricht diese Stelle nicht ausdrücklich davon, daß Gott den Befehl zur Opferung seines Sohnes im Traum tatsächlich gegeben hat, sondern nur davon, daß Abraham seinen Traum so gedeutet habe[77]. Abraham gehorcht der Eingebung und ist bereit, seinen Sohn tatsächlich zu opfern.

> Die Überlieferung (arab. hadîṯ) fügt hinzu, daß der Teufel Abraham auf dem Weg auflauerte und versuchte, Vater und Sohn von der Opferung abzubringen: "Er sprach zu Ismael: 'Wo gehst du hin? Du bist doch noch viel zu jung zum Sterben', und zu Abraham sprach er: 'Das kann doch wohl nicht richtig sein. Wie kann Allah einen so unmenschlichen Befehl geben, und noch dazu seinem Freund?'" Abra-

[76] Gilchrist. Witness. S. 146ff.

[77] Stieglecker. Glaubenslehren. S. 200 berichtet, daß die Überlieferung erwähnt, Abraham habe einen Tag darüber nachgedacht, ob dieser Traum von Gott oder von Satan käme. Er bekam aber am Abend noch einmal dieselbe Offenbarung und verstand dies als Bestätigung, daß Gott der Übermittler der Botschaft gewesen sei.

ham zweifelt jedoch nicht an dem guten Plan Allahs mit ihm und wirft Steine nach dem Satan und vertreibt ihn[78].

Als Abraham seinen Sohn opfern will, hindert Gott Abraham letztlich an der Ausführung der Tat, indem er ihn vorher anruft und ihm versichert, die Absicht, dem Traum Gehorsam zu leisten, sei so gut wie der Gehorsam selbst. Er gibt Abraham für den Sohn ein Schlachtopfer als Ersatz (37,103-107). Daher wird bis heute zum Gedenken an dieses Handeln beim Opferfest in Mekka Fleisch an die Armen und Verwandten verteilt. 37,106 bezeichnet dieses Handeln Gottes als Prüfung für Abraham. Auch an anderen Stellen betont der Koran, daß Gott die Menschen auf der Erde auf ihren Gehorsam hin prüft.

Im Gedenken an diese Prüfung Abrahams begeht noch heute die muslimische Welt am 10. D̲û-l-hijja, dem letzten Monat im muslimischen Jahr, der zugleich der letzte Tag der Wallfahrtszeremonien ist, das Opferfest (arab. 'îd al-adhâ). Zusammen mit dem Fest des Fastenbrechens (arab. 'îd al-fitr) am Ende des Ramadân ist das Opferfest eines der wichtigsten Feste im muslimischen Kalender. In Mekka opfert der Pilger an diesem Tag ein Tier, und auch der nicht an der Pilgerfahrt Teilnehmende soll zu Hause innerhalb seiner Familie sein Opfer darbringen.

Nach Sure 2,124 wurde Abraham von Gott auf die Probe gestellt. Damit ist vermutlich gemeint, daß Abraham von Gott auf seinen Gehorsam hin geprüft werden sollte. Gott erklärt ihm, er wolle ihn zu einem "Vorbild für die Menschen" (2,124) und die Ka'ba "zu einer Stätte der Einkehr für die Menschen und zu einem Ort der Sicherheit" machen (2,125), indem aus der Ka'ba wieder eine Gebetsstätte werden sollte. Was dieser Befehl bedeutet, geht aus Sure 2,125 hervor: Abraham sollte mit Ismael die Ka'ba für die wahre Gottesverehrung reinigen, denn Abraham und Ismael hatten damals die Grundmauern der Ka'ba gelegt und eine Art Einweihungsgebet gesprochen (2,127-128). Gleichzeitig bat Abraham Gott um das Auftreten eines Gesandten, der wiederum den Eingottglauben lehrt (2,129). Seine Söhne forderte er auf, diesen Eingottglauben zu bewahren (2,132). In Sure 14,35 bat Abraham gleichzeitig Gott, seinen Nachkommen dieses Bekenntnis zu bewahren. Als aber Abraham Gott bat, daß auch seine Nachkommen Vorbilder für die Menschen werden, lehnte Gott dies mit dem Hinweis ab, daß sein Bund nicht für die Frevler gelte (2,124).

Mit dieser Neuinterpretation des Ka'bakultes und der Rolle Abrahams wird Abraham nicht nur zum Stammvater des Islam und zum

[78] Geschichte der Propheten aus dem Koran. S. 40-41

"Erzvater der islamischen Religion"[79] erklärt, sondern auch die Entstehung des Islam an den Beginn der Menschheitsgeschichte verlegt. Die Ka'ba wird zusätzlich als islamisches Heiligtum legitimiert, das nur von den heidnischen Arabern zur Zeit der Unwissenheit (arab. jâhilîya) vor Muhammads Auftreten ihrem eigentlichen Zweck, der monotheistischen Gottesverehrung, entfremdet worden war[80].

> "Der biblische Patriarch ist schließlich zum Begründer oder Reformator des mekkanischen Heiligtums und zu einem 'Imâm' (2,124), einem Prototyp des muslimischen Gläubigen geworden."[81]

Kurz erwähnt werden sollte an dieser Stelle, daß der Koran einige Male "Jakob und die Stämme" erwähnt. Jakob wird unter die Propheten eingereiht. Vor seinem Tod verpflichtet er seine Söhne, am muslimischen Glauben festzuhalten (1,132-133).

10. Lot (Lût)

Die Geschichte Lots[82] wird im Koran an mehreren Stellen erzählt. Sie lehnt sich im Kern recht eng an das Alte Testament an. Lot glaubte Abraham, der den Eingottglauben verkündete (29,26), nachdem Gott Abraham im Feuer vor der Rache seiner götzendienerischen Landsleute bewahrt und Abraham nun noch einmal den Monotheismus gepredigt hat (29,24-26). Die Zeitgenossen Lots kamen in verschiedenen Berichten des Korans auf verschiedene Weise um: Einmal durch einen Regen (26,172; 27,58; 7,84), einmal durch einen Sandsturm (54,33) und einmal durch einen Steinregen (11,82).

Die Zeitgenossen Lots praktizierten Homosexualität (7,81; 26,166; 27,55)[83].

> Die Überlieferung (arab. hadît̲) fügt hinzu, daß Beleidigung, Verachtung und Trunksucht an der Tagesordnung waren, Gastfreundschaft und Verantwortung für die Familien aber fehlte[84].

---

[79]Schumann. Christus. S. 25

[80]Später kam unter den Umayyaden, der ersten islamischen Herrscherdynastie nach den vier rechtgeleiteten Kalifen, die Tradition in Umlauf, Gott hätte die Qurayš zu 'Wächtern der Ka'ba' bestimmt. Damit legitimierten sie ihre Herrschaft: Nagel. Staat. S. 332.

[81]Paret. Mohammed. S. 121

[82]Wichtige Koranstellen: 7,80-85; 11,77-83; 26,160-175; 54,33-40); vgl. auch 15,57-74; 27,54-58; 29,26-35; 37,133-138

[83]Vgl. den alttestamentlichen Bericht in 1. Mose 19,4-8 und die neutestamentlichen Anspielungen darauf in Judas 7 und 2. Petrus 2,6-8. Der Koran hebt deutlicher hervor, daß die Sünde der Zeitgenossen Lots ihre Homosexualität war, während die Bibel dies eher umschreibt.

[84]Geschichte der Propheten aus dem Koran. S. 45

Die Landsleute Lots hatten nicht auf seine bisherigen Warnungen reagiert. Stattdessen fordern die Ungläubigen in der Stadt Lot auf, doch das Strafgericht hereinbrechen zu lassen (29,29) und bezichtigen ihn der Lüge (26,160). Lot nennt sich "der Gesandte Gottes" (26,162), der uneigennützig das Beste der Stadtbewohner verfolgt und fordert sie noch einmal auf, seinen Warnungen Folge zu leisten (26,162-164). Darauf drohen seine Zeitgenossen, ihn aus der Stadt zu vertreiben (26,167). Lot bittet Gott nun um die Errettung seiner ganzen Familie (26,168-171).

Da kommen die Gesandten Gottes zu Lot (11,77). Unter dem Druck seiner Landsleute, die sich sexuell an seinen Gästen vergreifen wollen (15,67) und deren Gewalt er sich offensichtlich nicht erwehren kann (11,80), bietet Lot den Gewalttätigen statt seiner Gäste seine Töchter an (11,78; 15,71). Die Gesandten kündigen daraufhin das Strafgericht Gottes an und werden von den Ungläubigen ebenfalls als Lügner bezeichnet (26,160). Sie sind die selben drei Engel, die auch Abraham besucht haben (11,77). Abraham bittet Gott wegen des gottesfürchtigen Lot (29,32) für die sündigen Städte um Erbarmen (11,74-75). Die Engel versichern, die Familie Lots zu retten, künden aber gleichzeitig an, daß Lots Frau nicht gerettet werden könne (29,32-33). Die Stadt müsse jedoch vernichtet werden, da Gott es so beschlossen habe.

Die Gesandten Gottes weisen Lot nun an, mit seiner Familie die Stadt zu verlassen, denn Lot verabscheut das Handeln seiner Landsleute (26,168). Lot soll sich bei seiner Flucht aus der Stadt nicht umzudrehen. Die Gesandten prophezeien allerdings, daß sich Lots Frau umsehen und dasselbe Schicksal erleiden werde wie Lots ungläubige Volksgenossen (11,81). Die übrige Familie Lots wird von Gott errettet (7,83). Gottes Strafgericht ist in diesem Bericht ein Steinregen, mit dem das Volk gerichtet wird (11,82; 15,74)[85].

11. Mose (Mûsâ)

a. Mose als Prophet

Mose (Mûsâ) gehört zu den wichtigsten Prophetengestalten des Korans[86]. Seine Geschichte, die sich nach B. Heller aus biblischen,

[85]Sure 7,84 nennt lediglich einen "Regen".

[86]Wichtige Koranstellen: 2,49-61, 63-73; 92-93; 7,103-162; 20,9-98; 26,10-68; 28,7-43

haggadischen[87] und neuen, koranischen Elementen zusammensetzt[88], wird im Koran vergleichsweise ausführlich berichtet.

Es heißt von Mose, daß ihm Gott auch eine Schrift geschenkt habe, als "sichtbare Beweise für die Menschen, und als eine Rechtleitung und Barmherzigkeit, damit sie sich vielleicht mahnen lassen würden" (28,43; 2,53). Mit der "Schrift" ist die Torah gemeint, die Gott dem Mose auf den Gesetzestafeln verzeichnet übergibt. Mose ist ein Vorläufer Muhammads und kündigt ihn in der Torah an (7,157).

Mose hat und verkündet denselben Glauben wie Muhammad. Auch ihm wird von seinen Zeitgenossen vorgeworfen, er werbe seine Landsleute vom Glauben ihrer Vorväter ab (10,78) und praktiziere Zauberei (10,76). Es ist jedoch Gott, der ihn erleuchtet und rechtleitet.

Nach der islamischen Überlieferung (arab. hadîṯ) trägt Mose einen besonderen Ehrentitel, den des 'kalîm Allâh'. Über die Bedeutung dieses Titels gehen die Ansichten auseinander. Man könnte etwa übersetzen "jemand, der zu einer anderen Person spricht" (so al-Baidâwî) oder eine Person, "an die sich jemand wendet"[89].

Mehrere Koranverse berichten, daß Gott mit Mose gesprochen habe, insbesondere Sure 4,164: "und mit Mose hat Gott wirklich gesprochen". Die Worte, die hierfür gebraucht werden, verdeutlichen, daß diese Aussagen nicht symbolisch zu verstehen sind[90].

b. Die Kindheit Moses

Obwohl in der im folgenden dargestellten Moseerzählung des Korans manches deutlich an das Alte Testament erinnert, gibt es auch klare Unterschiede zwischen beiden Berichten.

Als Mose noch ein kleines Kind ist, befiehlt der Pharao die Tötung aller neugeborenen Knaben im Land (2,49). Die Mutter Moses fürchtet um das Leben ihres Sohnes und erhält von Gott den Befehl, ihren Sohn in einer Kiste auf dem Fluß auszusetzen (20,39; 28,7). Sure 28,7 fügt dieser Anweisung noch die Verheißung hinzu, daß seine Mutter Mose später zurückbekommen und Gott ihn zu einem Propheten machen werde. Aus dem Fluß wird Mose von der Frau

---

[87] Die jüdische Haggada besteht aus jüdischen Überlieferungen, die nach Abschluß des Neuen Testamentes entstanden.

[88] Heller. Mûsâ. S. 638

[89] So D. B. Macdonald. Mûsâ. S. 639 mit Quellenhinweis.

[90] So D. B. Macdonald. Mûsâ. S. 640

des Pharaos[91] (nicht von seiner Tochter, wie im Alten Testament; 2. Mose 2,5) geborgen. Sie bittet ihren Mann, den Pharao, den Jungen am Leben zu lassen (Sure 28,8-9). Mose wächst also am Hof des Pharao auf. Die Überlieferung (arab. hadît) betont, Mose habe sich vom Götzendienst der Ägypter ferngehalten[92].

Die Mutter des Mose trauert sehr um ihren Sohn (28,10) und schickt die Schwester des Mose aus, um Erkundigungen einzuziehen, welches Schicksal ihn getroffen hat. Es gelingt der Schwester, für Mose, der durch das Wirken Gottes alle fremden Ammen zurückweist, seine eigene Mutter als Amme vorzuschlagen (28,12-13).

c. Flucht vom Hof des Pharao

Nach dem Bericht des Korans kam Mose in die Stadt und erschlägt dort einen Mann. Es wird angedeutet, daß ein Ägypter und ein Israelit im Streit miteinander lagen, in den Mose eingriff und den Ägypter erschlug[93]. Interessant ist hier wiederum, welche Deutung Mose dem Totschlag gibt: Er weist zuerst Satan die Schuld zu, der ein Feind des Menschen sei:

> "Das ist das Werk Satans. Er ist ein ausgemachter Feind, der den Menschen in die Irre führt" (28,15),

bittet dann aber Gott im Gegensatz zum Bericht des Alten Testamentes) um Vergebung: "O Herr! Ich habe gegen mich selber gefrevelt. Verzeih mir!" (28,16).

Diese Aussage entspricht dem Sündenverständnis des Korans: Mose hat mit seiner Sünde nicht Gott, sondern eigentlich sich selbst betroffen[94]. Gott verzeiht ihm sein Vergehen (28,16).

Die Tat Moses wird bekannt, und man berät in der Stadt über den Tod des Mose. Mose wird daher geraten, die Stadt zu verlassen (28,20). Auch der Pharao hört von seiner Tat und möchte Mose töten, denn er fürchtet, daß er die Religion der Menschen beeinflussen und Unheil bringen wird (40,26). Mose flieht voller Angst vor dem "Volk der Frevler" (28,21).

Er kommt nach Midian (Madyan) zu einem Brunnen, an dem viele Tiere getränkt werden. Er findet dort zwei Frauen vor (nicht sieben, wie im Alten Testamen) vor. Sie sind die Töchter eines ehrwürdigen, älteren Mannes ihrer Gemeinschaft, eines šaihs. Mose

[91]Den Namen der Frau des Pharaos nennt der Koran nicht. Verschiedene Korankommentatoren haben ihr den Namen Âsiya gegeben.

[92]Propheten aus dem Koran. S. 72

[93]So zumindest Stieglecker. Glaubenslehren. S. 223

[94]Vgl. Lektion 9.C.2.

tränkt ihre Tiere (28,23-24) und wird dafür von ihrem Vater eingeladen. Nach der Überlieferung (arab. hadît̠) ist dies Šu'aib, der als Gesandter zu seinem Volk gesandt worden war[95]. Als eine der Töchter den Vater bittet, Mose als Knecht zu behalten, bietet dieser dem Mose eine der Töchter zur Frau an, wenn er acht oder auch zehn Jahre als Knecht bei ihm bliebe (28,26-27). Mose willigt ein und bleibt mehrere Jahre in Midian (20,40). Šu'aib (sofern er mit dem Vater der Hirtenmädchen gleichgesetzt werden kann[96]) hatte den Midianitern den Glauben an Gott gepredigt, war jedoch nicht gehört worden. Er bat bei Gott für dieses Volk, aber nichts geschah. Nur aus Rücksicht auf seine Familie griffen die Midianiter Šu'aib nicht an. Schließlich brachte Gott die Ungläubigen durch ein Erdbeben um.

d. Moses Berufung zum Propheten

Nachdem Mose nach Ende seiner Zeit bei seinem Schwiegervater beschlossen hat, nach Ägypten zurückzuziehen (28,29), sieht er eines Tages ein Feuer auf einem Berg und zieht hinauf, um es näher zu betrachten. Mose hört die Stimme Gottes aus einem Baum (28,30). Sure 20,12-13 berichtet darüberhinaus, daß Gott Mose aufforderte, seine Sandalen auszuziehen, da er im "heiligen Tal Tuwâ" stehe und betont, daß Gott ihn für seine Sendung auserwählt habe. Gott offenbart sich Mose mit dem Glaubensbekenntnis: "Ich bin Gott. Es gibt keinen Gott außer mir" (20,14) oder ähnlich in Sure 27,9: "Mose! Ich bin Gott, der Mächtige und Weise!" und kündigt das kommende Gericht an (20,15). Mose soll sein "Volk aus der Dunkelheit hinaus ans Licht" führen und es an die Offenbarung Gottes, also die Uroffenbarung des Islam, erinnern (14,5).

Gott befiehlt Mose nun, seinen Stock auf den Boden zu werfen (28,31; 20,19). Der Stock fängt an, sich zu bewegen. Nach Sure 20,20 wird er zu einer Schlange. Darauf flieht Mose vor Angst. Gott ruft ihn zurück und läßt noch ein zweites Wunder geschehen, indem er ihn auffordert, seine Hand unter sein Hemd zu stecken und sie weiß wieder hervorzuziehen (28,31-32)[97]. Gott fordert Mose auf (20,24)[98], mit diesen Wundern vor den Pharao zu treten. Dagegen wendet Mose ein, er werde wegen seines Mordes an dem Ägypter getötet werden (28,33) und bittet Gott, Aaron (Hârûn) als Wesir

[95] Vgl. Lektion 17.23.c. zum Wirken Šu'aibs

[96] Er entspräche dann dem Jetro des Alten Testamentes.

[97] Der Koran spricht an dieser Stelle im Gegensatz zum Alten Testament nicht davon, daß Moses Hand vom Aussatz gezeichnet war, sondern nur davon, daß sie "weiß" gewesen sei.

[98] Im Parallelbericht in Sure 28 wird diese Aufforderung nur indirekt vorgebracht.

(arab. wazîr) (20,29-30) mit ihm zu schicken, denn Aaron könne besser reden. Gott gewährt ihm diese Bitte (vgl. 20,36) und verheißt beiden zugleich "Vollmacht" und seinen Schutz vor den Ägyptern (28,35; 20,46). Mose bittet auch darum, daß ihm Redefähigkeit verliehen wird (20,27-28).

Sure 20,47 erläutert den Auftrag des Mose genauer: Er soll den Pharao darum bitten, mit den Kindern Israels das Land verlassen zu dürfen. Zugleich soll er eine Strafe für die Leugnung der göttlichen Offenbarung für alle ankündigen, die seinen Worten keinen Glauben schenken (20,48). Mose und Aaron fürchten sich vor dem Zorn des Pharaos, aber Gott sichert ihnen seinen Beistand zu (20,45-46).

e. Mose vor dem Pharao

Am Hof angekommen, bittet Mose den Pharao, der nach dem Koran mächtig und von maßlosem Charakter ist (10,83), darum, die Kinder Israels mit ihm fortziehen zu lassen (26,17). Der Pharao verweist seinerseits darauf, daß er Mose in seiner Familie aufgezogen habe. Auch hier wird wieder die Parallele zu Muhammads eigener Situation deutlich: Auch er war als elternloses Kind bei Fremden aufgewachsen. Der Pharao stellt Mose wegen seines Mordes an dem Ägypter zur Rede (26,18-19). Mose gesteht zu, daß dieses Handeln falsch war (26,20). Gleichzeitig glauben die Ägypter, daß Josef (Yûsuf) der letzte Prophet gewesen sei, nach ihm also keiner mehr kommen könne (40,34)[99]. Daher wollen sie Mose kein Gehör schenken.

Der Pharao erkundigt sich zunächst bei Mose, wer denn sein Herr sei (20,49), worauf Mose Gott als Schöpfer und Rechtleiter der Menschen bezeugt (20,50-55; 26,24). Die Frau des Pharao glaubt der Botschaft des Mose und distanziert sich von ihrem Mann und von ihrem Volk und betet zu Gott, ins Paradies aufgenommen zu werden (66,11). Auch das Volk des Mose glaubt an ihn, sonst jedoch keiner, da alle Furcht vor der Macht des Pharao haben (10,83). Aus dem Volk des Pharaos wird ein einzelner weiterer Gläubiger erwähnt, der vor einer Ermordung des Mose warnt und das Volk ebenfalls zur Umkehr bringen möchte, den der Pharao aber nicht bis zum Ende anhört (40,26ff.)

Als Mose vor dem Pharao die Zeichen Gottes tut, erklärt dieser sein Handeln für "Zauberei". In Sure 20,27 erklärt der Pharao Mose sogar für besessen; ebenso hatten die Araber Muhammad als besessenen Dichter bezeichnet. Der Pharao verweist darauf, daß die Ägypter solch einen Glauben, wie ihn Mose verkündigt, von ihren Vorvätern nicht überliefert bekommen haben (28,36). Der Pharao

---

[99] Vgl. Lektion 17.12. zu Josef im Koran

bezeichnet sich darauf selbst als Gott, bedroht Mose mit dem Gefängnis, wenn er einen anderen zu Gott erklärt (26,29) und bezeichnet Mose als "Lügner" (28,38). Der Pharao glaubt nicht an die Auferstehung (28,39) (auch die Landsleute Muhammads leugneten sie).

Sure 20,58ff. berichtet noch etwas ausführlicher von der Begegnung des Mose mit dem Hofstaat des Pharao: Der Pharao befürchtet, daß Mose ihn mit seiner 'Zauberei' aus seinem Land vertreiben wolle (20,57) und kündigt einen Wettstreit zwischen Mose und seinen Zauberern an (20,58), dem Mose auch zustimmt (20,59). Mose warnt sie noch einmal vor dem drohenden Strafgericht Gottes (20,61). Bei diesem Wettstreit werfen beide Parteien Stöcke auf den Boden, die zu lebendigen Wesen werden.

> Nach Sure 7,107 wird Moses Stock zu einer Schlange, nach Sure 7,108 und 26,33 vollbringt er auch noch das zweite Wunder, als seine aus dem Ärmel hervorgezogene Hand weiß wird.

Aus diesem Wettstreit geht Mose als Sieger hervor, denn seine Schlange verschlingt das, was die Zauberer auf den Boden geworfen haben. Daher werfen sich die Zauberer, nachdem Mose sein Zeichen getan hat, nieder und beten den Gott des Aaron und des Mose an (20,70; 7,120-122; 26,46-48). Der Pharao gerät darüber in Wut, daß sie ohne seine Erlaubnis Allah angebetet haben und kündigt ihnen Folter und Kreuzigung an (20,71; 26,49; 7,123-124). Die Zauberer halten jedoch an ihrer Entscheidung fest, bitten Gott um Bewahrung bis zu ihrem Tod (7,126) und halten dem Pharao eine Bekehrungspredigt, bei dem sie ihn auf seine begrenzte Macht und die Folgen des menschlichen Handelns im Hinblick auf Himmel und Hölle hinweisen (20,72-76).

Der Pharao weist seinen Minister Hâmân nun an, Ton zu brennen, damit er sich einen Turm (oder ein Schloß) bauen könne, um damit zum Gott des Mose heraufzusteigen und ihn zu sehen, denn er hält Mose für einen Lügner (40,38)[100].

Mose bittet Gott daraufhin um die Vernichtung des Pharaos und seiner Landsleute, und Gott erhört diese Bitte. Weil der Pharao sich so hartnäckig weigert, Moses Botschaft anzunehmen, schickt Gott das Strafgericht über das Volk und läßt den Pharao und seine Soldaten im Meer ertrinken (28,40). Sie werden beim Jüngsten Gericht auf keine Gnade hoffen können, da Gott sie verflucht hat. Gott handelte so mit den Ägyptern, um die Frevler abzuschrecken (28,41-42).

---

[100]Hier wird offensichtlich biblisches Gedankengut vom Turmbau zu Babel mit der Geschichte von Mose vermischt.

Sure 7 berichtet ferner, daß die "Vornehmen" des Landes den Pharao zusätzlich gegen Mose aufstachelten, so daß der Pharao beschließt, alle Söhne des Volkes Israel umzubringen (7,127). Mose ermahnt das Volk, auf seinen Gott zu vertrauen (7,128), aber auch das Volk schenkt ihm kein Gehör[101]. Gott schickt erst Mißernten, dann eine Flut, Heuschrecken, Läuse, Frösche, Blut und ein letztes Strafgericht, das nicht näher erläutert wird (7,133-134), um die Ungläubigen zur Umkehr zu bewegen. Während der Plagen bitten erstaunlicherweise die *Ägypter* Mose um Fürbitte bei Gott und versprechen, die Israeliten bestimmt mit ihm fortziehen zu lassen. Sobald diese Gerichte jedoch aufhören, wenden sich die Menschen auch wieder von der Botschaft des Mose ab (7,133-135), denn das Volk des Pharao glaubt Mose nicht. Mose bittet Gott schließlich darum, den Pharao und seine Güter zu zerstören und sein Herz und die Herzen der Ägypter zu verhärten. Diese Bitte gewährt ihm Gott (10,88-89). Die Wohnungen des Pharaos und seines Volkes werden von Gott zerstört. Die Strafe für das Nichtbeachten der Botschaft Moses besteht darin, daß die Leute des Pharao im Meer ertränkt werden (7,136). Gott weist Mose nämlich an, eines Nachts mit den Israeliten zu fliehen. Pharao verfolgt mit seinen Leuten die Kinder Israels (26,60). Als sie Angst vor den Verfolgern bekommen, beruhigt Mose sie mit der Versicherung, daß Gott sie beschützen werde (26,62). Dann veranlaßt Gott, daß Mose mit seinem Stock auf das Meer schlägt, das sich daraufhin teilt (26,63). Die Kinder Israels werden durch das Meer hindurch errettet. Dann flutet das Wasser zurück, und die Verfolger ertrinken (26,66; 20,78; 7,136). Als der Pharao bereits dem Ertrinken nahe ist, ändert er seinen Sinn und bekennt Gott als den einzigen, wahren Gott, und Gott schenkt ihm die Errettung (10,90-92).

f. Der Götzendienst der Israeliten

Nun ist im Koran die Lebensgeschichte des Mose mit dem Untergang der 'Leute des Pharaos' ebensowenig beendet wie im Alten Testament. Gott will dem Volk das Land, das Gott gesegnet hat, zum Erbe geben (7,137). Mose zieht mit dem Volk Israel durch das Meer. Bald darauf fordert das Volk von Mose, ihnen einen Götzen zu machen, worauf Mose das Volk als "törichtes Volk" (7,138) bezeichnet.

Nach dem Bericht des Korans versucht Mose vergeblich, das Volk Israel von seinem Vorhaben abzubringen (20,90-91). Sure 20,85 berichtet, daß der "Sâmirî", über dessen Identität es unter den

[101] Anders als im Alten Testament unterscheidet der Koran im Verlauf der Erzählung nicht fortwährend zwischen dem ägyptischen und dem jüdischen Volk.

Exegeten keine einheitliche Meinung gibt[102], die Israeliten in die Irre geführt habe. Dieser Zusatz wird im Koran leider nicht näher erläutert.

Mose hält sich nach dem koranischen Bericht 40 Tage auf einem Berg in der Nähe Gottes auf (7,142) und bittet darum, Gott einmal sehen zu dürfen. Gott erklärt ihm, er könne ihn nicht direkt sehen, er werde sich aber zeigen, indem er einen Berg zu Staub zerfallen ließe. Als Mose dieses Wunder sieht, fällt er (wohl bewußtlos) zu Boden und bereut seinen vermessenen Wunsch (7,143). Im übrigen berichtet der Koran, daß Gott mit Mose in "vertraulichem Gespräch" (19,52) redete (4,164). Damit ist vielleicht die Unterredung auf dem Berg gemeint.

Nach den 40 Tagen übergibt Gott Mose (2,51) die Gesetzestafeln, damit er sie dem Volk überbringen kann (7,145). Es fehlt hier im koranischen Bericht jedoch der Hinweis des Alten Testamentes, daß die Tafeln die Zehn Gebote enthielten bzw. eine genaue Wiedergabe dessen, was auf den Schrifttafeln stand. Nur in Sure 2,83-85 finden sich aus dem Inhalt der Tafeln die Anweisungen, Gott allein zu dienen, Eltern, Verwandte, Waise und Arme gut zu behandeln, freundlich zu sein, das Gebet und die Almosen zu beachten, nicht zu töten und die Menschen nicht aus ihren Wohnungen zu vertreiben. Dies wird als der Bundesschluß der Israeliten mit Gott bezeichnet. Allerdings hält sich der größte Teil des Vokes nicht daran (2,83), sondern sie verfälschen und vergessen die Worte der Torah.

In Moses Abwesenheit hat sich das Volk Israel ein Kalb aus Schmuck gemacht, um es anzubeten (7,148). Mose gerät bei seiner Rückkehr in Zorn und zieht Aaron zur Rechenschaft dafür, daß er bei diesem Treiben mitbeteiligt war (20,92-93). Mose wirft die Tafeln zu Boden und macht Aaron schwere Vorwürfe. Aaron verteidigt sich damit, daß das Volk für den Fall seiner Weigerung, ihnen zu helfen, sein Leben bedroht habe (7,150). Mose hält inne und bittet Gott für sich und Aaron um Vergebung. Den Sündern des Volkes empfiehlt er, über sich selbst die Todesstrafe zu verhängen (2,54), aber Gott verzeiht ihnen. Dann hebt Mose die Tafeln vom Boden auf und sondert 70 Männer aus dem Volk aus. Ein Teil des Volkes entschließt sich zum Glauben an die an sie ergangenen Worte Gottes (7,159). Die Israeliten haben mit ihrem Götzendienst, wie der Koran erneut betont, letztlich gegen sich "selbst gefrevelt" (2,54; vgl. 7,160).

Das Volk Israel wird in zwölf Stämme unterteilt (7,160). Mose sorgt mit seinem Beglaubigungswunder dafür, daß aus einem Felsen Wasser in zwölf Quellen hinausströmt (7,160; 2,60), indem er mit

[102]So Stieglecker. Glaubenslehren. S. 230

seinem Stock gegen einen Felsen schlägt. Ebenso schickt Gott Manna und Wachteln herab. Die Israeliten verlangen von Mose, daß er ihnen Gott doch zeigen möge (2,55). Darauf schickt Gott Blitz und Donner über sie, so daß sie sterben. Aber Gott erweckt sie in seiner Barmherzigkeit wieder zum Leben, damit die Israeliten vielleicht so zur Dankbarkeit geführt würden (2,55-56). Eine "Wolke" spendet den Israeliten Schatten (2,57). Trotz der Wohltaten Gottes waren die Israeliten "widerspenstig" und "frevelten", allerdings, wie wiederum betont wird, nicht gegen Gott, sondern "gegen sich selbst" (7,160; vgl. 2,54).

Die Israeliten sind nicht mit ihrer Speise, dem Manna und den Wachteln, zufrieden, die Gott ihnen vom Himmel herabkommen läßt (2,61). Mose empfiehlt ihnen, dann doch lieber nach Ägypten zurückzukehren. Schließlich kommt der Zorn Gottes über sie, und sie werden für das Tun des Bösen bestraft (7,165).

Nun ziehen die Israeliten weiter zu dem ihnen verheißenen Land. Der Koran berichtet kaum etwas über die Einnahme des Landes, in das Gott die Israeliten führen möchte (5,21ff.). Sie fürchten sich davor, in das Land hineinzuziehen, weil in dem Land "gewalttätige Leute" wohnen (5,22). Sie wollen das Land erst einnehmen, wenn diese Gewalttätigen sich daraus zurückgezogen haben. Zwei gottesfürchtige Männer[103] aus dem Volk Israel ermutigen das Volk, auf Gott zu vertrauen und in das Land einzuziehen (5,23-24). Das Volk weigert sich jedoch beharrlich und fordert Mose und Gott selbst auf, mit den Bewohnern des Landes zu kämpfen (5,23-24). Mose beschwert sich nun bei Gott über seine Landsleute und fordert Gott auf, die Sünde des Volkes nicht ihm zur Last zu legen, da er nur über sich und Aaron Macht habe. Gott antwortet Mose, er möge sich wegen der Sünde des Volkes keinen "Kummer machen" bzw. "nicht betrübt" sein (5,26).

> Im Gegensatz dazu bittet im Alten Testament Mose Gott, ihn anstelle des ungehorsamen Volkes aus dem Buch des Lebens zu streichen, um nicht sein Volk verworfen zu sehen (2. Mose 32,32[104]). Der Mose des Korans distanziert sich vom Handeln des Volkes Israel weit mehr, als es uns in der Bibel berichtet wird. Dort leidet Mose mit dem Volk, wenn es von seinen Feinden bedrückt wird, und er leidet mit unter ihrer Sünde, wenn sie gegen Gott rebellieren.

[103]Dies dürfte eine Anspielung auf Josua und Kaleb aus dem Alten Testament sein.

[104]Ganz ähnlich formuliert Paulus in Römer 9,3: "Ich selber wünschte, verflucht und von Christus getrennt zu sein für meine Brüder, die meine Stammverwandten sind nach dem Fleisch".

Weil sich das Volk hartnäckig weigert, dem Befehl Gottes zu gehorchen, verurteilt Gott sie dazu, vierzig Jahre herumzuirren, ohne in das Land hineinkommen zu können (5,26).

g. Das Volk Israel im Land

Über die Richterzeit berichtet der Koran nur sehr wenig. Der chronologisch der Landnahme folgende Bericht in Sure 2,246ff. spricht davon, daß die Israeliten von ihrem Propheten (der Name Samuel wird nicht erwähnt) einen König fordern. Die Israeliten kämpfen, nachdem Gott sie auf ihren Gehorsam hin geprüft hat (2,249), gegen die Truppen Goliaths (Gâlûts). In diesem Kampf, den die Israeliten gewinnen, wird Goliath von David (Dâwûd) getötet. David wird von Gott das Königtum verliehen (2,251).

Die Überlieferung (arab. hadîṯ) berichtet etwas ausführlicher über das Wohnen des Volkes Israel in Palästina[105]. Das Volk hört nicht auf Gott, der ihnen befohlen hat, beim Einzug in das Land nur die Götzen des Landes zu zerstören und die Priester zu vertreiben, gegen die Bewohner aber Demut, Bescheidenheit, Milde und Vergebung walten zu lassen. Das Volk plündert die Stadt, die es belagert hat und tötet und vertreibt die Bewohner. Die Israeliten lassen aber die Götzendiener entkommen. Gott schickt ihnen daraufhin eine Pestepidemie, so daß die Anführer des Volkes sterben. Gott wählt neue Führer für das Volk aus, die die Götzendiener aus dem ganzen Land vertreiben und Städte gründen. Zu diesen Städten gehört auch Jerusalem, wo die Gesetzestafeln aufbewahrt werden.

Die Israeliten waren Ackerbauern und Viehzüchter. Mit der Zeit vergaßen sie Gott und seinen Bund mit ihnen und hingen ihr Herz an Reichtum und Gewinn. Gleichzeitig wurden sie gegenüber anderen Völkern hochmütig, denn sie glaubten, das Paradies sei nur ihnen vorbehalten. Aufgrund dieser inneren Schwächen konnten ihre Nachbarn, die Philister sie schließlich überwinden und die Gesetzestafeln erbeuten. Die Israeliten hörten nicht mehr auf ihre Propheten und machten keinen Versuch, Gottes Gesetz zurückzuholen.

Schließlich wollten sie einen König haben, was gegen den Willen Allahs war. Der Prophet des Volkes wählte gegen ihren Willen Saul (Tâlût) aus, der ein kleines Heer von Kampfestauglichen gegen die Philister führte und die Gesetzestafeln zurückerbeutete.

Über das Ende der Israeliten wird nicht ausführlich berichtet. In Sure 17,4-8 wird den Israeliten die Zerstörung ihrer "Kultstätte" (womit der Tempel gemeint sein dürfte) angedroht. Die Israeliten haben die Gelegenheit, durch Gutestun das zweite Strafgericht Gottes abzuwenden. Gott läßt ihnen eine Pause und segnet sie wiederum mit Gütern und Nachkommen (17,6). Vor dieser Androhung steht die Ermahnung, an den einen Gott zu glauben. Er ruft die Sintflut in

[105] Propheten aus dem Koran. S. 101-105

Erinnerung (17,2-3). Gott wird den Israeliten beide Male Feinde entgegenschicken, die sie besiegen und so das Gericht an ihnen vollziehen werden (17,5+7). Es ist sehr gut möglich, daß mit der zweiten Gerichtsdrohung die Zerstörung Jerusalems durch Nebukadnezar, die babylonische Gefangenschaft, die Rückführung und die Zerstörung des Zweiten Tempels durch die Römer gemeint ist; eine Ansicht, der sich auch teilweise die muslimischen Korankommentatoren angeschlossen haben[106].

12. Josef (Yûsuf)

a. Die Bedeutung der Josefsgeschichte

Auch bei der Josefsgeschichte[107] überraschen beim ersten Lesen die Ähnlichkeiten zwischen dem koranischen und dem biblischen Bericht. Beim genaueren Hinsehen wird aber doch mancher Unterschied deutlich, der den Gehalt der Geschichte erheblich verändert. Da die Josefsgeschichte außer der Erzählung von Kain und Abel die einzige fortlaufende, vollständige Geschichte des Korans darstellt, wird hier einmal ein Beispiel ausführlicher mit den Aussagen der Bibel verglichen.

Die Josephsgeschichte, deren koranischer Bericht in der Tat von der Erzählweise und vom Aufbau her an ein mehraktiges Drama erinnern kann[108], wird allgemein der dritten mekkanischen Periode zugerechnet[109], d. h. sie wurde wohl etwa im Jahr 619 oder 620 n. Chr.[110], also zu einer Zeit geschrieben, in der sich Muhammad in seiner Heimatstadt Mekka selbst in höchster Bedrängnis befand. Vermutlich waren seine beiden Söhne al-Qâsim und 'Abdallâh, die ihm Hadîja geboren hatte, bereits gestorben. Das bedeutet, daß Muhammad den Verlust eines Sohnes selbst erfahren hatte[111]. Er hatte in Mekka schon eine Zeitlang den Islam gepredigt, aber die Schar seiner Anhänger war noch immer recht klein. Muhammad war damals also der Durchbruch zur Anerkennung als Prophet Gottes bei den Arabern noch nicht gelungen. Die Mekkaner waren nicht bereit, ihren alten Glauben zugunsten der von Muhammad neu gebrachten Offenbarung abzulegen.

---

106 Busse. Beziehungen. S. 115

107 Vgl. auch Nagel. Koran. 292ff.

108 So Johns. Joseph. S. 29-55

109 So z. B. von Speyer. Erzählungen. S. 223-224 und Bell. Introduction. S. 110

110 So Johns. Joseph. S. 42

111 So Johns. Joseph. S. 42

Diese für Muhammad bedrängende Situation hat sich in der Formulierung der Sure 'Yûsuf' (Sure 12) niedergeschlagen. Der verachtete, mißhandelte, aber schließlich zu Ehren gekommene Josef (Yûsuf) dient Muhammad zur Vorlage für seine eigene niedrige Stellung bei seinen Landsleuten, die sich aber eines Tages ändern wird.

Die koranische Josefsgeschichte folgt also im groben Verlauf der biblischen Erzählung, auch wenn sie im Vergleich wesentlich kürzer ausgefallen ist. In der Einleitung zur Josefssure weist Muhammad bereits auf die göttliche Offenbarung des Textes hin. Gott spricht selbst und legitimiert die jetzt folgende Offenbarung[112] als eine der "verborgenen Geschichten"[113], für die letztlich Gott die Verantwortung trägt.

b. Josef im Koran

Der Koran reiht Josef unter die Nachkommen Abrahams ein (6,84). Sure 40,34 berichtet, daß Gott Josef mit "klaren Beweisen" gesandt hat, seine Zeitgenossen jedoch an ihm zweifeln. Nach seinem Tod glaubte man, er sei der letzte Prophet gewesen (40,34). Über diese kurzen Andeutungen hinaus berichtet Sure 12 ausführlich über das Leben Josefs.

Der Inhalt der koranischen Josefssure ist etwa folgender: Josef träumt, daß sich elf Sterne, Sonne und Mond vor ihm neigen, worauf sein Vater ihn davor warnt, den Traum seinen Brüdern zu erzählen. Die Brüder beschließen aus Neid, Josef in eine Zisterne zu werfen. Als sie den Vater bitten, Josef mit ihnen ziehen zu lassen, äußert dieser bereits die Angst, daß ihn ein Wolf fressen könnte. Abends erzählen die Brüder ihrem Vater dann tatsächlich: "Da fraß ihn ein Wolf. Aber du glaubst uns nicht, selbst wenn wir die Wahrheit sagen" (12,17). Der Vater glaubt jedoch die Geschichte tatsächlich nicht. Josef wird inzwischen von dem Wasserschöpfer einer Karawane im Brunnen entdeckt und in Ägypten verkauft. Er erhielt bereits damals von Gott "Urteilsfähigkeit und Wissen" (12,22).

Als Josef in Ägpyten im Haus eines einflußreichen Herrn lebt, möchte seine Frau Josef eines Tages verführen. Josef widersteht ihr jedoch, obwohl "er ... sich sehr gerne mit ihr eingelassen hätte, hätte er nicht das Zeichen seines Herrn gesehen" (12,24). Da trifft der Ägypter selbst ein, und die Unschuld Josefs erweist sich. Nun versuchen etliche Frauen der Stadt im Hause der Hausfrau, den schönen Josef zu verführen. Dieser geht jedoch lieber ins Gefängnis, bevor er

[112] "Wir geben dir dadurch, daß wir diesen Koran eingegeben haben, den besten Bericht. Du hattest zuvor keine Ahnung davon" (12,3).

[113] Speyer. Erzählungen. S. 224

ihnen ihren Wunsch erfüllt. Dort trifft er auf zwei Sklaven, denen er den Glauben an den einen Gott (Monotheismus) predigt und deren Träume er richtig deutet.

> Muhammad erklärte die Christen für Anhänger eines Vielgottglaubens (für Polytheisten), also für "Götzendiener", da sie nach seiner Auffassung Gott, dem Schöpfer, Jesus als Kind Gottes und Maria 'beigesellten', also drei Götter anbeteten. An dieser Stelle wird schon deutlich, wie sehr sich Muhammad in der Rolle Josefs und Josef als Vorläufer für die Verkündigung des Eingottglaubens sieht: Josef muß den Menschen seiner Umgebung den Monotheismus predigen wie Muhammad seinen Zeitgenossen.

Josef nimmt selbstbewußt die Gabe der Traumdeutung für sich in Anspruch: "Das gehört zu dem, was mein Herr mich gelehrt hat" (12,37). Kurze Zeit später werden die beiden Sklaven entlasssen. Einer wird gemäß Josefs Voraussage gekreuzigt, der andere gelangt wieder zu Ehren, vergißt aber Josef. Dieser sitzt noch mehrere Jahre im Gefängnis, bis der König von Ägypten ihn wegen seines eigenen Traumes von sieben fetten und sieben mageren Kühen rufen läßt, den Josef richtig auf eine Hungersnot deutet. Josef fordert dafür vom König, über seine Vorratshäuser gesetzt zu werden.

Dann kommen die Brüder Josefs nach Ägypten, und Josef fordert sie auf, ihren letzten Bruder herbeizubringen. Sie freuen sich auf dem Rückweg, ihr Geld wieder in ihren Säcken zu finden. Nach der Rückkehr der Brüder mit dem jüngsten Sohn gibt sich Josef diesem zu erkennen und steckt ihm den Pokal des Königs in die Satteltasche. Sie werden als Diebe bezichtigt, und einer der Brüder soll der Sklave Josefs werden.

Der Vater wird vor Trauer um Josef blind und schickt noch einmal die Brüder nach Ägypten. Sie erkennen dort Josef und bekennen, daß Gott Josef vor ihnen ausgezeichnet hat. Die Brüder kehren zurück, und Josef schickt seinem Vater ein Kleid mit, an dessen Geruch der Vater Josef schon erkennt, als die Karawane noch in Ägypten ist. Der blinde Vater wird durch das Auflegen dieses Tuches wieder sehend. Als die Eltern Josefs in Ägypten eintreffen, erhebt er sie zu sich auf den Thron[114], und sie fallen vor ihm nieder. Darauf bittet Josef Gott, ihn als frommen Muslim (oder: als Ergebenen) sterben zu lassen.

---

[114] Auch dieses Detail entspricht nicht dem biblischen Bericht.

c. Der Vergleich zwischen biblischem und koranischem Bericht

Wegen ihrer Ausführlichkeit wird die biblische Josefsgeschichte hier nicht nacherzählt, sondern nur der Vergleich zwischen beiden Berichten angestellt. Der biblische Bericht steht in 1. Mo 37-50.

Einige wichtige Unterschiede zum Alten Testament sind etwa, daß Jakob nicht der Mitteilung der Brüder Josefs Glauben schenkt, Josef sei von einem Wolf zerrissen worden (12,18). Nicht nur die Frau des Ägypters empfindet Liebe für Josef, die auch im Koran die Initiative ergreift, sondern Josef kann auch seinerseits nur mit Mühe der Anfechtung widerstehen (12,24)[115]. Als die Frau ihn - wie im 1.Buch Mose - verklagt, verteidigt sich Josef und kann auch zunächst der Gefangenschaft entgehen (12,26ff.). Ferner berichtet der Koran, daß die Frauen der Stadt über Josef und die Frau des Ägypters zu klatschen beginnen, worauf diese die Frauen zu einem Fest einlädt und die Frauen die überirdische Schönheit Josephs erkennen (12,30ff.). Als Josef schließlich doch noch ins Gefängnis geworfen wird, verkündet er dort seinen Mitgefangenen den Eingottglauben (12,38). Nachdem Josef die Träume des Königs ausgelegt hat, während er noch im Gefängnis ist (12,47ff.), fordert er selbst den König auf, ihm die Verantwortung über die Vorräte (oder Vorratshäuser) des Landes zu übergeben (12,55). Sowohl die Tatsache, daß er selbst die Fähigkeit der Traumdeutung für sich in Anspruch nimmt anstatt auf Gott als den eigentlichen Ausleger von Träumen hinzuweisen, als auch seine eigene Forderung, über die Vorratshäuser Ägyptens gesetzt zu werden, stehen im Widerspruch zum biblischen Bericht. Die Brüder Josefs kommen insgesamt dreimal nach Ägypten; Josef gibt sich Benjamin schon nach dem zweitenmal zu erkennen (12,69). Als die Brüder zum letzten Mal nach Hause zurückkehren, befiehlt ihnen Josef, sein Kleid auf die vom vielen Weinen blindgewordenen Augen Jakobs zu legen (12,93). Der Vater kann danach tatsächlich wieder sehen (12,96). Am Ende erhebt Josef seine Eltern zu sich auf den Thron, und seine Eltern und seine Brüder fallen vor Josef nieder (12,100).

In der koranischen Josefsgeschichte handelt Gott an Josef, um durch ihn seine Macht zu erzeigen. Es geht nicht, wie Josef in 1. Mose 45,7f berichtet, darum, daß Gott heilsgeschichtlich für die Erhaltung seines Volkes sorgte, sondern darum, daß Gott durch Josef wirkte und Josef ein vorbildlicher Muslim und in seiner Predigt ein Vorläufer Muhammads war. A. H. Johns hat besonders darauf hin-

[115]In der Bibel wehrt sich Josef gegen die Verführungsversuche der ägyptischen Frau, indem er darauf hinweist, welch große Sünde dies vor Gott und seinem Dienstherrn wäre: 1. Mose 39,7-10

gewiesen, daß an der Josef-Sure das Außergewöhnliche der harmonische Schluß und die Auflösung der Konflikte in Eintracht und Frieden zwischen Josef und seinen Brüdern ist[116], während sonst das Schema der 'Straflegenden' im Koran damit endet, daß diejenigen, die zuvor den Propheten verspotteten und seine ihm von Gott verliehene Stellung nicht anerkennen wollten, unweigerlich durch ein gewaltiges Strafgericht Gottes umkommen und keine Gelgenheit mehr zur Reue erhalten, wenn die Wahrheit der Botschaft des Gesandten Gottes erst für alle sichtbar erwiesen ist. In der Josef-Sure jedoch drohen - wie im Alten Testament - weder Josef noch Jakob irgendeine Vergeltung für das ihnen angetane Unrecht durch die Brüder Josefs an. Josef selbst vergibt der Frau ihre Lüge (der Frau im Hause des Ägypters) (12, 52+53) ebenso wie den Brüdern (12,92+98) ihre Lüge und ihren Anschlag gegen ihn. Statt auf Rache zu sinnen, sagt Jakob auf die Mitteilung der Brüder, daß ein Wolf Josef zerrissen habe, nur: "Doch schön geduldig sein (ist meine Losung). Und Gott sei um Hilfe gebeten gegen das was ihr ausssagt (und was gar nicht wahr ist)" (12,18). Dieser 'Ratschlag', sich angesichts des Bösen in Geduld zu fassen und seine Zuflucht bei Gott zu suchen, kann als Verhaltensregel für Muhammad zur Zeit seiner Bedrängnis und momentanen Machtlosigkeit in Mekka selbst aufgefaßt werden[117].

Nicht zuletzt wird am Ende der Sure eine Anwendung der Erzählung auf Muhammad beigefügt: die meisten Menschen sind nun einmal nicht gläubig (12,103) (so wie die Mekkaner), sondern sind Götzendiener (12,106). Dabei können sie gar nicht beurteilen, ob Gott nicht schon das Gericht hat nahe herankommen lassen (12,107) (also auch über die widerspenstigen Mekkaner), denn auch vor Muhammad sind bereits Gesandte aufgetreten (12,109) (und die Mekkaner könnten daran erkennen, daß sie im Unrecht sind), denn der Koran ist nur eine Bestätigung, was bereits zuvor den Menschen mitgeteilt worden ist (12,111). So kann mit Sicherheit Josef als der zunächst gedemütigte, später zu hohen Ehren gelangte und von Gott Auserwählte, der mehr weiß von Gott als alle anderen, vielleicht aber auch Jakob in seinem geduldigen Ausharren und Warten auf Gottes Hilfe ein Modell für Muhammads eigene Situation darstellen[118].

Aus der biblischen Erzählung wird zwar deutlich, daß Gott mit Josef war und ihn segnete, sein Erfolg ist jedoch nicht, wie der Koran sagt, der Lohn für seine Frömmigkeit:

---

[116]Johns. Joseph. S. 43

[117]So Johns. Joseph. S. 43

[118]Für die Vorbildfunktion beider Gestalten spricht sich auch Johns. Joseph. S. 44 aus.

"Wir schenkten ihm Beurteilungsvermögen und Wissen. So vergelten wir denen, die fromm sind" (12,22).

d. Das Wirken Allahs - das Handeln Gottes

Im Koran tritt das Wirken Allahs gegenüber dem Handeln Gottes im biblischen Bericht viel deutlicher hervor: Allah leitet nicht nur mit eigener Rede die Erzählung ein, sondern offenbart sich auch Josef, so daß dieser zu jeder Zeit hinter den Ereignissen das Handeln Gottes erkennen kann. Im Alten Testament erfährt Josef erst im Nachhinein nach vielen Jahren den Sinn von Gottes Handeln, jedoch nicht auf übernatürliche Weise (die Träume einmal ausgenommen). Auch der Vater Josefs weiß im Koran mehr als eigentlich menschlich möglich ist, wenn er vorausahnt, daß Josef möglicherweise von einem Wolf gefressen werden wird. Auch später hält er Josef im Gegensatz zum Jakob der Bibel eigentlich niemals für tot, sondern wartet nur geduldig auf die Rückkehr des Sohnes. Der Jakob der Bibel kann noch nicht einmal die Existenz Josefs in Ägypten glauben ("Aber sein Herz blieb kalt, denn er glaubte ihnen nicht", 1. Mose 45,26). Auch der Sinn der schweren Jahre im Gefängnis bleibt Josef in der Bibel bis zum Schluß verborgen, während der koranische Josef eigentlich zu jeder Zeit den Plan Allahs kennt und weiß, warum die Dinge geschehen.

e. Die Gabe der Traumdeutung

Das Gefängnis bietet dem Josef des Korans ein Forum, um seine Glaubensüberzeugung darzulegen. So belehrt er seine Mitgefangenen darüber, daß er der Religion seiner "Väter Abraham, Isaak und Jakobs" folgt (12,38) und weist darauf hin, daß die Verehrung mehrerer Götter Sünde ist. Er fordert sie (12,40) sogar zu einer eigenen Stellungnahme heraus und verkündet dann beiden ihr Schicksal.

Erstaunlich ist ferner, daß der koranische Josef im Gefängnis und vor dem ägyptischen König die Deutung der Träume fest zusagen kann, da ihm Gott dieses Wissen verliehen hat (12,21-22+37), während der biblische Josef beide Male auf Gott als den eigentlichen Traumdeuter verweist (1. Mose 40,8+41,16). Josef deutet im biblischen Bericht zwar die Träume richtig, das kommt aber von Gott und ist keine Fähigkeit seiner eigenen Person.

f. Josef - ein Sklave?

Entsprechend seiner gehobenen Stellung als Eingeweihter Allahs leidet der koranische Josef nur wenig unter seiner mißlichen Lage, ja, er ist nicht eigentlich hilfloser Sklave, sondern eingeweihter Mitwisser des mächtigen Wirkens Allahs. Das zeigt sich auch daran, daß die Unschuld des koranischen Josefs bei der versuchten Verführung der Frau seines Herrn sofort erwiesen wird, der biblische Josef jedoch unschuldig in den Kerker verbannt wird und keine Möglichkeit zur Rechtfertigung erhält. Der biblische Josef dagegen dient mehrere Jahre treu seinem Gott und das auch im Gefängnis. Seine erneute Erhebung über die Güter des Pharao erfährt der biblische Josef durch die Gnade seines Gottes, im Koran fordert er diese Stellung mit den Worten: "Setz mich über die Vorratshäuser des Landes! Ich bin ein guter Hüter und weiß Bescheid" (12,55).

g. Die Versuchung Josefs

Bei der Versuchung durch die Frau des Ägypters widersteht der biblische Josef der Versuchung, indem er sich das Unrecht gegenüber seinem Dienstherrn und gegenüber Gott vor Augen führt: "Wie sollte ich dieses große Unrecht tun und gegen Gott sündigen?" (1. Mose 39,9b). Der koranische Josef erhält dagegen ein übernatürliches Zeichen von Gott, das ihn vor der Versuchung bewahrt, als er ihr selbst eigentlich schon nachgegeben hatte (12,24). Dieses Zeichen hält ihn mit Mühe von dem Unrecht zurück. Um was es sich bei diesem Zeichen handelte, wird im Koran nicht gesagt, die Überlieferung (arab. hadîṯ) berichtet jedoch etwa, daß Josef dreimal eine warnende Stimme hörte, dann eine Erscheinung seines Vaters sah oder auch der Engel Gabriel vom Himmel herabkam und ihn warnte[119].

Nach dem Bericht des Korans reden die Frauen der Stadt über dieses Ereignis:

> "Die Frau des Hochmögenden will ihren Burschen verführen. Sie ist ganz verliebt in ihn." (12,30)

Als Revanche für diesen Klatsch lädt die Frau des Ägypters die Frauen zu einem Mahl ein. Als Josef zu ihnen hereinkommt, sind sie von seinem Anblick so gebannt, daß sie sich mit ihren Messern in die Finger schneiden und sagen: "Gott bewahre! Das ist kein Mensch. Das ist ein edler Engel" (12,31). Daraufhin erklärt die Frau des Ägypters, daß Josef ins Gefängnis kommen wird, wenn er sich in Zukunft nicht ihren Wünschen fügen werde. Darauf reagiert Josef mit den Worten, daß er die Gefangenschaft vorzöge (12,33), bittet aber gleichzeitig Gott, ihn vor der Bedrängung der Frauen zu befreien, da er sonst auch leicht in Versuchung geraten könnte (12,33). Diese Bitte erhört Gott (12,34).

Nach dem biblischen Bericht bringt Josef seine Brüder durch sein Taktieren dazu, ihr früheres Handeln als Schuld zu erkennen und

[119] Stieglecker. Glaubenslehren. S. 217

öffentlich einzugestehen. Im Koran findet dieser Umdenkungsprozeß nicht statt. Dort erkennen die Brüder Josef schließlich als höherstehend an, aber nur, weil er Macht errungen hat und ihn Gott also vor ihnen ausgezeichnet hat. Nach dem Alten Testament ist der Verkauf Josefs, die Lüge gegenüber dem Vater, ihr Neid und Haß die Sünde der Brüder schlechthin, die sie erkennen und eingestehen müssen.

h. Der Gehalt der Offenbarung

Das sind nur einige der wichtigeren Unterschiede zwischen der biblischen und der koranischen Josefsgeschichte. Es wird deutlich, daß der Koran zwar das äußere Gerüst der biblischen Erzählung im Groben übernommen hat, daß er jedoch an den eigentlichen Aussagen des Alten Testamentes und dem Sinngehalt der Geschichte vorbeigeht. Muhammad hat sich selbst und sein Gottesbild in die Geschichte hineinprojiziert, was in der Aussage Josefs gipfelt: "Laß mich als Muslim sterben und nimm mich unter die Rechtschaffenen auf" (12,101). Das heißt, daß der biblische Josef, mit dem Gott in seiner Geschichte im Alten Testament beispielhaft gehandelt hat, im Koran als Muslim lebt und stirbt.

Der biblische Josef wird von Gott einen merkwürdigen und schwer annehmbaren Weg in die Sklaverei und schließlich in die Gefangenschaft geführt. Er widersteht im Gehorsam der Versuchung (Potifars Frau), wird zu Unrecht bestraft, erkennt aber Gott als seinen Herrn über sich an (Traumdeutung). Trotz seiner leidvollen Erfahrungen wird er nicht bitter und kann seinen Brüdern ihr Unrecht vergeben, ja, er bezeichnet ihr schändliches Handeln als Gottes Weg mit ihm: "Und nun bekümmert euch nicht und denkt nicht, daß ich darum zürne, daß ihr mich hierher verkauft habt; denn um eures Lebens willen hat mich Gott vor euch hergesandt. Denn es sind nun zwei Jahre, daß Hungersnot im Lande ist, und sind noch fünf Jahre, daß weder Pflügen noch Ernten sein wird. Aber Gott hat mich vor euch hergesandt, daß er euch übriglasse auf Erden und euer Leben erhalte zu einer großen Errettung. Und nun, ihr habt mich nicht hergesandt, sondern Gott; der hat mich dem Pharao zum Vater gesetzt und zum Herrn über sein ganzes Haus und zum Herrscher über ganz Ägyptenland" (1. Mose 45,5-8). Dreimal betont Josef hier, daß es eigentlich Gott war, der ihn nach Ägypten geschickt hatte, damit Gott mit ihm und seinem Volk handeln konnte. In 1. Mose 50, 18-21 heißt es deshalb:

> "Und seine Brüder gingen hin und fielen vor ihm nieder und sprachen: Siehe, wir sind deine Knechte. Josef aber sprach zu ihnen: Fürchtet euch nicht! Stehe ich denn an Gottes Statt? Ihr gedachtet es böse mit mir zu machen, aber Gott gedachte es gut zu machen, um zu

tun, was jetzt am Tage ist, nämlich am Leben zu erhalten ein großes Volk. So fürchtet euch nun nicht; ich will euch und eure Kinder versorgen. Und er tröstete sie und redete freundlich mit ihnen" (1. Mose 50,18-21).

Gott hat nach Josefs Sicht gut an ihm gehandelt. Deshalb kann er auch nach dem Tod seines Vaters nicht mehr an Rache denken, denn er hat wirklich vergeben. Aber nicht nur Josef ist verwandelt worden, auch die Brüder haben einen langen Prozeß der Reue und Buße durchlaufen. Nicht zuletzt hat Gott durch sein Handeln mit Josef den Ägyptern seine Macht und Herrlichkeit offenbart.

Der Schwerpunkt der koranischen Erzählung liegt auf einem anderen Gebiet. Die Einbettung der Gegebenheit in die Heilsgeschichte Gottes mit den Menschen fehlt. Josef wird durch seine Auszeichnung vor Gott als Typus des alttestamentlichen Propheten gezeichnet, der jedoch auf die Situation zurechtgeschnitten wird. Das Hauptgewicht der Erzählung liegt auf dem mächtigen Handeln Gottes, das durch Muhammad den Menschen verkündigt wird. Josef ist vielmehr der Held der Geschichte als ein Diener und Werkzeug seines Herrn.

Wenn sich Muhammad selbst so stark mit den alttestamentlichen Propheten identifiziert hat, so deutet alles darauf hin, daß er das auch hinsichtlich der späteren, mächtigen Stellung Josefs tut: Die Brüder, die Josef herabgesetzt haben, müssen ihn letztendlich als von Gott Ausgezeichneten anerkennen. So wird auch das ungläubige arabische Volk, das jetzt seinen Propheten Muhammad verachtet, eines Tages die Wahrheit seiner Botschaft anerkennen müssen. Denn auch mit Josef, der nicht so sehr Knecht Gottes als Prophet Gottes sein will, hat Gott mächtig gehandelt. Das wird bald für alle Menschen sichtbar werden.

Nicht die Umwandlung des Menschen, die Rückführung von falschen Wegen, nicht das Handeln Gottes mit dem Menschen als einzelnem und als Nation ist das Thema des Korans, sondern der Vorzug Josefs vor anderen Menschen, weil ihn Gott ausgezeichnet hat.

13. Hiob (Ayyûb)

Der Koran berichtet über Hiob nicht sehr viel und das Wenige nur sehr lückenhaft. Sure 4,163 führt ihn in der Aufzählung der Propheten auf, ebenso Sure 6,84. Sure 21,83-84 spielt kurz auf das Schicksal Hiobs an, der wegen seiner Not Gott anruft und auf seine Barmherzigkeit hofft. Gott erhört sein Gebet und wendet die Not von ihm ab. Diese beiden Verse erläutern nicht, worin die Not Hiobs bestand. 21,84 deutet allenfalls dadurch, daß Gott Hiob seine Familie zweifach zurückgibt, an, daß es nicht nur materielle Not gewesen sein kann, die Hiob betroffen hat.

Auch Sure 38 enthält einige Verse über Hiob (38,41-44). In Sure 38,41 benennt Hiob den Satan (arab. aš-šaytân) als den Verursacher seiner "Mühsal" und "Pein". Gott weist Hiob an, mit seinem Fuß aufzustampfen und läßt für ihn dort Wasser hervorkommen (38,42). Ferner weist er ihn an, mit einem Bündel Zweige zu schlagen, wobei vom arabischen Wortlaut her nicht klar wird, ob Hiob seine Frau mit den Zweigen schlagen soll, wie manche Übersetzungen in Klammern dem Text beifügen. Gott warnt Hiob davor, seinen Eid zu brechen, ohne daß der Text näher erläutert, worin dieser Eid bestanden hätte. Verschiedene Korankommentatoren nehmen an, daß Hiob einen Eid geschworen hatte, seiner Frau hundert Schläge zu geben und nun mit einer milderen Form der Ausführung seinen Eid einlösen wollte[120]. Das Vergehen seiner Frau bestand nach Meinung der Korankommentatoren entweder darin, daß sie einmal zu spät von ihren Besorgungen heimgekommen war oder daß sie die Genesung ihres Mannes beeinflussen würde, wenn sie den Satan verehrte[121]. Sure 38,44 preist Hiob als geduldig, bußfertig und als einen "trefflichen Diener" seines Herrn.

14. Saul (Tâlût)

In der Zeit nach Mose (Mûsâ) bittet das Volk Israel seinen Propheten, der nicht näher benannt wird, um einen König, der sie im Kampf anführen möge. Der Prophet zieht den Willen des Volks zum Kampf in Zweifel. Das Volk aber bekräftigt ihn, da sie ja aus ihren Wohnungen und "von ihren Söhnen weg" (2,246) vertrieben worden sind. Schließlich ziehen sie bis auf wenige doch nicht in den Kampf. Der Prophet benennt ihnen nun Saul (Tâlût) als den von Gott erwählten König (2,247). Das Volk bestreitet jedoch seine Königswürde, denn das Volk ist "würdiger als er", König zu werden, zumal er, wie sie ihm vorwerfen, keine Reichtümer angehäuft hat (2,247)[122]. Der Prophet weist das Volk darauf hin, daß unter diesem König als Zeichen seiner Königsherrschaft die von Engeln getragene Lade wieder zu ihnen zurückkäme (2,248). Sure 2,249 berichtet schließlich, daß Saul beim Kampf die Truppen auf die Probe stellt,

[120] So Paret. Koran.. S. 422

[121] Stieglecker. Glaubenslehren. S. 250

[122] Hier wird die Umkehrung des Königsgesetzes in 5. Mose 17,16-20 deutlich (vgl. Thomas Schirrmacher. Ethik. Bd. 2. S. 780ff.): Gott warnt dort den König davor, sich große Reichtümer anzuhäufen, da sie ihn von Gott ablenken würden. Im Koran wünscht sich das Volk den Reichtum des Königs als Voraussetzung für sein Amt.

indem er ihnen verbietet, aus einem Fluß zu trinken. Wer mehr daraus trank, als eine Handvoll, ist für ihn nicht geeignet. Fast alle erlagen der Versuchung. Ein Teil der übrigen Truppen fürchtet sich vor dem Kampf mit Goliath, ein anderer Teil vertraut darauf, daß Gott ihnen trotz ihrer zahlenmäßigen Unterlegenheit den Sieg schenken kann. Sie besiegen die Truppen Goliaths, sowie David den Goliath (2,251).

15. David (Dâwûd)

David, der Vater Salomos, gehört zu den Propheten, über deren Leben der Koran ebenfalls nur sehr wenig berichtet, obwohl er zu den wenigen Propheten gehört, denen Gott eine Schrift, nämlich die Psalmen, offenbart hat (4,163; 17,55). Gott gab David die Psalmen (arab. zabûr) wie dem Mose (Mûsâ) das Gesetz, Jesus das Evangelium und Muhammad den Koran. Die Überlieferung (arab. hadîṯ) nennt weitere biblische Elemente wie die Musikgabe Davids[123]. David wird im Koran als der Sieger über Goliath in dem Kampf dargestellt, den die Israeliten gegen die Truppen Goliaths kämpften (2,251). Nach der islamischen Überlieferung besiegt David Goliath mit seiner Steinschleuder[124], während der Koran nicht näher erläutert, auf welche Weise der Sieg Davids zustande kam. Gott schenkt dem David Weisheit und die Königsherrschaft. Berge und Vögel preisen Gott auf Davids Gebot hin (21,79; 38,18-19). "Er war wirklich bußfertig", oder, wie man auch übersetzen kaann, "bereit zur Umkehr" (38,18). Gott befestigt seine Herrschaft und gibt ihm Weisheit, die richtige Entscheidung in Streitfällen zu treffen (38,19). Er erhält nach dem Koran die Fähigkeit, Panzerkleidung fertigzustellen[125], um seine Leute im Kampf zu schützen (21,80) und war ein fähiger Schmied (34,10-11).

Ferner wird im Koran die Befragung Davids in einem Streitfall zwischen zwei Männern berichtet, die an das Auftreten des Propheten Nathan und die damit verbundene Sünde Davids im Alten Testament erinnert[126]. Allerdings steht die koranische Erzählung unter ganz anderen Vorzeichen als im Alten Testament: Sure 38,21-26 berichtet, daß zwei miteinander in Streit geratene Brüder über die Pa-

[123] Propheten aus dem Koran. S. 106

[124] Propheten aus dem Koran. S. 107

[125] Busse. Beziehungen. S. 111 erkennt hier einen Rückgriff auf nachbiblische Legenden.

[126] Ein Unterschied zwischen dem Alten Testament und dem Koran besteht allerdings darin, daß Nathan David nur ein Gleichnis erzählte, um ihm seine Sünde vor Augen zu führen, während die koranische Erzählung von zwei in Streit geratenen Brüdern, die David um Schlichtung ihres Streits bitten, eine wirkliche Begebenheit wiederzugeben scheint.

lastmauer in die Gemächer Davids eindringen. Sie bitten David um einen Urteilsspruch, da einer der Brüder ein Schaf besaß, der andere 99. Der Reiche fordert von seinem Bruder sein einziges Schaf. David verurteilt den Übergriff dieses Bruders. Ihm kommt jedoch zum Bewußtsein, daß er mit diesem Rechtsfall selbst gemeint ist. David soll mit dieser Entscheidung einer "Versuchung" oder "Prüfung" (38,24) ausgesetzt werden. Er erkennt dies, wirft sich vor Gott nieder und betet ihn an, so daß Gott ihm vergibt (38,25). Der letzte Vers der Erzählung ermahnt David, nicht aus persönlichen Neigungen heraus, sondern wie es der Wahrheit entspricht, zu urteilen, denn wer vom Weg Gottes abirrt, hat von ihm im Jenseits eine harte Strafe zu erwarten (38,26).

Die Begebenheit bleibt im ganzen unklar und ohne den Hintergrund der biblischen Erzählung eigentlich unverständlich. Es wird nicht berichtet, warum dieser Rechtsfall für David eine Prüfung darstellt und worin seine Schuld besteht, sondern nur seine Weisheit in der Urteilsfindung hervorgehoben. Von seinem im Alten Testament berichteten Ehebruch und Mord (2. Samuel 11; vgl. Psalm 51) erzählt der Koran nichts. Nach Muhammads Verständnis hätte ein solches Verhalten zu einem Propheten und weisen König im Widerspruch gestanden. Möglicherweise ist - so zumindest die muslimische Theologie - mit dem Rechtsfall zwischen den beiden Brüdern eigentlich gemeint, daß David, der viele Frauen an seinem Hof hatte, auch noch die eine Frau seines Bruders haben wollte[127]. Der Koran gibt auf diese Vermutung keinen Hinweis. Andere Korankommentatoren wie Ibn Hazm vertreten die Ansicht, daß David überhaupt keine Sünde begangen habe, sondern David hier nur einfach einen Streitfall entschied[128].

16. Salomo (Sulaimân)

Salomo (Sulaimân)[129] wird im Koran mit seinem Vater David in einem Atemzug genannt. Beiden schenkte Gott Wissen (27,15). Ferner sagt der Koran, daß Salomo David "beerbte" (27,16), ohne näher zu erklären, um welche Erbschaft es sich dabei handelte. In der Geschichte der Koranauslegung hat man z. B. angenommen, daß Salomo von seinem Vater David die Würde des Prophetentums und die Herrschaft über Israel erbte[130].

---

[127]So Stieglecker. Glaubenslehren. S. 237 über die Meinung einiger Korankommentatoren.

[128]Stieglecker. Glaubenslehren. S. 237

[129]Vgl. Sure 27,15-44; 34, 12-14 ;38, 30-40

[130]So Stieglecker. Glaubenslehren. S. 237-238

Beim gesamten Bericht über Salomo in Sure 27 ist unklar, ob es sich hierbei um ein Gleichnis handelt oder um eine symbolische Erzählung. Salomos Truppen, die aus Geistern (arab. jinn), Menschen und Vögeln bestehen, versammeln sich und ziehen ins Tal der Ameisen (27,17-18). Dort ist Salomo bedacht, den Ameisen nicht unnötig zu schaden (27,18-19). Salomo versteht auch ihre Sprache (27,19). Der Wiedehopf ist nicht unter seinen Truppen, wofür ihn Salomo zur Rede stellt. Hieraus wird deutlich, daß Salomo die Sprache der Vögel beherrscht. Der Wiedehopf hat bei den "Sabäern" erkundet, daß durch Satans Verführung die Sabäer und ihre Königin die Sonne anbeten (27,23-24). Salomo fordert die Königin von Saba nur durch einen Brief auf, sich vom Götzendienst zum wahren Gott zu bekehren (27,29), andernfalls wolle er - was an dieser Stelle nicht explizit ausgesprochen wird - gegen sie in den Krieg zu ziehen[131]. Die Königin berät sich mit den Obersten des Reiches, die auf ihre Kampfesstärke hinweisen (27,28-33), also wohl zu einer Auseinandersetzung bereit wären. Die Königin rät jedoch wegen der zu befürchtenden Verwüstung dazu, lieber Salomo durch Geschenke zu bestechen (27,34-35). Sie schickt Leute mit Gaben zu Salomo, die er jedoch mit dem Hinweis darauf zurückweist, daß das, was Gott ihm gibt, wertvoller ist als alle irdischen Güter. Er läßt der Königin seine Truppen ankündigen (27,36-37). Kurz darauf wird Salomo der Thron der Königin von Saba gebracht und zwar von einem, "der Wissen aus der Schrift besaß" (27,40). Über die Bedeutung dieses Zeichens und die Frage, wer diese Person war, gehen die Meinungen der Korankommentatoren auseinander. Einige nehmen etwa an, dieses Zeichen sei für die Königin von Saba geschehen, um auf die Macht des Gottes Salomos hinzuweisen[132]. Als der Thron zu Salomo kommt, erkennt er darin eine Prüfung Gottes, mit der er seine Dankbarkeit auf die Probe stellt (27,40). Als die Königin von Saba zu Salomo kommt und dort ihren Thron sieht, erkennt sie das als Wunder und wird sich ihrer eigenen Sünde bewußt. Interessanterweise sagt auch die Königin von Saba: "Ich habe mich gegen mich selber vergangen" (27,44), wie alle Sünden im Koran sich nicht gegen Gott, sondern gegen Menschen richtet. Dann bekennt sich die Königin zu Gott (27,44).

Wie David ist auch Salomo ein weiser König, der die richtigen Entscheidungen in Streitfällen treffen kann. Als Beispiel wird in Sure 21 erzählt, daß Schafe in ein Saatfeld fremder Leute einfielen

[131] Busse. Beziehungen. S. 114 weist daraufhin, daß hiermit ein Prinzip des Heiligen Krieges (arab. jihâd) festgelegt wird, daß nämlich vor Eröffnung des Kampfes gegen die Ungläubigen diese zur Bekehrung zum Islam aufgefordert werden müssen.

[132] Stieglecker. Glaubenslehren. S. 240-241

und Schaden anrichteten. Salomo entschied den Streitfall weise, da, wie ausdrücklich betont wird, Gott ihm die rechte Weisheit zur Entscheidung schenkte (21,78-79). Gott macht Salomo den Wind und die Satane untertan (21,81-82: 34,12; 38,36), die für Salomo arbeiten und "Paläste, Bildwerke" und "Schüsseln" herstellen (34,13), und Gott läßt für Salomo das Erz untertage schmelzen (34,12). Salomo ist auch ein dankbarer König, der Gott den notwendigen Dank nicht schuldig bleiben möchte (27,19).

Allerdings steht Salomo in Gefahr, aufgrund der Liebe zu seinen Pferden zu wenig an Gott, seinen Herrn, zu denken[133]. Diese Schuld wird ihm bewußt, und er tut Buße (38,30-33). Daher lobt Sure 38 Salomo als "vorzüglichen Diener" Gottes. (38,30). Er gibt nämlich zu, daß er sein Herz an weltliche Güter gehängt und daher versäumt habe, an Gott zu denken (38,32). Gott prüft daraufhin Salomo und errichtete ein "Standbild" (oder "Gestalt", "Wesen") Salomos (diese Formulierung wird von den Koranauslegern verschieden erklärt), und Salomo tut Buße und bittet Gott darum, ihm die Königsherrschaft zu schenken (38,34-35)

> Die Überlieferung (arab. hadît) erklärt, daß Gott Salomo seine Königsherrschaft aufgrund seiner Sünde eine Zeitlang weggenommen hatte[134].

Gott ermahnt Salomo, in Zukunft anderen Menschen Wohltaten zu erweisen und Zurückhaltung zu üben (38,39).

Über Salomos Tod berichtet Sure 34,14 nur in Andeutungen. Diese Stelle ist ohne Auslegung alleine kaum zu verstehen:

> "Als wir dann seinen Tod bestimmt hatten, wurden sie (ergänze: die Menschen) erst durch das Tier der Erde, das seinen Stab zerfraß, darauf hingewiesen, daß er gestorben war. Als er dann zu Boden fiel, wurde den Geistern (arab. jinn) klar, daß sie, wenn sie das Verborgene gewußt hätten, nicht weiter in der erniedrigenden Strafe verharrt hätten" (34,14).

Ein Auslegungsversuch geht dahin, daß Salomo viele seiner letzten Lebensjahre im Tempel verbrachte und Gott gebeten hatte, den Geistern (arab. jinn) seinen Tod zu verheimlichen. Die Überlieferung (arab. hadît) legt die Begebenheit folgendermaßen aus:

> "Da ihm nun der Todesengel mitteilte, daß sein Leben nur mehr eine Stunde währe, ließ er um sich herum eine Zelle aus Glas machen, die ohne Tür war, und drinnen betete er auf seinen Stab gestützt. Die Satana gingen öfter an dieser Zelle vorüber, aber sie getrauten sich nicht hinzuschauen, weil sie verbrannt wären, wenn sie ihn während seines

[133] Vgl. die alttestamentliche Erzählung in 1. Könige 11 und dazu das 'Königsgesetz' in 5. Mose 17,14-20

[134] Stieglecker. Glaubenslehren. S. 242

Gebetes betrachtet hätten. Schließlich aber wagte es doch einmal ein Satan und blickte hin, und siehe da! Salomo lag tot auf der Erde! Man öffnete nun die Zelle und entdeckte, daß ein Wurm seinen Stab zerfressen hatte. Aus dem Umfang der zerstörenden Tätigkeit des Wurmes errechnete man, daß der König schon ein Jahr tot war und offenbar zu Boden stürzte, da der vom Wurm zerfressene Stab das Gewicht des Leichnams nicht mehr zu tragen vermochte. So hatten demnach die Ginn ein volles Jahr im Dienst des Königs gearbeitet, ohne zu wissen, daß er schon tot sei und daher keine Macht über sie habe"[135].

17. Jona (Yûnus)

Der Bericht über den Propheten Jona (Yûnus) findet sich in Sure 37,139-148. Seine Lebensgeschichte wird ebenfalls nur angedeutet. Die Überlieferung (arab. hadîṯ) fügt der Erzählung zahlreiche Einzelheiten aus dem Alten Testament hinzu, so z. B. Jonas Weigerung, nach Ninive zu gehen, den Sturm auf dem Meer und seine Buße im Bauch des Fisches[136].

Der Koran berichtet lediglich, daß Jona vor Gott auf ein Schiff floh, mit der Besatzung Lose zog, bei der Entscheidung verlor und von der Besatzung über Bord geworfen wurde. Er wurde vom Fisch verschlungen, tat Buße vor Gott und wurde aufgrund seiner Reue von Gott aus dem Bauch des Fisches wieder befreit. Als er an Land geworfen wurde, ließ Gott eine Pflanze über ihm wachsen. Er predigte "Hundertausend oder mehr" Menschen (37,147), die sich darauf zu Gott bekehrten (37,148)[137].

In groben Zügen erkennt man die Erzählung aus dem Alten Testament. Weitere Einzelheiten nennt der Koran jedoch nicht. Auch diese Geschichte ist also mehr eine Andeutung einer Begebenheit, die den Inhalt der Erzählung bei den Hörern eher voraussetzt, als daß sie eine wirkliche Erzählung darstellt.

18. Elias (Ilyâs) und Elisa (Alyasa')

Der Auftrag des Popheten Elias (Ilyâs)[138] im Koran lautete, die Menschen von ihrem Glauben an Baal zum wahren Gott zu bekehren. Aber auch das Volk, dem Elias predigte, schenkt ihm keinen Glauben und bezeichnet ihn als Lügner (37,127). Weiter wird über

[135]Stieglecker. Glaubenslehren. S. 243-244

[136]Propheten aus dem Koran. S. 128-130

[137]Der Koran erwähnt im Gegensatz zum Alten Testament nicht, daß Jona darüber murrte, das Gott das Volk erretten wollte (Jona 4,1).

[138]Vgl. Sure 37,123-132; 6,85

Elias nichts berichtet[139]. Aber er war unter den späteren Generationen besonders geachtet (37,129). Gott rechnet ihn zu seinen "gläubigen Dienern" (37,132).

Elisa (Alyasa') wird in Sure 6,86 und 38,48 jeweils nur kurz unter den Propheten erwähnt. Aus seiner Lebensgeschichte erfahren wir nichts.

19. Was weiß der Koran vom Neuen Testament?

Wenn nun die neutestamentlichen Personen im Koran dargestellt werden, muß man bedenken, wie wenig Muhammad vom Inhalt der Bibel wahrscheinlich gekannt hat. Obwohl die These, daß die Christen zu Muhammads Zeiten noch keine Bibel und kein Neues Testament auf Arabisch besaßen, von der Forschung bereits gelegentlich bezweifelt wird[140], hat man doch immer noch keinen Beweis für das Vorhandensein von arabischen Bibelteilen zu jener Zeit gefunden. Muhammads Kenntnis des Christentums und speziell des Neuen Testamentes ist nur als sehr gering einzuschätzen. Teilweise war sie sogar falsch, da Muhammad etwa Maria zur Dreieinigkeit zählt.

An die Bergpredigt Jesu finden sich beispielsweise im Koran höchstens Anklänge, aber kein zusammenhängender Text, der darauf schließen lassen könnte, daß Muhammad von der Bergpredigt gehört haben könnte. Der Koran kennt zwar den Begriff 'Evangelium' (arab. injîl), er wird im Koran jedoch nur pauschal benutzt. Auch die 'Jünger' werden pauschal als ganze Gruppe und nur an wenigen Stellen genannt, aber weder wird erwähnt, daß es 12 Jünger waren, noch, welche Rolle sie spielten und welchen Auftrag sie hatten. Auch die Namen der Jünger erwähnt der Koran an keiner einzigen Stelle. Die Lehrtätigkeit Jesu wird im Koran überhaupt nicht erwähnt, wenn man den Hinweis, daß Jesus gekommen sei, den Menschen das Evangelium zu bringen, nicht als Anspielung auf Jesu Lehrtätigkeit betrachten will. Von der Apostelgeschichte, von der neutestamentlichen Gemeinde und ihrem Aufbau und vor allem von den Lehrbriefen der Apostel ist im Koran keine Andeutung vorhanden.

Wenn schon auffällt, daß der Koran die Kreuzigung in nur einem einzigen Vers behandelt, so ist eigentlich noch auffälliger, daß er

[139] Die Erwähnung des Baals ist fast der einzige Hinweis, der an die alttestamentliche Erzählung des Gottesurteils auf dem Berg Karmel erinnert (1. Könige 18)

[140] Die Tatsache, daß im ganzen Koran nur sehr wenig von den Inhalten des Neuen Testamentes zu lesen ist, spricht meines Erachtens klar gegen eine Verbreitung des Neuen Testamentes auf Arabisch.

von der *Bedeutung* der Kreuzigung als Erlösungstat Jesu für seine Gemeinde überhaupt nichts erwähnt. Gleichermaßen spricht er nirgends von der Verlorenheit aller Menschen, von der Erbsünde oder der Rechtfertigung des Gläubigen vor Gott. Ebenfalls fehlen im Koran grundlegende biblische Lehren wie die Gewißheit der Errettung durch den Glauben und das neue Leben in Christus aus der Kraft des Heiligen Geistes. Der Heilige Geist als Person und sein Wirken, das veränderte Leben des gläubiggewordenen Christen, weil Christus in ihm wohnt und der biblische Aufruf zur Evangelisierung aller Menschen werden im Koran nirgends mit einem Wort erwähnt. Vielmehr scheint es, als ob Muhammad nur eine 'äußere Hülle' der christlichen Botschaft gehört und im Koran wiedergegeben hat. Es ist doch sehr unwahrscheinlich, daß er all diese genannten neutestamentlichen Lehren im Koran andernfalls überhaupt nicht behandelt oder wenigstens abgelehnt hätte. Auf die, wenn auch falsch verstandene Dreieinigkeit geht er ja auch an mehreren Stellen ein.

Es folgen nun noch die wenigen neutestamentlichen Personen, die im Koran überhaupt erwähnt werden. Auf das koranische Bild des Propheten Jesus wird in der nächsten Lektion ausführlich eingegangen.

20. Zacharias (Zakarîyâ)

Im Koran werden sowohl Johannes, der Täufer (Yahyâ), als auch sein Vater, Zacharias (Zakarîyâ), mehrfach erwähnt. Sure 3,38-41 berichtet von dem Wunsch des Zacharias nach Nachkommenschaft, die er Gott voller Vertrauen im Gebet vorträgt (3,38), denn er fürchtet, daß andere Verwandte ihn überleben werden und er keine Nachkommen hat (19,5)[141]. In Sure 21,89 schränkt er diese Bitte um einen Erben etwas ein und bezeichnet Gott als besten Erben.

Bei seinem Gebet im Tempel rufen ihm die Engel (die Korankommentatoren sind der Meinung, es handle sich hier um den Engel Gabriel[142]) zu, daß er einen Sohn mit Namen Johannes bekommen werde, der ein "Asket", ein "Prophet", ein "Herr", ein "Rechtschaffener" und einer, der "an ein Wort von Gott glaubt", sein werde (3,39). Mit dem "Wort" dürfte Jesus gemeint sein[143]. Zacharias wendet ein, daß er sehr alt und seine Frau unfruchtbar sei (3,40; 19,8). Der Engel versichert ihm jedoch, daß Gott allmächtig sei. Zacharias bittet nun um ein Zeichen für das Handeln Gottes (3,41). Gott erfüllt diese Bitte und kündigt ihm an, daß er drei Tage nicht

[141]Zu Zacharias und Johannes vgl. 3,38-41; 19,1-15; 21,89-90

[142]Stieglecker. Glaubenslehren. S. 251

[143]Stieglecker. Glaubenslehren. S. 251

werde sprechen können (19,10) und ermahnt ihn zum Gedenken an Gott und an den Lobpreis (3,41).

21. Johannes (Yahyâ)

Johannes (Yahyâ) wurde schon als kleines Kind von Gott besonders ausgezeichnet:

> "Und wir gaben ihm als Knaben Urteilsfähigkeit, Erbarmen von uns und Lauterkeit. Er war gottesfürchtig und pietätvoll gegen seine Eltern, kein Gewalttätiger und Widerspenstiger. Heil sei über ihm am Tag, da er geboren wurde, am Tag, da er stirbt, und am Tag, da er zum Leben auferweckt wird" (19,12-15).

Diese Formulierung erinnert stark an den Lobpreis über Geburt, Tod und Auferstehung Jesu in Sure 19,31-33.

Johannes gehört also im Koran zu den Propheten und Rechtschaffenen (3,39). Vom Leben des Johannes berichtet der Koran sonst nichts. Johannes wird lediglich aufgefordert, "die Schrift in seinem Besitz festzuhalten" (19,12). Allerdings geht der Koran nicht näher darauf ein, um welche Schrift es sich hier handelt, da Johannes nicht zu den Propheten gehört, die - etwa wie David oder Jesus - als Überbringer einer Schrift gelten.

> Geoffrey Parrinder weist auf die spätere Ausschmückung der Berichte über den Johannes des Korans hin, so etwa auf die Behauptung des Korankommentators at-Tabarî, daß Johannes der erste gewesen sei, der an Jesus geglaubt habe. Auch die Annahme, daß sein Grab sich in Damaskus befinden soll[144], ist nicht aus dem Koran zu entnehmen.

22. Maria (Maryam)

Über Maria (Maryam) berichtet der Koran vergleichsweise ausführlich. Sie wird im Koran als "Schwester Aarons" bezeichnet (19,28). Muhammad hat sie also mit der Mirjam des Alten Testamentes verwechselt.

Manche muslimische Korankommentatoren sind der Ansicht, Maryam bedeute "die Fromme" (al-'âbida)[145]. Maria ist die einzige Frau, die im Koran mit ihrem eigenen Namen genannt wird[146], während andere Frauen lediglich als "Frau des Lot", "Frau des Noah"

---

[144] Parrinder. Jesus. S. 58-59

[145] Wensinck, Johnstone. Maryam. S. 628

[146] So Parrinder. Jesus. S. 60

oder "Frau des Pharao" in Erscheinung treten (alle genannt in 66,10+11)[147].

Maria wird im Koran an den meisten Stellen in Zusammenhang mit Jesus als dessen Mutter erwähnt, wobei Jesus als Prophet klar den höheren Rang einnimmt.

Ferner wird im Koran Maria als die "Tochter 'Imrâns" bezeichnet (66,12), dessen Sippe wie auch Adam, Noah und die Sippe Abrahams von Gott "... vor den Menschen in aller Welt auserwählt" worden ist (3,33). Im Alten Testament wird der Vater von Mose, Aaron und Mirjam 'Amram genannt (4Mose 26,59). Auch die Ähnlichkeit von 'Amram und 'Imrân weist auf die erwähnte Verwechslung von Maryam und Mirjam im Koran hin.

Sure 3, die mit dem Titel "Die Sippe 'Imrâns" überschrieben ist, berichtet in 3,35-37 von der Zeit vor Marias Geburt[148]. Ihre Mutter, deren Name der Koran nicht nennt, die aber die katholische und die muslimische Tradition Hanna oder Anna nennen[149], weiht Maria vor ihrer Geburt bereits Gott - in der Annahme, daß sie einen Jungen zur Welt bringen wird -, denn sie

> "möchte, daß sie und ihre Nachkommen bei dir (= Gott) Zuflucht finden vor dem verfluchten Satan" (3,36).

Die Mutter ist über die Geburt einer Tochter enttäuscht (3,36). Der Vater 'Imrân ist vor der Geburt bereits gestorben. Maria wohnt später im Tempel. Zacharias, der sie dort "betreut" (3,37), kann sie durch Gottes Gaben versorgen, sooft er zu ihr in den Tempel kommt[150].

Auch Maria ist wie Jesus von Gott zu einem "Zeichen" (arab. aya) für die Menschen gemacht worden (23,50; ebenso 21,91). In Sure 66,10ff. wird dem falschen Verhalten der Frau Noahs und Lots - sie hatten "treulos" gegen ihre Männer gehandelt und gingen dafür ins Höllenfeuer ein - Marias löbliches Verhalten gegenübergestellt: Marias 'Keuschheit' - auch der Koran deutet zwischen den Zeilen eine Jungfrauengeburt an - ihr Glaube an Gott und seine 'Schriften' und ihre Demut werden gelobt, so daß Gott an ihr handeln und ihr seinen Geist einhauchen (arab. nafaha = einhauchen) kann:

---

[147] Allerdings werden manche Frauengestalten aus der Bibel dort auch nicht namentlich erwähnt.

[148] Legenden um die Geburt Marias finden sich auch in der christlichen Tradition. Wensinck, Johnstone. Maryam. S. 630

[149] Wensinck, Johnstone. Maryam. S. 630. In den apokryphen Evangelien wird der Vater Marias Joachim genannt.

[150] Parrinder. Jesus. S. 64 weist auf verschiedene Parallelen zu Erzählungen aus christlich-apokryphen Schriften hin.

"Und auch Maria, der Tochter 'Imrâns, die sich keusch bewahrte, worauf wir in ihre Scham von unserem Geist einhauchten. Und sie glaubte an die Worte ihres Herrn und an seine Schriften und gehörte zu denen, die Gott demütig ergeben sind" (66,12).

Als der Engel Gottes verkündigt, daß Gott Maria "rein gemacht" habe - ein Hinweis auf ihren tadellosen Ruf in moralischer Hinsicht - und daß er sie vor allen anderen Frauen der Welt auserwählt habe, wird sie ermahnt, Gott gegenüber demütig zu sein und sich ihm zu ergeben (3,42-43). Daraus entstand im Laufe der Zeit für die Korankommentatoren die Frage, ob Maria die vorzüglichste aller Frauen ist und damit auch Muhammads Tochter Fâtima überragt. Die meisten Ausleger sind allerdings der Meinung, diese Aussage bezöge sich nur auf die Frauen jener Zeit und nicht auf alle später lebende Frauen[151]. Maria gehöre aber gemeinsam mit Âsiya[152], Fâtima und Hadîja zu den vier vornehmsten Frauen des Islam[153] und sei die oberste der Frauen des Paradieses[154].

Auch an mehreren anderen Stelle verteidigt der Koran Marias Unbescholtenheit, die sie bei der Ankündigung der Geburt Jesu durch den Gesandten Gottes zunächst selbst bezeugt (3,47; 19,20).

Die Korankommentatoren identifizierten diesen Gesandten vorwiegend mit dem Engel Gabriel. Nach der Überlieferung soll er ein bartloser Jüngling mit leuchtendem Gesicht und lockigem Haar gewesen sein[155].

Bald hat Maria ihr Erschrecken darüber überwunden, daß sie ein Kind bekommt, obwohl sie mit keinem Mann verheiratet ist. Später bezeugt Maria ihre Unbescholtenheit auch gegen die Verleumdung der anderen Menschen (vgl. 4,156; 5,75), die sie der Hurerei bezichtigen wollen, da sie ein Kind bekommt und kein Vater bekannt ist[156]. In der ausführlichen Beschreibung der Umstände der Geburt Jesu in Sure 19 ergreift sogar der gerade geborene Jesus das Wort, als seiner Mutter Vorwürfe wegen Hurerei gemacht werden (19,27ff.). Allerdings geht er nicht direkt auf die vorgebrachten Beschuldigungen ein, sondern weist vielmehr auf seine eigene be-

---

[151]So Wensinck, Johnstone. Maryam. S. 629. Die Autoren nehmen von dieser sonst unter Kommentatoren allgemein vertretenen Auffassung ar-Râzî und al-Qurtubî aus, die Maria als die vornehmste der Frauen aller Zeiten beurteilten.

[152]Mit diesem Namen bezeichnen einige Korankommentatoren die Frau des Pharao, die sich auf Moses Aufruf hin zum Islam bekehrte.

[153]Wensinck, Johnstone. Maryam. S. 629

[154]So Wensinck, Johnstone. Maryam. S. 629 für Ibn Hanbal mit genauer Quellenangabe.

[155]Wensinck, Johnstone. Maryam. S. 629

[156]Henninger. Himmelfahrt. S. 269+277

sondere Stellung als "Prophet" und "Diener Gottes" hin (19,30-33)[157].

> "Er sagte: 'Ich bin der Diener Gottes. Er hat mir die Schrift gegeben und mich zu einem Propheten gemacht'" (19,30).

In der Überlieferung (arab. hadîṯ) hat man sich die Einhauchung Jesu z. B. so vorgestellt, daß der Engel Gabriel in das Hemd Marias hineinblies, das sie ausgezogen hatte. Als sie dieses Hemd nach dem Verschwinden des Engels wieder anzog, war sie schwanger geworden. Sie soll damals erst zwischen 10 und 13 Jahre alt gewesen sein[158]. Eine andere Überlieferung nach at-Tabarî berichtet, der Geist Jesu sei durch den Mund Marias gekommen[159].

Von seiten etlicher muslimischer Theologen hat man besonders in der Vergangenheit angenommen, man könne von Sure 23,50 her unter Umständen auf eine Himmelfahrt der Maria und ihre sofortige Aufnahme ins Paradies schließen [160]:

> "Und wir haben den Sohn der Maria und seine Mutter zu einem Zeichen gemacht. Und wir gewährten ihnen Unterkunft auf einem flachen Höhenzug mit Grund und Quellwasser" (23,50).

Diese Anschauung ergibt sich allerdings keineswegs klar aus dem Text. Sie entsteht lediglich aus der Annahme, daß ein "flacher Höhenzug" oder eine "Anhöhe" mit "Quellwasser" ein Euphemismus (ein beschönigender Ausdruck) für das Paradies sein könnten. Möglicherweise könnte der Vers und seine Auslegung den nach Arabien gelangten Glauben der Ostkirche einer leiblichen Himmelfahrt Marias widerspiegeln[161]. Josef Henninger erkennt darin wie auch aus der Sure 23,50 mehr indirekt geschlossenen Aufnahme Marias in den Himmel eine Beeinflussung der arabischen Christen von einer Glaubensausprägung der Ostkirche, die die besondere Stellung Marias als vor Gott Begnadete und Reine betonte und ihre Himmelfahrt lehrte.

---

[157] Vgl. Lektion 18.A.2. zur Geburt Jesu

[158] Derartig detaillierte Angaben macht der Koran natürlich nicht.

[159] So Wensinck, Johnstone. Maryam. S. 629 aus der Tradition. Die Autoren nennen at-Tabarîs Werk tafsîr. vi. S. 22.

[160] Belege dafür bei Henninger. Himmelfahrt. S. 270

[161] So nimmt Henninger. Himmelfahrt. S. 278 an.

23. Weitere, nichtbiblische Propheten im Koran

a. Hûd und Sâlih - gesandt zu den 'Âd und Ṯamûd

Die 'Âd[162] waren ein Stamm oder Volk von Baumeistern auf der Arabischen Halbinsel, das allerdings zu Muhammads Zeiten nicht mehr existierte[163]. Aufgrund der Tatsache, daß sie der Botschaft des Propheten Hûd nicht glauben wollten, wurden sie von einem "eiskalten Wind" (41,16) weggerafft. Hûd hatte seine Landsleute zur Umkehr von ihrem Götzendienst (11,52) und zur Gottesfurcht des einen Gottes aufgerufen (7,65) und das Strafgericht Gottes gepredigt. Hûds Landsleute bezeichnen ihn als Lügner (7,66; 26,138) und ließen sich auch von der wiederholten Aufforderung Hûds, doch Einsicht zu zeigen und Gott für Söhne, Gärten, Vieh und Quellen (26,134) dankbar zu sein (7,69), nicht zur Umkehr bewegen. Sie forderten Hûd vielmehr noch dazu auf, das angekündigte Gericht über sie hereinbrechen zu lassen (7,70). Hûd wies darauf hin, daß er sie nun gewarnt habe und an den weiteren Folgen unschuldig sei (11,57). Dies sind wiederum alles Parallelen zu Muhammads eigener Situation.

Die 'Âd lebten in den "Dünen" (46,21), woraus Korankommentatoren wie Zamaḫšarî und Baidâwî auf die Küste des Jemen schlossen[164]. Sie werden im Koran als "Nachfolger" des Volkes Noahs bezeichnet. Damit könnte eventuell gemeint sein, daß Gott ihnen das Land gegeben hat, was zuvor dem Volk Noahs gehört hatte[165]. Sie waren besonders groß (7,69). Auf ihre Stärke waren sie sehr stolz (41,15), und sie waren gewalttätig (26,130). Sie erbauten viele Bauwerke, wohl um sich so ein unsterbliches Denkmal zu setzen (26,128-130). Nur Hûd und diejenigen, die mit ihm geglaubt hatten, wurden errettet (11,57), die Ungläubigen der 'Âd wurden verflucht (11,60) und kamen um. Die Überlieferung (arab. hadîṯ) nennt als Ursache davon z. B. einen heißen Sandsturm[166].

Das Schicksal der 'Âd wird in Sure 69,4-8 in einem Atemzug mit dem eines anderen Volkes, den Ṯamûd[167], genannt. Von diesem Volk können wir aufgrund historischer Berichte aus dem 8. Jahr-

[162] Vgl. 7,65-72; 11,50-60; 26,123-140

[163] Watt, Welch. Islam. S. 199

[164] So Stieglecker. Glaubenslehren. S. 246

[165] So Stieglecker. Glaubenslehren S. 246 aufgrund von Korankommentaren

[166] Geschichte der Propheten aus dem Koran. S. 23. Sure 41,16 nennt dagegen einen "eiskalten Wind", von dem sie weggerafft wurden.

[167] Vgl. 7,73-79; 11,61-68; 26,141-159

hundert n. Chr. annehmen, daß es im Nordwesten Arabiens lebte[168]. Sie schenkten dem Propheten Sâlih keinen Glauben und bezeichneten ihn ebenfalls als Lügner (26,141). Die Tamûd "meißelten" Häuser (26,149) und bauten sich Schlösser (7,74). Sie werden an einer Stelle als Nachfolger der 'Âd bezeichnet (7,74). Der Prophet Sâlih mahnte sie vergeblich zur Umkehr und zum Gedenken an Gottes Wohltaten (7,74). Auch sie sollten sich vom Götzendienst und von ihrem Glauben an die vielen Götter abwenden und sich gegen den einen Gott sichtbar dankbar erweisen. Sie waren arrogant und gierig geworden, verachteten die Armen und unterdrückten sie, fügt die Überlieferung hinzu[169].

Aber die "Vornehmen" des Volkes wiesen Sâlih voller Hochmut ab (7,75) und hielten ihm vor, auch nur ein Mensch wie sie zu sein, der einem Zauber zum Opfer fiel (26,153-154).

> Die Überlieferung berichtet, daß es unter den Armen Anhänger der Botschaft Sâlihs gab, während sich die Reichen weiterhin auf ihr Geld verließen und an der Religion ihrer Väter festhalten wollten[170].

Sure 27,49 berichtet, daß sich bei Sâlihs Volksgenossen eine regelrechte Verschwörung gegen den Propheten bildete, der den Eingottglauben an den Schöpfer und Erhalter allen Lebens predigte. Die ungläubigen Landsleute Sâlihs forderten ihn auf, das angedrohte Strafgericht doch über sie hereinbrechen zu lassen (7,77; 26,154). So kamen sie aufgrund ihres Unglaubens um. Zudem handelten sie bewußt gegen die Anweisungen Sâlihs, ein "Kamel Gottes" (11,64), das nach der Überlieferung (arab. hadît) auf übernatürliche Weise plötzlich erschien[171] und als Sâlihs Beglaubigungswunder gilt (7,73), gut zu behandeln (26,155-157). Als dann die Tamûd plötzlich bereuen wollten, war es endgültig zu spät (26,157). Sie kamen um, wobei der Koran drei verschiedene Todesarten nennt: ein Beben, einen Donnerschlag und einen Schrei (7,78; 41,17; 54,31). Das Volk wurde verflucht (11,69).

b. Die Leute von al-Hijr

Die einzige Erwähnung dieser Gruppe stellt Sure 15,80-84 mit der üblichen Aussage der Straflegenden dar, daß sie dem Gesandten Gottes keinen Glauben schenkten und ihn als Lügner bezeichneten.

---

[168] So Watt, Welch. Islam. S. 199

[169] Geschichte der Propheten aus dem Koran. S. 25

[170] Geschichte der Propheten aus dem Koran. S. 26

[171] Der Koran sagt dies nicht ausdrücklich; man könnte diese Version aber mit Sure 7,73 vereinbaren.

Da auch sie als "Baumeister" bezeichnet werden, liegt ihre Identifizierung mit den Ṯamûd sehr nahe[172].

c. Šu'aib - Die Leute von Midian/Madjan

Wer das Volk der Midianiter[173] letztlich war, bleibt sowohl im Alten Testament als auch im Koran unklar. Es wird in der Bibel als das Volk erwähnt, das Joseph aus dem Brunnen zog und nach Ägypten führte und an den Hof des Pharao verkaufte (1. Mose 37,36).

Der Koran gibt keine näheren Hinweise auf die Midianiter. Der zu diesem Volk gesandte Prophet heißt im Koran Šu'aib. Die Überlieferung hat ihn mit dem Vater der Hirtenmädchen gleichgesetzt, auf die Mose trifft[174].

Šu'aib war der "Bruder" des Volkes, zu dem er gesandt war (11,84). Seine Landsleute, die die Tradition als die Nachkommen Madyans, des Sohnes Abrahams bezeichnet[175], warnt Šu'aib vor ungerechtem Umgang mit ihrem Vermögen, vor Betrug beim Verkauf oder Handel, vor der Bedrohung anderer, die an Gott glauben wollen und vor dem Gericht Gottes aufgrund ihres Unglaubens. Gleichzeitig kündigt er ihnen das Gericht an (11,84-85; 7,85-86).

Er findet jedoch kein Gehör bei den Leuten von Midian, da sie seine Einmischung in ihre wirtschaftlichen Belange ablehnen. In Sure 7,88 drohen die "Vornehmen" damit, Šu'aib und seine Anhänger aus der Stadt zu vertreiben, in 11,91, ihn zu steinigen. Sure 11,87 macht zugleich deutlich, daß die Leute von Midian zusätzlich zu ihrem Betrug dem Götzendienst ergeben waren. Die Einflußreichen und Mächtigen des Volkes, die Sure 7,88 als "hochmütig" schildert, bedrohen Šu'aib und seine Anhänger mit der Vertreibung, wenn sie nicht wieder den alten Glauben der Midianiter annehmen würden. Šu'aib lehnt dies ab und ruft Gott selbst zum Schiedsgericht zwischen den beiden Parteien an (7,89). In Sure 11,87 appellieren die Midianiter an die Milde Šu'aibs, aber Šu'aib beharrt unter Hinweis auf Gott als seinen Auftraggeber auf seiner Sendung. Er warnt sie davor, daß sie ein ähnliches Schicksal erleiden wie schon vor ihnen andere Völker, etwa das Volk Noahs. Er ruft sie zur Umkehr auf (11,88-90), während die Führer des Volkes das Volk vor einer Hinkehr zu den Worten des Šu'aib warnen (7,90). Gott errettet Šu'aib und die, die mit ihm glauben. Alle anderen kommen um - in Sure

[172]So Watt, Welch. Islam. S. 200

[173]Vgl. 11,84-95; 7,85-95

[174]Er entspräche dann dem Jetro des Alten Testamentes.

[175]Stieglecker. Glaubenslehren. S. 244

7,91 durch ein "Beben" - und werden verflucht (11,95). Diese Erzählung erinnert besonders stark an Muhammads eigene Situation unter seinen Landsleuten.

Auch Sure 29 berichtet, daß Šu'aib die Leute von Midian aufforderte, Gott zu dienen und nichts Schlechtes zu tun (29,36). Die Midianiter bezichtigten den Propheten jedoch der Lüge. Gott schickte ein Erdbeben, so daß sie starben (29,37).

Aus Sure 11,91 läßt sich Muhammads eigene Situation heraushören:

> "Wie wir sehen, bist du innerhalb unserer Gemeinschaft schwach. Wenn deine Anhänger nicht wären, würden wir dich steinigen. Du aber imponierst uns nicht'" (11,91).

Ganz ähnliche Schicksale berichtet der Koran von den *"Leuten des Dickichts"* (15,78; 38,13; 50,14), die evenutell aufgrund der Erwähnung von Šu'aib in 26,176-191 mit den Midianitern gleichgesetzt werden können[176]. Sie verlangen von ihrem Gesandten Šu'aib das Wunder, er möge Stücke des Himmels herabfallen lassen (26,187).

Ferner erwähnt der Koran die *"Leute des Brunnens"* (25,38; 50,12), die *"Leute des Tubba'"* (50,14; 44,37) und die *"Bewohner der Städte"* (7,94-102).

Kurz erwähnt wird der in den Himmel entrückte Idrîs[177] in 19,56, mit dem eventuell Henoch aus dem Alten Testament gemeint sein könnte.

> Die Überlieferung[178] (arab. hadîṯ) hat über Idrîs folgendes zu berichten: Idrîs ist ein Urenkel Noahs, und er wurde von Gott auserwählt, ein Führer der Menschen zu werden. Die Menschheit vermehrte sich und breitete sich aus, verschiedene Sprachen und Völker entstanden, aber es herrschte Friede unter ihnen, und es gab keinen Krieg. "Idris lehrte die Menschen, wie sie Gottes Zufriedenheit erlangen und sich ständig an ihn erinnern konnten. Die wichtigste Voraussetzung ist, daß man Körper, Kleidung und Haus von allem Schmutz und das Herz von schlechten Gedanken reinigt, um es dann mit guten Charaktereigenschaften zu füllen: Bescheidenheit, Ehrlichkeit, Freundlichkeit und Rücksicht gegenüber den Mitmenschen, Vertrauen auf Gott, Sinn für Gerechtigkeit, Fleiß und Verantwortungsbewußtsein"[179]. Idrîs unterwies die Menschen im Gebet, im Fa-

[176] In der islamischen Koranauslegung gibt es Anhänger beider Positionen: Stieglecker. Glaubenslehren. S. 244

[177] Geschichte der Propheten aus dem Koran. S. 19-20. Der Koran nennt für diese Erzählung keinerlei Anhaltspunkte.

[178] Dargestellt nach Geschichte der Propheten aus dem Koran. S. 19-20

[179] Geschichte der Propheten aus dem Koran. S. 19-20

sten, Almosengeben und darin, an Festtagen mit Armen und Waisen zu teilen. Er verbot Geiz und Verschwendung, Angabe, Beleidigung, Betrug, Unterdrückung, Alkoholgenuß. Idrîs war in allen Wissenschaften sehr gelehrt und unterwies die Ärzte seines Volkes in der Medizin, die Bauern in der Bewässerungskunst, das Volk in der Natur- und Wetterbeobachtung, in Geographie und Astronomie und der Kalenderberechnung. Von Idrîs wurden diese Kenntnisse auf die Griechen, Inder und Ägypter überliefert.

Der Prophet D̲û l-Kifl wird im Koran in 21,85 und 38,48 erwähnt. Man nimmt von diesem Propheten an, er könnte ein zweiter Name eines anderen Propheten sein. Es gibt verschiedene Vermutungen, ob es sich hierbei um Elias, Josua oder Zacharias handelt[180]. Von all diesen Propheten und Völkern, deren Existenz nur angedeutet wird, erfahren wir jedoch im Koran nichts Genaueres.

[180]Stieglecker. Glaubenslehren. S. 234

LEKTION 18: JESUS IM KORAN UND IN DER SICHT DER ISLAMISCHEN THEOLOGIE

A. JESUS IM KORAN

1. Die beiden Seiten der muslimischen Christologie

Der Koran vermittelt in 15 Suren gewissermaßen ein selektives Bild von Jesus Christus[1]. Keine dieser Suren behandelt ausschließlich die Person Jesu. Vielmehr muß das Bild, das der Koran von Jesus vermittelt, aus den insgesamt 93 verstreuten Versen[2] zu einem Ganzen zusammengestellt werden.

Zur Ausformung der islamischen Christologie hat jedoch über den Koran hinaus anderweitiges Material wie die Überlieferungen, christliche Literatur und apokryphe Evangelien wie etwa das arabische Kindheitsevangelium beigetragen.

Gewisse Aspekte der neutestamentlichen Christologie greift der Koran auf, und zwar zum Teil in ablehnender Weise, zum Teil aber auch, indem er neutestamentliche Aussagen über Jesus Christus bestätigt. Andere Aspekte werden dagegen gar nicht erwähnt. Es ist daher zu bezweifeln, daß Muhammad ein vollständiges Bild von dem Jesus Christus des Neuen Testamentes erhalten hat, so:

> "daß die 'Christologie' im Islam keinen eigenen Glaubensartikel hervorgebracht hat, sondern lediglich einen Aspekt etwa der Prophetologie bildet ..."[3].

---

[1]Zu Jesus im Koran vgl. auch Bouman. Christen. S. 74ff; Parrinder. Jesus; Schedl. Mohammed; Schumann. Christus; Räisänen. Jesusbild. Eine ältere, aber immer noch lesenswerte Darstellung aus christlicher Sicht ist etwa Zwemer. Christologie.

[2]So die Angabe bei Anawati. 'Îsâ. S. 81. Vier Verse stammen schon aus der sogenannten zweiten mekkanischen Periode, also der Zeit vor Muhammads Auswanderung nach Medina im Jahr 622. Andere biblische Personen werden jedoch viel häufiger erwähnt: Mose (Mûsâ) mit etwa 500 Versen in 36 Suren, Abraham (Ibrâhîm) mit etwa 245 Versen in 25 Suren und Noah (Nûh) in 28 Suren mit etwa 130 Versen. Räisänen. Jesusbild. S. 17+87

[3]Schumann. Christus. S. 15

Obwohl der Koran auf der einen Seite bestimmte biblische Lehren über Jesus Christus ablehnt, macht er auf der anderen Seite verschiedene ungewöhnliche Aussagen, die nur für seine Person - also auch nicht für Muhammad getroffen werden. Ob daraus zu schließen ist, daß Jesus im Koran eine außergewöhnliche Stellung innehat[4], die ihn vor allen anderen Propheten auszeichnet - ausgenommen vor Muhammad, der der bedeutendste Prophet bleibt - ist in der Literatur nicht ganz unumstritten. Zwar findet sich auf der einen Seite im gesamten Koran kein negatives Wort über den Propheten Jesus. Selbst der Vorwurf, daß Jesus zu Unrecht zu Gott erklärt worden sei[5], wird nicht Jesus selbst gemacht, sondern er wird gegen die Christen erhoben. Die muslimische Theologie hat später daraus den Schluß gezogen, nicht Jesus habe sich für Gott gehalten, sondern die christlichen Theologen hätten ihn erst zu Gott erklärt.

Zudem wird Jesus mit Bezeichnungen wie "Wort Gottes" oder "Geist von ihm" (beide Bezeichnungen werden in 4,171 verwendet) belegt, die nur für seine Person gebraucht werden. Er heilte wie kein anderer Prophet Kranke, erweckte Tote zum Leben und schuf Leben aus toter Materie. Auf der anderen Seite kann man anführen, daß auch Jesus trotz aller ungewöhnlichen Titel und Fähigkeiten nur in die Reihe der Gesandten Gottes eingereiht wird: "Christus Jesus, der Sohn der Maria, ist nur der Gesandte Gottes ..." (4,171).

Wenn Jesus nach der Auffassung des Korans nur ein Gesandter war, so war er auch nur ein Mensch. Er brachte den Menschen eine Schrift, das Evangelium (arab. injîl) und hatte darüberhinaus keinen weiteren Auftrag zu erfüllen. Er ragt nicht über die übrigen Gesandten hinaus[6]. Außerdem steht Muhammad natürlich noch über Jesus. Trotz dieser Einschränkungen kann meines Erachtens aufgrund der im folgenden dargestellten Aussagen über Jesus eine Sonderstellung Jesu im Koran nicht geleugnet werden.

2. Ankündigung und Geburt Jesu

Zu den interessantesten Aussagen über Jesus Christus gehören die Titel, mit denen Jesus im Koran bezeichnet wird. Wenn der Name Jesu erwähnt wird, folgt meist der Zusatz 'Sohn der Maria'. Diese ungewöhnliche Beifügung ist wohl ein Hinweis auf die besonderen Umstände der Geburt Jesu.

---

[4]So jedoch die überwiegende Zahl der Stimmen. Vgl. auch Schumann. Christus. S. 25.

[5]Also der Vorwurf des Polytheismus

[6]So Räisänen. Jesusbild. S. 86-89

Neben Sure 3,45ff. berichtet der Koran recht ausführlich in der Sure 'Maryam' (Maria) 19,16-36 von den besonderen Umständen der Geburt Jesu. Ein "Geist" (arab. rûh), den die Tradition später mit dem Engel Gabriel, den Verkünder göttlicher Botschaften im Koran, identifiziert hat[7], erscheint Maria und verkündet ihr die Geburt eines Sohnes, der aus "Barmherzigkeit" und als ein "Zeichen für die Menschen" (19, 21) gegeben wird.

Olaf Schumann weist besonders darauf hin, daß Jesus als einziger Prophet, selbst im Unterschied zu Muhammad, nicht nur Zeichen vollbringt, sondern selbst "ein Zeichen für die Menschen" ist, wie Sure 19,21 betont[8]. Ein solches Zeichen (arab. aya) ist etwa, daß Jesus in der Wiege zu den Menschen gesprochen (19,30) und später aus Lehm geformte Vögel belebt hat (3,49)[9]. Da Jesus nach dem Veständnis des Korans nur zu Israel und nicht zur ganzen Welt gesandt war, könnte man erwarten, daß er auch nur ein Zeichen für Israel war. Stattdessen betont der Koran, daß Jesus auch ein Zeichen für die ganze Welt war. Sure 19,21 berichtet, daß der Gesandte Gottes Maria die Geburt Jesu ankündigt mit den Worten:

> "Wir machen ihn zu einem Zeichen für die Menschen und zu einer Barmherzigkeit von uns" (19,21).

Noch deutlicher formuliert Sure 21 mit dem Titel 'Die Propheten' in Vers 91 über Maria,

> "die ihre Scham schützte. Da bliesen wir ihr Geist von uns ein und machten sie und ihren Sohn zu einem Zeichen für die Menschen in aller Welt" (21,91).

Daß Jesus ein Zeichen (arab. aya) für die Menschen war, spielt im Koran eine besondere Rolle:

> "Es handelt sich dabei um wunderbare Taten, die die Macht Gottes bezeugen, und von denen es gilt, die richtigen religiösen Schlußfolgerungen zu ziehen. Die Zeichen Gottes sind auf der einen Seite in der Natur, auf der anderen in den Schicksalen der Menschen und Stämme sichtbar"[10].

Diese wunderbaren Taten Gottes, die in der Natur durch Naturerscheinungen, durch Wachstum von Bäumen und Getreide, aber auch aus dem Lauf der Sterne für den Menschen sichtbar werden, können auch die 'Beglaubigungswunder' der Propheten sein, die diese durch Gottes Hilfe vollbrachten und damit - durch Gottes Wir-

---

[7] Räisänen. Jesusbild. S. 25

[8] Schumann. Christus. S. 39

[9] Die Belebung toter Materie durch Jesus ist ein Motiv aus den apokryphen Evangelien, so z. B. dem Thomasevangelium, dem arabischen Kindheitsevangelium u. a. m.: Anawati. 'Îsâ. S. 82

[10] Räisänen. Jesusbild. S. 23

ken - den Lauf der natürlichen Dinge auf übernatürliche Weise beeinflußten. Nur Muhammad vollbrachte ja als einziger Prophet kein Beglaubigungswunder; sein Wunderzeichen war der 'unnachahmliche' Koran (17,88[11]).

Wenn Jesus also ein "Zeichen" für die Welt ist, will Gott durch ihn in besonderer Weise seine Machttaten bezeugen, denn auch einzelne Menschen sind zum Zeichen der Warnung und des Vorbildes von Gott eingesetzt worden. So wurde etwa der Pharao zu einem "Zeichen" für die nach ihm Kommenden (10,92). Ebenso sind die in der Flut Umgekommenen in der Erzählung von Noah ein Zeichen für die Menschen (25,37). Diese Wunderzeichen weisen auf Gott hin, sie sollen Menschen zur Umkehr und zum Glauben führen.

Maria wird hier übrigens als "Schwester Aarons" bezeichnet (19,28). Muhammad hat sie also mit der Mirjam des Alten Testamentes verwechselt. Maria erschrickt bei der Ankündigung des Engels vor dem Gedanken, ein Kind zu bekommen, da sie doch eine Jungfrau und "keine Hure" (19,20) ist. Der Geist verkündet jedoch das Handeln Gottes an ihr.

> "Die Empfängnis wird dem schöpferischen Hauch Gottes zugeschrieben, der in keiner Weise als physischer Zeugungsakt interpretiert werden kann. Gott einfach bläst 'von seinem Geist' ..."[12].

Der Text macht also ganz deutlich, daß Jesus keinen Vater hat; weder Gott noch der Engel Gabriel kommen dafür in Betracht. Für den Korankommentator Baidâwî wird eine Nennung Jesu nach seiner Mutter Maria ("Jesus, Sohn der Maria")[13] statt nach dem Vater nur verwendet, weil kein Vater existiert, da eine Benennung nach der Mutter nur dort vorkommt, wo der Vater nicht bekannt ist[14]. Möglicherweise stammt diese Wendung ("Jesus, Sohn der Maria") aus den syrischen und arabischen Apokryphen[15] oder aus dem Sprachgebrauch der Kirche Äthiopiens[16].

---

[11]Sure 17,88 hebt hervor, daß der Koran unnachahmlich ist und betont, daß Menschen und Geister (arab. jinn), selbst wenn sie es gemeinsam versuchten, niemals etwas dem Koran Gleichwertiges erschaffen könnten. Zum muslimischen Dogma von der Unnachahmlichkeit des Korans vgl. Lektion 2.C.7.

[12]Räisänen. Jesusbild. S. 27

[13]Die Wendung "Sohn der Maria" gebraucht der Koran insgesamt 16 mal. Bei 33 Nennungen Jesu insgesamt ist dies erstaunlich häufig: Anawati. 'Îsâ. S. 81

[14]So Parrinder. Jesus. S. 22-23

[15]So vermutet Parrinder. Jesus. S. 27-29

[16]So die Angabe bei Anawati. 'Îsâ. S. 81

Im Gegensatz zum biblischen Bericht wird Joseph im Koran überhaupt nicht erwähnt. Jesus ist in ähnlicher Weise wie Adam, der nach koranischem Bericht weder Vater noch Mutter hatte und von Gott unmittelbar aus Lehm erschaffen wurde, durch die Macht Gottes ins Leben gerufen worden. Den Vergleich zwischen der Erschaffung Adams und Jesus zieht Sure 3,59[17]. Dennoch erhebt ihn dieser besondere Umstand seiner Erschaffung schon nach Äußerungen aus frühislamischer Zeit nicht über die anderen Propheten hinaus, da sie mit Adam eindeutig ihre Parallele besitzt[18].

An anderer Stelle wird für die Erschaffung Jesu nur die Formulierung gebraucht:

> "Jesus ist vor Gott gleich wie Adam. Er erschuf ihn aus Erde und sprach dann zu ihm nur: Sei!, und da war er" (3,59).

Gott hat mit dieser besonderen Erschaffung Jesu ohne Vater nur ein Zeichen für die Menschen gesandt, nicht aber Jesus eine besondere Funktion zugewiesen, wie dies das Neue Testament deutlich macht. Im Neuen Testament weist Jesu Empfängnis durch den Heiligen Geist bereits auf seine Rolle als Gottessohn hin[19]. Der Sinn der ungewöhnlichen Erschaffung Jesu zieht im Koran also auf die anderen Menschen hin, während sie im Neuen Testament zunächst Jesus selbst offenbart.

Besonders hebt der Koran die Unbescholtenheit der Jungfrau Maria, der Mutter Jesu, hervor (3,47; 21,91; 66,12). Sure 3,42 betont - ähnlich wie die Bibel[20] - die besondere Auserwählung Marias vor allen anderen Frauen der Welt:

> "Und als die Engel sprachen: 'O Maria! Gott hat dich auserwählt und rein gemacht! Er hat dich vor den Frauen der Menschen in aller Welt auserwählt'" (3,42).

Ob diese Verteidigung der Rechtschaffenheit der Maria bedeutet, daß der Koran die *Jungfrauengeburt* lehrt, ist in der Geschichte der muslimischen Koranauslegung nicht unumstritten gewesen. Während Geoffrey Parrinder bei muslimischen Auslegern für die Vergangenheit davon ausgeht, daß sie die Jungfrauengeburt angenommen haben, erwähnt er aber die Ablehnung der Jungfrauenge-

---

[17]Nach einer Überlieferung, die die beiden bedeutendsten Traditionssammler Muslim und al-Buḫârî übermitteln, sind Adam und Jesus bei ihrer Geburt auch beide gleichermaßen mit dem Teufel in Kontakt gekommen. Anawati. 'Îsâ. S. 82

[18]So belegt Parrinder. Jesus. S. 70 etwa für Ibn Ishâq.

[19]Ein weiterer Unterschied besteht darin, daß Jesus nach biblischer Vorstellung geboren, nicht geschaffen wurde, während der Koran gerade dieses Erschaffensein Jesu betont.

[20]Lukas 1,28-30

burt von Theologen der Neuzeit wie Sayyid Ahmad Khân, Tawfîq Sidqî oder Muhammad 'Alî[21]. Sayyid Ahmad Khân etwa, der die Geburt Jesu auf natürliche Weise zu erklären versuchte, vertrat, daß die Koranaussage "Maria schützte ihre Scham" oder "ihre Keuschheit" (21,91) nicht unbedingt bedeute, daß Maria niemals Geschlechtsverkehr mit einem Mann gehabt habe, sondern nur, daß sie ihrem Ehemann nicht untreu gewesen sei[22].

Schließlich bringt Maria Jesus unter einer Palme zur Welt[23]. Jesus beginnt sofort nach seiner Geburt mit ihr zu sprechen und tröstet sie über ihren Schmerz und ihre Angst vor dem Gerede der Leute hinweg. Jesus selbst erklärt den Leuten schließlich seine Existenz:

> "Ich bin der Diener Gottes. Er ließ mir die Schrift zukommen und hat mich zu einem Propheten gemacht. Und er hat gemacht, daß ich, wo immer ich bin, gesegnet bin. Und er verlangte von mir das Gebet und die Almosensteuer, solange ich lebe ..." (19,30-31).

3. Wunder Jesu

Erstaunlicherweise berichtet der Koran nicht nur als reine Tatsache, daß Jesus - im Gegensatz zu Muhammad - Wunder gewirkt habe, sondern er macht sogar deutlich, daß Jesus Wunder getan habe, die kein anderer Prophet vollbrachte, ohne dies auf der anderen Seite besonders hervorzuheben. Jesus heilte Kranke, erweckte Tote zum Leben und erschuf sogar Leben aus toter Materie. Leben zu schaffen, kommt auch im Koran sonst nur Gott selbst zu. Allerdings schuf Jesus dieses Leben, wie der Koran bemerkt, nur "mit Gottes Erlaubnis" (3,49; vgl. auch 5,110), also nach muslimischem Verständnis als Geschöpf im Auftrag des Schöpfers. Jesus bewirkte wie die anderen Propheten vor ihm die Wunder nur aus der Kraft Gottes und nicht aus sich selbst heraus. Sure 3,49 kündigt an, daß Jesus so etwas wie Vögel aus Lehm formen und mit seinem Atem beleben werde. Er werde Blinde und Aussätzige heilen, Tote zum Leben erwecken und Dinge wissen, die ein sterblicher Mensch eigentlich nicht wissen kann. Von der muslimischen Theologie wird die Belebung der tönernen Vögel als das 'Beglaubigungswunder' Jesu betrachtet[24].

---

[21] Parrinder. Jesus. S. 69-70

[22] Nach Parrinder. Jesus. S. 70

[23] Räisänen. Jesusbild. S. 20 verweist auf die Ähnlichkeit der Erzählung in einer Überlieferung, die im 8. oder 9. Jahrhundert im sog. Pseudo-Matthäus festgehalten worden sei.

[24] Stieglecker. Glaubenslehren. S. 256

"Also sind die Wundertaten Jesu ebenso wie die der anderen Gesandten Beglaubigungszeichen, die der Gesandte mit der Erlaubnis Gottes bringt"[25].

Während das Neue Testament jedoch mehrere Begebenheiten von Totenauferweckung mit vielen Einzelheiten berichtet[26], enthält der Koran darüber keinen genaueren Bericht.

Ein Zeichen tut Jesus auf Wunsch der Jünger (5,112), die im Koran nicht näher mit Namen bezeichnet werden. Sie bitten ihn, zur Beglaubigung seiner Verkündigung einen Tisch vom Himmel herabkommen zu lassen, damit sie davon essen und so von der Wahrheit seiner Verkündigung überzeugt werden können. Jesus bittet Gott um die Herabsendung eines solchen Tisches (5,114). Gott erhört die Bitte, kündigt aber zugleich eine besonders harte Strafe für diejenigen an, die nach einem solchen Zeichen noch immer nicht glauben (5,115).

Ob hier Anklänge an die neutestamentlichen Berichte vom letzten Abendmahl zu suchen sind, an die Speisung der Fünftausend oder an die Bitte um Brot im Vaterunser, ist verschiedentlich diskutiert worden[27].

Zu den Wundern Jesu muß im Grunde auch seine Rede gerechnet werden, mit der er unmittelbar nach seiner Geburt aus seiner Wiege heraus[28] Maria über die besonderen Umstände seiner Geburt tröstete (19,24-26), sowie eine zweite Rede, die er kurz darauf als Antwort auf die Vorwürfe derjenigen formulierte, die Maria Hurerei vorwarfen:

"Er sprach: 'Ich bin der Diener Gottes. Er hat mir die Schrift zukommen lassen und machte mich zu einem Propheten. Und er hat gemacht, daß mir, wo immer ich bin, Segen verliehen werde und befahl mir das Gebet und die Almosenabgabe, solange ich lebe und gegen meine Mutter pietätvoll zu sein'" (19,30-32).

Es ist viel darüber spekuliert worden, ob die Belebung der aus Lehm geformten Vögel oder die Rede Jesu aus seiner Wiege von Muhammad etwa aus einem pseudo-christlichen apokryphen

---

[25]Räisänen. Jesusbild. S. 43

[26]Die Tochter des Jairus: Lukas 8,49-56; der Jüngling zu Nain: Lukas 7,11-17 und Lazarus: Johannes 11,1-45

[27]Parrinder. Jesus. S. 87ff. nennt mehrere Deutungsversuche, auch von muslimischer Seite.

[28]Parrinder. Jesus. S. 78-79 weist darauf hin, daß die Überlieferung und die älteren Korankommentatoren davon ausgingen, daß Jesus tatsächlich in der Wiege gesprochen habe, während in der Neuzeit auch andere, allerdings weniger zahlreiche Stimmen laut wurden, die dieses Sprechen für ein fortgeschrittenes Alter Jesu annahmen.

Kindheitsevangelium in den Koran übernommen wurde[29], wofür letztlich natürlich keine echten Beweise erbracht werden können. Letztlich ist auch bei der Koranstelle, bei der Jesus aus der Wiege spricht, interessant, daß die Ungewöhnlichkeit dieses Ereignisses, das möglicherweise auf eine Sonderstellung Jesu hinweisen könnte, durch die Aussage Jesu relativiert wird, mit der er sich in die Reihe der anderen Propheten einreiht. Auch er muß das islamische Gebet sprechen und die Almosensteuer entrichten.

Außer diesen Wundern wird aus dem Leben Jesu im Koran nur wenig berichtet. Seine dreijährige Lehrtätigkeit und das Zentrum seiner Lehrbemühungen, seine Jünger, werden im Koran nur am Rand als die "Helfer Gottes" (3,52) erwähnt, die im Gegensatz zu den ungläubigen Israeliten an Jesus glauben. Wörtlich lautet der Text, daß sie sich Gott "ergeben" haben und "die Helfer Gottes" sind. Den arabischen Begriff für Helfer (ansâr) hat Muhammad auch für die ersten gläubig gewordenen Medinenser verwendet, die sich um den Zeitpunkt der Auswanderung Muhammads herum zum Islam bekehrt hatten.

Davon, daß die Unterweisung der Jünger im Neuen Testament den Beginn der christlichen Weltmission darstellt, berichtet der Koran nichts. Die Jünger bezeugen, daß sie an Gott glauben und an das, was Gott herabgesandt hat und folgen seinem Gesandten (3,52-53). Auf den Inhalt der Lehre Jesu, also z. B. auf die Bergpredigt des Neuen Testamentes, geht der Koran überhaupt nicht ein.

Heikki Räisänen faßt die Lehre Jesu im Koran folgendermaßen zusammen:

"1) Fürchtet Gott und gehorchet mir.
2) Gott ist mein Herr und euer Herr.
3) Dienet ihm.
4) Das ist ein gerader Weg.

Dem Anschein nach sind diese Wendungen nichtssagend. Das ist jedoch eine Täuschung. Es ist wichtig, zu beobachten, daß alle diese Formeln im Koran wiederholt auftauchen als Bestandteile der Botschaft verschiedener Gesandter"[30].

Hieraus geht hervor, daß die Lehre Jesu nach Auffassung des Korans keine neuen Inhalte vermittelte, sondern lediglich die Botschaften früherer Gesandter, nämlich die Aufforderung, an den einen, all-

---

[29]Parrinder. Jesus. S. 84 führt etwa Parallelen zum koranischen Bericht der Belebung der Vögel aus dem apokryphen Thomasevangelium, einer jüdischen Überlieferung (Toldoth Jeshu) und dem sog. arabischen Kindheitsevangelium an und zitiert Ibn Ishâq, der für die Christen des Najrân eine solche Tradition berichtet. Vgl. auch Anawati. 'Îsâ. S. 82

[30]Räisänen. Jesusbild. S. 47

mächtigen Gott zu glauben, bestätigt hat, wie auch Sure 5,46 formuliert:

> "Und wir ließen nach ihnen Jesus, den Sohn der Maria folgen, daß er bestätige, was von der Torah vor ihm da war. Und wir übergaben ihm das Evangelium, das Rechtleitung und Licht enthält und bestätigt, was von der Torah vor ihm da war, und als Rechtleitung und Ermahnung für die Gottesfürchtigen" (5,46).

Darum ist die Geschichte und der Inhalt der Lehre Jesu, so außergewöhnlich die Jesus beigelegten Titel und Ehrenbezeichnungen, Attribute oder Handlungen auch sein mögen, nach dem Koran keineswegs außergewöhnlich. Die Stellung Jesu im Koran hat mit der herausragenden Stellung Jesu im Neuen Testament nichts zu tun:

> "Jesu (sic) wird also als frommer und deshalb angesehener Gesandter geschildert. Doch wird nichts erwähnt, das ihn entscheidend von den anderen Boten unterscheiden würde"[31].

Jesus ist im Koran vielmehr nur ein Element in der Weltgeschichte Gottes, das seinen Auftrag der Verkündigung ausführte. Der Auftrag, den Jesus nach dem Koran gehorsam zu erfüllen hatte, war dementsprechend nur die Verkündigung des Evangeliums und der Ruf zum Glauben, nicht jedoch, sich für seine Gemeinde zu opfern. Jesus bestätigte die Torah (5,46), so wie Muhammad später das Buch Jesu, das Evangelium (arab. injîl), von den mittlerweile hineingeratenen Verfälschungen reinigte und die ursprünglich offenbarte Botschaft bestätigte. Zugleich war Jesus derjenige, der das Kommen Muhammads ankündigte (61,6), das ja auch, wie die islamische Theologie besonders in den vergangenen 150 Jahren herausgestellt hat, wie der Koran sagt, im Alten und Neuen Testament verkündet worden war (7,157).

4. Jesus - Wort Gottes

Jesus erhält, wie bereits erwähnt, im Koran mehrere Titel, die keinem anderen Propheten beilegt werden. Er ist "Wort Gottes" (arab. kalima). Er wurde durch das Wort von Gott erschaffen (4,171) (arab. alqahâ ilâ Maryama) und ist ein "Geist von ihm" (arab. rûhun minhu), also ein Geist von Gott (4,171; 3,45):

> "Als die Engel sagten: 'O Maria! Gott verkündet dir ein Wort von ihm, dessen Name Jesus Christus, der Sohn der Maria ist! Er wird angesehen sein im Diesseits und im Jenseits und einer von denen, die (ergänze: Gott) nahestehen" (3,45).

Heikki Räisänen weist darauf hin, daß muslimische Korankommentatoren für den Gebrauch des arabischen Begriffs 'Wort'

---

[31]Räisänen. Jesusbild. S. 59

(arab. kalima) die unterschiedlichsten Erklärungen abgegeben haben, etwa, daß dieses "Wort" für die Botschaft Jesu stünde oder für die Tatsache, daß Jesus bereits in der Wiege gesprochen habe. Der Kommentator Baidâwî hält aber aufgrund von Sure 4,171 (Text siehe unten) die Erklärung, daß mit diesem Titel - dessen Ursprung er im übrigen auf den biblischen Begriff des 'logos' (griechisch für "Wort"; vgl. Johannes 1,1) zurückführt - auf die ungewöhnliche Erschaffung Jesu hingewiesen werden soll, für die plausibelste[32]. Daß für Jesus der Begriff "Wort" nur im Sinne einer Prophetie gebraucht worden sei oder daß er bedeutete, daß Jesus nur mit einem "Wort" zu den Menschen kommt, erscheint ihm dagegen unwahrscheinlicher zu sein. Jesus wird vielmehr durch ein Wort Gottes ins Dasein gerufen und ist das "Wort", das Gott in Maria gelegt hat[33]. Er ist die Erfüllung des Schöpferwortes Gottes, ausgesprochen im Moment seiner Empfängnis. Er ist das Wort, das von früheren Propheten angekündigt wurde und jetzt die gute Nachricht, die Botschaft Gottes bringt und die Menschen auf den rechten Weg führt[34].

Dennoch darf der gravierende Unterschied zu der Bedeutung des christlichen 'logos' (griechisch für "Wort"), des präexistenten Wortes Gottes, das bei der Schöpfung wirkte, das bereits beim Vater war und nur zu einer bestimmten Zeit in die Welt gesandt wurde (vgl. Johannes 1,1), nicht übersehen werden. Daher ist Jesus im Koran auch nur "*ein* Wort", denn er wurde nach dessen Verständnis als "ein Wort von Gott" erst in dem Augenblick seiner Enstehung durch den Befehl Gottes geschaffen[35], als er ihn ins Leben rufen wollte. Darüberhinaus ist diese Belegung eines Propheten mit dem Begriff "Wort" nicht so außergewöhnlich, wie es auf den ersten Blick scheinen mag,

> "... da jeder Prophet in seiner Verkündigung ein Wort Gottes erhält, durch das die Hörer in die Entscheidung für oder gegen Gott gestellt werden. Wer sich, wie der Prophet, für Gott entscheidet und dies durch Worte bezeugt, kann ebenfalls, wie etwa Abraham, 'ein Wort von Gott' genannt werden, denn seine Person wird durch sein Zeugnis geprägt"[36].

---

[32]Räisänen. Jesusbild. S. 31-32

[33]Parrinder. Jesus. S. 47

[34]So Anawati. 'Îsâ. S. 83

[35]Diese Annahme vertritt Baidâwî in seinem Kommentar zu 3,39. Dort wird Jesus wohl zum ersten Mal als "Wort" erwähnt, als der Engel Zacharias die Geburt des Johannes, eines "Asketen", "Propheten" und eines der "Rechtschaffenen" ankündigt, der an ein "Wort" glauben wird. Parrinder. Jesus. S. 45

[36]Schumann. Christus. S. 31

Nur in Sure 4,171 wird Jesus als "das Wort" (wörtlich: "sein Wort") bezeichnet:

"Christus Jesus, der Sohn der Maria, ist doch nur der Gesandte Gottes und sein Wort, das er der Maria überbrachte, und Geist von ihm" (4,171).

Zugleich macht der Koran aber gerade an dieser Stelle deutlich, daß Jesus "nur der Gesandte Gottes" ist, also ein Prophet.

Geoffrey Parrinder weist zudem auf die häufig zitierte Möglichkeit hin, daß durch eine geringe Vokaländerung des Korantextes[37] Sure 19,34 statt "Ausspruch der Wahrheit" (arab. qaula l-haqqi) auch "Wort der Wahrheit" (arab. qaulu l-haqqi) bedeuten könnte. Dann würde der Koran Jesus das 'Wort der Wahrheit'[38] bezeichnen.

5. Jesus - Geist Gottes

Ferner wird Jesus im Koran siebenmal als "Geist Gottes" oder "Geist von Gott" bezeichnet. Zwar wurde in der Literatur immer wieder betont, daß der Koran Jesus "*ein* Geist" und nicht "*der* Geist" nennt. Muslimische Ausleger haben aber diesen Unterschied nicht immer gemacht und durchaus von Jesus als "*dem* Geist" gesprochen[39]. Zudem lesen wir in Sure 4,171, daß Jesus Christus Geist von Gott ist:

"Christus Jesus, der Sohn der Maria ist nur der Gesandte Gottes und sein Wort ... und Geist von ihm" (4,171).

Jesus wird als Geist von Gott Maria eingeblasen (66,12) (arab. nafaha = einhauchen). Aber nicht nur die Erschaffung Jesu steht mit dem Geist Gottes in unmittelbarem Zusammenhang. Auch danach hat Gott Jesus sein ganzes Leben hindurch mit dem heiligen Geist gestärkt:

---

[37] Es muß bedacht werden, daß die ältesten Koranexemplare überhaupt keine Vokalisierung besaßen. Die Vokalisierung wurde erst viel später aus einer Mehrzahl von im islamischen Reich kursierenden Lesarten festgelegt. Vgl. Lektion 5.9.

[38] Diese Annahme ist allerdings nicht ganz unbestritten. Max Henning. Koran. S. 284, der den Korantext zwar mit "Wort der Wahrheit" übersetzt, fügt jedoch in einer Fußnote zu Sure 19,34 hinzu: "Bezieht sich nicht auf Jesus, sondern auf den vorhergehenden Bericht über ihn". Parrinder. Jesus. S. 46+53-54 weist auch auf die vielen verschiedenen Versionen in den ältesten Koranexemplaren hin. Muslimische Kommentatoren halten allerdings an der Lesart Ausspruch der Wahrheit (arab. qaula l-haqqi) fest.

[39] Parrinder. Jesus. S. 50 führt mehrere Belege an; darunter Ibn 'Arabî, und er zitiert eine Textstelle aus der Überlieferung (arab. hadît) von Ibn Ishâq.

"... Und wir haben Jesus, dem Sohn der Maria, die klaren Beweise geschenkt und ihn mit dem heiligen Geist[40] gestärkt" (2,87; vgl. 2,253).

Schon als Jesus noch als Kind in der Wiege zu den Leuten sprach, geschah das, weil Gott ihn mit dem heiligen Geist gestärkt hatte (5,110), ebenso später, als er ihn "die Schrift, die Weisheit, die Torah und das Evangelium lehrte", als er die aus Lehm geschaffenen Vögel durch seinen Atem mit Leben erfüllte, Kranke heilte und Tote auferweckte. Der heilige Geist stand Jesus auch bei, als Gott ihn vor dem Zugriff der Israeliten bewahrte, die seiner Botschaft widerstanden (5,110).

Allerdings hat nicht nur Jesus Hilfe und Beistand durch den heiligen Geist erfahren. Der Koran betont auch, daß Gott die Gläubigen mit seinem Geist stärkt (58,22). Der heilige Geist spielte auch bei der Herabsendung des Korans eine aktive Rolle:

"Sprich: Der heilige Geist hat ihn von deinem Herrn herabgesandt mit der Wahrheit, um diejenigen, die glauben, zu festigen, und als Rechtleitung und Frohbotschaft für die Gottergebenen" (16,102).

Bei der Erschaffung Jesu und in seinem späteren Leben spielt der Geist Gottes eine aktive Rolle. Hermann Stieglecker erwähnt, daß muslimische Korankommentatoren sich über die Deutung dieser Ausstattung und Stärkung mit dem "Heiligen Geist" nicht einig sind. Er erwähnt z. B. die Annahme des Korankommentators at-Tabarî, es handle sich hierbei um den Engel Gabriel analog zu Sure 16, 102:

"Sprich: Der heilige Geist hat ihn von deinem Herrn herabgesandt mit der Wahrheit, um diejenigen, die glauben, zu festigen, und als Rechtleitung und Frohbotschaft für die Gottergebenen" (16,102)[41].

Wenn man allerdings annimmt, daß immer dort, wo der 'heilige Geist' oder 'der Geist von Gott' erwähnt werden, der Engel Gabriel gemeint ist, gerät man zumindest bei einigen Versen in exegetische Schwierigkeiten. Damit unvereinbar wären nach der islamischen Dogmatik etwa Verse, die besagen, Gott habe seinen Geist Maria eingehaucht (66,12) oder oben genannte Verse wie "Christus Jesus, der Sohn der Maria ist ... Geist von ihm" (4,171). An anderen Stellen hat die muslimische Dogmatik jedoch an der Gleichsetzung des 'Geistes' und des Engel Gabriels festgehalten[42].

---

[40]oder: dem Geist der Heiligkeit

[41]Stieglecker. Glaubenslehren. S. 703

[42]So z. B. bei der Überbringung der Offenbarung an Muhammad

6. Jesus - der Messias

Ferner wird Jesus im Koran insgesamt 11 mal in den medinensischen Suren als "Messias" (arab. al-masîh)[43] bezeichnet (vgl. z. B. 3,45; 4,157; 4,171[44]), ebenso taucht der Titel in der Überlieferung (arab. hadît) dreimal auf[45]. Es stellt sich auch hier wieder die Frage, was Muhammad mit diesem Begriff gemeint haben könnte. Dieser Begriff wird in manchen Koranübersetzungen mit "Messias" wiedergegeben. Georg Graf hat sich dafür ausgesprochen, daß die Bedeutung des koranischen Wortes Messias (arab. al-masîh) nicht mit "Messias", sondern mit "Christus" zu übersetzen sei, da sich der Titel nicht auf eine Funktion Jesu als Erlöser und als Gesalbter beziehe, sondern vielmehr "Christus" als Namen meine. Muhammad habe nämlich von der Rolle Jesu als Gesalbter und Erlöser keine Kenntnis besessen[46]. Da Muhammad an keiner Stelle auf die Bedeutung des Begriffes "Messias" (arab. al-masîh), den er mit Sicherheit von den christlichen Arabern übernommen hat, eingeht, der Koran also nirgends erläutert, was mit dem Begriff 'Messias' gemeint ist, kann man davon ausgehen, daß Muhammad seine Bedeutung nicht gekannt hat.

Es ist interessant, daß der im Koran an einigen wenigen Stellen den Titel "Christus" statt des Namens "Jesus" verwendet. In Sure 3,45 wird von Jesus gesagt:

> "O Maria! Gott verkündet dir ein Wort von sich, dessen Name der Messias (arab. al-masîh) Jesus, der Sohn der Maria, ist" (3,45).

Sure 4,171 formuliert "Der Messias (arab. al-masîh) Jesus, der Sohn der Maria, ist nur der Gesandte Gottes" (4,171).

Der Titel "Christus" wird sogar teilweise als Synonym für Jesus gebraucht:

> "Ungläubig sind diejenigen, die sprechen: 'Gott ist der Messias (arab. al-masîh), der Sohn der Maria'" (5,72).

Der Titel "Messias" (arab. al-masîh) wird von der späteren islamischen Theologie weder geleugnet noch ganz unbeachtet gelassen. Er hat muslimischen Kommentatoren immer als eine Art Eh-

---

[43]Im Griechischen bedeutet 'Messias' der Gesalbte (Christus).

[44]Vgl. die Aufzählung der Stellen bei Parrinder. Jesus. S. 30

[45]Die drei Vorkommen mit Quellenangabe s. bei Wensinck, Bosworth. al-Masîh. S. 726. Allerdings erhellen auch die Erwähnungen des Begriffs Messias (arab. masîh) in der Überlieferung nicht, was im frühislamischen Arabien unter diesem Titel vestanden wurde.

[46]Graf. Wort. S. 119-123

renbezeichnung gegolten, deren genaue Bedeutung nicht bekannt ist[47].

Da Muhammad die biblische Bedeutung des Begriffs Messias ('der Gesalbte') nicht kannte, kann er Jesus folglich auch nicht als den im Alten Testament vorhergesagten Gesalbten aufgefaßt haben, der den Glaubenden das Heil bringt. Jesus ist im Koran zwar der Messias, aber er bleibt der Knecht Gottes (19,30+31).

7. Jesus - der Diener Gottes

Es wurde bereits erwähnt, daß zugleich mit dem Titel "Messias" für Jesus im Koran der Begriff "Diener" (arab. 'abd = Diener, Sklave, Knecht) gebraucht wird: "Christus wird es nicht verschmähen, ein Knecht Gottes zu sein ..." (4,172). Auch hier erkennt man dasselbe Prinzip wie bei den anderen Ehrenbezeichnungen Jesu: Jesus erhält zwar den Ehrentitel des Messias, aber im selben Atemzug wird Jesus in die Reihe der übrigen Gesandten gestellt, indem der Koran betont, daß Jesus auch nur ein Diener oder Knecht Gottes sei.

Jesus spricht selbst als Kleinkind aus der Wiege: "Ich bin der Diener Gottes" (19,30). Der arabische Begriff 'abd hat immer eine religiöse Komponente, da er immer die Beziehung eines Menschen zu Gott, dem Schöpfer beschreibt, wie sie ihm in seiner Stellung als Geschöpf zusteht. Geoffrey Parrinder faßt zusammen:

> "Ein 'abd zu sein, bedeutet nicht zwangsläufig harte Knechtschaft, die man normalerweise mit Sklaverei verbindet, sondern vielmehr die völlige Hingabe oder Anbetung Gottes; die Beziehung ist eher religiös bestimmt als sozial ... der strenggläubige Muslim wird keinen Menschen den 'abd eines anderen Menschen nennen, sondern nur den 'abd Gottes ... mit 'abd wird jemand bezeichnet, der sich der Verehrung Gottes vollkommen ergeben hat."[48]

Bevor man jedoch, wie in Veröffentlichungen von christlicher Seite häufig geschehen, den Islam anklagt, er billige Gott und Mensch 'nur' ein Herrscher-Sklavenverhältnis zu und weise dabei dem Menschen den Platz des Unterdrückten und Ausgelieferten zu, sollte man bedenken, daß dieser Gedanke, daß ein Mensch der Knecht Gottes ist, in der Bibel häufig geäußert wird (vgl. z. B. Römer 1,1+18; Galater 1,10; Philipper 2,7 und Hebräer 3,5).

---

[47]Einige Erklärungen des Begriffes seitens muslimischer Korankommentatoren stellt Anawati. 'Îsâ. S. 82 zusammen.

[48]Parrinder. Jesus. S. 35

8. Jesus - Prophet oder Gesandter?

Daß Jesus im Koran als Prophet bezeichnet und unter die früheren Gesandten Gottes eingereiht wird, braucht nun nicht mehr besonders betont zu werden[49].

"Er sprach: 'Ich bin der Diener Gottes. Er hat mir die Schrift zukommen lassen und machte mich zu einem Propheten. Und er hat gemacht, daß mir, wo immer ich bin, Segen verliehen werde und befahl mir das Gebet und die Almosenabgabe, solange ich lebe und gegen meine Mutter pietätvoll zu sein'" (19,30-32).

Der Koran bezeichnet Jesus sowohl als "Propheten" (arab. nabî) (19,30) als auch als "Gesandten" (arab. rasûl) (4,157)[50].

Der Koran bezeichnet einige Botschafter Gottes als "Propheten" (arab. nabî)[51], andere als "Gesandte" (arab. rasûl = Apostel), ohne dogmatisch genau festzuschreiben, wer Gesandter und wer Prophet ist. Manchmal werden dieselben Personen auch einmal als Prophet, einmal als Gesandte bezeichnet[52].

Sure 10,47 formuliert:

"Und jede Gemeinschaft hat einen Gesandten. Wenn nun (ergänze: beim Jüngsten Gericht) ihr Gesandter zu ihnen kommt, wird zwischen ihnen in Gerechtigkeit entschieden, und ihnen wird nicht unrecht getan" (10,47).

Während die islamische Tradition verschiedene Zahlen nennt, wie viele Propheten (arab. nabî) es in der Geschichte gegeben hat (häufig wird pauschal die Zahl von 1.000, 8.000[53] oder sogar 124.000 genannt[54]), bezeichnet der Koran insgesamt nur neun Personen als Gesandte (arab. rasûl, Plural rusul).

---

[49] Eine Aufzählung der Stellen, die Jesus als "Gesandten" bezeichnen, vgl. bei Parrinder. Jesus. S. 42-43.

[50] Stieglecker. Glaubenslehren. S. 256

[51] Die Wurzel von nabî hat die ursprüngliche Bedeutung von ankommen, plötzlich auftreten; in der zweiten Verbalform eine Neugigkeit verkünden: Gardet. Islam. S.60

[52] Jeffery. Materials. S. 38 glaubt nicht, daß der Koran eine klare Unterscheidung zwischen beiden Begriffen macht.

[53] Henninger. Spuren. S. 35

[54] Nach dem schiitischen Volksglauben ging die göttliche Lichtsubstanz von Adam aus und vererbte sich auf die Träger der Prophetie. 124. 000 Tropfen dieser Substanz fielen von Adam ab, als sie in seine Stirn geknetet wurde; daraus enstanden 124 000 Propheten: Hildegard Müller. Studien. S. 155

Die neun Gesandten des Korans
Noah (Nûh)
Lot (Lût)
Ismael (Ismâ'îl)
Mose (Mûsâ)
Šu'aib
Hûd
Sâlih
Jesus ('Îsâ)
Muhammad

Man könnte annehmen, daß der Begriff 'Gesandter' (arab. rasûl) bedeutet, daß er seinem Volk seine Botschaft überbringt. Sofern dieses Volk die Botschaft annimmt, wird es zur 'Gemeinde' oder 'Gemeinschaft' (arab. umma). Gegen die ungläubigen Mitglieder dieser Gemeinschaft zeugt der Gesandte im Jüngsten Gericht.

Unter den Propheten spielen die fünf 'großen' Propheten eine Sonderrolle, die bis auf Abraham alle gleichzeitig zu den Gesandten gehören. Mit ihnen hat Gott einen Bund geschlossen, nämlich mit Noah, Abraham, Mose, Jesus und Muhammad (33,7[55]).

Fünf Propheten, mit denen Gott einen Bund geschlossen hat
Noah (Nûh)
Abraham (Ibrâhîm)
Mos'e (Mûsâ)
Jesus ('Îsâ)
Muhammad

Der Begriff des Propheten (arab. nabî) scheint im Koran weiter gefaßt zu sein als der des Gesandten. Es gab nach muslimischer Auffassung viel mehr Propheten als Gesandte. Propheten sind im Koran diejenigen, die ihren heidnischen Landsleuten den Eingottglauben verkündigen, ohne daß sie in der Geschichte eine besondere Rolle spielen müssen.

In jedem Fall ist ein Prophet im Koran ein mit einer Botschaft von Gott zu den Menschen Geschickter. Die Torah, die Psalmen und das Evangelium wurden von Propheten gebracht. Muhammad brachte - wie Jesus den Israeliten - speziell seinen arabischen Landsleuten, zu denen in der Vergangenheit in ihrer Sprache noch keine Botschaft ergangen war, einen "arabischen Koran":

[55] Henninger. Spuren. S. 35-36

"Und so haben wir dir einen arabischen Koran offenbart, damit du die Mutter der Städte (= Mekka) und die Leute in ihrer Umgebung warnst, und damit du vor dem Tag der Versammlung (ergänze: zum Jüngsten Gericht) warnst, an dem kein Zweifel möglich ist. Ein Teil wird im Paradies sein, ein anderer im Höllenbrand" (42,7; vgl. auch 12,2; 16,103).

Damit reiht Muhammad sein Volk unter die anderen Offenbarungsempfänger als 'Volk des Buches' ein und verleiht ihnen mit der seiner Meinung nach gleichlautenden Botschaft eine gleichberechtigte Stellung neben ihnen. So bestätigt nach muslimischer Ansicht auch Jesus die vor ihm verkündigte Offenbarung der Torah, bringt aber ein neues Buch, das Evangelium, das die Torah ebenso ablöst, wie der Koran, eine Abschrift der im Himmel aufbewahrten originalen Gottesoffenbarung, der 'Mutter des Buches' (arab. umm al-kitâb) (43,4), die die mittlerweile von Menschen verfälschten Botschaften der Torah und des Evangeliums ablöst.

Die Aufgabe der Sendung Jesu besteht also darin, die früher ergangene Botschaft (die Torah) dort abzuändern, wo sie verfälscht wurde und dort zu bestätigen, wo sie den Menschen, also dem Volk Israel, korrekt überliefert ist. Zudem sollten die Menschen von Jesus erneut an die Verehrung des einen Schöpfergottes erinnert werden. Der Koran vermittelt darüberhinaus nichts, was Jesus Neues oder Eigenes gelehrt haben könnte. Jesus hebt sich hinsichtlich seiner Verkündigungen nicht von den früheren Propheten ab, sondern erinnert lediglich an den von Beginn der Menschheitsgeschichte bestehenden Monotheismus. Jesus wiederholt die bereits mehrfach an die Menschen ergangene Warnung, Gott dankbar zu sein und ihn anzubeten. Sure 2,67ff macht deutlich, daß Jesus als Prophet in der Nachfolge Muhammads steht.

Bei aller Betonung der besonderen Titel und Wunderzeichen, die Jesus im Koran zugeschrieben werden, muß noch einmal darauf hingewiesen werden, daß die Hauptfunktion Jesu im Koran also eindeutig die Verkündigung und Lehre als von Gott gesandter Prophet ist, der den Menschen seiner Zeit die Botschaft Gottes zu bringen hat. Nach muslimischem Verständnis ist Jesus nicht zur ganzen Welt, sondern nur partiell zu den zwölf Stämmen Israels als zu seinem Volk gesandt worden, auch wenn er für die ganze Welt ein 'Zeichen' war. Er steht damit in einer Reihe mit den vor ihm erschienenen Propheten.

Gleichzeitig ist Jesus nicht der letzte Prophet, denn er kündigt, wie später besonders die islamische Theologie aus dem Neuen Testament herausgearbeitet hat, das Kommen eines weiteren Propheten, also Muhammads, in der Zukunft an[56]. Nach muslimischem Veständnis weist besonders das Johannesevangelium auf den 'letzten Propheten' Gottes Muhammad hin, wenn es den Fürsprecher oder Sachwalter (griechisch parakletos) ankündigt, also nach christlicher Auffassung den Heiligen Geist. Diese Prophezeiung hat man von muslimischer Seite als Verkündigung des 'periklytos' (des Gesegneten, des Ahmad, also des Muhammad) verstanden[57]. Damit ist aus muslimischer Sicht die abschließende Sendung Muhammads zusätzlich belegt: Jesus kündigt das Kommen eines weiteren 'Propheten' an. Das Neue Testament hat also ein 'offenes Ende', das Muhammad mit seinem Kommen ausfüllt, während der Koran (aus muslimischer Sicht) deutlich davon spricht, daß Muhammad der letzte Prophet ist:

> "Heute habe ich eure Religion an euch vollendet und meine Gnade an euch vervollständigt, und ich bin damit zufrieden, daß ihr den Islam als Religion habt" (5,3).

Es wurde schon darauf verwiesen, daß Muhammad zunächst betont hatte, er sei mit dem arabischen Koran zu seinem Volk, den Arabern, gesandt worden. Daß Muhammad selbst schon den universellen Anspruch auf die Bekehrung der ganzen Erde erhob, den der Islam heute erhebt, ist erst eine spätere Entwicklung der muslimischen Theologie[58].

Der Koran übt an Jesus und seinem Verhalten bemerkenswerterweise keinerlei Kritik. Er ist einer von denen, die im Diesseits und im Jenseits Ansehen genießen und Gott nahestehen (3,45). Er ist wie jeder andere Gesandte rechtschaffen (arab. sâlih) (3,46) und damit ein Beispiel für Frömmigkeit und moralische Vorbildlichkeit:

> "Somit erweist sich Jesus als ethisches Vorbild für jeden Muslim, wie es sich einem Gesandten auch ziemt"[59].

Nach Sure 19,31-32 sprach Jesus seine Gebete, gab seine Almosensteuer und behandelte seine Mutter respektvoll. Später hat die muslimische Theologie Jesus wie jedem anderen Propheten Sündenfreiheit zuerkannt.

9. Jesus - das Gleichnis und der Zeuge

Die Vorbildfunktion Jesu nennt schon der Koran selbst. Dort erhält Jesus den Titel "Vorbild", "Gleichnis" oder "Beispiel" (arab.

---

[56]Vgl. Lektion 2.C.11. zu den Ankündigungen Muhammads in der Bibel

[57]Vgl. ausführlicher dazu Lektion 2.C.11.b.

[58]So lautet zumindest eine nichtmuslimische Sichtweise.

[59]Räisänen. Jesusbild. S. 57

maṯal) (43,59). Am aufschlußreichsten ist dafür vielleicht Sure 43,57, die in bezug auf Jesus formuliert:

"Er ist nur ein Diener, dem wir Gnade erwiesen haben, und den wir zu einem Vorbild für die Kinder Israels gemacht haben" (vgl. auch 43,57).

Jesus wird im Koran der "Zeuge" (arab. šahîd) genannt: "Und am Tag der Auferstehung wird er über sie Zeuge sein" (4,159). Das bedeutet, daß im letzten Gericht jede Gemeinschaft von Menschen (arab. umma) einen Zeugen haben wird, der diejenigen aus dieser Gemeinschaft anklagt, die dem verkündigenden Propheten und seiner Sendung keinen Glauben geschenkt haben (vgl. auch 5,117; 28,74-75). Sure 4 erklärt im Zusammenhang mit dem Gericht Gottes am jüngsten Tag:

"Aber wie wird es sein, wenn wir von jeder Gemeinschaft einen Zeugen beibringen und dich als Zeugen über diese (ergänze: deine ungläubigen Zeitgenossen) beibringen? An jenem Tag werden die Ungläubigen und gegen den Gesandten Ungehorsamen sich wünschen, sie würden dem Erdboden gleichgemacht. Aber sie werden vor Gott nichts verborgen halten" (4,41-42).

Geoffrey Parrinder weist zudem darauf hin, daß 'der Zeuge' auch einer der schönsten Namen Allahs ist. Der Koran erklärt häufig, daß Gott Zeuge ist (in 4,33 wird Gott etwa als Zeuge für die gerechte Regelung von Erbschaftsfragen benannt)[60].

10. Der Tod und die Wiederkunft Jesu

Zutreffend bemerkt Heikki Räisänen zum Tod Jesu:

"Wie dachte Mohammed über den Tod Jesu? Das ist zweifellos das schwierigste Einzelproblem der koranischen 'Christologie'"[61].

Außer dem 'Kreuzigungsvers' in Sure 4,157, auf den unten ausführlich eingegangen wird, können nur noch wenige weitere Koranstellen zur Klärung der Frage, wie Jesus nach koranischem Verständnis zu Tode kam, hinzugezogen werden. Sure 3,55 wird häufig zum Tod Jesu zitiert:

"Als Gott sagte: 'O Jesus! Ich werde dich abberufen und zu mir erheben und dich von denen, die ungläubig sind, rein machen'" (3,55).

Dieser Vers spricht jedoch, genau genommen, nicht vom Tod Jesu, sondern vom 'abberufen' oder 'zu sich nehmen'. Diesen Ausdruck hat man als Euphemismus (beschönigende Umschreibung) auf den Tod Jesu gedeutet. Er würde jedoch auch einer Entrückung Jesu

[60]Parrinder. Jesus. S. 52

[61]Räisänen. Jesusbild. S. 65

ohne seinen vorherigen leiblichen Tod nicht widersprechen. Damit wäre über die Umstände des Todes Jesu noch nichts gesagt.

Der Nachsatz des 'Kreuzigungsverses' in Sure 4,158 besagt: "Nein, Gott hat ihn zu sich (in den Himmel) erhoben". Demnach könnte Jesus, statt eines normalen Todes gestorben zu sein, lebendig in den Himmel entrückt worden sein. Damit wäre die Überlieferung des Ibn Ishâq, nach welcher Muhammad bei seiner Himmelsreise Jesus zusammen mit den übrigen, im Koran genannten Propheten im Himmel angetroffen hat[62], vereinbar.

Auch eine rein geistig verstandene Entrückung könnte aus diesen Versen gedeutet werden.

Eine zweite Stelle im Anschluß an den 'Kreuzigungsvers' in Sure 4,159 spricht vielleicht am deutlichsten vom Tod Jesu, wenn sie im Zusammenhang mit der Person Jesu formuliert:

> "Und es gibt niemand von den Leuten der Schrift, der nicht vor seinem (ergänze: Jesu) Tod an ihn glauben würde" (4,159).

Es bleibt jedoch auch hier unklar, wann und unter welchen Umständen der Tod Jesu eintrat oder noch eintreten wird, also Jesus vielleicht lebendig in den Himmel erhoben wurde.

Schließlich gibt noch ein weiterer Koranvers indirekt Aufschluß über den Tod Jesu:

> "Heil sei über mir am Tag, da ich geboren wurde, am Tag, da ich sterbe, und am Tag, da ich zum Leben auferweckt werde" (19,33).

Dieser Text besagt immerhin, daß Jesus eines Tages sterben wird, also nicht unsterblich ist. Geoffrey Parrinder weist darauf hin, daß der hier angedeutete Tod Jesu, eigentlich ohne daß der Text darauf einen wirklichen Hinweis gäbe, in frühislamischer Zeit stets als Tod Jesu bei seiner Wiederkunft auf die Erde[63] gedeutet wurde. Er führt Baidâwî an, der annahm, daß Jesus bei seinem zweiten Kommen 40 weitere Jahre auf der Erde leben, dann sterben und von Muslimen begraben werden würde[64]. Es wurde allerdings schon darauf hingewiesen, daß der Koran von einer zweiten Wiederkunft Jesu, seinem zukünftigen möglichen Handeln und seinem darauffolgenden Tod nichts erwähnt. Weitergehende Annahmen ergeben sich für muslimische Ausleger allein aus den Überlieferungen.

> Obwohl der Koran darüberhinaus keine Andeutung macht, ob Jesus am Ende der Welt noch einmal eine Rolle spielen wird, weisen die Traditionssammler wie Buhârî oder Baidâwî nicht nur auf diese Mög-

[62]Vgl. Lektion 16.8.e.+f. zur Nacht- und Himmelsreise Muhammads

[63]Die im übrigen nur aus der Überlieferung zu entnehmen ist

[64]Parrinder. Jesus. S. 105

> lichkeit hin, sondern beschreiben recht detailliert die Rolle Jesu am Ende der Zeit: Jesus wird am Ende der Tage in Damaskus auf die Erde zurückkehren, den Antichristen (arab. dajjâl) mit dem Schwert vernichten, alle Kreuze zerbrechen, alle Schweine töten, alle Synagogen und Kirchen zerstören und alle Christen töten, die dann nicht an den Islam glauben wollen. Dann wird er in der Moschee in Jerusalem das muslimische Gebet verrichten. Dabei wird der dortige Führer (arab. Imâm) ihm seinen Platz als Vorbeter überlassen wollen; Jesus reiht sich jedoch ein in die Gemeinde der Betenden, womit er ausdrücklich die Vorrangstellung des islamischen Geistlichen, ja, des Islam selbst anerkennt und demonstriert. Wenn er den Antichristen getötet hat, werden alle 'Leute des Buches' an ihn glauben, und es wird nur noch eine Glaubensgemeinschaft, nämlich die des Islam geben. Es werden Gerechtigkeit und Frieden auf der Erde herrschen (so die schiitische Sichtweise), die sich sogar auf das Tierreich erstrecken. Nach 40 Jahren wird Jesus sterben und in Medina neben Muhammad zwischen Abû Bakr und 'Umar begraben werden[65].

Ferner besteht die Möglichkeit, den Text so zu verstehen, daß Jesus schon kurz nach seinem natürlichen Tod auf Erden zum Leben wiedererweckt worden ist. Auch für diese Annahme soll es Hinweise aus der Überlieferung (arab. hadîṯ) geben[66].

Eine vierte, aber für die Frage des Todes Jesu schon viel schwieriger zu deutende Koranstelle steht in Sure 5,17:

> "Die sind ungläubig, die sprechen: 'Gott ist Christus, der Sohn der Maria'. Sprich: Wer kann gegen Gott etwas ausrichten, falls er Christus, den Sohn der Maria und seine Mutter und alle, die auf der Erde sind, zugrundegehen lassen will? Gott herrscht über Himmel und Erde und über das, was dazwischen ist. Er erschafft, was er will, und er hat zu allem die Macht" (5,17).

Dieser Vers erwägt lediglich die Möglichkeit eines Todes Jesu aufgrund des Eingreifens Gottes und sagt nichts über die tatsächliche Todesart Jesu aus. Der Vers deutet allerdings indirekt auf das Menschsein Jesu hin, indem er Jesus neben seine Mutter stellt und die Macht Gottes betont, dem Leben eines jeden Menschen zu jeder Zeit ein Ende bereiten zu können. Dazu paßt die Aussage in Sure 5,75: "Christus, der Sohn der Maria, ist nur ein Gesandter. Vor ihm hat es bereits andere Gesandte gegeben".

Jesus wird damit in die Reihe früherer Propheten eingereiht, die, wie der Koran an anderen Stellen ausdrücklich betont, nur sterbliche Menschen sind. Dies ist jedoch nur ein indirekter Schluß: Weil Jesus ein Mensch war, muß er auch gestorben sein.

---

[65]So die Zusammenfassung der Traditionen von Buḫârî und Baidâwî bei Anawati. 'Îsâ. S. 124.

[66]Henninger. Spuren. S. 29

Ferner könnten weitere Verse herangezogen werden, die allgemein von Tod und Wiederauferweckung sprechen, wie etwa Sure 6,122:

> "Ist denn einer, der tot war, und den wir dann wieder zum Leben erweckt, und dem wir Licht gegeben haben, darin er unter den Menschen umhergeht, mit einem zu vergleichen, der in der Finsternis ist und nicht aus ihr herauskommen kann? So kam den Ungläubigen schön vor, was sie (ergänze: an Schlechtem) vollbracht haben" (6,122).

Allerdings weist weder dieser Vers selbst noch der Textzusammenhang auf Jesus hin, so daß derartige Verweise höchstens dafür herangezogen werden können, daß der Koran von Tod und Wiederauferweckung durch Gott im allgemeinen Sinne spricht.

So bleiben die Umstände (Kreuzigung, natürlicher Tod oder Abberufung zu Gott) und der Zeitpunkt des Todes Jesu (während seines Lebens auf der Erde oder nach seiner Wiederkunft) nach den Aussagen des Korans fast vollständig im Dunkeln. Nur wenig mehr Aufschluß gibt die islamische Überlieferung (arab. hadîṯ).

Ob und wann Jesus gestorben ist, und was an seinem Lebensende mit ihm geschah, ist also eine stark umstrittene Frage in der islamischen Theologie, da die Angaben des Korans dazu überaus spärlich und darüberhinaus mehrdeutig sind. Wenn die Juden - wie muslimische Theologen fast ausnahmslos annehmen - Jesus nicht durch die Kreuzigung zu Tode brachten, stellt sich die Frage, wie man sich sein Lebensende stattdessen vorzustellen hat. Dem Erklärungsversuch der aus der islamischen Gemeinschaft ausgeschlossenen und offiziell als Sekte erklärten Ahmadîya-Bewegung von der Wanderung Jesu nach Kaschmir sind nur die wenigsten muslimischen Theologen gefolgt.

11. Jesus in schiitischer Sicht

Erwähnt werden sollte an dieser Stelle kurz, daß Jesus im schiitischen Islam eine besondere Stellung einnimmt, die zwar im großen und ganzen mit dem Bild Jesu des Korans übereinstimmt, aber darüberhinaus einige besondere Züge aufweist. Der schiitische Glaube steht dem Gedanken eines Mittlers zwischen Gott und dem gewöhnlichen Menschen entschieden näher als der sunnitische Islam[67]. Der schiitische Islam erwartet das Wiederkommen des letzten Imâms als Mahdi (arab. der Rechtgeleitete). Von schiitischen Theologen ist Jesus häufig mit 'Alî, dem vierten sunnitischen Kalifen und ersten schiitischen Führer (Imâm) verglichen worden. Jesus ist für die

[67] Vgl. Lektion 12.7.a.+b. zu den Muharram-Prozessionen

schiitische Theologie Asket, Prophet, Warner vor dem Gericht und Mystiker, denn von Jesus nehmen schiitische Theologen an, daß er esoterisches Wissen besaß. Er ist einerseits der demütige Diener Gottes, der Höhen und Tiefen, Hoffnung und Angst erfährt, denn so handelt Gott mit denen, die ihm nahestehen und denen er sich besonders mitteilt. Er ist der Lehrer Israels, der Israel die Wahrheit lehren soll und der seinerseits auf Gottes Ratschluß hört, aber doch immer nur ein Mensch bleibt[68].

12. Die Auferstehung Jesu

Der Koran selbst sagt über die Auferstehung explizit nichts aus, wenn man Anspielungen wie in Sure 19,33 einmal wegen ihres geringen Aussagewertes beiseiteläßt:

> "Heil sei über mir an dem Tag, an dem ich geboren wurde und an dem Tag, an dem ich sterbe und an dem Tag, an dem ich erneut zum Leben auferweckt werde" (19,33).

Die Überlieferung (arab. hadîṯ) spricht zwar von der Wiederkunft Jesu, nicht jedoch von seiner Auferstehung. Die Auferstehung wird von muslimischen Theologen mit Verweis auf die bibelkritische Literatur Europas völlig abgelehnt und meist als Erfindung der Jünger Jesu betrachtet. Da ja selbst die großen Theologen Europas, die, wie Muslime immer wieder betonen, für diese Fragen 'Fachleute' sind, die Auferstehung Jesu bezweifelt haben, kann sie - so die muslimische Theologie - auch nicht stattgefunden haben. Als Erklärung für die Auferstehung werden viele verschiedene Modelle angeführt, die auch schon zur Zeit Jesu unter denjenigen, die die Auferstehung nicht glauben wollten, populär waren[69].

Es ist selbstverständlich, daß dort, wo eine wirkliche Kreuzigung Jesu geleugnet wird, auch kein Raum für den Glauben an eine Auferstehung bleibt. Zudem würde dieses Dogma der muslimischen Vorstellung von der Rolle und dem Wirken des Propheten Jesus widersprechen. Kein anderer Prophet ist am Kreuz gestorben, und kein Prophet ist auferstanden. Die Auferstehung wird vielmehr erst am Tag des Jüngsten Gerichts erfolgen, dann aber die Auferstehung aller Menschen. Es gibt keinen Anlaß und keinen Hinweis im Koran, daß Gott mit einem der Propheten eine Ausnahme gemacht hätte.

---

[68] Diese Aspekte schiitischer Anschauungen über Jesus stellte Ayoub. Christology. aus verschiedenen schiitischen Texten zusammen.

[69] Schon kurz nach der Auferstehung Jesu wurden Gerüchte verbreitet, sein Leichnam sei gestohlen worden (vgl. Matthäus 28,13-15).

B. DIE KREUZIGUNG JESU UND DIE ERLÖSUNG IN ISLAMISCHER SICHT

1. Die Bedeutung der Kreuzigung Jesu

An dieser Stelle folgt eine ausführliche Darstellung der Kreuzigung Jesu aus muslimischer Sicht. Dieses Thema wird aus mehreren Gründen so ausführlich behandelt:

1. Die Kreuzigung Jesu und die Erlösung, die er aus christlicher Sicht dadurch erwirkte, stellt das Zentrum des christlichen Glaubens dar. Gerade weil von Dialogbefürwortern immer neu wiederholt wird, daß Christen und Muslime an den selben Gott glaubten, ist es erforderlich, Kernaussagen von Islam und Christentum miteinander zu vergleichen.

2. Die islamisch-christliche Diskussion über die Kreuzigung Jesu zeigt so deutlich wie kaum ein anderer christlich-muslimischer Streitpunkt den Einfluß der liberalen, bibelkritischen theologischen Literatur Europas auf das Denken und die apologetische Arbeit muslimischer Theologen. Die christlich-muslimische Auseinandersetzung über die Kreuzigung erlaubt also auch einen Blick hinter die Kulissen des westlichen Abendlandes und seiner Wirkung auf die islamische Welt.

Es ist bekannt, daß zu den wichtigsten Streitpunkten zwischen Islam und Christentum die Frage gehört, ob Jesus gekreuzigt wurde und welche Bedeutung die Kreuzigung hat. Während für das Christentum mit einer Ablehnung der Kreuzigung und Erlösung das Zentrum des christlichen Glaubens betroffen ist, spielt das Ereignis im Koran nur eine sehr untergeordnete Rolle. Die muslimische Theologie hat sich jedoch ausführlich zur Kreuzigung Jesu geäußert.

2. Die Kreuzigung im Koran

Der Koran ist mit seiner Darstellung der Kreuzigung Jesu der Ausgangspunkt für die Auseinandersetzung. Er geht auf die Kreuzigung nur an einer einzigen Stelle ein, die zudem mehrere Deutungen zuläßt. Sure 4, 157+158 sagt über die Juden:

> "... und (weil sie) sagten: 'Wir haben Christus Jesus, den Sohn der Maria und Gesandten Gottes, getötet.'- Aber sie haben ihn (in Wirklichkeit) nicht getötet und (auch) nicht gekreuzigt. Vielmehr erschien ihnen (ein anderer) ähnlich[70] (so daß sie ihn mit Jesus verwechselten

[70] arab. šubbiha lahum

und töteten) ... Und sie haben ihn nicht mit Gewißheit getötet[71] (d. h. sie können nicht mit Gewißheit sagen, daß sie ihn getötet haben). Nein, Gott hat ihn zu sich[72] (in den Himmel) erhoben"[73].

Interessant ist, daß der Koran auf die *Bedeutung* der Kreuzigung als Erlösungstat überhaupt nicht eingeht. Es ist sehr gut möglich, daß Muhammad, der vor allem mit häretischen christlichen monophysitischen Sekten in seiner Umgebung in Kontakt kam, niemals eine umfassende Darstellung der eigentlichen christlichen Vorstellung von der Kreuzigung erhalten hat und sie deshalb auch nicht im Koran enthalten ist[74].

Schon aus den vielen Erläuterungen zum Text in Klammern wird deutlich, daß es schwierig ist, den Vers eindeutig zu übersetzen, denn die Übersetzung bedeutet hier gleichzeitig Auslegung. Vom Wortlaut her kann man nämlich eine tatsächliche Kreuzigung und einen Tod Jesu annehmen oder beides ablehnen und zwar aufgrund des im Koran nur an dieser Stelle gebrauchten arabischen Ausdrucks 'šubbiha lahum' (etwa: "es" oder "er erschien ihnen so, als ob" oder "es" oder "er wurde für sie ähnlich gemacht"). Es ergeben sich mehrere Auslegungsmöglichkeiten:

1. Niemand wurde gekreuzigt: Dann wäre der Sinn des Verses, daß unklar blieb, was bei der Kreuzigung wirklich geschah. Die Juden planten zwar, Jesus zu kreuzigen, aber "es erschien ihnen nur so, als ob" eine Kreuzigung Jesu stattgefunden hätte. Die Juden waren also der Ansicht, Jesus gekreuzigt zu haben, in Wirklichkeit aber entging er mit Hilfe der in der Bibel berichteten Finsternis und des Erdbebens der Hinrichtung und wurde von Gott rechtzeitig in den Himmel erhoben. Nur eine Minderheit der muslimischen Theologen vertritt, daß niemand ans Kreuz geschlagen wurde.

2. Jesus wurde zwar gekreuzigt, aber auf Gottes Ratschluß hin: Ferner könnte der Vers betonen, daß Jesus zwar gekreuzigt wurde, aber nicht, weil die Juden dies beabsichtigten, sondern letzten Endes, weil Gott es so beschlossen hatte. Die Betonung wäre dann: "*Sie* haben ihn nicht getötet" (sondern *Gott* war der Verursacher seines Todes, die Römer die Ausführenden). Auch diese Meinung ist in der muslimischen Theologie heute eher eine Außenseiterposition.

3. Ein anderer wurde an Jesu Stelle gekreuzigt: Eine weitere Übertragung des Ausdrucks "šubbiha lahum" könnte lauten: Er, Jesus, erschien ihnen so, als ob er gekreuzigt wurde. Dann wäre der

---

[71]arab. mâ qatalûhu yaqînan

[72]arab. bal rafa'ahû allâh ilaihî

[73]Paret. Koran. S. 76

[74]Als detaillierte Untersuchung zu dieser Frage aus christlicher Sicht vgl. Kuberski. Mohammed

Sinn des Verses, daß Jesus selbst nicht gekreuzigt wurde, sondern ein anderer entweder unabsichtlich mit Jesus verwechselt wurde (so in der Neuzeit etwa Muhammad Taufîq Sidqî oder der schiitische Theologe Muhammad Husain Tabâtabâ'î) oder absichtlich von Gott Jesus ähnlich gemacht und an seiner Stelle gekreuzigt wurde[75]. Jesus wurde lebendig in den Himmel erhoben und jedermann war der Meinung, Jesus selbst sei gekreuzigt worden (so z. B. der klassische Korankommentator at-Tabarî). Diese Deutung hat heute in der islamischen Welt das größte Gewicht. Wer an Jesu Stelle gekreuzigt wurde, darüber gibt es wiederum zahlreiche Ansichten.

Das sogenannte Barnabasevangelium, eine Fälschung aus der Zeit des 14.-16. Jahrhunderts n. Chr., erhebt den Anspruch, das einzige wahre Evangelium von Jesus Christus zu sein. Allerdings enthält es zahlreiche gegen die Bibel gerichtete Lehren. In der islamischen Welt ist es überaus populär. Das dürfte mit daran liegen, daß das Barnabasevangelium vertritt, Judas sei gegen seinen Willen für Jesus ans Kreuz geschlagen worden, nachdem Judas von Gott Jesus so täuschend ähnlich gemacht wurde, daß auch seine Familie und seine Jünger ihn für Jesus hielten: Judas wurde zur Hinrichtungsstätte geführt[76].

Wer wurde gekreuzigt? - Ansichten muslimischer Theologen
1. Niemand wurde gekreuzigt.
2. Jesus wurde zwar gekreuzigt, aber auf Gottes Ratschluß hin.
3. Ein anderer wurde an Jesu Stelle gekreuzigt (z. B. Judas).

3. Wurde Jesus oder ein anderer gekreuzigt?

Wenn Jesus nicht selbst gekreuzigt wurde, ist die Frage, wer an seine Stelle trat. Auf diese Frage haben muslimische Ausleger die verschiedensten Antworten gegeben, da der Koran diesen Aspekt überhaupt nicht erwähnt. Manche Ausleger wie Zamahšarî oder Baidâwî sind der Ansicht, es habe sich einer der Jünger wie z. B. Petrus freiwillig als 'Ersatz' gemeldet, da Jesus ihm das Paradies versprochen habe, andere, Judas sei als Ersatz ausgesucht worden, um seine Schuld des Verrats zu sühnen. Aber auch andere Personen sind

[75]Massignon. Christ. S. 535 nimmt für die Theorie eines Ersatzes für Jesus bei der Kreuzigung schiitischen Ursprung an.

[76]Als ausführliche Darstellung zu Geschichte und Wirkungsweise des Barnabasevangeliums mit Belegen vgl. Christine Schirrmacher. Waffen. S. 241ff. sowie Lektion 20.

erwogen worden, darunter ein Unbekannter, ein Jude oder ein zufällig im Haus Anwesender; Simon von Kyrene, der das Kreuz trug; Josua; der Jude Titanus (Titabus oder Tityanus); ein Wächter, der Jesus bewachen sollte und in die Ähnlichkeit Jesu verwandelt wurde; Gott schuf in diesem Moment einen Menschen, der Jesus ähnlich sah; Gott setzte Satan an die Stelle Jesu; Jesus Barabbas wurde durch eine Verwechslung gekreuzigt, Jesus wurde freigelassen; der Jude Fal Tayanus; ein jüdischer Rabbi; einer der römischen Soldaten oder ein Verbrecher, den Gott in die Angelegenheit mit hineingezogen hatte.

In der Neuzeit überwiegt in der muslimischen Koranauslegung - obwohl es auch explizit ablehnende Stellungnahmen, z. B. von Zamaḫšarî, zu dieser Theorie gibt[77] - auf jeden Fall die sogenannte 'Substitutionstheorie', d. h., die Auffassung von einem 'Ersatz', der an der Stelle von Jesus gekreuzigt, aber aufgrund der von Gott bewirkten 'Ähnlichkeit' für Jesus gehalten wurde, so daß die Umstehenden der Meinung waren, sie hätten Jesus selbst gekreuzigt. Die meisten Ausleger sind der Ansicht, einer der Jünger sei ans Kreuz geschlagen worden, wobei einige diesen konkret benennen, andere die Frage offen lassen. Dann sei Jesus mit dem Geist oder mit Körper und Geist lebendig in den Himmel aufgenommen worden.

Übereinstimmung unter muslimischen Auslegern hinsichtlich des 'Kreuzigungsverses' in Sure 4,157 besteht demnach eigentlich nur darüber, daß Jesus durch seinen (ohnehin umstrittenen) Tod am Kreuz keine Erlösung erwirken konnte.

4. Was geschah mit Jesus?

Ebenso unklar, wie die Frage, ob Jesus am Kreuz starb, ist auch die im Kreuzigungsvers nun folgende arabische Wendung "mâ qatalûhu yaqînan" (etwa: "sie töteten ihn nicht mit Gewißheit"). Es ergeben sich wieder mehrere Möglichkeiten, diese Wendung zu verstehen:

1. Jesus wurde gekreuzigt, starb aber nicht dabei: Es könnte gemeint sein, daß die Juden Jesus nicht wirklich töteten. Jesus könnte zwar gekreuzigt worden sein, starb aber nicht dabei und wurde schließlich noch lebend vom Kreuz abgenommen. Dann bedeutet der Begriff kreuzigen (salaba) nicht unbedingt, am Kreuz auch zu sterben. Daraus ergeben sich wieder mehrere Möglichkeiten, was mit ihm anschließend geschah (s. auch unten).

---

[77]So etwa von Asad. Message. S. 134. Asad ist der Meinung, daß der Koran den Bericht der Kreuzigung Jesu gänzlich ablehne.

2. Jesus wurde nicht gekreuzigt und daher nicht getötet: Diese Deutung legt die Verbindung in der obigen Formulierung des Kreuzigungsverses nahe: "sie haben ihn nicht getötet und nicht gekreuzigt". Dann läge die Betonung darauf, daß Jesus überhaupt nicht getötet wurde: "sie töteten ihn *gewiß* nicht".

3. Niemand erlangte Klarheit^ darüber, ob Jesus getötet wurde: "sie töteten ihn nicht mit Gewißheit" hieße dann, daß man darüber keine Gewißheit erlangen konnte. Diese Deutung läßt die meisten Möglichkeiten offen, was mit Jesus wirklich geschah, ob er überhaupt gekreuzigt wurde oder mit Geist oder Körper in den Himmel auffuhr.

Was geschah mit Jesus? - Ansichten muslimischer Theologen
1. Jesus wurde gekreuzigt, starb aber nicht dabei. Er wurde ohnmächtig vom Kreuz genommen und später wiederbelebt.
2. Jesus wurde gar nicht gekreuzigt und daher auch nicht getötet. Vielleicht entkam er der Kreuzigung durch Gottes Eingreifen.
3. Niemand erlangte Klarheit darüber, ob Jesus nun getötet wurde oder nicht. Mit anderen Worten: Niemand weiß, was bei der Kreuzigung wirklich geschah.

5. Warum sollte Gott die Kreuzigung zulassen?

Somit ist aus dem Korantext selbst kein eindeutiger Schluß zu ziehen, was er tatsächlich über die Kreuzigung Jesu aussagen möchte. Klar ist indessen, daß der Koran nicht die Kreuzigung explizit lehrt oder erklärt und erst recht nicht auf seine Bedeutung eingeht. Die islamische Theologie hat den Vers jedoch überwiegend als klare Ablehnung der Kreuzigung verstanden. Warum wird die Kreuzigung Jesu von muslimischen Apologeten so vehement bekämpft? Die islamische Dogmatik lehrt:

1. Kreuzigung bedeutet Niederlage: Wenn Jesus am Kreuz gestorben wäre, würde das das Scheitern seiner gesamten Mission bedeuten[78]: Von den Jüngern verlassen, von Judas verraten, von Petrus verleugnet, stirbt Jesus ohne den sichtbaren Erfolg vieler Bekehrungen oder der Errichtung eines Weltreiches wie etwa des islamischen Reiches, das sich schon zu Lebzeiten Muhammads im 7. Jahrhundert zu bilden begann. Muhammads religiöse wie politische Erfolge als Prophet und Politiker werden von der islamischen Theologie unter anderem als Beweis dafür betrachtet, daß er wahr-

[78]Dies betont der muslimische Autor Shafaat. Gospel. S. 90.

haftig von Gott gesandt war, denn "der Islam ist keine Religion des Leidens, sondern des Triumphes"[79].

2. *Kreuzigung bedeutet Schmach:* Der Tod Jesu am Kreuz wäre ein schmachvolles Ende gewesen, das einem so geachteten Propheten nicht zukäme. Gott hätte ungerecht gehandelt, wenn er ihn einen solchen Tod erleiden ließe. Diese Hinrichtung käme nur einem Frevler oder einem Verbrecher zu. Eine Kreuzigung würde bedeuten, daß sich auch Gott bei Jesu Tod nicht auf die Seite seines Gesandten stellt und ihn nicht vor dem Verbrechen der Kreuzigung errettet. Man hat sogar angenommen, daß der Koran mit diesem gegen die Kreuzigung gerichteten Vers eine Art 'Ehrenrettung' für Jesus vornehmen wollte[80], zu der auch das Ende des Kreuzigungsverses passen würde: "Gott hat ihn zu sich (also wohl in den Himmel) erhoben" und damit dem Zugriff seiner Verfolger entzogen. Sure 5,33 nennt die Kreuzigung eine "Schande im Diesseits" und liefert muslimischen Koranauslegern die Grundlage für die Ablehnung der Kreuzigung des verehrungswürdigen Propheten Jesus. Hermann Stieglecker formuliert:

> "Die Vorstellung der Christen, daß sich Gott so tief erniedrigte, daß er sich von seinen Feinden, vom gemeinsten Pöbel verhöhnen, verspotten und mißhandeln lasse wie ein Schwachsinniger oder wie ein Narr und daß er schließlich den schandvollsten und qualvollsten Tod erleidet wie ein Verbrecher zwischen zwei richtigen Verbrechern, ist eine unerhörte Schmach ..."[81]

Interessant in diesem Zusammenhang ist die Tatsache, daß die Kreuzigung auch im Koran als Strafe für diejenigen erwähnt wird, die gegen "Gott und seinen Gesandten Krieg führen" (5,33). Die Kreuzigung wurde in der islamischen Geschichte als eine der Strafen für Kapitalverbrechen (sog. hadd-Strafen) angewandt und galt als besonders schändlich.

3. *Auch die Bibel stützt die Kreuzigung nicht:* Muslimische Theologen zogen immer wieder zur Untermauerung dieser Argumente die Bibel selbst hinzu und wiesen darauf hin, daß auch das Alte Testament in 5. Mose 21,23 lehrt, daß der ans Holz Gehängte von Gott verflucht ist. Also konnte Gott seinen Propheten gar nicht so enden lassen, denn er war bei ihm geehrt, nicht verflucht. Aus den Evangelien wird argumentiert, daß die Worte Jesu am Kreuz "Mein Gott, mein Gott, warum hast du mich verlassen?" klar machen, daß Jesus gegen seinen Willen (und nicht, wie die Christen

---

[79]van Ess. Fatum. S. 46

[80]So Robson. Teaching. S. 37-54

[81]Stieglecker. Glaubenslehren. S. 315

behaupten, freiwillig) litt[82]. Zudem bewiesen diese Schmerzensschreie (so werden die Worte Jesu gedeutet), wenn er angeblich der Sohn Gottes gewesen sei, daß er noch schwächer gewesen sei als die mit ihm gekreuzigten Verbrecher, die nicht geschrieen hätten[83].

Ein weiteres Argument dafür, daß Jesus vom Tod errettet wurde, stammt aus dem Hebräerbrief: "Der in den Tagen seines Erdenlebens unter lautem Rufen und Weinen zum Allmächtigen betete und ihn anflehte, ihn vor dem Tode zu bewahren, und er erhörte ihn ob seiner Gottesfurcht" (Hebr 5,7)[84]; ein Vers, den die christliche Theologie auf die Auferstehung deutet. Ebenso berichtet aus muslimischer Sicht Röm 6,4 von der Scheinbarkeit des Todes Jesu: "Wir wurden mit ihm begraben durch die Taufe. Denn wenn wir mit ihm vereint wurden durch die *Ähnlichkeit* des Todes, werden wir es auch sein durch seine Erhöhung; wir wissen, daß der alte Mensch in uns mit ihm gekreuzigt wurde"[85]. Nach muslimischem Verständnis besagt dieser Vers, daß Jesus keinen tatsächlichen Tod starb, sondern nur die Ähnlichkeit des Todes erlitt. Zudem, so argumentieren zahlreiche Apologeten, widersprechen sich die verschiedenen biblischen Berichte über die Kreuzigung in den Evangelien erheblich, und, wie einer der geistigen Führer der ägyptischen Muslimbruderschaft Sayyid Qutb hervorgehoben hat, stammen sie nicht von Augenzeugen[86]. Auch daraus wird die Unzuverlässigkeit und Unglaubwürdigkeit der dortigen Berichte deutlich.

4. Die Kreuzigung und stellvertretende Erlösung ist intellektueller Unsinn: Immer wieder hat die muslimische Theologie darauf hingewiesen, daß der Gedanke, daß der Tod eines Menschen (für die muslimische Theologie ist Jesus ja nicht Gott, sondern nur ein Mensch) für einen anderen Menschen irgendetwas bewirken könnte, verstandesmäßig nicht nachzuvollziehen sei. Daß Jesus seinen Tod zudem nicht verdient hat, sondern als Unschuldiger litt, macht die Sache noch unglaubwürdiger. Damit ist die Aussage der Christen, daß der Prophet Jesus durch seinen Tod alle Sünden dieser Welt getragen haben soll, nicht nur unverständlich, sondern auch mit dem menschlichen Verstand nicht zu vereinbaren[87]. (Muslimische Apologeten haben gegen christliche Dogmen sehr oft argumentiert,

[82] So Stieglecker. Glaubenslehren. S. 319 zusammenfassend aus der islamischen Theologie.

[83] Stieglecker. Glaubenslehren. S. 299-300

[84] Stieglecker. Glaubenslehren. S. 331

[85] Stieglecker. Glaubenslehren. S. 333

[86] Sayyid Qutb. zilâl. Bd. 6. S. 19

[87] So argumentiert etwa der Reformtheologe Muhammad Rašîd Ridâ in seinem aus dem Vorlesungsmaterial von Muhammad 'Abduh erstellten Korankommentar tafsîr. Bd. 6, S. 26-27.

daß sie sich nicht mit dem Verstand vereinbaren ließen. Hier liegt natürlich ein Zirkelschluß vor. Da bereits vorher festgelegt ist, daß die muslimischen Dogmen vernünftig sind, muß alles davon abweichende ja "unvernünftig" sein).

5. Die Vorstellung der Kreuzigung stammt aus den heidnischen Religionen: Bedeutende muslimische Apologeten wie der berühmte Kairiner Religionswissenschaftler und Jurist Muhammad Muhammad Abû Zahra (1898-1974) oder der in Cambridge promovierte Historiker und ägyptische Religionswissenschaftler Ahmad Šalabî haben argumentiert, daß Lehren wie die Dreieinigkeit, Gottessohnschaft und auch die christliche Vorstellung von der Erlösung keine ursprünglichen Lehren des Christentums seien, sondern erst von Paulus, dem 'Verderber des Christentums', nach Jesu Tod dort hinein integriert wurden. Sie stammen aus dem römisch-heidnischen Umfeld und wuchsen unter Vermischung des Christentums mit dem Neuplatonismus und Judentum hinein[88]. Ahmad Šalabî wie auch der zu Beginn des 20. Jahrhunderts in Ägypten überaus einflußreiche Reformtheologe Muhammad Rašîd Ridâ (1865-1935) machen für die christliche Vorstellung von der Erlösung durch Blutvergießen dagegen die Übernahme heidnischer Vorstellungen aus den Religionen Tibets, Nepals[89] oder Indiens verantwortlich[90]. Die Lehre von der Vergebung durch den Kreuzestod könnte, so der in den 1920er Jahren vom Judentum zum Islam konvertierte Muhammad Asad, aus dem Mithras-Kult stammen, ist aber jedenfalls nach Jesu Tod erfunden worden[91].

6. Kreuzigung und Gottessohnschaft kommen einer Vermischung von Schöpfer und Geschöpf gleich: Die absolute Allmacht und unangefochtende Stellung Allahs als Schöpfer und Herrscher des Universums bedeutet nach muslimischer Dogmatik automatisch die Unmöglichkeit jeglicher Vermischung oder Gleichsetzung mit dem Menschen oder einem sonstigen Geschöpf; auch nicht mit einem Propheten, wie es am Beispiel von Jesus deutlich wird. Die christliche Lehre, daß dieser natürliche Abstand zwischen Schöpfer und Geschöpf durch die Inkarnation (Fleischwerdung) Jesu überbrückt wurde und Jesus Christus als Mensch zu den Menschen kam, wird von der islamischen Theologie dagegen völlig abgelehnt, da damit der Grundsatz des 'tauhîd' (die 'Einsheit' Allahs) verletzt würde.

---

[88]Muhammad Muhammad Abû Zahra. muhâdarât. S. 11

[89]Ahmad Šalabî. muqâranat. Bd. II. S. 123

[90]So Muhammad Rašîd Ridâ. tafsîr. S. 26

[91]Asad. Message. S. 134

Gott konnte die Kreuzigung Jesu nicht zulassen - Ansichten muslimischer Theologen
1. Kreuzigung bedeutet Niederlage: Jesu gesamte Mission wäre in den Augen muslimischer Theologen gescheitert.
2. Kreuzigung bedeutet Schmach: Einem hochgeehrten Propheten wie Jesus kommt ein ehrenvollerer Tod zu.
3. Auch die Bibel stützt die Kreuzigung nicht: Nach Ansicht muslimischer Theologen bedeutet nach den Aussagen der Bibel der Kreuzestod Fluch und Verlassensein von Gott.
4. Die Kreuzigung und stellvertretende Erlösung ist intellektueller Unsinn: Der Tod eines Unschuldigen kann für niemand etwas bewirken, auch keine Sündenvergebung.
5. Die Vorstellung der Kreuzigung stammt aus den heidnischen Religionen: Die Kreuzigung ist keine ursprünglich christliche Lehre, sondern wurde aus dem Heidentum in das Christentum übernommen.
6. Kreuzigung und Gottessohnschaft kommen einer Vermischung von Schöpfer und Geschöpf gleich: Die Inkarnation (Fleischwerdung) Jesu widerspricht dem wichtigsten islamischen Dogma von der Einsheit Gottes (arab. tauhîd).

6. Die historisch-kritische Theologie liefert Beweise für die muslimische Apologetik

Es wurde bereits deutlich, daß die muslimische Apologetik auf die Bibel selbst zurückgreift, um die Ablehnung der Kreuzigung zu untermauern. Noch mehr Polemik gegen das Christentum, wie etwa die Anklage, Paulus sei der Verderber der ursprünglichen christlichen Lehre, stammt aus Werken der historisch-kritischen Theologie Europas vorwiegend aus dem 18. und 19. Jahrhundert. Dort war zu dieser Zeit vor allem von Theologieprofessoren deutscher Universitäten viel Material erstellt worden, warum und an welchen Stellen die Bibel im Alten und Neuen Testament unglaubwürdig und insbesondere historisch unzuverlässig sei. Muslimische Apologeten haben dieses Material teilweise übersetzt und es sich in überreichem Maße zunutze gemacht, um 'wissenschaftliche' Argumente aus dem Mund von Fachleuten (nämlich den christlichen Theologen) gegen die Bibel vorbringen zu können. Ganze Sammel- und Nachschlagewerke der 'Widersprüche, Irrtümer und Fehler' des Alten und Neuen Testamentes wurden schon Mitte des 19. Jahrhunderts von muslimischen Theologen erstellt und werden teilweise bis heute nachgedruckt und erweitert. Konnten zu Beginn des 19. Jahrhunderts noch bibeltreue Missionare in der islamischen Welt von der Zuverlässigkeit der Bibel sprechen, wurden ihnen etwa ab Mitte des 19. Jahrhunderts zahlreiche "Beweise" gegen das Christentum aus den Werken von Strauss, Michaelis, Eichhorn und anderen entgegengehalten.

Auch bei der Kreuzigung wurden zahlreiche historisch-kritische Textauslegungen europäischer Theologen hinzugezogen, die z. B. argumentierten, daß aus den biblischen Berichten hervorgehe, aufgrund der aufgekommenen Finsternis und des Erdbebens im Zusammenhang mit der Kreuzigung sei ein Chaos und große Verwirrung entstanden, so daß unklar blieb, was mit Jesus wirklich geschah. Die Evangelienberichte wurden als untereinander widersprüchlich und unglaubwürdig verurteilt. Eine der muslimischen Deutungen der Kreuzigung, daß Jesus nämlich die Kreuzigung überlebte, erhält ihre eigentliche Unterstützung aus dem Bereich des europäischen Rationalismus, der letzten Epoche der Aufklärungstheologie des 18. und 19. Jahrhunderts.

7. Christliche Rationalisten als Leugner der Kreuzigung

Man kann beobachten, daß sich die Autoren der älteren Korankommentare vergleichsweise vorsichtig darüber äußern, was mit Jesus bei der Kreuzigung geschah. Häufig beschränken sie sich darauf, den Versteil aus Sure 4,157 zu betonen: "Sie haben ihn nicht getötet und auch nicht gekreuzigt", ohne näher darauf einzugehen, was mit Jesus geschah. In moderneren Korankommentaren ändert sich diese Haltung: Der Kreuzigungsvers wird detaillierter ausgelegt und meist der 'Ersatztheorie', nach der ein anderer am Kreuz starb, der Vorzug gegeben. Insbesondere seit der arabischen Übersetzung des Barnabasevangeliums 1908 wird vermehrt angenommen, Judas sei statt Jesus gekreuzigt worden. Auch eine der anderen Ansichten, daß Jesus zwar gekreuzigt wurde, aber die Kreuzigung überlebte, ist vielleicht nicht im islamischen Bereich selbst aufgekommen, sondern möglicherweise aus Europa importiert worden: Auch Vertreter des Rationalismus sprechen von einer totenähnlichen Starre, in der sich Jesus nach der Kreuzigung befunden habe, aus der er später durch ein Gewitter und ein Erdbeben wiederbelebt worden sei und dann den Mythos von der Auferstehung von den Toten in Umlauf gesetzt habe.

Schon Karl Heinrich Georg Venturini (1768-1849), ein Vorläufer des Rationalismus, spielt in seinem einflußreichen Romanwerk zum Leben Jesu 'Natürliche Geschichte des großen Propheten von Nazareth'[92] auf die Möglichkeit eines Scheintodes an. Karl Friedrich Bahrdt (1741-1792) formuliert später in seinem Werk 'Ausführungen des Plans und Zweks Jesu' (sic)[93]:

> "... das ist mein Urtheil über diesen letzten Theil der Geschichte Jesu. Jesus ist hingerichtet worden: er hat alle Leiden eines Missethäters, alle Qualen des Todes ausgestanden, aber er hat sie auch überstanden - er ist vom Tode zum Leben hindurchgedrungen - er ist aus der Begräbnißhöhle ... am dritten Tage nach der Hinrichtung - als ein völlig hergestellter wieder ... heraus gegangen und hat sich als einen Neuaufgelebten seinen Jüngern gezeigt ..."[94].

Diese Bemerkungen K. F. Bahrdts wurden von Heinrich Eberhard Gottlob Paulus (1761-1851) in 'Das Leben Jesu als Grundlage einer reinen Geschichte des Urchristentums'[95] aufgegriffen. Paulus leugnete alles Übernatürliche an Jesu Leben und Sterben und war hinsichtlich des Kreuzestodes davon überzeugt, "... daß es sich nur um eine totenähnliche Erstarrung gehandelt haben kann"[96], denn

> "die körperliche Wiederbelebung Jesu ist an sich so historisch klar" ..., daß eine weitere "... Bestätigung der Tatsache gar nicht nöthig ist"[97].

Diese Hypothese wurde von zahlreichen namhaften Theologen, darunter Daniel Ernst Friedrich Schleiermacher (1768-1834), übernommen. Daß 'kreuzigen' nicht unbedingt 'am Kreuz sterben' bedeutet, ist also nicht nur eine muslimische Auffassung, sondern bereits vor ihrem Aufkommen in der muslimischen apologetischen Literatur im europäischen Rationalismus verfochten und möglicherweise von dort in die islamische Theologie übernommen worden.

8. Muhammad Rašîd Ridâ als Beispiel eines muslimischen Theologen über die christliche Erlösungsvorstellung

Mit der Frage der Erlösung durch den Kreuzestod Jesu hat sich der berühmte Kairiner Theologe Muhammad Rašîd Ridâ auf etwa 35 Seiten im sechsten Band seines Korankommentars mit dem arabi-

[92] Venturini. Geschichte.

[93] Bahrdt. Ausführungen

[94] Bahrdt. Ausführungen. S. 187

[95] Paulus. Leben. S. 242-244+256-257 spricht nicht von einer Ohnmacht, sondern von 'Bewußtseinsschwund', dann von 'Erstarrung' bzw. 'Betäubung', in der Jesus lebendig vom Kreuz abgenommen wurde.

[96] Schweitzer. Geschichte. S. 54

[97] Paulus. Leben. S. 260

schen Titel 'tafsîr' (Auslegung, Erläuterung) auseinandergesetzt[98]. Er hält dieses christliche Dogma, das ja, wie Ridâ immer wieder bemerkt, auch von vielen Europäern abgelehnt werde, für unvereinbar mit dem menschlichen Verstand. Für Ridâ hat das Dogma des Kreuzes und der Erlösung letztlich seinen Ursprung in den heidnischen Religionen Indiens. Die Dreieinigkeit ist für ihn lediglich eine auf Konstantin zurückgehende Definition, aber kein ursprünglich christliches bzw. biblisches Gedankengut.

Die christliche Vorstellung der Erlösung ist für Ridâ unannehmbar. Wenn Gott gerecht und gnädig ist, dann kann er keinen Unschuldigen leiden lassen[99]. Zudem widerspricht ein stellvertretender Tod der koranischen Vorstellung von Erlösung. Da der Islam die einzige unverfälschte Religion ist, kommt ihm die Definition dessen zu, was echte Erlösung ist. Wenn Jesus wirklich ein Erlöser wäre, wäre dies für Ridâ ein Angriff auf das unumstößliche Dogma der Einzigartigkeit Gottes (arab. tauhîd). Y. H. R. Seferta faßt Ridâs Haltung zur Kreuzigung mit den Worten zusammen:

> "An die Erzählung von der Kreuzigung und Erlösung zu glauben, so argumentiert Ridâ, bedeutet, an einen Gott zu glauben, der sowohl ignorant als auch bemitleidenswert ist"[100].

Auch bei der Interpretation von Sure 4,157, der Schlüsselstelle des Korans zur Kreuzigung, wird deutlich, daß sich Rašîd Ridâ innerhalb des von den koranischen Aussagen vorgegebenen Rahmens bewegt[101]. Die Frage der Kreuzigung wird nach Ridâs Verständnis für die apologetische Diskussion erst dadurch so wichtig, daß die Christen mit ihr zu Unrecht die Erlösung in Zusammenhang bringen.

Für Ridâ liegt die Betonung bei Sure 4,157 zunächst darauf, daß die Juden Jesus kreuzigen wollten. Dann berichtet er den Verrat des Judas nach den vier Evangelien und stellt das höchstwahrscheinlich aus der Zeit des 14. bis 16. Jahrhundert stammende Barnabasevangelium[102] de facto gleichbedeutend neben diese, wenn er fortfährt, das Barnabasevangelium erkläre, daß man Judas ergriffen habe[103], da man ihn irrtümlich für den Messias hielt. Jesus sei den Menschen bei seiner Verhaftung nämlich nicht genau bekannt gewesen. Auf jeden Fall wurde nicht Jesus ergriffen, sondern ein anderer, den man tötete. Für Rašîd Ridâ scheint dies Judas zu sein, der den Kreuzestod

[98]Muhammad Rašîd Ridâ. tafsîr. Bd. 6. S. 18-59 und dass. als Sonderdruck mit dem Titel 'aqîdat.

[99]Muhammad Rašîd Ridâ. tafsîr. Bd. 6. S. 26-27

[100]Seferta. Ideas. S. 10

[101]Muhammad Rašîd Ridâ. tafsîr. Bd. 6. S. 18-21

[102]Vgl. Lektion 20.

[103]Zur Kreuzigung Jesu vgl. Lektion 18.B.

als Sühne für seinen Verrat vor der Gefangennahme, von dem sowohl das Barnabasevangelium als auch die neutestamentlichen Evangelien berichten, auf sich nahm.

9. Überlebte Jesus die Kreuzigung?

Das mögliche Überleben der Kreuzigung, vom Rationalismus so vehement vertreten, wurde im islamischen Bereich insbesondere von der aus dem Islam hervorgegangenen Ahmadîya-Bewegung (eine Abspaltung des Islam aus der Zeit der Jahrhundertwende, die 1976 von der pakistanischen Nationalversammlung als häretische Lehre erklärt wurde) übernommen: In zahlreichen Veröffentlichungen wurde die Theorie proklamiert, daß Jesus zwar ans Kreuz genagelt worden sei, er aber die Kreuzigung in einer Ohnmacht überlebt habe und im kühlen Grab durch besondere Salben wiederbelebt worden sei. Dann sei er durch Afghanistan nach Kaschmir gewandert auf der Suche nach den verlorenen zehn Stämmen Israels. Er heiratete dort, starb im Alter von etwa 120 Jahren eines natürlichen Todes und wurde in Srinagar, Kashmir, begraben. Dort wird bis heute das Grab eines Yuz Asaf als Grab Jesu verehrt[104]. Heute erfährt die Theorie, daß Jesus seine Kreuzigung überlebt haben könnte, in neuen und neuesten Veröffentlichungen auch auf dem deutschen Buchmarkt eine erneute Renaissance.

10. Zusammenfassung

Der Koran geht an einer einzigen Stelle in Sure 4,157-158 auf die Kreuzigung Jesu ein. Es ist vom Wortlaut her unklar, ob der Vers generell die Kreuzigung Jesu ablehnt oder eine andere Betonung hat. Die muslimische Theologie lehnt die Kreuzigung, insbesondere jedoch die Erlösung der Menschheit durch die Kreuzigung klar ab. Zahlreiche Argumente liefern dazu Werke der historisch-kritischen Theologie Europas. Was mit Jesus im einzelnen nach dem Ereignis der Kreuzigung geschah, darüber gehen die Auffassungen der muslimischen Theologen weit auseinander. Die Ansicht von der Kreuzigung eines 'Ersatzes' für Jesus, möglicherweise Judas, ist heute in der islamischen Welt sehr populär. Die Ahmadîya-Bewegung nimmt wie etliche Theologen des europäischen Rationalismus bereits im 18. und 19. Jahrhundert an, Jesus habe die Kreuzigung überlebt, sei nach Indien ausgewandert und dort eines natürlichen Todes gestorben.

---

[104]S. etwa Mîrzâ Ghulâm Ahmad. Jesus

Da sich die Rolle Jesu im Koran auf die vorgezeichnete Stellung als Gesandter und Prophet Gottes beschränkt, Gottessohnschaft und Dreieinigkeit jedoch strikt abgelehnt werden, so ergibt sich fast zwangsläufig, daß das koranische Bild von der Funktion und Aufgabe Jesu nicht mit der christlichen Erlösungsvorstellung vereinbar sein kann. Während nach dem Neuen Testament die Erlösung der Gläubigen durch den Opfertod Jesu möglich wurde, kann Jesus nach dem Koran als ein von Gott beauftragter Mensch keine Erlösung für andere Menschen bewirkt haben, auf welche Weise er auch immer zu Tode gekommen sein mag. Eine grundlegende Erlösung für alle Menschen ist ohne Lehre von der Erbsünde auch nicht notwendig. Zudem, so argumentiert die islamische Theologie, würde die stellvertretende Erlösung aller Menschen das Ende der Sünde bedeuten, so daß die Verbrecher, die stehlen, morden oder ehebrechen, keine Verbrecher mehr wären[105]. Es trete aber doch klar zutage, daß sich die Menschen mit ihren schlechten Taten nicht änderten[106].

So unterschiedlich die Auffassungen auch zum Tod Jesu sein mögen[107], einig sind sich alle muslimischen Kommentatoren darin, daß die christliche Vorstellung eines stellvertretenden Erlösertodes abzulehnen ist. Wenn der biblische Bericht von der Kreuzigung nämlich der Wahrheit entspräche, dann hieße es, daß der gerechte Gott einen Unschuldigen leiden läßt, der doch als Gesandter Gottes keinen schmachvollen Tod verdient hätte. Ein solcher Tod würde eine Niederlage Jesu, ein Fehlschlagen seiner gesamten Mission und ein absolutes Scheitern seiner Sendung bedeuten. Angemessen wäre vielmehr ein besonders ehrenvolles Ende des Lebens Jesu gewesen, nachdem er den Auftrag Gottes auf dieser Erde erfüllt hatte. Während nach biblischer Vorstellung gerade der Tod Jesu am Kreuz unverdiente Gnade und Erlösung bedeutet, wird nach islamischer Vorstellung Erlösung nur durch Gehorsam gegen Gottes Gebote und Ergebung in seinen Willen möglich. Unverdient ist die Erlösung für Christen vor allem deshalb, weil sie sich bewußt sind, daß sie ohne Gottes Kraft nichts Gutes tun und Gottes Gebote nur mit Vorsätzen allein niemals einhalten können. Olaf Schumann formuliert treffend:

> "Diese Liebe fordert von den Menschen keine Vorleistungen, sondern ausdrücklich den Verzicht auf alles, was als Vorleistung angesehen werden könnte; sie erwartet von ihm nur, daß er sich ganz auf sie verläßt und sie dort ergreift, wohin Gott dem Menschen entgegenge-

---

[105] Stieglecker. Glaubenslehren. S. 317

[106] Stieglecker. Glaubenslehren. S. 318

[107] Vgl. Lektion 18.B. zur Kreuzigung Jesu

kommen ist: nicht im Himmel, sondern auf der Erde, nicht in einer abstrakten Idee, sondern in einer konkreten Person, in Jesus Christus"[108].

Die biblische Gnade wird gerade dort wirksam, wo der Mensch einsieht, daß Gott ihn trotz seines Fehlverhaltens und Versagens in Jesus Christus erlöst hat. Auch der Gott des Korans erbarmt sich zwar über die Menschen, aber nicht, weil sie von sich aus nichts Gutes tun könnten, sondern er nimmt sich ihrer Schwachheiten an, wenn sie einen Fehltritt getan haben.

Weil für den Islam dieser Gedanke der stellvertretenden Opferung Jesu so abwegig ist, wird in vielen muslimischen apologetischen Werken die christliche Erlösungsvorstellung als 'barbarisch' verurteilt. Daß es erforderlich sein sollte, zur Vergebung von Sünden Blut fließen zu lassen, haben manche Muslime als heidnisches Element im Christentum oder als Glaubensvorstellungen aus dem indischen Kulturkreis interpretiert. Zudem, so argumentiert man, hat Gott im Alten Testament selbst gesagt, daß der, der am Holz hängt, von Gott verflucht ist (5Mose 21,23).

Erlösung im Islam bedeutet also allenfalls Erlösung vom Höllenfeuer[109] und der ewigen Verdammnis. Diese Erlösung geschieht aber durch den Glauben des Betreffenden und nicht etwa durch einen Stellvertreter der Menschen.

Ganz im Gegensatz zu der koranischen Auffassung, daß Gott den Menschen rechtleitet, wenn er sich an die Gebote Gottes hält, hebt die Bibel hervor, daß Gott schon Menschen mit sich versöhnt hat, bevor sie von ihrer Seite etwas dazu getan hätten, ja, zu einer Zeit, als sie ihn noch ablehnten:

"Denn Christus ist schon zu der Zeit, als wir noch *schwach* waren, für uns *Gottlose* gestorben ... Gott aber erweist seine Liebe zu uns darin, daß Christus für uns gestorben ist, als wir noch *Sünder* waren ... Denn wenn wir mit Gott versöhnt worden sind durch den Tod seines Sohnes, als wir noch *Feinde* waren, um wieviel mehr werden wir selig werden durch sein Leben, nachdem wir nun versöhnt sind" (Römer 5,6+8+10).

Daß der Koran die christliche Vorstellung des Sündenfalls und Erbsünde ablehnt, wurde bereits ausführlich dargestellt[110]. Aus der Ablehnung des Sündenfalls und Erlösungsbedürftigkeit aller Menschen folgt im Islam ein viel positiveres Menschenbild als im Chri-

---

[108]Schumann. Christus. S. 208

[109]So Evans in seiner nur 54 starken Dissertation Idee. S. 49. Evans untersucht zunächst 20 arabische Begriffe, die der Koran für Sünde gebraucht und zieht dann auf wenigen Seiten einige kurz gefaßte, wenig begründete unbefriedigende allgemeine Schlußfolgerungen, was der Koran unter Sünde versteht.

[110]Vgl. Lektion 18.B. zur Erlösung

stentum: Der Mensch ist in der Lage, das Gute zu tun, wenn er vor den Verführungen Satans bei Gott seine Zuflucht nimmt.

C. GRÜNDE FÜR DIE MUSLIMISCHE ABLEHNUNG DER GOTTESSOHNSCHAFT JESU UND DER DREIEINIGKEIT

1. Jesus Christus - Gott oder Prophet?

Wenn man bei einem inhaltlichen Vergleich zwischen Islam und Christentum auch immer wieder betont hat, daß Jesus auch im Koran eine Sonderstellung einnimmt, außergewöhnliche Titel trägt und außergewöhnliche Taten vollbringt, so ist doch unverkennbar, daß sich die Auffassungen von Koran und Bibel über die Stellung (hier Prophet, dort Gottes Sohn) und die Aufgabe Jesu (hier nur bloße Verkündigung, dort Erlösung der Menschheit) konträr gegenüberstehen[111], und so

> "tut sich gerade hier die tiefe Kluft zwischen Islam und Christentum auf, es ist das die unüberbrückbare Kluft zwischen dem Isa der Muslim (sic) und dem Jesus der Christen ... hier münden alle jene christlichen Lehren ein, von denen der ehrlich-gläubige Muhammedaner nur mit Schaudern hört und liest: Erbsünde, Erlösung, Dreieinigkeit, Menschwerdung, Gottheit Jesu, des Gottessohnes Sühneleiden und Sühnetod"[112].

Noch immer sind die 'klassischen Kontroverspunkte' zwischen Islam und Christentum im wesentlichen dieselben wie zu Muhammads Zeiten: Die Gottessohnschaft Jesu, die Dreieinigkeit, die Rolle Muhammads und die Frage nach Kreuzigung und Erlösung gehören nach wie vor zu den klassischen 'Streitpunkten' zwischen beiden Religionen. Darüberhinaus hat im Laufe der Jahrhunderte der muslimische Vorwurf an Bedeutung gewonnen, die Bibel der Christen sei verfälscht. Der Koran sei dagegen das unverfälschte Wort Gottes. Daher müsse der Koran die Bibel korrigieren. Diese Vorwürfe an das Christentum, die Gottessohnschaft Jesu, die Schriftverfälschung und die christliche Vorstellung von der Erlösung sollen nun näher erläutert werden.

---

[111]Einen Überblick über die Stellung des Islam zu den Weltreligionen als auch über die wichtigsten Kontroverspunkte zwischen Islam und Christentum gibt Waardenburg. Religions. Die Sicht islamischer Theologen und Buchautoren aus verschiedenen Jahrhunderten zur christlichen Dogmatik und der Person Jesu Christi s. bei Schumann. Christus.

[112]Stieglecker. Glaubenslehren. S. 258

Um herauszufinden, welche Ansichten im heutigen Ägypten über das Christentum herrschen, hat William Shepard im Jahr 1977 einen ungewöhnlichen Weg beschritten. Er befragte 28 ägyptische Muslime zwischen 20 und 80 Jahren, die teils in Europa, teils im eigenen Land eine akademische Ausbildung genossen hatten, über ihre Ansichten über andere Religionen wie das Judentum, den Hinduismus und Buddhismus, insbesondere jedoch über das Christentum[113]. Zu der Frage, wo die wichtigsten Unterschiede zwischen Islam und Christentum lägen[114], nannte ein Teil der Befragten die Dreieinigkeit bzw. Gottessohnschaft Jesu - dahinter verbarg sich einmal mehr, einmal weniger klar ausgesprochen der Vorwurf der Vielgötterei -. Ferner wurden die Kreuzigung genannt, das Priestertum des Christentums, das Liebesprinzip, die Ablehnung Muhammads, die Verfälschung der christlichen Schriften, die Erbsünde und die örtliche Begrenztheit der Mission Jesu auf Israel gegenüber der universalen Sendung Muhammads. Diese Antworten spiegeln, auch wenn dabei weniger wichtige Punkte wie die Priester und der Papst der Katholischen Kirche genannt wurden, das allgemeine Bewußtsein über die Hauptkontroverspunkte zwischen Islam und Christentum klar wider.

2. Muhammad, der Prophet - Jesus, der Sohn Gottes und Erlöser

Am offensichtlichsten werden jedoch die Differenzen, wenn es um die beiden wichtigsten Personen des Islam und Christentums geht, also um Muhammad und Jesus. Für die muslimische Theologie ist Muhammad der Prophet Gottes, der zu den Menschen gesandt wurde, um sie an die in der Geschichte immer wieder verkündete Botschaft Gottes zu erinnern. Muhammad ist der letzte Prophet der Geschichte und der höchste Prophet, der alle anderen Propheten überragt. Das Wort, das er von Gott erhielt und durch den Engel Gabriel übermittelt bekam, ist unfehlbar und für alle Zeiten gültig. Was Muhammad als Mensch tat und sagte, ist ein Vorbild für die Menschheit schlechthin. Sein Handeln war tadellos, die Person des Propheten sündlos. Diese Dogmen, teils klar im Koran formuliert, teils von der muslimischen Theologie nach Muhammads Tod aus den Koran- und Überlieferungstexten weiterentwickelt, sind unaufgebbarer Bestandteil muslimischen Glaubens. Niemand, der Muhammad nicht diese Rolle zuerkennt, ist nach muslimischer Auffassung rechtgläubig.

Ebenso grundlegend für einen muslimischen Gläubigen ist der Glaube an den Koran als unverfälschtes Wort Gottes. Wo die Bibel

[113]Shepard. Conversations. S. 171-195

[114]Shepard. Conversations. S. 175ff.

dem Koran widerspricht, muß der Koran die Bibel korrigieren, denn nur dort kann die falsche Lehre enthalten sein.

Daß der Koran ein ganz anderes Bild von Jesus Christus hat und damit eine grundlegend vom Christentum verschiedene Theologie lehrt, wurde bereits verschiedentlich deutlich. Damit unterscheiden sich Christentum und Islam im innersten Zentrum: Während nach biblischem Verständnis nur derjenige erlöst wird, der Jesus Christus als Sohn Gottes, als Gekreuzigten und Auferstandenen um Vergebung seiner Sünden bittet, darf im Islam nur der auf das Paradies hoffen, der Muhammad als den Propheten Gottes und den Koran als Gottes Offenbarung anerkennt. Damit wird der Gegensatz zwischen den dogmatischen Aussagen beider Religionen unüberbrückbar, denn beides kann nicht gleichzeitig die Wahrheit sein.

Ausgehend von den bisherigen Lektionen und den oben behandelten Korantexten sollen im folgenden einige Schlußfolgerungen, die die muslimische Theologie aus den betreffenden Texten gezogen hat, erläutert werden.

Die Bibel stellt also gewisse Bedingungen für denjenigen, den sie als 'gläubig' bezeichnet. Dazu gehört vor allem der Glaube an den Gottessohn Jesus Christus als Erlöser, der sich stellvertretend am Kreuz opferte. Voraussetzung dafür ist gewissermaßen die Annahme der Lehre von der Erbsünde: Jeder Mensch nach Adam ist ein Sünder und *kann* Gott nicht gefallen. Der Mensch kann von sich aus nichts wirklich Gutes tun, so daß Gott ihn im Gericht annimmt. Er hofft vielmehr, daß er durch die Vergebung Jesu *trotz* seiner Schuld von Gott angenommen wird. Er hofft also auf die unverdiente Gnade. Niemand, der die Stellung Jesu als Gottessohn und Erlöser leugnet, kann nach biblischem Verständnis darauf hoffen, von Gott beim Jüngsten Gericht angenommen zu werden. Jesus gehört mit Gott, dem Vater und dem Heiligen Geist als Sohn Gottes zur Dreieinigkeit. Wer Jesus als den im Fleisch gekommenen Christus leugnet, den bezeichnet 1. Johannes 2,22[115] als "Antichrist" und Verführer.

Diese christlichen Dogmen anzuerkennen, bedeutet für muslimische Theologen jedoch, schwere, unvergebbare Sünden zu begehen, ein Ungläubiger zu sein und nicht ins Paradies zu kommen, denn der Koran sagt:

> "Diejenigen sind ungläubig, die sprechen: 'Gott ist Christus, der Sohn der Maria'. Christus hat gesagt: 'Ihr Kinder Israels! Dienet Gott, meinem und eurem Herrn! Wer Gott etwas beigesellt, dem hat Gott das Paradies verboten. Das Feuer der Hölle wird ihn aufnehmen. Und für die Frevler sind dann keine Helfer da" (5,72; vgl. auch 5,17).

[115]Vgl. auch 2Johannes 7

An dem Verständnis davon, welche Schrift die wahre Offenbarung ist, und welche Stellung Jesus und Muhammad innehaben, wird die unüberbrückbare theologische Kluft zwischen Islam und Christentum deutlich. Da der Koran die Erbsünde, die Gottessohnschaft, die stellvertretende Erlösung Jesu am Kreuz und die Auferstehung leugnet, kann er mit den Aussagen der Bibel nicht in Einklang gebracht werden und muß nach christlicher Auffassung als Irrweg beurteilt werden. Gerade diese Auffassungen als Zentrum der biblischen Lehre werden vom Koran aufgegriffen und klar verworfen. Aus muslimischer Sicht ist das Christentum mit seiner Vielgötterei und Ablehnung Muhammads ein Irrweg, der alle Christen in die Hölle führen wird.

3. Warum lehnt der Islam die Gottessohnschaft Jesu und die Dreieinigkeit ab?

a. Die Gottessohnschaft widerspricht der muslimischen Ethik

Die Gottessohnschaft Jesu gehört zu den christlichen Dogmen, die nicht erst von der muslimischen Theologie, sondern, wie bereits deutlich wurde, schon im Koran von Muhammad ganz klar abgelehnt worden sind. Auch die muslimische Theologie hat diesen Standpunkt beibehalten, und die Gottessohnschaft Jesu gehört bis heute zu den wichtigsten Kontroverspunkten zwischen Islam und Christentum.

Im Islam wurde das Dogma von der Gottessohnschaft stets als leibliche Verwandtschaft aufgefaßt und so verstanden, als ob Gott eine Frau gehabt und mit ihr einen Sohn gezeugt habe. Schon der Koran bekämpft diese angeblich leibliche Auffassung von der Gottessohnschaft. Dies hat die muslimische Theologie beibehalten und noch stärker als der Koran unterstrichen. Sure 6,100-101 sagt über die Ungläubigen:

> "Aber sie haben Gott Teilhaber an die Seite gestellt, die Geister, wo er sie doch erschaffen hat. Und sie haben ihm in Unverstand Söhne und Töchter angedichtet. Er sei gepriesen! Er ist erhaben über das, was sie berichten. Der Schöpfer von Himmel und Erde, wie soll er ein Kind haben, wo er doch keine Gefährtin hat und er alles geschaffen hat?" (6,100-101)

Aus diesem Vers wird besonders deutlich, daß Muhammad die Gottessohnschaft Jesu im körperlichen Sinn auffaßte, wie es auch in Sure 10,68 zum Ausdruck kommt:

"Sie sprechen: 'Gott hat sich Kinder zugelegt[116]'. Er sei gepriesen! Er ist der, der auf niemand angewiesen ist. Ihm gehört, was im Himmel und was auf der Erde ist" (10,68).

"Sie sprechen: 'Der Barmherzige hat sich ein Kind zugelegt.' Da habt ihr etwas Ungeheuerliches begangen. Schier brechen die Himmel darüber auseinander, die Erde spaltet sich und die Berge stürzen in sich zusammen, daß sie dem Barmherzigen ein Kind zuschreiben. Es ziemt sich für den Barmherzigen nicht, sich ein Kind zuzulegen" (19,88-92).

Der folgende Vers gibt Einblick in die für Muhammad offensichtlich unklare Frage, wer denn nun nach Meinung der 'Schriftbesitzer' der Sohn Gottes sei, wobei immer die Möglichkeit in Betracht gezogen werden muß, daß Muhammad die Aussagen von Juden und Christen falsch interpretierte. Wahrscheinlicher ist allerdings, daß häretische Lehren über Jesus Christus im Arabien des 6. Jahrhunderts innerhalb der verschiedenen christlichen und jüdischen Sekten so stark verbreitet waren, daß Muhammad die eigentliche Botschaft des Neuen Testamentes wohl nie gehört hat, denn

"es ist bisher noch nicht gelungen nachzuweisen, aus welcher Quelle tatsächlich Mohammed sein Wissen über die christliche Christologie schöpfte, und woher er die Anregungen für seine eigene Christologie erhielt"[117].

Zusätzlich muß man vom Fehlen einer arabischen Bibelübersetzung ausgehen. Nur so kann man sich erklären, daß nach Muhammads Meinung die Juden Esra (arab. 'Uzayr) zum Sohn Gottes erklärt haben, für die Christen die Dreieinigkeit aus Gott, Jesus und Maria bestand und Jesus als der leibliche Sohn aus einer Verbindung Gottes mit einer Frau hervorgegangen sein soll[118]:

"Die Juden sagen: 'Esra ist der Sohn Gottes'. Und die Christen sagen: 'Christus ist der Sohn Gottes'. Das ist das Wort aus ihrem Munde. Sie reden damit wie die, die früher ungläubig waren. Gott bekämpfe sie! Wie leicht sind sie irregeleitet! Sie nahmen sich ihre Gelehrten und Mönche sowie Christus, den Sohn der Maria, zu Herren. Dabei war ihnen nichts anderes befohlen, als einem einzigen Gott zu dienen. Es gibt keinen Gott außer ihm. Er sei gepriesen! Er ist über das erhaben, was sie ihm zur Seite stellen" (9,30-31).

Daß Gott sich ein Kind "zugelegt" haben könnte, zeigt für Muhammad die Unwissenheit derjenigen, die eine solche Behauptung

---

[116]Parrinder. Jesus. S. 127 weist darauf hin, daß der arabische Begriff für 'sich zulegen' der Vorstellung einer Annahme eines Sohnes und damit möglicherweise dem 'christlichen' Adoptianismus und/oder Arianismus widerspricht.

[117]Schumann. Christus. S. 27

[118]Vielleicht stand dieser Gedanke für Muhammad sehr stark in Verbindung mit dem altarabischen Glauben an die 'Töchter Gottes' al-Lât, Manât und al-'Uzzâ. Dies erwägt auch Schumann. Christus. S. 30.

aufstellen. Es ist eine "Lüge" (18,4-5). Vielmehr "steht Gott nicht an, sich irgendein Kind zuzulegen" (19,34), oder, wie die von Muslimen häufig rezitierte 112. Sure dogmatisch formuliert:

"Sprich: 'Er, Gott, ist Einer!
Gott ist der Ewige!
Er zeugt nicht, noch wurde er gezeugt!
Nicht eines gibt es, das ihm gleich wäre!"[119]

Die muslimische Theologie definiert, daß Gott, wenn er etwas ins Leben ruft, es nur durch seinen Schöpferwillen geschehen läßt und nicht durch Zeugung[120].

b. Die Gottessohnschaft Jesu bedingt die Vaterschaft Gottes

Da die Stellung und Aufgabe Jesu Christi von dem koranischen Konzept des Propheten her definiert sind, können Gott, der Schöpfer und Jesus Christus nicht im Verhältnis von Sohn und Vater zueinander stehen. Da Gott gar keinen Sohn hat, kann Gott auch nicht als Vater aufgefaßt werden. Auch den Gläubigen steht der Schöpfer nicht als Vater gegenüber, sondern er ist sein Schöpfer und Herr.

Demgegenüber gehört die Aussage, daß Gott der Vater aller Christen ist, zu den Zentralaussagen der Bibel (z. B. 2. Thessalonicher 1,1; 1. Petrus 1,17). Von dem fürsorgenden Vatersein Gottes geht sein Handeln mit den Menschen aus. Die Bibel betont, daß Gott seine Liebe zu seinen Kindern auch dadurch erweist, daß sie ihn Vater nennen dürfen und sie seine Kinder sind: "Seht, welche Liebe hat uns der Vater erwiesen, daß wir Gottes Kinder heißen sollen - und wir sind es auch!" (1. Johannes 3,1). Gott vergleicht selbst seine Liebe zu seinen Kindern mit der Liebe einer Mutter zu ihren Kindern. Gottes Vater-Sein ist sogar das Vorbild für jede Vaterschaft hier auf der Erde (Epheser 3,15).

Demgegenüber ist im Islam jede denkbare Verbindung zwischen dem Ewigen, Göttlichen und dem Vergänglichen, Menschlichen undenkbar und widerspricht dem Wesen Gottes. Zwischen Gott und allen anderen Wesen ist kein Vergleich und keine Annäherung, schon gar nicht auf der Ebene der Verwandtschaft, möglich.

"Tatsächlich ist das Fundament der Botschaft des Korans, den Menschen einzuschärfen, daß Allah der absolut Erhabene, der vollkommene Transzendente ist, der auf keinerlei Weise in die Schöpfung ein-

[119] So die treffende Übersetzung von Schumann. Christus. S. 30. Vgl. dort auch die Diskussion zur Datierung dieser wohl aus der Frühzeit des Islam stammenden Sure.

[120] Stieglecker. Glaubenslehren. S. 257

bezogen werden kann und daß dies gerade der Unterschied zwischen dem wahren, einzigen Gott und allen Götzen ist"[121].

Die mu'tazilitischen Theologen formulierten als erste:

> "Er zeugt nicht und ist nicht gezeugt, Messungen können ihn nicht umfassen, Schleier können ihn nicht bedecken. Die versuchen, ihn zu ergreifen, können ihn nicht erfassen, nach dem Menschen kann er nicht gemessen werden, das Geschöpf gleicht ihm unter keinem Aspekt"[122].

Für Muhammad bestand kein Zweifel daran, daß Gott keinen Sohn haben kann. In Sure 43,81 läßt Gott Muhammad sagen:

> "Sprich: Gesetzt den Fall, der Barmherzige hätte ein Kind, dann wäre ich der erste, der es anbeten würde" (43,81).

Daraus geht hervor, daß für Muhammad diese Vorstellung geradezu ungeheuerlich und absurd war. Schon die folgenden Verse formulieren wiederum eine indirekte Ablehnung dieser Lehre:

> "Gepriesen sei der Herr der Himmel und der Erde, der Herr des Thrones! (Ergänze: Er ist erhaben) über das, was sie da sagen. Aber laß sie nur daherreden und ihr Spiel treiben, bis sie ihrem Tag begegnen, der ihnen angedroht ist! Er ist Gott im Himmel und Gott auf der Erde" (43,82-84).

c. Die Gottessohnschaft widerspricht der Einsheit Gottes

Über die Ablehnung einer leiblichen Verwandtschaft zwischen Gott und einem Gesandten hinaus verletzt das christliche Dogma der Gottessohnschaft für Muslime auch den Gedanken der Einzigartigkeit und Einsheit Gottes (arab. tauhîd), der mit Recht als das Zentrum islamischer Dogmatik schlechthin betrachtet wird[123]. Neben Gott einen anderen Gott zu stellen, also Vielgötterei (arab. širk) zu begehen, ist die schwerste Form des Unglaubens, die noch eine reine Nichtanerkennung Gottes (Atheismus) übertrifft[124]. Wer solchen Unglauben hegt, kann nicht zu den Gläubigen gehören und nicht ins Paradies eingehen. Die 'Beigesellung' (arab. širk) eines anderen Wesens neben Gott, den Schöpfer ist eine unvergebbare Sünde, es sei denn, der Christ bereut noch vor seinem Tod diese Sünde, was gleichbedeutend mit seinem Übertritt zum Islam wäre.

Dieser grundsätzliche dogmatische Unterschied ist im jeweiligen Verständnis des Wesens Gottes und weniger in der direkten Auseinandersetzung Muhammads mit den Christen seiner Zeit zu suchen.

---

[121] Bouman. Gott. S. 1

[122] Diese Formulierung wurde von der Orthodoxie später übernommen: al-Aš'arî, maqâlât. I. S. 216-217. Zitiert nach Bouman. Gott S. 3

[123] So Stieglecker. Glaubenslehren. S. 5

[124] Vgl. Lektion 9.B.1.

Da sich Muhammad mit der Verkündigung des Islam vor allem gegen den altarabischen Polytheismus als Form des Unglaubens schlechthin gewandt hatte, scheint es nur folgerichtig zu sein, auch eine christliche Form der 'Mehrgötterverehrung' strikt abzulehnen. Fielen die in den altarabischen Stammesverbänden so lange und intensiv verehrten heidnischen 'Töchter Gottes' al-Manât, al-'Uzzâ und al-Lât[125] unter diesen abzulehnenden Polytheismus, dann doch erst recht ein 'Sohn Gottes', der nicht nur gleichen Rang neben Gott, dem Schöpfer beanspruchte, sondern auch göttliches Wesen und göttliche Macht besitzen sollte. Damit würde Gott sein Rang als Herr der Welt streitig gemacht, denn nach dem Koran ist "Gott ... nicht der Vater, sondern der Schöpfer Jesu"[126].

Aus all dem geht hervor, daß es nicht zwangsläufig die biblische Vorstellung der Dreieinigkeit gewesen sein muß, gegen die sich Muhammad im Koran so scharf geäußert hat. Die Übermittlung falscher, häretischer christlicher Lehren (Maria gehört zur Dreieinigkeit, der Adoptianismus, die Jesus-Verehrung als eigenständiger Gott usw.) in der Umgebung Muhammads sowie die Folge seiner unzureichenden Belehrung über den Inhalt christlicher Dogmen kommen ebenso in Betracht wie eine Kombination beider Elemente.

d. Gott offenbart sich nicht als Mensch

Die Offenbarung im Islam geschieht also nicht durch eine Person, sondern ist eine nichtpersonelle Offenbarung in Form der auf die Menschen herabgesandten Schriften, die im Himmel in einer Urschrift (arab. umm al-kitâb) vorhanden sind. Daß Jesus selbst eine Offenbarung Gottes gewesen sein soll, also das Wort Gottes im Fleisch zu den Menschen gekommen ist, paßt für den Islam nicht zu der Vorstellung, wie Gott sich offenbart. Auch Muhammad übermittelt seinem Volk, den Arabern, nur eine Offenbarung in ihrer Sprache, um die verfälschten früheren Offenbarungen zu korrigieren. Ursprünglich bestanden zwischen diesen Offenbarungen an die verschiedenen Völker in verschiedenen Sprachen keine Unterschiede. Sie alle lehrten die Unterwerfung der Menschen unter Gott. Unterschiede entstanden erst durch die Schriftverfälschung.

e. Gott bleibt Geheimnis und ist vom Geschöpf getrennt

Gott bleibt nach muslimischem Verständnis dem Menschen letztlich verborgen, bis auf das, was er im Koran von seinem Handeln offenbart hat. Er ist unsichtbar, ein Geheimnis (2,2) und kann von seinem Wesen nur über die Namen Gottes - die ja eigentlich Eigen-

---

[125] Vgl. Lektion 1.5.d.

[126] Räisänen. Jesusbild. S. 77

schaften bezeichnen - erkannt werden. Das Wesen Gottes an sich ist jedoch unbegreiflich, unvergleichlich und unberechenbar.

Das Denken und Handeln Gottes soll vom Gläubigen nicht in erster Linie verstanden, sondern angebetet und bezeugt werden. Während für den Christen Jesus die Brücke zwischen Gott und Mensch darstellt ("Niemand kommt zum Vater als nur durch mich": Johannes 14,6), existiert diese Brücke zwischen Geschöpf und Schöpfer im Islam nicht.

f. Argumente muslimischer Theologen gegen die Gottessohnschaft Jesu

Die muslimische Theologie hat die Ablehnung Jesu als Gottessohn aus dem Koran weiter mit Argumenten ausformuliert und dabei vielfach von der Literatur historisch-kritischer Theologen aus Europa Gebrauch gemacht. Erst dort wurden muslimische Theologen nämlich vertraut damit, daß die biblische Offenbarung ganz und gar unzuverlässig überliefert sei. Häufig zitieren muslimische Apologeten die Bibel selbst, um ihre Argumente zu stützen. So lautet ein Argument der muslimischen Theologie beispielsweise, daß Jesus als Geschöpf Gottes nach dem Bericht der Evangelien seine Begrenztheit immer wieder zu verstehen gegeben habe. Er war müde, er hatte Hunger, und er war im Garten Gethsemane betrübt. Das wäre für Gottes Sohn unmöglich gewesen. Ferner kennt er die Stunde des Gerichtes nicht (Matthäus 24,36), er ist also nicht allwissend, wie es der Fall wäre, wenn er selbst Gott gewesen wäre. Er weist selbst darauf hin, daß der Vater größer ist als er (Johannes 14,28)[127]. Wenn Jesus und der Vater Gott sind, dürfte es diese Unterschiede nicht geben.

Daß Jesus nach der Bibel nur ein Prophetenamt innegehabt habe, wird z. B. mit folgenden Bibelversen begründet: "Ein Prophet hat kein Ansehen in seinem Vaterland" (Johannes 4,44), oder: "Wisset, daß Gott Jesus, den ihr getötet habt, zum Herrn und Messias gemacht hat" (Apostelgeschichte 2,36). Allerdings wird von muslimischen Apologeten betont, daß mit 'Herr' z. B. "Herr als Lehrer" oder "Lehrer der Apostel" bzw. Herr als Prophet, aber nicht Herr im Sinne von Gott gemeint sei[128].

Daß Jesus nach der Bibel nur ein Mensch war, belegt für muslimische Apologeten folgender Bibelvers: "Du bist mein Sohn, heute habe ich dich gezeugt" (Psalm 2,7). Jesus war nur ein von Gott gesandter Diener: "Wie mir der Vater befohlen hat, so tue ich"

[127] Stieglecker. Glaubenslehren. S. 286

[128] Stieglecker. Glaubenslehren. S. 301

(Johannes 14,31). Auf seine Stellung als Diener Gottes weist Jesus auch an anderen Stellen hin: "Wenn ihr den Menschensohn erhöht habt, werdet ihr erkennen, daß ich es bin und daß ich nichts aus mir selber tue, sondern alles wie es mich mein Vater gelehrt hat" (Johannes 8,28). Die Lehre dieses Propheten Jesus kam von Gott, und er mußte sie nur den Menschen überbringen: "Meine Lehre ist nicht meine Lehre, sondern die Lehre dessen, der mich gesandt hat" (Johannes 7,16)[129].

Zudem, so führen muslimische Apologeten an, wird aus der Umgebung Jesu, etwa anhand der Natur nicht deutlich, daß Gott selbst wie ein Mensch über die Erde gegangen sei, denn es geschehen dort keine übernatürlichen Zeichen, wo er auftritt. Zudem kämpft Jesus bei seiner Versuchung einen echten Kampf mit dem Satan[130]. Das bedeutet, der vermeintliche Gottessohn ist dem Geschöpf Satan nicht überlegen, sondern er ringt wie ein sterblicher Mensch mit ihm. Außerdem sind die Wunder Jesu, seine Heilungen und Totenauferweckungen, keine außergewöhnlichen Wunder, sondern die 'üblichen' Prophetenwunder, die Jesus zudem ausdrücklich aus der Kraft Gottes heraus tut und Gott ausdrücklich darum bittet. Johannes 11,41 berichtet von der Auferweckung des Lazarus beispielsweise

> "Mein Vater, ich bitte dich, wie ich dich auch sonst gebeten habe, und wie du mich stets erhört hast, so erhöre mich auch jetzt; ich bitte dich wegen dieser da, die herumstehen, damit sie erkennen, daß du mich gesandt hast"[131] (Johannes 11,41).

Auch Jesus bittet also den Schöpfer um Erhörung seiner Gebete, um Wunder und um den Beistand Gottes. Johannes 5,19 unterstreicht zusätzlich: "Wahrlich, wahrlich, ich sage euch, der Sohn kann aus sich nichts tun".

Das alles zeigt für muslimische Theologen, daß Jesus nicht Gott sein kann[132]. Außerdem besage der Titel 'Sohn Gottes' nicht zwangsläufig, daß Jesus am göttlichen Wesen Anteil habe, wie die christliche Dogmatik vertrete. Verschiedene Argumente werden dagegen angeführt, so etwa, daß der Begriff 'Söhne Gottes' im Alten Testament auch für andere Menschen verwendet werde und damit einfach die Geliebten, Auserwählten Gottes gemeint seien. So wird dafür z. B. 2. Mose 4,22 angeführt: "Israel ist mein erstgeborener

---

[129]Stieglecker. Glaubenslehren. S. 297. Weitere Bibelstellen, die von muslimischen Apologeten als 'Beweise' gegen das Christentum geäußert werden, vgl. bei Stieglecker. Glaubenslehren. S. 286ff.

[130]Stieglecker. Glaubenslehren. S. 290-291

[131]Stieglecker. Glaubenslehren. S. 292-293

[132]Stieglecker. Glaubenslehren. S. 292-293

Sohn"[133]. Auch der Koran kenne den Begriff 'Kind Gottes' für Juden und Christen (5,18), ohne damit eine leibliche Sohnschaft anzunehmen[134]. Mit dem Begriff 'Vater' kennzeichnet die Bibel für Muslime nur "die erbarmende Liebe Gottes"[135], er beschreibt jedoch kein Vater-Sohn-Verhältnis wie die Christen irrtümlich annehmen. Auch das Bekenntnis des Thomas "Mein Herr und mein Gott" (Johannes 20,28) wird von muslimischen Theologen so gedeutet, daß 'Herr' hier 'Meister' oder 'Vorgesetzter' bedeutet und mit 'Gott' die "Ehrfurcht vor der Größe, Erhabenheit und Autorität des Propheten Jesus zum Ausdruck"[136] gebracht werden.

g. Die Ablehnung der Dreieinigkeit

Wenn die Gottessohnschaft Jesu als leibliche Verwandtschaft mit dem Schöpfer und als Verstoß gegen den Grundsatz der Einzigartigkeit Gottes (arab. tauhîd) aufgefaßt wird, so gilt ähnliches für die Dreieinigkeit.

Der muslimische Glaube an den einen Gott stimmt zwar mit der biblischen Vorstellung des allmächtigen Schöpfers überein, lehnt aber ab, daß neben diesem Gott auf gleicher Ebene noch ein weiteres Wesen existieren könne. Dabei wurde bereits deutlich, daß Muhammad, soweit aus den Formulierungen des Korans zu schließen ist, nicht die biblische Vorstellung von der Dreieinigkeit als eines monotheistischen Glaubens an Gott Vater, Jesus Christus und den Heiligen Geist als einer Einheit von drei Personen abgelehnt hat, da er diese Lehre wohl nie kennengelernt hat. Daß der Heilige Geist für die christliche Kirche Bestandteil der Dreieinigkeit ist, taucht im Koran weder im positiven noch im negativen Sinn auf, so daß Muhammad von diesem Aspekt der Dreieinigkeit auf der Arabischen Halbinsel wahrscheinlich nichts erfahren hat.

Vielmehr lernte Muhammad, wie bereits erwähnt, häretische Lehren kennen; sei es, daß die Juden Esra zum Sohn Gottes erklärt hatten, sei es, daß Maria zur Dreieinigkeit gehörte. Damit existierten aus Muhammads Sicht zwei zusätzliche Götter, die losgelöst vom Schöpfer neben ihm bestanden. Dies wird auch aus Sure 5,116 deutlich:

---

[133] Stieglecker. Glaubenslehren. S. 296

[134] Allerdings spricht in der genannten Stelle (Sure 5,18) eigentlich nicht der Koran selbst davon, daß Juden und Christen Söhne (oder Kinder) Gottes sind, sondern der Koran zitiert nur die Juden und Christen. Der Text lautet im Koran: "Die Juden und die Christen sprechen: 'Wir sind die Söhne Gottes und seine Lieblinge'" (5,18).

[135] Stieglecker. Glaubenslehren. S. 302

[136] Stieglecker. Glaubenslehren. S. 302

"Als Gott sprach: 'Jesus, Sohn der Maria! Hast du denn zu den Leuten gesagt: 'Nehmt euch außer Gott mich und meine Mutter zu Göttern!'? Er sagte: 'Du seist gepriesen! Ich steht mir nicht zu, etwas zu sagen, wozu ich kein Recht habe ..." (5,116).

Hier wird abgelehnt, daß es losgelöst von Gott und neben ihm Menschen geben könnte - also Gesandte wie Jesus oder Maria - die als weitere Gottheiten verehrt werden sollten. Was der Koran als Dreieinigkeit beschreibt, lehnen Christen als Verfechter biblischer Dreieinigkeitsvorstellungen ebenso als Götzendienst ab.

George Sale erwähnt erstmals im Jahr 1734 in seiner englischen Koranübersetzung die Mariamiten, die eine Dreieinigkeit, bestehend aus Gott, Christus und Maria, verehrt haben sollen[137]. Auch an die schon in frühchristlicher Zeit einsetzende Verehrung Marias als Märtyrerin, die Identifizierung ihrer Person mit heidnischen Gottheiten (etwa der Diana der Epheser) und die daraus resultierende Erhöhung ihrer Person bis zu ihrer Vergöttlichung als 'Mutter Gottes' und 'Gottesgebärerin' muß bei der Ablehnung Marias als Teil der Dreieinigkeit im Koran in Betracht gezogen werden[138].

So widerspricht der im Koran bekämpften 'Dreieinigkeit' erstens die Vorstellung, Gott habe sich aus einer Verbindung mit einer Frau ein Kind 'zugelegt', aber zweitens auch das Dogma der Einsheit Gottes (arab. tauhîd), das keine anderen Götter neben Gott, dem allmächtigen und allwissenden Schöpfer, zulassen kann. Gott hat eine solch unumstrittene Stellung, daß es unmöglich wäre, sich neben diesem Gott ein weiteres, gleichberechtigtes Wesen vorzustellen. Er ist darüber erhaben, ein Kind zu haben. Zur Widerlegung der Dreieinigkeit formuliert der Koran:

"Die sind ungläubig, die sprechen: 'Gott ist einer von dreien'. Es gibt keinen Gott außer einem einzigen Gott. Und wenn sie mit dem, was sie sagen, nicht aufhören, so wird diejenigen unter ihnen, die ungläubig sind, eine schmerzhafte Strafe treffen ... Christus, der Sohn der Maria, ist nur ein Gesandter. Es hat vor ihm schon andere Gesandte gegeben." (5,73+75)

"Ihr Leute der Schrift! Übertrreibt es in eurer Religion nicht und sagt über Gott nur die Wahrheit! Christus Jesus, der Sohn der Maria, ist nur der Gesandte Gottes und sein Wort, das er der Maria überbracht hat, und Geist von ihm. Darum glaubt an Gott und seine Gesandten. Und sprecht nicht: drei! Hört auf damit! Das ist besser für euch. Gott ist nur ein einziger Gott. Er ist gepriesen und darüber erhaben, ein Kind zu haben. Ihm gehört, was im Himmel und was auf der Erde ist. Und Gott genügt als Sachwalter. Christus wird es nicht ablehnen, ein

[137] So Wensinck, Johnstone. Maryam. S. 629

[138] Einige Beispiele für häretisch-christliche Formen der Marienverehrung s. bei Parrinder. Jesus. S. 135

Diener Gottes zu sein, auch nicht die in die Nähe (ergänze: Gottes) sich befindenen Engel" (4,171-172).

Hinzu kommt, so argumentiert die islamische Theologie, daß die Dreieinigkeit auch in der Bibel nirgends eindeutig als Dogma formuliert sei. Kein von Jesus überlieferter Ausspruch nehme auf die Dreieinigkeit Bezug, und kein Prophet des Alten Testamentes behandle diese Frage. Auch hier wird von den Apologeten auf die frühchristliche Kirchengeschichte zurückgegriffen. Auf den ersten Konzilen wurde aus ihrer Sicht die Lehre von der Dreieinigkeit erstmals 'erfunden' und der Bibel übergestülpt. Von christlicher Seite angeführte 'Beweise' aus dem Neuen Testament sind zudem ja nicht wirklich zuverlässig, da die Texte des Neuen Testamentes nach Meinung der muslimischen Theologen nicht korrekt überliefert wurden[139].

Allerdings muß bei dieser islamischen Apologetik betont werden, daß die christliche Theologie den islamischen Argumenten wenig entgegenzusetzen hatte. Eine theologische Debatte kam und kommt kaum in Gang, da vor allem christliche Theologen auf die muslimischen Vorwürfe gegen die Dreieinigkeit und Gottessohnschaft nur wenig zu entgegnen wußten, sei es, weil sie kaum Zugang zu den arabischen Quellen besaßen, die diese Vorwürfe gegen das Christentum formulierten, sei es, weil sie selbst nicht mehr an der Unverfälschtheit der Bibel festhielten und daher der muslimischen Textkritik an der Bibel nichts entgegenzusetzen haben. Ein Gegenbeispiel ist der württembergische Missionar Carl Gottlieb Pfander (1803-1865)[140], der erst die muslimische Argumentation kennenlernte und später bei striktem Festhalten an der Zuverlässigkeit der Bibel die muslimischen Angriffe zu entkräften suchte. Bis heute existiert nur sehr wenig Literatur, die sich mit der Herleitung der Dreieinigkeit aus der Bibel befaßt und so gut wie gar nichts, was speziell für Muslime verfaßt wäre, wobei die tiefgreifende 'Selbstverunsicherung' des christlichen Glaubens durch die Bibel- und Textkritik eine erhebliche Rolle gespielt haben dürfte.

h. Jesus ist kein Mittler

Der Gedanke, daß Jesus in der Bibel als Mittler zwischen Gott und Menschen bezeichnet wird, taucht im Koran gar nicht auf. Daß Jesus in der Bibel als 'Mittler' bezeichnet wird, ist mit seiner Gottessohnschaft verbunden: Er kann nach christlicher Auffassung nur deshalb bei Gott für die Menschen eintreten, weil er Gottes Sohn ist.

---

[139]So zumindest al-Qarâfî (gest. 1285) laut Stieglecker. Glaubenslehren. S. 266-267

[140]Vgl. Lektion 23.C.3.

Wahrscheinlich war Muhammad auch dieser Aspekt neutestamentlicher Christologie gar nicht bekannt.

Im Volksislam übernimmt Muhammad die Rolle des Mittlers zwischen Gott und Mensch sowie des Fürsprechers für die Gemeinde der Gläubigen[141].

i. Jesus ist nicht der Bruder der Gläubigen

Nach den Aussagen des Neuen Testamentes schämt sich der Mensch und Gott Jesus Chrisus nicht, gläubige Christen Freunde (Johannes 15,14-15) und Brüder (Hebräer 2,11) zu nennen.

Nach koranischem Verständnis besteht ein großer Abstand zwischen Mensch und Gott. Niemals kann ein Mensch Gottes Bruder werden[142]. Gott kann seinerseits dem Menschen Gnadenerweise zukommmen lassen, die der Mensch mit Dankbarkeit beantwortet, aber diese Beziehung kann niemals den Graben zwischen Schöpfer und Geschöpf verkleinern. Es ist nach der Anthropologie und dem vom Koran entworfenen Gottesbild sowohl undenkbar, daß ein Geschöpf göttliche Eigenschaften annimmt oder Anteil am göttlichen Wesen des Schöpfers erhält als auch, daß ein Gott aus seiner Transzendenz heraustritt und menschliche Eigenschaften annimmt. Es ist daher undenkbar, daß Gott in Jesus Christus Geschöpf, den Menschen gleich geworden ist und als Mensch den Bedingungen des irdischen Lebens unterworfen war. Daher ist es für viele muslimische Apologeten geradezu ein Beweis gegen die Göttlichkeit Jesu, daß er aß, trank und schlief wie jeder andere Mensch auch und nicht von diesen menschlichen Bedürfnissen unabhängig war.

---

[141]Vgl. Lektion 16.4.

[142]Sure 6,127 erwähnt, daß Gott der Freund der Gläubigen ist. Der Zusammenhang macht allerdings deutlich, daß es nicht darum geht, daß Gott damit den Menschen gleich oder ähnlich werden würde, sondern nur darum, daß er sich auf die Seite der Gläubigen stellt, die ins Paradies eingehen werden. In Sure 7,155 nennt Mose Gott seinen Freund und bittet ihn um Vergebung und um Erbarmen.

Warum lehnen muslimische Theologen die Gottessohnschaft und die Dreieinigkeit ab?
1. Es ist für muslimische Theologen in ethischer Hinsicht unvorstellbar, daß Gott mit einer Frau einen leiblichen Sohn gehabt haben soll.
2. Wenn Jesus der Sohn Gottes wäre, dann müßte Gott sein Vater sein. Gott ist jedoch aus muslimischer Sicht zwar der Schöpfer, aber nicht der Vater der Menschen. Er kann als Schöpfer in keine verwandtschaftliche Beziehung zu seinen Geschöpfen treten.
3. Die Gottessohnschaft widerspricht dem wichtigsten islamischen Lehrsatz der Einzigartigkeit Gottes (arab. tauhîd). Neben Gott kann es keinen anderen Gott geben.
4. Gott offenbart sich im Koran, aber nicht in einem Menschen. Das Wort Gottes kann nach muslimischer Auffassung nicht Fleisch werden.
5. Gott bleibt Geheimnis und vom Geschöpf getrennt. In diesem Leben können ihn Menschen - so die muslimische Theologie - deshalb nicht sehen, wie die Menschen Jesus auf der Erde sehen konnten.
6. Eine Dreieinigkeit anerkennen, hieße für muslimische Theologen, neben Gott andere Wesen zu stellen, also Vielgötterei (arab. širk) zu betreiben. Dies ist die größte aller Sünden, die Gott nicht vergeben kann.
7. Die Dreieinigkeit und die Gottessohnschaft werden nach Ansicht muslimischer Theologen gar nicht von der Bibel gelehrt. Besonders das Dogma von der Dreieinigkeit stammt aus den heidnischen Religionen und wurde nach Jesu Tod - möglicherweise von Paulus - ins Christentum eingeführt.
8. Dreieinigkeit und Gottessohnschaft sind für die muslimische Theologie nicht mit dem menschlichen Verstand zu vereinbaren.

Jesus aus der Sicht des Korans und der muslimischen Theologie
1. Jesus wurde von der Jungfrau Maria geboren (19,16-33).
2. Er ist "Wort" von Gott und "Geist von ihm" (4,171).
3. Jesus ist der Messias (3,45).
4. Jesus bringt den Menschen eine Offenbarung, das Evangelium (arab. injîl) (5,110).
5. Er bestätigt die Torah (3,50).
6. Er ist ein Prophet Gottes und nur ein Mensch. Jesus predigt seinen Landsleuten den Glauben an den einen Gott (5,75).
7. Jesus tat mit Erlaubnis Gottes Wunder. Er heilte Kranke, weckte Tote auf und belebte tote Materie (5,110).
8. Jesus ist nur ein Mensch. Er möchte nicht, daß er oder seine Mutter zu Göttern erklärt werden (5,116-117).
9. Jesus ist ein Vorbild für die Menschen (43,57) und ein Zeichen für die Welt (19,21).
10. Jesus ist ein Zeuge, der beim Jüngsten Gericht gegen diejenigen aussagen wird, die ihm nicht geglaubt haben (4,159).
11. Jesus wurde geschaffen, als Gott spach: "Sei!" (3,47; 19,21).
12. Er erlaubte einige Dinge, die das Gesetz verboten hat (3,50)[143].
13. Er lehrte den Monotheismus (3,51).
14. Er geriet in Konflikt mit den Juden, die ihn töten wollten (3,54-55).
15. Jesus war von Gott befohlen worden, das muslimische Gebet zu verrichten und die Almosensteuer zu geben (19,31-32).
16. Jesus ist der Segen Gottes verliehen (19,31).

[143] "Ich will euch einiges von dem erlauben, was euch verboten worden ist" (3,50).

17. Er ist ein (Gott) "Nahegebrachter" (arab. muqarrab), "nämlich einer, den die göttliche Barmherzigkeit nahe an Gott herangebracht hat"[144].
18. Nach Ansicht der muslimischen Theologen war Jesus sündlos wie alle anderen Propheten[145]

Einige Irrtümer über Jesus aus muslimischer Sicht
1. Jesus starb nicht am Kreuz (3,54-55), sondern Gott erhob Jesus zu sich empor (4,157-158).
2. Jesus ist nicht auferstanden.
3. Jesus ist nicht der Erlöser.
4. Jesus wird zwar als Messias bezeichnet, ist aber nicht der im Alten Testament angekündigte Gesalbte.
5. Jesus ist weder Gott (5,17) noch ein gottähnliches Wesen, noch Gottes Sohn (4,171). Das bestätigt er sogar selbst (5,72).
6. Jesus ist nicht der Herr (arab. rabb) (9,71).
7. Jesus ist nicht die zweite Person der Dreieinigkeit (5,73).

Der Jesus des Korans ist also ein ganz anderer als der Jesus Christus der Bibel. Rein äußerlich betrachtet ergeben sich manche Ähnlichkeiten, wie seine Krankenheilungen und Totenaufweckungen. Er tut Wunder, und er bringt die Botschaft Gottes. Der Kern der neutestamentlichen Christologie ist jedoch im Koran verlorengegangen: Jesus ist nicht der Sohn Gottes, nicht der Gekreuzigte, nicht der Auferstandene und auch nicht der Erlöser. Damit ist er auch der eigentlichen Aufgabe seiner Sendung, nämlich der Schulung der Jünger zur Weltmission und der Erlösung seiner Gemeinde beraubt.

Trotz aller besonderen Titel und Ehrenbezeichnungen, trotz Totenauferweckungen und der Belebung der toten Materie wird diese Stellung Jesu ganz klar durch sein Prophetenamt begrenzt. Dieses

[144]Stieglecker. Glaubenslehren. S. 256. Damit könnte, wie einige Korankommentatoren annehmen, auch die bevorzugte Stellung Jesu im Paradies gemeint sein.

[145]In der Tabelle wird jeweils nur eine Koranstelle als Beleg genannt. Weitere Stellen finden sich unter den entsprechenden Abschnitten im Text. Bei denjenigen Aussagen, die keine Koranstelle in Klammern haben, handelt es sich um Schlußfolgerungen der muslimischen Theologie aus Koranversen oder aus der Überlieferung (arab. hadīṯ).

Prophetenamt läßt per Definition keinen Raum für die christliche Anschauung von Jesus als Prophet, Sohn Gottes und dem ein für allemal gesandten Erlöser. So kann der Koran und später die islamische Dogmatik gar nicht die christliche Auffassung von Jesus Christus nachvollziehen. Alles, was über sein Prophetenamt hinausgeht, muß daher falsch sein. Daher kann die Ablehnung von Gottessohnschaft und Dreieinigkeit im Islam nicht nur als isoliertes Phänomen, als persönliche Auffassung Muhammads von Jesus Christus betrachtet werden, sondern muß in den Zusammenhang der Auffassung des Korans, wer Prophet ist und welche Funktion jeder Prophet ohne Ausnahme hat, eingeordnet werden.

Entsprechend dieser vorgefaßten Position - Gott sendet immer wieder Propheten, die die Botschaft Gottes von der Einzigartigkeit Gottes (arab. tauhîd) und der Hinkehr zu Gott wiederholen - läßt der Koran keine Möglichkeit offen, die neutestamentliche Christologie in dieses starre Verständnis der Rolle eines Propheten mit aufzunehmen. Jesus kann gar keine Sonderrolle übernehmen, denn sonst würde das Geschichtsbild und das Prophetenbild des Korans nicht mehr durchgängig gelten[146]. Selbst mit Hilfe der Anwendung textkritischer Methoden auf den Koran und der Hinzuziehung von Sekundärquellen ist es heute nicht mehr möglich, nachzuvollziehen, ob Muhammad zuerst seine 'Prophetologie' entwickelte und später erst genaueres Wissen von Jesus Christus hinzugewann. Dabei muß immer berücksichtigt werden, daß Muhammad aus seiner Umgebung eine verzerrte Darstellung zumindest von der Dreieinigkeit erhalten hat. Die andere Möglichkeit wäre, daß Muhammad die 'Sonderrolle' Jesu Christi zunächst ablehnte, weil sie dem bereits sehr früh entwickelten Grundgedanken des Korans, der Einzigartigkeit Gottes (arab. tauhîd), widersprach. Dann wäre die Lehre, was einen Propheten ausmacht, erst später entstanden. Auf jeden Fall steht fest, daß der Koran die Sonderrolle Jesu Christi als Sohn Gottes, als Retter und Erlöser der Welt und als Bestandteil der Dreieinigkeit, die das Zentrum der neutestamentlichen Theologie darstellt, ablehnt.

[146] So könnte zumindest eine nichtmuslimische Anschauung lauten.

LEKTION 19: ISLAM UND CHRISTENTUM: EINE ZUSAMMENFASSUNG

1. Theologische Gemeinsamkeiten von Islam und Christentum

Mit Recht ist immer wieder betont worden, daß der Islam und das Christentum zahlreiche Gemeinsamkeiten aufweisen.

Gemeinsamkeiten zwischen Islam und Christentum
1. Der eine, ewige, unendliche Gott lebt und regiert.
2. Er ist der Schöpfer des Himmels und der Erde und der Schöpfer jedes einzelnen Menschen.
3. Gott hat sein heiliges, ewiges Wort in seinem heiligen Buch niedergelegt.
4. Islam und Christentum fordern vom Menschen, diesen einen allmächtigen Gott anzubeten und ihm Dank zu sagen.
5. Sünde und Vergebung sind wesentliche Kennzeichen der Gottesbeziehung.
6. Nur der Gläubige erhält von Gott Vergebung.
7. Was Sünde ist, wird von Gottes Geboten in seinem Heiligen Wort festgelegt.
8. Schon im Paradies sündigten die ersten Menschen und wurden daher von Gott auf die Erde vertrieben.
9. Satan ist der Gegenspieler der Menschen, der sie zur Sünde zu verführen sucht. Der Mensch kann bei Gott Zuflucht vor dieser Verführung nehmen.
10. Jeder Mensch wird entsprechend seinem diesseitigen Leben bei der Auferstehung der Toten von Gott gerichtet.

11. Wer im Leben nicht nach den Geboten Gottes gelebt und ihm nicht geglaubt hat, wird im Jüngsten Gericht zur Hölle verurteilt, während der Gläubige ins Paradies kommt. Belohnte und Verdammte leben ewig und müssen ewig in Hölle oder Paradies verweilen[1].

Darüberhinaus gibt es Punkte, die zwar häufig als Gemeinsamkeiten bezeichnet werden, die sich bei genauerer Prüfung jedoch nur oberflächlich als verbindende Elemente zwischen Islam und Christentum herausstellen. So wird zwar auch im Koran die Übertretung Adams im Paradies berichtet, die Bedeutung des 'Sündenfalls' unterscheidet sich jedoch erheblich. Während in der Bibel damit die Sünde in die Welt kam und die Beziehung zu Gott seitdem gestört ist, hat das Ereignis im Koran keine vergleichbare Dimension. Ebenso hat Jesus im Koran ebenfalls unter den Propheten eine herausragende Stellung inne, denn er schafft Leben und erweckt Tote, aber dennoch fehlt aus christlicher Sicht dort das Entscheidende: Jesus ist nicht wie in der Bibel der Sohn Gottes, der durch seinen Tod am Kreuz die Vergebung für seine Gemeinde erwirkt. Ähnliches gilt für die Erzählungen der alttestamentlichen Propheten: Mose, Abraham, Noah und andere Propheten werden zwar im Koran ebenso wie in der Bibel erwähnt, aber doch unter ganz anderen Vorzeichen[2].

2. Theologische Unterschiede von Islam und Christentum

Viele der dogmatischen Unterschiede sind demjenigen, der sich im Alten und Neuen Testament etwas auskennt, bereits in den Kapiteln zur islamischen Dogmatik und Ethik und der Darstellung der koranischen Erzählungen der alt- und neutestamentlichen Propheten deutlich geworden.

Meines Erachtens ist die Decke der Gemeinsamkeiten zwischen den theologischen Aussagen des Korans und der Bibel nur sehr dünn und bei den entscheidenden Aussagen wie z. B. der Errettung und dem Verlorensein des Menschen wenig tragfähig. Oberflächlich betrachtet mag der Koran zwar viele ähnlich lautende Aussagen wie die Bibel machen, wenn es um Themen wie Schöpfung und Jüngstes Gericht, Hölle und Paradies, die Existenz von Engeln und Teufeln oder das Auftreten von Propheten in der Geschichte zur Warnung der Menschen geht. Aber schon wenn diese Aussagen inhaltlich etwas näher beleuchtet werden, kommen mehr Unterschiede als Ge-

[1] So überwiegend nach Riedel. Sünde. S. 72-74

[2] Vgl. die Darstellung der einzelnen Propheten in Lektion 17.

meinsamkeiten zu Tage[3]. Schon die Frage, für wen das Paradies bestimmt ist, wird in der Bibel ganz anders beantwortet als im Koran: Während nach den Aussagen der Bibel nur diejenigen das ewige Leben erben werden, die an Jesus Christus als Sohn Gottes und sein stellvertretendes Opfer am Kreuz glauben, sind es nach dem Koran natürlich nur diejenigen, die an Muhammad als Propheten Gottes und die Wahrheit des Korans glauben. Nach Auffassung des Korans sind dagegen die Christen gerade die Götzendiener, die ungläubig sind, weil sie mit Jesus und Maria neben Gott zwei weitere Götter stellen und damit die schwerwiegende Sünde der Vielgötterei (arab. širk) begehen. Aufgrund dieser theologischen Unterschiede zwischen Islam und Christentum wird offensichtlich, daß der einzige, allmächtige Gott des Korans nicht der dreieinige Gott der Bibel, der Vater Jesu Christi, ist.[4]

Islam und Christentum im Vergleich	
Islam	**Christentum**
1. Gott ist zwar der Schöpfer der Welt und des einzelnen Menschen, aber er ist transzendent, d. h., von der Schöpfung getrennt. Es gibt keine Brücke zwischen ihm und der Schöpfung.	1. Gott schuf die Menschen als sein Ebenbild und Gegenüber. Er offenbart sein Wesen in der Schöpfung.Er legt sich durch seine Verheißungen fest. Jesus ist die Brücke zwischen Gott und Mensch (Johannes 14,16).
2. Adam sündigte im Paradies, indem er die verbotene Frucht aß, aber dies hatte keine weiteren Folgen für die Beziehung zwischen Gott und Mensch in der Zukunft: Im Islam gibt es keinen Sündenfall und keine Erbsünde.	2. Adam übertrat Gottes Gebot im Paradies und brachte damit die Sünde, den Tod und die Trennung von Gott für alle Menschen in die Welt. Versöhnung mit Gott ist nur durch Jesu Tod möglich (2. Korinther 5,18-19.

[3]Der christlich-islamische Dialog hat, wie bereits erwähnt, dort die größten Chancen, wo Christen die historische Glaubwürdigkeit einzelner biblischer Aussagen wie die Gottessohnschaft Jesu, die Erbsünde oder die Kreuzigung und Auferstehung Jesu nicht mehr hoch einschätzen bzw. in Zweifel ziehen. Zu den Dialogbemühungen des Ökumenischen Rates der Kirchen seit Mitte der 1950er Jahre vgl. die Darstellung bei Hock. Islam. S. 220ff.

[4]Die einzelnen Lehrunterschiede der christlichen Konfessionen bleiben in der folgenden Übersicht unberücksichtigt. Mit "Christentum" ist hier der bibeltreue Protestantismus gemeint.

Islam	**Christentum**
3. Der Mensch ist bei seinem Handeln in der Lage, sich zwischen Gutem und Bösem zu entscheiden. Er soll sich als Muslim für das Gute entscheiden und das Böse meiden. Wenn er dennoch sündigt, betrifft er damit Gott nicht. Er sündigt in erster Linie gegen sich selbst.	3. Der Mensch ist böse und kann von sich aus nichts Gutes vor Gott tun, und nichts, um vor Gott seine Schuld wieder gut zu machen. Seine einzelnen Sünden richten sich immer direkt gegen Gott (Römer 3,10-12).
4. Der Mensch kann durch gute Werke und das Einhalten der Gebote Gott gefallen. Der Mensch ist nicht grundsätzlich von Gott getrennt.	4. Der Mensch kann Gott nicht durch Werke erreichen. Der Versuch, das Gesetz zu erfüllen, bringt ihn nur noch tiefer in die Sünde. Der Mensch ist durch die Erbsünde getrennt von Gott (Römer 3,20).
5. Jesus wurde von Gott durch sein Wort ("Sei!") erschaffen und durch Gottes Macht in Maria versetzt. Er ist jedoch nur ein Mensch.	5. Jesus wurde vom Heiligen Geist in Maria gezeugt und ist wahrer Mensch und wahrer Gott (Gottes Sohn) zugleich (Lukas 1,35).
6. Gott hat keine Kinder. Jesus darf nicht als Gott verehrt werden. Der Glaube an die Dreieinigkeit ist heidnisch und Vielgötterei. Mehrere Götter zu verehren ist die schlimmste, unvergebbare Sünde im Islam.	6. Jesus ist Gottes Sohn und Gott selbst. Vater, Sohn und Heiliger Geist sind ein einziger dreieiniger Gott (Johannes 1,1-2).
7. Der Koran wirft den Christen vor, drei Götter, nämlich Gott, Jesus und Maria anzubeten. So war Muhammad vermutlich von Christen seiner Zeit die Dreieinigkeit beschrieben worden.	7. Die Dreieinigkeit besteht aus Vater, Sohn und Heiligem Geist. Maria war ein Mensch und hat keinen Anteil an der Dreieinigkeit (Matthäus 28,19).

Islam	**Christentum**
8. Jesus war einer der wichtigsten Propheten der Geschichte. Muhammad ist jedoch größer als er. Das Kommen Muhammads wird im Alten Testament durch Mose und Jesaja und im Neuen Testament durch Jesus angekündigt.	8. Jesus kam als der im Alten Testament verheißene Erlöser und Retter in die Welt. Er ist als Sohn Gottes der höchste Prophet und kündigte das Kommen des Geistes Gottes als Tröster an (Johannes 14,6).
9. Jesus ist nicht gekreuzigt worden und nicht auferstanden. Eine Kreuzigung wäre eine schmachvolle Niederlage für Jesus gewesen. Es ist grundsätzlich unmöglich, stellvertretend Erlösung zu erwirken. Über Jesu Tod macht der Koran keine klaren Angaben. Wahrscheinlich entrückte Gott ihn vor seinen Feinden, und ein anderer wurde an seiner Stelle gekreuzigt.	9. Jesus starb nach dem Willen seines Vaters am Kreuz, er wurde ins Grab gelegt und stand am dritten Tag von den Toten auf. Durch die Kreuzigung errang er den Sieg über Sünde und Tod und erwirkte stellvertretend die Erlösung der Menschen (1. Petrus 1,18-19).
10. Muhammad ist der letzte und wichtigste Prophet (das 'Siegel' der Propheten).	10. Muhammad ist ein falscher Prophet, dessen Lehren im Gegensatz zu den Kernaussagen des Alten und Neuen Testamentes stehen (Apostelgeschichte 10,43).
11. Der Koran ist das reine unverfälschte Wort Gottes; eine Abschrift des himmlischen Buches. Das Alte und Neue Testament ist mit der Zeit verfälscht worden und daher nicht verläßlich. Der Koran korrigiert das Alte und Neue Testament.	11. Die Bibel ist Gottes zuverlässiges Wort an uns. Der Geist überwachte ihre Niederschrift. Die Bibel wird durch nichts korrigiert und bleibt in Ewigkeit Gottes Wort (Offenbarung 22,18).

Islam	**Christentum**
12. Der Koran ist Muhammad durch Vermittlung des Engels Gabriel direkt von Gott eingegeben worden ohne Beteiligung der Persönlichkeit Muhammads. Damit ist seine Unverfälschtheit garantiert.	12. Die Bibel ist von Gott "eingehaucht", die Persönlichkeit der Schreiber jedoch nicht ausgeschaltet; sie spiegelt sich deutlich in den verschiedenen biblischen Büchern wider (2. Timotheus 3,16).
13. Glaube bedeutet, Gott anzuerkennen, ihm Dankbarkeit zu erweisen und seine Gebote zu halten.	13. Glaube bedeutet, seine Schuld und Verlorenheit einzusehen, Jesu Erlösung für sich anzunehmen und aus der Kraft des Heiligen Geistes zu leben.
14. Im Jüngsten Gericht kann vielleicht Muhammad noch für seine Gemeinde Fürsprache einlegen.	14. Jesus ist der Mittler, der für seine Gemeinde bei Gott um Fürsprache bittet.
15. Sünde betrifft Gott nicht, sondern richtet sich immer in erster Linie gegen den Menschen, der sie begangen hat.	15. Sünde richtet sich zuerst gegen Gott; der Mensch leidet zusätzlich unter ihr.
16. Es gibt sündlose Menschen, nämlich die Propheten, die Allah zu den Menschen gesandt hat.	16. Es gibt keine sündlosen Menschen (Die einzige Ausnahme ist Jesus).

LEKTION 20: DAS BARNABASEVANGELIUM ALS BEISPIEL FÜR DIE CHRISTLICH-MUSLIMISCHE KONTROVERSE DER GEGENWART

1. Die Bedeutung des Barnabasevangeliums

Kaum jemand in der Westlichen Welt wird etwas mit dem Begriff 'Barnabasevangelium'[1] anfangen können. Dieses 'Evangelium', das etwa in der Zeit zwischen dem 14. und 16. Jahrhundert n. Chr. entstanden sein muß und in zwei Manuskripten, auf spanisch und italienisch[2] (aber weder auf Griechisch, Lateinisch oder Hebräisch) vorliegt, hat für die christliche Welt so gut wie keine Bedeutung erlangt, denn es steht nach nichtmuslimischer Auffassung doch in einer Reihe mit einer Fülle von Evangelienfälschungen, die auf keinen Fall Echtheit beanspruchen können. Warum ist jedoch ein solches 'Evangelium', das zahlreiche von den Aussagen der Bibel abweichende Lehren enthält, für die islamische Welt so bedeutsam geworden?

Im folgenden sollen die Ursachen dafür und die Wirkungsgeschichte des Barnabasevangeliums in der islamischen Welt dargestellt werden, um einen Eindruck von den Streitpunkten zwischen Islam und Christentum zu bekommen sowie von der Art und Weise der Auseinandersetzung.

Das Barnabasevangelium ist insbesondere im 19. zum 20. Jahrhundert zum Gegenstand christlich-muslimischer Kontroverse geworden, nachdem es erstmals wohl im 18. Jahrhundert von europäischen Autoren erwähnt worden ist. Nichtmuslime haben das Barnabasevangelium fast durchweg als 'Fälschung' aus der Übergangszeit vom Mittelalter zur Frühen Neuzeit betrachtet, während die muslimische Seite, von nur wenigen Ausnahmen abgesehen, das Barnabasevangelium als das einzig existente wahre Evangelium von Jesus Christus aus dem 1. Jahrhundert n. Chr. betrachtet. Bis heute ist

[1]Eine ausführliche Geschichte der Wirkungsgeschichte des Barnabasevangeliums vgl. bei Christine Schirrmacher. Waffen. S. 241ff. mit Literatur- und Textbelegen

[2]Das italienische Manuskript liegt mit einer parallelen englischen Übersetzung in Edition vor: Ragg. Gospel.

diese Frage nach der Echtheit des Barnabasevangeliums ein Punkt der christlich-islamischen Auseinandersetzung in etlichen islamischen Ländern.

Bis heute ist auch unklar, unter welchen Umständen, mit welcher Absicht, in welcher Zeit genau und von welchem Autor das Barnabasevangelium verfaßt wurde. Auf die Frage nach der Abfassungszeit ist die Antwort noch am leichtesten zu finden. Es gibt viele Anzeichen, die für einen Zeitpunkt zwischen dem 14. und 16. Jahrhundert sprechen. Viel schwieriger ist die Frage nach der Absicht und den Umständen der Abfassung des Barnabasevangeliums. Nichtmuslime gehen meist davon aus, daß ein ehemaliger Christ, der zum Islam konvertiert und daher sowohl mit dem Christentum als auch mit dem Islam vertraut war, solch ein Evangelium verfaßt haben könnte. Dies geschah möglicherweise aus Rache am Christentum aufgrund der spanischen Inquisition im 16./17. Jahrhundert, denn Spanien ist ein möglicher Ursprungsort des Barnabasevangeliums. Dieses Evangelium lehnt nämlich viele Grundlehren des Christentums wie die Gottessohnschaft und Kreuzigung Jesu ab und setzt an diese Stelle islamische Auffassungen wie die Kreuzigung des Judas (anstelle von Jesus).

Muslime dagegen treten seit dem 19. Jahrhundert meist dafür ein, daß es sich beim Barnabasevangelium um das 'wahre Evangelium' von Jesus Christus handle, das im Gegensatz zu den übrigen vier 'verfälschten' Evangelien die 'objektive Wahrheit' - nämlich die islamische Lehre - enthalte. Muslimische Autoren versuchen, die Echtheit des Barnabasevangeliums dadurch zu beweisen, daß sie nach Spuren oder Vorläufern des Textes in der frühchristlichen Kirchengeschichte suchten. Es werden mehrere Dokumente aus der frühchristlichen Kirchengeschichte angeführt, um zu belegen, daß der Autor des Barnabasevangeliums und dieser frühchristlichen Dokumente identisch seien.

> Im einzelnen sind dies der kurze Barnabasbrief (er enthält nur kurze 21 Kapitel), die Barnabasakten[3] (ein pseudoepigraphisches Werk aus dem 5. Jahrhundert auf Griechisch), der Codex Barocci 39 (ein kurzes Textfragment)[4], das 'Decretum Gelasianum de libris recipiendis et non recipiendis' (aus dem 4./5. Jahrhundert n. Chr., [5]das ein Barnabasevangelium nennt[6] und das 'Verzeichnis' der 60 Kano-

[3]Vgl. Harnack. Barnabas. S. 411-412.

[4]Das Textfragment wird zitiert bei Grabe. Spicilegium. Bd. I. S. 302. Grabe ist der Ansicht, das Fragment stamme aus dem Gelasius-Dekret, was jedoch reine Hypothese ist.

[5]Vgl. die Liste der apokryphen Schriften bei Hennecke. Apocrypha. S. 47-49.

[6]Vgl. dazu von Dobschütz. Dekretum.

nischen Bücher[7] (aus der Zeit des 7. bis 8. Jahrhunderts). Alle Dokumente wie auch die frühchristliche Kirchengeschichte insgesamt geben jedoch keinerlei Hinweise darauf, daß jemals eine Verbindung zu dem Barnabasevangelium existiert hat, um den sich die christlich-muslimische Kontroverse heute dreht.

2. Der Inhalt des Barnabasevangeliums

Heute existiert nur ein vollständiges Manuskript auf italienisch mit 222 Kapiteln, der Codex 2662, der sich heute in der Österreichischen Nationalbibliothek Wien[8] befindet und den italienischen Titel trägt: "Vero euangelio di essu chiamato chrissto nouo profeta mandato da DIO modo seconda la descritione di barnaba appostolo suo". Er enthält eine Widmung von Johannes Friedrich Cramer vom 20. 6. 1713 für Prinz Eugen von Savoyen[9].

Das Evangelium, das jüdische, christliche und muslimische Elemente in sich vereinigt, schildert die Lebensgeschichte von Jesus Christus und seinen Jüngern von der Ankündigung von Jesu Geburt bis zu seinem Tod, dem das Barnabasevangelium die Wendung gibt, die häufig in Schilderungen der Kreuzigung von muslimischer Seite zu finden ist: nicht Jesus, sondern Judas stirbt am Kreuz[10].

Das Evangelium berichtet von der Flucht der Eltern Jesu nach Ägypten, den Reisen, Wundern, Gleichnissen und Belehrungen Jesu, vom letzten Abendmahl, dem Verrat, dem Prozeß, der Kreuzigung des Judas und der Himmelfahrt Jesu. Der Hauptteil des 'Evangeliums' ist der Lehrtätigkeit Jesu und zwar insbesondere der Unterweisung seiner Jünger gewidmet.

3. Bibel und Koran im Barnabasevangelium

Vielfach wird der Leser an den Koran erinnert. Der Koran wird jedoch an keiner Stelle wörtlich zitiert. Aus der Bibel in der Übersetzung der lateinischen Vulgata hat der Autor[11] dagegen zahlreiche

---

[7]Vgl. Zahn. Geschichte. S. 289-293

[8]Vgl. die Beschreibung des Codex bei Al Samman, Mazal. Welt. S. 133

[9]Die dem Manuskript beiliegende "Liste der Benutzer" wird in Wien vom Beginn des Jahres 1961 geführt. Der Codex ist für Besucher aus Pakistan, Ägypten und Tanzania verfilmt worden, woraus das Interesse der islamischen Welt für das Barnabasevangelium deutlich wird.

[10]"Vero euangelio di essu chiamato chrissto nouo profeta mandato da DIO modo seconda la descritione di barnaba appostolo suo". Ragg. Gospel. XIV/24+CCXV/470-CCXVII/480. Es wird jeweils zunächst das Kapitel und dann die Seite des italienischen Textes der Edition genannt.

[11]Die folgenden Zitate sind aus dem italienischen Originalmanuskript nach der Edition von L. und L. Ragg übersetzt.

Zitate übernommen. Von den 39 Büchern des Alten Testamentes, das der Autor gut zu kennen scheint, zitiert oder erwähnt das Barnabasevangelium 22; ebenso einige apokryphe Schriften. Auf 19 der 27 Bücher des Neuen Testamentes spielt der Verfasser direkt oder indirekt durch die Nacherzählung der dort berichteten Ereignisse an[12]. Muhammad ist im Barnabasevangelium der angekündigte Gesandte Gottes. Er wird bei seinem Kommen mit überragenden Eigenschaften ausgestattet werden, und zwar mit

> "... dem Geist der Einsicht und des Rates ... der Gelehrsamkeit und Stärke ... der Furcht und Liebe ... der Klugheit und Besonnenheit ... der Barmherzigkeit und des Erbarmens ... der Gerechtigkeit und der Frömmigkeit ... der Sanftheit und Geduld."[13]

4. Jesus Christus und die Kreuzigung

Bereits zu Beginn wendet sich das Evangelium dagegen, daß viele unter der Vorgabe der Frömmigkeit die verwerfliche Lehre verbreiten, Jesus sei der Sohn Gottes gewesen[14]. Jesus setzt sich heftig zur Wehr, als man ihn als Sohn Gottes oder Gott bezeichnen möchte[15]: "Ich bin ein sterblicher Mensch wie auch die anderen Menschen"[16]. Als Petrus ihn Sohn Gottes nennt, beschwört Jesus "beim Himmel"[17], er sei nur ein Mensch[18].

Jesus wird stattdessen als "Heiliger Gottes"[19], "Diener Gottes"[20] oder "ein großer Prophet Gottes"[21] bezeichnet. Er betont im Barnabasevangelium immer wieder, er sei nur ein Mensch, Staub und Lehm[22]. Es ist der Satan, der den Ungläubigen vorgaukelt, Jesus sei Gott oder der Sohn Gottes[23]. Jesus erläutert seinem Jünger Barnabas: Wenn die Menschen Jesus nicht als Gott bezeichnet hätten,

---

[12]Für eine abschnittsweise gegliederte Inhaltsangabe des Barnabasevangeliums vgl. z. B. Jomier. L'Evangile.

[13]Ragg. Gospel. XLIV/105

[14]Ragg. Gospel. I/1

[15]Ragg. Gospel. XLVII/112; XCII/212

[16]Ragg. Gospel. LII/122

[17]Ragg. Gospel. LXX/162

[18]Ragg. Gospel. XCIII/214+XCIV/216 u. a.

[19]Ragg. Gospel. I/4

[20]Ragg. Gospel. LII/122

[21]Ragg. Gospel. LXXI/164

[22]Ragg. Gospel. CXXVIII/292

[23]Ragg. Gospel. XCVI/222

wäre Jesus, nachdem er aus der Welt fortgegangen sei, ins Paradies geleitet worden[24].

Auf die Frage nach der schlimmsten Sünde antwortet Jesus, dies sei der Götzendienst[25]. Ein Mensch macht sich des Götzendienstes schuldig, wenn er Jesus zu Gott erklärt[26]. Es kann anhand der zahlreichen Aussagen, Jesus sei nicht der Sohn Gottes und der nachdrücklichen Betonung dieser Aussage durchaus der Eindruck entstehen, die Hauptlehre des Barnabasevangeliums sei die Ablehnung des christlichen Dogmas der Göttlichkeit Jesu.

Obwohl Jesus nicht der Sohn Gottes ist, heilt er Kranke[27], weist aber stets darauf hin, daß es eigentlich Gott ist, der die Krankheit heilt[28]. Es ist für Jesus unmöglich, Sünden zu vergeben. Er kann als "Knecht (oder: Diener) Gottes" lediglich stellvertretend bei Gott für die Sünden anderer bitten[29].

Der Zweck der Mission Jesu ist die Sendung eines Propheten Gottes zu Israel, um Juda und Israel an das Gesetz Gottes zu erinnern:

> "Er ist ein Prophet Gottes, der zum Volk Israel gesandt ist, daß er Juda bekehre zu seinem Herzen und daß Israel im Gesetz des Herrn wandele wie es im Gesetz des Mose geschrieben steht"[30].

Im Barnabasevangelium ist Jesus nicht, wie im Neuen Testament und im Koran, der Messias[31]. Vielmehr wird Muhammad als Messias bezeichnet. Ihm möchte Jesus dienen: "Ich bin der Diener Gottes, der dem Gesandten Gottes dienen möchte"[32].

Jesus ist jedoch nicht nur der Gesandte und Knecht Gottes und ein Mensch, der Israel und Juda das Gesetz in Erinnerung ruft. Er nimmt darüberhinaus die Rolle Johannes des Täufers wahr, der im Barnabasevangelium selbst nicht erwähnt wird: Jesus bereitet den

---

[24]Jesus sagt im Barnabasevangelium: "Ich sage dir, daß, wenn ich nicht Gott genannt worden wäre, wäre ich ins Paradies gebracht worden, wenn ich die Welt verlassen werde": Ragg. Gospel.CXII/256.

[25]Ragg. Gospel. XXXIII/74

[26]Ragg. Gospel. CXVIII/270

[27]Ragg. Gospel. XI/16

[28]Ragg. Gospel. XIX/38+40; C/230

[29]Ragg. Gospel. LXXI/164

[30]Ragg. Gospel. II/7

[31]"Jesus bekannte und sagte die Wahrheit: ich bin nicht der Messias": Ragg. Gospel. XLII/96+XCVI/222

[32]Ragg. Gospel. CCVI/454

Weg[33] für Muhammad, den Gesandten Gottes[34], der der Welt Rettung bringen wird[35].

Beim letzten Abendmahl mit seinen Jüngern weiß Jesus bereits, daß Judas ihn verraten wird[36]. Jesus kündigt seinen Jüngern an, daß man versuchen wird, ihn zu töten[37]. Er ist jedoch zuversichtlich, daß Gott ihn vor der Kreuzigung retten wird[38]. Jesus wird also nicht sterben[39], sondern ewig leben[40]. Die Rettung vor der Kreuzigung ist ein Zeichen der Liebe Gottes. Jesus hätte nämlich eigentlich eine Strafe verdient, weil die Menschen ihn als Gott bezeichnet haben. Da er aber immer wieder auf die Wahrheit hingewiesen hat - er ist nicht der Messias und nicht Gott - wird nun ein Böser an seiner Stelle leiden[41].

Im Verlauf der Erzählung wird deutlich, daß es Judas ist, der für Jesus sterben wird. Judas hatte gehofft, daß Jesus der König Israels werde. Er plant, ihn zu verraten und in die Hände der Priester, Schriftgelehrten und Pharisäer auszuliefern[42].

In den letzten acht Kapiteln des Barnabasevangeliums folgt nun die Schilderung der Kreuzigung, die man als Auslegung der vagen koranischen Angaben zu diesem Geschehen in Sure 4,157-158 betrachten könnte: Judas verrät Jesus für dreissig Goldstücke und führt die Soldaten zu ihm. Jesus zieht sich aus Angst vor ihnen in ein Haus zurück, während die übrigen elf Jünger in tiefen Schlaf gefallen sind. Gott befiehlt nun den vier Erzengeln Gabriel, Michael, Raffael und Uriel, Jesus aus der Welt fortzunehmen. Sie nehmen Jesus durch ein nach Süden gelegenes Fenster mit sich fort und bringen ihn in den dritten Himmel, wo er gemeinsam mit den Engeln Gott preist.

Während Jesus auf diese Weise durch Gottes Hilfe seinen Verfolgern entkommen kann, wird Judas hinsichtlich seiner Redeweise und seines Aussehens Jesus zum Verwechseln ähnlich. Man hält ihn nun für Jesus, obwohl er versucht, Erklärungen über den wahren

[33]"Ich bin in die Welt gekommen, um den Weg für den Gesandten Gottes zu bereiten". Ragg. Gospel. LXXII/166

[34]Ragg. Gospel. XXXVI/82

[35]Ragg. Gospel. LXXII/168

[36]Ragg. Gospel. CCXIII/468

[37]Ragg. Gospel. CLXXXIX/424

[38]Ragg. Gospel. CXXXIX/322

[39]Ragg. Gospel. CXL/324

[40]Ragg. Gospel. CCIV/452

[41]Ragg. Gospel. CXCVIII/442

[42]Ragg. Gospel. CXLII/328

Sachverhalt abzugeben[43]. Die Soldaten ergreifen Judas und binden ihn, obwohl er verzweifelt erklärt, daß er nicht Jesus, sondern Judas sei. Judas wird vor den Hohenpriester geführt. Er ist Jesus so ähnlich geworden, daß man glaubt, diesen vor sich zu haben. Auch die übrigen Jünger, seine Mutter und seine Freunde zweifeln nicht mehr daran, daß Jesus selbst ergriffen worden ist. Judas gibt weitere Erklärungen, wer er eigentlich sei, aber es wird ihm nicht geglaubt: Die Oberpriester, die Ältesten, die Schriftgelehrten und Pharisäer stimmen darin überein, daß der Gefangene Jesus selbst sei, denn Gott hatte beschlossen, daß Judas den grausamen Tod erleiden solle, dem er einen anderen durch den Verrat ausliefern wollte[44].

Judas wird nun mißhandelt, und man verspottet ihn. Endlich wird er gekreuzigt, und er ruft (so wie im Neuen Testament Jesus am Kreuz): "Gott, warum hast du mich verlassen?"[45]. Daraufhin stirbt Judas am Kreuz.

Nun stehlen einige Jünger in der Nacht den Leichnam des Judas und verstecken ihn. Darauf verbreiten sie, Jesus sei auferstanden, worüber große Verwirrung entsteht. Der Hohepriester befiehlt, über dieses Gerücht Stillschweigen zu bewahren[46].

Das folgende Kapitel bestätigt, daß Jesus in den dritten Himmel aufgefahren ist. Er bezeugt dort ausdrücklich, daß er nicht tot ist[47]. Jesus beteuert noch einmal seine Unschuld, sich nicht als Sohn Gottes bezeichnet zu haben, damit nicht die Dämonen am Tag des Gerichtes über ihn spotten. Nur die Menschen haben ihn Gott und Gottes Sohn genannt. Gott selbst hatte jedoch beschlossen, daß man in dieser Welt durch den Tod Judas' über ihn spotten sollte, denn alle Anwesenden waren davon überzeugt, Jesus sei gekreuzigt worden und gestorben. Dieser Spott wird bis zur Ankunft Muhammads, des Gesandten Gottes, fortdauern[48].

Jesus gibt Barnabas nun den Auftrag, ein Evangelium zu verfassen. Barnabas verspricht seine Niederschrift. Jesus versichert einigen Jüngern nochmals ausdrücklich, daß er nicht gestorben und auferstanden sei. Vielmehr sei Judas an seiner Stelle gekreuzigt worden[49].

---

[43]Die Schilderung der Kreuzigung folgt bei Ragg. Gospel. ab Kap. CCXVII/472 ff.

[44]Ragg. Gospel. CCXVII/478

[45]Ragg. Gospel. CCXXVII/480

[46]Ragg. Gospel. CCXVIII/480

[47]Ragg. Gospel. CCXIX/482

[48]Ragg. Gospel. CCXX/484

[49]Ragg. Gospel. CCXXI/486

5. Ist das Barnabasevangelium ein islamisches Evangelium?

Das Barnabasevangelium enthält islamisches Gedankengut, das, obwohl außer von der Person Muhammads nirgends offiziell vom Islam die Rede ist, stark an den Koran oder die muslimische Überlieferung erinnert. Zu den wichtigsten Anspielungen gehören folgende Aussagen:

Das Barnabasevangelium erhebt den Vorwurf der Verfälschung des Alten Testamentes[50] durch die menschlichen Traditionen der "falschen Pharisäer"[51].

Mehrere Propheten wie Adam, Abraham, Ismael, Mose, David und Jesus, der Sohn der Maria, werden als "Gesandte Gottes" bestätigt[52]. Adam rezitiert sogar das islamische Gaubensbekenntnis[53].

Die Verheißung der Geburt Jesu wurde, wie das Barnabasevangelium berichtet, Ismael, nicht Isaak gegeben[54]. Ismael wurde statt Isaak von Abraham geopfert.

Jesus stammt nicht von David ab. An Maria und Joseph ergeht der Befehl Gottes, Jesus von Wein, starkem Getränk und unreinem Fleisch[55] also Schweinefleisch fernzuhalten. Jesus ist nur zu Israel gesandt[56]. Als Jesus seine Offenbarung im Alter von 30 Jahren erhält, wird er beim Mittagsgebet von einem hellen Licht umstrahlt und von Engeln umgeben, während der Engel Gabriel Jesus ein Buch übergibt, das in sein Herz eindringt[57].

Jesus bezeichnet Muhammad als den Größeren[58], dem er nicht wert ist, den Schuhriemen aufzulösen. Hier übernimmt Jesus die Rolle Johannes des Täufers aus dem Neuen Testament. Jesus kündigt das Kommen Muhammads unter Nennung seines Namens an und bittet Gott, ihn zu senden, um die Welt zu retten.

Die Kreuzigung des Judas entspricht nicht den Berichten der Evangelien, könnte jedoch mit der einzigen Koranstelle zur Kreuzigung (Sure 4,157-158) in Einklang gebracht werden[59].

---

[50]Die Verfälschung des Buches Davids und des Buches Moses: Ragg. Gospel. CXXIV/284+CLIX/370

[51]Ragg. Gospel. CLXXXIX/424

[52]Ragg. Gospel. LV/130

[53]Ragg. Gospel. XXXIX/88

[54]Ragg. Gospel. XLIII/102

[55]Ragg. Gospel. II/6

[56]Ragg. Gospel. LXXXII/190

[57]Ragg. Gospel. X/14+CLXVIII/388

[58]Ragg. Gospel. XCVII/222

[59]Vgl. Lektion 18.B.

Das Barnabasevangelium nimmt bereits eine apologetische Deutung des Christentums vor, wenn es darauf anspielt, daß der Apostel Paulus von einigen christlichen Dogmen abgewichen sei. So beklagt Barnabas etwa, von Paulus zu der Lehre von der Gottessohnschaft Jesu verführt worden zu sein.

6. Das Barnabasevangelium widerspricht dem Koran

Allerdings muß an dieser Stelle betont werden, daß es auch Aussagen im Barnabasevangelium gibt, die weder mit dem Koran noch mit der Bibel in Einklang zu bringen sind.

Zu den vom Koran abweichenden Aussagen gehören etwa Barnabas' Ausführungen über die Hölle als einem nur zeitweiligen Aufenthaltsort der Sünder sowie die Frage der Prädestination[60].

Im Widerspruch zum Koran steht auch die immer neu wiederholte Aussage, daß Muhammad der Messias sei. Das Barnabasevangelium leugnet mehrfach, daß Jesus der Messias ist. Gleichzeitig bezeichnet es ihn jedoch als "chrissto" (Christus). Man hat daher vermutet, daß der Autor nicht wußte, daß 'Christus' die griechische Übersetzung des hebräischen 'Messias' ('der Gesalbte') ist.

Im Koran wird Jesus in Jerusalem geboren, im Barnabasevangelium in Bethlehem[61]. Im Koran kommt er unter einer Palme zur Welt, im Barnabasevangelium in einer Herberge[62]. Im Koran leidet Maria große Schmerzen bei der Geburt (vgl. Sure 19,23), im Barnabasevangelium bringt sie Jesus ohne Schmerzen auf die Welt[63].

Der Koran kennt sieben Himmel (Sure 2,29), das Barnabasevangelium neun[64]. Der zehnte Himmel ist das Paradies.

Das Barnabasevangelium tritt eindeutig für die Monogamie ein[65], während die Mehrzahl der Muslime in Sure 4,3 eine Erlaubnis zur Heirat von bis zu vier Frauen erkennt.

---

[60]Das Barnabasevangelium bezeugt die völlige Freiheit des Menschen, sich entweder für das Gute oder das Böse zu entscheiden: Ragg. Gospel. CLV/360

[61]Ragg. Gospel. III/6

[62]Ragg. Gospel. III/6

[63]Ragg. Gospel. III/8+X/14

[64]Ragg. Gospel. CV/240+CLXXVIII/402

[65]Ragg. Gospel. CXV/266

7. Objektive Fehler im Barnabasevangelium

Das Barnabasevangelium selbst weist darauf hin, daß das Evangelium verfälscht worden sei. Wäre Barnabas tatsächlich ein Zeitgenosse Jesu gewesen, wäre das Neue Testament noch gar nicht abgeschlossen gewesen. Damit hätte das Barnabasevangelium sein eigenes Schicksal vorausgesagt.

Zudem macht der Autor des Barnabasevangeliums durch geographische und historische Mißgriffe deutlich, daß er weder Palästina jemals besucht noch im ersten nachchristlichen Jahrhundert gelebt haben kann.

Im Barnabasevangelium ist Nazareth ein Ort an der Küste des Sees Genezareth. Nazareth liegt jedoch auf einem Hügel. Jesus steigt nach dem Bericht des Barnabasevangeliums vom See Genezareth nach Kapernaum hinauf. Kapernaum liegt jedoch direkt am See Genezareth. Das Barnabasevangelium berichtet, daß Jesus in ein Schiff gestiegen und nach Jerusalem gefahren sei. Jerusalem liegt jedoch im Landesinneren und ist nicht per Schiff erreichbar. Ninive liegt nach der Beschreibung des Barnabasevangeliums in der Nähe der Mittelmeerküste. Es ist jedoch am Tigris im Landesinnern gelegen.

Die Zeitangaben zur Geburt Jesu im Barnabasevangelium stimmen im Verhältnis zu den Amtszeiten des Pilatus, Ananias und Kaiphas nicht mit der historischen Überlieferung überein. Das Barnabasevangelium berichtet von 600.000 römischen Soldaten in Palästina[66]. So viele Soldaten gab es im ersten nachchristlichen Jahrhundert jedoch möglicherweise nur im gesamten Römischen Reich, keinesfalls jedoch in Palästina. Das Barnabasevangelium berichtet von 17.000 Pharisäern zur Zeit des Alten Testamentes. Die Partei der Pharisäer entstand jedoch erst im zweiten vorchristlichen Jahrhundert[67].

Das Barnabasevangelium beschreibt einen europäischen Sommer: "alles trägt Frucht"[68]. In Palästina regnet es jedoch im Winter, und im Sommer ist das Land trocken.

8. Anhaltspunkte für eine mittelalterliche Abfassungszeit?

Abgesehen von den Anklängen an islamische Dogmen im Text des Barnabasevangeliums, den mit der Geschichte und Geographie Palästinas unvereinbaren Behauptungen und dem Fehlen einer ver-

---

66 Ragg. Gospel. XCI/210

67 Maier. Geschichte. S. 71ff.

68 Ragg. Gospel. CLXIX/390

läßlichen Quelle, die vor dem Beginn des 18. Jahrhunderts von dem Inhalt eines Barnabasevangeliums berichtet, sprechen etliche Anhaltspunkte aus dem Text selbst für ein spätmittelalterliches oder frühneuzeitliches Abfassungsdatum zwischen dem 14. und 16. Jahrhundert. So machen etwa folgende Beispiele eine Datierung in die ersten nachchristlichen Jahrhunderte unwahrscheinlich:

Die Herausgeber der ersten Edition des Barnabasevangeliums Lonsdale und Laura Ragg wiesen bereits auf auffällige Parallelen zwischen dem Barnabasevangelium und den Werken des größten italienischen Dichters Dante (Alighieri) (1265-1321) wie etwa 'La divina commedia' hin, und zwar insbesondere hinsichtlich Dantes Darstellungen von Himmel, Hölle und Paradies[69]. So stimmt etwa die Zahl von neun, bzw. einschließlich des Paradieses von zehn Himmeln aus dem Barnabasevangelium (s. o.) ebenso wie die Unterteilung der Hölle in sieben Zentren[70] mit Dantes Schilderung der zehn Himmel überein[71]. Was die unmittelbare Beziehung beider Texte zueinander betrifft, so hat Lonsdale Ragg die Vermutung geäußert, daß das Barnabasevangelium und Dantes "Göttliche Komödie" zwar unabhängig voneinander, aber hinsichtlich ihres Umfeldes in enger Beziehung zueinander entstanden sind[72]. Die wahrscheinlichste Abfassungszeit des Barnabasevangeliums liegt für Lonsdale Ragg zwischen 1300 und 1350[73]. Nachfolgende Untersuchungen haben diesen Zeitraum bis etwa zum 16. Jahrhundert erweitert.

Nach der Beschreibung des Barnabasevangeliums wird das 'Jubeljahr' im Abstand von 100 Jahren gefeiert[74], während das Alte Testament einen 50jährigen Zeitraum nennt. Im Jahr 1300 n. Chr. setzte Papst Bonifatius VIII die Jubeljahrfeier auf einen 100jährigen Turnus fest. Aber schon im Jahr 1343 verkürzte Clemens VI die Zeit auf 50 Jahre und kündigte das nächste Jubeljahr für das Jahr 1350 an. So war die Frist für die Feier des Jubeljahres nur zwischen 1300 und 1343 auf einen 100jährigen Abstand festgelegt, wie das Barnabasevangelium beschreibt[75]. Urban VI verkürzte 1389 die Frist auf

[69]Ragg. Gospel. Introduction, S. Xlii

[70]Ragg. Gospel. CXXXV/310ff

[71]So Asin. Islam. S. 88

[72]Ragg. Dante and 'The Gospel of Barnabas'.

[73]Ragg. Dante and 'The Gospel of Barnabas'. S. 164

[74]Ragg. Gospel. LXXXII/190

[75]Aufgrund dieser Festlegungen der Jubeljahrfeiern vermutete man als Abfassungszeit des Barnabasevangeliums vorzugsweise das 14. Jahrhundert.

einen 33jährigen und Paul II im Jahr 1470 auf einen 25jährigen Abstand, der bis zur Gegenwart beibehalten wurde[76].

Das Barnabasevangelium tritt für Verhaltensweisen ein, die stark an die mittelalterliche Mönchsaskese erinnern. So wird an etlichen Stellen Lachen als Sünde verurteilt[77], Weinen gilt jedoch als Zeichen geistlichen Lebens[78].

Das Barnabasevangelium zitiert Bibelverse nach der lateinischen Vulgataübersetzung, die erst Ende des vierten Jahrhunderts entstand und zur offiziellen katholischen Bibel wurde.

Das Barnabasevangelium berichtet, Jesus und seine Jünger hätten "die 40 Tage gehalten"[79]. Die vierzigtägige Fastenzeit vor Ostern wurde jedoch erst im vierten Jahrhundert n. Chr. eingeführt und sollte an das Leiden und Sterben Jesu erinnern, was vor seinem Tod unmöglich war.

Das Barnabasevangelium erwähnt eine Goldmünze, den Dinar zu 60 minuti[80]. Diese Münze wurde nur kurze Zeit im Mittelalter in Spanien verwendet; ein Argument, das die These von der Entstehung des Barnabasevangeliums in Spanien zu stützen schien.

Im Barnabasevangelium werden Holzfässer zur Weinaufbewahrung erwähnt[81], im Nahen Osten waren jedoch Lederschläuche üblich.

Im Gegensatz zum Koran beschreibt das Barnabasevangelium, daß Maria ihr Kind ohne Schmerzen zur Welt bringt[82]; eine Lehre, die erst in der Kirche des Mittelalters aufkam.

Das Barnabasevangelium betont die Bedeutung der Almosen, des Fastens, der Wallfahrt und des fünfmaligen Gebetes, das auch Jesus ausführt[83], womit der Text auf einen Zeitraum nach der Entstehung des Islam hinweist.

Im Barnabasevangelium wird die verbotene Frucht im Paradies, die das Alte Testament nicht näher bestimmt, als Apfel bezeichnet[84]; ebenfalls eine Entwicklung der späteren Kirchengeschichte.

---

[76]Lurz. Jahr.

[77]Ragg. Gospel. CII/234

[78]Ragg. Gospel. CII/236

[79]Ragg. Gospel. XCII/212

[80]Ragg. Gospel. LIV/128

[81]Ragg. Gospel. XLII/354

[82]Ragg. Gospel. III/8

[83]Ragg. Gospel. LXXXIX/206

[84]Ragg. Gospel. XXXIX/90

Auf diese und einige weitere Punkte stützten sich die meisten Abhandlungen von nicht-muslimischer Seite in ihrer Ablehnung des Barnabasevangeliums als Dokument der frühen Kirchengeschichte.

9. Die ersten Erwähnungen des Barnabasevangeliums in Europa

In Europa wurde das Barnabasevangelium erstmals wohl im Jahr 1713 von Bernard de la Monnoye in seiner Schrift "Menagiana ou Bons Mots"[85] erwähnt. Eine erste ausführlichere Erwähnung liegt für das Jahr 1734 vor, nämlich in einer in London publizierten Koranübersetzung mit dem Titel "The Koran ... translated into English ... with explanatory notes ... To which is prefixed a preliminary discourse" von George Sale. Im Laufe des 18. und 19. Jahrhunderts taucht das Barnabasevangelium vor allem in theologischen Schriften hin und wieder auf, ohne jedoch die europäischen Gemüter sonderlich zu beschäftigen. Neben den vorwiegend ablehnenden Stimmen gab es allerdings auch einige wenige Befürworter der Echtheit des Barnabasevangeliums, die, wie etwa der Deist, Rationalist und Pantheist John Toland (1670-1722) oder der jüdische vergleichende Religionswissenschaftler Shlomo Pines, ausnahmslos selbst nicht im Christentum verwurzelt waren und daher keine theologischen Hindernisse bei der Akzeptanz des Barnabasevangeliums zu überwinden hatten.

10. Die Einführung des Barnabasevangeliums in die islamische Welt

Es ist bis heute ungeklärt, welcher muslimische Autor sich erstmals über das Barnabasevangelium geäußert hat. Nachzuweisen sind die ersten Erwähnungen des Barnabasevangeliums von muslimischen Apologeten etwa ab Mitte des 19. Jahrhunderts. Von diesem Zeitpunkt an wird von muslimischen Autoren immer wieder angeführt, daß ein frühchristliches Evangelium existiert, das die Wahrheit des Islam beweise.

11. Die erste vollständige Textausgabe des Barnabasevangeliums 1907

Nachdem sich in der islamischen Welt diese Stimmen mehrten, beschloß das Geschwisterpaar Lonsdale und Laura Ragg, Angehörige der Anglikanischen Kirche, im Jahr 1907, eine vollständige Textedition des Barnabasevangeliums auf italienisch und englisch

[85] de la Monnoye. Menagiana

zusammen mit einer Abhandlung herauszugeben, warum das Barnabasevangelium keinesfalls ein frühchristliches 'wahres Evangelium' sein kann. Mit diesem Text, der eigentlich die Diskussion um das Barnabasevangelium beenden oder doch wenigstens versachlichen sollte, bekamen muslimische Apologeten nun erstmals Zugang zum gesamten Originaltext. Er wurde mehrfach in islamische Sprachen übersetzt und dann auch mit einer eigenen Einleitung versehen, die den Text als einziges wahres Evangelium bezeichnete. Allerdings haben sich nur ganz wenige muslimische Apologeten der Frage nach der Unvereinbarkeit des Barnabasevangeliums mit dem Koran oder den vielen geographischen und historischen Fehlern des Textes gestellt. Die meisten von ihnen klassifizieren das Barnabasevangelium bis in die Gegenwart als einziges erhaltenes unverfälschtes, wahres Evangelium.

12. Die erste arabische Übersetzung des Barnabasevangeliums 1908

Insbesondere muß hier Muhammad Rašîd Ridâ (1865-1935), ein prominenter ägyptischer Apologet, Reformtheologe und Schüler des nicht minder berühmten Muhammad 'Abduh (1849-1905), erwähnt werden. Er spielte insofern für die Verbreitung des Barnabasevangeliums in der islamischen Welt eine Schlüsselrolle, als er den Text des Barnabasevangeliums sofort nach dem Erscheinen der englischen Edition in Europa (1907) ins Arabische übersetzen und mit einer positiven Stellungnahme zugunsten des Barnabasevangeliums versehen ließ. Damit hat er entscheidend zu seiner Verbreitung in der islamischen Welt beigetragen. Muhammad Rašîd Ridâ hat auch insofern am Barnabasevangelium Interesse gehabt, als er ohnehin ein entschiedener Verfechter der Überlegenheit des Islam gegenüber dem Christentum war und sich in etlichen Schriften unter Rückgriff auf die Schriften europäischer historisch-kritischer Theologen bemüht hat, die Unlogik, Verfälschtheit und historische Unglaubwürdigkeit von Christentum und Bibel nachzuweisen[86].

So gilt seit dem Erscheinen der englischen Textedition 1907 Nichtmuslimen das Barnabasevangelium fast ausnahmslos als Fälschung aus dem Spätmittelalter, Muslimen jedoch fast ebenso ausnahmslos als das eigentliche, wahre Evangelium von Jesus Christus, das die Wahrheit des Islam bestätigt. Dabei bezeichnet die christliche Seite das Barnabasevangelium als 'islamisches' Evangelium (wegen des islamischen Inhaltes, der Prophezeiungen auf Muhammad, der Leugnung der Kreuzigung Jesu etc.), während die muslimische Seite das Barnabasevangelium natürlich als christliches

[86]Vgl. Lektion 21.6.-8.

Evangelium klassifiziert, um - vor allem aufgrund der Unvereinbarkeit mit dem Neuen Testament, die als ein Anzeichen für seine Unverfälschtheit angesehen wird - einen 'Kronzeugen' für die Wahrheit des Islam zu erhalten nach dem Motto: 'Wenn schon ein christliches Evangelium Muhammad ankündigt und die Kreuzigung Jesu ablehnt ...'. Daß Nichtmuslime das Barnabasevangelium ablehnen, ist ihrer Meinung nach nur darauf zurückzuführen, daß sie aus dogmatischen Gründen die Wahrheit ablehnen.

Aus dieser Argumentation wird deutlich, daß es weniger am Text selbst liegen kann, ob das Barnabasevangelium positiv oder negativ bewertet wird, sondern vor allem von dem weltanschaulichen, bzw. religiösen Standpunkt des Betrachters abhängt, wie die Fakten aus und über den Text beurteilt werden. So wurde die erste Edition 1907 eigentlich erstellt, um mit dem vollständigen Text zu beweisen, daß es sich hier um kein echtes christliches Evangelium handeln könne. Derselbe Text wurde später jedoch vielfach nachgedruckt, um das als 'wahr' erklärte Evangelium als Offenbarung Gottes allgemein zugänglich zu machen. Diese Rechtfertigung des Barnabasevangeliums lieferte der muslimischen Apologetik gleichzeitig zahlreiche Argumente für die Verderbtheit der Überlieferung der Texte des Neuen Testamentes und der Lehren der offiziellen christlichen Kirche.

Aus der Diskussion um das Barnabasevangelium wird deutlich, daß mit der Widerlegung christlicher Dogmen durch das 'eigentlich-christliche' Barnabasevangelium eine muslimische Auffassung bestätigt werden kann. Zugleich werden damit die Lehraussagen der vier kanonischen Evangelien zu Außenseiterpositionen einiger 'abgeirrter', paulinischer Christen und ihre Stellung als christliche autoritative Schriften schlechthin zunichtegemacht. Diese Ansicht, die schon vor dem Beginn des 20. Jahrhunderts in der islamischen Welt durch die Rezeption der Schriften europäischer Vertreter der historisch-kritischen Methode gehört worden war, schien nun durch das Barnabasevangelium vollends bestätigt.

13. Die Diskussion um das Barnabasevangelium heute

Bis zum heutigen Tag ist das Barnabasevangelium ein Kontroversgegenstand in den islamischen Ländern geblieben. Noch immer erscheinen Schriften von christlicher Seite, die die Argumente für die Echtheit des Barnabasevangeliums zu entkräften versuchen, sowie muslimische Stellungnahmen, die die Authentizität des Barnabasevangelium untermauern möchten.

Abgesehen von Ägypten ist vielleicht Pakistan eines der Länder, in dem die Kontroverse um das Barnabasevangelium am heftigsten geführt wurde. In Pakistan erschienen bis in die Gegenwart hinein mehrere Auflagen des Barnabasevangeliums mit einem die Echtheit des Textes verteidigenden Vorwort, aber auch mehrere christliche Stellungnahmen gegen das Barnabasevangelium sowie eine Debatte in der Zeitung 'The Pakistan Times' in den 1970er Jahren.

Obwohl die Debatte um den Wert des Barnabasevangeliums in der islamischen Welt so vehement geführt wurde und wird, steht die Verbissenheit der Diskussion doch in keinem Verhältnis zu der recht kleinen Anzahl von Exemplaren des Barnabasevangeliums, die in der islamischen Welt überhaupt verbreitet sind. Das bedeutet, daß heute über diesen Gegenstand noch immer viel vom Hörensagen her ohne genaue Textkenntnis diskutiert wird. William F. Campbell hat einmal eine Übersicht erstellt und nimmt für alle arabischen Editionen des Barnabasevangeliums zusammen etwa 10.000 Exemplare an. Insgesamt errechnet er ca. 40.000 englische und arabische Kopien des Barnabasevangeliums. Er hebt hervor, wie wenige Muslime das Barnabasevangelium demnach wirklich gelesen haben können[87] und welche Rolle es dessen ungeachtet in der Apologetik nach wie vor spielt. Bei der Analyse der möglichen Gründe vermutet Campbell als eine wichtige Ursache für die Akzeptanz dieser 'Waffe' die Tatsache, daß das Barnabasevangelium mit seiner muslimischen Deutung der Kreuzigung gut mit dem koranischen Bericht dieses Ereignisses zu vereinbaren sei[88].

14. Übersetzungen des Barnabasevangeliums

Auch ein kurzer Blick auf die Übersetzungen des Barnabasevangeliums gibt Aufschluß über das Interesse, das diesem Text entgegengebracht wurde. Dabei ist zwischen der einzigen Übersetzung auf Englisch (1907), die erstellt wurde, um das Barnabasevangelium zu widerlegen, und denjenigen, die zur Propagierung des Textes - vorwiegend in der islamischen Welt - erstellt wurden, zu unterscheiden.

Auf arabisch erschien das Barnabasevangelium nach seiner Erstedition 1908 in den Jahren 1954[89] und 1956[90] in Ägypten.

Ferner erschienen von L. und L. Raggs englischer Edition aus dem Jahr 1907 zahlreiche Raubdrucke, insbesondere in Pakistan

[87]Diese Meinung hatte Ende der 1950er Jahre bereits Jomier. L'Évangile. S. 141 vertreten.

[88]Campbell. Gospel. S. 3

[89]Slomp. "Barnabasevangelium". S. 2

[90]al-Haddad. injîl. Einleitung S. 3

(mindestens 30.000 verkaufte Exemplare bis zum Jahr 1986[91]). Daß man in Europa keine weitere Auflage des englischen Textes plante, ist von muslimischer Seite wiederum für die Behauptung benutzt worden, man wolle die Wahrheit sozusagen ein 'zweites Mal' unterdrücken, indem man den Text, der jahrhundertelang verborgen gehalten worden war, nun ein zweites Mal unzugänglich machen, da man das Evangelium von christlicher Seite aufgrund seiner 'islamischen' Lehre mit Unbehagen betrachte[92]. Aber nicht nur in Pakistan, auch in England wird dieser pakistanische Raubdruck unter dem Namen von L. und L. Ragg bis heute nachgedruckt und, mit einem entsprechenden Vorwort versehen, als das eigentliche christliche Evangelium verbreitet.

Auf Urdu erschienen mehrere Versionen des Barnabasevangeliums. Im Jahr 1916 wurde es erstmals in Okara in Pakistan veröffentlicht. Später erschien es zumindest noch einmal auf Urdu im Jahr 1974.

1977 erschien eine das Barnabasevangelium stark positiv wertende französische Edition von Michel Frémaux und Luigi Cirillo[93] und erst im Jahr 1990 eine niederländische Version des Barnabasevangeliums.

In Europa vergleichsweise wenig bekannt sind die verschiedenen persischen Übertragungen des Barnabasevangeliums. Erst 1968 wurde in Teheran eine Ausgabe veröffentlicht[94], die mehrere Vorworte zu der Rechtfertigung des Textes als 'wahres' Evangelium enthielt. Bereits im Jahr 1927 muß eine Ausgabe des Barnabasevangeliums im Iran erschienen sein.

Auch in Indonesien spielt das Barnabasevangelium, eine wichtige Rolle in der Auseinandersetzung zwischen Christen und Muslimen. Seit 1969 erschienen dort mindestens drei verschiedene Übersetzungen.

Ferner besteht auch Anlaß zu der Vermutung, daß das Barnabasevangelium in Indien in einer eigenständigen Edition veröffentlicht

[91] Diese Zahl ergibt sich aus einer ungefähren Berechnung aller zugänglichen Ausgaben.

[92] Dieses Argument ist von muslimischer Seite vielfach aufgegriffen worden. So auch von Rahim. Life. S. xvi: "Die englische Übersetzung verschwand auf geheimnisvolle Weise vom Buchmarkt".

[93] Cirillo, Frémaux. Évangile

[94] Cirillo, Frémaux. Évangile. S. 226

worden ist[95]. Auch für die Türkei ist eine Übersetzung anzunehmen[96].

Übersetzungen des Barnabasevangeliums
1. Englisch 1907-1986
2. Arabisch 1908, 1954, 1956
3. Urdu 1916, 1974
4. Französisch 1977
5. Persisch 1927, 1968
6. Indonesisch 1969, 1970, 1980
7. Niederländisch 1990
8. Türkisch (Übersetzung sehr wahrscheinlich)

15. Drei Beispiele für die muslimische Apologetik zugunsten des Barnabasevangeliums

a. Muhammad Muhammad Abû Zahra

Erstmals im Jahr 1942 hat sich Muhammad Muhammad Abû Zahra (1898-1974)[97], ehemals Professor für Vergleichende Religionswissenschaft an der al-Azhar und Lehrstuhlinhaber an der Juristischen Fakultät der Universität Kairo, als zweifellos einer der bedeutendsten Persönlichkeiten unter den ägyptischen Gelehrten (arab. 'ulamâ') der Moderne zugunsten der Glaubwürdigkeit des Barnabasevangeliums in seinem berühmten Werk 'Vorlesungen über das Christentum' (arab. muhâdarât fî-n-nasrânîya) ausgesprochen[98]. Der Autor hatte diese apologetischen Vorlesungen über das Chri-

---

[95]Dies bestätigen sowohl mündliche Berichte aus neuester Zeit wie auch schriftliche Zeugnisse wie z. B. Gairdner. 'Abd-ul-Ahad. Gospel. S. 2.

[96]Benson. incil-i Barnaba.

[97]Als Biographie Muhammad Muhammad Abû Zahras vgl. 'Abdarrazzâq. Abû Zahra.

[98]Bereits im Jahr 1923 berichtet der Herausgeber der Zeitschrift 'The Epiphany' aus Calcutta, daß in Ägypten immer wieder von einem Barnabasevangelium als einem 'wiederentdeckten' Evangelium gesprochen werde, ohne daß der Bericht über dessen Überlieferungsgeschichte zur Sprache käme: Editor. Gospel. S. 277.

stentum ursprünglich an der theologischen Fakultät der al-Azhar-Hochschule gehalten.

Abû Zahra wollte mit diesem Werk muslimischen Studenten eine 'objektive', 'wissenschaftlich' fundierte Darstellung des Christentums vermitteln[99]. Abû Zahra wiederholt allerdings hauptsächlich Vorwürfe aus der christlich-muslimischen Kontroverse der Vergangenheit in altbekannter polemischer Form und greift sogar auf frühere apologetische Abhandlungen zurück[100]. Auch in Abû Zahras Werk wird sein starker Rückbezug auf die europäische historisch-kritische Methode der Bibelexegese deutlich.

Die überaus große Bekanntheit und Verbreitung von Abû Zahras 'Vorlesungen' hat zur weiteren Propagierung des Barnabasevangeliums als einziges, 'wahres' Evangelium erheblich beigetragen. Seit der Veröffentlichung dieses Werkes hat man sich auf muslimischer Seite immer wieder auf Abû Zahra als Autorität in dieser Frage berufen.

Abû Zahra erwägt, daß das heute existente Evangelium wohl mit dem im 'Gelasius-Dekret' des 4./5. Jahrhunderts n. Chr. erwähnten Barnabasevangelium identisch gewesen sein könnte. Daraus folgt, daß das Barnabasevangelium vor dem Auftreten des Propheten Muhammad existiert habe. Über die tatsächlichen Lehren Jesu erhält man deshalb - so Abû Zahra - in dem von der offiziellen Kirche abgelehnten Barnabasevangelium wohl am besten Aufschluß. Gleich der Kirche verwarfen auch die westlichen Gelehrten dieses Evangelium und zwar in erster Linie, weil es die Göttlichkeit Jesu leugnete und weil der prophezeite Messias Muhammad und nicht Jesus gewesen sei und schließlich aufgrund der Tatsache, daß Jesus nach dem Bericht des Barnabasevangeliums nicht gekreuzigt worden sei[101].

Abû Zahra geht ausführlich auf das Leben des Barnabas, seine Stellung zur Zeit der ersten Christen und seine theologischen Auseinandersetzungen mit Paulus ein, die schließlich zu einer Trennung von Paulus und Barnabas führten. An den Evangelien wurden, so versucht der Autor aus christlichen Quellen zu belegen, von Anfang an Zweifel hinsichtlich ihrer Abfassungszeit und ihrer Autoren laut. Es ist daher für Abû Zahra nur natürlich, wenn auch heute von den vier kanonischen Evangelien keines als das 'wahre' Evangelium von Jesus aufgefaßt werden kann.

---

[99]Dieser Abschnitt zur Apologetik Abû Zahras und Ahmad Šalabîs stützt sich außer auf die Werke der Autoren selbst auf Mahmud. Views. S. 49-70.

[100]Zitate aus al-Kairânawîs Hauptschrift mit dem Titel izhâr al-haqq z. B. bei Abû Zahra. muhâdarât. S. 32.

[101]Abû Zahra. muhâdarât. S. 65-68

Abû Zahra rief in seinen 'Vorlesungen' die christliche Kirche dazu auf, eine Widerlegung des Barnabasevangeliums zu verfassen und die Gründe für die Ablehnung dieses Textes zu nennen[102]; eine Aufforderung, auf die christliche Apologeten bei der Begründung ihrer Schriften immer wieder zurückkamen[103].

b. Ahmad Šalabî

Ahmad Šalabî (geb. zwischen 1921-1924), Historiker der Universität Cambridge und ägyptischer Religionswissenschaftler, nahm in seinem berühmten religionswissenschaftlichen Werk 'Vergleichung der Religionen' (arab. muqâranat al-adyân) im zweiten Band mit dem Titel 'Das Christentum' (arab. al-masîhîya) - einer Beurteilung des Christentums aus islamischer Sicht - ausführlich zugunsten des Barnabasevangeliums Stellung[104].

Leider erkennt die christliche Kirche das Barnabasevangelium nicht an; für Ahmad Šalabî könnte es eine Art Bindeglied zwischen Islam und Christentum darstellen[105], denn es stimmt nach Šalabî in den meisten Fragen mit dem Koran überein[106]. Der Autor nimmt an, daß das ursprüngliche wahre Evangelium mit Absicht beiseite geschafft worden sei und hebt hervor, daß Barnabas ein Jünger Jesu war, der als einziger diesen Namen trägt[107], was im übrigen mit den kanonischen Evangelien übereinstimmt. Für Ahmad Šalabî kann daher der Verfasser des Barnabasevangeliums nur der bereits in den als kanonisch anerkannten Evangelien erwähnte Barnabas selbst sein. Das Barnabasevangelium kann für ihn keinesfalls nur eine reine Erfindung sein[108] und nicht aus muslimischer Feder stammen. Ein Muslim hätte, wie Ahmad Šalabî annimmt, für die Abfassung eines solchen Werkes auch gar keinen Anlaß gehabt.

Šalabî hält den Verfasser des Barnabasevangeliums aus dem 'Gelasius-Dekret' aus dem 4./5. Jahrhundert "wahrscheinlich" für den Autor des heute bekannten Barnabasevangeliums[109]. Alle anderen Exemplare des Barnabasevangeliums sind, wie Šalabî vermutet, fast vollständig vernichtet worden. Die Autorschaft des Barnabas beim Barnabasevangelium scheint Šalabî aufgrund dieser Fülle von

[102]Abû Zahra. muhâdarât. S 67

[103]Insbesondere Jomier. L'Evangile. S. 142 nennt ausdrücklich diesen Beweggrund.

[104]Šalabî. muqaranat. II. al-masihiya. S. 163-170

[105]Šalabî. muqaranat. II. al-masihiya. S. 161

[106]Šalabî. muqaranat. II. al-masihiya. S. 170

[107]Šalabî. muqaranat. II. al-masihiya. S. 166

[108]Šalabî. muqaranat. II. al-masihiya. S. 165-166

[109]Šalabî. muqaranat. II. al-masihiya. S. 166

Argumenten nun erwiesen zu sein[110]. Strittige Punkte in der Überlieferungsgeschichte werden von ihm nicht diskutiert, die Möglichkeit, es könnte sich um ein erst im Mittelalter verfaßtes Evangelium handeln, nicht erwähnt.

Zum Schluß zitiert Šalabî einige Textabschnitte aus dem Barnabasevangelium, in welchen Jesus auf seine Ranggleichheit mit den übrigen Menschen hinweist ("ich bin nur Staub ...") und geht noch einmal auf die Kreuzigung nach dem Bericht des Barnabasevangeliums ein[111].

c. A. Yusseff

Zu den ausführlichsten Studien von muslimischer Seite zur Rechtfertigung des Barnabasevangeliums gehört sicher das von M. A. Yusseff verfaßte Werk "Die Rollen vom Toten Meer, das Barnabasevangelium und und das Neue Testament"[112] aus dem Jahr 1985. Auf fast 130 Seiten versucht Yusseff, eine tadellose Überlieferer-kette (arab. isnâd) für das Barnabasevangelium bis zu dem im Neuen Testament erwähnten Barnabas herzustellen. Er erhebt für sein Werk den Anspruch:

> "Dieses Buch ist das erste einer ganzen Serie von Werken, die auf einem wissenschaftlichen Verfahren basieren, um die Wahrheit herauszufinden ... Lassen Sie uns die Wahrheit aufspüren"[113].

Um das Barnabasevangelium umfassend rechtfertigen zu können, nimmt Yusseff eine weitreichende Neubewertung der frühchristlichen Kirchengeschichte vor. Daß Jesus weder Gott noch Gottes Sohn war, belegt der Autor zunächst mit Hilfe der historisch-kritischen Methode. Er greift die Dreieinigkeit an und begründet die Sendung Muhammads, eröffnet aber keine Diskussion der Einwände gegen das Barnabasevangelium. Barnabas schrieb nach Meinung des Autors das Evangelium unter Hinzuziehung des Matthäusevangeliums, um der Verschwörung der Nikolaiten, die biblische Texte verändert hatten, nach seinem Bruch mit Paulus entgegenzuwirken[114]. Diese Gruppe der Nikolaiten, die Jesus zum Sohn Gottes erklärten und der auch der Apostel Paulus angehörte, verfaßte auch das "Decretium Gelansium" (sic) der 'verbotenen' Schriften[115], unter denen sich auch das Barnabasevangelium befand.

---

110 Šalabî. muqaranat. II. al-masihiya. S. 166

111 Šalabî. muqaranat. II. al-masihiya. S. 168-170

112 Der Originaltitel lautet: The Dead Sea Scrolls, The Gospel of Barnabas and The New Testament (Yusseff. Scrolls).

113 Yusseff. Scrolls. Preface. S. I

114 Yusseff. Scrolls. S. 93

115 ebd. S. 101

Die heutige christliche Kirche steht in der Tradition dieser Nikolaiten, lehnt deshalb das Barnabasevangelium ab und ist nicht Erbin des legitimen 'abrahamitischen' Glaubens. Vielmehr beeinflußte die griechisch-römische Kultur die jüdischen religiösen Glaubensinhalte hin zum Synkretismus. Der Versuch, einen Menschen als Gott zu verehren (Yusseff zieht als Parallele die Vergöttlichung Cäsars hinzu), geht wie das Dogma von der Dreieinigkeit eindeutig auf heidnische Ursprünge zurück. Die geistlichen Nachfahren Abrahams sind nämlich, geistlich gesprochen, Muslime[116].

Der Vollständigkeit halber soll an dieser Stelle erwähnt werden, daß es auch einige wenige muslimische Stellungnahmen gibt, die sich reserviert oder sogar ablehnend gegen das Barnabasevangelium geäußert haben, die aber, insgesamt betrachtet, die Diskussion um das Barnabasevangelium jedoch nicht beeinflussen konnten.

[116]ebd. S. 123

LEKTION 21: DAS MUSLIMISCHE DOGMA VON DER VERFÄLSCHUNG DER BIBEL

1. Einleitung

Ein Vorwurf von muslimischer Seite, der zu Muhammads Zeiten wohl nur wenig konkret geäußert wurde und jedenfalls nicht im Zentrum der christlich-muslimischen Auseinandersetzung stand, ist der Vorwurf der Schriftverfälschung der Bibel (arab. tahrîf). Sie ist die Begründung dafür, daß Gott immer wieder Propheten geschickt hat, daß die Menschen von seinem Wort abgewichen sind und die Propheten sie immer wieder an die Wahrheit und die korrekte Offenbarung erinnern mußten. So war es auch mit Muhammads Landsleuten: Sie waren mit ihrem Götzendienst vom wahren Weg abgewichen. Muhammad erinnert sie wieder an den von alters her bestehenden Eingottglauben. Auch die Christen haben nach muslimischer Auffassung die ursprüngliche Religion verlassen und wie die heidnischen Araber Gott zwei andere Götter, nämlich Maria und Jesus an die Seite gestellt. Auch darüberhinaus sind sie einigen Irrtümern verfallen, so daß sie Muhammad auch nicht als Propheten anerkannten. Daher muß sich ihr Glaube eigentlich neu am Koran ausrichten.

Es besteht kein Zweifel daran, daß der Vorwurf der Schriftverfälschung zu Muhammads Zeiten und den ersten Jahrhunderten nach seinem Tod keine so große Bedeutung hatte, wie er sie in den letzten 200 Jahren bekommen hat. Erst von den muslimischen Theologen des 19. Jahrhunderts ist dieser Vorwurf systematisch erhärtet und ausformuliert worden, und zwar vor allem mit Hilfe der Werke der europäischen historisch-kritisch arbeitenden christlichen Theologen, die mit ihren Untersuchungen gewissermaßen als Fachleute den 'Beweis' angetreten haben, das das Christentum unglaubwürdig und unhaltbar, weil historisch unzuverlässig und verfälscht ist. Im folgenden werden einige bedeutende muslimische Theologen zitiert, um einmal zu erläutern, mit welchen Argumenten sie diesen Vorwurf der Schriftverfälschung der Bibel erhärtet haben, der eine gewisse Entwicklung durchlaufen hat.

2. Positive Äusserungen des Korans über das Evangelium

Wenn der Koran von den früher zu den Völkern ergangenen Schriften spricht, nennt er zunächst die Torah und das Evangelium (arab. injîl). Das Evangelium wird insgesamt zwölfmal im Koran[1] erwähnt. Wenn der Koran von *dem* Evangelium (arab. injîl) spricht, meint er damit vor allem die Erzählungen von Jesus, erläutert aber nicht näher, was mit 'Evangelium' gemeint ist: Eines der vier Evangelien, alle vier oder nur 'die gute Botschaft' an sich (dies ist ja die Bedeutung des griechischen Begriffs Evangelium). Von Jesu Lehrtätigkeit und vor allem dem Inhalt seiner Lehren erwähnt der Koran nichts. Während seine Jünger noch am Rande erwähnt werden, gibt der Koran keinen einzigen Hinweis mehr auf die neutestamentlichen Briefe, ihre Inhalte und ihre Autoren.

Im Koran wird der Wert früher überlieferter Bücher wie auch des überlieferten Evangeliums nirgends in Frage gestellt, sondern vielmehr positiv betont. Die vor Muhammad und mit Muhammad herabgesandten Schriften widersprechen sich nicht, sondern bestätigen sich gegenseitig. So wird etwa im Zuammenhang mit einem Vers, der die Sendung Jesu zur Bestätigung der Torah erklärt, ausgesagt:

> "Die Leute des Evangeliums sollen nach dem entscheiden, was Gott darin herabgesandt hat. Diejenigen, die nicht nach dem entscheiden, was Gott herabgesandt hat, das sind die Frevler" (5,47; ähnlich 7,156-157).

Klar betont der Koran, daß das Evangelium wie zuvor die Torah von Gott zur Rechtleitung der Menschen herabgesandt worden ist:

> "Er hat auch die Torah und das Evangelium herabgesandt, früher, als Rechtleitung für die Menschen" (3,3-4).

Besonders positiv über den Wert des Evangeliums, das "Rechtleitung" und "Licht" enthält und nach den alttestamentlichen Propheten herabgesandt wurde, äußert sich auch Sure 5,46:

> "Und wir ließen nach ihnen her Jesus, den Sohn der Maria, folgen, daß er bestätige, was vor ihm da war, nämlich die Torah. Und wir gaben ihm das Evangelium, das Rechtleitung und Licht enthält und das bestätigt, was vor ihm da war, nämlich die Torah, und als Rechtleitung und Ermahnung für die Gottesfürchtigen" (5,46).

Nirgends spricht der Koran davon, daß die Offenbarung des Alten und Neuen Testamentes (oder: wie der Koran sagt, der Torah und des Evangeliums) grundsätzlich überholt oder vom Koran abgelöst worden sei. Vielmehr stellt Muhammad den Koran mit den früheren Offenbarungen auf eine Stufe, da der Koran seiner Ansicht nach die zuvor herabgesandten Schriften bestätigt (2,97). Ebenso führt der

---

[1] Parrinder. Jesus. S. 143

Koran das später von muslimischen Apologeten häufig vorgebrachte Argument, das 'wahre Evangelium' aus der Zeit Jesu sei verschollen und nicht in die Hände der christlichen Kirche gelangt, nicht an. Er gibt vielmehr keinen Hinweis darauf, daß es zwischen dem geoffenbarten Evangelium (arab. injîl) und den Schriften der Christen einen Unterschied gäbe. Allerdings erwähnt der Koran das Vorhandensein verschiedener Lehrmeinungen, Streit und Entzweiungen unter Juden und Christen (vgl. z. B. 45,17; 19,37).

Die Herabsendung des Korans ist nach dem Koran nicht notwendig geworden, weil die Offenbarung der Torah und des Evangeliums (arab. injîl) wertlos geworden sind, sondern weil die Juden und Christen sie im Laufe der Zeit verfälscht hatten. Daher muß der Koran diese Offenbarung korrigieren Sure 5,13-14 berichtet über die Juden und die Christen

> "Weil sie (= die Israeliten) aber ihren Bund brachen, haben wir sie verflucht und ihre Herzen verhärtet. Sie entstellten die Worte. Und sie vergaßen einen Teil von dem, womit sie ermahnt worden waren ... Und mit denjenigen, die sagen: 'Wir sind Christen' schlossen wir einen Bund. Sie vergaßen einen Teil von dem, womit sie ermahnt worden waren. So erregten wir unter ihnen Feindschaft und Haß; dies wird bis zum Tag der Auferstehung andauern" (5,13-14).

> "Erhofft ihr etwa, daß sie mit euch glauben, wo doch ein Teil von ihnen das Wort Gottes hörte, es dann aber wissentlich entstellte, nachdem er es verstanden hatte?" (2,75)

3. Die Entwicklung des Vorwurfs der Schriftverfälschung nach Muhammad

Nachdem Muhammad zu Beginn seines öffentlichen Wirkens geglaubt hatte, der Inhalt seiner Botschaft stimme mit den vorausgegangenen Offenbarungen an Juden und Christen überein, schlug seine anfängliche Achtung für beide Gruppen als Träger der göttlichen Offenbarung in Feindschaft um, nachdem er von ihnen nicht als Prophet Gottes anerkannt worden war[2]. Auf die Unterschiede zum Altem und Neuen Testament durch seine Nichtanerkennung durch Juden und Christen hingewiesen und in der Überzeugung, selbst der Überbringer des unverfälschten Wortes Gottes zu sein, zog Muhammad den Schluß, daß der Grund für die abweichenden Inhalte beider Offenbarungen eine Verfälschung der Schriften von Juden und Christen sein müsse.

Heute ist man sich in der Islamwissenschaft verhältnismäßig einig darüber, daß Muhammad selbst damit keine im größeren Maße vorgenommenen Textänderungen der ursprünglichen Offenbarung

[2]Vgl. Lektion 3.3.+3.4.

bei Juden und Christen andeuten wollte. Wahrscheinlich standen in seiner Umgebung das Alte und Neue Testament überhaupt nicht in schriftlicher Form zur Verfügung, so daß der Kontakt zu jüdisch-christlichen Sekten wahrscheinlicher ist. Es gab und gibt keinen Beweis dafür, daß Muhammad den Juden und Christen seiner Zeit den Vorwurf der massiven Verfälschung des Alten und Neuen Testamentes gemacht hat.

4. Die Schriftverfälschung nach Ansicht muslimischer Theologen

Die muslimische Theologie nach Muhammad wiederholte diesen Vorwurf jedoch immer wieder und formulierte ihn mit der Zeit weiter aus. Allerdings ergaben sich gerade in der muslimischen Apologetik unterschiedliche Ansichten darüber, was unter der Schriftverfälschung jüdischer und christlicher Schriften zu verstehen sei. Während einige Ausleger der Meinung waren, daß Juden und Christen den Bibeltext wirklich verändert hatten (z. B. Bîrûnî), gingen andere nur von der falschen Auslegung bestimmter Ausdrücke aus (z. B. Tabarî, Ibn Haldûn). Allerdings verschärfte sich die muslimische Auffassung davon, was Textverfälschung (arab. tahrîf) der Bibel eigentlich sei, im Laufe der Zeit.

Von Ausnahmen abgesehen, hat die frühe muslimische Dogmatik weniger Gewicht auf diesen Anklagepunkt gegen Juden- und Christentum gelegt und zudem auch weniger konkrete Vorstellungen formuliert, was unter Textverfälschung (arab. tahrîf) eigentlich zu verstehen sei. Mit dem Fortschreiten der christlich-muslimischen Kontroverse gewann dieser Punkt jedoch zunehmende Bedeutung. Bald war man nicht nur der Meinung, daß im Alten und Neuen Testament nur Wortbedeutungen und Buchstaben verändert worden seien, sondern auch, daß eine systematische Fälschung der Bibel stattgefunden habe. Als 'Beweis' führte man z. B. an, daß Muhammad als letzter Prophet Gottes im Alten und Neuen Testament angekündigt worden sei, diese Prophezeiungen jedoch aus den Bibelhandschriften ausgelöscht worden seien[3].

5. Das muslimische Dogma vom Koran als Ur-Offenbarung

Hinzu kommt eine dogmatische Argumentation. Wenn der Koran das ewige und, nach Meinung der Mehrzahl der Muslime, unerschaffene Wort Gottes ist, das schon immer bestand, dann existierte der Koran, der ja eine genaue Abschrift dieser Uroffenbarung ist, schon vor dem Alten und Neuen Testament. Es ist aus muslimischer

[3]Vgl. Lektion 2.C.11.

Sicht offensichtlich, daß die ursprüngliche Offenbarung gegenüber einer späteren vorzuziehen ist, denn sie muß die wahre Quelle des göttlichen Wortes sein. Auch ist der Islam, wenn Abraham schon die Ka'ba begründete, die zuerst entstandene und damit auch die Urreligion. Auch wenn Mose und Jesus vor Muhammad ihre Botschaft verkündeten, bringt Muhammad wieder die eigentliche Botschaft, nämlich die Botschaft Abrahams[4] und führt damit die Menschen zum Ursprung der Gottesoffenbarung zurück.

6. Der Einfluß der historisch-kritischen Bibelliteratur Europas

Erst die aufkommende Bibelkritik Europas im 18. und 19. Jahrhundert lieferte den muslimischen Theologen die lange vergeblich gesuchten 'Beweise' für die völlige Unhaltbarkeit des Alten und Neuen Testamentes als Gottes Offenbarung. Etliche Werke europäischer Theologen und Philosophen, deren gemeinsames Anliegen war, Autorität und Authentizität der Bibel in Frage zu stellen und durch die Aufzählung von Widersprüchen oder historischen Unhaltbarkeiten zunichtezumachen, wurden im Nahen Osten übersetzt und bereitwillig aufgegriffen. Wenn die christlichen Schriftgelehrten sogar selbst die Verfälschtheit ihrer Schriften erarbeiteten, dann war das für muslimische Theologen die letzte Bestätigung der Aussage des Korans, der diesen Vorwurf schon immer erhoben hatte. Etliche Abhandlungen muslimischer Theologen wurden in Vergangenheit und Gegenwart mit diesen Argumenten zur Kritik am Christentum gefüllt[5].

Man kann davon ausgehen, daß die in zeitgenössischen muslimischen apologetischen Werken üblich gewordenen - für die Glaubwürdigkeit der Evangelien stets negativ ausfallenden - Vergleiche zwischen den synoptischen Evangelien[6] ausschließlich aus den Werken europäischer Theologen in die muslimische Apologetik übernommen wurden. Sie stellen kein eigenständiges 'Ergebnis' muslimischer Textforschung an der Bibel dar. Wenn muslimische Apologeten europäische Theologen zitieren, dann geschieht das mit dem Ziel, die Unterschiede und 'Widersprüche' des Bibeltextes herauszustellen oder zwischen der 'paulinischen' Lehre und der Verkündigung Jesu und seiner ersten Jünger einen Gegensatz aufzubauen. Wer muslimische apologetische Literatur einmal auf die Übernahme

---

[4]So Hasselblatt. Islam. S. 131-132

[5]Als umfangreiches und einflußreiches Werk eines muslimischen Theologen aus dem 19. Jahrhundert vgl. Rahmatullâh Ibn Halîl al-'Utmânî al-Kairânawî. izhâr. Vgl. dazu Christine Schirrmacher. Waffen.

[6]Also den drei Evangelien Matthäus, Markus und Lukas

des europäischen theologischen Gedankenguts hin liest, wird über das hohe Maß an Anlehnung an westliche theologische Schulen und ihr Gedankengut sowie über den hohen Informationsstand über die theologischen Entwicklungen Europas in der muslimisch-apologetischen Literatur der Gegenwart erstaunt sein.

7. Muhammad Rašîd Ridâ übernimmt westliche Theologie zum Beweis der muslimischen Schriftverfälschungstheorie

Muhammad Rašîd Ridâ (1865-1935) gehört zu den einflußreichsten muslimischen Theologen im Übergang vom 19. zum 20. Jahrhundert n. Chr.. Er war ein Schüler des berühmten Muhammad 'Abduh, eines ägyptischen 'Reformtheologen' und ein entschiedener Gegner des Christentums. Der Koran enthielt für ihn alles, auch die moderne Wissenschaft. Er betätigte sich als Aussteller von Rechtsgutachten (arab. muftî), um öffentlich zu allen wirtschaftlichen, politischen und sozialen Problemen Stellung beziehen zu können.

Für uns ist hier insbesondere Ridâs Einstellung zum Christentum und der Zuverlässigkeit der Überlieferung der Bibel von Bedeutung, denn

> "... Ridâ betrachtet die Bücher des Alten und Neuen Testamentes als eine Mischung aus Mythos, Legende und Geschichte zusammen mit der wahren biblischen Botschaft, wie sie von Gott offenbart worden ist."[7]

Rašîd Ridâ stützt sich, wenn er zum Christentum und zur Bibel Stellung bezieht, nach dem Vorbild der muslimischen Apologeten des 19. Jahrhunderts stark auf die europäische historisch-kritische Methode, um das Christentum mit den Werken seiner eigenen 'Advokaten' zu widerlegen[8]. Ridâ hat sich zu diesem Zweck mit den neutestamentlichen Schriften und etlichen Werken europäischer Theologen, Philosophen und Literaten[9] eingehend beschäftigt. Er vertrat trotz seiner kritischen Haltung gegenüber dem Christentum im Unterschied zu vielen muslimischen Apologeten die Meinung, daß der ursprüngliche Text des Alten und Neuen Testamentes nicht in späterer Zeit verändert worden sei, sondern sich die Verfälschungen des ursprünglichen Textes zwischen der Zeit der Verkündigung der christlichen Lehren und ihrer Niederschrift eingeschlichen hät-

---

[7] Ayoub. Views. S. 58

[8] Adams. Islam S. 240 erkennt im Gebrauch dieser europäischen Werke ein Charakteristikum der 'Reformtheologen'.

[9] Darunter etwa mit Leo Tolstoi

ten[10]. Diese Tatsache fordert ihn zu einer grundlegenden Kritik heraus.

Rašîd Ridâ macht insbesondere den Apostel Paulus für die Einführung heidnischer Elemente in den christlichen Glauben verantwortlich. Dieses Argument gehört zu den am häufigsten vorgebrachten Kritikpunkten in der islamischen Apologetik. Die Gleichnisse Jesu wurden Ridâs Ansicht nach vielfältig interpretiert, es kam zu Spaltungen unter den Christen, und so entstanden verschiedene Evangelientexte[11], die nicht mehr mit dem ursprünglichen Wort Gottes identisch sind.

Zudem bezweifelt Ridâ, daß die vier als kanonisch anerkannten Evangelien aus dem ersten nachchristlichen Jahrhundert mit den heutigen Evangelientexten noch identisch sind, da er davon ausgeht, daß bei den Christenverfolgungen der ersten drei Jahrhunderte die ursprünglichen Evangelien nicht gerettet werden konnten.

> "Im 4. Jahrhundert sieht er - wie die Muslime allgemein - die entscheidende Zäsur in der Geschichte des Christentums..."[12],

denn auf dem Konzil von Nicäa im Jahr 325 n. Chr. wurde, wie muslimische Apologeten vielfach negativ hervorhoben, der Lehrsatz von der Dreieinigkeit und der Erlösung durch den Kreuzestod Jesu zum Dogma erhoben[13] und damit die Einsheit Gottes (arab. tauhîd) durch die Trinität (arab. taṯlîṯ), also durch die Vielgötterei (arab. širk), ersetzt. Die heutigen Evangelien besitzen also keine einwandfreie Überliefererkette (arab. isnâd)[14] mehr und sind nicht mehr unversehrt.

---

[10]Muhammad Rašîd Ridâ hat den Gedanken der Textverfälschung des Alten und Neuen Testamentes insbesondere in insgesamt 16 Aufsätzen in der ägyptischen Zeitschrift 'al-manâr' (der Leuchtturm) zusammengefaßt, die in Kairo im Jahr 1928 gesammelt als Buch unter dem Titel 'šubuhât an-nasârâ wa-hujâj al-islâm' erschienen (1956/3). Ridâ wollte mit dieser Schrift ein Gegengewicht zu der Arbeit europäischer Missionare setzen, wie etwa zu der Schrift Niqûlâ Ya'qûb Gibrîls 'abhâṯ al-mujtahidîn'. Vgl. Ayoub. Views. S. 54

[11]Schumann. Christus. S. 122f.

[12]Schumann. Christus. S. 122. Vgl. Ridâs Aussagen zur Kompilation der vier heute anerkannten Evangelien im vierten Jahrhundert n. Chr. in: al-manâr 10/1907/1908. S. 386.

[13]Das Konzil von Nicäa 325 n. Chr. verwarf vor allem den Arianismus und formulierte das Dogma von der Gottessohnschaft Jesu, während erst für das Jahr 381 mit Bestimmtheit die Formulierung des Dogmas von der Dreieinigkeit belegt werden kann.

[14]Vgl. Lektion 2.3. zur Bedeutung der Überlieferungsketten im Islam

8. Abû Zahras Rückgriff auf die historisch-kritische Methode

Muhammad Muhammad Abû Zahra (1898-1974), ehemals Professor für Religionswissenschaft an der ägyptischen al-Azhar-Universität und Lehrstuhlinhaber an der Juristischen Fakultät der Universität Kairo war eine der wichtigsten Persönlichkeiten der muslimischen Gelehrtenwelt (arab. 'ulamâ') des 20. Jahrhunderts. Auch heute haben seine Schriften noch großen Einfluß. Erstmals 1942 hielt Abû Zahra in Kairo 'Vorlesungen über das Christentum', die später in mehreren Auflagen veröffentlicht wurden und für die Auseinandersetzung zwischen Islam und Christentum eine nicht unbedeutende Rolle gespielt haben. Auch Abû Zahra ist wie Rašîd Ridâ ein entschiedener, prominenter Gegner des Christentums, in dessen Ansichten ein kurzer Einblick gegeben werden soll.

Abû Zahra greift auf die Ergebnisse der historisch-kritischen Methode aus der theologischen und philosophischen Literatur Europas zurück, wenn er unterschiedliche Auffassungen über die Abfassungszeit und die Frage der Inspiration der vier Evangelien als Argumente gegen die Glaubwürdigkeit des Christentums anführt. Er bezieht sich in seiner Auswahl der 'christlichen Werke' besonders auf Ernest Renans 'Leben Jesu' (Vie de Jésus), das im Jahr 1863 in Paris veröffentlicht worden war und auf Leo Tolstois Schriften, wobei er allerdings aus Unkenntnis der europäischen Sprachen auf arabische Übersetzungen zurückgreifen mußte[15].

Abû Zahras 'Vorlesungen' konzentrieren sich zunächst auf eine ideale Darstellung des Christentums, wie sie seiner Ansicht nach auch Jesus gelehrt habe. Dieses Christentum sei in den christlichen Schriften aufgrund deren Verfälschung, durch die heidnische Inhalte in christliche Dogmen eingeführt wurden[16], jedoch nicht mehr aufzufinden und muß daher im Koran gesucht werden.

Abû Zahra glaubt drei Gründe für die Verfälschung der christlichen Lehre erkennen zu können[17]:

1. Die Verfolgungen der ersten Christen hatten die Verfälschung der zu dieser Zeit abgefaßten Schriften zur Folge.

2. Die Schriften der ersten Christen wurden von der neuplatonischen Philosophie beeinflußt.

3. Der synkretistische Charakter der römischen Religion und der griechischen Philosophie verfälschten das ursprünglich von Jesus

[15]Ayoub. Views. S. 61

[16]Abû Zahra. muhâdarât. S. 160ff.

[17]Dargestellt nach Ayoub. Views. S. 63-64

gepredigte Evangelium der Einzigartigkeit Gottes (arab. tauhîd), so daß nun das Christentum eine Mischung aus jüdischen, römisch-heidnischen und neuplatonischen Elementen darstellt[18].

Ein weiterer Teil der 'Vorlesungen' enthält Abû Zahras Kritik am bestehenden Christentum. Abû Zahra analysiert die christliche Kirchengeschichte mit ihren Konzilien und theologischen Entscheiden über mehrere Jahrhunderte hinweg und kommt zu dem Ergebnis, daß etwa die Dreieinigkeit keine ursprüngliche christliche Lehre gewesen sei, sondern erst nach der Etablierung der philosophischen Schule von Alexandria ins Christentum eingeführt[19] und die Christenheit über diese Frage gespalten wurde[20]. Erst auf den nachchristlichen Konzilien wurden z. B. die Dogmen von der Göttlichkeit des Heiligen Geistes und des Messias formuliert, was auf nicht unerheblichen Widerstand einiger christlicher Gruppierungen gestoßen sei[21].

9. Der Vorwurf der Verfälschung des Christentums durch Paulus

Charakteristisch für die Ablehnung der christlichen Auffassung von Jesus ist die Vermutung der muslimischen Theologen, daß es sich beim Christentum um eine Verfälschung des ursprünglichen Christentums handelt. Über die Ursache und den Zeitpunkt der Verfälschung hat die islamische Theologie zahlreiche Theorien aufgestellt. Eine 'Schlüsselfigur' für diese Verfälschungstheorie ist der Apostel Paulus, dem in älteren und moderneren Werken die Hauptschuld für die Einführung der falschen Lehren ins Christentum zugeschrieben wird. Hermann Stieglecker nennt den Zeitraum spätestens vom 10. Jahrhundert n. Chr. an für die Auffassung, daß Paulus der Verderber christlicher Dogmatik gewesen sei[22].

Auch zahlreiche moderne, im islamischen Bereich berühmte Werke wie etwa die religionsgeschichtliche Studie 'Vergleichung der Religionen' (arab. muqâranat al-adyân) von Ahmad Šalabî heben auf Paulus als den Verderber des Christentums ab. Die Apologeten unterscheiden sich hinsichtlich ihrer Beurteilung des Paulus allerdings an der Frage, ob Paulus diese Verfälschungen wissentlich

[18] Abû Zahra. muhâdarât. S. 11

[19] Abû Zahra über die Dreieinigkeit: muhâdarât. S. 103-110

[20] Abû Zahra. muhâdarât. S. 157-172

[21] Abû Zahra. muhâdarât. S. 129ff.

[22] Stieglecker. Glaubenslehren. S. 259

eingefügt habe oder ob er selbst den Irrtümern über die wahre Lehre des Christentums erlegen sei[23].

Zur Untermauerung dieser Behauptung wird häufig die christliche Kirchengeschichte herangezogen. Schon auf den ersten Konzilen wurden Lehren wie 325 in Nicäa die Lehre von der Dreieinigkeit und die Lehre von der Gottessohnschaft und Menschwerdung Jesu festgelegt. Dabei argumentiert die islamische Theologie, daß diese Dogmen erst nach Niederschrift der Bibel in das Christentum eingeführt wurden, daß die Bibel selbst sie also gar nicht lehre. Gerade die Spaltungen der frühen Christenheit werden darauf zurückgeführt, daß einige Gruppen von Christen häretische Lehren in das Christentum einbrachten.

10. Ahmad Šalabîs Vergleich des Christentums mit anderen Religionen

Der ägyptische Religionswissenschaftler und promovierte Historiker der Universität Cambridge Ahmad Šalabî (geb. zwischen 1921 und 1924) hat sich in einer vergleichenden religionswissenschaftlichen Studie mit dem Titel 'Vergleichung der Religionen' (arab. muqâranat al-adyân) aus dem Jahr 1959 ausführlich über das Christentum geäußert. Er behandelt Themen wie Dreieinigkeit, Kreuzigung und Erlösung und soll hier zur Schriftverfälschung stellvertretend für das 20. Jahrhundert als muslimischer Gelehrter der Gegenwart angeführt werden.

Ahmad Šalabî hat Werke westlicher christlicher und nicht-christlicher Gelehrter[24] und muslimisch-polemische Abhandlungen und Beiträge von zum Islam konvertierten Christen für seine Analyse des Christentums benutzt. Für Šalabî ist das Christentum eine Mischung aus den persönlichen Anschauungen des Apostels Paulus und aus heidnischen Elementen, die erst von Paulus in das Christentum eingeführt wurden[25]. Dem 'entarteten' Christentum ordnet Ahmad Šalabî auch die Evangelien von Lukas und Johannes zu.

Etliche Berichte aus den vier Evangelien wie die Geburt, die Versuchung und Auferstehung Jesu sind für Šalabî nach buddhistischen Legenden und Erzählungen heidnischer Gottheiten Indiens und des Nahen Ostens entworfen worden[26]. Šalabî verwirft auch die in den Evangelien erzählten Wunder: Es sind seiner Meinung nach zu viele Wunder, und sie werden auf so theatralische Weise erzählt,

[23]Stieglecker. Glaubenslehren. S. 259

[24]Šalabî. muqâranat. S. 55-56

[25]Šalabî. muqâranat. S. 130-140 und Ayoub. Views. S. 64

[26]Ayoub. Views. S. 64

daß sie unglaubwürdig wirken, ohne daß sie seiner Ansicht nach einen bestimmten Zweck erkennen lassen[27].

Für diese ablehnende Haltung gegenüber den christlichen Lehren könnten zahlreiche weitere muslimische Theologen angeführt werden. Muhammad Rašîd Ridâ, Muhammad Muhammad Abû Zahra und Ahmad Šalabî sollen hier jedoch als Beispiele genügen, um zu zeigen, wie grundsätzlich die Kritik einflußreicher muslimischer Theologen am Christentum ist und welch große Rolle die europäische bibelkritische Literatur für die Rückenstärkung der muslimischen Apologeten spielte.

[27] Šalabî. muqâranat. S. 25ff.; vgl. auch Ayoub. Views. S. 62

LEKTION 22: GESCHICHTE UND KRITIK DER ISLAMWISSENSCHAFT

1. Drei Feindbilder

Drei Feindbilder über das christliche Abendland sind im Nahen Osten bis heute präsent geblieben: Die *Kreuzzüge*, der europäische *Kolonialismus* verbunden mit der christlichen Missionsarbeit und die westliche *Islamwissenschaft* (die Orientalistik)[1]. Daraus wird deutlich, daß die Geschichte der vergangenen Jahrhunderte im Nahen Osten viel präsenter ist und insbesondere seit der europäischen Kolonialherrschaft im Nahen Osten viel weniger Zeit vergangen zu sein scheint als im Westen, in dem man sich weniger stark daran erinnert.

Die Kreuzzüge sind heute noch immer im Bewußtsein vieler Muslime Realität. Sie gelten als Beispiel dafür, wie Christen - denn als solche werden die Kreuzzüge von muslimischer Seite empfunden - ihre Feinde behandelt haben und sich in einem fremden Gebiet, dem Orient, verhalten haben. Die Kreuzzüge werden überaus negativ beurteilt: "Das Beispiel der immer zahlreicheren und immer besser organisierten Pilgerfahrten ins Heilige Land, die schon zu bewaffneten Angriffen gegen plündernde Beduinen geführt hatten, die eschatologische Bedeutung Jerusalems und des durch die Gegenwart der Ungläubigen verunreinigten Heiligen Grabes, der läuternde Wert der Pilgerreise und die Vorstellung, die unterdrückten orientalischen Christen hätten ein Anrecht auf Hilfe, all das machte im elften Jahrhundert die Expedition ins Heilige Land zur heiligen Pflicht für die Gläubigen"[2].

Ein noch fast zeitgenössisches Beispiel ist der europäische Kolonialismus in der islamischen Welt. Die Einmischung und tiefgreifende Bestimmung der Politik, Wirtschaft und Finanzverwaltung der Länder des Nahen Ostens ist dort noch heute in schlechtester Erinnerung. Ein tief verwurzeltes Gefühl der Demütigung und Niederlage gegenüber den nichtmuslimischen Ländern ist zurückgeblieben. Auch die seit dem Beginn des 19. Jahrhunderts verstärkt einsetzende christliche protestantische Missionsarbeit wurde überwiegend als feindlicher

[1]Eine umfassende Darstellung der Kontakte zwischen Orient und Okzident bietet Lewis. Welt.

[2]Rodinson. Bild. S. 25

Übergriff aufgefaßt. Zur Zeit des Kolonialismus befand sich der Islam in einer inneren und die islamischen Länder in einer äußeren militärischen und wirtschaftlichen Krise. Zu dieser Zeit entstand auch die Orientalistik, also die systematische Erforschung des Orients, seiner Kultur und seiner Bevölkerung.

2. Die Entwicklung der Orientalistik

Die Islamwissenschaft wird aus muslimischer Sicht meist als ein Werkzeug des Kolonialismus betrachtet, der mit der christlichen Missionsarbeit verbunden ist. Die Orientalisten selbst gelten vielen muslimischen Gelehrten bis heute als "die geistigen Nachfahren der Kreuzritter"[3]. Dazu gehört auch ihre teilweise scharfe Kritik an der Darstellung des Islam durch die westliche Islamwissenschaft. Aus muslimischer Sicht muß sich die Kritik der Orientalistik vor allem daran entzünden, daß Nichtmuslime, also 'Ungläubige' vom 'christlichen' Standpunkt aus Urteile über Muhammad und den Islam fällen.

Seit Mitte des 19. Jahrhunderts wird die Orientalistik in Europa zur wissenschaftlichen Disziplin[4]. Im Jahr 1779 taucht der Begriff der Orientalistik im Englischen erstmals auf; 1799 im Französischen; 1873 wird der erste Internationale Orientalistenkongreß in Paris abgehalten[5]. Ebenfalls im 19. Jahrhundert werden mehrere Gesellschaften zur wissenschaftlichen Erforschung des Orients gegründet. So konstituierte sich etwa im Jahr 1821 die Pariser asiatische Gesellschaft (Societé Asiatique) und gab seit 1823 eine eigene Zeitschrift, das 'Journal Asiatique' heraus. Seit 1839 erschien in Indien regelmäßig das 'Journal of the Asiatic Society of Bengal', und im Jahr 1849 begann wenige Jahre nach Gründung der Deutschen Morgenländischen Gesellschaft, die 'Zeitschrift der Deutschen Morgenländischen Gesellschaft' zu erscheinen[6].

Die Orientalistik etabliert sich in Europa ungeachtet der muslimischen Kritik an den Ergebnissen ihrer Forschung:

> "Die Kritik an der westlichen wissenschaftlichen Wahrnehmung des Orients im allgemeinen wie des Islam im besonderen gipfelt in dem Vorwurf, die Orientalistik habe als Speerspitze des Imperialismus lediglich die traditionell-abendländische Feindschaft gegenüber dem Islam und den Arabern reproduziert, in europäischer Manier die Orientalen als passive, unveränderliche Objekte dargestellt und in Form

---

[3]Wielandt. Offenbarung. S. 46-47

[4]Hock. Islam. S. 19

[5]Waardenburg. Mustashrikûn. S. 735

[6]Rodinson. Bild. S. 63

zynischen Herrschaftswissens ein verzerrtes Bild des Islam gezeichnet"[7].

3. Europäische Koranübersetzungen und der Beginn der Islamwissenschaft

Im folgenden sollen einige wichtige Stationen der Entwicklung zur heutigen Orientalistik genannt werden. Die Hauptvoraussetzung, um genauere Kenntnisse über den Islam und den Koran zu erhalten, war natürlich die Kenntnis der arabischen Sprache, die erst im europäischen Mittelalter in Europa unterrichtet wurde:

> "Im 13. und 14. Jahrhundert wurde in Rom, Bologna, Paris, Oxford und Salamanca in gewissem Umfang Arabisch gelehrt"[8].

Der Umfang dieser Studien war noch recht gering, da im 14. Jahrhundert erst an diesen fünf Universitäten islamische Sprachen gelehrt wurden, so daß

> "die Zahl der Leute, die gut Arabisch konnten, in Europa im 13. und 14. Jahrhundert auf weniger als zwanzig geschätzt werden kann."[9]

> "Der erste Lehrstuhl für Arabistik wurde 1539 im neugegründeten College de France für Guillaume Postel eingerichtet, einen aufgeklärten typischen Renaissance-Gelehrten ... der aber auch bahnbrechende Handbücher veröffentlichte ..."[10].

Die erste arabische Grammatik[11] wurde von Thomas von Erpe oder Erpenius (1584-1624) veröffentlicht, ein ausführliches türkisches Lexikon erschien im Jahr 1680 von Franz Meninski[12]. Jacques Waardenburg nennt eine arabische Grammatik schon für den Beginn des 16. Jahrhunderts (1505 wurde eine erste und eine zweite Auflage gedruckt), von Pedro de Alcalá (Petrus Hispanus) mit dem Titel 'Arte para lingeramente saber la lengua araviga'[13]. Im Abendland wurden 1514 zum ersten Mal in Rom arabische Buchstaben für einen osmanisch-türkischen christlich-liturgischen Text gedruckt. Um 1590 wurden die vier Evangelien auf Arabisch in Rom veröffentlicht.

---

[7]Hock. Islam. S. 187

[8]Watt, Welch. Islam. S. 23

[9]Waardenburg. Mustashrikûn. S. 737

[10]Rodinson. Bild. S. 51

[11]Zur Entwicklung der Orientalistik in Europa vgl. besonders Fück. Studien.

[12]Rodinson. Bild. S. 52

[13]Waardenburg. Mustashrikûn. S. 739

In Europa erhielt Edward Pocock (1604-1691) einen der ersten Lehrstühle für Arabistik in Oxford[14]. Man begann, muslimische Texte zu veröffentlichen, und Mitte des 17. Jahrhunderts erschienen eine französische Koranübersetzung von André du Ryer (1647), die direkt aus dem Arabischen übersetzt worden war. Darauf fußte eine englische Ausgabe (1649) von Alexander Ross, eine italienische Übertragung (1547), die auf Petrus Venerabilis' Übersetzung aufbaute und eine deutsche Übersetzung (1616), die wiederum auf der italienischen Ausgabe basierte[15]. Auch auf Holländisch soll der Koran bald darauf übertragen worden zu sein.

Erwähnenswert sind ferner Werke wie Ludovico Marraccis 1698 in Padua veröffentlichte Abhandlung 'Alcorani, Textus Universus', zu der er bereits zuvor eine Einleitung mit dem Titel 'Prodromus, ad refutationem Alcorani' vorangestellt hatte. Dies war ein arabischer Korantext mit einer möglichst wortgetreuen lateinischen Übersetzung, die für lange Zeit eine Art Standardtext wurde, gemeinsam mit einer apologetischen, recht polemischen Widerlegung des Korans. Zu dieser vielfach verwendeten Koranübertragung nebst Apologetik erschien im Jahr 1703 in Nürnberg eine deutsche kommentierte Bearbeitung von David Nerreter[16]. Nerreter erstellte damit die erste vollständige deutsche Koranübersetzung[17], ersetzte aber

---

[14]Endreß. Einführung. S. 19

[15]Watt, Welch. Islam. S. 26

[16]Nerreter nannte seine Übertragung 'Neueröffnete Mahommetanische Moschea, worinn nach Anleitung der VI. Abtheilung von unterschiedlichen Gottes-Diensten der Welt Alexander Rossens/Ernstlich Der Mohometanischen Religion Anfang/Ausbreitung/Secten/Regierungen/mancherley Gebräuche/und vermuthlicher Untergang/Fürs andre/Der völlige Alkoran/Nach der besten Edition Ludovici Marraccii, verteutscht/und kürzlich widerlegt wird' (sic): Merkel. Islam. S. 92

[17]Bereits etwa im Jahr 1616 (und damit knapp 400 Jahre nach dem Erstellen der lateinischen Übersetzung von Petrus Venerabilis) waren einige Koranauszüge ins Deutsche von Salomon Schweigger unter dem Titel übersetzt worden: 'Alcoranus Mahometicus, Das ist: der Türcken Alcoran, Religion und Aberglauben. Aus welchem zu vernemen, wann und woher ihr falscher Prophet Machomet seinen ursprung und anfang genommen, mit was gelegenheit derselb diss sein Fabelwerck, lächerliche und närrische Lehr gedichtet und erfunden. Auch von seinen Träumen und verführerischem Menschentand. Benebens von der Türcken Gebett, Almosen, Fasten, sampt andern Gottesdiensten und ceremonien. Erstlich aus der Arabischen in die Italienische: Jetzt aber in die Teutsche Sprache gebracht'. Vermutlich wurde von dieser Ausgabe noch einmal eine Überarbeitung erstellt, ein Auszug zahlreicher Koransuren mit einer Widerlegung unter dem Titel 'Al-Koranum Mahumedanum: Das ist Der Türcken Religion, Gesetz und Gotteslästerliche Lehr. Mit einer Schrifftmässigen Widerlegung der Jüdischen Fabeln, Mahumedischen Träumen; närrischen und verführerischen Menschentands: Dabey zum Eingang dess Mahumeds Ankunft, erdischte Lehr

Marraccis 'Prodromus' durch einen eigenen Prolog mit dem Titel 'Teutsche Übersetzung des Alkorans'[18].

Erwähnenswert ist vielleicht an dieser Stelle, daß in der islamischen Welt die Buchdruckertechnik lange nicht zur Anwendung kam, und zwar vor allem nicht für den Druck des Korans. Dies hing neben vielen anderen Gründen auch mit der Auffassung von der Unnachahmlichkeit des Korans (arab. i'jâz) zusammen. (Lithographien waren dagegen beliebt.) Eine Druckerpresse wurde zwar bereits im Zusammenhang der Ägyptenexpedition Napoleons Ende des 18. Jahrhunderts nach Ägypten eingeführt, der Gebrauch von Druckerpressen in der islamischen Welt selbst etablierte sich mit Ausnahme von Libanon und Syrien jedoch nicht vor Beginn des 19. Jahrhunderts[19]. Im Osmanischen Reich war das Betreiben einer Druckerpresse vor dem Aufstellen einer eigenen Presse der Hohen Pforte 1726 im 15. und 16. Jahrhundert von mehreren Sultanen verboten worden[20].

Adrian Reland, Professor für orientalische Sprachen an der Universität Utrecht, verfaßte 1705 eine mehr um 'wissenschaftliche Neutralität' und um Aufdeckung einiger abendländischer Irrtümer bemühte Darstellung des Islam aus muslimischer Sicht mit dem Titel 'Von der mohammedanischen Religion' (lateinisch: 'De religione mohammedica'), die in mehrere europäische Sprachen wie deutsch und französisch übersetzt wurde. Das Werk galt als "erste aufgeklärte Studie des Islam als Religion"[21]. Reland, der für seine Untersuchung auf arabische Quellen zurückgegriffen hatte, betont die Notwendigkeit der Beschäftigung mit dem Islam und des Sprachstudiums als wichtige Voraussetzung für die Auseinandersetzung[22]. Auch die erstmals im Jahr 1734 in London veröffentlichte englische Koranübersetzung von George Sale sollte hier erwähnt werden. Dieses Vorwort zu seiner Koranübersetzung war die Studie eines

> "Rechtsanwaltes, der seine Mußestunden dem Studium des Arabischen widmete ... Er empfand seine Arbeit als eine Art Ehrenrettung des vielgelästerten Buches ... er hielt ... für seine Person an einem bewußt christlichen Standpunkt fest, lehnte auch die Muhammeda-

---

und Ausbreitung derselben: Darnach die Gesetz und Ceremonien dess Al-Korans; samt dem erdichteten Paradeiss'. Vgl. Merkel. Islam. S. 93-94

[18]Mit der Bezeichnung "Alkoran" hat Nerreter den arabischen Artikel 'al' vor 'Koran' gestellt und damit in seinem Buchtitel eigentlich zwei Artikel ("der Alkoran") benutzt.

[19]Diesen Zeitpunkt nennt Shaw. Matba'a. S. 795

[20]Shaw. Matba'a. S. 795

[21]Waardenburg. Musta<u>sh</u>rikûn. S. 741

[22]Einige Zitate aus Relands Abhandlung bei Merkel. Islam. S. 89-91.

nermission an sich nicht ab ... und verwarf als Aufklärer jeglichen Zwang und alles Vernunftwidrige in Glaubenssachen."[23]

George Sale hatte seiner Ausgabe ein Vorwort ("Preliminary Discourse") vorangestellt, in dem er eine später vielfach als Grundlage des europäischen Wissens über den Islam weiterverwandte Einführung in die Geschichte und die Lehren des Islam vermittelte.

"Doch im Gegensatz zu Marracci und seiner polemischen Haltung bemühte Sale sich um wissenschaftliche Objektivität und Unparteilichkeit."[24]

Es entstanden Wörterbücher, etwa für die arabische Sprache, Reisende berichteten von Unternehmungen in den Nahen und Fernen Osten, die Universitäten boten vermehrt die Möglichkeit zur Beschäftigung mit diesem Gebiet. Seitdem 1709 der Professor für Arabische Sprache am College de France lehrende Antoine Galland seine französische, allerdings recht freie Übertragung der Märchen aus 1001 Nacht in den Jahren 1704-1717 in 12 Bänden herausgab, die bald darauf ins Deutsche und Englische übersetzt wurden, formten sie das Bild des Orients der Neuzeit, wenn auch nicht sehr zutreffend, so doch nachdrücklich, denn das Bekannt- und Beliebtwerden der sprichwörtlich gewordenen Erzählungen von 1001 Nacht

"... trug wesentlich dazu bei, daß das gebildete Europa im islamischen Orient nicht länger die Heimat des Antichristen und seiner fluchwürdigen Häresie sah, sondern den "unwandelbaren" Osten unter einem ewig heiteren Himmel, mit seiner Farbenpracht und seinem unerhörten Reichtum, seinen Kalifen, Weziren und Kadis, Harems, Märchenprinzen, Feen und Genien, Zauberern und Weisen, eine Welt voll phantastischer Abenteuer und unerhörter Begebenheiten"[25].

Diese beliebten Erzählungen prägten maßgeblich das Bild des Orients mit, das sich Europa lange vom Nahen Osten machen wollte und teilweise auch heute noch machen will. Für das 19. Jahrhundert hat Maxime Rodinson angesichts einer künstlerischen Darstellung des Orients, Le Massacre de Scio von Delacroix, das 1824 ausgestellt wurde, charakterisiert:

"Auf diesem Bild ... finden sich die wesentlichen Züge des romantischen Orientbildes, das so lange blühen und sich so lange in der allgemeinen Vorstellung halten sollte: eine Orgie von Farben; Pracht und wilde Grausamkeit; Harems und Serails; abgehackte Köpfe und in Säcken in den Bosporus geworfene Frauen; ... Wesire, Odalisken und Eunuchen ... Giaurs mit aufgeschlitzten Kehlen; gefangene Frauen, der wilden Gier des Siegers ausgeliefert. Solch grellbunte Bilder befriedigen auf billige Weise die tiefersitzenden Instinkte, die finstere Sinn-

[23]Fück. Studien. S. 104

[24]Watt, Welch. Islam. S. 28

[25]Fück. Studien. S. 101

lichkeit, den unbewußten Masochismus und Sadismus des friedlichen europäischen Bürgertums, wie schon Heine bemerkt hatte. Auch wenn Europäer selbst in den Orient reisten, war dies das Bild, welches sie suchten, wobei sie unbarmherzig sortierten, was sie fanden, und über alles hinwegsahen, was in ihr vorgefaßtes Bild nicht paßte"[26].

In den folgenden Jahrzehnten entstanden mehrere Koranübersetzungen wie etwa eine arabische Textausgabe des Korans von Gustav Flügel. Er verfaßte sie im Jahr 1834 in Leipzig, und danach fand sie über 100 Jahre in der Islamwissenschaft Verwendung[27]. Die wissenschaftliche Beschäftigung mit dem Islam schritt voran. Die Positionen, die in den einzelnen Abhandlungen vertreten wurden, reichten von einer Bewunderung Muhammads als Prophet und Staatslenker bis zur Verächtlichmachung und Schmähung des Islam.

So folgte durch die Jahrhunderte hindurch nach und nach der Polemik die 'Objektivität' (durch Reiseberichte, wissenschaftliche Werke, Islam- und Sprachstudien an den Universitäten) und der "Objektivität" wiederum die "Bewunderung"[28].

Als 'Wegbereiter' der Islamwissenschaft[29] sind für das 19. Jahrhundert Namen zu nennen wie Gustav Weil (1808-1889)[30], Aloys Sprenger (1813-1893)[31], William Muir (1819-1905)[32], Hubert Grimme[33], Frants Buhl[34], Leone Caetani[35], Tor Andrae[36], Regis Blachère[37], W. Montgomery Watt[38], Theodor Nöldeke (1836-1930), der wohl "bedeutendste deutsche Orientalist seiner Zeit"39,

---

[26]Rodinson. Bild. Bd. 1. S. 65

[27]Watt, Welch. Islam. S. 28

[28]Rodinson. Bild. Bd. 1. S. 54

[29]Als Überblick über die Entwicklung der Islamwissenschaft s. Fück. Studien.

[30]Die Titel der Werke der jeweiligen Autoren werden im folgenden jeweils in den Fußnoten genannt. Gustav Weil: Mohammed der Prophet, sein Leben und seine Lehre. 1843

[31]Sein Hauptwerk trug den Titel: Das Leben und die Lehre des Mohammad. 3 Bände, 1861-1865. Im folgenden werden die wichtigsten Werke der betreffenden Islamwissenschaftler genannt.

[32]The Life of Mahomet and History of Islam erschien 1858-1861 in vier Bänden.

[33]Mohammed. Bd. 1: Das Leben. 1892

[34]Muhammads Liv. 1903

[35]Annali dell' Islam. 1905ff.

[36]Mohammed, sein Leben und sein Glaube. 1932

[37]Le problème de Mahomet. 1932

[38]Muhammad at Mecca. 1953; Muhammad at Medina. 1956

[39]Fück. Studien. S. 217. Sein epochemachendes Werk hieß Geschichte des Qurans. 1860; überarbeitet und erweitert von Friedrich Schwally. Bd. 1

Julius Wellhausen (1844-1918)[40], Ignaz Goldziher (1850-1921)[41] "als Begründer der modernen Islamwissenschaft"[42], Christian Snouck Hurgronje (1857-1936)[43], Richard Bell[44], Rudi Paret[45], Jacques Waardenburg[46], Carl Heinrich Becker[47] und Louis Massignon[48].

Am Rande erwähnt werden sollte hier, daß insbesondere in der europäischen Kolonialzeit auch unter Orientalisten das politische Überlegenheitsgefühl Europas und der Wunsch nach der Weltherrschaft herauszuhören war. So schreibt der Orientalist C. H. Becker etwa:

> "Noch stehen sich Christentum und Islam geistig und materiell gleich. Aber je mehr das Abendland heraustritt aus dem dämmernden Schatten des Mittelalters, desto sicherer wird seine Überlegenheit gegenüber dem Orient. Die abendländischen Völker werden sich bewußt, daß die mittelalterliche Kutte, die sie getragen, im Orient gewirkt war; und, von ihr sich befreiend, entdecken sie die Kraft und Schönheit ihrer Glieder und ihres Geistes.... Möge der Islam sich allmählich nicht nur die Form, sondern auch das Wesen des neuen christlichen Europa zu eigen machen! ... "[49]

Bis zur Gegenwart ist zu beobachten, daß sich der Westen mit einer sachlichen Auseinandersetzung mit dem Islam schwertut[50]. Obwohl heute vielfach die Gelegenheit zur Information über den Islam besteht, ist das Wissen über den Islam hierzulande nach wie vor be-

---

1909, Bd. 2 1919; fortgesetzt mit Bd. 3 von Gotthelf Bergsträsser 1926 und 1929; vollendet von Otto Pretzl; letzter Teil 1938

[40]Reste arabischen Heidentums. 1887/1897

[41]Die Zahiriten, ihr Lehrsystem und ihre Geschichte. 1884; Muhammedanische Studien 1889-1890; Vorlesungen über den Islam. 1910; Die Richtungen der islamischen Koranauslegung. 1920

[42]Watt, Welch. Islam. S. 33

[43]Het Mekkaansche Feest. 1880; Mekka. 2 Bde. 1888-1889

[44]The Qur'an. Translated, with a critical re-arrangement of the Surahs. 2 Bde. 1937+1939; Introduction to the Qur'an und The Origin of Islam in its Christian Environment. 1926

[45]Mohammed und der Koran. 1957; Deutsche Koranübersetzung 1963-1966; Der Koran: Kommentar und Konkordanz. 1971

[46]L'Islam dans le mirroir de l'Occident. 1962

[47]Islamstudien, Vom Werden und Wesen der islamischen Welt. 1924+1932

[48]Diese Darstellung folgt Watt und Welch. Islam. S. 28-36

[49]Becker. Islamstudien Bd. 1. S. 428

[50]Interessant ist auch eine Analyse der an Deutschlands Schulen verwendeten Geschichtsbücher zum Thema Islam: Tworuschka. Analyse. Die Autorin kommt zu dem Ergebnis, daß die Informationen über den Islam nur teilweise richtig und sachlich vermittelt werden, andere Fragen jedoch teilweise verkürzt oder sachlich falsch darstellt werden.

grenzt, und die westliche Welt scheint in ihrem Urteil auch heute häufig zwischen kritikarmer Bewunderung und harter Verurteilung hin- und herzuschwanken.

4. Das Problem der Neutralität in der Islamwissenschaft

An dieser Aufzählung der ersten europäischen Werke, die sich mit dem Islam beschäftigten, wird deutlich, daß über die Unwissenheit Europas hinaus, die den Umgang mit dem Islam jahrhundertelang prägte, die Frage der eigenen Standortbestimmung zum Islam die Enwicklung der Islamwissenschaft zusätzlich komplizierte. Auch wenn Unwissenheit über den Islam leicht zu einer apologetisch-ablehnenden Haltung führen konnte, so kann doch nicht übersehen werden, daß in einem vom christlichen Gedankengut und kirchlichen Leben geprägten Europa der christliche Hintergrund eine Ablehnung des Islam zur Folge hatte, wie wenig detailliert oder sogar falsch diese Kenntnis des Islam immer gewesen sein mag. Noch im 19. Jahrhundert sind islamwissenschaftliche Werke häufig deutlich von dem christlichen Standpunkt ihres Autors geprägt. Manche Theologen forschten zugleich über den Islam und ließen ihre theologische Bewertung in ihre Islamstudien miteinfließen. Dafür ist z. B. Sir William Muir ein Beispiel. Watt und Welch urteilen über William Muir unnötig scharf:

> "Muir ist nur ein typisches Beispiel für viele Christen seiner Zeit, die glaubten, ihre eigene Religion dadurch zu erhöhen, daß sie andere herabsetzten[51]".

Bei diesem Urteil wird außer acht gelassen, daß bei einem Islamwissenschaftler, der gleichzeitig überzeugter Christ war wie Sir William Muir, ein absoluter Standpunkt, wie ihn der christliche Glaube darstellt, immer die Ablehnung anderer Standpunkte miteinschließen muß. Natürlich ist ein solcher christlicher Standpunkt in der Islamwissenschaft heute absolut verpönt[52]:

> "Der Stein des Anstoßes war für die christliche Bewertung des Islams ... Muhammad. Die Ablehnung Muhammads zielte dabei besonders auf die Person des Propheten selbst, dem allerlei moralische und sittliche Mängel, vor allem aber ein kraß-sinnlicher Charakter vorgeworfen wurde"[53].

Bemüht sich heute die Islamwissenschaft um mehr 'Wissenschaftlichkeit' und 'Neutralität', so sind doch zumindest zwi-

---

[51]Watt, Welch. Islam. S. 29

[52]Grundsätzliche Überlegungen zur westlichen Toleranz gegenüber dem Islam sowie zur Übernahme eines humanistischen Standpunktes durch die christliche Theologie vgl. bei Hock. Islam. S. 337

[53]Hock. Islam. S. 32

schen den Zeilen nach wie vor die Wertungen der einzelnen Autoren herauszulesen, denn eine Beschreibung, wie Muhammad seine Offenbarungen empfing, zwingt den Autor schon durch die Wahl seiner Begriffe zumindest zur Andeutung seiner weltanschaulichen Position. Nur noch selten wird die eigene Weltanschauung offen dargelegt. So hat seit dem Erscheinen der ersten, meist vom christlichen Standpunkt bestimmten islamwissenschaftlichen Werke eine gewaltige Umorientierung bis hin zum Umschlagen ins Gegenteil eingesetzt. Wohlwollende Darstellungen des Islam überwiegen unter den orientalistischen Werken, oder doch zumindest Darstellungen, die deutlich machen, daß ihre Autoren dem Islam vor dem Christentum den Vorrang einräumen oder sogar deutlich Sympathie für den Islam ergreifen.

Gleichzeitig war und ist das Verhältnis zwischen Orientalisten und Muslimen stets gespannt gewesen; in früheren Zeiten, weil die kritische Erforschung des Korans und der Traditionen und Korankommentare ähnlich wie die christliche Missionsarbeit als Bestandteil europäischer Herrschaft und des Imperialismus/Kolonialismus betrachtet wurde. Auch heute ist das Verhältnis kein grundsätzlich anderes, da die Kenntnis und das Wissen, das von Orientalisten behauptet wird, doch für Muslime unter dem 'Vorzeichen des Unglaubens' steht und von Politik und Ideologie genutzt werden kann, um die muslimische Welt erneut zu knechten und ihre Religion zu verunglimpfen. Gleichzeitig fühlen sich viele Orientalisten mit diesem Urteil mißverstanden und sogar absichtlich mißgedeutet, da ihre wissenschaftlichen Ergebnisse nicht gewürdigt, ja sogar verachtet werden.

5. Positive Urteile über Muhammad seitens der modernen Islamwissenschaft

In der Islamwissenschaft als einem im höchsten Maß weltanschaulich geprägten Fach kommt das Dilemma des meines Erachtens fast völligen Fehlens einer Methodik zur Beurteilung des Islam deutlich zum Ausdruck. Da die Islamwissenschaft aus der christlichen Theologie heraus entstand, brachten die ersten Islamwissenschaftler ihr christliches Werturteil in die Orientalistik mit hinein. Diese Beurteilung wurde ihnen von der nachfolgenden Orientalistengeneration schwer verübelt. Im 20. Jahrhundert setzt gegenüber der kritisch-distanzierten Bewertung des Islam im 19. Jahrhundert eine Gegenbewegung ein, die gekennzeichnet ist von einem kollektiven 'schlechten Gewissen' aufgrund des Verhaltens der europäischen Kolonialländer in der islamischen Welt, von der Aufgabe der Bindung an den christlichen Glauben und die Theologie und die daraus folgende Kritikarmut, ja manchmal Kritiklosigkeit bis zur Parteinahme und Bewunderung des Islam. Eine Beurteilung bestimmter Charakterzüge oder Verhaltensweisen Muhammads ist heute in der Islamwissenschaft verpönt, und die traditionellen Kritikpunkte wie z. B. die Ausnahmeregelungen, die Muhammad für sich selbst getroffen hat, werden kaum noch diskutiert.

Wenn noch im und vor dem 19. Jahrhundert der Vorwurf des Betrugs häufig über Muhammad ausgesprochen wurde, so wird diese Sichtweise in moderneren islamwissenschaftlichen Werken meines Wissens gar nicht mehr vorgebracht. Vielmehr prägen proislamische Urteile das Bild. Man ist heute der Überzeugung, Muhammad war selbst

> "... ehrlich überzeugt, in seinen Verkündigungen lauter echte Offenbarungen zu übermitteln"[54], denn

> "Wenn man sich diese Stellen vergegenwärtigt, die er für wahrhaftige Offenbarungen halten mußte, so kann Mohammed nicht erwogen haben, irgendwelche Verse selbst zu gestalten und sie als Offenbarungen hinzustellen"[55].

Watt und Welch grenzen sich gegen den im 19. Jahrhundert häufig vorgebrachten Vorwurf des Betrugs ab, wenn sie urteilen:

> "denn est ist undenkbar, daß eine große Weltreligion auf einer bewußten Irreführung beruht"[56].

Maxime Rodinson hat in seiner Analyse über das Bild des Islam im Westen sehr treffend beschrieben, zu welch einer "heiklen Frage" die Bewertung der Person Muhammads heute geworden ist[57].

> "Man kann ihn nicht mehr wie im Mittelalter einfach als einen teuflischen Betrüger ansehen. Während die Mehrzahl christlicher Denker, die dieser Frage ihre Aufmerksamkeit schenken, sich eines Urteils enthalten, betrachten ihn einige römisch-katholische Fachleute als 'religiöses Genie'. Andere gehen noch weiter und fragen sogar, ob er nicht in gewisser Weise ein wahrer Prophet gewesen sei ... In Übereinstimmung mit Massignon sind manche Christen beeindruckt von der spirituellen Bedeutung des religiösen Erlebens im Islam und beunruhigt von den Ungerechtigkeiten, die ihre eigenen Völker im Verlauf der Geschichte dem Islam gegenüber begangen haben ... In dieser Richtung geht die antikolonialistische Linke, sei sie nun christlich oder nicht, oft so weit, den Islam und die zeitgenössischen Ideologien der islamischen Welt 'heiligzusprechen', wodurch sie von einem Extrem ins andere fällt. Ein Historiker wie Norman Daniel ging so weit, jede Kritik an der moralischen Haltung des Propheten als 'mittelalterliche'

---

[54]Paret. Mohammed. S. 150

[55]Watt, Welch. Islam S. 168

[56]Watt, Welch. Islam S. 74

[57]Rodinson. Bild. S. 77ff

und imperialistische Vorstellung zu bezeichnen ... Hier ist das Verständnis der bloßen und einfachen Apologetik gewichen"[58].

Besonders in älteren orientalistischen Werken wurde immer wieder kritisiert, daß Muhammad in schwierigen Situationen - wie der verbotenen Kriegsführung während der heiligen Monate oder dem in den Oasen verbotenen Fällen der Palmen usw. - 'rechtzeitig' eine 'Offenbarung' erhielt, die sein Verhalten rechtfertigte. Heute hat sich die Islamwissenschaft immer mehr der muslimischen Sichtweise angenähert und letztlich fast durchgängig die göttliche Quelle der Offenbarungen Muhammads anerkannt. Interessanterweise wird die Islamwissenschaft und ihre quantitativ beachtliche Forschungsleistung auf dem Gebiet der islamischen Geschichte, Religion und Kultur trotz ihrer weitgehend kritiklosen Haltung von muslimischen Kollegen selten in dem Maße anerkannt oder sogar gewürdigt, wie es aus der Sicht der Islamwissenschaft eigentlich angebracht wäre.

Der Islamwissenschaftler Rudi Paret, der im übrigen Muhammad für einen "Ekstatiker" hält[59], geht davon aus, daß in den Fällen, in denen Muhammads umstrittenes Verhalten durch eine nachträgliche Offenbarung gerechtfertigt wurde,

> "... seine eigenen Gedanken und wohl auch seine eigenen Neigungen und Wünsche in seinem Unterbewußtsein wirksam geworden sind und so den Inhalt der betreffenden Offenbarung, die zuerst erwartet wurde und schließlich auch eintrat, mit bestimmt haben ... Die Gefahr der Selbsttäuschung oder, wie er sich ausdrückt, der Beeinflussung durch den Teufel mag seiner Meinung nach hin und wieder tatsächlich vorgelegen haben; aber in der letzten Phase der Entwicklung hat sich jedesmal Gott eingeschaltet und für die richtige und endgültige Formulierung Sorge getragen. Deshalb läßt sich der Verdacht, Mohammed habe gelegentlich eine Offenbarung bewußt und absichtlich zur Sanktionierung eigener Ansichten und zur Verwirklichung persönlicher Wünsche mißbraucht, ebenfalls nicht aufrecht erhalten"[60].

Es wird deutlich, daß es unmöglich ist, bei einem so stark weltanschaulich geprägten Gegenstand wie der Geschichte der Entstehung des Islam sich auf eine bloße Beschreibung der Geschehnisse zurückzuziehen. Vielmehr wird diese Beschreibung immer eine Deutung der Geschichte sein. Rudi Paret hebt bei seiner Beurteilung von Muhammads Vorgehen besonders seine Demut hervor:

> "Mohammed war bei alledem keineswegs von Machthunger getrieben. Im Gegenteil. Auch für die größten militärischen und politischen Erfolge hat er, wie wir feststellen konnten ... in tiefer Demut Gott al-

---

[58]Rodinson. Bild. S. 77/78

[59]Paret. Mohammed. S. 78

[60]Paret. Mohammed. S. 151

lein die Ehre gegeben. In seiner Grundhaltung hat sich nichts geändert ..."[61]

Für Rudi Paret läßt sogar die gelegentliche Selbstkritik Muhammads (etwa sein Schuldbekenntnis, die drei weiblichen Göttinnen zunächst nicht völlig abgelehnt zu haben[62], "auf die Lauterkeit der Gesinnung schließen"[63].

Gleichermaßen urteilt er im Zusammenhang von Muhammads Vekündigung des Jüngsten Gerichtes und der Auferstehung der Toten:

> "Um so großartiger und eindrucksvoller ist die Integrität, mit der der Prophet diese an sich fremde Idee aufgegriffen und sich zu eigen gemacht hat. An ihr hat er seine innere Frömmigkeit immer wieder orientiert..."[64].

Paret erwähnt zwar "die Leichtigkeit, mit der sich Mohammed gelegentlich über vertragliche Bindungen hinwegsetzte"[65], meint aber im Hinblick auf den heimtückischen Mord an zwei einzelnen Juden folgendermaßen urteilen zu können: der Jude Ka'b ibn al-Ašraf hatte nach der Schlacht von Badr in seinen Liedern gegen Muhammad Partei ergriffen. Muhammads Anhänger ermordeten ihn unter Erschleichung seines Vertrauens. al-Uzayr ibn Râzim, der von der Oase Haybar aus als Anstifter zu einem Angriff auf Medina (und damit auf die Muslime dort) galt, wurde von Muhammads Gefolgsleuten unter Zusicherung seiner Sicherheit nach Mekka gelockt, um dann unterwegs ermordet zu werden. Paret urteilt speziell über die beiden Fälle:

> "Von unserem Standpunkt aus verabscheuen wir natürlich derartige heimtückische Mordtaten. Wir haben aber weiter zu fragen, ob Mohammeds Zeitgenossen die Verwerflichkeit seiner Handlungsweise so empfunden haben wie unsereiner. Wahrscheinlich haben sie das nicht getan ... Auch schien ihm der Erfolg der Aktion rechtzugeben"[66].

Mit solchen Argumenten läßt sich letztlich jede Vorgehensweise rechtfertigen.

Muhammad ließ nachweislich mehrere weitere Personen lediglich für das Singen von Spottliedern umbringen. Allein sieben solcher namentlich bekannter Fälle, darunter eine Mutter von fünf Kindern

---

[61] Paret. Mohammed. S. 152
[62] Vgl. Lektion 1.5.d.
[63] Paret. Mohammed. S. 68
[64] Paret. Mohammed. S. 73
[65] Paret. Mohammed. S. 154
[66] Paret. Mohammed. S. 155

und einen alten Greis, nennt Rudi Paret selbst[67], faßt aber sein Urteil darüber zusammen:

> "Man wird den Propheten wegen dieser seiner unversöhnlichen Haltung gegenüber Andersdenkenden, die ihm mit ihrer scharfen Zunge geschadet hatten, nicht moralisch verdammen dürfen. Satiren ... schrieb (man) ... eine geradezu magische Wirkung zu ... Immerhin gehört es mit zum Charakterbild Mohammeds, daß er sogar gemeinen Mord für erlaubt hielt, um sich derartiger Feinde zu entledigen ... Aber er hat eben seine Person, sein Amt und seine Sache zu ernst genommen, als daß jemand ungestraft darüber hätte lachen dürfen. Wer zur Selbstironie fähig ist und sich über Haßreden aller Art erhaben dünkt, kann nicht zugleich ein Prophet sein, und umgekehrt"[68].

Es ist aber wirklich zu fragen, ob Mord an Andersdenkenden, ob Vertragsbrüche, die auch zu jener Zeit als Vertragsbrüche galten, zur damaligen Zeit tatsächlich nicht als verwerflich beurteilt wurden. Ein eindeutiger Beleg aus den Quellen ist weder für das eine noch das andere beizubringen. Man kann aber davon ausgehen, daß auch die altarabische Gesellschaft durch das Beachten ihrer Gesetze funktionierte und ein Verstoß dagegen als solcher empfunden wurde. Es gibt keine Gesellschaft, in der es keine Rechtsbrüche gäbe.

Bei der Frage, ob es rechtmäßig war, daß Muhammad mehr Frauen hatte als es allen anderen Muslimen gestattet war, weist Rudi Paret[69] auf die koranische Ausnahmeregelung für Muhammads eigene Frauenzahl hin. Außerdem nennt er die Tatsache, daß Muhammad die ihm nach damaligem Recht verbotene Frau seines Adoptivsohnes, Zaynab, heiratete[70]. Dann bemerkt er jedoch im Hinblick auf die in Sure 33 für Muhammad getroffenen Ausnahmeregelungen:

> "Die Offenheit, mit der hier in einem heiligen Text über diese Dinge gesprochen wird, wirkt verblüffend und zugleich entwaffnend. Sie bricht jeder weiteren Kritik die Spitze ab"[71].

Es ist allerdings doch zu fragen, warum eine gewisse offene Art der Darstellung derart "entwaffnend" wirken kann, daß über die eigentliche Tatsache, daß Muhammad als Gesandter Gottes dreimal so viele Frauen für sich in Anspruch nahm, wie der Koran jedem anderen Muslim gestattet, über jede Kritik erhaben ist. Immer wieder wird zur Entlastung Muhammads angeführt, daß Muhammad nicht

---

[67]Paret. Mohammed. S. 162

[68]Paret. Mohammed. S. 162

[69]Paret. Mohammed. S. 158

[70]Vgl. Lektion 11.4.

[71]Paret. Mohammed. S. 158

entgegen den Maßstäben seiner Zeitgenossen lebte, sondern allenfalls in der Sache mit Zaynab ihre Kritik herausforderte[72], bis Gott sein Verhalten nachträglich legitimierte.

Watt und Welch argumentieren, daß nur "die bemerkenswerte Verbindung von Qualitäten in Mohammed selbst" die Entstehung eines Weltreiches und einer Weltreligion möglich machte[73].

Wiederum wird deutlich, daß sich letztlich eine Bewertung des Charakters und des Handelns Muhammads[74] mehr am Standpunkt des Betrachters und weniger am Sachverhalt an sich entscheidet.

Neben Rudi Paret sei hier der schwedische Bischof und Orientalist Tor Andrae (1885-1947)[75] als Vertreter der positiv wertenden Islamwissenschaft genannt. Tor Andrae beurteilt zwar im Verlauf der Lebensbeschreibung Muhammads immer wieder einmal kritisch einzelne Ereignisse oder Handlungen Muhammads, sein abschließendes Urteil hinsichtlich Muhammads Aufrichtigkeit bei seiner Verkündigung ist jedoch recht positiv:

> "Auch für uns kann die Originalität, die Unmittelbarkeit und Frische des religiösen Erlebnisses ein Beweis für die Echtheit der Inspiration werden"[76].

Er ist sich jedoch der Relativität seines eigenen Standpunktes bewußt, wenn er fortfährt:

> "Leider ist es jedoch in hohem Maße vom eigenen Standpunkt des Betrachters abhängig und von seiner Fähigkeit, sich sympathisch in seinen Gegenstand einzuleben, ob er dieses Kriterium als vorhanden ansieht"[77].

Daß Muhammad nicht die ihm später von der islamischen Theologie zugeschriebene Sündenfreiheit zu Lebzeiten selbst in Anspruch genommen hat, ist für Andrae ein "sympathischer Zug" der von "Demut" und "Selbstkritik" bestimmten "Persönlichkeit" Muhammads und seinem "moralischen Ernst"[78].

---

[72]So auch Watt, Welch. Islam. S. 147

[73]Watt, Welch. Islam S. 148

[74]Muhammad heiratete 13 oder 14 Frauen, besaß darüberhinaus aber noch Sklavinnen als Konkubinen, die meist durch Raubzüge und Eroberungen Eigentum der muslimischen Gemeinschaft wurden. Eine Liste der Namen s. bei Watt. Muhammad at Medina. S. 395ff.

[75]Von 1929-1934 war Tor Andrae Bischof der schwedischen Kirche. Er war zudem Professor an der Universität Uppsala.

[76]Andrae. Mohammed. S. 144

[77]Andrae. Mohammed. S. 144

[78]Andrae. Mohammed. S. 146-147

"Wenn hier vielleicht ein frommer Betrug seinerseits in dieser oder jener Form vorliegt, so ist es unleugbar unter sehr mildernden Umständen geschehen"[79].

Allerdings urteilt Tor Andrae an anderer Stelle:

"Leider kann es von seinem Charakter im allgemeinen nicht gesagt werden, daß Rechtschaffenheit und Aufrichtigkeit zu seinen hervortretendsten Zügen gehört"[80].

Zwei weitere Orientalisten, W. M. Watt und A. T. Welch, lehnen den vorwiegend in den vergangenen Jahrhunderten vorgebrachten Vorwurf des bewußten Betruges Muhammads bei der Übermittlung seiner Botschaft ab. Für sie sind jedoch "die Vorwürfe der Treulosigkeit und Doppelzüngigkeit ... gerechtfertigt"[81], vor allem im Hinblick auf Muhammads Vertragsbruch mit den Juden und die Verletzung des Abkommens von al-Hudaybiya, sowie die Ermordung mißliebiger Gegner, die Ausrottung der männlichen Mitglieder der Banû Qurayza und die Verletzung des heiligen Monats beim Überfall von Nahla[82]. Watt und Welch weisen jedoch im folgenden darauf hin, daß höchstens die Verletzung des heiligen Monats bei Muhammads Zeitgenossen "moralische Kritik" hervorrief[83]. Im folgenden würdigen die Autoren jedoch ausführlich die staatsmännische, prophetische und spirituelle Persönlichkeit Muhammads und schließen im Hinblick auf letzteres:

"An dieser Stelle kehrt man am besten zweifelhaften Spekulationen den Rücken und läßt seiner Bewunderung angesichts der Größe und geistigen Erhabenheit der Gemeinde gläubiger Menschen, die aus so augenfällig bescheidenen Anfängen erwuchs, freien Lauf"[84].

Nur am Rande erwähnt werden soll hier die Tatsache, daß Historiker, Theologen oder Orientalisten die die historische Glaubwürdigkeit der Bibel - wie im christlichen Abendland üblich - als sehr gering einschätzen, gleichzeitig aber an der Verläßlichkeit des Korans kaum Zweifel äußern, obwohl die historische Zuverlässigkeit des Korans angesichts seiner Entstehungsgeschichte doch zumindest diskutiert werden müßte. Die Entwurzelung von der abendländisch-christlichen Tradition äußert sich de facto in einer größeren Akzeptanz der islamisch-theologischen Geschichte als der christlichen Geschichte und einer gewissen Kritiklosigkeit gegenüber islamischer Lehre und Geschichte.

---

[79]Andrae. Mohammed. S. 144

[80]Andrae. Mohammed. S. 151

[81]Watt, Welch. Islam. S. 142

[82]Watt, Welch. Islam. S. 142

[83]Watt, Welch. Islam. S. 143

[84]Watt, Welch. Islam. S. 149

Als Beispiel dafür, daß dem Koran von Orientalisten von vorneherein eine größere Glaubwürdigkeit zugestanden wird als der Bibel, soll hier wieder Rudi Paret dienen. Er zweifelt für den Koran nicht daran, daß

> "der Text im großen ganzen zuverlässig ist und den Wortlaut so wiedergibt, wie ihn die Zeitgenossen aus dem Munde des Propheten gehört haben ... Wir haben keinen Grund anzunehmen, daß auch nur ein einziger Vers im ganzen Koran nicht von Mohammed selber stammen würde"[85].

[85]Paret. Koran. S. 5

LEKTION 23: AUS DER GESCHICHTE DER KONTROVERSE ZWISCHEN ISLAM UND CHRISTENTUM

A. GESCHICHTE DER CHRISTLICHEN ERFORSCHUNG DES ISLAM

1. Bis zum Jahr 1300

Obwohl Islam und Christentum nur wenige Jahrhunderte nacheinander und beide im Kulturraum des Vorderen Orients entstanden waren, beschäftigte man sich in Europa in den Jahrhunderten nach der Entstehung des Islam nicht mit dieser Religion, wenn man von den wenigen Schriften der Auseinandersetzung einmal absieht. Sie waren zudem vielfach im Stil polemischer Streitschriften gehalten und vorwiegend mit sehr geringer Kenntnis des Islam entstanden[1]. Diese Streitschriften konnten daher im Abendland kein Wissen über den Islam verbreiten.

Jacques Waardenburg nimmt als erstes schriftliches Zeugnis aus Europa über den Islam Teile aus einer Abhandlung von Moses Sefardi mit dem Titel 'Dialogi in quibus impiae Judaeorum confutantur' (1062-1110 n. Chr.) an. Der Autor kannte arabische astronomische Werke. Er bekehrte sich 1106 vom Islam zum Christentum und nahm den Namen Pedro de Alfonso an[2]. Für das 11. Jahrhundert sollte Raymond Lull erwähnt werden (ca. 1231-1315 n. Chr.), der einige gegen den Islam gerichtete Werke verfaßte. Er gründete in Miramar auf Mallorca ein Unterrichtsinstitut für Arabisch für zukünftige christliche Missionare, mit dessen Hilfe er den Muslimen durch friedliche Kontroversen die Überlegenheit der christlichen Wahrheit darlegen wollte[3].

---

[1]Zum Verhältnis der Theologie zur Islamwissenschaft und der Beurteilung des Islam aus den Werken einiger Theologen des 20. Jahrhunderts vgl. Hock. Islam

[2]Waardenburg. Mustashrikûn. S. 737

[3]Waardenburg. Mustashrikûn. S. 737

Vor dem 12. Jahrhundert[4] - damals war der Islam bereits etwa 400 Jahre alt - besaß Europa eine äußerst kärgliche und mit Sicherheit verzerrte Vorstellung von Muhammads Leben und Wirken. Eine bekannte Ausnahme für die Beschäftigung mit dem Islam - allerdings aus dem nichtkirchlichen Bereich - stellen die Kontakte des Hohenstauferkaisers Friedrich II. (1194-1250) dar,

> "der mit Muslimen über Philosophie, Logik, Medizin und Mathematik sprach, der von der islamischen Lebensweise beeinflußt war und der in Lucera eine Gruppe von Sarazenen ansiedelte und ihnen eine Moschee und alle Annehmlichkeiten orientalischen Lebens zur Verfügung stellte"[5].

Die christliche Kirche hatte nicht nur zur Entstehungszeit des Islam ihren Auftrag versäumt, sondern erkannte auch in den folgenden Jahrhunderten nicht die Notwendigkeit zur Auseinandersetzung mit dieser Religion, die schon vor Beginn des europäischen Mittelalters ein riesiges Reich umfaßte.

Daher ist es nicht verwunderlich, daß in Europa Mißverständnisse die Auffassungen vom Orient prägten wie etwa die Meinung, Muhammad werde von den Muslimen als Gott verehrt.

> Bis in die Neuzeit hinein werden Muslime als 'Mohammedaner' bezeichnet. Dies ist aus ihrer Sicht jedoch eine Beleidigung, da sie nicht an Muhammad glauben, sondern sich Gott, dem Schöpfer, ergeben haben.

Andere glaubten, Muhammad sei ein römischer Kardinal[6], dessen Namen man auch als "Mahound" entstellte[7].

Im 12. Jahrhundert entstand endlich die erste Koranübesetzung in eine europäische Sprache. Der Abt von Cluny, Petrus Venerabilis (1092-1156), beauftragte im Jahr 1142 anläßlich einer Inspektionsreise einiger ihm unterstellter Klöster in Spanien die beiden Gelehrten der arabischen Sprache und Literatur Robert von Ketton und Hermann von Dalmatien mit der Übersetzung des Korans (und einiger anderer arabischer Werke) ins Lateinische, da ihm

> "daran lag ... die jüdische und islamische Irrlehre mit stichhaltigen Argumenten zu bekämpfen, wobei er sich aber den 'Irrenden' gegenüber verständnisvoll und nachsichtig zeigte"[8].

---

[4]Alle Jahresangaben in dieser Lektion folgen der christlichen Zeitrechnung.

[5]Rodinson. Bild. S. 38-39. Einige der Übersetzer philosophischer Werke, die in Diensten Friedrichs II. standen, nennt Waardenburg. Musta<u>sh</u>rikûn. S. 738.

[6]Letzteres belegen Watt, Welch. Islam. S. 18

[7]So Watt. Muhammad, Prophet and Statesman. S. 2.

[8]Rodinson. Bild. S. 30

Er

"überwand damit die erste Epoche in der Auseinandersetzung mit dem Islam, die von Ignoranz und Polemik gekennzeichnet war"[9].

Leider griff die christliche Kirche auf diese Übersetzung, die in den Jahren 1142/1143 n. Chr. fertiggestellt wurde, für ihre weiteren Schriften kaum zurück, und das Abendland verfügte auch in den folgenden Jahrhunderten nicht über eine wirkliche Kenntnis des Islam. Die muslimischen Länder hatten ihrerseits aufgrund des Dogmas von der Unnachahmlichkeit (arab. i'jâz) des Korans[10] kein Interesse, den Koran selbst in andere Sprachen zu übersetzen. Watt und Welch charakterisieren die Auffassung vom Islam in Europa zu dieser Zeit folgendermaßen:

"(1) Die islamische Religion ist eine Irrlehre und eine absichtliche Verdrehung der Wahrheit
(2) Der Islam ist eine Religion der Gewalt und des Schwertes[11]
(3) Der Islam ist eine Religion der Genußsucht
(4) Mohammed ließ sich vom Teufel leiten; ja, er war der Antichrist."[12]

2. Von 1300 bis 1500

Zur Zeit der Kreuzzüge Ende des 11. bis zum 13. Jahrhundert n. Chr. sind die Muslime in den Augen der Europäer die Besatzer der heiligen Stätten und damit erst recht die Erzfeinde des Christentums. Zu dieser Zeit entstanden in Europa etliche Irrmeinungen über Muhammad[13]. Gleichzeitig fand in den Kreuzfahrerstaaten wie Syrien-Palästina ein gewisser geistig-kultureller Austausch statt, und es wurden Werke über die Beobachtung 'des anderen' verfaßt, die noch heute Zeugnis ablegen für diese Begegnungen der Menschen aus beiden Religionen[14].

Ab dem 12. Jahrhundert begann Europa einerseits mehr und mehr, die Errungenschaften der arabischen Kultur zu bewundern, und zwar besonders die Naturwissenschaften und die Philosophie, mit der

[9]Diese erste Koranübersetzung ist inzwischen in einer wissenschaftlichen Ausgabe ediert und übersetzt worden. Zur Geschichte des Werkes vgl. Glei. Petrus Venerabilis. S. XIff.

[10]Vgl. Lektion 2.C.7. zum Koran als Beglaubigungswunder Muhammads

[11]Gleichzeitig war Europa in die Kreuzzüge verwickelt.

[12]Watt, Welch. Islam. S. 19-21

[13]Gardet. Islam. S. 344

[14]Z. B. beschrieb Wilhelm von Tyrus in seinem Werk 'Historia rerum in partibus transmarinis gestarum' die muslimische Lebensweise. Ein Beispiel für einen muslimischen Beobachter abendländischer Sitten und Verhaltensweisen ist Usâma b. Munqid

Studenten und Gelehrte des Abendlandes vor allem in Spanien in Berührung kamen. Andererseits machte man sich aber über den Islam und die islamische Lebensweise, wie etwa die Polygamie, in polemischen Schriften lustig[15]. Bereits Ende des 11. Jahrhunderts begann Constantinus Africanus, Werke griechischer und muslimischer Ärzte ins Lateinische zu übertragen[16]. Arabische wissenschaftliche und philosophische Texte wurden für das Abendland ins Lateinische übersetzt. Werke aus der Antike, wie z. B. die Werke von Aristoteles, die in Europa längst verschollen waren, wurden aus dem Arabischen ins Lateinische rückübersetzt. Zweifellos waren die Erkenntnisse der muslimischen Medizin dem damaligen vergleichsweise niedrigen westlichen Wissensstandard weit überlegen. Ein Interesse an der islamischen Welt als solcher enstand in Europa dadurch jedoch nicht.

3. Von 1500 bis 1700

> "Der erste Lehrstuhl für Arabistik wurde 1539 im neugegründeten College de France für Guillaume Postel eingerichtet, einen aufgeklärten typischen Renaissance-Gelehrten ... der aber auch bahnbrechende Handbücher veröffentlichte ..."[17].

Die erste arabische Grammatik[18] wurde von Thomas von Erpe oder Erpenius (1584-1624) veröffentlicht, ein ausführliches türkisches Lexikon erschien im Jahr 1680 von Franz Meninski[19]. Jacques Waardenburg nennt eine arabische Grammatik schon für den Beginn des 16. Jahrhunderts (1505 wurde eine erste und zweite Auflage gedruckt), von Pedro de Alcalá (Petrus Hispanus) mit dem Titel 'Arte para lingeramente saber la lengua araviga'[20]. Im Abendland wurden 1514 zum ersten Mal in Rom arabische Buchstaben für einen osmanisch-türkischen christlich-liturgischen Text gedruckt. Um 1590 wurden die vier Evangelien auf Arabisch in Rom veröffentlicht.

Obwohl es mittlerweile in einigen europäischen Städten möglich war, Arabisch zu lernen, blieb die Religion des Islam in Europa noch immer etwas nahezu Unbekanntes. Als im Jahr 1530 in Venedig ein arabischer Koran veröffentlicht worden sein soll[21], befahl

[15]Waardenburg. Mustashrikûn. S. 738

[16]Fück. Studien. S. 4

[17]Rodinson. Bild. S. 51

[18]Zur Entwicklung der Orientalistik in Europa vgl. besonders Fück. Studien.

[19]Rodinson. Bild. S. 52

[20]Waardenburg. Mustashrikûn. S. 739

[21]Einen wirklichen Beweis für die Existenz dieses arabischen Korans gibt es nicht, da kein Exemplar davon erhalten ist. G. Oman. Matba'a. S. 795

Papst Paul III. die Verbrennung des Buches[22], wohingegen Luther der Ansicht war, daß eine wirkungsvolle Widerlegung des Islam nur durch ein Vertrautmachen mit den Inhalten des Korans bei der christlichen Kirche möglich sei[23]. Luther hatte zwar vor 1542 Zugang zu einem lateinischen Koran bekommen, der aber keine gute Übersetzung darstellte. Eigentlich wollte Luther eine neue Übersetzung des Korans erstellen lassen. Für ihn war die Auseinandersetzung mit dem Islam anläßlich des Vordringens der Osmanen auf dem Balkan dringend geworden. Dies gelang ihm jedoch nicht, und so beschränkte er sich auf die Abfassung einer Vorrede zum Koran. Er ließ 1543[24] von Theodor Bibliander die Ausgabe von Robert von Ketton nachdrucken. Zudem übersetzte er einen aus dem Jahr 1300 stammenden Traktat von "Bruder Richards" und schrieb eine Einleitung dazu, der eine Apologetik gegen den Koran darstellte[25]. 1542 wurde diese Schrift veröffentlicht. In diesem Traktat, der einige der bis heute entscheidenden Hauptkontroverspunkte zwischen Islam und Christentum wie die Ablehnung der Dreieinigkeit, die Kreuzigung Jesu im Koran oder die Anklage der Verfälschung der Bibel und Auslöschung der Erwähnung Muhammads aus der Bibel darstellte, wurde der Lebenswandel und die Person Muhammads scharf kritisiert. 'Bruder Richards' meinte, Muhammad sei ein "böser Mensch, ein Mörder, Räuber, Ehebrecher"[26], der mit einem "Wahnsinnigen" zu vergleichen sei, da der Koran keine Ordnung habe[27]. Er billigte ihm nicht zu, daß ein Mensch von so zweifelhafter moralischer Lebensführung ein heiliges Gesetz schaffen könnte:

> "Darum ist's wider die Vernunft, daß eines so heilsames Gesetzes (wie sie es nennen) Meister und Prophet sollte sein ein solcher unsauberer, grober, unzüchtiger, fleischlicher Mensch, der auch hierin dazu noch sich rühmt, daß er zu solchem Werke so viel Kraft und Vorrath habe, also sonst vierzig Männer ... So ist nun ein solch Gesetz ein viehisch, unvernünftig Gesetz zu halten, um seines Meisters willen, der ein solcher verzweifelter, böser, viehischer, säuischer Mensch ist ... Zum andern ist der Alkoran auch an ihm selbst ein viehisch und säuisch Gesetz wider die Vernunft"[28].

[22]Waardenburg. Musta<u>sh</u>rikûn. S. 739

[23]Watt, Welch. Islam. S. 24

[24]1550 erschien bereits die 2. Auflage: Waardenburg. Musta<u>sh</u>rikûn. S. 740

[25]Dieser Traktat in deutscher Übersetzung mit dem Titel "Bruder Richards Verlegung des Alkoran, Anno 1300 geschrieben, durch Luther verdeutscht, mit dessen Vorrede und angehängter Warnung" findet sich bei Walch. Schriften. Bd. 20. S. 2218-2287

[26]Luther. Verlegung. S. 2237

[27]Luther. Verlegung. S. 22554-2255

[28]Luther. Verlegung. S. 2238

Die Muslime ("Sarazenen") werden als "grobe Säue" und "säuisch unvernünftige Leute" bezeichnet[29]. In der Nachrede zu diesem Traktat greift Luther noch einmal besonders die seiner Ansicht nach fehlende Ehemoral der Muslime auf und erklärt die aus den muslimischen Vielehen hervorgegangen Kinder für "Hurenkinder":

> "Darum sind solche Mahometisten eitel Hurenkinder und Hurenvolk, gleichwie Hunde und Säu Hochzeit haben, da keine Ehe noch Schein der Ehe sein kann"[30].

Nach dieser Beschäftigung mit dem Islam, die natürlich vor dem Hintergrund der Zeit Luthers verstanden werden muß, ließ das Interesse am Islam in Europa wieder weitgehend nach. Wirklich neue Erkenntnisse über den Islam und seine Lehren kamen in Europa zwischen dem 13. Jahrhundert und dem 17. Jahrhundert nicht hinzu.

Im 16. Jahrhundert führten geographische Neuentdeckungen auch zu einer Ausweitung der orientalistischen Studien[31]:

> "Gegen Ende des 16. Jahrhunderts läßt sich dann der Beginn einer Gegenbewegung verzeichnen, die sich selbstverständlich zunächst linguistischen Studien zuwandte."[32]

Einen Teil zur 'Rehabilitation' Muhammads trugen auch die Schriften der Aufklärung bei. Gleichzeitig erschienen zum Ende des 17. Jahrhunderts etliche orientalistische Studien, die sich in ihrer Grundausrichtung langsam von der jahrhundertelang üblichen Polemik entfernten, denn

> "... als Religion kam der Islam dem von den meisten Aufklärern vertretenen Deismus sehr nahe"[33].

4. Von 1700 bis zur Gegenwart

Bei den europäischen Aufklärern erhielt das Bild des Propheten Muhammad immer positivere Züge:

> "Leibniz und viele andere Aufklärer sahen in ihm einen Verkünder der natürlichen Religion, ja Henry Boulainvilliers (1658-1722) machte ihn zum Helden eines (erst 1730 im Druck erschienen) "antiklerikalen

---

[29]Luther. Verlegung. S. 2242 und 2244

[30]Luther. Verlegung. S. 2280

[31]Einzelheiten über neu eingerichtete Lehrstühle in Europa und neue Veröffentlichungen auf linguistischem Gebiet s. bei Waardenburg. Mustashrikûn. S. 740

[32]1582 wurde ein arabisches Alphabet veröffentlicht; 1613 erschien in Leiden ein 'Lexicon arabicum': Watt, Welch. Islam. S. 26

[33]Rodinson. Bild. S. 54

Romans", in dem er als Schöpfer einer vernünftigen, dem Christentum weit überlegenen Religion geschildert wird"[34].

Gleichzeitig verschwand durch die Zurückschlagung der Osmanen auf dem Balkan die sichtbare Gefahr der militärischen Belagerung vor den Toren Europas. Der Islam wurde als Religion jetzt nicht mehr als wirklich bedrohlich betrachtet. Werke, die diesen neuen Geist atmeten, wurden in großer Zahl verfaßt wie die umfangreiche Bibliothèque Orientale (1697) von Bartholomé Herbelot (1625-1695)[35].

Trotz dieses Beginns der mehr sachbezogenen Auseinandersetzung mit dem Islam dürften aufgrund der gewaltigen Unkenntnis der islamischen Geschichte und Religion folgende Urteile über den Koran die Anschauung der meisten Zeitgenossen getroffen haben: Voltaire schwankte zwischen der Anerkennung Muhammads als "tiefgründigem politischen Denker und Gründer einer rationalen Religion" und der Beurteilung seiner Person als "Prototyp aller Betrüger ... der mit religiösen Märchen die Seelen der Menschen unterjocht habe", hin und her[36]. Er nannte den Koran "ein unbegreifliches Buch, das auf jeder Seite den gesunden Menschenverstand erschauern läßt"[37].

Dieses Urteil Voltaires war aus europäischer Sicht keineswegs ungeheuerlich, denn

> "die meisten europäischen Leser nach ihm haben gefunden, daß der Koran die langweiligste Lektüre ist, die man sich denken könnte"[38].

Gleichzeitig hatte im 18. und 19. Jahrhundert eine Bewunderung für den Orient eingesetzt, eine Neigung zum Bizarren und Exotischen, während sich Schriftsteller und Theologen, ja die gesamte abendländische Kultur gleichzeitg vom Christentum und der christlichen Theologie immer stärker entfernte.

> "Das achtzehnte Jahrhundert schaute mit brüderlichem und verständnisvollem Blick auf den muslimischen Orient"[39].

Zur selben Zeit manifestiert das Christentum seine Überlegenheit über den Islam und die Rückständigkeit der islamischen Länder durch die Kolonisierung der islamischen Welt.

> "Im neunzehnten Jahrhundert zeigen sich drei Tendenzen: ein utilitaristisches und imperialistisches Gefühl westlicher Überlegenheit

[34]Fück. Studien. S. 103

[35]Waardenburg. Mustashrikûn. S. 741

[36]Rodinson. Bild. S. 55

[37]Zitiert nach Andrae. Mohammed. S. 94.

[38]Andrae. Mohammed. S. 94

[39]Rodinson. Bild. S. 55

voller Verachtung für andere Zivilisationen; eine romantische, exotische Neigung voller Entzücken an einem zauberhaften Orient, dessen wachsende Armut seinen Charme noch würzte; und ein gelehrtes Spezialistentum, das hauptsächlich an vergangenen Zeiten interessiert war. Entgegen dem äußeren Anschein ergänzen sich die drei Tendenzen mehr, als sie sich gegenseitig ausschließen"[40].

B. BEDEUTENDE APOLOGETEN DES ISLAM UND DES CHRISTENTUMS

1. Vorbemerkung

Anstelle einer vollständigen Geschichte der Auseinandersetzung zwischen Christentum und Islam sollen hier aus Platzgründen lediglich einige bekannte Persönlichkeiten und ihre Werke als Beispiele für die Begegnung beider Religionen und die Zeit bis zum Beginn der modernen protestantischen Mission im 18./19. Jahrhundert behandelt werden[41].

Mit der Entstehung des Islam im 7. Jahrhundert n. Chr. war mit zwei Ausschließlichkeit beanspruchenden und gleichzeitig voneinander abweichenden Offenbarungen, nämlich des Korans und der Bibel, zugleich der Beginn der Auseinandersetzung vorprogrammiert. Schon der Koran selbst ist ein Dokument der Begegnung zwischen Muslimen, Christen und Juden. In den ersten Jahrhunderten nach Entstehen des Islam blieb das beiderseitige Interesse, wie bereits deutlich wurde, an der theologischen Auseinandersetzung, geschweige denn, an der Missionierung der anderen Religion, sehr gering, wenn man von Einzelpersönlichkeiten absieht, die bereits in dieser Zeit Werke über die jeweils andere Religion abfaßten.

2. Johannes Damascenus (675-753)

Als einer der ersten Namen der christlich-muslimischen Kontroverse muß der Kirchenvater Johannes Damascenus (675-753 n. Chr.) genannt werden. Sein Großvater, Mansûr ibn Serjûn, war Regent von Damaskus unter byzantinischer Herrschaft. Johannes Da-

---

[40] Rodinson. Bild. S. 59

[41] Ich folge, wenn nicht durch Anmerkungen anderweitig belegt, vorwiegend der Darstellung der Geschichte der christlich/jüdisch-muslimischen Kontroverse vom 7. Jahrhundert bis zur Gegenwart von Gaudeul. Encounters. Diese Nennung einzelner Persönlichkeiten und Werke zur christlich-muslimischen Auseinandersetzung ist nicht vollständig und kann eine Geschichte der christlichen Mission in den verschiedenen islamischen Ländern nicht ersetzen.

mascenus stand wie sein Vater im Dienst der Umayyaden. Als 'orthodoxer Verteidiger' byzantinischer Frömmigkeit zitierte er in seinen Schriften, bereits den Koran und scheint mit seinen Inhalten vergleichsweise gut vertraut gewesen zu sein. Er benutzt interessanterweise den Koran, um mit ihm die Göttlichkeit Jesu Christi zu 'beweisen'[42]. Dieses Vorgehen, mit der heiligen Schrift des Gegners dessen Position zu widerlegen, wurde später zu einer ganzen 'Wissenschaft' ausgebaut und vor allem seit Mitte des 19. Jahrhunderts zu einer Standard-Kontroversmethode zwischen christlichen und muslimischen Theologen.

3. Theodor Abû Qurra (740-825)

Theodor Abû Qurra (740-825 n. Chr.), ein melkitischer Bischof aus Harran/Mesopotamien betrachtete sich als Schüler von Johannes Damascenus. Ein Teil der Werke Abû Qurras wurde aus dem Griechischen ins Arabische übertragen. Theodor Abû Qurra schrieb nicht in erster Linie für Christen; sein Ziel war eher die Überzeugung Andersdenkender, wobei er öffentliche Kontroversen über die Themen Dreieinigkeit und Christologie einschließlich der christlichen Lehre von der Erlösung nicht scheute. Jean-Marie Gaudeul schätzt den Einfluß der religiösen Debatte Abû Qurras und die Bekanntheit seiner Positionen in der islamischen Welt bis heute noch recht hoch ein[43].

4. Timotheus I (728-823)

Der Patriarch der Nestorianischen Kirche Timotheus I. (728-823)[44], ein Gelehrter auf dem Gebiet der Philosophie und Theologie, erhielt aufgrund seiner Position eine Audienz bei dem 'abbasidischen Kalifen al-Mahdî (775-785 n. Chr.) und trat mit ihm in eine Art religiösen Dialog, unter anderem über die Themen Christologie, Dreieinigkeit, die Taufe, den Koran und die Person Muhammads ein[45].

[42]Gaudeul. Encounters. Bd. I. S. 28-30

[43]Gaudeul. Encounters. Bd. I. S. 31-33

[44]Timotheus I. war in den Jahren 780-823 n. Chr. Patriarch der Nestorianischen Kirche.

[45]Gaudeul. Encounters. Bd. I. S. 34-36. Vgl. zu dieser Kontroverse auch Putman. L'Église.

5. 'Alî b. Sahl b. Rabbân at-Tabarî (gest. 855)

Ein weiterer bekannter Name der frühen christlich-islamischen Kontroverse ist 'Alî b. Sahl b. Rabbân at-Tabarî (gest. 855)[46], ein Arzt und nestorianischer Christ. Erst im Alter von etwa 70 Jahren konvertierte er unter der Regierung des 'abbasidischen Kalifen al-Mutawakkil (847-861) zum Islam. at-Tabarî verfaßte daraufhin mindestens ein berühmt gewordenes Buch gegen das Christentum mit dem Titel 'Widerlegung des Christentums' (arab. ar-radd 'alâ n-nasârâ)[47]. Sein wichtigstes Argument gegen das Christentum lautet, Jesus könne nicht Geschöpf und Schöpfer gleichzeitig sein. Er kritisiert den biblischen Entwurf der Trinität und der Gottessohnschaft als absurd. Allerdings spricht at-Tabarî bemerkenswerterweise den üblichen Vorwurf der Verfälschung der Bibel (arab. tahrîf) nicht aus, sondern hält vielmehr den sich auf die christlichen Schriften gründenden christlichen Glauben für falsch[48]. In einem weiteren, möglicherweise von at-Tabarî verfaßten Werk mit dem Titel 'Das Buch von Religion und Staat' (arab. kitâb ad-dîn wa d-daula) versucht er offensichtlich in dem ernsthaften Bemühen, die christliche Seite von seiner Position zu überzeugen, die Sendung Muhammads aus der Bibel zu beweisen[49]. Hier behandelt er die Fragen der Christologie und Trinität nicht[50].

Damit versuchte wohl zum ersten Mal ein muslimischer Gelehrter in der Geschichte, unter Darstellung des eigenen Standpunktes zur Sendung Muhammads als Prophet Gottes auf die Hauptvorwürfe der christlichen Gegenposition einzugehen: "Dies ist das erste Mal, daß auf die Bibel zurückgegriffen wird, um den Islam zu rechtfertigen.[51]"

6. 'Abd al-Masîh ibn Ishâq al-Kindî (9. Jahrhundert)

Für die nachfolgende christlich-muslimische Kontroverse spielte ein Werk aus der Zeit um das erste Drittel des 9. Jahrhunderts n. Chr. eine Rolle, das aus zwei - wirklichen oder als Briefe deklarierten - Briefen besteht; einem kürzeren von dem Muslim 'Abdallâh ibn

---

[46] 'Alî b. Sahl b. Rabbân at-Tabarî sollte nicht mit dem nun schon mehrfach erwähnten Korankommentator at-Tabarî verwechselt werden.

[47] Eine Besprechung der apologetischen Literatur at-Tabarîs s. auch bei Schumann. Christus. S. 48ff.

[48] So Schumann. Christus. S. 50

[49] Literaturangaben und Edition des Werkes listet Fritsch. Islam. S. 6. auf.

[50] Fritsch. Islam. S. 9

[51] Gaudeul. Encounters. Bd. I. S. 42. Weitere Einzelheiten über at-Tabarî bei Schumann. Christus. S. 48ff.

Ismâ'îl al-Hâšimî an 'Abd al-Masîh ibn Ishâq al-Kindî und einem weitaus längeren von dem Christen al-Kindî an al-Hâšimî[52]. Der eigentliche Autor des Werkes ist nicht bekannt. al-Hâšimî griff die Dreieinigkeit und den christlichen Glauben an das Kreuz an und forderte al-Kindî auf, dem Islam als der besten aller Gemeinschaften beizutreten. al-Kindî verteidigt die Trinität, greift die Integrität Muhammads als angeblich wahren Propheten Gottes an und erklärt den Koran als Fälschung. Er verteidigt die Bibel gegen den Vorwurf der Schriftverfälschung, sowie die Sendung, die Botschaft, das Leiden und die Auferstehung Jesu Christi. Jean-Marie Gaudeul urteilt: "Dieses Werk gehört zu den wichtigsten Werken der Geschichte des muslimisch-christlichen Dialogs", denn:

> "Über eine lange Zeitspanne hinweg haben die Christen den Islam durch die Beschreibung al-Kindîs oder al-Hâšimîs kennengelernt. Das gilt insbesondere für das Muhammadbild, das hier entworfen wird."[53]

Der Einfluß des Werkes wird auch aus seiner langen Geschichte deutlich: Es wurde im 12. Jahrhundert in Spanien ins Lateinische übersetzt. 1543 wurde dieses Werk noch einmal von Theodor Bibliander herausgegeben, der selbst Kenntnisse des Arabischen besaß und einige Schriften zur Widerlegung des Islam zusammengestellt und herausgegeben hatte[54]. Dies geschah in der Schweiz in einer Zeit, die gegenüber der Zeit al-Kindîs nur sehr wenige Fortschritte in der Kenntnis über den Islam zu verzeichnen hatte. Das Wissen über den Islam in Europa war so spärlich, daß man auf ein rund 400 Jahre altes Werk zurückgreifen mußte. Der arabische Text wurde Im 19. und dann noch einmal im 20. Jahrhundert nachgedruckt[55].

7. Die Kreuzzüge

Eine neue Epoche der islamisch-christlichen Kontroverse begann im 11. Jahrhundert vor dem Hintergrund des Niedergangs des 'abbasidischen Kalifats von Bagdad , sowie dem Aufstieg und der Inanspruchnahme des Kalifats durch die - nach Ansicht des orthodoxen Islam - häretischen siebenerschiitischen Fatimiden in Ägypten. Gleichzeitig erschienen die europäischen Truppen der Kreuzfahrer im Vorderen Orient. Zeitlich damit verbunden war die Gründung mehrerer christlicher Staaten in Palästina und Syrien, sowie der Beginn der christlichen Rückeroberung der muslimischen Gebiete (Reconquista) in Spanien. Maxime Rodinson faßt für die Zeit der Kreuzzüge zusammen:

---

[52]Der Einfachheit halber bleibe ich bei den überlieferten Namen.

[53]Gaudeul. Encounters. Bd. I. S. 52

[54]Gaudeul. Encounters. Bd. I. S. 216-218

[55]Gaudeul. Encounters. Bd. I. S. 49-54

"Im Westen hatte man keinen Bedarf an detaillierter Darstellung der politischen Geschichte des Islam; auch interessierte man sich nicht sehr für die politischen Auseinandersetzungen unter den 'Ungläubigen'. Andererseits schufen die Kreuzzüge ein echtes Bedürfnis nach einem vollständigen, unterhaltsamen und zufriedenstellenden Bild von der Ideologie des Gegners. Der Durchschnittsbürger verlangte nach einem Bild, das einerseits das abscheuliche Wesen des Islam mit deutlichen Worten zum Ausdruck brachte, andererseits aber auch den literarischen Geschmack befriedigte mit seiner Neigung zum Wunderbaren, die man in allen Werken jener Zeit findet. Der Durchschnittsbürger wollte ein Bild von den hervorstechendsten exotischen Zügen, welche die Kreuzfahrer bei ihrer Begegnung mit den Muslimen beeindruckt hatten"[56].

Im 12. Jahrhundert änderte sich dieser Zustand der Unwissenheit. Es begann ein kultureller Austausch, als für das Abendland zahlreiche Werke unterschiedlicher wissenschaftlicher Disziplinen aus der Zeit der Antike, die in Europa während des Mittelalters verloren oder in Vergessenheit geraten waren, durch die im Vorderen Orient und in Spanien vorhandenen arabischen Übersetzungen erneut zugänglich gemacht und rückübersetzt wurden. Für die islamische Welt bedeuteten das 11. und 12. Jahrhundert n. Chr. eine kulturelle Blütezeit, die mit Namen wie dem wohl bedeutendsten islamischen Theologen al-Ghazâlî (gest. 1111), die Philosophen Ibn Sînâ (Avicenna, gest. 1037), Ibn Rušd (Averroes, gest. 1198) und dem Mystiker Ibn 'Arabî (gest. 1240) verbunden sind[57].

8. Abû Muhammad 'Alî Ibn Hazm (994-1064)

Zu den bekanntesten Vertretern der christlich-islamischen Kontroverse dieser Epoche gehört Abû Muhammad 'Alî Ibn Hazm (994-1064), ein Zahirit, dessen bekanntestes Werk mit dem Titel 'Das Buch der Unterscheidung zwischen Religionsgemeinschaften und Sekten' (arab. kitâb al-fisal fî l-milal wa-l-nihal) entsprechend seines theologischen Standpunktes eine Bewertung verschiedener religiöser Gruppierungen darstellt. Ibn Hazm hat als erster muslimischer Gelehrter eine nichtislamische Religion ausführlich dargestellt und wird damit von Erdmann Fritsch als "Begründer der islamischen Religionsgeschichte" anerkannt[58]. Breiten Raum nimmt in seinem Werk das Dogma von der Textverfälschung der Bibel ein, das er wohl zum ersten Mal in der Geschichte der christlich-islamischen Apologetik systematisch formuliert und das nach seiner Darstellung von nachfolgenden muslimischen Polemikern immer wieder aufgegriffen wurde. Die Dreieinigkeit ist für Ibn Hazm, ebenso wie die

---

[56]Rodinson. Bild. S. 27/28

[57]Gaudeul. Encounters. Bd. I. S. 79-86

[58]Fritsch. Islam. S. 16

Fleischwerdung Christi mit dem menschlichen Verstand nicht zu vereinbaren, also absurd und eine Erfindung der Christen. Trotz Ibn Hazms theologischer Außenseiterposition als Zahirit erfuhr sein Werk breite Akzeptanz und beeinflußte insbesondere mit seinen Aussagen über die fehlende Verläßlichkeit der Bibel die nachfolgenden Generationen islamischer Polemiker[59], denn

> "Möglicherweise ist dies der am heftigsten formulierte und zugleich der systematischste Versuch in der gesamten Geschichte der christlich-muslimischen Auseinandersetzung, das Christentum herabzusetzen.[60]"

9. Abû Hamîd Muhammad Ibn Muhammad al-Ghazâlî (1059-1111)

Im folgenden soll das Werk 'Schöne Widerlegung der Göttlichkeit Jesu vom Text des Evangeliums her' (arab. ar-radd al-jamîl li-ilâhîyat 'Îsâ bi-sarîh al-injîl) behandelt werden. Es ist dabei umstritten, wenn nicht sogar wenig wahrscheinlich, daß es sich hierbei um ein Werk von dem berühmten Theologen des Islam Abû Hamîd Muhammad Ibn Muhammad al-Ghazâlî (1059-1111 n. Chr.) handelt. al-Ghazâlî war Lehrer an der von dem seljuqischen Reichskanzler Nizâm al-Mulk (1017/18-1092 n. Chr.) in Bagdad gegründeten berühmten theologischen Schule, der Nizamiya (ca. 1065-1067). Er hatte den Versuch unternommen, eine Synthese zwischen Mystik und orthodoxem Islam herzustellen. Das oben genannte Werk hat al-Ghazâlî unter Umständen mit Hilfe anderweitiger Gelehrter verfaßt. Es wurde später von einem ägyptischen Autor überarbeitet und enthält die allgemeine islamische Argumentation gegen das Christenum im allgemeinen, die Christologie und Trinität[61], vertrat hinsichtlich einer möglichen Verfälschung der Bibel eine weitaus gemäßigtere Position, als es Ibn Hazm getan hatte. Die christlichen Schriften mögen an sich authentisch sein, so al-Ghazâlî, der christliche Glaube ist jedoch, wie das Werk aus der Bibel selbst zeigen möchte, durch Einfluß der heidnischen Philosophie verfälscht und die biblischen Texte zur Gottessohnschaft Jesu mißinterpretiert worden[62].

Die Darstellung einiger der berühmtesten Werke der frühesten christlich-islamischen Begegnung macht deutlich, daß sich die Auseinandersetzung schon früh auf die Themen Christologie (vor allem die Dreieinigkeit, die Inkarnation und Gottessohnschaft) und die Schriftverfälschung konzentriert hat. Genaue Kenntnisse über

[59]Gaudeul. Encounters. Bd. I. S. 87-91

[60]Gaudeul. Encounters. Bd. I. S. 89. Weitere Angaben zu Ibn Hazm s. bei Schumann. Christus. 92ff.

[61]Vgl.Bouman. Glaubenskrise. Bd II. S. 193

[62]Gaudeul. Encounters. Bd. I. S. 95-99

den Inhalt der Offenbarungen von Christen und Muslimen waren lange weder in Europa noch im Vorderen Orient nicht vorhanden.

10. Petrus Venerabilis (1094-1156)

Einen gewissen Fortschritt, was die Information über den 'anderen' betrifft, stellte die in den Jahren 1142/1143 von Petrus Venerabilis (1094-1156), seit 1122 Abt von Cluny, bei Robert von Ketton und Hermann von Dalmatien in Auftrag gegebene lateinische Koranübersetzung dar[63]. Sie war über 500 Jahre nach Muhammads Tod die erste Übersetzung, die dem Abendland zugänglich wurde und damit zum ersten Mal überhaupt die Möglichkeit schuf, über den Islam mehr zu erfahren als die vielen verzerrten Darstellungen, die damals in Umlauf waren, wie etwa, daß Muhammad als Gott verehrt werde. Leider war der Einfluß und die Verbreitung dieser Koranübersetzung jedoch nicht sehr groß, so daß Martin Luther, der davon überzeugt war, daß es notwendig sei, zuerst die Position des Gegners kennenzulernen, bevor man sie widerlegen könne, zunächst lange nach einer lateinischen Übertragung des Korans forschte, dann mehrere Jahre vergeblich versuchte, den Koran erneut übersetzen zu lassen und schließlich im Jahr 1542/1543 Petrus Venerabilis' Ausgabe von Theodor Bibliander nachdrucken ließ und mit einem Vorwort versah. Petrus Venerabilis' Übersetzung muß daher als Einzelversuch zum Beginn einer wissenschaftlich-sachlichen Auseinandersetzung gewertet werden, da seine Übersetzung, abgesehen von einer kaum verbreiteten Übertragung des Korans von Markus von Toledo 1212[64], für die nächsten 500 Jahre die einzige maßgebliche bleiben sollte[65].

Von christlicher Seite kamen in Europa mit dem 13. und 14. Jahrhundert n. Chr. und dem Aufkommen der Bettelorden - vor allem der Franziskaner und Dominikaner - erste Missionsschriften für die Mission muslimischer Länder auf.

> "Die Auseinandersetzung mit dem Islam auf politisch-militärischer, theologisch-apologetischer und missionarisch-praktischer Ebene bringt im 13. und 14. Jahrhundert zum erstenmal in der Geschichte des Christentums eine spezifische Missionsliteratur hervor. ... sie ist ... missionstheoretischer Natur. Das heißt: sie will sich über Gründe und Art

---

[63]Eine kritische Edition mit Übersetzung und Kommentar erschien in der Reihe 'Corpus Islamo-Christianum': Glei. Petrus Venerabilis. Vgl. auch die Einführung bei Kritzeck. Peter the Venerable. S. VII ff.

[64]Gaudeul. Encounters. Bd. I. S. 193

[65]Munro. Attitude. S. 337

der Mission Klarheit verschaffen und sich ihrer Notwendigkeit und Methode begründend versichern".[66]

Es begannen erste organisierte Missionsversuche der christlichen Kirche[67] und eine gewisse Beschäftigung mit dem Islam, wenn auch noch immer keine genaueren Quellenkenntnisse vorhanden waren. Da etwa bis zum 17. Jahrhundert in Europa keine wirklich fundierten Kenntnisse über den Islam hinzugewonnen worden waren, wurde die fehlende Sachinformation durch ständige Widerholungen der bereits bekannten Vorwürfe an den Islam, die sich vor allem gegen Muhammad, den 'Betrüger', den 'Zauberer' und den moralisch Verwerflichen richteten, und vor allem durch Polemik und Beschimpfung des Gegners ersetzt.

11. Thomas von Aquin (1225-1274)

Der große christliche Theologe des Mittelalters, Thomas von Aquin (1225-1274), verfaßte mindestens zwei Abhandlungen über den Islam, von denen das Werk mit dem Titel 'Summa contra gentiles' ('Summe gegen die Heiden'), das er etwa in den Jahren 1259-1264 verfaßte, das bekanntere Werk darstellt. Vermutlich wurde es als eine Art Handbuch zur Mission im muslimischen Spanien und Nordafrika erstellt. Es behandelt im wesentlichen die Themen Gott als Schöpfer, die Ethik des christlichen Lebens und die Dogmen der Dreieinigkeit, die Menschwerdung Jesu Christi und die kirchlichen Sakramente. Die Bibel wird nicht als 'Beweis' angeführt, sondern eher zur Veranschaulichung der einzelnen Argumente, die sich in der Beweisführung sehr stark auf den menschlichen Verstand und seine Einsicht stützten. Der letzte Teil des Werkes, der im Unterschied zu den ersten drei Teilen, für Christen verfaßt ist, betont, daß der Glaube und die Einsicht in die Geheimnisse Gottes letztlich nur durch Offenbarung erkannt werden können. Thomas von Aquin bezog seine Informationen über den Islam, so vermutet zumindest Jean-Marie Gaudeul, wahrscheinlich aus den Werken der Dominikaner Raymund von Penafort und Raymond Marti, Johannes Damascenus und Petrus Venerabilis[68].

12. Raymund Lull (ca. 1235-1315)

Als Zeitgenosse Thomas von Aquins sollte der christliche Philosoph und Theologe Raymund Lull (ca. 1235-1315), der möglicherweise selbst Franziskaner war, in jedem Fall aber in enger Verbin-

---

[66]Frohnes. Knorr. Kirchengeschichte. S. IX-XI.

[67]Crollius. Mission. S. 173; Simon. Welt. S. 352 ff

[68]Gaudeul. Encounters. Bd. I. S. 140

dung zu diesem Orden stand, erwähnt werden. Er verfaßte mehrere Schriften, um die seiner Ansicht nach notwendige christliche Mission statt der militärischen Auseinandersetzung unter Muslimen zu fördern und dachte über Möglichkeiten zur besseren sprachlichen Ausbildung und der Unterweisung in der Lehre des Islam von Missionaren unter Muslimen und Juden nach. Schließlich verfaßte er mehrere Bücher für Muslime[69] und machte selbst in Tunis (1293), Zypern (1302) und Algerien (1306/1307) Missionserfahrungen. In allen drei Fällen und ebenso bei seinem letzten Missionsunternehmen in Sizilien und Tunis (1314/1315) wurde er aufgrund seiner öffentlich geführten Kontroversen eingekerkert und schließlich des Landes verwiesen. Auch seine Werke lassen das Vertrauen in die rationale Erkenntnis als Instrument der Erkenntnis Gottes durchscheinen. Aufgrund des allgemein mangelnden Wissens über den Islam und, im Fall von Lull besonders, seinem fehlenden Eingehen auf den muslimischen Standpunkt, schätzt Gaudeul den Einfluß seiner Schriften, die kaum je von Muslimen gelesen worden sein dürften, als insgesamt recht gering ein[70].

13. Taqî ad-Dîn Abû l-'Abbâs Ahmad Ibn Taymîya (1263-1328)

Im 13. Jahrhundert ist auf muslimischer Seite der große hanbalitische Theologe und Kämpfer für den 'reinen Islam', die strikte Befolgung von Koran und Überlieferung (arab. hadîṯ) und Ablehnung von philosophischer Spekulation und Heiligenverehrung, Taqî ad-Dîn Abû l-'Abbâs Ahmad Ibn Taymîya (1263-1328)[71] zu erwähnen, unter dessen apologetischen Werken gegen andere islamische theologische Schulen, die Schia oder die Mystik auch Schriften gegen das Christentum sind. Sein Buch mit dem Titel 'Die richtige Antwort an diejenigen, die die Religion Christi verändert haben' (arab. al-jawâb as-sahîh li-man baddala dîn al-masîh) stellt, obwohl Ibn Taymîya wohl keine grundsätzlich ablehnende Haltung in der Frage der Echtheit der christlichen Schriften einnahm wie etwa Ibn Hazm, in vier Bänden eine Art Zusammenfassung aller bis zu dieser Zeit vorgebrachten muslimischen Argumente gegen das Christentum dar und war für muslimische Apologeten konzipiert worden[72].

---

[69] Insgesamt soll Raymund Lull nach Gaudeul. Encounters. Bd. I. S.160 über 200 Werke verfaßt haben.

[70] Gaudeul. Encounters. Bd. I. S. 161

[71] Eine frühe, aber ausführliche Darstellung von Leben und Werk Ibn Taymiyas s. bei Fritsch. Islam. S. 25ff.

[72] Gaudeul. Encounters. Bd. I. S. 170-172

Die immer wieder neu aufgegriffene Thematik der Verfälschung des Christentums aufgrund des unverläßlich überlieferten Bibeltextes wird von den muslimischen Apologeten unterschiedlich bewertet. Manche gehen von massiven Textverfälschungen (al-Bîrûnî, Ibn Hazm) aus, andere nur von falschen Textauslegungen (Mas'ûdî), andere mit einer Mittelposition (wie Ibn Taymîya) von teilweisen Sinnveränderungen, Interpretationsirrtümern und Textveränderungen aus[73]. Weitere Apologeten behandeln das Thema gar nicht systematisch. Ein wichtiger 'Beweis' für diese Textverfälschung der christlichen Schriften war aus der Sicht der muslimischen Apologeten, daß alle Prophezeiungen auf Muhammad, die die Bibel nach muslimischer Ansicht einmal enthalten habe, ausgelöscht worden seien[74].

Vom Beginn des 15. bis zum Beginn des 19. Jahrhunderts änderte sich auf christlicher Seite trotz dieser vorausgegangenen Abhandlungen, die als Generalthema vor allem die Verfälschung des Christentums aufgreifen, nichts wirklich Entscheidendes, und zwar ebenso, was den Wissensstand über Koran und Islam in Europa betrifft, als auch betreffs der Missionsbemühungen[75], die auch weiterhin auf Einzelpersonen beschränkt blieben und damit keinen weitreichenden Einfluß nehmen konnten. Während der Islam noch immer stark in der Ausbreitung begriffen war und das Osmanische Reich, das in dieser Zeit seine Blütezeit erlebte, sogar zahlreiche europäische Länder nahezu ungehindert vereinnahmen konnte[76], sah die christliche Kirche als ganze in Europa nicht die Notwendigkeit einer fundierten Auseinandersetzung, ja nicht einmal einer grundlegenden Beschäftigung und Standortbestimmung mit dem Phänomen Islam, obwohl in diese Zeit große Aufbrüche wie die Entdeckung Amerikas 1492 und die Reformation ab 1517 fallen, sowie die Erfindung der Druckerpresse. Selbst als in der Reformationszeit aufgrund der 'Rückkehr zur Heiligen Schrift' mancher theoretische Ansatz zur Mission entwickelt wurde, blieben die praktischen Konsequenzen doch sehr beschränkt. Weiterhin bestimmte vorwiegend die Polemik und manch falsche Lehre über den Islam die Auseinandersetzung.

---

[73]So Fritsch. Islam. S. 56-57

[74]Eine Auswahl der alt- und neutestamtentlichen Stellen, die nach Meinung der muslimischen Apologeten eine Prophezeiung Muhammads enthielten oder noch versteckt enthalten, s. bei Fritsch. Islam. S. 74ff, sowie in Lektion 2.C.11.

[75]Als Einführung zur Geschichte der christlichen Mission allgemein vgl. Gensichen. Mission. S. 984 und Holsten. Mission. S. 1002

[76]Durch das Vorrücken auf dem Balkan bis nach Wien im 16. und 17. Jahrhundert.

"1400 - 1800 ist reich an Ereignissen, Kriegen, kulturellen Veränderungen und Entdeckungen. Dennoch ist diese Zeit erstaunlicherweise eine der ärmsten in Hinblick auf die theologische Reflektion, insbesondere auf dem Gebiet der christlich-muslimischen Beziehungen."[77]

"Der entscheidende Punkt ist hier der, daß Christen und Muslime gegen die andere Religion mehr denn je geimpft sind ... Mit Sicherheit ging jedoch die Tendenz zu einer vermehrt feindlichen Haltung."[78]

14. Ludovico Marracci (1612-1700)

Ausnahmen sind etwa der Priester Ludovico Marracci (1612-1700), der, als Professor für Arabisch in Rom, zunächst an der Bibelübersetzung ins Arabische (1649, 1671) beteiligt war. 1691 verfaßte er als Vorarbeit zu seiner mit Anmerkungen versehenen Übersetzung des Korans ins Lateinische (1698) eine Apologetik zu Entstehung und Lehren des Korans und eine Widerlegung zum islamischen Dogma von der Schriftverfälschung. Später wurden beide Werke unter dem Titel 'Vorläufer zu einer Widerlegung des Korans' (lateinisch: Prodromus ad refutationem Alcorani) gemeinsam veröffentlicht und sind, als Hilfe zur Mission unter Muslimen entworfen, ein außergewöhnliches Dokument für die intensive Auseinandersetzung mit der Entstehung und den Lehren des Islam und die praktische Nutzbarmachung der Ergebnisse für deren Widerlegung aus der Zeit Mitte des 17. Jahrhunderts[79].

15. Jerome Xavier (1549-1617)

Jerome Xavier (1549-1617), ein jesuitischer Missionar am Hof des indisch-islamischen Moghulkaisers Akbar des Großen, verfaßte unter seinen apologetischen Schriften u. a. in Form von - möglicherweise authentischen - Gesprächen eine Erzählung des Lebens Jesu aus den vier kanonischen und aus apokryphen Evangelien. Ferner verteidigte er die Lehren des Christentums, wie etwa die Gottessohnschaft[80] und die Gebote Jesu Christi als den Lehren des Islam überlegen[81].

Mit dem Beginn des 19. Jahrhunderts als 'Missionsjahrhundert', aber auch der Ära des europäischen Kolonialismus, nahm diese bisher recht unergiebig verlaufene Geschichte der christlich-muslimischen Kontroverse mit der Gründung zahlreicher protestanti-

[77]Gaudeul. Encounters. Bd. I. S. 185

[78]Gaudeul. Encounters. Bd. I. S. 213

[79]Gaudeul. Encounters. Bd. I. S. 220-222

[80]Obwohl er diesen Begriff nicht gebraucht.

[81]Gaudeul. Encounters. Bd. I. S. 232

scher Bibel-, Traktat- und Missiongesellschaften nach englischem Vorbild eine ganz neue Wendung. Den christlichen Missionsgesellschaften wurde bei ihren Missionsbemühungen zwar oft der Vorwurf des Kolonialismus gemacht, ihr eigentlicher Ansatz war jedoch die Missionsarbeit selbst[82]. Die Wurzeln dieser Bewegung reichen in Deutschland auf den Pietismus des 17. Jahrhunderts zurück[83], der mit Namen wie Philipp Jacob Spener (1635-1705), den 'Vater des Pietismus', August Hermann Francke (1663-1727), Johann Albrecht Bengel (1687-1752) und Nikolaus L. Graf von Zinzendorf (1700-1760) verbunden ist. Der Pietismus ist

> "eine im 17. Jahrhundert entstehende, im 18. Jahrhundert zu voller Blüte kommende religiöse Erneuerungsbewegung im kontinentaleuropäischen Protestantismus, neben dem angelsächsischen Puritanismus die bedeutendste religiöse Bewegung des Protestantismus seit der Reformation"[84].

Der Pietismus griff den sich eigentlich logisch schon aus der Reformation ergebenden Gedanken auf, der erst im 19. Jahrhundert mit der planmäßigen Erschließung neuer Missionsfelder in die Praxis umgesetzt wurde: Die Missionierung der mit dem Christentum unerreichten Länder. Die protestantische "christliche Mission" hat also "im islamischen Bereich ... erst spät eingesetzt"[85], das heißt, erst einige Jahrhunderte nach der Reformation.

16. Die moderne Mission

Im folgenden Abschnitt werden in Kürze einige der ersten Missionare in der islamischen Welt, nämlich Henry Martyn (1781-1812), Karl Gottlieb Pfander (1803-1865), William Henry Temple Gairdner (1873-1928) und Samuel Marinus Zwemer (1867-1952) vorgestellt. Diese Namen stehen bereits für die protestantische Mission seit Beginn des 19. Jahrhunderts. Obwohl sie auf ihrem jeweiligen Gebiet 'Pionierarbeit' leisteten, sind sie doch die Vorläufer der organisierten Mission in Missionsgesellschaften, die vor allem seit

---

[82]Zur Ablehnung des Gedankens der 'Kolonialmission' bei den Missionsgesellschaften des 19. Jahrhunderts s. Margull. Mission. S. 973

[83]Dieser Begriff wurde zunächst als Spottname geprägt, hat sich aber später als Bezeichnung allgemein durchgesetzt (So Drummond. Protestantism. S. 54). Als allgemeine Darstellung des Pietismus vgl. z. B. Schmidt, Jannasch. Zeitalter; als Beitrag zum aktuellen Forschungsstand Greschat. Pietismusforschung.

[84]Wallmann. Pietismus. S. 07

[85]Crollius. Mission. S. 172-174

Beginn des 19. Jahrhunderts[86] ihre eigenen Kandidaten in Schulen und Seminaren auszubilden begannen[87].

Wenn auch die direkte Kolonialmission in diesem Bereich nicht propagiert wurde, so glaubte man - auch im Bereich der protestantischen Mission - doch aufgrund der bis ins 19. und 20. Jahrhundert hinein formulierten Überlegenheit der christlichen Welt die Notwendigkeit erkennen zu können, aufgrund der "absolute(n) Culturüberlegenheit"[88] zur kulturellen und sozialen 'Erziehung' dieser 'unmündigen, wilden' Völker beitragen zu müssen[89]. Dieses Überlegenheitsbewußtsein des 'christlichen' Europas spiegelte sich auch in einem gewaltigen Optimismus wider, daß die 'Heiden' sich sicher bald zur Bibel und zur westlichen Zivilisation hinwenden und ihre Unwissenheit überwinden würden. So wurden die Missionsberichte häufig weniger eine nüchterne Analyse der eigentlichen Situation vor Ort, sondern eher eine Art "Verquickung von Werbung und Berichterstattung"[90].

Im 19. Jahrhundert schien der Islam seine eigentliche Blütezeit überschritten zu haben und die muslimischen Länder in eine dauerhafte Krise geraten zu sein, woran politische und wirtschaftliche Faktoren nicht unbeteiligt waren.

In Europa wurde diese 'Krise' in politischer Hinsicht als Zeichen unbedingter Unterlegenheit und in religiöser Hinsicht als Vorbote

---

[86]Zu Beginn und Charakter der ersten Missionsbewegungen vgl. Anderson. Theology. Zur Entwicklung der katholischen Mission vgl. Schmidlin. Missionsgeschichte und Hammer. Weltmission. S. 137ff.

[87]Einen Überblick über die protestantische Mission und ihre Gesellschaften bietet die klassische Missionsgeschichte von Warneck. Abriß. Warneck gibt zugleich eine ausführliche Begründung (dogmatisch, ethisch, biblisch, kirchlich, historisch und ethnologisch) der Mission. Er wird der 'Vater der deutschen Missionswissenschaft' genannt, und seine Werke haben noch heute ihren festen Platz in der protestantischen Missionswissenschaft. Zur Geschichte der protestantischen Missionsgesellschaften vgl. auch Oehler. Geschichte. Bd. 1. S. 162.

[88]Warneck. Beziehungen. S. 221

[89]Die Überlegenheit des Christentums, ja des ganzen Abendlandes hinsichtlich Kultur, 'Zivilisation' und Religion gegenüber Islam und Orient war lange Zeit eine Selbstverständlichkeit. Die Kirchen übernahmen zum größten Teil dieses Bild. Vgl. dazu für das 19. Jahrhundert z. B. Arnold. Einfluss. Für Arnold. S. 152ff. ist die politische Unterwerfung der islamischen Staaten die Voraussetzung für eine erfolgreiche, dringend erforderliche Missionierung. Noch im 20. Jahrhundert sprach man auch von kirchlicher Seite wie selbstverständlich von "primitiven" und "kulturarmen Völkern", s. z. B. Richter. Religionen. S. 31. Selbst der Orientalist C. H. Becker hat diesen Gedanken recht vehement noch im 20. Jahrhundert vertreten: Becker. Islamstudien Bd. 1. S. 428.

[90]Gensichen. Missionsgeschichte. S. 30

des baldigen Untergangs des Islam gewertet, der durch die christliche Mission beschleunigt werden konnte. Allerdings blieben, von Ausnahmen der Bekehrung einzelner zum Christentum abgesehen, in den islamischen Ländern die erhofften gewaltigen Missionserfolge aus. Die Mission stieß dort, ganz allgemein gesagt, auf Gleichgültigkeit, Ablehnung und Kritik; wo es die politischen Umstände erlaubten, begnete man den christlichen Missionaren sogar feindlich. Im 20. Jahrhundert wandelte sich dieses Bild mit dem 'Wiedererwachen' des Islam wiederum vollkommen.

C. PIONIERMISSIONARE IN DER ISLAMISCHEN WELT

1. Der Beginn der protestantischen Islammission

Von christlicher Seite entstand der Gedanke der protestantischen Mission in der islamischen Welt frühestens seit dem Beginn des 17. Jahrhunderts. Die ersten Missionare verließen Europa erst bei Beginn des 18. Jahrhunderts. Von einer Fuß fassenden Mission kann jedoch erst ab dem 19. Jahrhundert gesprochen werden. Dabei beschränkt sich eine Aufzählung bedeutender Islammissionare der Vergangenheit auf eine relativ kurze Zeitspanne und - da die Islammission bis heute ein 'Stiefkind' der protestantischen Mission ist, auf wenige Namen einzelner Persönlichkeiten, die bis heute bekannt und berühmt sind.

2. Henry Martyn (1781-1812)

Unter den ersten Indienmissionaren muß Henry Martyn erwähnt werden[91]. Henry Martyn[92] wurde, nachdem er seit 1797 am St. John's College in Cambridge neben Latein und Griechisch ein Studium der Mathematik begonnen und hervorragend abgeschlossen und so eine naturwissenschaftliche und zugleich eine philologische Ausbildung genossen hatte, im Jahr 1804 zum anglikanischen Priester ordiniert. Nach nur kurzer Hilfspredigerzeit verließ er im Jahr 1805 England in Richtung Indien, um dort als Kaplan der Ostindischen Kompanie zu arbeiten. Nach seiner Ankunft (1806) konnte er aber nur insgesamt sechs Jahre bis zu seinem frühen Tod arbeiten.

---

[91]Zu den Pioniermissionaren in Indien gehören zwar auch Bartholomäus Ziegenbalg (1682-1719) und William Carey (1761-1834); beide arbeiteten aber nicht in erster Linie unter Muslimen.

[92]Padwick. Henry Martyn sowie Leben. übersetzt v. Blumhardt

In Calcutta war er zunächst mit der Seelsorge an den englischen Soldaten betraut, wollte jedoch darüberhinaus die Bevölkerung Indiens selbst erreichen. Er erörterte in privaten Unterredungen mit einheimischen Gelehrten den Unterschied zwischen Christentum, Islam und Hinduismus und begann, seit dem Jahr 1809 öffentlich vor einer großen Zuhörerschaft zu predigen. Dazu gehörten außer regelmäßigem Schulunterricht auch öffentliche Kontroversen mit indischen Theologen, darunter mit Mîrzâ Ibrâhîm[93]. Über die Größe seiner Aufgabe war Henry Martyn sich durchaus bewußt:

> "Auch wenn ich niemals die Bekehrung eines Einheimischen erleben sollte, so kann es doch Gottes Plan sein, durch meine Geduld und mein Ausharren in diesem Werk weitere Missionare ermutigen zu wollen. Allerdings überrascht mich der Wandel in meinen Ansichten hier gegenüber dem, was ich in England dachte. Dort schwoll mein Herz an vor Hoffnung und Freude beim Ausblick auf die rasche Bekehrung der Heiden! Aber hier erfordert die Erkenntnis von dieser offensichtlichen Unmöglichkeit einen starken Glauben, um guten Mutes zu bleiben."[94]

Er lernte William Carey und dessen Arbeit kennen, widmete sich aber dann ganz der Übersetzung des Neuen Testamentes auf Urdu ('Hindustani'). Diese Übersetzung konnte er im Jahr 1808 fertigstellen. Sie ist noch heute (nach mehreren Überarbeitungen) Grundlage des gegenwärtigen Textes. Anschließend begann er, die Bibel ins Persische zu übersetzen. Außerdem lernte er Arabisch, um auch in dieser Sprache eine Bibelübersetzung anfertigen zu können.

Er machte eine einjährige Reise nach Shiraz/Persien (und weitere Pläne für einen Besuch Arabiens), um dort seine persische Übersetzung des Neuen Testamentes, die für den Gebrauch des Textes zu kompliziert schien, revidieren und die arabische Übersetzung ebenfalls vervollständigen zu können. In Shiraz disputierte er neben der Revisionsarbeit an seiner Übersetzung mündlich und schriftlich mit einigen muslimischen Theologen. Seine revidierte persische Übersetzung des Neuen Testamentes, die er zu Beginn seines Todesjahres 1812 fertigstellen konnte, wollte er dem Schah von Persien übergeben, erhielt selbst jedoch keine Audienz. Erst später konnte der britische Konsul ein Exemplar übergeben.

Ferner sind von Henry Martyn drei Traktate bekannt, von welchen sich eines mit dem Thema Wunder, eines mit der Sendung Mu-

---

[93] Ein Teil der Kontroverse ist veröffentlicht in: Controversial Tracts. Sehr lesenswert ist ferner eine zusammenfassende Darstellung von Leben und Werdegang Henry Martyns aus seinem Tagebuch mit einer Auswahl von Briefen aus Persien und Indien, das sein Freund nach seinem Tod veröffentlichte: Sargent. Life.

[94] Sargent. Life. S. 146

hammads und eines mit der Widerlegung des Sufismus (der islamischen Mystik) beschäftigt. Sie griffen besonders die Themen Dreieinigkeit, die Göttlichkeit Jesu und die Verfälschung der Bibel auf.

Nach nur etwa sechs Jahren Arbeit als Missionar[95] starb Henry Martyn auf dem Weg zu einem Europaaufenthalt, zu dem er über Konstantinopel durch Kleinasien auf einem Pferd aufgebrochen war, und der für seine ohnehin sehr schwache Gesundheit eine viel zu gewaltige Anstrengung bedeutete. Mehrere Mitglieder seiner Familie waren bereits an einem Lungenleiden gestorben, und auch er hatte in Indien mit dieser Krankheit zu kämpfen. Schon Monate zuvor sah er bereits seinen Tod voraus und hegte selbst nur wenig Hoffnungen, Europa lebend zu erreichen[96]. Er starb unterwegs in Tokat/Persien am 18. 10. 1812, ohne England noch einmal gesehen zu haben.

Der berühmteste Konvertit der kurzen Wirkungszeit Henry Martyns in Indien war *'Abdul Masîh* (1765-1827)[97], der sich etwa im Jahr 1810 aufgrund von Henry Maryns Predigten in Kanpur und aufgrund des Studiums des Neuen Testamentes vom Islam zum Christentum bekehrte. Im Jahr 1811 wurde er getauft und trat, zunächst für einige Jahre als Diakon, in den Dienst der Church Missionary Society, wo er nach einigen Schwierigkeiten um die Frage, ob er als Inder auf anglikanische Weise ordiniert werden konnte, etwa 1820 erst lutherisch und 1825 anglikanisch ordiniert wurde[98].

3. Karl Gottlieb Pfander (1803-1865)

Karl Gottlieb Pfander[99] aus Waiblingen bei Stuttgart ist in Europa heute fast unbekannt, war jedoch zweifellos einer der einflußreichs-

---

[95]Martyn hatte jahrelang vergeblich die Hoffnung gehegt, die in England zurückgebliebene Lydia Grenfell heiraten zu können und erhoffte sich von seinem Europaaufenthalt auch eine Klärung der Heiratsfrage.

[96]So etwa in einem Brief aus Tabriz vom 12.7.1812 an Lydia Grenfell: Sargent. Life. S. 400.

[97]Als Kurzbiographie vgl. Paul. Vessels. S. 59-81.

[98]Zu Abdulmasih berühmt gewordener Konversion vgl. etwa den Traktat von Gundert. Muhammedaner. 8 handschriftliche Dokumente aus den Jahren 1820-1825 (vermutlich Briefe von und an die CMS über die Frage der Ordination) finden sich in der Akte "Abdul Masih" im Archiv der University of Birmingham, Heslop Room (Sign.: C I 1/0194), Birmingham. Die Universität Birmingham hat Teile des CMS-Archivs aus London katalogisiert übernommen.

[99]Als ältere, allerdings nicht ganz verläßliche und die einzelnen Lebensabschnitte Pfanders mit unterschiedlichem Schwergewicht behandelnde Biographie Pfanders vgl. Eppler. Karl Gottlieb Pfander. Vgl. ferner LaRoche. Karl Gottlieb Pfander; Zwemer. Karl Gottlieb Pfander und Christine Schirrmacher. Waffen. S. 18ff.

ten Missionare in der islamischen Welt. Im Jahr 1825 reiste er als Basler Missionar in das persisch-russische Kaukasusgebiet aus und verbrachte dort 12 Jahre mit Reisen in die Umgebung, hauptsächlich, um Möglichkeiten für die spätere Missionierung des islamischen Persien zu erkunden. Er verfaßte und druckte Traktate, predigte und arbeitete an verschiedenen Bibelübersetzungen. Als die armenische Kirche im Jahr 1835 beim russischen Zaren Nikolaj I (1825-1855) das Verbot der Basler Missionsarbeit im persisch-russischen Kaukasusgebiet erwirken konnte, weil sie die Arbeit der Missionare als Gefahr der Einmischung in ihre kirchlichen Angelegenheiten betrachtete, hatte Pfander bereits den Grundstein für seine weitere 30jährige Missionstätigkeit gelegt. Schon auf dem Kaukasus hatte er nämlich im Jahr 1829 sein bis heute in der islamischen Welt berühmtes Buch mit dem Titel 'Die Waage der Wahrheit' (arab. mîzân al-haqq) verfaßt[100], um seine Predigtarbeit unter Muslimen durch eine ausführliche Darstellung des Christentums und Widerlegung des Islam unterstützen zu können.

Nach der Aufhebung der Missionsarbeit auf dem Kaukasus wechselte Pfander zur anglikanischen Church Missionary Society (CMS), die ihm die Möglichkeit bot, seine Missionsarbeit unter Muslimen fortzusetzen. Seit dem Jahr 1837 arbeitete Pfander 20 Jahre lang an verschiedenen Orten in Indien. Er trat mit muslimischen Theologen in privaten Briefkontakt, er predigte und taufte erste Konvertiten und wurde von muslimischer Seite auch zu öffentlichen Debatten herausgefordert. Pfander rief damit beträchtlichen Aufruhr unter den Muslimen Indiens hervor. Erwähnenswert ist in diesem Zusammenhang die berühmte zweitägige 'Agra-Debatte' aus dem Jahr 1854. Mehrere muslimische Theologen hatten Pfander herausgefordert, die Verfälschung des Alten und Neuen Testamentes öffentlich anzuerkennen. Um diese Verfälschung zu beweisen, benutzten die muslimischen Apologeten Werke europäischer liberaler Theologen als 'Beweise' für die 'wissenschaftliche' Erkenntnis der Unhaltbarkeit der Bibel.

Nicht unbeträchtliche Unruhe verursachte Pfander in Indien durch die Übersetzung und Verbreitung seiner Schrift 'Die Waage der Wahrheit' (arab. mîzân al-haqq) in mehrere indische Sprachen. Ein Landesverweis der Missionare konnte jedoch trotz dieses 'Ärgernisses' der christlichen Mission in Indien aufgrund deren Protektion durch die britischen Kolonialherren nicht erreicht werden.

---

[100] Das Originalmanuskript liegt im Archiv der Basler Mission, Basel. Es wurde nie auf deutsch veröffentlicht. Erhältlich sind heute die englische sowie die arabische Ausgabe.

Als sich bis Mitte des 19. Jahrhundert im Osmanischen Reich aus europäischer Sicht eine günstige Entwicklung zum Beginn der protestantischen Mission abzuzeichen schien, beschloß die CMS, Pfander noch einmal zu versetzen, und zwar nach Konstantinopel. Dort wurde er mit dem Aufbau einer Missionsarbeit betraut. Er kam im Jahr 1858 in der Türkei an und begann die Arbeit - unter anderem wiederum mit der Veröffentlichung von 'Die Waage der Wahrheit' (arab. mîzân al-haqq) und einiger anderer seiner Schriften auf osmanisch-türkisch - bis sich auch hier Anfang der 1860er Jahre echte Schwierigkeiten und Widerstand abzuzeichnen begannen, die damit endeten, daß alle protestantische Missionsarbeit in Konstantinopel verboten wurde. Pfander kehrte nach England zurück und starb dort bald darauf im Jahr 1865.

Der Grund für Pfanders enormen Einfluß auf die islamische Welt liegt zweifellos vor allem in seinen Schriften begründet, durch die er bis heute in der islamischen Welt bekannt und berüchtigt ist. Nach der ursprünglich deutschen Abfassung wurde 'Die Waage der Wahrheit' (arab. mîzân al-haqq) auf Armenisch, Azari, Persisch, Urdu, Marathi, Türkisch, Arabisch und Englisch übersetzt und zuletzt 1986 nachgedruckt. Im Jahr 1910 war das Werk einmal grundlegend von William Saint Clair Tisdall im Auftrag der CMS überarbeitet worden. Damit sollte Pfanders Ansatz erheblich ausgebaut werden. Pfander hatte nämlich versucht, die muslimischen Argumente gegen Bibel und Christentum und das Dogma der Wahrheit des Korans aus muslimischen Quellen und dem Koran selbst zu widerlegen. Das Buch möchte im Gegensatz zu christlichen Apologetiken vergangener Jahrhunderte nicht mehr vom Christentum durch Verunglimpfung des Islam überzeugen, sondern stellt eine Art Gespräch mit dem muslimischen Leser dar, in dessen Verlauf vor allem der muslimische Vorwurf der Schriftverfälschung der Bibel entkräftet werden soll. Das Buch hat bis zur Gegenwart (eine englische Edition erschien zuletzt im Jahr 1989) eine erhebliche Rolle in der islamischen Welt gespielt und ebenfalls bis zum heutigen Tag viele muslimische Gegenschriften zu seiner Widerlegung hervorgerufen, unter denen ein Werk mit dem Titel 'Die Aufdeckung der Wahrheit' (arab. izhâr al-haqq), das im Jahr 1867 von dem schiitischen indischen Theologen Rahmatullâh Ibn Halîl al-'Utmânî al-Kairânawî (1818-1890) vorwiegend zum Beweis der Schriftverfälschung der Bibel verfaßt und im folgenden in ebenso viele Sprachen wie 'Die Waage der Wahrheit' (arab. mîzân al-haqq) übersetzt worden war, sicher das bekannteste und am weitesten verbreitete ist.

Zu den berühmtesten Konvertiten der indischen Missionsarbeit Pfanders gehören *Safdar 'Alî* und *'Imâd ud-Dîn*. Obwohl der Anstoß zu beiden Konversionen bei der sogenannten Agra-Debatte im Jahr

1854[101] gelegt wurde, sind beide Übertritte zum Christentum erst viel später geschehen. Safdar 'Alî, der in Diensten der britischen Regierung Vizedirektor mehrerer Schulen in Jabalpur war, ließ sich im Jahr 1864 taufen[102]. Er verfaßte später ebenfalls einige Kontroversschriften, die sich gegen den Islam richteten. Das wohl bekannteste, 300 Seiten umfassende Werk besteht aus einer Briefsammlung an Safdar 'Alîs Verwandte, in der dieser seine Gründe für seine Konversion erläutert. Ein zweiter Teil, der den Hauptteil des Buches darstellt, ist der Widerlegung des Vorwurfes der Verfälschung der Bibel gewidmet[103].

'Imâd ud-Dîn (ca. 1830-1900), der wie Safdar 'Alî im Jahr 1854 Teilnehmer der Agra-Debatte gewesen war, konvertierte erst ein Jahr nach Pfanders Tod, im Jahr 1866[104]. Er hatte vom Übertritt Safdar 'Alis zum Christentum gehört:

> "Ich habe von Moulwi Safdar Alis Bekehrung in Jubbulpore (sic) gehört. Das hat mich sehr erstaunt. Einige Tage lang wanderte ich umher und sprach recht grobe Worte über ihn, und viele böse Gedanken über ihn kamen mir in den Sinn ... und ich begann mich zu fragen, wie er sich so töricht verhalten und den muslimischen Glauben aufgeben konnte. Ich dachte sogar daran, mit ihm ein briefliches Streitgespräch darüber zu beginnen ... Ich bat Herrn Mackintosh freundlich, mit mir das englische Neue Testament zu lesen und es mir zu erklären, damit ich herausfinden könnte, ob es die Wahrheit ist ... Als ich es bis zum siebenten Kapitel des Matthäusevangeliums gelesen hatte, setzten sich in meinen Gedanken Zweifel über die Wahrheit des Islam fest ... Innerhalb eines Jahres hatte ich die ganze Schrift durchforscht, und zwar hauptsächlich nachts. Ich hatte dabei herausgefunden, daß die Religion Muhammads nicht von Gott kommt, und daß in der christlichen Religion zweifellos Rettung zu finden ist."[105]

---

[101] Die Agra-Debatte war eine zweitägige öffentlich ausgetragene Kontroverse zwischen Pfander und seinem Opponenten al-Kairânawî, die in Agra stattfand. Der muslimische Theologe al-Kairânawî hatte die christlichen Missionare aufgefordert, öffentlich zu den muslimischen Vorwürfen von der Verfälschung der Bibel Stellung zu beziehen.

[102] Vgl. den Bericht seiner Konversion z. B. in: CMI 2(NS)/1866, S. 215-221 und bei Paul. Lights. S. 20-23+28-30.

[103] Paul. Lights. S. 32 und Wherry. Controversy. S. 95-97

[104] Der bekannte Basler Missionar und spätere Lehrer am Missionsseminar Hermann Gundert widmete 1881 Imâd ud-Dîn einen eigenen Traktat: Gundert. Imadeddin. Der Traktat stellte hauptsächlich einen Auszug aus diesem erst auf Urdu, dann auf Englisch erschienenen Bericht dar, der Imâd ud-Dîns ungewöhnliche Bekehrung zum Christentum bekannt machte. Zudem erschien eine Kurzautobiographie Imâd ud-Dîns, die 1957 auf Urdu in Lahore und 1978 in Vanyambadi auf englisch veröffentlicht worden ist: Hahn. Life.

[105] Zitiert nach Paul. Vessels. S. 260

Imâd ud-Dîn wurde im Jahr 1868 von der Anglikanischen Kirche zum Diakon und im Jahr 1872 zum Priester ordiniert. Im Jahr 1884 erhielt er als erster Inder für seine theologisch-apologetischen Arbeiten die Ehrendoktorwürde vom Erzbischof von Canterbury verliehen[106]. Für die indische Apologetik spielte 'Imâd ud-Dîn eine wichtige Rolle, u. a. durch seine eigene Beteiligung an der christlichen Mission durch die Abfassung von etwa 40 Schriften auf Urdu zur Widerlegung des Islam. Zu den berühmtesten gehört das Werk 'Leitung der Muslime' (urdu: hidâyat al-muslimîn). Der Untertitel lautete: 'Ein Beweis für die Wahrheit des Christentums mit einer Widerlegung aller Einwände, die seitens der Muslime vorgebracht werden' (engl. A proof of the truth of Christianity, together with a refutation of all the objections urged by Mohammedans). Es stammt vom Ende der 1860er Jahre.

4. William Henry Temple Gairdner (1873-1928)

Dem schottischen Missionar William Henry Temple Gairdner[107] kommt neben Samuel Zwemer wohl die Bezeichnung des vielleicht größten christlichen Ägyptenmissionars zu. Er studierte ab 1892 in Oxford. Nach dem Tod seines Bruders wurde er entschiedener Christ. Bereits in Oxford predigte er öffentlich auf den Straßen. Er entschied sich, Missionar zu werden. Nach seiner Ordination als Diakon in der St. Paul's Cathedral in London durch die anglikanische Kirche kam er im Jahr 1899 zusammen mit Douglas Thornton mit der Church Missionary Society nach Kairo und wurde Lehrer in einer Jungenschule, Pastor und Missionar; eine Aufgabe, der ein intensives Arabischstudium voranging. Er heiratete im Jahr 1902 Margaret Dundas Mitchell in Nazareth[108].

Gairdners Anliegen, der nach den Vorstellungen der CMS als Missionar unter den muslimischen Gelehrten arbeiten sollte, war das Gespräch mit seinem muslimischen Gegenüber. Diesem Gespräch schuf er verschiedene Plattformen - etwa durch arabische Gesprächskreise über die Bibel, allgemein christliche, evangelistische Themen für Azhar-Studenten und einen evangelistischen Buchladen. Er begann mit seinem Mitmissionar Douglas M. Thornton ab 1905, die Zeitung 'Orient und Okzident' (arab. aš-šarq wa l-garb) herauszugeben, die zuerst wöchentlich zweisprachig arabisch-englisch, später nur noch vierzehntägig ganz auf arabisch erschien und mit

[106] Paul. Vessels. S. 271

[107] Vgl. Padwick. Temple Gairdner; Goodwin. Gairdner. S. 163

[108] Zu Gairdners Leben und Wirken vgl. die ausführliche Studie von Michael Shelley. Life.

schließlich 3000 Exemplaren[109] für eine arabischsprachige Zeitschrift eine recht weite Verbreitung fand. Gairnder hielt arabische apologetische Literaturarbeit in einem muslimischem Umfeld für sehr gut geeignet, wenn sie nicht - wie in der in der Vergangenheit verfaßten Literatur häufig geschehen - die muslimischen Leser so sehr vor den Kopf stieß, daß kein positives Gespräch mehr zu erwarten war. Da sehr wenig christliche Literatur auf arabisch existierte, suchte er die CMS für sein Literaturprojekt zu begeistern. Nach einigen Jahren in Kairo konnte er im Jahr 1903 zusammen mit Douglas Thornton das Haus des Führers der ersten nationalistischen Bewegung Ägyptens, 'Urâbî Pascha (1840-1911), anmieten. Es wurden Einladungen auf den Straßen zu Vorlesungen und Diskussionen verteilt[110].

Douglas Thornton starb im Jahr 1907 an Typhus, und Gairdner mußte die Arbeit allein weiterführen. Bei einem Europaaufenthalt widmete er sich dem Studium der Islamwissenschaft (er traf mit Snouck Hurgronje und Ignaz Goldziher zusammen und wurde ein Freund Louis Massignons) und des Arabischen, um zur entscheidenden Verbesserung der Missionarsausbildung in der Zukunft beitragen zu können. 1910 nahm er an der Missionskonferenz in Edinburgh teil und verfaßte einen Bericht darüber.

Gairdner ist heute jedoch nicht nur als Missionar ein Begriff. Er verfaßte auch Lehrbücher, darunter eine arabische Grammatik; er schrieb Kirchenlieder, sammelte nahöstliche Melodien und verfaßte Theaterstücke, um die Erzählungen der Bibel anschauchlich machen zu können, wie etwa ein Stück mit dem Thema der Josephsgeschichte des Alten Testamentes, die 1921 veröffentlicht wurde.

5. Samuel Marinus Zwemer, 'Apostel des Islam' (1867-1952)

Samuel Zwemer[111] wurde im Jahr 1867 als 13. von 15 Kindern in den USA geboren. Er war der Sohn von im Jahr 1849 nach Amerika ausgewanderten holländischen Emigranten, die von Ende des 17. Jahrhunderts nach Holland geflohenen französischen Hugenotten abstammten. Zwemers Vater war Pfarrer in der Holländisch-Reformierten Kirche. 1887 verließ Zwemer das College als Bachelor of Arts und begann im selben Jahr mit einer Ausbildung am Theologi-

---

[109]Padwick. Temple Gairdner. S. 156

[110]Eines der wenigen Lebensbilder von W. H. T. Gairdner stammt von Padwick. Temple Gairdner. S. 147. Vgl. auch im Anhang die ausführliche Liste der Veröffentlichungen Gairdners S. 327ff.

[111]Vgl. Forman. Zwemer. S. 619; Lauche. Zwemer. S. 60-61; Hock. Islam. S. 44ff.

schen Seminar der Reformierten Kirche in New Jersey. Hinzu kam bald der Beginn eines Medizinstudiums, da Zwemer, in zahlreiche missionarische Aktivitäten vor Ort engagiert, bald den Wert einer medizinischen Ausbildung für die Missionsarbeit erkannte. Während seiner Arbeit in einer Klinik in New York soll er seinen verordneten Medikamenten stets einen Bibelvers beigefügt haben[112]. Als zukünftiges Arbeitsgebiet stellte sich bald Arabien für seine eigene Person und seinen Freund James Cantine heraus.

Nach dem Abschluß seiner Ausbildung mit dem Bachelor of Divinity im Jahr 1890 kam Samuel Zwemer zunächst nach Beirut zum Arabischstudium, dem sich dort James Cantine schon seit dem vergangenen Jahr widmete. Nach mancherlei Überlegungen über den günstigsten Ort zum Beginn ihrer Arbeit kamen beide zunächst nach Basra, wechselten jedoch bald nach Bahrain. 1894 eröffnete Zwemers Bruder Peter Zwemer in Muskat eine neue Station. Im selben Jahr übernahm die Reformierte Kirche diese Arbeit. Zusammen mit seiner Frau begann Samuel Zwemer in Bahrain zur praktischen Unterstützung seiner Missionsarbeit eine medizinische Arbeit. Die unerreichten Gebiete Arabiens lagen ihm besonders am Herzen, wodurch die Islammission immer mehr in sein Blickfeld rückte.

Von 1912 bis 1929 arbeitete Zwemer in Kairo als Missionar und Lehrer am Theological Seminary und Cairo Study Center. Zwemer war vor allem Evangelist und Schriftsteller. Letzteres wird nicht nur an seinen zahlreichen Veröffentlichungen zum Thema Islam deutlich, die in etliche Sprachen übersetzt wurden, sondern auch an der im Jahr 1911 von ihm begründeten, heute allerdings als rein islamwissenschaftliche Zeitschrift existierenden 'The Moslem World', die er in den ersten 36 Jahren ihres Bestehens herausgab. Diese Zeitschrift verstand sich in den ersten Jahrzehnten als Organ der Berichterstattung über die christlich-muslimische Kontroverse aus christlicher Sicht und die Missionsbemühungen unter muslimischen Völkern, vor allem durch christliche Literatur.

Im Jahr 1928 wurde Zwemer nach zehnjähriger Lehrtätigkeit Professor für Christliche Mission und Religionsgeschichte am Princeton Theological Seminary in New Jersey. Bekannt wurde er auch durch zahlreiche Konferenzen zum Thema Islam und durch Vortragsreisen, auf denen er intensiv für die Mission unter Muslimen warb. Samuel Zwemer starb kurz vor seinem 85jährigen Geburtstag am 2.4.1952.

Nach diesen Einzelversuchen des 18. und 19. Jahrhunderts begann sich das protestantische Europa zu Beginn des 19. Jahrhunderts, des sogenannten Missionsjahrhunderts, das etwa 1815 begann und mit

[112]Fuller. Counterfeit. S. 159

dem Ersten Weltkrieg endete[113], mit dem Gedanken einer weltweiten Mission zu beschäftigen. So hatte die "christliche Mission im islamischen Bereich ... erst spät eingesetzt"[114], das heißt, erst einige Jahrhunderte nach der Reformation[115].

---

[113]Dieser Begriff wurde für die Zeit von 1787-1914 geprägt, die vom gewaltigen Aufleben der protestantischen Mission gekennzeichnet ist. Die Literatur zu diesem Thema ist unübersehbar. Vgl. z. B. Warneck. Jahrhundert; Eppler. Geschichte. S.1

[114]Crollius. Mission. S. 173

[115]Für einen Überblick über den heutigen Stand der protestantischen Missionsarbeit allgemein und in der islamischen Welt vgl. das Gebetshandbuch von Johnstone. Gebet.

GLOSSAR ARABISCHER BEGRIFFE

Dieses Glossar arabischer Begriffe enthält ausschließlich die im Text erwähnten Termini mit den dort jeweils angegebenen Übersetzungen. Übersetzungs- und Bedeutungsvarianten, wie sie jedes umfangreichere arabisch-deutsche Wörterbuch bietet, bleiben hier unberücksichtigt. Begriffe, die den arabischen Titel 'al' (bwz. assimiliert ar-, ad-, aš- usw.) tragen, werden unter dem Anfangsbuchstaben des dem Artikel folgenden Wortes einsortiert (also al-yahûd unter yahûd).

'abd	Knecht
'adûw allâh	Feind Gottes; im Koran ist damit der Teufel gemeint
aẖlâq	hier: ethische Vorschriften
ahl al-'adl	wörtlich: Leute der Gerechtigkeit; eine Selbstbezeichnung der Mu'taziliten
ahl al-haqq	wörtlich: Leute der Wahrheit; eine Selbstbezeichnung der Ismailiten
ahl al-kitâb	wörtlich: Leute des Buches oder Schriftbesitzer; gemeint sind Juden, Christen und Sabäer, die Gottes Offenbarung vor Muhammad empfangen haben
allâh	wörtlich: der Gott; Gottesbezeichnung des Korans
Allâhu akbar	Gott ist größer, oder: Gott ist am größten
'amal	Handeln; hier: das Tun der vorgeschriebenen Werke
âmîr	oberster Führer, Leiter, Befehlshaber, Fürst
amîr al-mu'minîn	Fürst der Gläubigen
ansâr	Helfer; die ersten Muslime
'aqâ'id	die einzelnen Glaubensartikel
arkân	eigentlich Ecke; aber auch grundlegende Elemente, die z. B. bei der Pilgerfahrt befolgt werden müssen
arkân al-islâm	die fünf Säulen des Islam
aslama	sich ergeben, sich hingeben, sich Gott ausliefern, Muslim werden
al-asmâ' al-husna	die schönsten Namen Gottes; gemeint sind die 99 Namen Gottes
aya	Zeichen, an denen der Mensch Gott erkennen kann; auch übertragen: Koranvers
Ayatollah	Zeichen Gottes (Titel Khomeinis)
al-'ayn	der Böse Blick
bay'a	Huldigung, etwa eines Kalifen
Banû Isrâ'îl	die Israeliten
baraka	Segenskraft

bâtil	nichtig; wird z. B. für ungültige Eheschließungen gebraucht
bâtin	das innere, verborgene; gemeint ist hier der zweite, verborgene Sinn des Korans
bayt Allâh	Haus Gottes
bid'a	unzulässige Neuerung
burûz	Wiedererscheinen, Hervortreten
dâ'î	Rufer, Missionar
da'îf	hier: schwach (Beurteilungskriterium für eine Überlieferung)
dajjâl	wörtlich: Lügner, Betrüger, Scharlatan; Bezeichnung für den Antichristen
dâr al-harb	wörtlich: Haus des Krieges, also das Gebiet, in dem der Islam noch nicht regiert
dâr al-islâm	wörtlich: Haus des Islam, also das islamische Gebiet
da'wa	wörtlich: Ruf, Einladung, im weiteren Sinn: Mission
da'wat al-haqq	Ruf zur Wahrheit; so nannten die Ismailiten ihre Missionsarbeit
ḏikr	Erinnerung, Gedenken; in der Mystik: Gottgedenken durch ständiges Wiederholen bestimmter Formeln
ḏimmî	Schutzbefohlene, also Juden und Christen im muslimischen Gebiet
dîn al-haqq	wörtlich: die wahre Religion; eine Selbstbezeichnung der Ismailiten für ihre eigene Lehre
diya	Blutpreis
ḏû'l-fiqâr	Name des legendären Schwertes des vierten Kalifen 'Alî; auch als Vorname für Jungen gebraucht
dunya	Welt, das Weltliche
fanâ'	das mystische Entwerden in Gott
faqr	Armut
fard	Pflicht (eine der fünf Kategorien, in die alle Handlungen eingeteilt werden)
fard al-'ayn	eine verpflichtende Handlung für den einzelnen (eine der fünf Kategorien, in die alle Handlungen eingeteilt werden)
fard al-kifâya	eine verpflichtende Handlung für die Gemeinschaft (eine der fünf Kategorien, in die alle Handlungen eingeteilt werden)
fâsiq	Übeltäter, Übertreter
al-fâtiha	wörtlich: die Eröffnende; die 1. Sure des Korans
fatwâ	Rechtsgutachten
gulât	die Übertreibenden; gemeint ist eine schiitische Sonderrichtung
hadd, Plural hudûd	wörtlich: Grenze; bezeichnet Vergehen, die mit Strafmaß in Koran und Überlieferung festgeschrieben sind
hadîṯ	Bericht, Erzählung, Überlieferung
hâfiz	wörtlich: Bewahrer, Hüter; jemand, der den gesamten Korantext auswendig kennt

hajj	die große Pilgerfahrt, die nur im Wallfahrtsmonat Dû l-hijja durchgeführt werden kann
halîfa	wörtlich: Nachfolger (Kalif); gemeint sind die Führer der muslimischen Gemeinschaft nach Muhammads Tod
halîl Alllâh	Freund Gottes (Bezeichnung Abrahams im Koran)
al-hamdu li-llâh	Gelobt sei Gott
hanîf	Gottsucher, Rechtgläubiger; Bekenner der Einzigartigkeit Gottes schon vor dem Auftreten des Islam
haqîqa	Wirklichkeit, Realität
haqq allâh	Recht Gottes
harâj	Grundsteuer für Juden und Christen
harâm	tabu, unverletzlich, heilig, verboten
Hârijiten	die Ausziehenden
al-hasad	der Böse Blick
hasan	hier: schön, gut (Beurteilungskriterium für eine Überlieferung)
hatam	Siegel; Muhammad ist für den Islam Siegel der Propheten, also der letzte Prophet der Geschichte
hatîb	Prediger
hijâb	Schleier; Amulett
hijra	Auswanderung, Trennung, Emigration; bezeichnet die Auswanderung Muhammads von Mekka nach Medina 622 n. Chr.
hikma	Weisheit
hul'	Freikauf der Frau aus ihrer Ehe; sie überläßt dem Mann einen Teil ihres Besitzes, und er gestattet ihr die Scheidung
al-hulafâ' ar-rašîdûn	die vier rechtgeleiteten Kalifen, also die ersten vier Nachfolger Muhammads nach seinem Tod
hulûl	Innewohnung Gottes in einem Menschen
hutba	Predigt
ibîha	Freigabe, Erlaubnis
Iblîs	Name eines der Teufel im Koran
'îd al-adhâ (= 'îd al-kabîr)	Opferfest am Ende des Pilgermonats Dû l-hijja
'îd al-fitr	Fest des Fastenbrechens im Monat Ramadân
'îd al-kabîr (= 'îd al-adhâ)	Opferfest am Ende des Pilgermonats Dû l-hijja
'idda	mehrmonatige Wartezeit für die Frau nach Scheidung oder Tod ihres Mannes, in der sich eine eventuelle Schwangerschaft herausstellen soll.
'ifrît	Dämon, Teufel
ihwân al-muslimûn	die Muslimbrüder
îjâb	Angebot einer Heiratspartei
i'jâz	Unnachahmlichkeit des Korans
ijmâ'	Konsens muslimischer Gelehrter über eine bestimmte Rechtsfrage
ijtihâd	die selbständige Rechtsfindung
al-ilâh	der Gott

ilhâm	Offenbarung
'ilm	Wissen
Imâm	Führer der muslimischen schiitischen Gemeinschaft
Imâmîya	die Zwölferschiiten
imân	Glaube
injîl	Evangelium oder Neues Testament
al-insân al-kâmil	der vollkommene Mensch: gemeint ist Muhammad
iqra'!	lies! trag vor! (Beginn der Sure 96)
iqrâr bi l-lisân	das mit der Zunge ausgesprochene Glaubensbekenntnis
irtidâd	Abfall vom Glauben
'isma	Sündenfreiheit; Sündlosigkeit
isnâd	Kette der Gewährsmänner für eine Überlieferung
istihsân	die Lösung einer Rechtsfrage in Hinblick auf das Beste für die Gesellschaft
istislâh	das Erwägen eines öffentlichen Interesses bei der Lösung einer Rechtsfrage
i'tiqâd bi l-qalb	die innere Überzeugung (von der Wahrheit des Islam)
iṯnâ 'ašarîya	die Zwölferschiiten
jabal ar-rahma	wörtlich: Gnadenberg in der Ebene von 'Arafât
jâhilîya	die Zeit der 'Unwissenheit', d. h., des vorislamischen Heidentums vor Muhammad
jâ'iz	eine erlaubte Handlung (eine der fünf Kategorien, in die alle Handlungen eingeteilt werden)
jamrat al-'aqaba	der Steinhaufen in Minâ, der für die Pilgerriten in Mekka besondere Bedeutung hat
jihâd	eigentlich: Bemühen auf dem Weg Gottes; meist übersetzt mit 'Heiliger Krieg'
jinn	Dämonen, Geister, unsichtbare Wesen
jizya	Kopfsteuer für Juden und Christen
kâfir	ungläubig, Ungläubiger
kâhin	vorislamischer Seher, Wahrsager, Priester
kalîm Allâh	Sprecher Gottes (Bezeichnung Moses im Koran)
kalima	Wort
kiswa	das schwarze Tuch, das die Ka'ba in Mekka bedeckt
kitâb	Buch oder Schrift; kann für den Koran oder eine andere heilige Schrift stehen
kufr	Unglaube
kun!	sei!
labbayka	etwa: "zu deinen Diensten"; damit bekundet der Mekkapilger, daß er zur Wallfahrt bereit ist.
lailat al-mi'râj	Nacht, in der Muhammad nach muslimischer Auffassung seine Himmelsreise angetreten hat.
lailat al-qadr	wörtlich: Nacht der Macht oder Nacht der Bestimmung. So nennen Muslime die Nacht, in der Muhammad erstmals eine Offenbarung empfangen haben soll.

li'ân	wörtlich: Fluch; Scheidung aufgrund der Beschuldigung des Ehemannes, seine Frau habe Ehebruch begangen
madrasa	islamische Erziehungseinrichtung
mad̲hab	Schule, bzw. Rechtsschule
mahdî	der Rechtgeleitete
mahr	Brautgabe
majnûn	von einem Geist besessen, geisteskrank
makrûh	eine verwerfliche Handlung (eine der fünf Kategorien, in die alle Handlungen eingeteilt werden)
malak al-mawt	Todesengel, der die Menschen in ihrer Todesstunde abberuft
mandûb	eine empfehlenswerte Handlung (eine der fünf Kategorien, in die alle Handlungen eingeteilt werden)
ma'rifa	Erkenntnis; auch Gotteserkenntnis
al-masîh	der Messias; damit bezeichnet der Koran Jesus
masjid	Moschee
masjid al-harâm	die heilige Moschee in Mekka
ma'sûm	sündlos
mat̲al	Gleichnis, Vorbild, Beispiel
matn	hier: Text einer Überlieferung
mawlid an-nabî	Geburtstag des Propheten Muhammad
mi'râj	die Himmelsreise Muhammads
mît̲âq	Bund
mu'ad̲d̲in	Gebetsrufer
mu'âmalât	Vorschriften für die zwischenmenschlichen Beziehungen
mujtahid	oberster Gelehrter der Gemeinde bei den Zwölferschiiten
mihna	'Inquisition' des Kalifen al-Ma'mûn ab 827, der die Erschaffenheit des Korans zum Staatsdogma erhob
mihrâb	Gebetsnische in der Moschee
mubâh	eine erlaubte Handlung (eine der fünf Kategorien, in die alle Handlungen eingeteilt werden)
muftî	Erteiler von Rechtsgutachten
muhaddat̲	derjenige, mit dem Gott oder die Engel Zwiesprache halten
muhâraba	Kampf
mujaddid	Erneuerer
mu'jiza	wörtlich: etwas, was unfähig macht, Gegenargumente hervorzubringen; ein Beglaubigungswunder eines Propheten
mu'minûn	(muslimische) Gläubige
munâfiq	Heuchler
mud̲akkir	Warner
muqarrab	ein Gott Nahegebrachter
murîd	Schüler in einem Derwischorden
mušrikûn	Polytheisten
muršid	Führer, Leiter (eines Derwischordens)

mustahabb	eine erwünschte Handlung (eine der fünf Kategorien, in die alle Handlungen eingeteilt werden)
mut'a-Ehe	wörtlich: Genuß-Ehe; Bezeichnung für die schiitische Zeitehe
nabî	Prophet
nafaha	einhauchen; gemeint ist hier die Einhauchung Jesu in die Jungfrau Maria
nafs	Seele; in der Mystik das Synomym für die niedere Triebseele, das Weltliche, das von Gott ablenkt
nâr	Feuer; gemeint ist das Höllenfeuer
nâtiq	Sprecher; gemeint ist einer der sechs Propheten, die nach siebenerschiitischer Ansicht zu der Gemeinde der Gläubigen gesprochen haben.
an-nazra	der Böse Blick
nizâm	Ordnung
qabd	das mystische Versinken in Gott
qabîh	das Böse
qabûl	Annahme, z. B. eines Heiratsvorschlags einer Familie
qadf	Verleumdung wegen Unzucht
qâdî	Richter
qâri'	Koranrezitator
qasîda	Kasside (altarabische Gedichtform)
qat' at-tarîq	Straßenraub
qibla	Gebetsrichtung
al-qirâ'ât as-sab'a	Die sieben kanonischen Lesarten für den Korantext, von denen eine Lesart als autoritativ festgelegt wurde
qisâs	Wiedervergeltung
qiyâs	Analogieschluß
qul!	Sprich!
qur'ân	Koran
rabb	Herr
ar-rahmân	der Erbarmer
rak'a	Niederwerfung beim täglichen rituellen Gebet
rasûl	Gesandter
ra'y	persönliche Meinungsfindung im islamischen Recht
ridda	Abfallbewegung der arabischen Stämme nach Muhammads Tod
riyâ	Angabe, Heuchelei
rûh	Seele
al-rukn	wörtlich: die Ecke, gemeint ist der schwarze Stein in der Ka'ba
sâ'at	wörtlich: Stunde; gemeint ist die Stunde des Jüngsten Gerichts
sab'a	sieben
Sab'îya	die Siebener-Schia
sabr	Geduld
safîy Allah	der Erwählte Gottes (Bezeichnung Adams im Koran)
saj'	eine Reimform, die altarabische Dichter oft verwendeten

sahîh	hier: gesund (Beurteilungskriterium für eine Überlieferung)
as-salâf as-sâlih	die frommen Vorväter
salâm	Friede
salât	das rituelle Gebet
sâlih	rechtschaffen
samâ'	Anhören von Musik; besonders in Derwischorden
sariqa	Diebstahl
saum	das Fasten im Monat Ramadân
silsila	Kette; in der Mystik die Kette der Vorläufer eines Derwischordens bis zu seinem Gründer
sîra	Biographie
subhâna llâh	Gepriesen sei Gott
sunna	Brauch, Gewohnheit (des Propheten oder seiner Gefährten)
šahâda	das muslimische Glaubensbekenntnis
šahîd	Zeuge; Märtyrer
šaih	älterer, würdiger Mann mit religiöser Autorität; auch Leiter eines Sufikonvents
šaitân	Satan
šarî'a	islamisches Gesetz
šî'a	Partei
širk	Beigesellung eines anderen Wesens neben Gott, Vielgötterei
šukr	Dankbarkeit
šûra	Rat oder Ratsversammlung
šurb al-hamar	Weingenuß
tahrîf	Verfälschung; gemeint ist die Verfälschung der christlichen und jüdischen Schriften
takbîrât	Lobpreis Gottes
tanâsuh	Seelenwanderung
tanzîl	Herabsendung (des Korans)
taqîya	Vorsicht, Geheimhaltung; gemeint ist das schiitische Gebot, in Gefahrenzeiten den schiitischen Glauben geheimzuhalten
taqlîd	Nachahmung, also die Lösung neuer Rechtsfragen anhand älterer Fälle aus der Vergangenheit
tarîqa	Pfad; auch: Bruderschaft, Derwischorden
tasawwuf	Sufitum
tasdîq	Glaube mit dem Herzen
tatlît	Trinität
tauba	Reue, Buße
taurâh	Torah
ta'zîr	Ermessen des Richters für Strafen, die nicht in Koran und sunna festgelegt sind
tauhîd	die Einheit und Einzigartigkeit Gottes
tawâf	Umschreitung der Ka'ba oder jeder anderen heiligen Stätte
tawakkul	Gottvertrauen

'ulamâ'	wörtlich: Wissender, Kenner, Gelehrter; die muslimischen Gelehrten bzw. Theologen
umm al-kitâb	wörtlich: Mutter des Buches; gemeint ist die Urschrift, die unverfälschte Uroffenbarung, die nach muslimischer Ansicht immer wieder - zuletzt im Koran - herabgesandt wurde.
umma	Gemeinschaft, Gemeinde, Nation
'umra	die kleine Wallfahrt nach Mekka, die zu jeder Jahreszeit durchgeführt werden kann
'ukûf	Aufenthalt bei einem Heiligtum
usûl al-fiqh	Wurzeln oder Prinzipien der Rechtswissenschaft
wâjib	notwendig (eine der fünf Kategorien, in die alle Handlungen eingeteilt werden)
wahy	Offenbarung
walî	Vormund; Bevollmächtigter, Verträge für jemand anderen abzuschließen
waqf	fromme Stiftung
wasî	Bevollmächtigter; die sechs Bevollmächtigten der Geschichte überbringen nach siebenerschiitischer Ansicht den äußeren Sinn des Korans
wuqûf	das Verweilen an einer Stelle bei der Pilgerfahrt in Mekka
al-yahûd	die Juden
yawm an-nahr	Tag des Schlachtens beim Opferfest am Ende des Pilgermonats Dû l-hijja
zabûr	Psalmen
zâhir	das Äußere; gemeint ist die wörtliche, äußere Bedeutung des Korans
zakât	Almosensteuer
zauja	Ehefrau
ziyâra	Besuch; gemeint ist der Besuch von Gräbern und Heiligtümern
zinâ'	Unzucht oder Ehebruch, also unrechtmäßiger Geschlechtsverkehr
zindîq	Ketzer

LITERATURVERZEICHNIS

1. Abkürzungen der Zeitschriften und Lexika

CMI: Church Missionary Intelligencer (London)
EI: Encyclopaedia of Islam. New Edition (Leiden-London)
EM: Evangelikale Missiologie (Korntal)
EMM: Evangelisches Missionsmagazin (Basel)
ER: The Encyclopedia of Religion (New York, London)
IOS: Israel Oriental Studies (Tel Aviv)
ISCH: Islamochristiana (Roma)
LIW: Lexikon der Islamischen Welt (Stuttgart)
LThK: Lexikon für Theologie und Kirche (Freiburg)
MIDEO: Mélanges Institut Dominicain d'Études Orientales du Caire (Cairo)
MLR: Modern Language Review (Cambridge)
MUSJ: Mélanges de la Faculté Orientale de l'Université St. Joseph de Beyrouth (Beirut)
MW: The Moslem World/The Muslim World (Hartford)
REI: Revue des Études Islamique (Paris)
RGG: Religion in Geschichte und Gegenwart (Tübingen)
WI: Die Welt des Islam (Leiden)
ZDMG: Zeitschrift der Deutschen Morgenländischen Gesellschaft (Wiesbaden)

2. Islamwissenschaftliche und säkulare Literatur

Nermin Abadan-Unat (Hg.). Women in Turkish Society. Social, Economic and Political Studies of the Middle East. Bd. XXX. E. J. Brill: Leiden, 1981

Nermin Abadan-Unat. Social Change and Turkish Women. in: dies. (Hg.). Women in Turkish Society. Social, Economic and Political Studies of the Middle East. Bd. XXX. E. J. Brill: Leiden, 1981, S. 5-31

Nabia Abbott. Studies in Arabic Literary Papyri. Bd. 2. Oriental Institute Publications No. 76. Chicago: University of Chicago Press, 1967

Nejla M. Abu-Izzeddin. The Druzes. A New Study of their History, Faith and Society. E. J. Brill: Leiden, 1991

Charles C. Adams. Islam and Modernism in Egypt. London, 1933

Munir D. Ahmed u. a. Der Islam III. Islamische Kultur, Zeitgenössische Strömungen, Volksfrömmigkeit. Die Religionen der Menschheit. Bd. 25,3. W. Kohlhammer: Stuttgart, 1990

Munir D. Ahmed. Ahmadija. In: LIW. Hg. von Klaus Kreiser und Rotraud Wielandt. Überarbeitete Neuausgabe. Verlag W. Kohlhammer: Stuttgart, 1992. S. 19-20

Hamid Algar; K. A. Nizami. Nakshbandiyya. in: EI VII. S. 934-939

Allgemeine Islamische Menschenrechtserklärung des Islamrates für Europa in Paris vom 19. 9. 1981. Cibedo Dokumentation 15/16. Frankfurt 1982

G. C. Anawati; Maurice Borrmans. Tendances et courants de l'Islam arabe contemporain. Bd. 1. Égypte et Afrique du Nord. München, 1982

G. C. Anawati. 'Îsâ. in: EI IV. S. 81-86

Tor Andrae. Die Person Muhammads in Lehre und Glauben seiner Gemeinde. Stockholm, 1918

Tor Andrae. Mohammed. Sein Leben und sein Glaube. Georg Olms Verlag: Hildesheim, 1932/1977

Tor Andrae. Islamische Mystik. Kohlhammer: Stuttgart, 1960/1980

Peter Antes. Der Islam als politischer Faktor. Bundeszentrale für politische Bildung. Hannover 1991/2

A. J. Arberry. Sufism. An Account of the Mystics of Islam. George Allen & Unwin Ltd.: London, 1950

A. J. Arberry. Revelation and Reason in Islam. George Allen & Unwin Ltd.: London, 1957

Gottfried Arnold. Der Einfluss des Islams auf das Häusliche, Sociale und Politische Leben seiner Bekenner. Leipzig, 1881

Miguel Asin. Islam and the Divine Comedy. London, 1926

Mahmoud M. Ayoub. Towards an Islamic Christology. An Image of Jesus in Early Shî'î Muslim Literature. in: MW 66/1976. S. 163-188

M. Ayoub. Muslim Views of Christianity. Some modern examples. in: ISCH 10/1984. S. 49-70

Karl Friedrich Bahrdt. Ausführungen des Plans und Zweks Jesu (sic). Berlin, 1784-1793

Dirk Bakker. Man in the Qur'ân. Dissertation Amsterdam, 1965

D. Z. H. Baneth. What did Muhammad mean when he called his religion "Islam"? in: IOS 1/1971. S. 183-190

Ernst Bannerth. Islamische Wallfahrtsstätten Kairos. Schriften des Österreichischen Kulturinstituts Kairo. Bd. 2. Otto Harrassowitz: Kairo, 1973

Adel El Baradie. Gottes-Recht und Menschenrecht. Grundlagenprobleme der islamischen Strafrechtslehre. Nomos: Baden-Baden, 1983

Hans Bauer. Über die Anordnung der Suren und über die geheimnisvollen Buchstaben im Qoran. in: Rudi Paret (Hg.). Der Koran. Wege der Forschung. Bd. CCCXXVI. Wissenschaftliche Buchgesellschaft: Darmstadt, 1975. S. 311-335

Hans Bauer. Von der Ehe. Das 12. Buch von al-Gazâlî's Hauptwerk. Max Niemeyer: Halle, 1917

Carl Heinrich Becker. Christentum und Islam. Religionsgeschichtliche Volksbücher. III. Reihe. 8. Heft. Tübingen 1907

Richard Bell (überarbeitet von W. M. Watt). Introduction to the Qur'ân. University Press: Edinburgh, 1970/1977

J. E. Bencheikh. Mi'râdj. in: EI VII. S. 97-103

Léon Bercher. Les délits et les peines de droit commun prévus par le Coran, leur réglementation dans les rites malékite, chaféite et hanéfite. Société Anonyme de l'imprimerie rapide: Tunis, 1926

M. Bernand. Kiyâs. in: EI V. S. 238-242

Pierre Antoine Bernheim; Guy Stavrides. Welt der Paradiese - Paradiese der Welt. Artemis und Winkler: Zürich, 1992

Erich Beyreuther. Bartholomäus Ziegenbalg. Aus dem Leben des ersten deutschen Missionars in Indien von 1682-1719. Göttingen, 1953

Karl Binswanger. Fundamentalisten-Filz - Getrennt marschieren - vereint schlagen? in: Bahman Nirumand (Hg.). Im Namen Allahs. Islamische Gruppen und der Fundamentalismus in der Bundesrepublik Deutschland. Dreisam-Verlag: Köln, 1990. S. 129-148

Harris Birkeland. The Legend of the Opening of Muhammad's Breast. Avhandlinger utgitt av det Norske Videnskaps-Akademi i Oslo. II. Hist.-Filos. Klasse. 1955. No. 3. Jacob Dybwad: Oslo, 1955

Frank Bliss. Islamischer Volksglaube der Gegenwart. Arbeitsmaterialien für den landeskundlichen Unterricht. Heft 6. Deutsche Stiftung für Internationale Entwicklung: Bad Honnef, (1985)

Frank Bliss. Frau und Gesellschaft in Nordafrika. Islamische Theorie und gesellschaftliche Wirklichkeit. Arbeitsmaterialien für den landeskundlichen Unterricht. Heft 8. Deutsche Stiftung für Internationale Entwicklung: Bad Honnef, (1986)

P. N. Boratv. Djinn. 2. Teil des Artikels in: EI II. S. 548-549

Johan Bouman. Gott und Mensch im Koran. Eine Strukturform religiöser Anthropologie anhand des Beispiels Allah und Muhammad. Wissenschaftliche Buchgesellschaft: Darmstadt, 1977/1989

Johan Bouman. Glaubenskrise und Glaubensgewißheit im Christentum und im Islam. Bd. II. Die Theologie al-Ghazalis und Augustins im Vergleich. TVG-Reihe, Brunnen Verlag: Giessen, 1990

Micha Brumlik. Weltrisiko Naher Osten. Moralische und Politische Perspektiven in einem Konflikt ohne Ende. Junius Verlag: Hamburg, 1991

R. Brunschvig. 'Abd. in: EI I. S. 24-40

Gabriele von Bülow. Hadithe über Wunder des Propheten Muhammad, insbesondere in der Traditionssammlung des Buhârî. Dissertation Bonn, 1964

Johann Christoph Bürgel. Allmacht und Mächtigkeit. Religion und Welt im Islam. Verlag C. H. Beck: München, 1991

Frants Buhl. Das Leben Muhammeds. Verlag von Quelle und Meyer: Leipzig, 1930

F. Buhl; A. T. Welch. 1. Teil des Artikels Muhammad. in: EI VII. S. 360-376

John Burton. The Collection of the Qur'ân. Cambridge University Press: Cambridge, 1977

Heribert Busse. Grundzüge der islamischen Theologie und der Geschichte des islamischen Raumes. in: Werner Ende; Udo Steinbach (Hg.). Der Islam in der Gegenwart. Verlag C.H. Beck: München, 1984. S. 17-53

Heribert Busse. Die theologischen Beziehungen des Islam zu Judentum und Christentum. Grundlagen des Dialogs im Koran und die gegenwärtige Situation. Wissenschaftliche Buchgesellschaft: Darmstadt, 1988

Heribert Busse; Martin Honecker. Gottes- und Weltverständnis in Islam und Christentum. EZW-Texte. Informationen Nr. 123 IX/1993. EZW: Stuttgart, 1993

F. Castro. Materiali e ricerche sul Nikâh al-Mut'a. Rom, 1974

J. Chelhod. 'Ifrît. in: EI III. S. 1050-1051

J. Chelhod. 2. Teil des Artikels Mar'a. in: EI VI. S. 472-481

Luigi Cirillo; Michel Frémaux (Hg.). Évangile de Barnabé. Recherches sur la composition et l'origine. Texte et Traduction. Paris, 1977

Noel J. Coulson; Abdelwadoud Yehia. Studien zum islamischen Recht. Hg. von Fritz Schwind. Österreichische Akademie der Wissenschaften, Philosophisch-Historische Klasse, Sitzungsberichte. Bd. 408. Verlag der Österreichischen Akademie der Wissenschaften: Wien, 1983

Noel J. Coulson. The Islamic Legal System. Its Role in Contemporary Muslim Society. in: ders. Abdelwadoud Yehia. Studien zum islamischen Recht. Hg. von Fritz Schwind. Österreichische Akademie der Wissenschaften, Philosophisch-Historische Klasse, Sitzungsberichte. Bd. 408. Verlag der Österreichischen Akademie der Wissenschaften: Wien, 1983. S. 7-19

Kenneth Cragg. Pilgrimage Prayers. in: MW 45/1955. S. 269-280

Kenneth Cragg. Ramadân Prayers. in: MW 47/1957. S. 210-223

Ary A. R. Crollius. Mission. in: LIW. Hg. von Klaus u. a. Bd. 2. Verlag W. Kohlhammer: Stuttgart, 1974. S. 173

R. Hrair Dekmejian. Islam in Revolution. Fundamentalism in the Arab World. Syracuse University Press: Syracuse, 1985

Dietrich von Denffer. Mut'a - Ehe oder Prostitution? Beitrag zur Untersuchung einer Institution des šî'îtischen Islam. in: ZDMG 128/1978. S. 299-325

G. Delanoue. Ikhwân al-muslimûn. in: EI III. S. 1068-1071

Der Koran. Aus dem Arabischen. Übersetzung von Max Henning. VMA Verlag: Wiesbaden, o. J.

Der Koran Arabisch-Deutsch. Übersetzung und wissenschaftlicher Kommentar von Adel Theodor Khoury. 10 Bde. Bd. 2: Sure 2,75-2,212. Gütersloher Verlagshaus Gerd Mohn: Gütersloh, 1991

Albert Dietrich. Geschichte Arabiens vor dem Islam. in: Handbuch der Orientalistik. 1. Abt.: Der Nahe und der Mittlere Osten. 2. Bd.: Keilschriftforschung und Alte Geschichte Vorderasiens. 4. Abschn.: Orientalische Geschichte von Kyros bis Mohammed. Lief. 2. E. J. Brill: Leiden, 1966

Konrad Dilger. Rechtsfortbildung durch 'siyâsa', dargestellt am Beispiel des talâq in Iran. Islamkundliche Abhandlungen aus dem Institut für Geschichte und Kultur des Nahen Orients an der Universität München. Hans Joachim Kissling zum 60. Geburtstag. Dr. Dr. Rudolf Trofenik: München, 1974. S. 49-62

Konrad Dilger. Die Entwicklung des islamischen Rechts. in: Munir D. Ahmed u. a. Der Islam III. Islamische Kultur, Zeitgenössische Strömungen, Volksfrömmigkeit. Die Religionen der Menschheit. Bd. 25,3. W. Kohlhammer: Stuttgart, 1990. S. 60-99

Ernst von Dobschütz. Das Dekretum Gelasianum De Libris Recipiendis et Non Recipiendis, Texte und Untersuchungen zur Geschichte der altchristlichen Literatur. Bd. 38.4. Leipzig, 1912

Bayard Dodge. Al-Azhar. A Millenium of Muslim Learning. The Middle East Institute: Washington D. C., 1961

Bess Allen Donaldson. The Koran as Magic. in: MW 27/1939. S. 254-266

Dwight M. Donaldson. The Shi'ite Religion. A History of Islam in Persia and Irak. London, 1933

Andrew Landale Drummond. German Protestantism since Luther. London, 1951

Hans-Georg Ebert u. a. Die Islamische Republik Iran. Historische Herkunft, Ökonomische Grundlagen, Staatsrechtliche Struktur. Berlin, 1987

(Editor, "The Epiphany"). The Gospel of Barnabas. in: MW 13/1923. S. 277-281

Harald Einzmann. Religiöses Volksbrauchtum in Afghanistan. Islamische Heiligenverehrung und Wallfahrtswesen im Raum Kabul. Franz Steiner Verlag: Wiesbaden, 1977

E. E. Elder. The Development of the Muslim Doctrine of Sins and their Forgiveness. in: MW 29/1939. S. 178-188

Omaia Elwan. Gesetzgebung und Rechtssprechung. in: Udo Steinbach; Rüdiger Robert (Hg.). Der Nahe und der Mittlere Osten. Politik, Gesellschaft, Wirtschaft, Geschichte, Kultur. Bd. 1. Grundlagen, Strukturen und Problemfelder. Leske und Budrich: Leverkusen, 1988. S. 221-254

Werner Ende. The Flagellations of Muharram and the Shi'ite 'Ulamâ'. in: Der Islam 55/1978 (Berlin). S. 19-36

Werner Ende. Ehe auf Zeit (mut'a) in der innerislamischen Diskussion der Gegenwart. in: WI 20/1980. S. 1-43

Werner Ende; Udo Steinbach (Hg.). Der Islam in der Gegenwart. Entwicklung und Ausbreitung, Staat, Politik und Recht, Kultur und Religion. Verlag C.H. Beck: München, 1984

Werner Ende. Der schiitische Islam. in: ders.; Udo Steinbach. Der Islam in der Gegenwart. Verlag C. H. Beck: München, 1984. S. 70-90

Gerhard Endreß. Einführung in die islamische Geschichte. Verlag C. H. Beck: München, 1982

Paul Eppler. Geschichte der Basler Mission 1815-1899. Basel, 1900

Bernd Erbel. Ehe. In: LIW. Hg. von Klaus Kreiser und Rotraud Wielandt. Überarbeitete Neuausgabe. Verlag W. Kohlhammer: Stuttgart, 1992. S. 81-84

Josef van Ess. Zwischen hadîṯ und Theologie. Berlin 1975

Josef van Ess. Fatum Mahometanum. Schicksal und Freiheit im Islam. in: Schicksal? Grenzen der Machbarkeit. Ein Symposium. dtv: München, 1977. S. 26-50

Josef van Ess. Mu'tazilah. in: ER. Bd. 10. New York/London 1987. S. 220-229

Josef van Ess. Theologie und Gesellschaft im 2. und 3. Jahrhundert Hidschra. Eine Geschichte des religiösen Denkens im frühen Islam. 6 Bde. Walter de Gruyter: Berlin, 1991ff.

Charles Johannes Evans. Die Idee der Sünde im Koran. Christian Gulde: Tübingen, 1939

T. Fahd. kâhin. in: EI IV. S. 420-422

T. Fahd. nâr. in: EI Bd. VII. S. 957-960

Majid Fakhry. A History of Islamic Philosophy. Columbia University Press: New York, 1970

Abdoljavad Falaturi. Abfall vom Islam. In: LIW. Hg. von Klaus Kreiser und Rotraud Wielandt. Überarbeitete Neuausgabe. Verlag W. Kohlhammer: Stuttgart, 1992. S. 17-18

A. E. I. Falconar. Sufi Literature and the Journey to Immortality. Motilal Banarsidass Publishers Pvt. Ltd.: Delhi, 1991

Suraiya Faroqhi. Herrscher über Mekka. Die Geschichte der Pilgerfahrt. Artemis Verlag: München, Zürich 1990

Ashgar Fathi (Hg.). Women and the Family in Iran. Social, Economic and Political Studies of the Middle East. Bd. XXXVIII. E. J. Brill: Leiden, 1985

Ashgar Fathi. Social Integration in the Traditional Urban Family. in: ders. (Hg.). Women and the Family in Iran. Social, Economic and Political Studies of the Middle East. Bd. XXXVIII. E. J. Brill: Leiden, 1985. S. 151-157

Adele K. Ferdows. The Status and Rights of Women in Ithna 'Ashari Shi'i Islam. in: Ashgar Fathi (Hg.). Women and the Family in Iran. Social, Economic and Political Studies of the Middle East. Bd. XXXVIII. E. J. Brill: Leiden, 1985. S. 13-36

Barbara Finster. Moschee. In: LIW. Hg. von Klaus Kreiser und Rotraud Wielandt. Überarbeitete Neuausgabe. Verlag W. Kohlhammer: Stuttgart, 1992. S. 188-192

Martin Forstner. Das Menschenrecht der Religionsfreiheit und des Religionswechsels als Problem der islamischen Staaten. in: Kanon. Kirche und Staat im christlichen Osten. Jahrbuch der Gesellschaft für das Recht der Ostkirchen. (Wien). Jg. X/1991. S. 105-186

W. Franklin. Observations made on a Tour from Bengal to Persia. London, 1790

Jürgen Frembgen. Alltagsverhalten in Pakistan. Express Edition: Berlin, 1987

Yohanan Friedmann. Prophecy Continous. Aspects of Ahmadî Religious Thought and its Medieval Background. University of California Press: Berkeley, 1989
Erdmann Fritsch. Islam und Christentum im Mittelalter. Verlag Müller & Seifert: Breslau, 1930
Heinzgünter Frohnes; Uwe W. Knorr (Hg.). Kirchengeschichte als Missionsgeschichte. Bd. 1. Die Alte Kirche. München 1974
Johann Fück. Die Originalität des arabischen Propheten. in: ZDMG 90/NF 15/1936. S. 509-525
Johann Fück. Die Arabischen Studien in Europa bis in den Anfang des 20. Jahrhunderts. Otto Harrassowitz: Leipzig, 1955
H. Fuchs; F. de Jong. 1. Teil des Artikels Mawlid. in: EI VI. S. 895-897
Helmut Gätje. Koran und Koranexegese. Artemis Verlag: Zürich, 1971
Louis Gardet. Dieu et la Destinée de l'Homme. Études Musulmanes IX. Hg. von G. C. Anawati und Louis Gardet. Les Grands Problèmes de la Théologie Musulmane. Essai de théologie comparée. Librairie Philosophique J. Vrin: Paris, 1967
Louis Gardet. Islam. Verlag J. P. Bachem: Köln, 1968
L. Gardet. Allâh. in: EI I. S. 406-417
L. Gardet. Dhikr. in: EI II. S. 223-227
L. Gardet. Dîn. in: EI II. S. 293-296
L. Gardet. Îmân. in: EI III. S. 1070-1074
L. Gardet. Islâm. 1. Teil des Artikels. in: EI IV. S. 171-174
L. Gardet. Kiyâma. in: EI V. S. 235-238
Jean-Marie Gaudeul. Encounters and Clashes. Islam and Christianity in History. 2 Bde. Pontificio Istituto di Studi Arabi e Islamici: Roma, 1984
Hans-Werner Gensichen. Missionsgeschichte der neueren Zeit. Die Kirche in ihrer Geschichte. Ein Handbuch. Hg. von K. D. Schmidt und E. Wolf. Bd. 4/T. Göttingen, 1976/3
Hans-Werner Gensichen. Christliche Mission, C. Geschichte. in: RGG Bd. 4. Tübingen 1986/3. S. 984-988
D. Gimaret. Mu'tazila in EI VII. S. 783-793
Reinhold Glei. Petrus Venerabilis Schriften zum Islam. Ediert, ins Deutsche übersetzt und kommentiert. CIS-Verlag: Altenberge, 1985
S. D. Goitein. The Origin and Nature of the Muslim Friday Worship. in: MW 49/1959. S. 183-195
S. D. Goitein. Studies in Islamic History and Institutions. E. J. Brill: Leiden, 1966
S. D. Goitein. Djum'a. in: EI II. S. 592-594
Ignaz Goldziher. Die Heiligenverehrung im Islam. in: ders. Muhammedanische Studien. Zweiter Theil. Max Niemeyer: Halle, 1890. S. 275-378
Ignaz Goldziher. Die Richtungen der Islamischen Koranauslegung. Leiden: Brill, 1920/1952/1970
Ignaz Goldziher. Über Bibelcitate in muhammedanischen Schriften. In: Collectanea II/3. Ignaz Goldziher. Gesammelte Schriften III. Herausgegeben von Joseph Desomogyi. Georg Olms Verlagsbuchhandlung: Hildesheim, 1969. S. 309-315

Ignaz Goldziher. Gesammelte Schriften III. Herausgegeben von Joseph Desomogyi. Georg Olms Verlagsbuchhandlung: Hildesheim, 1969

Eduard Goossens. Ursprung und Bedeutung der Koranischen Siglen. in: Rudi Paret (Hg.) Der Koran. Wege der Forschung. Bd. CCCXXVI. Wissenschaftliche Buchgesellschaft: Darmstadt, 1975. S. 336-373

Johann Ernst Grabe. Spicilegium SS. Patrum ut et Haereticorum Seculi post Christum natum I-III. Oxoniae, 1698/99

Georg Graf. Wie ist das Wort Al-Masîh zu übersetzen? in: ZDMG 104/1954. S. 119-123

Erwin Gräf. Die Todesstrafen des islamischen Rechts. in: Bustan. (Wien) Heft 4/1962. S. 8-22 und Heft 1/1965. S. 9-22

Erwin Gräf. Die Stellungnahme des islamischen Rechts zu Geburtenregelung (tanzîm al-nasl) und Geburtenbeschränkung (tahdîd al-nasl). in: Wilhelm Hoenerbach (Hg.). Der Orient in der Forschung. Festschrift für Otto Spies zum 5. April 1966. Otto Harrassowitz: Wiesbaden, 1967. S. 209-232

Erwin Gräf; Hilmar Krüger. Jurisprudenz. In: LIW. Hg. von Klaus Kreiser und Rotraud Wielandt, Überarbeitete Neuauflage. Verlag W. Kohlhammer: Stuttgart, 1992. S. 141-146

Erwin Gräf; Hilmar Krüger. Recht. In: LIW. Hg. von Klaus Kreiser und Rotraud Wielandt, Überarbeitete Neuauflage. Verlag W. Kohlhammer: Stuttgart, 1992. S. 225-231

Erwin Gräf; Hilmar Krüger. Rechtsschulen. In: LIW. Hg. von Klaus Kreiser und Rotraud Wielandt, Überarbeitete Neuauflage. Verlag W. Kohlhammer: Stuttgart, 1992. S. 231-235

Richard Gramlich. Die schiitischen Derwischorden Persiens. Abhandlungen für die Kunde des Morgenlandes. Erster Teil: Die Affiliationen. Zweiter Teil: Glaube und Lehre. Dritter Teil: Brauchtum und Riten. Franz Steiner, Wiesbaden: 1965+1976+1981

Martin Greschat. Zur neueren Pietismusforschung. Darmstadt, 1977

G. E. von Grunebaum. Muhammadan Festivals. Curzon Press: London, 1951/1988

G. E. von Grunebaum (Hg.). Theology and Law in Islam. Otto Harrassowitz: Wiesbaden, 1971

G. E. von Grunebaum. I'djâz. in: EI III. S. 1018-1020

Alfred Guillaume. New Light on the life of Muhammad. Manchester, o. J.

Alfred Guillaume. The Traditions of Islam. An Introduction to the study of the Hadith Literature. Clarendon Press: Oxford, 1924

Ulrich Haarmann. Die Pflichten des Muslim-Dogmas und die geschichtliche Wirklichkeit. in: Saeculum 26/1975 (Freiburg). S. 95-110

Ulrich Haarmann (Hg.). Geschichte der arabischen Welt. Verlag C. H. Beck: München, 1987

Abdulkadir W. Haas. Türkische Volksfrömmigkeit. Beiträge zur Ausländerarbeit 9. Verlag Otto Lembeck: Frankfurt/Main, 1986

Osman El Hajje. Die islamischen Länder und die internationalen Menschenrechtsdokumente. Gewissen und Freiheit 36/1991. S. 74-79

Heinz Halm. Die islamische Gnosis. Die extreme Schia und die 'Alawiten. Artemis Verlag: Zürich 1982

Heinz Halm. Die Fatimiden. in: Ulrich Haarmann (Hg.). Geschichte der Arabischen Welt. Verlag C. H. Beck: München, 1987. S. 166-199

Heinz Halm. Die Schia. Wissenschaftliche Buchgesellschaft: Darmstadt, 1988

Heinz Halm. Das Reich des Mahdi. Der Aufstieg der Fatimiden (875-973). Verlag C. H. Beck: München, 1991

Karl Hammer. Weltmission und Kolonialismus. München, 1978

A. Harnack. Barnabas. in: Albert Hauck (Hg.). Realencyklopädie für protestantische Theologie und Kirche. Leipzig 1897/3. Bd. 2. S. 410-413

Christine Ph. Harris. Nationalism and Revolution in Egypt: The Role of the Muslim Brotherhood. Standford, 1964

Richard Hartmann. Zur Frage nach der Herkunft und den Anfängen des Sûfîtums. in: Der Islam (Straßburg). Bd. 6/1916. S. 31-70

Richard Hartmann. Die Religion des Islam. Eine Einführung. Verlag von E. S. Mittler & Sohn: Berlin, 1944

Gunnar Hasselblatt. Der Islam kennt keine Aufklärung. Behutsame Annäherung an einen Dialog ohne Arroganz. in: Lutherische Monatshefte. 19/1980 (Hamburg). S. 130-132

G. R. Hawting. The Origins of the Muslim Sanctuary at Mecca, in: G. H. A. Juynboll (Hg.). Studies on the First Century of Islamic Society. Southern Illinois University Press: Carbondale, 1982. S. 23-47

W. Heffening. Mut'a. in: EI Bd. VII. S. 757-759

Klára Hegyi; Vera Zimányi. Muslime und Christen. Das Osmanische Reich in Europa. Corvina Verlag: Budapest, 1988

Ina und Peter Heine. O ihr Musliminnen ... Frauen in islamischen Gesellschaften. Herder: Freiburg, 1993

B. Heller. Mûsâ. 1. Teil des Artikels in: EI VII. S. 638-639

E. Hennecke. New Testament Apocrypha. Hg. von W. Schneemelcher. Bd. 1. Tübingen, 1959

Josef Henninger. Spuren christlicher Glaubenswahrheiten im Koran. Schriftenreihe der Neuen Zeitschrift für Missionswissenschaft X. Schöneck/Beckenried (CH), 1951

Joseph Henninger SVD. Mariä Himmelfahrt im Koran. in: Rudi Paret (Hg.). Der Koran. Wege der Forschung Bd. CCCXXVI. Wissenschaftliche Buchgesellschaft: Darmstadt, 1975. S. 269-277

Heinrich Hermelink. Astrologie. In: LIW. Hg. von Klaus Kreiser und Rotraud Wielandt. Überarbeitete Neuausgabe. Verlag W. Kohlhammer: Stuttgart, 1992. S. 42-43

R. Hillenbrand. 2. Teil des Artikels Masdjid. in: EI VI. S. 677-688

Klaus Hock. Der Islam im Spiegel westlicher Theologie. Kölner Veröffentlichungen zur Religionsgeschichte. Bd. 8. Hg. von Michael Klöckner und Udo Tworuschka. Böhlau Verlag: Köln, 1986

Wilhelm Hoenerbach (Hg.). Der Orient in der Forschung. Festschrift für Otto Spies zum 5. April 1966. Otto Harrassowitz: Wiesbaden, 1967

Inge Hofmann; Anton Vorbichler. Das Islam-Bild bei Karl May und der islamo-christliche Dialog. Wien, 1979

W. Holsten. Christliche Mission. I. Evangelische Missionen. in: RGG Bd. 4. Tübingen, 1986/3. S. 1001-1007

Klaus Hornung. Krisenherd Naher Osten. Geschichte-Fakten-Hintergründe. Julius Beltz: Weinheim, 1991

Josef Horovitz. Das koranische Paradies. in: Rudi Paret (Hg.). Der Koran. Wege der Forschung Bd. CCCXXVI. Wissenschaftliche Buchgesellschaft: Darmstadt, 1975. S. 53-73

Josef Horovitz. Muhammeds Himmelfahrt. in: Der Islam. 8/1918 (Strassburg). S. 159-183

Arnold Hottinger. Allah Heute. Pendo Verlag: Zürich, 1981

George F. Hourani. Islamic Rationalism. The Ethics of 'Abd al-Jabbâr. Clarendon Press: Oxford, 1971

I. K. A. Howard. Mut'a Marriage reconsidered in the context of the formal procedures for islamic marriage. in: Journal of Semitic Studies (Manchester). 20/1975. S. 82-92

Snouck Hurgronje. Mekka II. Den Haag, 1889

Ibn Ishâq. Das Leben des Propheten. Aus dem Arabischen übertragen und bearbeitet von Gernot Rotter. Tübingen, 1976

Morris Jastrow. Veiling in Ancient Assyria. Révue archéologique. v. sér. XIV/1921. S. 209-238

Arthur Jeffery. Materials for the History of the Text of the Qur'ân. The Old Codices. E. J. Brill: Leiden, 1937

Rudolf Jockel (Hg.). Islamische Geisteswelt. Von Mohammed bis zur Gegenwart. Drei Lilien Verlag: Wiesbaden, 1981

Jacques Jomier. L'Évangile selon Barnabe. in: MIDEO 1959-61. S. 137-226

Jacques Jomier. Le Commentaire Coranique du Manâr. Tendences Modernes de l'Exégèse Coranique en Egypte. Paris, 1954

Jacques Jomier. How to understand Islam. SCM Press Ltd.: London, 1989

Anthony H. Johns. Joseph in the Qur'ân: Dramatic Dialogue, Human Emotion and Prophetic Wisdom. in: ISCH 7/1981. S. 29-55

Alan Jones. The Mystical Letters of the Qur'ân. in: Rudi Paret (Hg.) Der Koran. Wege der Forschung, Bd. CCCXXVI. Wissenschaftliche Buchgesellschaft: Darmstadt, 1975. S. 379-385

F. De Jong. Die mystischen Bruderschaften und der Volksislam. in: Werner Ende; Udo Steinbach (Hg.). Der Islam in der Gegenwart. Verlag C.H. Beck: München, 1984. S. 487-504

Th. W. Juynboll. Handbuch des Islamischen Gesetzes. Nach der Lehre der Schâfi'itischen Schule. Otto Harrassowitz: Leipzig, 1910

G. H. A Juynboll. The Authenticity of the Tradition Literature. Discussions in Modern Egypt. Leiden: Brill, 1969

G. H. A. Juynboll (Hg.), Studies on the First Century of Islamic Society. Southern Illinois University Press: Carbondale, 1982

G. H. A. Juynboll. Muslim tradition. Studies in chronology, provenance and authorship of early hadîth. Cambridge University Press: Cambridge, 1983

N. J. G. Kaptein. Muhammad's Birthday Festival. Early History in the Central Muslim Lands and Development in the Muslim West until the 10th/16th Century. E. J. Brill: Leiden, 1993

Nikki R. Keddie (Hg.). Scholars, Saints and Sufis. Muslim Religious Institutions since 1500. University of California Press: Berkeley, 1972/1978

Gilles Kepel. The Prophet and Pharaoh. Muslim Extremism in Egypt. London, 1985

Gilles Kepel. Die Rache Gottes. Radikale Moslems, Christen und Juden auf dem Vormarsch. Piper: München, 1991

Majid Khadduri. War and Peace in the Law of Islam. Oxford University Press: London, 1955

Hans Joachim Kissling. Die Wunder der Derwische. in: ZDMG 107/1957/NF 32. S. 348-361

Hans-Joachim Kissling. Derwisch. In: LIW. Hg. von Klaus Kreiser und Rotraud Wielandt. Überarbeitete Neuausgabe. Verlag W. Kohlhammer: Stuttgart, 1992. S. 75-77

Hans-Joachim Kissling. Bektschije. In: LIW. Hg. von Klaus Kreiser und Rotraud Wielandt. Überarbeitete Neuausgabe. Verlag W. Kohlhammer: Stuttgart, 1992. S. 75-76

Hans-Joachim Klimkeit (Hg.). Tod und Jenseits im Glauben der Völker. Harrassowitz: Wiesbaden, 1978

Claudia Knieps. Geschichte der Verschleierung der Frau im Islam. Ergon Verlag: Würzburg, 1993

Karin König. Tschador, Ehre und Kulturkonflikt. Veränderungsprozesse türkischer Frauen und Mädchen durch die Emigration und ihre soziokulturellen Folgen. Verlag für Interkulturelle Kommunikation: Frankfurt, 1994/3

Thomas Koszinowski. Syrien, Jordanien und Irak. in: Werner Ende; Udo Steinbach (Hg.). Der Islam in der Gegenwart. München 1984. S. 198-439

Klaus Kreiser. Bilderverbot. In: LIW. Hg. von Klaus Kreiser und Rotraud Wielandt. Überarbeitete Neuausgabe. Verlag W. Kohlhammer: Stuttgart, 1992. S. 58-60

Rudolf Kriss; Hubert Kriss-Heinrich. Volksglaube im Bereich des Islam. Bd. 1: Wallfahrtswesen und Heiligenverehrung. Bd 2: Amulette, Zauberformeln und Beschwörungen. Otto Harrassowitz: Wiesbaden, 1960+1962

A. K. S. Lambton. (ii) In Political Theory. 2. Teil des Artikels Khalîfa. in: EI IV. S. 937-953

H. Lammes. Les sanctuaires préislamites. in. MUSJ 11. S. 41-73

Arno Lehmann. Ziegenbalg. in: RGG Bd. 6. 1986/3. S. 1907

Wolfgang Günter Lerch. Allahs neue Krieger. Georg Westermann Verlag: Braunschweig, 1991

Wolfgang Günter Lerch. Kein Frieden für Allahs Völker. Die Kriege am Golf. Geschichte, Gestalten, Folgen. S. Fischer Verlag: Frankfurt, 1991

Bernard Lewis. Islam in History. Ideas, Men and Events in the Middle East. Alcove Press: London, 1973

Bernard Lewis. Die Welt der Ungläubigen. Wie der Islam Europa entdeckte. Propyläen: Frankfurt, 1983

Bernard Lewis (Hg.) The World of Islam. Faith, People, Culture. Thames and Hudson: London, 1976/1992

Bernard Lewis. Die Assassinen. Zur Tradition des religiösen Mordes im radikalen Islam. Eichborn Verlag: Frankfurt, 1989

Enno Littmann. Islamisch-arabische Heiligenlieder. Abhandlungen der geistes- und sozialwissenschaftlichen Klasse der Akademie der Wissenschaften und der Literatur. Mainz, 1951. S. 101ff.

Harald Löschner. Die Dogmatischen Grundlagen des šî'itischen Rechts. Erlanger Juristische Abhandlungen Bd. 9. Carl Heymanns Verlag: Köln, 1971

Michael Lüders (Hg.). Der Islam im Aufbruch? Perspektiven der arabischen Welt. Piper: München, 1992/1993

Günter Lüling. Der christliche Kult in der vorislamischen Kaaba als Problem der Islamwissenschaft und christlichen Theologie. Erlangen, 1977

W. Lurz. Heiliges Jahr. in: LThK/5. Freiburg 1960/1980. S. 125-126

Jane Dammen McAuliffe. Qur'ânic Christians. An Analysis of Classical and Modern Exegesis. Cambridge University Press: Cambridge, 1991

D. B. Macdonald. H. Massé. Djinn. 1. Teil des Artikels in: EI II. S. 546-548

D. B. Macdonald. 1. Teil des Artikels Malâ'ika. in: EI VI. S. 216-219

D. B. Macdonald. 3. Teil des Artikels Mûsâ. in: EI VII. S. 639-640

John Macdonald. Joseph in the Qur'ân and Muslim Commentary I und II. in: MW 46/1956. S. 112-131 und S. 207-224

R. F. McNeile. 'Uthmân and the Recension of the Koran, in: MW 5/1915. S. 380-390

Wilferd Madelung. Shi'i Attitudes toward Women as reflected in Fiqh. in: A. Lutfi Sayyid Marsot (Hg.). Society and the Sexes in Medieval Islam. Georgio Levi della Vida Conferences 6. Malibu 1979. S. 69-79

W. Madelung. 'Isma. in: EI IV. S. 182-184

W. Madelung. 2. Teil des Artikels Malâ'ika. in: EI VI. 1991, S. 216-219

Johann Maier. Geschichte der jüdischen Religion. Walter de Gruyter: Berlin, 1972

Heinrich von Maltzan. Meine Wallfahrt nach Mekka. Hg. von Gernot Giertz. Edition Erdmann in K. Thienemanns Verlag: Stuttgart 1982/1984

J. Margull. Christliche Mission. A. Begründung und Ziel. in: RGG Bd. 4. 1986/3. 973-80

J. Margull. Carey. in: RGG Bd. 1. 1986/3. S. 1614-1615

A. Lutfi Sayyid Marsot (Hg.). Society and the Sexes in Medieval Islam. Georgio Levi della Vida Conferences 6. Malibu 1979

Louis Massignon. Le Christ dans les Évangiles selon Ghazâlî. in: REI 6/1932. S. 523-536

Karl May. Durch das Land der Skipetaren. Bamberg, 1951

Fritz Meier. The Mystic Path. In: The World of Islam. Faith, People, Culture. Hg. von Bernard Lewis. Thames and Hudson: London, 1976/1992

Salima Mella. Algerien. Momentaufnahmen aus einem Land in Aufruhr. Schwarze Risse Verlag: Berlin, 1991

R. F. Merkel. Der Islam im Wandel abendländischen Verstehens. in: Studi e Materiali di Storia delle Religioni. Pubblicati dalla Scuola di Studi Storico-Religiosi della Università di Roma. Bd. XIII/1937. Edizione Anastatica: Roma, 1963. S. 68-126

Fatima Mernissi (Hg.). Der Harem ist nicht die Welt. Elf Berichte aus dem Leben marokkanischer Frauen. Luchterhand: Hamburg, 1988

William McElwee Miller. The Baha'i Faith: Its History and Teachings. William Carey Library: Pasadena, 1974/1984

Richard Mitchell. The Society of Muslim Brothers. London, 1969

Bernard de la Monnoye. Menagiana ou Bons Mots. Amsterdam, 1713-1716

Harald Motzki. Die Anfänge der islamischen Jurisprudenz. Ihre Entwicklung in Mekka bis zur Mitte des 2./8. Jahrhunderts. Deutsche Morgenländische Gesellschaft. Kommissionsverlag Franz Steiner: Stuttgart, 1991

Caspar Detlef Gustav Müller. Kirche und Mission unter den Arabern in vorislamischer Zeit. Sammlung gemeinverständlicher Vorträge und Schriften aus dem Gebiet der Theologie und Religionsgeschichte 249. J. C. B. Mohr: Tübingen, 1967

Hildegard Müller. Studien zum persischen Passionsspiel. Dissertation Freiburg, 1966

Dana Carleton Munro. The Western Attitude toward Islam during the Period of the Crusades. in: Speculum 6/1931/3 (Cambridge/USA). S. 329-343

Miklos Muranyi. Die Prophetengenossen in der frühislamischen Geschichte. Dissertation Bonn, 1973

Paul Nwyia. Exégèse coranique et langage mystique. Beirut, 1970

Laila Nabhan. Das Fest des Fastenbrechens ('īd al-fitr) in Ägypten. Untersuchungen zu theologischen Grundlagen und praktischer Gestaltung. Klaus Schwarz Verlag: Berlin, 1991

Tilman Nagel. Das Leben nach dem Tod in islamischer Sicht. in: Hans-Joachim Klimkeit (Hg.). Tod und Jenseits im Glauben der Völker. Harrassowitz, Wiesbaden, 1978. S. 130-144

Tilman Nagel: Staat und Glaubensgemeinschaft im Islam. Geschichte der politischen Ordnungsvorstellungen der Muslime. Bd. II: Vom Spätmittelalter bis zur Neuzeit. Artemis Verlag: Zürich, 1981

Tilman Nagel. Some Considerations concerning the pre-Islamic and the Islamic Foundations of the Authority of the Caliphate. in: G. H. A. Juynboll (Hg.). Studies on the First Century of Islamic Society. Papers on Islamic History. Bd. 5. Southern Illinois University Press: Carbondale, 1982. S. 177-197

Tilman Nagel. Der Koran. Einführung-Texte-Erläuterungen. Verlag C.H. Beck: München, 1983

Tilman Nagel. Das Kalifat der Abbasiden. in: Ulrich Haarmann. Geschichte der arabischen Welt. C. H. Beck: München, 1984. S. 101-165

Tilman Nagel. Die Festung des Glaubens: Triumph und Scheitern des islamischen Rationalismus im 11. Jahrhundert. C. H. Beck: München, 1988

Angelika Neuwirth. Studien zur Komposition der mekkanischen Suren. Walter de Gruyter: Berlin, 1981

Bahman Nirumand (Hg.). Im Namen Allahs. Islamische Gruppen und der Fundamentalismus in der Bundesrepublik Deutschland. Dreisam-Verlag: Köln, 1990

Theodor Nöldeke u. a. Geschichte des Qorans. 3 Teile. Georg Olms Verlag: Hildesheim, 1909/1981

Albrecht Noth. I. Früher Islam. in: Ulrich Haarmann (Hg.). Geschichte der arabischen Welt. Verlag C. H. Beck: München, 1987. S. 11-100

Wilhelm Oehler. Geschichte der Deutschen Evangelischen Mission. 2 Bde. Baden-Baden, 1949-1951

G. Oman. Matba'a. in: EI VI. S. 794-807

Constance E. Padwick. Muslim Devotions. A Study of Prayer-Manuals in Common Use. SPCK: London, 1961

Rudi Paret. Arabistik und Islamkunde an deutschen Universitäten. Wiesbaden, 1966

Rudi Paret (Hg.). Der Koran. Wege der Forschung. Bd. CCCXXVI. Wissenschaftliche Buchgesellschaft: Darmstadt, 1975

Rudi Paret. Der Koran und die Prädestination. in: ders. (Hg.). Der Koran. Wege der Forschung Bd. CCCXXVI. Wissenschaftliche Buchgesellschaft: Darmstadt, 1975. S. 159-164

Rudi Paret. Der Koran. Verlag W. Kohlhammer: Stuttgart, 1980/2

Rudi Paret. Der Koran. Kommentar und Konkordanz. Verlag W. Kohlhammer: Stuttgart, 1981/2

Rudi Paret. Mohammed und der Koran. Verlag W. Kohlhammer: Stuttgart, 1980/5

R. Paret. Ibrâhîm. in: EI III. S. 980-981

Edward Geoffrey Parrinder. Jesus in the Qur'ân. Oxford University Press: New York, 1977

Heinrich Eberhard Gottlob Paulus. Das Leben Jesu als Grundlage einer reinen Geschichte des Urchristentums, Heidelberg 1828

J. Pedersen. Âdam. in: EI I. S. 177-178

J. Pedersen. 1. Teil des Artikels Masdjid. in: EI VI. S. 644-677

R. Porter. Muhammad's Journey to Heaven. in: Numen 21/1974 (Leiden). S. 64-80

Hans Putman. L'Église et l'Islam sous Timothée I (780-823). Recherches publiées sous la direction de l'Institut des lettres orientales de Beyrouth. Beirut, 1975

Song Quancheng. Islamische Kultur und China. in: China Heute XI/1992. Nr. 6/64. S. 168-171

Lonsdale und Laura Ragg (Hg.). The Gospel of Barnabas. Edited and Translated from the Italian MS. in the Imperial Library at Vienna. Clarendon Press: Oxford, 1907

Lonsdale Ragg. Dante and 'The Gospel of Barnabas'. in: MLR 3/1907. S. 156-165

Bernd Radtke. Der sunnitische Islam. in: Werner Ende; Udo Steinbach (Hg.). Der Islam in der Gegenwart. Verlag C.H. Beck: München, 1984. S. 54-69

Daud Rahbar. God of Justice. A Study in the Ethical Doctrine of the Qur'ân. E. J. Brill: Leiden, 1960

Fazlur Rahman. Islam. Weidenfeld and Nicolson: London, 1966

Heikki Räisänen. Das Koranische Jesusbild. Ein Beitrag zur Theologie des Korans. Finnische Gesellschaft für Ökumenik: Helsinki, 1971

Religion und Religionen. Festschrift für Gustav Mensching zu seinem 65. Geburtstag, dargebracht von Freunden und Kollegen. Ludwig Röhrscheid Verlag: Bonn, 1967

Johannes Reissner. Ideologie und Politik der Muslimbrüder Syriens 1947-1952. Klaus Schwarz Verlag: Freiburg, 1980

Johannes Reissner. Die militant-islamischen Gruppen. in: Werner Ende; Udo Steinbach (Hg.). Der Islam in der Gegenwart. Verlag C.H. Beck: München, 1984. S. 470-486

Helmer Ringgren. Islam, 'aslama and muslim. in: Horae soederblomianae 2. Uppsala 1949. S. 1-34

Helmer Ringgren. Studies in Arabian Fatalism. Uppsala Universitets Årsskrift 1955:2 (Acta Universitatis Uppsaliensis). Harrassowitz: Wiesbaden, 1955

Hellmut Ritter. Das Meer der Seele. Mensch, Welt und Gott in den Geschichten des Fariduddin 'Attar. E. J. Brill: Leiden, 1955

Saiyid Athar Abbas Rizvi. A History of Sufism in India, 2 Bde., Munshiram Manoharlal Publishers Pvt. Ltd.: New Delhi, 1975+1983/1986/1992

J. Robson. Hadîth. in: EI III. S. 23-28

James Robson. Muhammadan Teaching about Jesus. in: MW 29/1939. S. 37-54

Maxime Rodinson. Das Bild im Westen und westliche Islamstudien. in: Joseph Schacht; C. E. Bosworth (Hg.). Das Vermächtnis des Islam. Bd. 1. dtv: München 1983. S. 23-81

Stephan und Nancy Ronart. Lexikon der Arabischen Welt. Zürich 1972

F. Rosenthal. The "Muslim Brethren" in Egypt. in: MW 37/1947. S. 278-291

Franz Rosenthal. Gambling in Islam. E. J. Brill: Leiden, 1975

U. Rubin. The Ka'ba: Aspects of its Ritual Functions and Positions in Pre-Islamic and Early Isamic Times. in: Jerusalem Studies in Arabic and Islam 8/1986. S. 97-131

Wilhelm Rudolph. Die Abhängigkeit des Qorans von Judentum und Christentum. Verlag von W. Kohlhammer: Stuttgart, 1922

E. S. Sabanegh. Muhammad "Le Prophète". Portraits contemporains Egypte 1930-1950. Librairie J. Vrin: Paris, o. J.

Isam Kamel Salem. Islam und Völkerrecht. Das Völkerrecht in der islamischen Weltanschauung. Express Edition: Berlin, 1984

Tarif Al Samman; Otto Mazal. Die Arabische Welt und Europa. Graz, 1988

Joseph Schacht. Origins of Muhammadan Jurisprudence. Oxford 1959/3
Joseph Schacht. An Introduction to Islamic Law. Clarendon Press: Oxford, 1964
Joseph Schacht. Theology and Law in Islam. in: G. E. v. Grunebaum (Hg.). Theology and Law in Islam. Otto Harrassowitz: Wiesbaden, 1971. S. 3-23
Joseph Schacht. Islamisches Religiöses Recht. in: ders.; C. E. Bosworth (Hg.). Das Vermächtnis des Islams. Bd. 2. dtv: München, 1983. S. 167-180
J. Schacht. Katl. in: EI IV. S. 766-772
Mohamed Scharabi. "Islamische" Architektur und darstellende Kunst der Gegenwart. In: Werner Ende; Udo Steinbach (Hg.). Der Islam in der Gegenwart. Verlag C. H. Beck: München 1984. S. 619-635
Claus Schedl. Muhammad und Jesus. Die christologisch relevanten Texte des Koran. Herder: Wien, 1978
Annemarie Schimmel. Denn dein ist das Reich. Gebete aus dem Islam. Freiburg, 1978
Annemarie Schimmel. Und Muhammad ist sein Prophet. Die Verehrung des Propheten in der islamischen Frömmigkeit. Eugen Diederichs Verlag: Düsseldorf, 1981
Annemarie Schimmel. Mystische Dimensionen des Islam. Die Geschichte des Sufismus. Eugen Diederichs Verlag: Köln, 1985
Annemarie Schimmel. Künstlerische Ausdrucksformen des Islams. in: Munir D. Ahmed u. a. Der Islam III. Islamische Kultur, Zeitgenössische Strömungen, Volksfrömmigkeit. Die Religionen der Menschheit. Bd. 25,3. W. Kohlhammer: Stuttgart, 1990. S. 267-299
Annemarie Schimmel. Traditionelle Frömmigkeit. in: Munir D. Ahmed u. a. Der Islam III. Islamische Kultur, Zeitgenössische Strömungen, Volksfrömmigkeit. Die Religionen der Menschheit. Bd. 25,3. W. Kohlhammer: Stuttgart, 1990. S. 242-266
Annemarie Schimmel. Sufismus und Volksfrömmigkeit. in: Munir D. Ahmed u. a. Der Islam III. Islamische Kultur, Zeitgenössische Strömungen, Volksfrömmigkeit. Die Religionen der Menschheit. Bd. 25,3. W. Kohlhammer: Stuttgart, 1990. S. 157-241
Annemarie Schimmel. Dein Wille geschehe. Die schönsten islamischen Gebete. Turban Verlag: Bonndorf, 1992
Joseph Schmidlin. Katholische Missionsgeschichte. Steyl, 1924
Martin Schmidt; Michael Jannasch (Hg.). Das Zeitalter des Pietismus. Bremen. 1965
Ulrich Schoen. Determination und Freiheit im arabischen Denken heute. Eine christliche Reflexion im Gespräch mit Naturwissenschaften und Islam. Vandenhoeck & Ruprecht: Göttingen, 1976
Reinhard Schulze. Internationalismus im 20. Jahrhundert. Untersuchungen zur Geschichte der Islamischen Weltliga. E. J. Brill: Leiden, 1990

Olaf Schumann. Der Christus der Muslime. Christologische Aspekte in der arabisch-islamischen Literatur. Missionswissenschaftliche Forschungen. Bd. 10. Gütersloher Verlagshaus Gerd Mohn: Gütersloh, 1975 (2. Aufl. Kölner Veröffentlichungen zur Religionsgeschichte. Bd. 13. Böhlau Verlag: Köln, 1988)

Albert Schweitzer. Geschichte der Leben-Jesu-Forschung. Tübingen, 1933/5

Gerhard Schweizer. Iran. Drehscheibe zwischen Ost und West. Klett-Cotta Verlagsgemeinschaft: Stuttgart, 1991

Morris S. Seale. The Mysterious Letters in the Qur'ân. in: Rudi Paret (Hg.) Der Koran. Wege der Forschung. Bd. CCCXXVI. Wissenschaftliche Buchgesellschaft: Darmstadt, 1975. S. 374-378

Charles Louis de Secondat, baron de la Brède et de Montesquieu. Lettres Persanes. Paris, 1913

Reinhold Seeberg. Lehrbuch der Dogmengeschichte. Bd. 1. Die Anfänge des Dogmas im nachapostolischen und altkatholischen Zeitalter. Wissenschaftliche Buchgesellschaft: Darmstadt, 1959

Yusuf H. R. Seferta. The Ideas of Muhammad 'Abduh and Rashid Rida concerning Jesus. in: Encounter (Roma) 124/1986/Apr. S. 1-18

Fuat Sezgin. Geschichte des arabischen Schrifttums. Bd. 1. E. J. Brill: Leiden, 1967

G. W. Shaw. Matba'a. in: EI VI. S. 794-807

Wilfred Cantwell Smith. Ahmadiyya. in: EI I. S. 301-303

Werner Schmucker. Sekten und Sondergruppen. in: Werner Ende; Udo Steinbach (Hg.). Der Islam in der Gegenwart. Verlag C.H. Beck: München, 1984. S. 505-526

William Shepard. Conversations in Cairo: Some Contemporary Muslim Views of Other Religions. In: MW 70/1980. S. 171-195

Gottfried Simon. Die Welt des Islam und ihre Berührungen mit der Christenheit. Gütersloh, 1948

Jan Slomp. Das "Barnabasevangelium". Cibedo-Texte. Nr 14/1982. Frankfurt, 1982

David Sox. The Gospel of Barnabas. George Allen & Unwin: London, 1984

Heinrich Speyer. Die biblischen Erzählungen im Qoran. Georg Olms Verlag: Hildesheim, 1988

O. Spies und E. Pritsch. Klassisches Islamisches Recht. 1. Wesen des Islamischen Rechts. in: Handbuch der Orientalistik. Abt. 1. Erg.bd. 3. Orientalisches Recht. E. J. Brill: Leiden, 1964. S. 220-343

Otto Spies. Über die Kreuzigung im Islam. in: Religion und Religionen. Festschrift für Gustav Mensching zu seinem 65. Geburtstag, dargebracht von Freunden und Kollegen. Ludwig Röhrscheid Verlag: Bonn, 1967. S. 143-156

Udo Steinbach. "Re-Islamisierung" und die Zukunft des Nahen Ostens, in: Aus Politik und Zeitgeschehen, Beilage zur Wochenzeitung 'Das Parlament' vom 24.1.1987. S. 23-37

Udo Steinbach. Der Golfkrieg. Ursachen, Verlauf, Auswirkungen. Veröffentlichung der Landeszentrale für Politische Bildung, Hamburg in Zusammenarbeit mit dem Deutschen Orient-Institut Hamburg: Hamburg, 1988

Udo Steinbach; Rüdiger Robert (Hg.). Der Nahe und der Mittlere Osten. Politik, Gesellschaft, Wirtschaft, Geschichte, Kultur. Bd. 1: Grundlagen, Strukturen und Problemfelder. Leske und Budrich: Leverkusen, 1988

Udo Steinbach. Arabien: Mehr als Erdöl und Konflikte. Leske und Budrich, Opladen 1992

Udo Steinbach. Auch im Islam keine Fata Morgana mehr? Die Debatte über die Menschenrechte kommt in Gang - Eine Herausforderung für den Westen. in: Vereinigte Evangelische Misssion-Mitarbeiterbrief Nr. 7-8/93. S. 39-40 (Nachdruck aus: Frankfurter Rundschau vom 5. 6. 1993)

Hermann Stieglecker. Die Glaubenslehren des Islam. Ferdinand Schöningh: Paderborn, 1962/1983

Barbara Stowasser. The Mothers of the Believers in the Hadîth. in: MW 82/1992. S. 1-36

J. Windrow Sweetman. Islam and Christian Theology. A Study of the Interpretation of Theological Ideas in the two Religions. Teil 1/Bd. II. Lutterworth Press: London, 1947/1956

Gustav Thaiss. Religious Sybolism and Social Change: The drama of Husain. in: Nikki R. Keddie (Hg.). Scholars, Saints and Sufis. Muslim Religious Institutions since 1500. University of California Press: Berkeley, 1972/1978. S. 349-366

N. Tomiche. 1. Teil des Artikels Mar'a. in: EI VI. S. 466-472

J. Spencer Trimingham. The Sufi Orders in Islam. Clarendon Press: Oxford, 1971

Monika Tworuschka. Analyse der Geschichtsbücher zum Thema Islam. Studien zur Internationalen Schulbuchforschung. Braunschweig, 1986

Monika und Udo Tworuschka. Kleines Lexiko Islam. Christen begegnen Muslimen. Christliche Verlagsanstalt: Konstanz, 1992

L. Veccia Vaglieri. Husan b. 'Alî b. Abî Tâlib. in: EI III. S. 607-615

Gholam-Reza Vatandoust. The Status of Iranian Women during the Pahlavi Regime. in: Ashgar Fathi (Hg.). Women and the Family in Iran. Social, Economic and Political Studies of the Middle East. Bd. XXXVIII. E. J. Brill: Leiden, 1985. S. 107-130

Carra de Vaux; G. C. Anawati. Indjîl. in: EI III. S. 1205-1208

B. Carra de Vaux; J. Schacht. hadd. in: EI III. S. 20-21

Maulana 'Abdul Haq Vidyarthi. The Paraclete. The Spirit of Truth. in: Islamic Review (London). Mai 1960. S. 8-13

Karl Heinrich Georg Venturini. Natürliche Geschichte des Großen Propheten von Nazareth. 4 Teile. Bethlehem, 1806/2

Jacques Waardenburg. World Religions as Seen in the Light of Islam. in: Alford T. Welch; Pierre Cachia (Hg.). Islam. Past Influence and Present Challenge. Edinburgh University Press: Edinburgh, 1979. S. 245-275

J. D. J. Waardenburg. Mustashrikûn. in: EI VII. S. 735-753
Ewald Wagner. Grundzüge der klassischen arabischen Dichtung. Bd. 1: Die altarabische Dichtung. Bd. 2: Die arabische Dichtung in islamischer Zeit. Wissenschaftliche Buchgesellschaft: Darmstadt, 1987-1988
Johannes Wallmann. Der Pietismus. in: Bernd Moeller (Hg.). Die Kirche in ihrer Geschichte. Bd. 4. Lief. O 1. Göttingen, 1990
R. Walzer. Akhlâk. in: EI I. S. 325-329
W. Montogomery Watt. Free Will and Predestination in Early Islam. Luzac & Company Ltd.: London, 1948
W. Montgomery Watt. Muhammad at Mecca. Clarendon Press: Oxford, 1953
W. Montgomery Watt. Muhammad at Medina. Oxford University Press: Karachi, 1956/1981/1988
W. Montgomery Watt. Muhammad, Prophet and Statesman. Oxford University Press: Oxford/London, 1961
W. Montgomery Watt; Alford T. Welch. Der Islam I. Mohammed und die Frühzeit, Islamisches Recht, Religiöses Leben. Die Religionen der Menschheit. Bd. 25,1. W. Kohlhammer: Stuttgart, 1980
W. Montgomery Watt; Michael Marmura. Der Islam II. Politische Entwicklungen und theologische Konzepte. Die Religionen der Menschheit. Bd. 25,1. W. Kohlhammer: Stuttgart, 1985
W. Montgomery Watt. 'Akîda. in: EI I. S. 332-336
W. Montgomery Watt u. a. Makka. in: EI VI. S. 144-185
Alford T. Welch; Pierre Cachia (Hg.). Islam: Past Influence and Present Challenge. Edinburgh University Press: Edinburgh, 1979
A. T. Welch. al-Kur'ân. 1. Teil des Artikels in: EI V. S. 400-429
Sigrid Weiner. Maschallah. Islam und Alltag in der Türkei. Verlag Ludwig Auer: Donauwörth 1985
Julius Wellhausen. Reste arabischen Heidentums. Walter de Gruyter: Berlin, 1887/1961
Julius Wellhausen. Muhammads Gemeindeordnung von Medina. in: ders. Skizzen und Vorarbeiten: 4. Heft. Walter de Gruyter: Berlin, 1889/1985. S. 65-83
Charles Wendell (Übers.). Five Tracts of Hasan al-Bannâ' (1906-1949). Berkeley, 1975
A. J. Wensinck. Shafa'a. in: Enzyklopädie des Islam. Bd. 4 (Deutsche Ausgabe). S. 268-270
A. J. Wensinck. The Pre-Islamic Hadjdj. S. 31-33. 1. Teil des Artikels Hadjdj. in: EI III. S. 31-38
A. J. Wensinck. J. Jomier. The Islamic Hadjdj. S. 33-37. 3. Teil des Artikels Hadjdj. in: EI III. S. 31-38
A. J. Wensinck. L. Gardet. Iblîs. in: EI III. S. 668-669
A. J. Wensinck. J. Jomier. Ka'ba. in: EI IV. S. 317-322
A. J. Wensinck. 'Izrâ'îl. in: EI IV. S. 292-293
A. J. Wensinck. C. E. Bosworth. al-Masîh. in: EI VI. S. 726
A. J. Wensinck. Penelope Johnstone. Maryam. in: EI VI. S. 628-632
Edward Westermarck. The History of Human Marriage Bd. 3. 3 Bde. Macmillan and Co. Ltd.: London, 1925/5

Rotraud Wielandt. Offenbarung und Geschichte im Denken moderner Muslime. Franz Steiner Verlag: Wiesbaden, 1971
Rotraud Wielandt. Fundamentalismus. In: LIW. Hg. von Klaus Kreiser und Rotraud Wielandt. Überarbeitete Neuausgabe. Verlag W. Kohlhammer: Stuttgart, 1992. S. 103-108
Rotraud Wielandt. Sanusija. In: LIW. Hg. von Klaus Kreiser und Rotraud Wielandt. Überarbeitete Neuausgabe. Verlag W. Kohlhammer: Stuttgart, 1992. S. 243-246
Alex Soesilo Wijoyo. The Christians as Religious Community according to the hadîṯ. In: ISCH (Roma) 8/1982. S. 83-105
John Alden Williams. Der Islam. Fackelverlag: Stuttgart, 1981
Wüstenfeld-Mahler'sche Vergleichungs-Tabellen zur muslimischen und iranischen Zeitrechnung. Franz Steiner Verlag GmbH: Wiesbaden, 1961/3
Yüksel Yücelen (Hg.). Was sagt der Koran dazu? Die Lehren und Gebote des Heiligen Buches, nach Themen geordnet. dtv: Frankfurt, 1986
Theodor Zahn. Geschichte des Neutestamentlichen Kanons. Bd. 2/1. Erlangen, 1890

3. Christliche und evangelikale Literatur

Gerald H. Anderson (Hg.). The Theology of the Christian Mission. London, 1961
L. Bevan Jones. Christianity explained to Muslims. YMCA Publishing House: Calcutta, 1952
Johan Bouman. Das Wort vom Kreuz und das Bekenntnis zu Allah. Die Grundlehren des Korans als nachbiblische Religion. Otto Lembeck: Frankfurt, 1980
Johan Bouman. Vergibt Allah wirklich? Teil II. In: Orientdienst-Informationen 134. Juni 1992. (Wiesbaden). S. 6-14
Johan Bouman. Christen und Moslems. Glauben sie an einen Gott? Gemeinsamkeiten und Unterschiede. Brunnen Verlag: Giessen, 1993
William F. Campbell. The Gospel of Barnabas. Its true Value. Rawalpindi, 1989
Controversial Tracts on Christianity and Mohamedanism. By the late Rev. Henry Martyn B. D. and some of the most eminent writers of Persia. Cambridge, 1824
Das Leben des Missionars Henry Martyn in Persien. Aus dem Englischen übersetzt von Ch. G. Blumhardt. Basel, 1825
Christoph Friedrich Eppler. D. Karl Gottlieb Pfander. Ein Zeuge der Wahrheit unter den Bekennern des Islam. Basel, 1888
Charles W. Forman. Zwemer, Samuel Marinus. in: Stephen Neill. Niels-Peter Moritzen. Ernst Schrupp. (Hg.). Lexikon zur Weltmission. Theologischer Verlag R. Brockhaus: Wuppertal, 1975. S. 619
David Otis Fuller (Hg.). Counterfeit or Genuine Mark 16? John 8? Grand Rapids: Michigan, 1990/4
W. H. T. Gairdner; Selim 'Abd-ul-Ahad. The Gospel of Barnabas. An Essay and Inquiry. Madras 1908, Hyderabad 1975/1985

John Gilchrist. The Christian Witness to the Muslim. Material and Information for the Ministry of the Gospel to the Westernised Muslim. Bd. 2. Jesus to the Muslims: Benoni, 1988

John Gilchrist. Jam' al-Qur'ân. The codification of the Qur'ân Text. A Comprehensive Study of the Original Collection of the Qur'ân Text and the Early Surviving Qur'ân Manuscripts. Jesus to the Muslims: Benoni, 1989

John Goodwin. Gairdner; William Henry Temple. in: Stephen Neill. Niels-Peter Moritzen. Ernst Schrupp. (Hg.). Lexikon zur Weltmission. Theologischer Verlag R. Brockhaus: Wuppertal, 1975. S. 163

Hermann Gundert. Die beiden Muhammedaner Sabat und Abdul Masih. Basel, 1873/2

Herman Gundert. Imàdeddin. Ein bekehrter Muhammedaner. Basel, 1881

Ernest Hahn (Hg.). The Life of The Rev. Mawlawi Dr. Imâd ud-Dîn Lâhiz. Vaniyambadi, 1978

Stephan Holthaus. Fundamentalismus in Deutschland. Der Kampf um die Bibel im Protestantismus des 19. und 20. Jahrhunderts. Verlag für Kultur und Wissenschaft: Bonn, 1993

Patrick Johnstone. Gebet für die Welt. Handbuch für Weltmission. Hänssler Verlag: Neuhausen, 1994/6

Jürgen Kuberski. Mohammed und das Christentum. Verlag für Kultur und Wissenschaft: Bonn, 1987

F. LaRoche. Karl Gottlieb Pfander. in: EMM 60/1917. S. 503-512

Gerald Lauche. Samuel Marinus Zwemer. in: Zeugnis und Dienst im Orient (Wiesbaden) 3/1988. S. 60-61

Arno Lehmann. Es begann in Tranquebar. Berlin, 1956/2

Martin Luther. Bruder Richards Verlegung des Alkoran. Anno 1300 geschrieben, durch Luther verdeutscht, mit dessen Vorrede und angehängter Warnung". Hg. von Joh. Georg Walch. Sämtliche Schriften. Bd. 20. Verlag der Lutherischen Buchhandlung Heinrich Harms: Groß Oesingen, 1986/2. S. 2218-2287

Bill Musk. Das unbekannte Gesicht des Islam. Verlag der Francke-Buchhandlung: Marburg 1992

Stephen Neill. Carey, William. In: Stephen Neill. Niels-Peter Moritzen. Ernst Schrupp. (Hg.). Lexikon zur Weltmission. Theologischer Verlag R. Brockhaus: Wuppertal, 1975. S. 84-85

Henry J. Otten. The Ahmadiyya Doctrine of God. Henry Martyn Institute of Islamic Studies: Hyderabad, o. J. (ca. 1982)

Constance E. Padwick. Henry Martyn, Confessor of the Faith. Student Christian Movement: London, 1922

Constance E. Padwick. William Henry Temple Gairdner of Cairo. Society for Promoting Christian Knowledge: London, 1929/1, 1930/2

Rajaiah D. Paul. Chosen Vessels. Lives of Ten Indian Christian Pastors of the eighteenth and nineteenth centuries. The Christian Student's Library No. 25. The Christian Literature Society: Serampore (?), 1961

Rajaiah D. Paul. Lights in the world. Lucknow, 1969

Carl Gottlieb Pfander. mîzân al-haqq. Leipzig, 1888

Carl Gottlieb Pfander. The Mizan-ul-Haqq. Balance of Truth. Überarbeitet von W. St. Clair Tisdall. London 1910
Julius Richter. Die Religionen der primitiven Völker. in: ders. (Hg.). Das Buch der deutschen Weltmission. Gotha, 1935
Siegfried Riedel. Sünde und Erlösung in Koran und Bibel. Herausforderung zum Gespräch. Hg. vom Arbeitskreis "Kirche und Islam" Hannover. Verlag der Ev.-Luth. Mission: Erlangen, 1987
John Sargent. The Life and Letters of Henry Martyn. The Banner of Truth Trust: Edinburgh 1819/1862/1985
Christine Schirrmacher. Die Geschichte von Josef in Bibel und Koran, in: Bibel und Gemeinde (Waldbronn) 3/89/1989. S. 312-318
Christine Schirrmacher. Schiiten im Islam - Der Iran unter Khomeini - Ein Gottesstaat? in: factum (Berneck) 3-4/1989. S. 116-122
Thomas Schirrmacher. Paulus im Kampf gegen den Schleier. Eine alternative Auslegung von 1. Korinther 11,2-16. Biblia et Symbiotica 4. Verlag für Kultur und Wissenschaft: Bonn, 1993
Thomas Schirrmacher. Ethik. 2 Bde. Hänssler: Neuhausen, 1994
Thomas Schirrmacher. Römerbrief. 2 Bde. Hänssler: Neuhausen, 1994
Michael Shelley. The Life and Thought of W. H. T. Gairdner, 1873-1928. A Critical Evaluation of a Scholar-Missionary to Islam. Unveröffentliche Dissertation. Birmingham, 1988
W. St. Clair Tisdall. The Original Sources of the Qur'ân. Society for Promoting Christian Knowledge: London, 1905
Eberhard Troeger. "Bund" - ein biblischer Bgriff im koranischen Kontext. in: EM 3/1991. S. 34-38
Gustav Warneck. Die gegenseitigen Beziehungen zwischen der modernen Mission und Cultur, auch eine Culturkampfstudie. Gütersloh, 1879
Gustav Warneck. Warum ist das 19. Jahrhundert ein Missionsjahrhundert? Halle 1880
Gustav Warneck. Abriß einer Geschichte der protestantischen Missionen. Berlin, 1913/10
D. Winkler. Ziegenbalg, Bartholomäus. in: Stephen Neill. Niels-Peter Moritzen. Ernst Schrupp. (Hg.). Lexikon zur Weltmission. Theologischer Verlag R. Brockhaus: Wuppertal, 1975. S. 615-616
Samuel Zwemer. Die Christologie des Islams. Christliches Verlagshaus: Stuttgart, 1921
Samuel Marinus Zwemer. Karl Gottlieb Pfander 1841-1941. in: MW 31/1941. S. 217-226

4. Islamische und proislamische Literatur

Abû Bakr 'Abdarrazzâq. Abû Zahra imâm asrihî. Kairo 1984
Abû Nu'aim Ahmad b. 'Abdallâh al-Isbahânî. Hiljat al-aulîya' I-X. Kairo 1351ff.
Alhaj Adeleke Dirisu Ajijola. The Islamic Concept of Social Justice. Islamic Publications Ltd.: Lahore, 1977
Muhammad Asad (Hg.). The Message of the Qur'an. Gibraltar, 1980
Ahmad b. 'Alî b. Muhammad al-'Asqalânî ibn Hajar. Fath al-Bârî. 13 Bde. Kairo, 1939

al-Aš'arî, maqâlât al-islâmiyyîn. Kairo, 1950
Abû l-'Abbâs Ahmad ibn Yahyâ ibn Jâbir Balâḏurî. kitâb futûh al-buldân. Hg. von M. J. de Goeje, Leiden 1866. Englische Übersetzung: Philip K. Hitti. New York, 1916
Muhammad Muhammad Abû Zahra. muhâdarât fî-nasrânîya. Kairo 1966/3
Muhammad Muhammad Abû Zahra. al-'uqûba. Kairo o. J. (ca. 1978)
Mîrzâ Ghulâm Ahmad. Jesus in India. Being an Account of Jesus' escape from the cross and of his journey fo India. Oxford, 1978
Kalim Bahadur. The Jama'at-i Islami of Pakistan. Political Thought and Political Action. New Delhi, 1977
R. Benson. incil-i Barnaba. bilimsel bir arastirma. Istanbul, 1985
Dr. A. R. Bhutta. Prophezeiungen über die Endzeit. Verlag der Islam: Frankfurt, 1986
Muhammad ibn Ismail al-Bukhari. Sahih al-Bukhari. Translated by Dr. Muhammad Muhsin Khan. 9 Bde. Kazi Publications: Chicago, 1976/1979
Abû 'Abd Allâh ibn Ismâ'îl al-Buḫârî. kitâb al-jâmi' as-sahîh al-musnad min al-hadîṯ rasûl Allâh, traduit de l'arabe part O. Houdas et W. Marcais. 4 Bde. Leiden, 1862-1908; Paris, 1903-1914
Abû 'Abd Allah Muhammad ibn Ismâ'îl al-Buḫârî. kitâb al-jâmi' as-sahîh. Hg. von M. Ludolf Krehl. 4 Bde. Leiden, 1862-1908
al-Buchari. Les Traditions islamiques. Französische Übersetzung von A. Houdas und W. Marcais. Paris, 1903-1914
Ajatollah Chomeini. Der islamische Staat. Islamkundliche Materialien. Bd. 9. Hg. von Klaus Schwarz. Klaus Schwarz Verlag: Berlin, 1983
Da'wa hier und Heute. Beiträge zum 18. Treffen deutschsprachiger Muslime in Achen. Haus des Islam: Aachen, 1983
Ahmad von Denffer. Literature on Hadith in European Languages. A Bibliography. The Islamic Foundation: London, 1981
Ahmad v. Denffer. Wallfahrt nach Mekka. Das Wichtigste über umra und hadsch. Schriftenreihe des Islamischen Zentrums München Nr. 15: München, 1987
Ahmad von Denffer. Ein Tag mit dem Propheten. Haus des Islam: Aachen, 1983
'Abd al-Rahmân al-Djazîrî. kitâbu l-fiqh 'alâ l-maḏhâbihi l-'arba'a. Kairo 1934/1987/8 (Deutsch: Die Strafen für den Abfall vom Islam nach den vier Schulen des islamischen Rechtes. Aus dem Arabischen übersetzt von Ishak Ersen. Licht des Lebens: Villach, 1991)
Ashgar Ali Engineer. The Rights of Women in Islam. C. Hurst & Company: London, 1992
Mauhmud Gunnar Erikson (sic). Islam unsere Waal (sic) in: Islam - unsere Wahl (gekürzte Ausgabe). Eindrücke berühmter zum Islam Bekehrter. Hg. von Ebrahim Ahmed Bawany. Neuherausgabe der Rabetat Al Alam Al-Islami (Bund der Islamischen Welt) . Dar al-Kitab al-Masri: Cairo/Dar al-Kitab Allubnani (sic): Beirut/Libanon, o. J. S. 113

Asaf A. A. Fyzee. Outlines of Muhammadan Law. Geoffrey Cumberlege: Oxford University Press, 1949/1955
Asaf A. A. Fyzee. Cases in the Muhammadan Law of India and Pakistan. Oxford: Clarendon Press, 1965
Geschichte der Propheten aus dem Koran. Islamisches Echo in Europa 5. Folge. Islamisches Zentrum: Hamburg (1982)
al-Âb Jûsif al-Haddâd. injîl barnâbâ. šahâdat zûr 'alâ l-qur'ân al-karîm. (Ägypten) 1964
Muhammad Husain Haykal. Muhammad, rasûl Allâh. Kairo 1936
Muhammad Hussain Haikal. Das Leben Muhammads. Dr. Kermani GmbH: Siegen, 1987
Abû Muhammad 'Alî ibn Ahmad Ibn Hazm. kitâb al-fasl fî l-milal wa-l-ahwâ' wa-l-nihal. 5 Bde. Kairo, 1321
Muhammad Ibn Ishâq. sîra sayyidinâ Muhammad ar-rasûl allâh. Hg. Ferdinand Wüstenfeld. Göttingen, 1855
Muhammad Ibn Sa'ad. kitâb al-Wâqidî. kitâb at-tabaqât al-kubrâ. Leiden, 1322/1904
'Abdarrahmân al-'Îjî. kitâb al-mawâqif fî 'ilm al-kalâm. Kairo, 1325/1907
Islam - unsere Wahl (gekürzte Ausgabe). Eindrücke berühmter zum Islam Bekehrter. Hg. von Ebrahim Ahmed Bawany. Neuherausgabe der Rabetat Al Alam Al-Islami (Bund der Islamischen Welt) (sic). Dar al-Kitab al-Masri: Kairo/Dar al-Kitab Al-lubnani: Beirut/Libanon, o. J.
Rahmatullâh Ibn Ḫalîl al-'Uṯmânî al-Kairânawî. izhâr al-haqq. Konstantinopel, 1867-1978
Adel-Theodor Khoury. Gebete des Islams. Matthias-Grünewald-Verlag: Mainz, 1981
Adel-Theodor Khoury (Übers.). So sprach der Prophet. Worte aus der islamischen Überlieferung. Gütersloher Verlagshaus Gerd Mohn: Gütersloh, 1988
Henri Laoust. Le Califat dans la doctrine de Rašîd Ridâ. Beyrouth, 1938
'Abd Allâh Ibn Manî'. hiwâr ma'a al-mâlikî fî-radd munkarâti-hî wa-dalâlâti-hî. Riad, 1983
Sayyid Qutb. fî zilâl al-qur'ân. Kairo 1961/2
M. A. Rahim. Life and Message of Barnabas. in: The Gospel of Barnabas. Karachi, (1975/4)
Muhammad Rassoul (Hg.). Deutsche von Allah geleitet. Verlag Islamische Bibliothek/M. Rassoul: Köln, 1982
Muhammad Rašîd Ridâ; Muhammad 'Abduh. tafsîr al-qur'ân al-hakîm. Kairo, 1911
Muhammad Rašîd Ridâ. 'aqîdat as-salb wa-l-fidâ'. Kairo 1913/1; 1934/2
Muhammad Rašîd Ridâ. šubuhât an-nasârâ wa-hujaj al-islâm. Kairo 1956/3
Muhammad Rašîd Ridâ. al-ḫilâfa au al-imâma al-'uzmâ. Kairo, 1922
S. Ibrahim Rüschoff. Da'wa unter Nichtmuslimen. Schriftenreihe des Islamischen Zentrums München Nr. 11/1983
Nawal El Sadaawi. The Hidden Face of Eve. Women in the Arab World. Zed Press: London, 1980
Jehan Sadat. Ich bin eine Frau aus Ägypten. Wilhelm Heyne Verlag: München, 1987/1992

Prasad Saksena. Muslim Law as administered in India and Pakistan. Eastern Book Company: Lucknow 1963/4

Sayyid Abu-l-A'la Maudoodi. Weltanschauung und Leben im Islam. The Islamic Foundation: Leicester, 1978

Shaikh Shabbir. Muslims and Family Planning. Dattsons J. Nehru Marg: Nagpur, 1991

Ahmad Shafaat. The Gospel according to Islam. New York, 1979

'Abd Allâh Muhammad Idrîs Šâfi'î, kitâb al-umm. 7 Bde. Kairo 1321-1325

Abdul Qader 'Oudah Shaheed. Criminal Law of Islam. 3 Bde. International Islamic Publishers: New Delhi: 1991

Muhyiddin Shakoor. Aufs fließende Wasser geschrieben. Mein Werdegang zum Derwisch. Der Erfahrungsbericht eines westlichen Suchers auf dem Schulungsweg der Sufis. Scherz Verlag: Bern, 1991

Ahmad Šalabî. muqâranat al-adyân. Bd. 2. al-masîhîya. Kairo 1965/2

Mahmûd Šaltût. al-Islâm wa l-wujûd al-dauwlî li-l-muslimîn. Kairo, 1958

Muhammad ibn al-Hasan Šaybânî. kitâb as-siyar al-kabîr, 4 Bde. Hyderabad, 1906

Sunan Abu Dawud. English translation with explanatory Notes by Ahmad Hasan. Bd. III. Sh. Muhammad Ashraf: Lahore, 1984

Jalâl ad-Dîn Abdur-Rahmân b. Abî Bakr as-Suyûtî. al-itqân fî-'ulûm al-qur'ân. 2 Bde. Kairo, 1935

Allâmah Sayyid Muhammad Husayn Tabâtabâ'î. Shi'ite Islam. Persian Studies Series No. 5. George Allen & Unwin Ltd.: London, 1975

Der Topkapi Serail. Die heiligen Reliquien. Hg. von Turistik Yayinlar Sanayi ve Ticaret A. S. Istanbul, o. J.

Turtûšî, al-hawâdit wa-l-bida'. Hg. von M. al-Tâlibî. Tunis, 1959

Ibrâhîm Ahmad al-Waqfî. tilka hudûd Allâh. Kairo, 1979/2

Abû 'Abd Allâh Muhammad ibn 'Umar al-Wâqidî. kitâb al-magâzî. Hg. von Marsden Jones, 3 Bde. London 1966; deutsch (gekürzt) Julius Wellhausen. Berlin 1882

Abû 'Abd Allâh Muhammad ibn 'Umar al-Wâqidî. kitâb al-magâzî Hg. Alfred von Kremer. Calcutta, 1856

Weißes Minarett. Ahmadiyya Muslim Bewegung. Nr. 31/Januar 1994 (Frankfurt)

Ferdinand Wüstenfeld (Hg.). Das Leben Muhammed's nach Muhammed Ibn Ishak, bearbeitet von Abd el-Malik Ibn Hischam. Aus den Handschriften zu Berlin, Leipzig, Gotha und Leyden. 2 Bde. Dieterichsche Universitäts-Buchhandlung: Göttingen, 1858+1860

Richard Yann. Der verborgene Imam. Die Geschichte des Schiismus im Iran. Verlag Klaus Wagenbach: Berlin, 1983

M. A. Yusseff. The Dead Sea Scrolls, The Gospel of Barnabas and The New Testament. Indianapolis, 1985

Zur Verfasserin

Dr. Christine Schirrmacher studierte Islamwissenschaft (Arabisch, Persisch, Türkisch), Geschichte und Vergleichende Religionswissenschaft in Giessen und Bonn und promovierte 1991 an der Universität Bonn mit einer Arbeit über christliche-islamische Kontroversen im 19. und 20. Jahrhundert, für die ihr der George W. Peters-Preis verliehen wurde. Sie ist Dozentin ('Lecturer') für Islamwissenschaft am Philadelphia Theological Seminary (USA) und im Theologischen Fernunterricht für den Bereich Islam zuständig. Daneben arbeitet sie im Institut für Weltmission und Gemeindebau (Bonn) und in der Redaktion der Zeitschrift 'Evangelikale Missiologie' und der edition afem des Arbeitskreises für evangelikale Missiologie (AfeM; Korntal) mit. Sie ist seit 1985 mit dem Missionswissenschaftler und Ethiker Prof. Dr. Thomas Schirrmacher verheiratet und wohnt mit ihrer Familie in Bonn.

Buchveröffentlichungen:

* Mohammed (mit Thomas Schirrmacher). Leben - Werk - Wirkung. Schwengeler: Berneck, 1984[1], 1986[2], 1990[3]
* Mit den Waffen des Gegners. Christlich-Muslimische Kontroversen im 19. und 20. Jahrhundert dargestellt am Beispiel der Auseinandersetzung um Karl Gottlieb Pfanders 'mîzân al-haqq' und Rahmatullâh Ibn Halîl al-'Utmânî al-Kairânawîs 'izhâr al-haqq' und der Diskussion über das Barnabasevangelium. Islamkundliche Untersuchungen 162. Klaus Schwarz Verlag: Berlin, 1992
* Patrick Johnstone. Gebet für die Welt: Handbuch für Weltmission. (bearbeitete deutsche Ausgabe; zusammen mit Thomas Schirrmacher). Hänssler: Neuhausen, 1987[2] bis 1994[6]

Artikel in deutscher Sprache (in Auswahl):

* "Der Kommunismus als Lehre vom Tausendjährigen Reich". Factum 11+12/1986: 12-19 (mit Thomas Schirrmacher)
* "Die Geschichte von Josef in Bibel und Koran: Ein Vergleich". Bibel und Gemeinde 89 (1989): 312-318
* "Schiiten im Islam - der Iran unter Khomeini - ein Gottesstaat?". Factum 3+4/1989: 116-122
* "Das Barnabas-Evangelium - Argument für den islamischen Glauben". Factum 7/1989: 316-321
* "Johan Boumann. Glaubenskrise und Glaubensgewißheit im Christentum und im Islam;. Band 2: The Theologie al-Ghazalis und Augustins im Vergleich. (Brunnen: Giessen, 1990)". Jahrbuch für evangelikale Theologie 5 (1991): 210-212

* "Die Kreuzigung aus islamischer Sicht". Evangelikale Missiologie 9 (1993) 4: 99-105
* "Islam: Glaube und Politik - islam: din wa daula". Anstöße in: Neues vom Euroteam 2/1993: 3-4
* "Islam und Christentum im Vergleich". Anstöße in: Neues vom Euroteam 2/1993: 5 (zusammen mit Thomas Schirrmacher)
* "Johannes Hesse, Aus Dr. Hermann Gunderts Leben ..., Jutta Rebmann, Julie Gundert ...". Jahrbuch Mission 26 (1994): 220-221
* "Kreuzigung und Erlösung aus islamischer Sicht". S. 11-20 in: Die Herausforderung des Islam. Idea-Dokumentation 5/1994. Idea: Wetzlar

Beiträge in englischer Sprache (in Auswahl)

* "The 19th century 'izhâr al-haqq' polemic as turning-point of Muslim apologetics" in: Proceedings of the International Symposium on Muslim Perceptions of Other Religions and Culture throughout History. 15.-21.12.1991. Departement d' Histoire et des Sciences des Religions. Universität Lausanne: Lausanne, 1992
* "The Crucifixion of Jesus in View of Muslim Theology". Chalcedon Report No. 337 (Aug. 1993): 24-28
* "The Fall of Man and Redemption of Mankind - What Does the Qur'an Teach". Chalcedon Report (1994): im Druck

Von der Verfasserin sind folgende Werke verfaßt oder herausgegeben worden, die als Ergänzung zu den vorliegenden Bänden 'Islam' 1+2 dienen:

Jürgen Kuberski. Mohammed und das Christentum.
Das Christenum zur Zeit Mohammeds und
die Folgen für die Entstehung des Islam
Orient et Occident 1 (hrsg. von Christine Schirrmacher).
Verlag für Kultur und Wissenschaft: Bonn, 1988
(mit Studienfragen des Theologischen Fernunterrichts zum Selbststudium)

Christine Schirrmacher. Mit den Waffen des Gegners.
Christlich-Muslimische Kontroversen
im 19. und 20. Jahrhundert.
Klaus Schwarz Verlag: Berlin, 1992